新世纪以来
学术期刊研究资料

李宗刚　孙昕光　编选

山东人民出版社·济南

国家一级出版社　全国百佳图书出版单位

图书在版编目（CIP）数据

新世纪以来学术期刊研究资料/李宗刚，孙昕光编选.--济南：山东人民出版社，2018.10

ISBN 978-7-209-11800-2

Ⅰ．①新… Ⅱ．①李… ②孙… Ⅲ．①学术期刊－期刊编辑－研究资料－汇编 Ⅳ．①G237.5

中国版本图书馆CIP数据核字(2018)第238804号

新世纪以来学术期刊研究资料

李宗刚　孙昕光　编选

主管部门　山东出版传媒股份有限公司
出版发行　山东人民出版社
出 版 人　胡长青
社　　址　济南市英雄山路165号
邮　　编　250002
电　　话　总编室（0531）82098914
　　　　　市场部（0531）82098027
网　　址　http://www.sd-book.com.cn
印　　装　山东省东营市新华印刷厂
经　　销　新华书店

规　　格　16开（169mm×239mm）
印　　张　31.5
字　　数　490千字
版　　次　2018年10月第1版
印　　次　2018年10月第1次
印　　数　1-1000
ISBN 978-7-209-11800-2
定　　价　68.00元

如有印装质量问题，请与出版社总编室联系调换。

序

　　在国际学术平台上，中国学术得到了越来越多的关注，中国学术的话语权也有了越来越大的提升。与此相关联，关于学术期刊理论的研究也逐渐走向深入，这在社会科学领域表现得尤为明显。但是，不容忽视的一个问题是，国内学术期刊评价体系面临着诸多诘难，中国特色的学术期刊评价体系并没有建立起来。

　　为了能够更好地审视当下，展望未来，我们决定编选一本能够反映新世纪以来学术期刊理论研究的论文集。选择新世纪作为编选这本学术期刊理论研究资料的时间节点，主要是基于中国学术期刊理论建设由此开始出现转向的考虑。20世纪90年代，北京大学图书馆为了便于图书馆订阅日渐增多的学术期刊，在众多的学术期刊中遴选出了"中文核心期刊"。从此，中国学术期刊便被划分为不同层级，这便是"核心类"学术期刊和"非核心类"学术期刊。这一区分，极大地影响了学术生产和学术生态，并远远地超出了当初区分的初衷，从而成为评价学术期刊以及学术论文的重要价值尺度——学术期刊一旦跨入"核心"期刊的殿堂，学术期刊以及学术论文身价倍增。

　　20世纪90年代末，国内学术评价机构开始重视学术期刊的影响因子，由此促生了具有本土化的评价指标体系。随着国内高校重视SCI（科学引文索引）期刊，人们日渐关注学术期刊的影响因子。这一评价指标，深刻地影响了中国学术的发展走向。目前，高校管理者便是用这个指标体系衡量自然科学研究方面的学术论文的价值。在人们膜拜SCI期刊的同时，诸多的中国学术期刊被边缘化。在社会科学研究领域，SSCI来源期刊则成为另一重要评价体系，这就把具有相对独立性的社会科学期刊也纳入了西方学术期刊评价体系之中，并逐渐成为人们唯马首是瞻的风向标。高校对西方的SSCI（社会科学引文索引）来源期刊以及A&HCI（艺术与人文科学引文索引）来源期刊之推崇，便由此而来。而许多在中国学术界具有重要学术影响力的期刊，如《中国社会科学》《文学评论》《历史研究》等却被排除在外，这在某种程度上不能不说是西方学术评价体系话语霸权的一种表现。

值得庆幸的是，在社会科学领域，缘于意识形态的差异性，SSCI 来源期刊并没有像 SCI 来源期刊一样，被学术评价机构当作唯一的评价标准。在 SSCI 来源期刊之外，国内自主开发了本土化的 SSCI 来源期刊——CSSCI（中文社会科学引文索引）来源期刊的评价体系。尽管人们对此褒贬不一，但不容忽视的一个客观事实是，许多机构已经把这套评价体系的有关指标当作衡量科研的重要标杆，而中文核心期刊则日渐被边缘化。显然，这正是中国学术生态自我调控与自我平衡的结果。

客观地说，中国的学术期刊被排除在西方主导的学术话语体系之外并不重要，重要的是我们没有建立起一套属于中国的学术期刊评价体系，即便是初步建立起来的中文核心期刊等评价体系，也没有得到高校应有的重视。相反，高校依然把西方学术期刊评价体系纳入自我的评价体系中，这就直接架空了我们初步建立起来的学术期刊评价体系。既然我们建立起来的学术期刊评价体系连自己都不认同，自然也就谈不上被西方学术界认同了。在此情形下，中国的学术评价体系就会陷入恶性循环的怪圈中——我们不重视自我的学术评价体系，我们的学术评价体系就难以得到西方的接纳和认同；西方不接纳和认同我们的学术评价体系，我们自然就会反过来更加轻视自我的学术评价体系。如此一来，将导致西方的学术评价体系强者恒强、我们的学术评价体系弱者恒弱的局面。

如果从这样的维度来审视新世纪以来学术期刊理论建设，我们便会发现，学术期刊理论建设已经得到了学界的重视，并开始从学术的边缘走向学术的中心。其突出的表现在于，越来越多的学者开始探讨如何建立起更为科学的期刊评价指标体系，并且这种探讨正走向深入。我们所编选的这本论文集，正是对相关期刊理论研究成果的集中呈现。

在编选的过程中，为了能够更好地呈现出新世纪以来学术期刊理论研究成果的历史进程，统一按照时间的先后顺序进行编排；为了能够实现体例上的统一，将原论文的文末注格式调整为页下注，将原作者简介统一调整为作者单位，不再标注职务职称等具体信息。当然，编选中力求最大限度地保持原文风貌。

学术期刊理论建设是关乎中国学术能否健康发展的关键所在。我们希望有越来越多的学者和编辑能够关心这一问题,期待在不远的将来建立起具有中国特色的、充溢着中国学术自信的学术期刊评价指标体系,为中国学术的提升和发展作出应有的贡献。

《山东师范大学学报(人文社会科学版)》主编　李宗刚

2018 年 3 月

3

目　录

2

论受众对编辑传播的影响

杜 敏[*]

传播者、传播内容、传播对象是构成传播的 3 大基本要素。编辑主体是负责搜集、整理、选择、加工与传播信息内容的成员,常被称为"把关人",其职能就是使信息以优化的方式传向受众。受众是传播的对象与目的地,也是传播过程得以实现的前提。受众与传播者的关系是既相互依存,又相互矛盾。从传播的结果看,受众并非被动而机械的信息接受者,而是具有相当的主动权,他们对信息的选择方式在某种程度上甚至决定着编辑的传播行为。受众具有哪些特征,又是怎样选择传播的内容的,其喜好又怎样影响着编辑的传播等这些问题,目前有关研究较少涉及。笔者拟就受众对编辑传播的影响问题略陈管见。

一、受众的构成及特点

编辑传播所面临的受众,是最难把握的群体,其成员构成复杂而又游移不定,其兴趣与对信息的需求呈现出多样、复杂的特点。受众的总体构成情况,可分成以下几种类型:

1. 从信息依附的媒介类型看,可分为电子传媒的受众、印刷媒介的受众。不同媒介的受众,使用媒介的时间不一,地点不拘。如网络受众,只要有互联网的存在,就可以在网上获取自己所需的各种信息,甚至不受时间与国界的限制。

2. 从对信息的感知方式看,可分为读者、观众、听众、网民等不同的受众类型。无论哪一种受众,其身份、地位、职业、年龄、性别、受教育程度等都呈现出

* 杜敏,《陕西师范大学学报》编辑部。

显著的不同。这些往往造成受众需求不一、众口难调的复杂局面。

3. 从受众对信息的关注程度看,分为广泛性受众与专门性受众两类。广泛性受众指受众对信息的关注不拘泥于某一特定的方面,无固定的接受方向,无共同的爱好与兴趣。专门性受众指受众群体有共同的兴趣与爱好,形成了共同的信念与追求。如《读者》的受众,相对于《核化学与放射化学》而言,是广泛性受众,而后者的受众则属于专门性受众。

4. 从受众的规模看,可分为三个层次。第一层次是大规模受众群,是特定国家或地区内能够接触到传播媒介的总人口。第二层次是特定受众群,他们对特定传媒或特定信息内容保持着定期接触。如高校教师及科研人员,由于教学及科研的要求,需要不断了解科研的新动态,及时把握最新的研究状况,他们就可称为特定受众。第三层次是有效受众,指不但接触了媒介内容,而且在态度、行动上接受了媒介影响的人。对传媒而言,这部分人属于有效受众,在他们身上体现着实质性的传播效果。如网迷,就是对网络媒介具有一定依赖性,且受其深刻影响的人群。

受众具有如下几个特点:

1. 多样性与单一性的统一。多样性是就受众的总体构成而言的。单一性是指受众被不同的媒介物"分割"后,某一媒介物的受众数量相对较少,构成相对单一。这种单一性是相对的,可以从各个刊物的征订量上反映出来。

2. 可知性与不可知性的统一。可知性指受众的个人情况及对媒介信息的需求可以通过调查的方式反映出来。所谓的不可知性,指个体受众对信息的需求并非一成不变,而是受到各种因素的影响,出现不可知性。媒介物要不断将不可知性转化为可知性。如在美国,大多数期刊都要不断进行受众调查,因为除了《读者文摘》等少数刊物外,读者定位在"8 岁到 80 岁"的期刊能存活下来的简直微乎其微。[①] 刊物要把握受众需求的变化,就要将受众调查作为一项长期的基本工作来进行。

3. 稳定性与分散性的统一。稳定性指受众的需求在一定时间、一定地域为一定的兴趣所驱使,对媒介的使用是持续而稳定的。分散性指不在同一地域的受众,需求时有所变,出现一定的分散性。制定传播策略、追求传播效果,都应

---

① 杜成全:《美国媒介市场的细化过程》,《中国记者》2001 年第 2 期。

考虑这二者的统一。

以上受众所具有的特点往往糅和在一起,影响着编辑主体传播的诸多方面。

二、受众对编辑传播的影响

受众对编辑传播的影响是十分明显的,往往渗透到编辑传播的各个环节。

1. 受众对编辑传播的影响面。受众往往决定着主体传播内容的确定、传播风格的形成,以及传播策略的选择等。

(1)影响传播方针的决定。传播方针就是传播主体对媒介物的内容与形式所做的总体设计,是媒介物在传播时所遵循的总的准则。传播方针能体现一种媒介物的特色,它的制定受到多种因素的影响,其中受众对它的影响是十分明显的。任何媒介物要想赢得较多的受众,在制定其传播方针时,必须考虑并确定传播物的受众群体,确定何种群体是其主要对象,何种群体为其兼顾对象,何种群体是其争取对象。如《保健与生活》杂志,为了在市场中占有一席之地,获得更多受众的青睐,把自己的刊物定位在医学科普类别上,其办刊方针是:“面向群众,贴近生活,将科学性、实用性、通俗性、趣味性融为一体,生动活泼地宣传普及医学知识,使广大读者看得懂,用得上,为提高全民族的健康服务。”[①]这样的定位,就考虑了受众的因素,显然受到其需求的影响。

(2)影响传播内容的选择。受众不同,决定了面向受众的传播内容有所差异。大众传播的目的,就是要使媒介接触最大数量的受众,这就要求媒介的内容范围、重点设置、方式组合等要随受众的不同而不同。如科技学术类期刊以报道创新性成果为其传播的基点,而生活类期刊则以帮助解决生活中的实际问题、满足人们精神和物质需求为基点。

(3)影响传播风格的形成。风格是表现传播内容与形式的总体特色。受众需求不同,面向受众的传播内容与方式就有差异,形成的风格也就不同,或诙谐,或幽默,或活泼,或严肃,或庄重,等等。如科技期刊常以严肃、庄重及讲求科学性和规范性为特点,而少儿类期刊则常常运用寓言的方式、夸张的手法和

---

① 柯志文、方菲:《提高质量是刊物发展的根本保证》,《报刊管理》2000 年第 2 期。

生动的语言来表情达意。

（4）影响传播策略的选择。传播策略是为实现传播目的、达到传播效果而采取的方式和对策。要使传播策略发挥恰如其分的作用，必须考虑受众的状况，了解受众的需求、喜好及期望，只有这样才能有针对性地确定传播时内容的侧重、形式的选定和传播计划的实施。如《瞭望》《半月谈》杂志，往往采用"独家报道"的方式，高屋建瓴，其"中南海纪事""权威人物论坛"等栏目，独具风采，具有一定的权威性和指导性。① 可以说，这些刊物的成功，在一定程度上归结于善于了解受众、善于运用传播的策略。

2. 受众对传播效果的影响。受众对传播效果的影响可以是积极主动的，也可以是消极被动的。

（1）积极影响。主要指受众的意见或反映，对编辑主体的传播而言是建设性的，可以促进编辑主体所在媒介的不断发展和壮大。

（2）消极影响。主要指受众的意见或需求，对媒介物的发展未起到良好的作用，相反却限制了媒介物的发展。受众的需求有正当与不正当之分，有健康与不健康之别，一味迎合受众的不正当的需求，就可能带来诸多的社会问题。如某些刊物过分宣传暴力、色情等内容，往往对青少年产生极大的危害。所以，编辑主体应尽力避免此类消极影响。

3. 受众对传播方式的影响。受众对传播方式的影响可以是显现的，可以是隐现的。

（1）显现的影响。如果受众的反馈信息通过一定的方式反映到编辑主体那里，并被编辑主体所采纳，这样的影响就是显现的影响。编辑主体善于接受这样的反馈意见，对提高传播效果、赢得受众的信赖将起到积极作用。如《编辑学报》曾在"编读往来"栏目上发表了《1999年第2期〈编辑学报〉的几处小疵及联想》一文②，就是受众对主体传播显现影响的反映，而勇于接受这样的反馈意见，是很值得称道的。

（2）隐现的影响。不明确表达，却通过受众的媒介选择、信息选择等方式反映出来的影响，叫隐现的影响。在信息社会里，面对诸多的信息，受众往往选择

---

① 叶辉：《原创精神：期刊的灵魂》，《报刊管理》2000年第3期。
② 吴起凡、吴美潮：《1999年第2期〈编辑学报〉的几处小疵及联想》，《编辑学报》2001年第2期。

其中的一部分而忽视另一部分,对所选择的信息也会按照自己的方式来理解和记忆。如同样是关于石油价格的一类文章,科技类期刊的受众会关注石油的品质问题,财经类期刊的受众会关注它对股票市场的影响,产业经济类期刊的受众会关注它对相关产业的影响,政治经济类期刊的受众则会从国家的角度来考察国际石油界的形势。可见,不同的受众对与己无关的信息常常漠不关心。

三、受众影响编辑传播的内因

编辑主体不仅应当知道受众的行为及意见有哪些,而且要了解受众产生各种意见的内在原因是什么。这样既知其然又知其所以然,对编辑传播会产生很好的促进作用。

受众行为及其意见产生的原因是多个方面和多种多样的,主要可以概括为社会文化因素及受众心理这两大类。

1. 社会文化因素的影响。受众并不是孤立存在的,而是属于不同的群体有着不同的社会背景。受众接受信息的行为,虽然是以个体的行为发生的,但受到他所涉及的群体关系、群体利益以及群体规范的影响和制约。受众的群体背景可以分为两个方面:一是人口学意义上的群体,包括性别、单位、团体、政治、经济和文化的归属阶层等。这些因素都会影响到受众,从而间接影响到编辑主体的传播。例如,受众的文化水平有高低之不同,文化水平低的受众,往往选择形象性强的媒体和易于理解的内容,而文化水平高的受众,则往往选择与自己科技文化和阅读水准相应的内容。《故事会》《家庭》等更适合一般民众的口味,《光子学报》《植物病理学报》等仅在一定的接受过高等教育的受众中传播。再如,性别不同,对媒介及传播内容的选择就会不同。女性对家庭、情感类的内容兴趣更大,对武术及拳击等内容往往兴趣索然。此外,处在不同民族和文化中的受众,对同一内容会形成不同的评价,这都可能影响到编辑主体的传播行为。

2. 个体心理因素的影响。英国学者丹尼斯·麦奎尔认为:"受众的行为,在很大程度上是由个人的需求和兴趣来加以解释的。"①可见,受众的需求、兴趣不

---

① [英]丹尼斯·麦奎尔等:《大众传播模式论》,上海译文出版社 1987 年版,第 102 页。

同,会导致使用媒介的动机不同,最终形成对媒介的不同选择。

(1)需求。需求是社会生活中的事物在人头脑中的反映,是人对生存和发展必需的事物的体验。受众的需求,主要指高级的社会性需求及精神需求。不同的人在不同的历史时期会有不同的需求,而且同一历史阶段的人的个体心理结构存在差异,也会导致需求的不同。如性格不同的受众,其需求就大不一样:性格外向的人,往往对热闹场景的信息内容情有独钟;性格内向的人,对内心独白型的信息内容兴趣有加。不仅如此,受众的一些基本需求得到满足后,还会有更高的需求等待满足。

(2)动机。受众使用媒介的动机,实际是受众为满足需求而表现出来的愿望。日本学者竹郁郎较为充分地揭示了人们使用媒介的动机。他认为,人接触媒介行为的发生,需要两个条件:其一是媒介接触的可能性;其二是对媒介的印象,即媒介能否满足自己的现实需求的评价。这种媒介印象是在以往媒介接触的基础上形成的,人们根据媒介印象去选择特定的内容,开始具体的接触。接触的结果,是愿望得到了满足或未能满足,但无论满足与否,其结果必将影响到以后的媒介接触行为。

(3)兴趣。兴趣是一个人经常趋向于认识、掌握某种事物,力求参加某种活动,并具有积极情绪色彩的心理趋向。它是在需求的基础上,在社会实践的过程中形成并发展起来的,是人们对某种事物认识和获得的倾向性。受众的兴趣,主要指受众对媒介物所传播的内容的兴趣,这种兴趣大多是为了满足受众的精神方面的种种需求。受众的兴趣可以是长期的,也可以是短期的;可以是直接的,也可以是间接的。不同受众的兴趣在广度、深度、稳定性和效能等方面均有不同,形成各自不同的兴趣品质。编辑主体在了解了受众兴趣这一特点后,就应当不断地对自己所编媒介物的受众在一定阶段的兴趣点进行调查研究,这样方可以不断提高它的传播效率。

(4)信念。信念是需求的高级形式,是人的活动稳定的核心的动机。人一旦对某事产生信念,就会对之产生强烈的情感和热情,并在生活中力求维护它们、追求它们,并为之奋斗。受众的信念,表现在传播中就是直接影响他对内容的态度。与受众信念一致的传播内容,往往受到欢迎,与其信念相反的内容,不是被受众忽视就是被受众批驳。

(5)情绪。情绪是人的需要获得满足与否后他们所产生的一种主观反应和体验,具有较大的情景性。人们的情绪不同,往往对同一事物会有不同的认识与评价。受众的情绪同样会影响到对传播内容、传播形式的认识与评价,也会影响到编辑主体的传播行为及其传播效果。

原刊于《编辑学报》2003 年第 1 期

关于学术期刊策划中的六种意识

田卫平[*]

"策划"作为现代企业制度中的一种产品营销理念,已经深入人心;作为文化领域中使用频率较高的一个名词,人们也耳熟能详,并被一些人成功地移植于图书及生活类期刊出版的实践中。然而,作为文化事业一部分的学术理论类期刊,要不要引入"策划"机制,"策划"理念意味着什么,似乎还是见仁见智,至今仍存在较大的分歧。这或许是目前学术理论类期刊较之于大众生活类期刊缺乏活力的原因之一。

我以为,学术期刊引入"策划"机制,不仅是必要的,也是必须的。因为目前中国学术期刊这种近似自娱行为的办刊模式、千刊一面的编辑思路,已经严重制约着自身的生存和发展。长此以往,只会使发行量越来越小、读者面越来越窄,最后拱手将市场让出,被那些风格独特、编排新颖、内容丰富、贴近读者的另类学术期刊所取代。

学术期刊作为编者与作者共同制造学术产品的"加工厂",既具有一般加工企业的共同属性,又具有文化产业所独有的属性。因此,学术期刊的形象标识、营销策划,既要遵循企业产品营销的一般规律,又要寻找精神产品的特殊规律。总的说来,具备下列六种意识是做好学术期刊策划的基础和前提。

第一,责任意识。作为新世纪的学术期刊,时代赋予了它两大责任:一是精心搭建一座公共学术平台的责任,从而使编者、作者、读者三方能够在公平、公正的氛围中平等对话、交流互动,阐释或解决一个个学术问题,充分体现学术的开放性与包容性;二是不断推出影响学术主流观点的责任,以此确立刊物在某

---

* 田卫平,河北省社会科学院,《河北学刊》杂志社。

一学科、某一领域的学术话语主导权,使刊物既具学术价值又具收藏价值。在这两大责任中,主编作为一刊之"主",负有把握、协调、集思广益之责;编辑作为栏目之"主",负有发现、推荐、献计献策之责。尤其是后者,随着信息社会知识呈爆炸型增长,各种新型学科、边缘学科层出不穷,学术专业分工越来越细密,主编受自身知识背景、生活阅历所限,不可能做到门门精通;在相当多的领域,学科编辑对文章的判断要比主编更高明、更敏锐。因此,如果责任编辑在主观上不作为,将直接影响着刊物总体实力的发挥。这一点,在综合类学术期刊中表现尤甚。

第二,导向意识。所谓导向,不外乎政治导向、价值导向、学术导向、审美导向四个方面。作为学术期刊,与电视、报纸等媒体相比,其一举一动的确在短时间内难以形成什么轰动效应;然而,如今的学术期刊已然成为媒体的一部分,也具有导向的功能。从某种意义上说,它调动某一学科的专家集中对某一问题的深层次开掘或全方位探究,又是报纸和电视难以做到的;它产生的权威性效应,也是其他媒体所无法相比的。所以,从近几年在理论界影响较大的一些学术期刊来看,每一个栏目的设计、推出,每一组文章的编排、加工,其实都渗透着责任编辑的思想情感,反映着主编的理念、旨趣与趋向。它的口碑不仅建基于政治导向的不出偏差,也得益于价值导向、学术导向、审美导向与之相配。但是,也应该看到,目前还是有不少的学术期刊在汹涌澎湃的市场经济大潮前失去了"定力",在职称、学位需要学术期刊支撑的求供失衡体制下沾沾自喜,进而经济利益高于学术利益和文化利益,不断为一篇篇粗制滥造的学术产品发放合格证书,自觉不自觉地制造和搅动着学术泡沫。这实际上是在放弃了导向责任的同时,又在展现着另一种导向。它对当今学术腐败现象的滋生、蔓延难辞其咎,所起的恶劣作用也是不可低估的。如此说来,无论是政治导向、价值导向,还是学术导向、审美导向,都是一个严肃的学术期刊不可或缺的,也是与责任意识连在一起的。

第三,品牌意识。任何一种学术期刊,无论是地处中心闹市,还是蛰居边疆一隅;无论是资本雄厚,还是经费拮据;无论是老帅坐镇,还是新兵主政,有一个愿望是共同的,那就是都希望自己编发的文章被其他媒体关注,自己设计的栏目被同行专家称道,自己主办的杂志被广大读者认可,进而确立自己刊物在学术界中的地位,逐渐成为品牌甚至名牌。所以,学术品牌的铸造说到底就是一本学术期刊文化选择、文化积累、文化创造的过程。由于学术期刊本身就是一个文化载体,它既要传播先进文化,也要推动和引导先进文化的研究,自身还要去实践先进文化;这样一来,打造学术品牌,不仅需要编辑调动智慧,找准所办栏目的主攻方向,而且也需要主编创新思维,不断开拓刊物的优势领域。这是一个长期的、持之以恒的过程。一位经济学家说得精辟,所有的品牌都不是机构评出来的,而是消费者通过实践树起来的。学术期刊的品牌也是这样,与其绞尽脑汁将工夫花在"诗外",不如精气内敛,施展自己的优长,办出自己的特色。从各国期刊的发展历程来看,任何形式的急功近利或墨守成规,都会将已有的成就付诸东流。

第四,竞争意识。竞争意识和品牌意识是紧密相连的,也是品牌意识的自觉延伸。在新世纪,随着改革开放在文化出版领域层面的步步拓展,国外学术媒体已由过去的虎视眈眈变得跃跃欲试,国内一些感受到威胁的学术期刊也纷纷振作精神、谋划应对之策和全方位改革。所以,今后期刊与期刊之间的竞争,将是品牌与品牌的竞争;编辑与编辑之间的竞争,将是栏目与栏目之间的竞争。品牌竞争的结果是出现名牌,栏目竞争的结果是出现名栏,而托起名刊、名栏的则是一篇篇高质量的名文。这也是精神产品与其他商品的共同之处。根据宇宙中的同心圆旋转吸附理论,我们可以将众多学术期刊视为一个大圆,一小部分引导学术潮流的期刊视为大圆中的小圆,两个同心圆都在不停地旋转;组成大圆的一部分学术期刊希望加速旋转、接近并成为小圆,而组成小圆的学术期刊不想脱离轨道成为大圆,也在旋转中加速。两个同心圆加速旋转的"助推器",就是不断的创新。从事业发展看,创新不仅是一个企业的生存之道,也是一本学术期刊的生存之道,二者的不同之处在于,精神产品不仅要求一批产品与另一批产品不能雷同,而且要求同一批次产品中的每一个产品之间也不能雷同。这里既有办刊理念的创新,也有编辑思路与审美趋向的创新;其目的在于通过对现行模式的突破与超越,追逐社会、经济效益的最大化,获得学术话语权。当然,任何意义上的创新都是有原则的,有一个"度"的把握,即不能偏离学术期刊传承先进文化、推动学术进步的宗旨。

第五,忧患意识。改革开放以来,中国的学术期刊经历了一个超常规发展的阶段。据不完全统计,截至2004年底,各省(市)社科院、社科联主办的综合类学术期刊有近百种,各部门主办的专业类学术期刊达上千种,这还不包括各地的大学学报(社科版)在内。在这庞大的学术期刊队伍中,有相当一批属于20世纪80年代前后所创办,动因是解决本单位、本部门、本学会的研究人员发稿难问题。这也是导致千刊一面、缺乏特色的主要原因。从目前的生存状况看,尽管各期刊社由于主办部门投入的力度不同,彼此存在着贫富不均的差别,但由于职称评定、学位获取机制对学术期刊市场的庞大需求,各学术期刊短期内仍可以逍遥度日。然而,这种局面并不是恒定不变的。这里且不说国外学术媒体的咄咄逼人,仅从教育部2004年推出"名刊工程"、2005年推出"名栏工程"的举措看,全国范围内的学术期刊资源大整合已悄然来临;而如果新闻出版署继续加大对学术期刊的宏观调控力度,那么,到时将会有不少的学术期刊因为质量低、读者少而被迫退出历史舞台。当然,建立一种学术期刊的"末位淘汰"机制对于时下条块分割、部门所有的管理体制来说,短时间内还难以做到,但随着文化管理体制改革的步步深入,市场化程度的不断提高,打破这种局面也并非遥遥无期。所以,作为事业单位的一部分,面对即将到来的改革,学术期刊如何生存发展,每一位主编、编辑都将作出艰难的抉择。

第六,读者意识。学术理论类期刊与大众生活、文化娱乐类期刊相比,具有理论层次高、受众面窄、发行量小、读者群相对固定等特点,这也是它长期以来办刊经费主要依赖于国家财政的原因,但因此也养成了一种计划经济体制下的办刊思维模式;加之大量自然来稿中有相当一批属于研究者个人的自娱行为,从而导致学科编辑在设计栏目和申报发稿选题时读者意识的缺位,似乎面向读者、贴近读者、服务读者与学术期刊无关。这与国际学术研究的最新趋向是完全相悖的。根据国外学术界目前通行的标准,一项研究课题从设计到评估,均需具备三个要素——价值、能力、读者。也就是说,研究者设计的课题能否被立项,一要看课题的学术价值,二要看研究者的驾驭能力,三要看读者的接受程度;推而广之,国外学术期刊的发稿标准也与此三要素相衔接。如此说来,读者意识并非是大众生活、文化娱乐类期刊的"专利",对学术期刊也非可有可无,而是编者必须要慎重考虑的一个方面。

强调学术期刊在策划中要有读者意识,不是说要改变学术期刊的办刊宗旨、以媚俗来取悦读者,这是对读者意识的误解。因为即使是完全市场化运作的诸如《时尚》杂志系列,也不是靠低级趣味来赢得市场的,它在服务读者、贴近读者的同时,也在有意识地引领时尚、引领消费。所以,学术期刊的读者意识,主要是指为读者服务的意识。它要求编者与读者经常作换位思考,不仅要站在读者的角度来精心包装刊物、精心编排文章和栏目,而且还要通过不断提高刊物的整体性文化内涵和学术品位,引领读者在阅读中开阔视野、更新观念,进而提高研究水平;而读者学术水平的提高、学术视野的拓宽,反过来又促使编者更加主动地增强读者意识、提高服务质量。这种编者、读者、作者之间的良性互动,正是社会科学蓬勃发展的生命力所在,也是学术期刊不断迈上新台阶的动力之源。

当然,搞好学术期刊的策划,使之能够在市场经济大潮中魅力四射,是一项系统工程,需要内外合力。除了上面所说的六种意识外,或许还可以总结出团队意识、奉献意识、经营意识、学习意识等,但无论是哪一种意识,都源自一个基点,这就是视编辑为一门学问,把编辑职业当作编辑事业,只有琢磨再琢磨,才会进步再进步。

原刊于《江西社会科学》2005 年第 5 期

期刊文献引证体例论争三题

论证、制定和推行综合性人文社会科学学术期刊的文献引证技术规范,绝非可有可无的繁文缛节或无关大局的雕虫小技。无规矩则不成方圆。往大处说,它关乎人文社会科学的学术创新与学风建设;从小处看,则事涉学术论著的体例规范与版式设计,直接影响到作者、读者的阅读习惯与思维模式,乃至刊物的编校风格与日常工作。兹事体大,不可不慎。

文献引证指的是学术论著撰写中有关引文及其表示方式的一套系统,是学术研究及论著撰写过程中不可或缺的重要组成部分。什么样的学科采用什么形式的文献引证体例,自有其学科本身的规律和特点,这是不言而喻的。因而,在讨论和制订文献引证体例规范的时候,首先需要明确和强调的是,作为学术研究载体的学术期刊必须服务于学术研究与学科建设,尊重学科差异,前者应该服务于后者而非相反。但是,目前期刊界的现实状况却出现了令人尴尬的局面,形成了一种莫名的循环怪圈:作者(这里指的主要是论文文体规范)服从于刊物(编者),刊物迎合于某种评价体系。在一定程度上也可以说是原来作为期刊检索和评价数据的《中国学术期刊(光盘版)检索与评价数据规范》(简称《CAJ–CD规范》)充当了学术期刊文献引证规范的引导与裁判。

应该说,《CAJ–CD规范》在20世纪90年代中期推出之初,从其期刊检索

---

* 刘泽生,《广东社会科学》杂志社。

与评价数据规范的功能本身,以及在当时的学术期刊界增强规范意识这一点而言,是有其积极意义的,其历史贡献受到学界的肯定。但问题在于,其后的演变就已经大大超出学界的想象了。它从一种"期刊检索与评价数据规范"变成了几乎涵盖和主导国内自然科学和人文社会科学所有学术期刊的文献引证规范以至编排规范,且大有一统天下之势。姑且不论其深层次的原因,这种以"期刊检索与评价数据规范"替代文献引证规范,就是一种不正常的现象,也常常成为学界与期刊出版界诟病的对象。经过十多年来的实践,比较突出的争议主要有三:

一是不尊重人文社会科学本身的学术规律,尤其是人文学科的学科特点。一般而言,目前学术界普遍采用的文献引证体例有两种:一种是注释体例,包括脚注(页下注)与尾注(文末注);另一种是参考文献体例,包括著者—出版年体例和顺序编码制。在人文社会科学领域,人文学科如历史、哲学、文学等学科通常是采用注释体例,而社会科学类如经济学、社会学等学科,则多倾向于采用著者—出版年体例。这种文献引证体例比较符合不同学科自身的学术规律。但近十年来,由于有关方面的行政介入和强力策动,将原本主要以自然科学学科为背景的《CAJ-CD规范》,用检索与评价规范代替编排规范,忽略了人文社会科学与自然科学的不同学科特点,几乎所有学科的文献引证均强行统一为顺序编码制,这有违于学术规范、编排规范、文献引证规范应该服务于学术研究的初衷,不利于学术创新与学科建设的健康发展。

二是不利于作者(学者)、读者(由于人文社会科学学术期刊自身的特点,它的读者实际上又大多是各相关学科的专业人士或在校相关专业的学生)的学术创新与文献资料的使用。以人文学科的历史、哲学、文学类论文来说,目前《CAJ-CD规范》的标注方式,还往往造成了读者在阅读上的诸多不便,时有无故中断、思路受阻,甚或如鲠在喉的感觉,尤其在中国的文献古籍或历史考证方面的文章阅读,这种感受尤为深刻。

三是增加了期刊的工作强度与编辑难度。在作者—编者(刊物)—读者的"产业链"中,编者(刊物)处于整个链条的中游,但往往上下不讨好,成为夹在其中的替罪羊。作者(学者)埋怨编者(刊物)强迫其采用不符合学科特点的文献引证方式,读者不满刊物的编排规范,而编者则有苦难言——增加无谓的工作量还不算,没有执行《CAJ-CD规范》,或将被视为违反上级主管部门的规定,甚至有被排挤出所谓"核心期刊"或"来源期刊"之虞。主编们承受不了这种难言之痛,不少刊物也就只能违心地不得已而为之了。这实在是期刊界的无奈。

二、国际接轨与学术传统

在人文社会科学的文献引证中,是否也存在一种可供各国所有学术期刊"国际接轨"的"路轨"呢?笔者的回答是否定的。所谓"接轨",无非是加强对外学术交流,融入世界。这里既没有一个类似于"国际公约"或"国际标准"的"规范",也没有充分考虑到世界各国不同的历史、语言、文字、学术等传统背景,笼统地以"国际接轨"来"规范"各国各地区错综复杂的人文学科,这是不切实际的做法,也有违人文科学的学术精神。即使是假定有一个可供"国际接轨"的"路轨",那么还有一个是谁向谁接轨的问题。在学术研究中,为了加强与国外同行的交流,共享学术研究的成果,就某种类型的文体规范进行学术的探索,应该说是有必要的。对于某些自然科学类的相关学科,以及社会科学中的经济学、社会学等学科,采用著者—出版年体例,目前在学界似乎比较易于产生共识。而对于人文学科中的历史、哲学、文学等学科,则有较大的分歧。中国作为一个具有五千年文明传统、世界四大文明古国之一的东方国家,中文作为世界上使用人口最多的文字之一,在中国进行人文社会科学研究,其文献引证体例该向谁接轨呢?尤其是在人文学科的研究中对于中国古籍、档案文献等的考据、勘误、辨识、整理时传统上所采用的注释体例,这一中国传统文化中的"国粹",又该如何与"国际接轨"呢?这恐怕是有关方面在制定相关文献引证规范时要慎之又慎的。在人文学科的文献引证或正文中引入外文标点(如实心圆点"·")、英文标志代码如M(普通图书)、N(报纸)、J(期刊)、G(汇编)、D(学位论文)等,更显得另类。这种不分学科类型、不问使用场合一刀切的做法,似有违学术的规矩,不利学术的传承,也不利于保护、弘扬中华民族的优秀文化传统。

当前期刊界还有一种似是而非的"规范"——不分学科与刊物的类型,一概要求论文的篇名、作者、摘要、关键词等必须有外文(主要是英文)翻译,据说这也是与"国际接轨"。对于中国的大多数刊物而言,这实在是没有必要统一的硬性规定。笔者以为,对于某些有特殊的直接对外交流任务的刊物,或者少数具备比较成熟条件的期刊作为自选动作自愿实行外,目前内地的大多数刊物其实没有太大的必要统一实行这种翻译制度,或仅保留必要的外文标题目录。至于有人担心国外学者看不懂,其实这种担忧是没有必要的。以历史学为例,就如同一位国外学者想深入中国史(尤其是中国古代史)的研究,那么良好的中文素养恐怕是他首先必须具备的入门工具,否则研究从何谈起?这与中国学者从事外国史研究必须具备较好的外文素养与专业素养的道理是一样的。再说,国外期刊界是否也有统一规定在论文(这里主要指涉及中国研究的相关选题)发表时相应的将该国文字译为中文,与中国学者(学术)接轨呢?在此尚且未论及令多数作者及编者为之头痛的翻译失误和耗费的大量人力物力。

对于办刊人来说,还有一点是不能不提到的,就是传统的中文学术刊物是很讲究版面版式的整体设计、文章的视觉美感以及阅读的流利舒畅的。如果在正常的语句中夹杂过多的本体语言之外的符号(文字),将在整体视觉与阅读感受上大打折扣,甚至直接影响到读者的思维与灵感。这也是不少读者经常反馈回来的阅读信息,理应引起学术期刊界的重视。

三、一刊一制与一刊两制

目前中国大陆究竟有多少学术期刊,这实在是很难予以准确界定的事,似乎也缺乏具体的统计数据。据有人估算,属于人文社会科学类的学术或准学术刊物,大约为3000家,且大部分为综合性期刊。但目前残酷的现实是,这一数目庞大的期刊群体,不少像是从同一条生产线上生产出来的缺乏个性、似曾相识的产品,这就有了学术期刊"千刊一面"的诘难——尤其是对于编排体例的同质化及文献引证体例上有违学术规范的强行推广的诟病。在很大的程度上,这种局面的形成其始作俑者之一可能就与《CAJ-CD规范》有关。10年来由于推行《CAJ-CD规范》而产生的种种争议,遂引起了作者—编者—读者链条的诸多反应,文献引证规范的一种新的探索就理所当然地被推上历史的舞台——"一刊两制"的尝试。

所谓的"一刊两制",即将目前国内学术界专业期刊比较通用的两种文献引证体例——注释体例与著者—出版年体例平移到同一本综合性学术期刊中,属于传统人文学科类的论文采用注释性体例,而属于社会科学类论文则可考虑采用著者—出版年体例。有论者认为,其意义在于有助于强化期刊的服务意识,树立学科本位与论文本位的观念;有利于使作者在专业期刊与综合期刊刊发文章获得"通行证";有利于使期刊形成规范与宽容、统一与多样性有机组合的自然状态。这一探索在目前学术期刊界"千刊一面"的氛围下提出是颇具勇气的,对于综合性人文社科期刊来说,其基本判断也是比较客观的,笔者深表敬佩。

当然,"一刊一制"与"一刊两制"孰优孰劣,尚有待学界同仁就具体学科、具体刊物继续进行深入论证,以期形成共识。笼统定性,恐有失偏颇。为推动文献引证体例相关问题的探索,笔者提出三点建议:

第一,有关行政职能部门及相关的行业、专业学会(协会)宜慎重对待现行推荐学术期刊执行的不符合学术规律的有关标准、规定、规范或其他推荐方案,尽量减少行政对学术不必要的干预,积极倡导一种宽容、严谨的学术氛围,鼓励就文献引证体例进行必要的学术争鸣与探索。或可组织具有相关代表性的学术机构及有关学者进行学术攻关与论证,寻求建立一种能为大多数学人、刊物所接受的文献引证规范。至少在未有新的规范出台之前,允许各刊自行选择编排规范,允许进行必要的学术探索。而实际上国家新闻出版总署也并未对人文社会科学学术期刊的文献引证体例作出国家标准的强制推广。

第二,期刊检索和评价数据功能与文献引证文体规范是分属于两个不同范畴的概念。建议现有的《CAJ – CD 规范》回归其期刊检索与评价数据的功能,加强数据库为期刊服务、为学者读者服务、为学术研究服务的意识,在计算机应用技术上力争有新的突破,实现检索评价规范与编排规范的自动转换。要科学、理性地评价光盘版的历史作用。在推动学术期刊的检索与评价数据方面,以至建立和完善期刊的学术规范方面,各有关数据库与评价机构是应该而且可以大有可为的。

第三,各期刊社在发挥各自独立探索功能、保持自己刊物风格的同时,建议加强相互之间的信息沟通与协作,共同为文献引证体例规范的实验与完善而努力。以综合性人文社会科学学术期刊为例,同为注释性体例,是采用页下注(脚注)还是文末注(尾注);甚至同一本综合性刊物,是采用"一刊两制",还是实行经过改良、创新的"一刊一制",只要有利于学术研究的大方向,有利于读者的正常阅读与文献资料的使用,有利于期刊的编辑和出版,都值得探索和尝试。各期刊社的文献引证所收著录项目均应力求标注完整、规范,以配合数据统计与文献评价部门对有关数据的准确采集。若干交叉学科及新兴学科的类别划分与归属,则建议由各刊自行探索,不必急于强求一致。欲速则不达。非理性的强制式统一对于学术研究的发展和学术规范的建立未必是一件好事。假以时日,经各方共同努力,或可寻求到一个趋于一致的方案。

近期学术界、期刊界关于文献引证体例的这场讨论,是对学术规范与学风建设的一种新的思考与探索,具有理论探讨的价值和实际操作的功能,受到学者—编者—读者的广泛关注。创新需要勇气,突围更需要勇气。我们期待着在文献引证体例的探索与完善上有新的突破。

原刊于《清华大学学报(哲学社会科学版)》2007年第6期

学术期刊编辑规范与人文社会科学

姚　申[*]

姚　申[*]

对于《中国学术期刊（光盘版）》电子杂志社在中国期刊界乃至中国学术界欲集自然科学与人文社会科学信息检索、成果发布、学术评价于一身的雄图大略与高远志向，我一直心存敬意，在敬佩之余也曾在多种场合对这种试图"包打天下"的良好愿望提出质疑。然而，对于目前在国内学术期刊界特别是人文社会科学学报界广泛推行又备受争议的由《中国学术期刊（光盘版）》编辑委员会提出的《中国学术期刊（光盘版）检索与评价数据规范》，我觉得它的积极意义和正面作用还是值得充分肯定的。我们肯定《中国学术期刊（光盘版）检索与评价数据规范》的正面作用是基于如下背景：

长期以来，国内学术界尤其是人文社会科学学术界一直对学术著述编辑规范问题重视不够，以为这仅是属于技术层面的小问题，以致在各类学术著作和学术期刊中各种编排格式自行其是，或详或略，从心所欲；细细究察，包括近代已降直至现当代的一些著名学者大家的著述以及所发表的论文，在引文注释和编排规范方面往往也会有这样那样的问题。

自20世纪90年代中期起，学术规范问题开始引起国内学术界注意，并引发热烈讨论，关注焦点直指学术伦理和学术诚信层面，但编排规范问题尚未纳入讨论视野。实际上，学术著述包括学术期刊的编排规范是学术规范的一个重要组成部分。国外学术界就对这一问题给予高度关注，编排规范中的引文注释的格式问题被认为与"学术诚信"有极大关系，合法而有效地准备和运用文献引

---

* 姚申，《高等学校文科学术文摘》编辑部。

证,避免剽窃抄袭和学术欺诈,被认为是取得真正学术成就的第一步。美国芝加哥大学教授 C. Lipson 曾专门就这一问题写成著作 Doing Honest Work in College(复旦大学郜元宝教授将此书名译为《诚实做学问——从大一到教授》,并为译本作序:《学术诚信:从"引注"做起》,中文版由华东师范大学出版社于最近出版,可供参考)。

我以为,《中国学术期刊(光盘版)检索与评价数据规范》的积极意义和正面作用在于:首先,作为一种编排规范,它的大力推行有效地结束了先前人文社会科学学术期刊杂乱无章、莫衷一是的编排格局。其次,《中国学术期刊(光盘版)检索与评价数据规范》在编排规范方面确实提供了一些新的内容,例如将参考文献和引文注释区分开来,强调必须确定出版单位确切的出版地点等。第三,通过《中国学术期刊(光盘版)》杂志社多种运作(促使《中国学术期刊(光盘版)检索与评价数据规范》成为国家推荐标准、对《CAJ – CD 规范》优秀期刊的评选等),使人们对以往经常被忽略的编排规范问题的重视程度提升到一个空前的前所未有的高度,这一点也许更为重要。某种意义上,今天这么多家国内有影响的学术期刊老总们聚首一处,研讨综合性人文社会科学学术期刊编排规范问题,盖源于斯。

尽管《中国学术期刊(光盘版)检索与评价数据规范》的积极意义和正面作用值得充分肯定,但这部规范的一些缺陷也还是客观存在的。一部行之有效、对学术研究能起到推动作用的编排规范似乎至少应具备几个基本要素:首先应该有利于著述者正确自如的表达,其次能够便于与阅读者进行明白畅晓的交流,再次应可供编辑者进行切实易行的操作,即符合《中国学术期刊(光盘版)检索与评价数据规范》自己提出的"简明、易行、实用"原则。而正是在这几点上,《中国学术期刊(光盘版)检索与评价数据规范》遭到了许多作者、读者和编者的拒斥,以至于一些激愤的论者指称这一规范的推行是一种"学术犯罪"。一些作者或因自己的论文要被强制使用这一规范而干脆拒绝发表,或因发表后的论文被强加此种编排格式而引以为耻(这种现象在学术史上也属罕见);读者则将这样的编排规范视为阅读障碍,因感到难以消化而不予认同;对于编辑而言则是更受其累,且不说每人为熟悉这一规范要花大量时间去掌握甚至接受培训,仅仅为了使所编发论文能适应这一规范,每篇有时要花费编辑数小时甚至数天时间,许多执行这一规范的期刊编辑对此可谓甘苦自知。

《中国学术期刊(光盘版)检索与评价数据规范》之所以遭到批评,首先在于它违背了自己提出的"简明、易行、实用"的原则,一味突出另一条"原则",即"有利于计算机处理和保证数据准确检索与统计"和让所有期刊尽为《中国学术期刊(光盘版)》电子杂志社特殊需求服务的原则,因此使不少作者、编辑、读者会因这一规范过于繁难而产生不胜其烦之感。而其所遭诟病的最根本原因在于这一规范没有尊重或者说漠视了一般学科与学科之间的差异性,尤其是漠视了自然科学与人文社会科学之间存在的巨大差异,企图以一种规范"定天下于一尊"。且不说自然科学与人文社会科学之间的区别与不同,即使在人文社会科学各学科之间也存在着诸多差异。就以通常所说的"文科"为例,在"文科"这个大概念下,还可分为人文科学和社会科学两大类及其一系列不同学科,这样的常识本无须赘言,而《中国学术期刊(光盘版)检索与评价数据规范》恰恰在这一点上犯下错误,最突出的表现就是没有充分顾及和考虑人文学科特别是涉及中国传统和古典文献研究的相关学科的特殊性。这也使笔者想起近年刚出台的另一部"规范":国标《文后参考文献著录规则》(GB/T 7714 - 2005)。这部为规定"各个学科"使用而编写的国标规则实际上也存在着同样的问题,没有仔细考虑人文社会科学尤其是人文学科研究自身的特殊规律,规则主要起草者:段明莲(北京大学信息管理系)、纪昭明(中国科学院文献信息中心)、万锦堃[清华大学《中国学术期刊(光盘版)》电子杂志社]、陈浩元[《北京师范大学学报》(自然科学版)编辑部]、白光武(中国科技信息研究所)诸位,几乎都不具有从事人文社会科学研究的学术背景。而这部最新修订的国标与1987年颁布的那部一样,给人的感觉依然是自然科学出版物编排格式在起着主导作用。我想,这可能还是主管部门某种众所周知的潜意识在发挥着影响吧?

平心而论,《中国学术期刊(光盘版)检索与评价数据规范》的制定也可谓花费了艰辛的劳动,其出发点也肯定是善意的,作为某一种试行的编排规范,完全有其存在的理由,愿意试行这一规范的学术期刊也尽可以自主执行。但若作为文献信息部门的某一单位希望就此以一种编排规范"包打天下",甚至试图依靠类似行政手段(例如总署下文、作为推荐国标等)来达到"定天下于一尊"的目的,这就会成为问题。实际上即使像国家质监局和国家标准化管委会所颁布的规定为"各个学科"使用的经过最新修订的国标:《文后参考文献著录规则》（GB/T 7714－2005），也还有许多不尽如人意之处，也并不能够简单地适用于"各个学科"。至于《中国学术期刊（光盘版）检索与评价数据规范》以及《文后参考文献著录规则》所声言要与"国际接轨"，"尽可能与国际标准保持一致"的说法，其实也并不确切。

事实上，国际上并不存在一种自然科学与人文社会科学通用的国际标准编排规范。像美国这样的科学学术研究高度发达国家，在学术著述和学术期刊的编排格式、文献引证体例方面也都没有统一的国家标准。尤其是在文献引证体例和格式等方面，根据具体学科要求，各个高校有好几套通行的规范可供选择，不同的学科和相应的学术机构也都有属于自己的经过长期实践和积累的规范系统。学者经仔细研究后一般会根据自己需要从中选取一套，一旦使用，就须"从一而终"（参见 C. Lipson：Doing Honest Work in College 一书）。我想，但凡主张与"国际接轨"，"尽可能与国际标准保持一致"的人们，了解这一点也许很重要。

笔者认同"学术期刊是展现科学研究成果的平台，是推进和繁荣学术事业的重要阵地；为科学研究服务，为作者和读者服务，是包括高校学报在内的所有学术期刊的根本宗旨；高校学报的编排规范理应服从于这一宗旨"这样的表述。学术期刊的编辑规范包括国家标准乃至高校学报编排规范的制定，都理应服从为科学研究服务的宗旨。既然是提供人文社会科学学术期刊使用的编排规范，那就更有理由为促进人文社会科学学术研究服务，为繁荣发展人文社会科学事业服务，而不应当反过来使之受到制约，受到影响。在这个意义上，我赞成根据人文社会科学研究的自身特点对现行的编排规范进行修改，赞成在编排规范上人文社会科学学术期刊包括高校学报可实行"一刊两制"乃至"一刊多制"。

笔者最后建议：有关部门和有关方面在制定与人文社会科学研究有关的规范、包括技术层面的规则、标准以及有关政策条文的时候，应更多地听取和吸收人文社会科学研究工作者的意见，更多地考虑到人文社会科学研究的特点与特殊性。对于试图以一种"国家标准"来统一所有的编排规范的想法，个人认为，这可能仅仅是一厢情愿或是一种美好愿望。

鉴于有关人文社会科学学术期刊编排规范尚处在争议、讨论、试行、修改与完善阶段，以及近年来有关部门、各地管理机构及行业协会在对学术期刊进行评估时又往往涉及对刊物编排规范加以考察与检查的实际情况,笔者同时建议:在今后这类评估中暂不将刊物编排规范作为考察对象,或暂不将《中国学术期刊(光盘版)检索与评价数据规范》和《文后参考文献著录规则》(GBT 7714 – 2005)作为评估依据。

笔者期待有关学术期刊编辑规范的讨论以及学术期刊编排规范的修改与完善,会更加强化人们的学术规范意识,更加有利于人文社会科学学术研究的进一步发展。

原刊于《清华大学学报(哲学社会科学版)》2007 年第 6 期

图书馆、情报与文献学期刊学术规范量化分析

——基于 CSSCI 的统计分析

白　云[*]

一、引言

作为知识传播和成果报道主要载体的学术期刊的作用正得到日益充分的展现,从国家到具体研究机构的学术水平和创新能力在很大程度上通过学术期刊体现出来。因此,对学术期刊的评价也受到学术界越来越多的关注。对学术期刊进行科学合理的综合评价,其结果在微观上会影响办刊思想以及科研人员的投稿选择,在宏观上会对学术研究的发展与交流产生重大影响。毫无疑问,对学术期刊进行综合评价具有十分重要的现实意义。

根据最新公开发行的中国人文社会科学期刊目录统计,我国现有图书馆、情报与文献学学术期刊约 70 余种。CSSCI 系统 2004—2006 年收录图书馆、情报与文献学期刊 18 种。[①] 3 年间 CSSCI 收录图书馆、情报与文献学论文 14754 篇,而这些论文的参考文献数量为 111226 篇。本文以 2004—2006 年间在 CSSCI 数据库被引达 15 次以上,即具有一定学术影响的图书馆、情报与文献学 50 期刊为研究对象,以 CSSCI 数据库、中国期刊全文数据库、万方数据库以及印刷型期刊为数据源,综合考察图书馆、情报与文献学期刊 2004—2006 年期间的学术规范、学术质量、学术影响,使图书馆、情报与文献学界对本学科领域期刊有一

---

* 白云,南京大学中国社会科学研究评价中心。

① 中国社会科学研究评价中心。http://www.cssci.com.cn/CSSCIlyqk2004.htm.[2008 - 04 - 12]. http://www.cssci.com.cn/documents/CSSCIlyqk2006.htm

个全面的了解。

二、图书馆、情报与文献学期刊学术规范量化指标

我们将期刊的论文篇均参考文献数、基金论文占有比例、期刊作者地区分布及期刊标注有作者机构的论文比例这四项指标作为评价期刊学术规范量化的指标，从而分析图书馆、情报与文献学期刊的规范化和学术含量。限于篇幅，本文不再对作者地区分布以及标注有作者机构的论文比例这两项指标进行单独统计列表，只将其统计结果计入学术规范量化指标综合值。

（一）图书馆、情报与文献学期刊篇均参考文献数

参考文献是学术论文不可缺少的重要组成部分。它的实质是反映论文与参考文献之间的学术关系。参考文献不仅使研究者跟踪和了解前期成果的学术渊源，以便对该成果寻根究底，而且可以反映学者对本学科或相关专业领域发展动态的把握能力和吸收相关信息的能力，体现出作者对该学科领域的研究深度和广度。因此，对整个期刊篇均引文量的分析，可以考察期刊的学术规范和学术水平。

根据统计，CSSCI（2004—2006）的图书馆、情报与文献学来源期刊的篇均引文量为7.6篇，居于人文社会科学的中下游水平，低于所有学科篇均引文数平均值（8.20）0.6篇。远低于排名第一的历史学（18.01）。①

表1给出了2004—2006年图书馆、情报与文献学期刊篇均参考文献数统计以及三年平均参考文献篇数，并对各期刊进行了归一化处理。归一化值以《情报学报》的平均篇均参考文献篇数（12.237篇）作为分母，与其余期刊的平均篇均参考文献篇数相除而得归一化值。本表按归一化值的降序排列。

---

① 邓三鸿、金莹：《我国人文社会科学学术期刊的学科对比——基于CSSCI的分析》，《东岳论丛》2008年第1期。

表 1 2004—2006 年图书馆、情报与文献学期刊篇均参考文献数统计

排序	期刊名称	2004	2005	2006	三年平均	归一化值
1	情报学报	9.71	14.08	12.92	12.237	1.0000
2	中国典籍与文化	2.16	12.99	16.66	10.603	0.8665
3	古籍整理研究学刊	5.19	12.87	12.92	10.327	0.8439
4	图书与情报	10.15	10.42	10.01	10.193	0.8330
5	图书情报工作	9.03	9.20	10.13	9.453	0.7725
6	情报科学	7.45	8.61	9.96	8.673	0.7088
7	中国图书馆学报	7.61	9.04	9.05	8.567	0.7001
8	图书情报知识	7.27	8.34	9.30	8.303	0.6785
9	情报理论与实践	7.52	8.19	9.05	8.253	0.6744
10	情报杂志	7.49	7.94	9.13	8.187	0.6690
11	情报资料工作	7.29	8.14	8.83	8.087	0.6609
12	大学图书馆学报	6.06	7.98	10.02	8.020	0.6554
13	现代图书情报技术	7.14	8.06	8.31	7.837	0.6404
14	图书馆论坛	7.48	7.33	8.11	7.640	0.6243
15	图书馆	6.80	7.37	8.09	7.420	0.6064
16	图书馆学研究	5.87	6.85	7.45	6.723	0.5494
17	四川图书馆学报	6.60	6.66	6.68	6.647	0.5432
18	图书馆建设	6.25	6.72	6.21	6.393	0.5224
19	河北科技图苑	5.50	6.42	7.24	6.387	0.5219
20	图书馆杂志	6.53	6.11	5.61	6.083	0.4971
21	高校图书馆工作	5.14	6.49	6.61	6.080	0.4969
22	图书馆理论与实践	5.63	6.03	6.52	6.060	0.4952
23	图书馆界	6.80	5.43	5.47	5.900	0.4821
24	现代情报	5.05	6.18	6.37	5.867	0.4794
25	国家图书馆学刊	5.70	5.68	6.08	5.820	0.4756
26	新世纪图书馆	5.59	6.10	5.57	5.753	0.4701
27	河南图书馆学刊	5.72	5.58	5.87	5.723	0.4677

排序	期刊名称	2004	2005	2006	三年平均	归一化值
28	图书馆工作与研究	5.97	5.58	5.56	5.703	0.4660
29	江西图书馆学刊	5.41	5.36	5.88	5.550	0.4535
30	图书馆学刊	4.92	5.01	6.18	5.370	0.4388
31	数字图书馆论坛	—	3.20	7.33	5.262	0.4300
32	山东图书馆季刊	4.94	5.21	5.52	5.223	0.4268
33	晋图学刊	5.06	5.08	5.42	5.187	0.4239
34	大学图书情报学刊	4.35	5.32	5.32	4.997	0.4084
35	中华医学图书情报杂志	4.69	4.87	5.03	4.863	0.3974
36	农业图书情报学刊	4.63	4.83	4.94	4.800	0.3923
37	档案学通讯	3.50	4.84	5.83	4.723	0.3860
38	情报探索	4.29	4.53	5.23	4.683	0.3827
39	中国信息导报	2.64	3.45	5.27	3.788	0.3096
40	档案学研究	3.72	3.55	4.09	3.787	0.3095
41	科技情报开发与经济	1.70	2.40	3.40	2.500	0.2043
42	浙江档案	1.00	2.67	2.57	2.080	0.1700
43	山西档案	1.25	2.18	2.74	2.057	0.1681
44	档案管理	0.52	1.73	2.64	1.630	0.1332
45	档案与建设	1.12	1.16	1.97	1.415	0.1156
46	档案时空	2.49	0.55	0.98	1.341	0.1096
47	兰台世界	0.50	0.67	2.20	1.123	0.0918
48	北京档案	0.81	1.25	1.28	1.112	0.0909
49	档案	1.18	0.59	1.06	0.942	0.0770
50	中国档案	0.85	0.44	0.71	0.667	0.0545

　　与 CSSCI 提供的 2004—2006 年期间的来源刊相比:前 20 名期刊中,CSSCI 来源期刊共占有 13 席,其余的 5 种图书馆·情报与文献学来源期刊分布在第 21 名至 40 名之间。来源期刊中,图书馆与情报学交叉学科的期刊篇均引文数最高(9.32 篇),情报学期刊以平均篇均引文数 8.88 篇排名第二,图书馆学次

之,为7.07篇,档案学的两种来源期刊的篇均引文数最低,平均为4.26。因此,除了图情交叉学科期刊和情报学期刊略高于整个人文社会科学 CSSCI 来源期刊篇均引文数的平均8.20篇外,图书馆学期刊在篇均引文数上还有进一步提高的空间,特别是从事传统图书馆学研究的从业人员更应注重参考文献的标注。档案学因为其学科研究领域的特殊性不宜一概而论,但是随着档案学研究的范围拓宽和内容深入,以及档案学基础理论研究和应用理论与技术研究之间相互交错、相互转化的趋势日渐突出,必将使档案学研究逐步融入国际档案学的洪流之中①,这些都要求档案学研究的深化,那么体现研究深度的参考文献的规范化及篇均引文数的提高也势在必然。

从年度变化来看,图书馆、情报与文献学期刊的篇均引文数基本处于稳定增长的状态。涨幅最为明显的5种期刊分别是《中国典籍与文化》《古籍整理研究学刊》《数字图书馆论坛》《大学图书馆学报》和《情报学报》,它们的涨幅均超过3篇。50种期刊中,有9种期刊的篇均引文数量有所下降,有82%的期刊篇均引文数量都呈现上升的趋势,说明图书馆·情报与文献学期刊的引文数量有所增加,引文意识和规范正不断加强。

从整体上看,图书馆、情报与文献学期刊的篇均引文数量相差较大。最高的《情报学报》达到12.24,而《中国档案》仅有0.667,两者相差近18倍之多。排在本表前10位的期刊以情报学和图情交叉期刊居多,一共7种;而排在本表最后10位的期刊中档案学占了9种之多。

从学科角度来看这些期刊的平均篇均引文数,由于图书、情报与文献学涉及四个分支领域,它们分别是图书馆学(21种)、情报学(9种)、档案学(11种)和文献学(2种),它们的期刊平均篇均引文数分别为:6.26篇、7.37篇、1.90篇和10.47篇。其中文献学类期刊的篇均引文数量明显高于图书馆、情报学期刊,主要因为前者的期刊以古籍文献为主,主要内容涉及有关古代文献典籍整理和研究,传承了历史学的研究范式。而图书馆学、情报学则以面向应用的研究为主,特别是情报学与信息、计算机和网络技术的交叉融合,使得情报学期刊的平均引文数略高于图书馆学期刊,而图情交叉7种期刊平均篇均引文数介于上述两者之间。四个分支领域中档案学期刊因不乏一手档案史料以及包括各

---

① 李财富、丁华东:《档案学理论前沿与学科发展》,《档案管理》2006年第4期。

级档案馆的一线从业人员的实践工作的总结，所以这些期刊的引文数量较少也在情理之中，这也是档案学期刊的特殊之处。另外，在期刊规范方面，有些图书馆、情报与文献学期刊引文较其他学科而言相对规范，但也存在一些问题。例如，引文在标注的时候缺少作者、文章名、出版社、发表时间（出版年）等中的一项或者几项，有些作者或者编辑为了节省版面，减少或者全部删除引文。因此，对于像图书馆、情报与文献学这样一个自身学科历史相对不长、理论研究有待深化的面向应用的学科来说，提高引文数量和质量仍然是学科发展中需要重视的。

（二）图书馆、情报与文献学期刊基金论文比例

一般说来，受到基金项目（一般指国家、省市级重大基金或国家重大项目）资助的论文多数都具有较高的学术水平。这是因为，基金项目经过专家对申请课题的科学性、前沿性、应用性的严格评审，并对课题申请者的学术资质、研究条件、项目管理等进行了严格论证才得以立项。所以，基金论文往往代表了某研究领域的新趋势，是本领域的"制高点"。因此，期刊登载的基金论文数量越多，说明期刊吸收前沿学科高质量论文的能力越强。另一方面，基金论文的作者大都愿意把自己的新知识、新观点、新思想、新方法的最新科研成果投向本领域地位最高、影响最大、学术性最强的高水平期刊上，以此扩大其论文的影响力和被引用率。这两方面说明"基金论文比"与期刊学术质量应该是成正比的关系。[1] 例如，在自然科学领域我国学者在国际著名期刊 Science 和 Nature 上发表的论文中一半以上是受国家自然科学基金资助的，其被引率大大高于其他论文。[2]

2004—2006 年图书馆、情报与文献学来源期刊的基金论文比为 17.44%，在 25 个人文社会科学学科中排位第 9 名，远小于环境科学（61.68%）、心理学（49.6%）、管理（37.14%）、体育（31.42%）等含有自然科学性质的社会科学学科。[3]

表 2 给出了 2004—2006 年图书馆、情报与文献学期刊基金论文比例数据、3 年平均值和归一化值。本表按归一化值降序排列。

---

① 李晓红、于善清、胡春霞、孙培芹：《科技期刊评价中应重视"基金论文比"的作用》，《科技管理研究》2005 年第 10 期。

② 杜永莉、刘金玉、张晓燕：《全军医药卫生科技基金资助项目论文统计分析》，《中华医学图书情报杂志》2002 年第 1 期。

③ 邓三鸿、金莹：《我国人文社会科学学术期刊的学科对比——基于 CSSCI 的分析》，《东岳论丛》2008 年第 1 期。

从表 2 可以看到,排名前 16 位的图书馆、情报与文献学期刊中除《现代情报》外其余均为 CSSCI 来源期刊,可见在基金论文比这项指标中,该学科的 CSSCI来源期刊占有不可替代的优势。同时,我们也要看到仍有 2 种来源期刊由于三年平均基金论文比的数值较低,而排在 20 名之外。

从各年变化来看,图书馆、情报与文献学期刊的基金论文比呈明显上升的趋势。2006 年较 2004 年有 85% 的涨幅。50 种图书馆、情报与文献学期刊中,94% 的期刊基金论文比有不同程度的增长,其中增幅达 3 倍以上的期刊有《图书与情报》《现代情报》《图书馆理论与实践》《图书馆工作与研究》和《图书情报知识》;还有 6 种期刊实现了基金论文零的突破,比如《档案管理》,由 2004 年的 0 上升到 2006 年的 0.047。产生这样的变化趋势主要有两方面的原因:其一,国家重视对图书馆、情报与文献学基金项目的投入,这是增加基金项目的成果的动力,也是提高图书馆、情报与文献学期刊基金论文比的原动力;其二,图书馆、情报与文献学期刊不断提高自身的学术规范,注重吸纳有基金项目支持的论文,重视基金论文的标注,这也是增加基金论文比的有效动力。

表2　2004—2006 年图书馆、情报与文献学期刊基金论文比例

排序	期刊名称	2004	2005	2006	三年平均	归一化值
1	情报学报	0.480	0.509	0.613	0.5340	1.0000
2	中国图书馆学报	0.474	0.423	0.523	0.4733	0.8863
3	情报杂志	0.197	0.320	0.444	0.3203	0.5998
4	情报理论与实践	0.188	0.239	0.368	0.2650	0.4963
5	情报科学	0.173	0.296	0.253	0.2407	0.4507
6	图书情报工作	0.177	0.252	0.209	0.2127	0.3983
7	图书情报知识	0.094	0.194	0.283	0.1903	0.3564
8	现代图书情报技术	0.118	0.182	0.266	0.1887	0.3534
9	档案学通讯	0.136	0.148	0.170	0.1513	0.2833
10	情报资料工作	0.129	0.141	0.175	0.1483	0.2777
11	档案学研究	0.088	0.093	0.202	0.1277	0.2391
12	现代情报	0.030	0.110	0.155	0.0983	0.1841
13	大学图书馆学报	0.060	0.070	0.132	0.0873	0.1635

排序	期刊名称	2004	2005	2006	三年平均	归一化值
14	图书馆工作与研究	0.035	0.099	0.112	0.0820	0.1536
15	图书馆理论与实践	0.032	0.103	0.107	0.0807	0.1511
16	图书馆论坛	0.046	0.086	0.090	0.0740	0.1386
17	图书馆学刊	0.040	0.060	0.095	0.0650	0.1217
18	高校图书馆工作	0.040	0.100	0.051	0.0637	0.1193
19	图书与情报	0.006	0.041	0.138	0.0617	0.1155
20	图书馆杂志	0.040	0.079	0.064	0.0610	0.1142
21	古籍整理研究学刊	0.030	0.080	0.072	0.0607	0.1137
22	新世纪图书馆	0.030	0.070	0.080	0.0600	0.1124
23	图书馆学研究	0.030	0.070	0.072	0.0573	0.1073
24	四川图书馆学报	0.040	0.060	0.070	0.0567	0.1062
25	图书馆界	0.040	0.040	0.077	0.0523	0.0979
26	山西档案	0.033	0.050	0.068	0.0504	0.0944
27	河南图书馆学刊	0.030	0.060	0.051	0.0470	0.0880
28	农业图书情报学刊	0.030	0.050	0.056	0.0453	0.0848
29	图书馆	0.015	0.065	0.054	0.0447	0.0837
30	国家图书馆学刊	0.024	0.040	0.066	0.0434	0.0813
31	晋图学刊	0.010	0.030	0.078	0.0393	0.0736
32	图书馆建设	0.030	0.030	0.055	0.0383	0.0717
33	河北科技图苑	0.030	0.020	0.059	0.0363	0.0680
34	江西图书馆学刊	0.020	0.040	0.036	0.0320	0.0599
35	中华医学图书情报杂志	0.020	0.020	0.050	0.0300	0.0562
36	档案管理	0.000	0.040	0.047	0.0290	0.0543
37	大学图书情报学刊	0.010	0.030	0.042	0.0273	0.0511
38	兰台世界	0.010	0.040	0.030	0.0267	0.0500
39	情报探索	0.000	0.030	0.042	0.0240	0.0449
40	数字图书馆论坛	—	0.008	0.036	0.0220	0.0412

排序	期刊名称	2004	2005	2006	三年平均	归一化值
41	科技情报开发与经济	0.010	0.020	0.034	0.0213	0.0399
42	档案	0.009	0.028	0.024	0.0204	0.0382
43	档案与建设	0.010	0.011	0.037	0.0192	0.0360
44	浙江档案	0.006	0.014	0.029	0.0161	0.0301
45	中国信息导报	0.000	0.000	0.021	0.0138	0.0258
46	中国典籍与文化	0.000	0.010	0.027	0.0123	0.0230
47	山东图书馆季刊	0.000	0.010	0.012	0.0073	0.0137
48	档案时空	0.010	0.000	0.000	0.0033	0.0062
49	中国档案	0.000	0.000	0.006	0.0019	0.0036
50	北京档案	0.000	0.000	0.000	0.0000	0.0000

从整体看来，图书馆、情报与文献学期刊的基金论文比差距明显。排名前两位的《情报学报》和《中国图书馆学报》，其三年平均基金论文比分别为0.53和0.47，在各自的研究领域优势明显。对于一些排名较后的期刊来说，需要重视吸纳学术价值较高的基金论文，来提高期刊自身的学术规范和学术含量。

三、图书馆、情报与文献学期刊学术规范量化指标综合值

期刊学术规范量化指标在对期刊规范化、期刊学术质量、期刊影响广泛性等方面起到了重要的评价作用，它包括期刊的篇均参考文献数、基金论文占有比例、作者地区分布以及标注有作者机构的论文比例这四项指标。对期刊的论文作者地区分布数的研究，目的是为了反映该学科期刊论文作者群分布的广泛程度，这也是反映期刊对学科领域研究状况影响大小的标志之一。该指标兼具广泛和集中的两面性，一方面考察期刊是否将其学术影响力辐射到全国图书馆学情报学研究实力雄厚、研究单位人才优势明显的地区，同时也要衡量是否向薄弱地域扩展。即使是一些具有地域特色的期刊，也应该考虑其研究的全面性和广泛性，扩大作者队伍。作者机构标注比例是衡量期刊规范程度的重要指标之一。应该说，作者机构是论文的重要组成部分，它不仅是读者与作者学术交

流的需要,也是学术界了解各机构的研究能力和影响的重要途径。限于篇幅,本文不再对作者地区分布以及标注有作者机构的论文比例这两项指标进行单独统计列表,只将其统计结果计入学术规范量化指标综合值。由于很难分辨其中各指标的重要程度,所以根据苏新宁教授所提的评价体系将这四项指标平均分配权重比,即各占25%。① 表3给出了2004—2006年图书馆、情报与文献学期刊学术规范量化各指标的归一化值和综合值。本表按各期刊学术规范量化指标综合值降序排列。

表3 2004—2006年图书馆、情报与文献学期刊学术规范量化指标综合值

排序	期刊名称	归一化值				期刊学术规范量化指标综合值
		篇均引文数	基金论文比	地区分布	有机构论文比	
1	情报学报	1.0000	1.0000	0.6890	0.9967	0.9214
2	中国图书馆学报	0.7001	0.8863	0.7223	0.9967	0.8264
3	情报杂志	0.6690	0.5998	1.0000	1.0000	0.8172
4	图书情报工作	0.7725	0.3983	0.9777	0.9980	0.7866
5	情报科学	0.7088	0.4507	0.8667	1.0000	0.7565
6	情报理论与实践	0.6744	0.4963	0.7443	0.9967	0.7279
7	现代图书情报技术	0.6404	0.3534	0.8777	0.9950	0.7166
8	图书情报知识	0.6785	0.3564	0.8000	0.9967	0.7079
9	图书与情报	0.8330	0.1155	0.8223	0.9660	0.6842
10	情报资料工作	0.6609	0.2777	0.8000	0.9965	0.6838
11	古籍整理研究学刊	0.8439	0.1137	0.7557	1.0000	0.6783
12	图书馆论坛	0.6243	0.1386	0.9443	0.9980	0.6763
13	现代情报	0.4794	0.1841	0.9667	0.9997	0.6575
14	图书馆理论与实践	0.4952	0.1511	0.9110	1.0000	0.6393
15	大学图书馆学报	0.6554	0.1635	0.7557	0.9377	0.6281
16	图书馆学研究	0.5494	0.1073	0.8557	0.9953	0.6269

① 苏新宁:《构建人文社会科学学术期刊评价体系》,《东岳论丛》2008年第1期。

图书馆、情报与文献学期刊学术规范量化分析

排序	期刊名称	归一化值				期刊学术规范量化指标综合值
		篇均引文数	基金论文比	地区分布	有机构论文比	
17	图书馆	0.6064	0.0837	0.7777	0.9987	0.6166
18	农业图书情报学刊	0.3923	0.0848	1.0000	0.9833	0.6151
19	图书馆杂志	0.4971	0.1142	0.9223	0.9077	0.6103
20	图书馆工作与研究	0.4660	0.1536	0.7890	0.9967	0.6013
21	图书馆建设	0.5224	0.0717	0.8667	0.9333	0.5985
22	四川图书馆学报	0.5432	0.1062	0.7110	1.0000	0.5901
23	图书馆学刊	0.4388	0.1217	0.7890	0.9887	0.5846
24	中华医学图书情报杂志	0.3974	0.0562	0.8667	1.0000	0.5801
25	档案学通讯	0.3860	0.2833	0.7110	0.9390	0.5798
26	中国典籍与文化	0.8665	0.0230	0.5557	0.8633	0.5771
27	大学图书情报学刊	0.4084	0.0511	0.8333	0.9983	0.5728
28	高校图书馆工作	0.4969	0.1193	0.6443	1.0000	0.5651
29	科技情报开发与经济	0.2043	0.0399	1.0000	1.0000	0.5611
30	新世纪图书馆	0.4701	0.1124	0.7000	0.9500	0.5581
31	河南图书馆学刊	0.4677	0.0880	0.7333	0.9233	0.5531
32	档案学研究	0.3095	0.2391	0.7000	0.9403	0.5472
33	河北科技图苑	0.5219	0.0680	0.7000	0.8933	0.5458
34	图书馆界	0.4821	0.0979	0.6000	1.0000	0.5450
35	晋图学刊	0.4239	0.0736	0.6777	1.0000	0.5438
36	情报探索	0.3827	0.0449	0.7443	0.9990	0.5427
37	江西图书馆学刊	0.4535	0.0599	0.7443	0.8620	0.5299
38	数字图书馆论坛	0.4300	0.0412	0.8667	0.7695	0.5268
39	国家图书馆学刊	0.4756	0.0813	0.5777	0.8967	0.5078
40	山东图书馆季刊	0.4268	0.0137	0.6443	0.9033	0.4970
41	中国信息导报	0.3096	0.0258	0.8333	0.8190	0.4969

排序	期刊名称	归一化值				期刊学术规范量化指标综合值
		篇均引文数	基金论文比	地区分布	有机构论文比	
42	兰台世界	0.0918	0.0500	0.7890	0.9770	0.4770
43	中国档案	0.0545	0.0036	0.8443	0.7667	0.4173
44	档案与建设	0.1156	0.0360	0.4890	0.9887	0.4073
45	山西档案	0.1681	0.0944	0.5557	0.7800	0.3995
46	浙江档案	0.1700	0.0301	0.5443	0.8367	0.3953
47	档案管理	0.1332	0.0543	0.5223	0.8620	0.3930
48	档案	0.0770	0.0382	0.6000	0.7997	0.3787
49	北京档案	0.0909	0.0000	0.5557	0.7637	0.3526
50	档案时空	0.1096	0.0062	0.3890	0.4827	0.2469

从表3不难看出,图书馆、情报与文献学期刊在学术规范量化指标综合值上没有一个期刊在四项指标上都表现突出。如,排名第一的《情报学报》在基金论文比和篇均引文数这两个指标上比较突出,但是在地区分布数这个指标上排名居中。再如,《情报杂志》在有机构论文比和作者地区分布数两个指标均为1,但在篇均引文数和基金论文比表现稍显逊色。CSSCI的图书馆、情报与文献学来源期刊的学术规范量化指标综合值整体较高,表中前10名均为CSSCI来源期刊。另外,档案学期刊的学术规范量化指标综合值整体偏低,表中后10名中档案学期刊有9种之多。

根据表3的数据分析,图书馆、情报与文献学期刊总体上学术规范水平尚可,但是体现学术规范和研究深度的篇均引文数和基金论文比还有很大提升的空间。各刊的编辑部门应该针对自身的不足,努力提高期刊的规范程度,体现出学科研究的深度和广度。这对提高我国图书馆、情报与文献学研究的科学性和严肃性,无疑具有重要的意义。

原刊于《情报资料工作》2009年第4期

高校人文社科综合性学报
学术规范评价指标前100名统计分析

鞠秀芳[*]

一、引言

随着我国哲学社会科学事业的不断发展,学术交流越来越频繁,对期刊的学术规范性的要求也相应地越来越高。期刊的学术规范性一方面反映了期刊的治学态度,同时也便于期刊开展学术交流、扩大期刊的学术影响力。苏新宁教授在《构建人文社会科学学术期刊评价体系》一文中[①],建立了科学的期刊评价体系,利用篇均引用文献数、基金论文比例、地区分布数和有作者机构文献比例以及本机构论文比几个指标来评测高校人文社科综合性学报的学术规范性。本文借鉴了苏新宁教授的期刊评价体系,试图对篇均引用文献数、基金论文比例、地区分布数和有作者机构文献比例以及本机构论文比几个指标进行量化,从而进一步衡量评定高校人文社科综合性学报的学术含量。

根据2005年公开发行的人文、社会科学期刊目录统计,我国的高校人文社科综合性学报合计436种,占人文、社科学术期刊总数(2770种)的15.74%,在人文社科类期刊25种分类中,仅次于经济学(445种)而居第二。本文以CSSCI数据库[②]、万方数据库[③]以及纸质期刊实物为数据源,对2004—2006年间在

---

* 鞠秀芳,南京大学中国社会科学研究评价中心。

① 苏新宁:《构建人文社会科学学术期刊评价体系》,《东岳论丛》2008年第1期。

② http://www.cssci.com.cn。

③ 中国科技信息研究所、万方数据股份有限公司:《中国科技期刊引证报告2007版(扩刊版)》,科学技术出版社2007年版。

CSSCI 数据库中被引达 10 次以上,即具有一定学术影响的 217 种高校人文社科综合性学报期刊进行统计,通过对各项指标的统计、分析,探讨高校人文社科综合性学报期刊 2004 年至 2006 年期间的学术规范、学术含量及其发展变化。

二、篇均引用文献数

引用文献是学术论文必不可少的组成部分,引用文献数则是反映期刊学术规范性的重要指标。论文引用的文献一方面反映了学术研究的继承性和关联性,揭示了论文的科学依据;另一方面,论文多是对前人研究的继续和拓展,是对某一领域的创新性研究成果或论证性研究成果的展示,在论文中标注出处,也是对他人研究成果的尊重。因此,对一篇完整的学术论文来说,全面标注引用文献从一个侧面反映了作者的学术规范和科研水平;而对一个期刊而言,期刊的篇均引用文献数则反映了该刊对引文的重视程度,以及期刊的学术规范性。表 1 列出了 2004—2006 年篇均引用文献数排在前 100 名的高校文科学报。

分析表 1 作者发现:从总体来看,高校人文社科综合性学报作为我国高层次的学术期刊,具有相当的学术严谨性,前 100 名的期刊篇均引用文献基本在 8 篇以上,与其他人文社科类期刊相比,高校人文社科综合性学报显示出了难得的群体学术规范性。

从篇均引文的分布情况来看,高校人文社科综合性学报呈现出中间大、两头小的状况,即高篇均引用和低篇均引用的期刊只占据了比较小的比例,71% 的期刊篇均引用文献数位于中间值,在 8 篇到 10 篇之间。

表 1　2004—2006 年高校人文社科综合性学报篇均引用文献数统计(前 100 名)

排序	期刊名称	2004 年（篇数）	2005 年（篇数）	2006 年（篇数）	三年平均（篇数）	归一化值
1	南京大学学报(哲学·人文科学·社会科学版)	13.83	16.57	15.43	15.2767	1
2	四川大学学报(哲学社会科学版)	13.14	15.77	16.45	15.1200	0.9897

排序	期刊名称	2004 年（篇数）	2005 年（篇数）	2006 年（篇数）	三年平均（篇数）	归一化值
3	清华大学学报（哲学社会科学版）	9.01	13.85	22.26	15.0400	0.9845
4	四川师范大学学报（社会科学版）	14.03	14.38	16.45	14.9533	0.9788
5	厦门大学学报（哲学社会科学版）	13.34	15.59	14.77	14.5667	0.9535
6	复旦学报（社会科学版）	13.44	15.83	14.08	14.4500	0.9459
7	同济大学学报（社会科学版）	8.90	16.07	15.97	13.6467	0.8933
8	中山大学学报（社会科学版）	13.01	13.67	14.06	13.5800	0.8889
9	南开学报（哲学社会科学版）	13.52	13.98	12.89	13.4633	0.8813
10	华东师范大学学报（哲学社会科学版）	14.67	12.44	12.98	13.3633	0.8748
11	北京师范大学学报（社会科学版）	12.38	13.54	14.02	13.3133	0.8715
12	西北师大学报（社会科学版）	11.94	15.06	12.70	13.2333	0.8662
13	湖南大学学报（社会科学版）	11.57	13.15	14.97	13.2300	0.8660
14	兰州大学学报（社会科学版）	12.55	12.77	12.99	12.7700	0.8359
15	东方论坛:青岛大学学报	11.78	12.66	13.58	12.6733	0.8296

排序	期刊名称	2004 年（篇数）	2005 年（篇数）	2006 年（篇数）	三年平均（篇数）	归一化值
16	华中师范大学学报（人文社会科学版）	10.78	13.00	13.79	12.5233	0.8198
17	陕西师范大学学报（哲学社会科学版）	10.43	11.75	14.36	12.1800	0.7973
18	浙江大学学报（人文社会科学版）	11.21	11.80	13.02	12.0100	0.7862
19	北京大学学报（哲学社会科学版）	11.85	9.99	12.64	11.4933	0.7523
20	云南大学学报（社会科学版）	10.54	9.85	13.96	11.4500	0.7495
21	思想战线	10.60	12.16	11.18	11.3133	0.7406
22	上海师范大学学报（哲学社会科学版）	9.42	11.80	12.52	11.2467	0.7362
23	山东大学学报（哲学社会科学版）	7.90	12.01	13.65	11.1867	0.7323
24	首都师范大学学报（社会科学版）	10.29	10.98	12.28	11.1833	0.7321
25	安徽师范大学学报（人文社会科学版）	10.59	11.34	11.22	11.0500	0.7233
26	南京师大学报（社会科学版）	9.84	11.61	11.65	11.0333	0.7222
27	吉林大学社会科学学报	10.65	9.96	12.44	11.0167	0.7211
28	重庆工商大学学报（社会科学版）	5.98	8.56	18.31	10.9500	0.7168
29	上海交通大学学报（哲学社会科学版）	11.45	9.79	11.49	10.9100	0.7142

（续表）

排序	期刊名称	2004年（篇数）	2005年（篇数）	2006年（篇数）	三年平均（篇数）	归一化值
30	西南大学学报（人文社会科学版）	10.61	10.61	11.46	10.8933	0.7131
31	暨南学报（哲学社会科学版）	10.47	11.28	10.69	10.8133	0.7078
32	西安交通大学学报（社会科学版）	8.92	11.44	11.78	0.7133	0.7013
33	华南农业大学学报（社会科学版）	9.97	11.34	10.52	10.6100	0.6945
34	北京科技大学学报（社会科学版）	9.19	10.76	11.65	10.5333	0.6895
35	汕头大学学报（人文社会科学版）	9.87	10.03	11.02	10.3067	0.6747
36	海南师范学院学报（社会科学版）	7.75	11.70	10.97	10.1400	0.6638
37	烟台大学学报（哲学社会科学版）	8.44	9.76	12.17	10.1233	0.6627
38	安徽大学学报（哲学社会版）	8.75	10.17	10.92	9.9467	0.6511
39	山西大学学报（哲学社会科学版）	8.96	10.16	10.57	9.8967	0.6478
40	广西师范大学学报（哲学社会科学版）	9.78	9.39	10.33	9.8333	0.6437
41	华南师范大学学报（社会科学版）	9.42	10.10	9.47	9.6633	0.6326
42	华东理工大学学报（社会科学版）	8.87	9.48	10.63	9.6600	0.6323

排序	期刊名称	2004 年（篇数）	2005 年（篇数）	2006 年（篇数）	三年平均（篇数）	归一化值
43	中国海洋大学学报（社会科学版）	0.18	8.36	11.14	9.5600	0.6258
44	江西师范大学学报（哲学社会科学版）	8.48	9.24	10.87	9.5300	0.6238
45	河北师范大学学报（哲学社会科学版）	9.36	9.74	9.47	9.5233	0.6234
46	新疆师范大学学报（哲学社会科学版）	6.86	8.40	13.25	9.5033	0.6221
47	中国地质大学学报（社会科学版）	8.71	10.61	9.14	9.4867	0.6210
48	湘潭大学学报（哲学社会科学版）	7.91	9.36	10.97	9.4133	0.6162
49	华侨大学学报（哲学社会科学版）	7.85	9.35	10.95	9.3833	0.6142
50	鲁东大学学报（哲学社会科学版）	9.19	8.54	10.39	9.3733	0.6136
51	贵州师范大学学报（社会科学版）	8.06	9.64	10.37	9.3567	0.6125
52	海南大学学报（人文社会科学版）	7.70	9.70	10.66	9.3533	0.6123
53	中国矿业大学学报（社会科学版）	7.71	10.52	9.79	9.3400	0.6114
54	中国人民大学学报	8.39	9.04	10.48	9.3033	0.6090
55	南京农业大学学报（社会科学版）	8.18	9.81	9.90	9.2967	0.6086

高校人文社科综合性学报学术规范评价指标前100名统计分析

新世纪以来学术期刊研究资料

排序	期刊名称	2004 年（篇数）	2005 年（篇数）	2006 年（篇数）	三年平均（篇数）	归一化值
56	新疆大学学报（哲学·人文社会科学版）	9.13	9.26	9.42	9.2700	0.6068
57	山东师范大学学报（人文社会科学版）	8.04	8.85	10.85	9.2467	0.6053
58	河北大学学报（哲学社会科学版）	8.69	9.64	9.25	9.1933	0.6018
59	贵州大学学报（社会科学版）	8.31	9.00	10.26	9.1900	0.6016
60	北京航空航天大学学报（社会科学版）	9.98	8.46	8.94	9.1267	0.5974
61	中国人民公安大学学报（社会科学版）	8.59	8.66	10.13	9.1267	0.5974
62	徐州师范大学学报（哲学社会科学版）	7.23	9.46	10.67	9.1200	0.5970
63	南都学坛:南阳师范学院人文社会科学学报	8.30	9.55	9.46	9.1033	0.5959
64	广州大学学报（社会科学版）	8.61	9.80	8.87	9.0933	0.5952
65	西华师范大学学报（哲学社会科学版）	9.14	8.81	9.24	9.0633	0.5933
66	北京林业大学学报（社会科学版）	10.07	7.13	9.94	9.0467	0.5922
67	东北师大学报（哲学社会科学版）	7.84	9.23	10.06	9.0433	0.5920
68	苏州大学学报（哲学社会科学版）	6.98	9.95	10.13	9.0200	0.5904

排序	期刊名称	2004年（篇数）	2005年（篇数）	2006年（篇数）	三年平均（篇数）	归一化值
69	大连理工大学学报（社会科学版）	8.08	9.64	9.34	9.0200	0.5904
70	湖南师范大学社会科学学报	8.42	9.61	9.01	9.0133	0.5900
71	杭州师范学院学报（社会科学版）	7.51	8.84	10.57	8.9733	0.5874
72	吉首大学学报（社会科学版）	8.53	8.30	9.93	8.9200	0.5839
73	淮阴师范学院学报（哲学社会科学版）	8.27	9.91	8.51	8.8967	0.5824
74	中国科技大学学报（社会科学版）	7.50	7.69	11.25	8.8133	0.5769
75	内蒙古大学学报（人文·社会科学版）	8.90	9.22	8.31	8.8100	0.5767
76	青岛大学师范学院学报	6.72	9.89	9.73	8.7800	0.5747
77	西藏大学学报	6.47	7.95	11.87	8.7633	0.5736
78	西安电子科技大学学报（社会科学版）	8.52	8.61	9.13	8.7533	0.5730
79	东南大学学报（哲学社会科学版）	7.38	9.14	9.73	8.7500	0.5728
80	中南大学学报（社会科学版）	8.74	9.29	8.13	8.7200	0.5708
81	齐鲁学刊	7.17	9.29	9.68	8.7133	0.5704
82	长沙理工大学学报（社会科学版）	8.46	9.03	8.57	8.6867	0.5686

排序	期刊名称	2004 年（篇数）	2005 年（篇数）	2006 年（篇数）	三年平均（篇数）	归一化值
83	天津大学学报（社会科学版）	8.61	8.79	8.64	8.6800	0.5682
84	哈尔滨工业大学学报（社会科学版）	8.71	8.51	8.51	8.5767	0.5614
85	重庆师范大学学报（哲学社会科学版）	7.10	8.15	10.47	8.5733	0.5612
86	燕山大学学报（哲学社会科学版）	7.54	6.89	11.06	8.4967	0.5562
87	求是学刊	7.86	8.62	8.90	8.4600	0.5538
88	宁夏大学学报（人文社会科学版）	6.68	9.15	9.33	8.3867	0.5490
89	福建师范大学学报（哲学社会科学版）	5.23	6.27	13.53	8.3433	0.5461
90	山西师大学报（社会科学版）	6.28	9.04	9.54	8.2867	0.5424
91	江苏大学学报（社会科学版）	8.00	7.94	8.76	8.2333	0.5389
92	南华大学学报（社会科学版）	6.40	10.53	7.63	8.1867	0.5359
93	北京工业大学学报（社会科学版）	7.84	8.00	8.64	8.1600	0.5341
94	延边大学学报（社会科学版）	6.61	9.40	8.21	8.0733	0.5285
95	武汉大学学报（哲学社会科学版）	7.84	7.66	8.61	8.0367	0.5261

排序	期刊名称	2004 年（篇数）	2005 年（篇数）	2006 年（篇数）	三年平均（篇数）	归一化值
96	河南大学学报（社会科学版）	5.84	7.43	10.81	8.0267	0.5254
97	湖南科技大学学报（社会科学版）	5.92	8.80	9.35	8.0233	0.5252
98	浙江师范大学学报（社会科学版）	6.66	7.62	9.77	8.0167	0.5248
99	北京理工大学学报（社会科学版）	8.08	8.02	7.95	8.0167	0.5248
100	河海大学学报（哲学社会科学版）	7.35	8.05	8.56	7.9867	0.5228

高校人文社科综合性学报期刊的篇均引用文献数三年平均值差距较大,篇均引用文献数最多的《南京大学学报（哲学·人文科学·社会科学版）》,达到了 15.2767 篇,而位居末位的河海大学学报（哲学社会科学版）仅为 7.9867 篇,仅为《南京大学学报（哲学·人文科学·社会科学版）》的 52.67%。

在参加统计的 217 种高校人文社科综合性学报中有 166 种学报未曾进入 CSSCI（2004—2006）,其篇均引用文献数仅为 7.24 篇,远低于 CSSCI 来源刊的 10.72 篇,这从一个侧面反映了 CSSCI 非来源刊在学术规范性和学术严谨性上和 CSSCI 来源刊相比还有很大距离,非来源刊要想跻身 CSSCI 来源刊之列,必须要进一步加强对论文参考文献的重视,提高自身的学术规范性。

纵观 2004 年到 2006 年统计数据,还可以发现,不论是来源刊还是非来源刊,高校人文社科综合性学报对引用文献的重视程度都在逐步加强中,以每年 10% 左右的速度增长着:2004 年平均引用文献仅为 9.0735 篇,到 2005 年已经达到 10.2154 篇,到 2006 年甚至达到了 11.1492 篇。由此可见,高校人文社科综合性学报的篇均引用文献数正在处于整体上升阶段,其科学性和论文撰写的规范性有明显提高。

三、基金论文比例

　　基金项目,一般都是经过各科学基金组织严格审查才批准的科研项目,只有那些达到较高研究水平,在当前处于科研前沿的课题和作者群体,才能得到基金资助。[①] 因此,基金论文往往反映了学术领域内理论研究与实践前沿的热点问题,基金论文的占有比例从很大程度上反映了期刊的学术质量和社会影响。统计数据显示,我国高校人文社科综合性学报在2004—2006年间的发文有14.79%受基金项目赞助,与人文社会科学类期刊的平均水平16.11%相比略低。[②] 表2为2004年到2006年期间高校人文社科综合性学报的基金论文比位于前100名的具体情况。

表2　2004—2006年高校人文社科综合性学报基金论文比例(前100名)

排序	期刊名称	2004年	2005年	2006年	三年平均	归一化值
1	东北师大学报(哲学社会科学版)	0.45	0.39	0.46	0.4333	1
2	浙江大学学报(人文社会科学版)	0.25	0.45	0.57	0.4233	0.9769
3	天津大学学报(社会科学版)	0.59	0.31	0.33	0.4100	0.9462
4	安徽师范大学学报(人文社会科学版)	0.49	0.33	0.39	0.4033	0.9308
5	华中师范大学学报(人文社会科学版)	0.38	0.38	0.43	0.3967	0.9154
6	兰州大学学报(社会科学版)	0.36	0.37	0.40	0.3767	0.8692

---

　　① 孙丽莉:《浅析基金资助项目对高校学报的影响》,《科技情报开发与经济》2007年第3期。
　　② 邓三鸿、金莹:《我国人文社会科学学术期刊的学科对比——基于CSSCI的分析》,《东岳论丛》2008年第1期。

排序	期刊名称	2004 年	2005 年	2006 年	三年平均	归一化值
7	吉林大学社会科学学报	0.27	0.38	0.48	0.3767	0.8692
8	中山大学学报（社会科学版）	0.33	0.41	0.37	0.3700	0.8539
9	西北大学学报（哲学社会科学版）	0.33	0.34	0.41	0.3600	0.8308
10	扬州大学学报（人文社会科学版）	0.27	0.28	0.45	0.3333	0.7692
11	南京农业大学学报（社会科学版）	0.30	0.25	0.40	0.3167	0.7308
12	衡阳师范学院学报	0.24	0.31	0.38	0.3100	0.7154
13	重庆大学学报（社会科学版）	0.20	0.25	0.46	0.3033	0.7000
14	华东师范大学学报（哲学社会科学版）	0.33	0.27	0.30	0.3000	0.6923
15	华南农业大学学报（社会科学版）	0.27	0.25	0.37	0.2967	0.6846
16	中国地质大学学报（社会科学版）	0.00	0.48	0.38	0.2867	0.6615
17	大连理工大学学报（社会科学版）	0.27	0.26	0.32	0.2833	0.6539
18	复旦学报（社会科学版）	0.20	0.30	0.31	0.2700	0.6231
19	西安交通大学学报（社会科学版）	0.22	0.29	0.30	0.2700	0.6231
20	厦门大学学报（哲学社会科学版）	0.26	0.30	0.25	0.2700	0.6231

47

（续表）

排序	期刊名称	2004 年	2005 年	2006 年	三年平均	归一化值
21	南开学报（哲学社会科学版）	0.19	0.31	0.30	0.2667	0.6154
22	湖南大学学报（社会科学版）	0.16	0.30	0.34	0.2667	0.6154
23	北京师范大学学报（社会科学版）	0.16	0.36	0.27	0.2633	0.6077
24	湖南科技大学学报（社会科学版）	0.07	0.34	0.38	0.2633	0.6077
25	湖南农业大学学报（社会科学版）	0.12	0.20	0.47	0.2633	0.6077
26	东南大学学报（哲学社会科学版）	0.22	0.23	0.31	0.2533	0.5846
27	西北师大学报（社会科学版）	0.16	0.25	0.34	0.2500	0.5769
28	北京交通大学学报（社会科学版）	0.21	0.26	0.28	0.2500	0.5769
29	电子科技大学学报（社科版）	0.12	0.12	0.51	0.2500	0.5769
30	泉州师范学院学报	0.28	0.24	0.23	0.2500	0.5769
31	赣南师范学院学报	0.14	0.28	0.32	0.2467	0.5692
32	西北农林科技大学学报（社会科学版）	0.20	0.28	0.26	0.2467	0.5692
33	湛江师范学院学报	0.22	0.21	0.31	0.2467	0.5692
34	南京大学学报（哲学·人文科学·社会科学版）	0.14	0.14	0.44	0.2400	0.5539

排序	期刊名称	2004 年	2005 年	2006 年	三年平均	归一化值
35	中国人民大学学报	0.15	0.25	0.32	0.2400	0.5539
36	暨南学报（哲学社会科学版）	0.23	0.22	0.26	0.2367	0.5462
37	哈尔滨工业大学学报（社会科学版）	0.14	0.20	0.35	0.2300	0.5308
38	陕西师范大学学报（哲学社会科学版）	0.15	0.33	0.20	0.2267	0.5231
39	长沙理工大学学报（社会科学版）	0.15	0.31	0.22	0.2267	0.5231
40	广西师范大学学报（哲学社会科学版）	0.18	0.24	0.26	0.2267	0.5231
41	南京晓庄学院学报	0.23	0.17	0.27	0.2233	0.5154
42	中国农业大学学报（社会科学版）	0.18	0.18	0.31	0.2233	0.5155
43	信阳师范学院学报（哲学社会科学版）	0.20	0.19	0.25	0.2133	0.4923
44	南京师大学报（社会科学版）	0.18	0.22	0.23	0.2100	0.4846
45	北京航空航天大学学报（社会科学版）	0.18	0.22	0.22	0.2067	0.4769
46	贵州师范大学学报（社会科学版）	0.08	0.22	0.32	0.2067	0.4769
47	湖南师范大学社会科学学报	0.13	0.22	0.26	0.2033	0.4692
48	黄冈师范学院学报	0.14	0.24	0.23	0.2033	0.4692
49	曲靖师范学院学报	0.24	0.16	0.21	0.2033	0.4692
50	上饶师范学院学报	0.29	0.16	0.16	0.2033	0.4692

排序	期刊名称	2004 年	2005 年	2006 年	三年平均	归一化值
51	四川大学学报（哲学社会科学版）	0.14	0.16	0.30	0.2000	0.4615
52	北京工业大学学报（社会科学版）	0.14	0.21	0.25	0.2000	0.4615
53	天津师范大学学报（社会科学版）	0.20	0.12	0.27	0.1967	0.4538
54	内蒙古师范大学学报（哲学社会科学版）	0.26	0.22	0.11	0.1967	0.4538
55	西南大学学报（人文社会科学版）	0.17	0.19	0.22	0.1933	0.4462
56	新疆大学学报（哲学·人文社会科学版）	0.09	0.25	0.24	0.1933	0.4462
57	东北大学学报（社会科学版）	0.22	0.16	0.19	0.1900	0.4385
58	四川师范大学学报（社会科学版）	0.18	0.16	0.23	0.1900	0.4385
59	北京理工大学学报（社会科学版）	0.18	0.17	0.21	0.1867	0.4308
60	太原理工大学学报（社会科学版）	0.15	0.18	0.23	0.1867	0.4308
61	北京林业大学学报（社会科学版）	0.20	0.00	0.35	0.1833	0.4231
62	南昌大学学报（人文社会科学版）	0.14	0.22	0.19	0.1833	0.4231
63	山西师大学报（社会科学版）	0.17	0.20	0.18	0.1833	0.4231

排序	期刊名称	2004 年	2005 年	2006 年	三年平均	归一化值
64	吉首大学学报（社会科学版）	0.15	0.15	0.23	0.1767	0.4077
65	郑州航空工业管理学院学报	0.09	0.18	0.25	0.1733	0.4000
66	安徽大学学报（哲学社会版）	0.11	0.16	0.24	0.1700	0.3923
67	哈尔滨商业大学学报（社会科学版）	0.15	0.16	0.20	0.1700	0.3923
68	华侨大学学报（哲学社会科学版）	0.09	0.26	0.16	0.1700	0.3923
69	合肥工业大学学报（社会科学版）	0.15	0.16	0.19	0.1667	0.3846
70	西安电子科技大学学报（社会科学版）	0.07	0.18	0.25	0.1667	0.3846
71	西安石油大学学报（社会科学版）	0.14	0.19	0.17	0.1667	0.3846
72	首都师范大学学报（社会科学版）	0.12	0.19	0.19	0.1667	0.3846
73	云南师范大学学报（哲学社会科学版）	0.08	0.20	0.22	0.1667	0.3846
74	淮阴师范学院学报（哲学社会科学版）	0.00	0.22	0.27	0.1633	0.3769
75	中国矿业大学学报（社会科学版）	0.12	0.15	0.22	0.1633	0.3769
76	河北师范大学学报（哲学社会科学版）	0.14	0.17	0.17	0.1600	0.3692
77	北京工商大学学报（社会科学版）	0.11	0.14	0.23	0.1600	0.3692

新世纪以来学术期刊研究资料

排序	期刊名称	2004 年	2005 年	2006 年	三年平均	归一化值
78	福建农林大学学报（社会科学版）	0.12	0.16	0.20	0.1600	0.3692
79	武汉大学学报（哲学社会科学版）	0.14	0.10	0.24	0.1600	0.3692
80	福州大学学报（哲学社会科学版）	0.05	0.20	0.23	0.1600	0.3692
81	湖州师范学院学报	0.13	0.15	0.19	0.1567	0.3615
82	思想战线	0.14	0.11	0.22	0.1567	0.3615
83	华南理工大学学报（社会科学版）	0.00	0.25	0.22	0.1567	0.3615
84	宝鸡文理学院学报（社会科学版）	0.14	0.13	0.19	0.1533	0.3538
85	广西大学学报（哲学社会科学版）	0.04	0.23	0.19	0.1533	0.3538
86	青岛科技大学学报（社会科学版）	0.10	0.18	0.18	0.1533	0.3538
87	华南师范大学学报（社会科学版）	0.15	0.16	0.15	0.1533	0.3538
88	商丘师范学院学报	0.13	0.17	0.15	0.1500	0.3462
89	武汉科技大学学报（社会科学版）	0.08	0.20	0.17	0.1500	0.3462
90	河北大学学报（哲学社会科学版）	0.14	0.14	0.17	0.1500	0.3462
91	山西大学学报（哲学社会科学版）	0.08	0.14	0.22	0.1467	0.3385
92	华中农业大学学报（社会科学版）	0.15	0.13	0.16	0.1467	0.3385

排序	期刊名称	2004 年	2005 年	2006 年	三年平均	归一化值
93	南通大学学报（社会科学版）	0.08	0.14	0.22	0.1467	0.3385
94	辽宁师范大学学报（社会科学版）	0.10	0.16	0.18	0.1467	0.3385
95	杭州师范学院学报（社会科学版）	0.10	0.14	0.19	0.1433	0.3308
96	南京工业大学学报（社会科学版）	0.07	0.18	0.17	0.1400	0.3231
97	武汉理工大学学报（社会科学版）	0.10	0.17	0.15	0.1400	0.3231
98	宁夏大学学报（人文社会科学版）	0.16	0.13	0.12	0.1367	0.3154
99	嘉兴学院学报	0.13	0.14	0.14	0.1367	0.3154
100	福建师范大学学报（哲学社会科学版）	0.08	0.12	0.20	0.1333	0.3077
101	江苏教育学院学报（社会科学版）	0.14	0.15	0.11	0.1333	0.3077
102	乐山师范学院学报	0.15	0.14	0.11	0.1333	0.3077
103	皖西学院学报	0.13	0.10	0.17	0.1333	0.3077
104	徐州师范大学学报（哲学社会科学版）	0.09	0.15	0.16	0.1333	0.3077
105	许昌学院学报	0.12	0.11	0.17	0.1333	0.3077
106	深圳大学学报（人文社会科学版）	0.14	0.06	0.20	0.1333	0.3077
107	北京大学学报（哲学社会科学版）	0.11	0.12	0.17	0.1333	0.3077

由数据分析可知:首先,高校人文社科综合性学报基金论文比已经从2004年的17.1%增加到2006年的26.07%,涨幅达52.46%。这是因为一方面国家及各省市在2003年以来加强了对社科项目的支持,基金论文的发文量显著增长;另一方面,各高校人文社科综合性学报近几年来致力突破自身的困境,努力提高自身的学术质量,因而对基金论文的吸引力有所提高。

其次,各高校人文社科综合性学报都在努力提高自身的学术质量,努力吸收各种基金项目论文,且三年来该指标一直处于上升阶段,整体水平有了很大提高,有70.09%的高校人文社科综合性学报基金项目论文比高于人文社会科学类期刊的平均水平。

再次,高校人文社科综合性学报的基金论文占有比例参差不齐,差距非常大。排在前列的四种期刊——《东北师大学报(哲学社会科学版)》《浙江大学学报(人文社会科学版)》《天津大学学报(社会科学版)》和《安徽师范大学学报(人文社会科学版)》的基金论文比均超过了40%,高出中国人文社会科学期刊基金论文比平均值的一倍多;而排在末尾的8种期刊,三年的基金论文比平均值仅有13.33%,不到中国人文社会科学期刊基金论文比的平均值。

最后,为了分析高校人文社科综合性学报基金论文比的影响因素,作者将期刊的基金论文比和该刊的影响因子相关联之后发现:总体上看,基金论文比高的高校人文社科综合性学报往往影响因子也较高,但基金论文比例的大小不能完全决定其影响因子的大小,也有少数学报影响因子很高,但基金论文比并不是很高,如《北京大学学报》。因此,高校人文社科综合性学报要想切实提高自身的基金论文比例,增强自身的学术质量、扩大学术影响力方是正道。

四、论文作者地区分布

作为学术信息传播的重要载体,促进学术交流、展现科研成果是学术性期刊的基本任务之一,高校人文社科综合性学报作为反映本校教学科研成果为主的综合性学术理论刊物更是如此。[①] 期刊论文作者的区域分布情况,可以从一个侧面反映期刊在促进学术交流、展现科研成果方面所作的努力以及对不同地

---

① 国家教育部:《关于办好高等学校哲学社会科学学报的意见》(1978年)。

区的学术影响和受学者关注的程度。因此,作者对 2004 年至 2006 年期间在高校人文社科综合性学报上刊登论文的作者地区分布进行统计,以期揭示高校人文社科综合性学报在这几年的区域影响状况。

需要说明的是,在统计高校人文社科综合性学报的地区分布时,国内作者的地区以省、直辖市为基本单位,国外作者地区则以国别为基本单位,同时这些数据的获得是在论文作者标注了自身机构及地区的基础上获得的,这一指标也从另一侧面反映了期刊的规范程度。表 3 为 2004—2006 年期间在高校人文社科综合性学报上刊登论文的作者地区分布数前 100 名的期刊状况。

表 3　2004—2006 年高校人文社科综合性学报论文作者地区分布(前 100 名)

排序	期刊名称	2004 年(地区数)	2005 年(地区数)	2006 年(地区数)	三年平均(地区数)	归一化值
1	海南师范学院学报(社会科学版)	29	23	27	26.3333	1
2	西北师大学报(社会科学版)	25	23	29	25.6667	0.9747
3	齐齐哈尔大学学报(哲学社会科学版)	24	26	27	25.6667	0.9747
4	洛阳师范学院学报	25	24	27	25.3333	0.9620
5	商丘师范学院学报	25	23	26	24.6667	0.9367
6	哈尔滨学院学报	24	24	25	24.3333	0.9241
7	重庆工商大学学报(西部论坛)	24	25	23	24.0000	0.9114
8	许昌学院学报	24	22	25	23.6667	0.8987
9	重庆邮电大学学报(社会科学版)	22	24	24	23.3333	0.8861
10	乐山师范学院学报	20	23	26	23.0000	0.8734
11	河南师范大学学报(哲学社会科学版)	21	24	24	23.0000	0.8734
12	郑州航空工业管理学院学报(社会科学版)	21	21	26	22.6667	0.8608

（续表）

排序	期刊名称	2004年（地区数）	2005年（地区数）	2006年（地区数）	三年平均（地区数）	归一化值
13	西南大学学报（人文社会科学版）	21	23	24	22.6667	0.8608
14	山西师大学报（社会科学版）	19	23	26	22.6667	0.8608
15	宁夏大学学报（人文社会科学版）	24	21	23	22.6667	0.8608
16	辽宁师范大学学报（社会科学版）	24	22	22	22.6667	0.8608
17	太原师范学院学报（社会科学版）	22	20	25	22.3333	0.8481
18	南阳师范学院学报	22	22	23	22.3333	0.8481
19	重庆工商大学学报（社会科学版）	20	23	23	22.0000	0.8354
20	郑州大学学报（哲学社会科学版）	20	22	24	22.0000	0.8354
21	思想战线	21	26	19	22.0000	0.8354
22	佳木斯大学社会科学学报	22	21	23	22.0000	0.8354
23	长春师范学院学报（人文社会科学版）	21	25	20	22.0000	0.8354
24	青海师范大学学报（哲学社会科学版）	21	22	22	21.6667	0.8228
25	南都学坛:南阳师范学院人文社会科学学	21	22	21	21.3333	0.8101
26	聊城大学学报（社会科学版）	22	22	20	21.3333	0.8101

排序	期刊名称	2004 年（地区数）	2005 年（地区数）	2006 年（地区数）	三年平均（地区数）	归一化值
27	华中师范大学学报（人文社会科学版）	16	23	25	21.3333	0.8101
28	安徽工业大学学报（社会科学版）	22	21	21	21.3333	0.8101
29	安徽大学学报（哲学社会版）	19	20	25	21.3333	0.8101
30	齐鲁学刊	20	20	23	21.0000	0.7975
31	贵州师范大学学报（社会科学版）	19	21	23	21.0000	0.7975
32	求是学刊	20	21	21	20.6667	0.7848
33	江南大学学报（人文社会科学版）	21	19	22	20.6667	0.7848
34	淮北煤炭师范学院学报（哲学社会科学版）	19	23	20	20.6667	0.7848
35	广播电视大学学报（哲学社会科学版）	21	21	20	20.6667	0.7848
36	宝鸡文理学院学报（社会科学版）	17	24	21	20.6667	0.7848
37	重庆大学学报（社会科学版）	22	21	18	20.3333	0.7722
38	中国人民公安大学学报（社会科学版）	19	22	20	20.3333	0.7722
39	淮阴师范学院学报（哲学社会科学版）	22	20	19	20.3333	0.7722
40	山西大学学报（哲学社会科学版）	19	20	21	20.0000	0.7595

排序	期刊名称	2004 年（地区数）	2005 年（地区数）	2006 年（地区数）	三年平均（地区数）	归一化值
41	河南科技大学学报（社会科学版）	18	20	22	20.0000	0.7595
42	河南大学学报（社会科学版）	19	20	21	20.0000	0.7595
43	固原师专学报	18	22	20	20.0000	0.7595
44	西南交通大学学报（社会科学版）	19	19	21	19.6667	0.7468
45	沈阳师范大学学报（社会科学版）	18	20	21	19.6667	0.7468
46	韶关学院学报	21	21	17	19.6667	0.7468
47	内蒙古师范大学学报（哲学社会科学版）	15	15	29	19.6667	0.7468
48	辽宁工程技术大学学报（社会科学版）	17	19	23	19.6667	0.7468
49	华中科技大学学报（社会科学版）	21	16	22	19.6667	0.7468
50	华北电力大学学报（社会科学版）	17	20	22	19.6667	0.7468
51	长江大学学报（社会科学版）	20	20	19	19.6667	0.7468
52	上饶师范学院学报	19	20	19	19.3333	0.7342
53	兰州大学学报（社会科学版）	14	22	22	19.3333	0.7342
54	渤海大学学报（哲学社会科学版）	16	20	22	19.3333	0.7342

排序	期刊名称	2004 年（地区数）	2005 年（地区数）	2006 年（地区数）	三年平均（地区数）	归一化值
55	北京工业大学学报（社会科学版）	18	19	21	19.3333	0.7342
56	北京工商大学学报（社会科学版）	17	18	23	19.3333	0.7342
57	郑州航空工业管理学院学报	20	18	19	19.0000	0.7215
58	延安大学学报（社会科学版）	18	18	21	19.0000	0.7215
59	新疆大学学报（哲学·人文社会科学版）	17	18	22	19.0000	0.7215
60	山东农业大学学报（社会科学版）	18	20	19	19.0000	0.7215
61	山东科技大学学报（社会科学版）	19	20	18	19.0000	0.7215
62	南京体育学院学报（社会科学版）	21	19	17	19.0000	0.7215
63	怀化学院学报	17	15	25	19.0000	0.7215
64	河北大学学报（哲学社会科学版）	20	20	17	19.0000	0.7215
65	东南大学学报（哲学社会科学版）	20	17	20	19.0000	0.7215
66	徐州师范大学学报（哲学社会科学版）	22	18	16	18.6667	0.7089
67	西北农林科技大学学报（社会科学版）	17	20	19	18.6667	0.7089

新世纪以来学术期刊研究资料

排序	期刊名称	2004 年（地区数）	2005 年（地区数）	2006 年（地区数）	三年平均（地区数）	归一化值
68	武汉理工大学学报（社会科学版）	19	20	17	18.6667	0.7089
69	天水师范学院学报	19	17	20	18.6667	0.7089
70	哈尔滨商业大学学报（社会科学版）	18	15	23	18.6667	0.7089
71	浙江万里学院学报	17	21	17	18.3333	0.6962
72	首都师范大学学报（社会科学版）	16	17	22	18.3333	0.6962
73	曲靖师范学院学报	18	18	19	18.3333	0.6962
74	吉首大学学报（社会科学版）	19	15	21	18.3333	0.6962
75	海南大学学报（人文社会科学版）	15	18	22	18.3333	0.6962
76	贵州大学学报（社会科学版）	21	19	15	18.3333	0.6962
77	北京理工大学学报（社会科学版）	16	18	21	18.3333	0.6962
78	北京科技大学学报（社会科学版）	17	20	18	18.3333	0.6962
79	北京大学学报（哲学社会科学版）	11	24	20	18.3333	0.6962
80	中国石油大学学报（社会科学版）	19	18	17	18.0000	0.6835
81	中国人民大学学报	18	16	20	18.0000	0.6835
82	西华师范大学学报（哲学社会科学版）	17	18	19	18.0000	0.6835

排序	期刊名称	2004 年（地区数）	2005 年（地区数）	2006 年（地区数）	三年平均（地区数）	归一化值
83	泰山学院学报	15	17	22	18.0000	0.6835
84	内蒙古大学学报（人文·社会科学版）	18	20	16	18.0000	0.6835
85	江西师范大学学报（哲学社会科学版）	16	20	18	18.0000	0.6835
86	华南师范大学学报（社会科学版）	13	21	20	18.0000	0.6835
87	湖州师范学院学报	13	21	20	18.0000	0.6835
88	东方论坛：青岛大学学报	18	17	19	18.0000	0.6835
89	中国矿业大学学报（社会科学版）	15	19	19	17.6667	0.6709
90	湛江师范学院学报	18	15	20	17.6667	0.6709
91	云南师范大学学报（哲学社会科学版）	17	15	21	17.6667	0.6709
92	信阳师范学院学报（哲学社会科学版）	17	20	16	17.6667	0.6709
93	新疆师范大学学报（哲学社会科学版）	16	19	18	17.6667	0.6709
94	湘潭大学学报（哲学社会科学版）	17	18	18	17.6667	0.6709
95	皖西学院学报	18	16	19	17.6667	0.6709
96	太原理工大学学报（社会科学版）	17	19	17	17.6667	0.6709
97	南京师大学报（社会科学版）	18	18	17	17.6667	0.6709

排序	期刊名称	2004 年（地区数）	2005 年（地区数）	2006 年（地区数）	三年平均（地区数）	归一化值
98	河南教育学院学报（哲学社会科学版）	18	18	17	17.6667	0.6709
99	河北师范大学学报（哲学社会科学版）	18	18	17	17.6667	0.6709
100	广西大学学报（哲学社会科学版）	16	18	19	17.6667	0.6709

新世纪以来学术期刊研究资料

由数据分析可知,虽然高校人文社科综合性学报最初的定位是反映本校教学科研成果,但是在多年的学术推广以及交流活动中大多高校人文社科综合性学报在作者地区分布上逐渐增广,对全国的影响覆盖面较广,尤其是部分期刊勇于突破传统,积极开辟稿源,打开校门面向全国,其区域影响涵盖了全国的20个省市以上,这样的期刊占据了高校人文社科综合性学报的43%;其他57%的期刊虽然区域影响不足20个省市,但也达到了17个省市以上,具有一定的区域影响力。

在统计中作者发现,高校人文社科综合性学报的地区分布广度和该刊的学术影响力并无较为明显的关系。比如,地区分布数排在首位的《海南师范学院学报》,其影响因子的排名在183名;再如,地区分布相对狭窄的期刊湘潭大学学报(哲学社会科学版),其地区分布数仅为17.6667,位列第89,但影响因子则排名位于第44名。由此可以看出,学术影响力弱的高校人文社科综合性学报在致力于提高自身综合影响力时,不单要广辟稿源,扩大区域影响力,还需要注意多吸收高学术含量的稿件,双管齐下,逐步提升自身的学术影响;而对于那些学术影响力较强的高校人文社科综合性学报则可以在保证优质稿源的同时,开辟新的稿件源地,进一步扩大自己在全国的影响范围,以期受到更多学者的关注,为国内人文社科的学术交流作出更大的贡献。

五、有作者机构论文比例

　　论文的作者信息,包括作者姓名及其所在机构是学术论文不可分割的一部分,他直接关系到学术交流是否可以顺利进行,并和个人的科研状况统计以及地区、机构的科研状况统计的准确性密切相关。目前很多学术期刊在作者信息的标注上还存在不规范的问题,主要表现在作者单位的标注信息不够全面,除了前面所提到的影响之外,对期刊而言,它还表现在直接损伤了期刊的学术严谨性。作者把 2004 到 2006 期间高校人文社科综合性学报上标注有作者机构信息的文章比例进行了统计,以期揭示在此指标上的高校人文社科综合性学报的特性。统计发现,前 100 名期刊 100% 的文章标有机构。

　　由数据可知,高校人文社科综合性学报在此指标上表现相当出色,百分之百的统计源(100 种期刊)在 3 年期间标注机构的论文占全年发表的学术论文的 100%,这在整个人文社科类期刊界中是相当罕见的。这和学报的"综合性学术期刊"定位是分不开的。细翻各高校人文社科综合性学报的稿约,均可见"来稿一律……,要求依次写明:题目、作者姓名、作者单位……"的字样,学报的学术严谨性在此可见一斑。

六、本机构论文比例

　　1978 年国家教育部在《关于办好高等学校哲学社会科学学报的意见》中明确指出:"高等学校学报是以反映本校教学科研成果为主的综合性学术理论刊物。"[1]正是基于权威机构的这一界定,多年来许多高校学报作为高校主要传媒形式和高校教学科研成果的载体,始终秉持着立足本校、充分展示本校教学和科研成果的办刊宗旨,发挥了其特有的为教学和科研服务的作用。然而,也是基于权威机构的这一界定,给编辑人员、作者,抑或是一些高校决策人物的思想烙上了学报"以内稿为主,少登或尽量不登外稿"的印迹,从而给高校学报的发展设置了一些人为障碍,这不但使学报本身失去了部分优质稿件,而且影响了

---

[1]　国家教育部:《关于办好高等学校哲学社会科学学报的意见》(1978 年)。

校内外高水平作者的投稿积极性,使得学报进入了校内一般水平和较低水平论文的恶性循环状态,降低了学报的学术质量。针对这一情况,2003 年的教育部高校哲学社会科学名刊工程指出:通过国家(包括新闻出版总署、教育部和主办单位)的支持和期刊内部的改革,培育出 5 ~ 10 种国内一流、国际知名的社科学报,逐步改变目前高校社科学报"全、散、小、弱"的状况,实现"专、特、大、强"的目标。① 针对这一形势,很多高校学报逐渐打破用稿限制,对内稿外稿一视同仁。表 4 列出了高校人文社科综合性学报在 2004 年到 2006 年期间稿源的校内外分布情况。(注意,因为该指标以本机构发文比例小来反映高校学报的作者扩散程度,所以该表的归一化计算方法与其他表格不同,归一化计算分母为"1 - 本机构论文比最小者",每一种期刊的分子是"1 - 该期刊的本机构论文比"。)

表 4   2004—2006 年高校人文社科综合性学报本机构论文比例(前 100 名)

排序	期刊名称	2004 年	2005 年	2006 年	三年平均	归一化值
1	齐鲁学刊	0.15	0.13	0.11	0.1300	1
2	郑州航空工业管理学院学报	0.13	0.23	0.05	0.1367	0.9923
3	哈尔滨学院学报	0.17	0.16	0.10	0.1433	0.9847
4	南京体育学院学报(社会科学版)	0.15	0.15	0.17	0.1567	0.9693
5	西安电子科技大学学报(社会科学版)	0.22	0.17	0.10	0.1633	0.9617
6	中国地质大学学报(社会科学版)	0.19	0.12	0.18	0.1633	0.9617
7	河南师范大学学报(哲学社会科学版)	0.15	0.18	0.21	0.1800	0.9425
8	固原师专学报	0.31	0.19	0.04	0.1800	0.9425

---

① 郑宣:《高校学报第一方阵议目标话己任——教育部召开高校哲学社会科学名刊工程首批入选学报建设座谈会》,《中国教育报》2004 年 2 月 27 日。

排序	期刊名称	2004 年	2005 年	2006 年	三年平均	归一化值
9	郑州航空工业管理学院学报(社会科学版)	0.19	0.20	0.16	0.1833	0.9387
10	河南教育学院学报(哲学社会科学版)	0.18	0.14	0.30	0.2067	0.9119
11	南都学坛:南阳师范学院人文社会科学学报	0.19	0.20	0.25	0.2133	0.9042
12	广播电视大学学报(哲学社会科学版)	0.23	0.24	0.18	0.2167	0.9004
13	河南科技大学学报(社会科学版)	0.24	0.17	0.25	0.2200	0.8966
14	东方论坛:青岛大学学报	0.25	0.24	0.17	0.2200	0.8966
15	海南师范学院学报(社会科学版)	0.20	0.15	0.32	0.2233	0.8927
16	中国矿业大学学报(社会科学版)	0.22	0.23	0.24	0.2300	0.8851
17	求是学刊	0.18	0.26	0.26	0.2333	0.8812
18	江苏教育学院学报(社会科学版)	0.22	0.25	0.23	0.2333	0.8812
19	山东科技大学学报(社会科学版)	0.23	0.27	0.21	0.2367	0.8774
20	重庆邮电大学学报(社会科学版)	0.40	0.20	0.15	0.2500	0.8621
21	海南大学学报(人文社会科学版)	0.26	0.28	0.26	0.2667	0.8429
22	洛阳师范学院学报	0.25	0.31	0.27	0.2767	0.8314

排序	期刊名称	2004 年	2005 年	2006 年	三年平均	归一化值
23	齐齐哈尔大学学报（哲学社会科学版）	0.29	0.30	0.26	0.2833	0.8238
24	信阳师范学院学报（哲学社会科学版）	0.27	0.29	0.31	0.2900	0.8161
25	许昌学院学报	0.30	0.28	0.29	0.2900	0.8161
26	安徽农业大学学报（社会科学版）	0.16	0.23	0.49	0.2933	0.8123
27	淮北煤炭师范学院学报（哲学社会科学版）	0.30	0.29	0.31	0.3000	0.8046
28	太原师范学院学报（社会科学版）	0.31	0.35	0.24	0.3000	0.8046
29	北京林业大学学报（社会科学版）	0.35	0.31	0.25	0.3033	0.8008
30	郑州大学学报（哲学社会科学版）	0.32	0.30	0.31	0.3100	0.7931
31	商丘师范学院学报	0.32	0.29	0.32	0.3100	0.7931
32	辽宁师范大学学报（社会科学版）	0.35	0.29	0.33	0.3233	0.7778
33	南通大学学报（社会科学版）	0.14	0.50	0.33	0.3233	0.7778
34	江西师范大学学报（哲学社会科学版）	0.27	0.40	0.31	0.3267	0.7739
35	南阳师范学院学报	0.36	0.33	0.30	0.3300	0.7701
36	乐山师范学院学报	0.37	0.37	0.26	0.3333	0.7663
37	青海师范大学学报（哲学社会科学版）	0.25	0.35	0.40	0.3333	0.7663

排序	期刊名称	2004 年	2005 年	2006 年	三年平均	归一化值
38	杭州师范学院学报（社会科学版）	0.36	0.30	0.35	0.3367	0.7625
39	西北农林科技大学学报（社会科学版）	0.40	0.43	0.19	0.3400	0.7586
40	烟台大学学报（哲学社会科学版）	0.41	0.27	0.35	0.3433	0.7548
41	长春师范学院学报（人文社会科学版）	0.30	0.23	0.50	0.3433	0.7548
42	淮阴师范学院学报（哲学社会科学版）	0.33	0.33	0.38	0.3467	0.7510
43	安徽大学学报（哲学社会版）	0.40	0.34	0.32	0.3533	0.7433
44	湖南科技大学学报（社会科学版）	0.31	0.33	0.42	0.3533	0.7433
45	皖西学院学报	0.32	0.40	0.34	0.3533	0.7433
46	山东农业大学学报（社会科学版）	0.41	0.39	0.27	0.3567	0.7395
47	青岛大学师范学院学报	0.50	0.27	0.30	0.3567	0.7395
48	龙岩学院学报	0.01	0.53	0.55	0.3633	0.7318
49	思想战线	0.41	0.28	0.41	0.3667	0.7280
50	宝鸡文理学院学报（社会科学版）	0.38	0.34	0.38	0.3667	0.7280
51	湖南工程学院学报（社会科学版）	0.42	0.35	0.33	0.3667	0.7280
52	绍兴文理学院学报（社科版）	0.54	0.21	0.35	0.3667	0.7280

排序	期刊名称	2004 年	2005 年	2006 年	三年平均	归一化值
53	汕头大学学报（人文社会科学版）	0.34	0.39	0.37	0.3667	0.7280
54	北京科技大学学报（社会科学版）	0.26	0.49	0.36	0.3700	0.7241
55	湘潭师范学院学报（社会科学版）	0.39	0.38	0.34	0.3700	0.7241
56	安庆师范学院学报（社会科学版）	0.37	0.36	0.39	0.3733	0.7203
57	西南交通大学学报（社会科学版）	0.39	0.43	0.32	0.3800	0.7126
58	青岛科技大学学报（社会科学版）	0.39	0.34	0.42	0.3833	0.7088
59	北京航空航天大学学报（社会科学版）	0.40	0.43	0.32	0.3833	0.7088
60	长江大学学报（社会科学版）	0.44	0.47	0.25	0.3867	0.7050
61	华北水利水电学院学报（社科版）	0.52	0.34	0.30	0.3867	0.7050
62	重庆工商大学学报（西部论坛）	0.26	0.55	0.35	0.3867	0.7050
63	天津师范大学学报（社会科学版）	0.40	0.36	0.41	0.3900	0.7011
64	辽宁工程技术大学学报（社会科学版）	0.47	0.36	0.34	0.3900	0.7011
65	哈尔滨工业大学学报（社会科学版）	0.40	0.31	0.47	0.3933	0.6973

排序	期刊名称	2004 年	2005 年	2006 年	三年平均	归一化值
66	西北师大学报（社会科学版）	0.43	0.35	0.41	0.3967	0.6935
67	宁夏大学学报（人文社会科学版）	0.45	0.49	0.26	0.4000	0.6897
68	兰州大学学报（社会科学版）	0.48	0.36	0.36	0.4000	0.6897
69	河海大学学报（哲学社会科学版）	0.49	0.36	0.35	0.4000	0.6897
70	西华师范大学学报（哲学社会科学版）	0.34	0.47	0.39	0.4000	0.6897
71	华北电力大学学报（社会科学版）	0.48	0.39	0.35	0.4067	0.6820
72	江西农业大学学报（社会科学版）	0.41	0.35	0.46	0.4067	0.6820
73	贵州师范大学学报（社会科学版）	0.43	0.40	0.40	0.4100	0.6782
74	山西师大学报（社会科学版）	0.95	0.15	0.13	0.4100	0.6782
75	南京工业大学学报（社会科学版）	0.44	0.45	0.34	0.4100	0.6782
76	佳木斯大学社会科学学报	0.40	0.44	0.40	0.4133	0.6743
77	新疆师范大学学报（哲学社会科学版）	0.43	0.41	0.41	0.4167	0.6705
78	重庆工商大学学报（社会科学版）	0.53	0.41	0.31	0.4167	0.6705

（续表）

排序	期刊名称	2004 年	2005 年	2006 年	三年平均	归一化值
79	湖南文理学院学报（社会科学版）	0.41	0.42	0.43	0.4200	0.6667
80	徐州师范大学学报（哲学社会科学版）	0.43	0.43	0.41	0.4233	0.6628
81	重庆大学学报（社会科学版）	0.42	0.42	0.44	0.4267	0.6590
82	湖南农业大学学报（社会科学版）	0.43	0.46	0.40	0.4300	0.6552
83	吉首大学学报（社会科学版）	0.36	0.37	0.57	0.4333	0.6513
84	河北师范大学学报（哲学社会科学版）	0.41	0.47	0.42	0.4333	0.6513
85	贵州大学学报（社会科学版）	0.44	0.43	0.43	0.4333	0.6513
86	河南大学学报（社会科学版）	0.49	0.46	0.37	0.4400	0.6437
87	西南大学学报（人文社会科学版）	0.60	0.37	0.35	0.4400	0.6437
88	成都大学学报（社会科学版）	0.37	0.46	0.49	0.4400	0.6437
89	武汉科技大学学报（社会科学版）	0.58	0.43	0.31	0.4400	0.6437
90	佛山科学技术学院学报（社会科学版）	0.48	0.39	0.46	0.4433	0.6398
91	长沙理工大学学报（社会科学版）	0.28	0.57	0.49	0.4467	0.6360

排序	期刊名称	2004 年	2005 年	2006 年	三年平均	归一化值
92	鲁东大学学报（哲学社会科学版）	0.47	0.53	0.34	0.4467	0.6360
93	湘潭大学学报（哲学社会科学版）	0.49	0.54	0.32	0.4500	0.6322
94	哈尔滨商业大学学报（社会科学版）	0.51	0.50	0.34	0.4500	0.6322
95	怀化学院学报	0.39	0.39	0.58	0.4533	0.6284
96	江南大学学报（人文社会科学版）	0.48	0.49	0.39	0.4533	0.6284
97	南华大学学报（社会科学版）	0.47	0.49	0.41	0.4567	0.6245
98	辽宁大学学报（哲学社会科学版）	0.53	0.43	0.41	0.4567	0.6245
99	山西大学学报（哲学社会科学版）	0.52	0.45	0.40	0.4567	0.6245
100	吉林师范大学学报（人文社会科学版）	0.42	0.52	0.45	0.4633	0.6169
101	湖北大学学报（哲学社会科学版）	0.49	0.45	0.45	0.4633	0.6169
102	南京航空航天大学学报（社会科学版）	0.49	0.48	0.42	0.4633	0.6169

从表 4 可以看出，在 2004 到 2006 年期间大多高校人文社科综合性学报本机构发文比例在逐渐降低。其中，51 个期刊 2005 年的本机构发文比低于 2004 年的本机构发文比，58 个期刊 2006 年本机构发文低于 2005 年本机构发文比，总体水平亦由 2004 年的 36.1% 降至 2005 年的 34.84% 以及 2006 年的 32.99%。由此可以看出，2004 至 2006 期间大多学报都在顺应时代潮流，积极改变办刊方式，开放稿源，努力提高自身的稿件质量，以增强自身竞争力。

在本机构发文指标上,作者将 CSSCI 来源期刊和非来源刊进行比较,两者相比无明显差距。在该指标的排名上,来源刊的分布呈现出分散状态,既有本机构论文比例较高的《湘潭大学学报(哲学社会科学版)》,也有外稿比例较高的《齐鲁学刊》。但也呈现出了一定的规律性:CSSCI 来源期刊中本机构发文比高的多为知名综合性院校,本机构发文比低的大多为地方院校。究其原因,知名院校拥有雄厚的学术力量,具有很高的科研水平,仅仅依靠本校的学者群体,该校学报就可获得高水平的论文,因此争取外稿的压力偏小,用稿主要以内稿为主,本机构发文比居高不下,从而成为该校展示教学和科研成果的窗口。相比较而言,不知名的地方院校大多科研力量偏弱,学术竞争力偏低,该校学报要想增强自身的稿件质量,提高期刊的学术影响力,仅仅依靠本校的内稿远远不能达到这个目标,必须寻求外校的高水平稿源,从而呈现出本机构发文比偏低的状况。

纵观高校人文社科综合学报的本机构发文情况,32 种(31.37%)期刊本机构发文比高于 40%,61 种(59.8%)期刊本机构发文比介于 40% 与 20% 之间,仅 9 种(8.82%)期刊本机构发文比低于 20%。由此可知,我国的高校人文社科综合性学报从整体上看依然是面向校内,为本校的教学和科研提高服务,只有部分期刊敢于打破传统的用稿格局,能够初步做到广辟稿源,质量至上。因此,我国的人文社科综合性学报在打开校门上还只是跨出了小小的一步,距离"开放办刊"还有一段距离。这需要学报编辑以及高校学者进一步开放思维,放眼整体期刊界,建立开放的办刊体系。

七、载文指标综合分析

篇均引用文献数、基金论文比例、论文作者地区分布、有作者机构论文比例、本机构论文比例 5 个指标从不同的角度反映了高校人文社科综合性学报的学术规范化程度。为了更全面地分析高校人文社科综合性学报的学术规范情况,作者参照苏新宁教授的《构建人文社会科学学术期刊评价体系》一文中的计算比例和公式分别赋予这 5 个指标 20% 的权重,并对他们的归一值进行加权,得到一个载文指标的综合值,从而获得一个高校人文社科综合性学报的载文规范情况的全面排名,详见表 5。

表5 2004—2006年高校人文社科综合性学报学术规范量化指标综合值(前100名)

排序	期刊名称	篇均引文数归一化值	基金论文比归一化值	地区分布归一化值	有机构论文比归一化值	本机构论文比归一化值	学术规范量化指标综合值
1	华中师范大学学报(人文社会科学版)	0.8198	0.9154	0.8101	1.0000	0.6130	0.8317
2	兰州大学学报(社会科学版)	0.8359	0.8692	0.7342	1.0000	0.6897	0.8258
3	西北师大学报(社会科学版)	0.8662	0.5769	0.9747	0.9938	0.6935	0.8210
4	中国地质大学学报(社会科学版)	0.6210	0.6615	0.6203	1.0000	0.9617	0.7729
5	安徽师范大学学报(人文社会科学版)	0.7233	0.9308	0.6329	0.9954	0.4943	0.7553
6	南京大学学报(哲学·人文科学·社会科学版)	1.0000	0.5539	0.6329	0.9500	0.5709	0.7415
7	吉林大学社会科学学报	0.7211	0.8692	0.6582	0.9957	0.4406	0.7370
8	西南大学学报(人文社会科学版)	0.7131	0.4462	0.8608	0.9914	0.6437	0.7310
9	思想战线	0.7406	0.3615	0.8354	0.9787	0.7280	0.7288
10	海南师范学院学报(社会科学版)	0.6638	0.0846	1.0000	0.9692	0.8927	0.7221
11	东北师大学报(哲学社会科学版)	0.5920	1.0000	0.5823	1.0000	0.4291	0.7207
12	重庆大学学报(社会科学版)	0.4709	0.7000	0.7722	0.9941	0.6590	0.7192
13	安徽大学学报(哲学社会版)	0.6511	0.3923	0.8101	0.9964	0.7433	0.7186

排序	期刊名称	篇均引文数归一化值	基金论文比归一化值	地区分布归一化值	有机构论文比归一化值	本机构论文比归一化值	学术规范量化指标综合值
14	哈尔滨学院学报	0.4342	0.2308	0.9241	1.0000	0.9847	0.7148
15	贵州师范大学学报（社会科学版）	0.6125	0.4769	0.7975	0.9979	0.6782	0.7126
16	东方论坛：青岛大学学报	0.8296	0.1846	0.6835	0.9641	0.8966	0.7117
17	中国矿业大学学报（社会科学版）	0.6114	0.3769	0.6709	1.0000	0.8851	0.7089
18	华东师范大学学报（哲学社会科学版）	0.8748	0.6923	0.5316	0.9837	0.4483	0.7061
19	浙江大学学报（人文社会科学版）	0.7862	0.9769	0.5190	0.9238	0.3218	0.7055
20	南开学报（哲学社会科学版）	0.8813	0.6154	0.6456	0.9738	0.4061	0.7044
21	郑州航空工业管理学院学报	0.3899	0.4000	0.7215	1.0000	0.9923	0.7007
22	齐鲁学刊	0.5704	0.1462	0.7975	0.9813	1.0000	0.6991
23	西北农林科技大学学报（社会科学版）	0.4545	0.5692	0.7089	0.9983	0.7586	0.6979
24	四川师范大学学报（社会科学版）	0.9788	0.4385	0.6076	0.9816	0.4828	0.6979
25	商丘师范学院学报	0.4115	0.3462	0.9367	1.0000	0.7931	0.6975
26	西北大学学报（哲学社会科学版）	0.5119	0.8308	0.6076	0.9917	0.5441	0.6972
27	淮阴师范学院学报（哲学社会科学版）	0.5824	0.3769	0.7722	1.0000	0.7510	0.6965

排序	期刊名称	篇均引文数归一化值	基金论文比归一化值	地区分布归一化值	有机构论文比归一化值	本机构论文比归一化值	学术规范量化指标综合值
28	求是学刊	0.5538	0.2615	0.7848	0.9928	0.8812	0.6948
29	湖南科技大学学报（社会科学版）	0.5252	0.6077	0.5949	1.0000	0.7433	0.6942
30	山西师大学报（社会科学版）	0.5424	0.4231	0.8608	0.9560	0.6782	0.6921
31	南京师大学报（社会科学版）	0.7222	0.4846	0.6709	1.0000	0.5824	0.6920
32	中山大学学报（社会科学版）	0.8889	0.8539	0.4684	1.0000	0.2452	0.6913
33	重庆邮电大学学报（社会科学版）	0.4484	0.2538	0.8861	0.9989	0.8621	0.6898
34	许昌学院学报	0.4250	0.3077	0.8987	1.0000	0.8161	0.6895
35	辽宁师范大学学报（社会科学版）	0.4602	0.3385	0.8608	1.0000	0.7778	0.6875
36	南都学坛：南阳师范学院人文社会科学学报	0.5959	0.1077	0.8101	0.9982	0.9042	0.6832
37	乐山师范学院学报	0.4724	0.3077	0.8734	0.9948	0.7663	0.6829
38	宁夏大学学报（人文社会科学版）	0.5490	0.3154	0.8608	0.9985	0.6897	0.6827
39	西安电子科技大学学报（社会科学版）	0.5730	0.3846	0.4937	1.0000	0.9617	0.6826
40	湖南大学学报（社会科学版）	0.8660	0.6154	0.5570	0.9568	0.4176	0.6826
41	华南农业大学学报（社会科学版）	0.6945	0.6846	0.6456	0.9813	0.4061	0.6824

新世纪以来学术期刊研究资料

排序	期刊名称	篇均引文数归一化值	基金论文比归一化值	地区分布归一化值	有机构论文比归一化值	本机构论文比归一化值	学术规范量化指标综合值
42	信阳师范学院学报（哲学社会科学版）	0.4327	0.4923	0.6709	1.0000	0.8161	0.6824
43	河南师范大学学报（哲学社会科学版）	0.4063	0.1923	0.8734	0.9938	0.9425	0.6817
44	陕西师范大学学报（哲学社会科学版）	0.7973	0.5231	0.6329	0.9215	0.5287	0.6807
45	哈尔滨工业大学学报（社会科学版）	0.5614	0.5308	0.6076	1.0000	0.6973	0.6794
46	郑州大学学报（哲学社会科学版）	0.4981	0.2692	0.8354	1.0000	0.7931	0.6792
47	北京航空航天大学学报（社会科学版）	0.5974	0.4769	0.6076	1.0000	0.7088	0.6781
48	海南大学学报（人文社会科学版）	0.6123	0.2385	0.6962	1.0000	0.8429	0.6780
49	北京科技大学学报（社会科学版）	0.6895	0.2769	0.6962	1.0000	0.7241	0.6773
50	河南科技大学学报（社会科学版）	0.5195	0.2231	0.7595	0.9854	0.8966	0.6768
51	新疆大学学报（哲学·人文社会科学版）	0.6068	0.4462	0.7215	1.0000	0.6092	0.6767
52	江西师范大学学报（哲学社会科学版）	0.6238	0.3000	0.6835	1.0000	0.7739	0.6762
53	厦门大学学报（哲学社会科学版）	0.9535	0.6231	0.5570	0.9968	0.2414	0.6744

排序	期刊名称	篇均引文数归一化值	基金论文比归一化值	地区分布归一化值	有机构论文比归一化值	本机构论文比归一化值	学术规范量化指标综合值
54	山西大学学报（哲学社会科学版）	0.6478	0.3385	0.7595	0.9900	0.6245	0.6721
55	郑州航空工业管理学院学报（社会科学版）	0.3548	0.2000	0.8608	1.0000	0.9387	0.6709
56	固原师专学报	0.3722	0.2769	0.7595	1.0000	0.9425	0.6702
57	南阳师范学院学报	0.4676	0.2615	0.8481	0.9992	0.7701	0.6693
58	吉首大学学报（社会科学版）	0.5839	0.4077	0.6962	1.0000	0.6513	0.6678
59	北京工业大学学报（社会科学版）	0.5341	0.4615	0.7342	1.0000	0.6092	0.6678
60	首都师范大学学报（社会科学版）	0.7321	0.3846	0.6962	0.9900	0.5249	0.6656
61	四川大学学报（哲学社会科学版）	0.9897	0.4615	0.5823	0.9847	0.2912	0.6619
62	宝鸡文理学院学报（社会科学版）	0.4447	0.3538	0.7848	0.9956	0.7280	0.6614
63	河北师范大学学报（哲学社会科学版）	0.6234	0.3692	0.6709	0.9886	0.6513	0.6607
64	汕头大学学报（人文社会科学版）	0.6747	0.2846	0.6076	1.0000	0.7280	0.6590
65	中国人民大学学报	0.6090	0.5539	0.6835	0.9881	0.4598	0.6589
66	复旦学报（社会科学版）	0.9459	0.6231	0.4557	0.9660	0.3027	0.6587
67	北京林业大学学报（社会科学版）	0.5922	0.4231	0.4810	0.9951	0.8008	0.6584

排序	期刊名称	篇均引文数归一化值	基金论文比归一化值	地区分布归一化值	有机构论文比归一化值	本机构论文比归一化值	学术规范量化指标综合值
68	淮北煤炭师范学院学报（哲学社会科学版）	0.4560	0.2462	0.7848	1.0000	0.8046	0.6583
69	重庆工商大学学报（社会科学版）	0.7168	0.0615	0.8354	1.0000	0.6705	0.6568
70	山东科技大学学报（社会科学版）	0.4648	0.2231	0.7215	0.9908	0.8774	0.6555
71	洛阳师范学院学报	0.3406	0.1462	0.9620	0.9968	0.8314	0.6554
72	徐州师范大学学报（哲学社会科学版）	0.5970	0.3077	0.7089	1.0000	0.6628	0.6553
73	南京体育学院学报（社会科学版）	0.3312	0.2538	0.7215	1.0000	0.9693	0.6552
74	河北大学学报（哲学社会科学版）	0.6018	0.3462	0.7215	0.9965	0.5939	0.6520
75	衡阳师范学院学报	0.4613	0.7154	0.6203	0.9924	0.4559	0.6491
76	中国人民公安大学学报（社会科学版）	0.5974	0.3000	0.7722	1.0000	0.5670	0.6473
77	西华师范大学学报（哲学社会科学版）	0.5933	0.2692	0.6835	1.0000	0.6897	0.6471
78	广西师范大学学报（哲学社会科学版）	0.6437	0.5231	0.5823	0.9852	0.4981	0.6465
79	上饶师范学院学报	0.4643	0.4692	0.7342	1.0000	0.5632	0.6462
80	南通大学学报（社会科学版）	0.5200	0.3385	0.5823	1.0000	0.7778	0.6437
81	北京师范大学学报（社会科学版）	0.8715	0.6077	0.5063	0.9948	0.2375	0.6436

排序	期刊名称	篇均引文数归一化值	基金论文比归一化值	地区分布归一化值	有机构论文比归一化值	本机构论文比归一化值	学术规范量化指标综合值
82	暨南学报（哲学社会科学版）	0.7078	0.5462	0.6203	0.9976	0.3448	0.6433
83	烟台大学学报（哲学社会科学版）	0.6627	0.2385	0.5570	1.0000	0.7548	0.6426
84	贵州大学学报（社会科学版）	0.6016	0.2538	0.6962	1.0000	0.6513	0.6406
85	大连理工大学学报（社会科学版）	0.5904	0.6539	0.4557	1.0000	0.5019	0.6404
86	天津师范大学学报（社会科学版）	0.5128	0.4538	0.5443	0.9888	0.7011	0.6402
87	湘潭大学学报（哲学社会科学版）	0.6162	0.2692	0.6709	1.0000	0.6322	0.6377
88	东南大学学报（哲学社会科学版）	0.5728	0.5846	0.7215	1.0000	0.3065	0.6371
89	长沙理工大学学报（社会科学版）	0.5686	0.5231	0.4430	1.0000	0.6360	0.6341
90	长春师范学院学报（人文社会科学版）	0.3910	0.1769	0.8354	1.0000	0.7548	0.6316
91	湛江师范学院学报	0.4639	0.5692	0.6709	0.9887	0.4636	0.6313
92	齐齐哈尔大学学报（哲学社会科学版）	0.3602	0.1154	0.9747	0.8762	0.8238	0.6300
93	云南师范大学学报（哲学社会科学版）	0.5187	0.3846	0.6709	1.0000	0.5747	0.6298
94	扬州大学学报（人文社会科学版）	0.3901	0.7692	0.4430	0.9969	0.5479	0.6294

排序	期刊名称	篇均引文数归一化值	基金论文比归一化值	地区分布归一化值	有机构论文比归一化值	本机构论文比归一化值	学术规范量化指标综合值
95	西安交通大学学报(社会科学版)	0.7013	0.6231	0.4304	0.9952	0.3946	0.6289
96	广播电视大学学报(哲学社会科学版)	0.3899	0.0769	0.7848	0.9890	0.9004	0.6282
97	内蒙古师范大学学报(哲学社会科学版)	0.4857	0.4538	0.7468	1.0000	0.4521	0.6277
98	山东农业大学学报(社会科学版)	0.4731	0.2000	0.7215	1.0000	0.7395	0.6268
99	内蒙古大学学报(人文·社会科学版)	0.5767	0.2692	0.6835	1.0000	0.6015	0.6262
100	杭州师范学院学报(社会科学版)	0.5874	0.3308	0.4557	0.9927	0.7625	0.6258

表5显示,各高校人文社科综合性学报在篇均引用文献数、基金论文比、作者地区分布数、有作者机构论文比、本机构论文比几个指标上的表现差距很大。对同一学报而言,某一学术规范指标很高的学报,其他指标亦有很低的情况,且这样的状况呈现出普遍的态势。因此,各高校人文社科综合性学报应针对自身状况,扬长避短,在各个指标上齐头并进,努力提高自己的学术规范化程度。

其次,在单个学术规范指标上高校人文社科综合性学报的指标值从1横跨到0.14,显示出分布不均、两极分化的趋势,篇均引用文献数指标尤其如此。作者将各个指标加权后,综合值的分布明显均衡、集中,指标值居于0.83至0.62之间,且其中83%的学报载文指标综合值集中在0.77~0.64之间,占据了高校人文社科综合性学报的主体地位,和其他社科类专业期刊相比表现得更为齐整。

通过对2004—2006年中国社科综合性学报的六大指标的分析,作者发现高校人文社科综合性学报在有机构论文比指标上表现突出,远高于人文社科类其他专业期刊,位居首位,在篇均引用文献数、基金论文比、作者地区分布数的几个指标上则表现良好,略高于我国人文社会科学类期刊的平均水平。因此,我国的人文社科综合性高校学报在学术规范性上总体表现良好,不愧为我国的"学术性综合期刊"。

原刊于《西南民族大学学报(人文社科报)》2008 年第 6 期

高校人文社科综合性学报学术规范评价指标前100名统计分析

分学科评价：综合性学术期刊评价的合理路径

——以教育部"名刊工程"入选综合性学报为例

王文军*

据统计，目前在我国总数近万种的期刊中，人文社会科学学术期刊约为3000种，其中综合性学术期刊约占半壁江山，由社科院系统（社会科学院、社科联）主办的综合性学术期刊目前约在100种左右；普通高等学校主办的人文社会科学学术期刊有1000余种，其中综合性人文社科学报就超过500种。[①] 从历年各种核心期刊或来源期刊的评价结果来看（见表1），高校学报和综合性社科期刊在各个评价体系里合计均占有20%左右的份额，是我国学术期刊群的重要组成部分，它对人文社会科学的繁荣发展起着举足轻重的作用。

表1　综合性人文社科学术期刊入选各种核心（来源）期刊统计表

类别	北京大学核心期刊2008版	社科院人文社科核心期刊2008版	CSSCI来源期刊2010—2011版
核心（来源）期刊总数	747种	386种	527种
综合性社科期刊	51种/6.8%	33种/8.5%	50种/9.5%
综合性高校学报	70种/9.4%	48种/12.4%	70种/12.3%

资料来源：朱强：《中文核心期刊要目总览》（2008版），北京大学出版社2008年版；姜晓辉：《中国人文社会科学核心期刊要目总览》（2008年版），社会科学文献出版社2009年版；南京大学中国社会科学研究评价中心：《CSSCI来源期刊目录（2010—2011）》，http://cssci.nju.edu.cn。

---

* 王文军，南京大学中国社会科学研究评价中心。

① 叶继元：《中国哲学社会科学学术期刊布局研究》，社会科学文献出版社2008年版。这一统计数据中不包含文理大综合学报，亦不包含部分专科高校主办的综合性学报。

本文拟以 CSSCI 综合性学报类来源期刊为例,从研究的角度对综合性学报分学科评价的一些问题进行探索性的讨论,高校主办的专业期刊不在本文的讨论范围内。

一、高校综合性人文社会科学学报的现状与特点

纵观近 30 年来高校学报的发展历程,它在展示高等学校在人文社会科学理论研究及学术成果的水平、繁荣哲学社会科学研究、推动高等学校的学术发展、倡导学术规范和职业操守等诸多方面作出了积极的贡献,具有不可替代的学术地位。尤其是在教育部开展"名刊工程"建设之后,一批高校学报"名刊"和"名栏"紧紧围绕"名刊工程"的建设目标,立足学校实际,在创新办刊思路、提高办刊质量、破解难题等方面取得了显著成绩,在高校和学术界产生了积极的影响。[①]

但是在肯定"名刊工程"取得丰硕成果的同时,"我们要清醒地看到,高校社科期刊仍然存在着一些制约发展的深层次矛盾和问题。高校社科期刊'全、散、小、弱'的局面依然存在,'专、特、大、强'的发展目标远未实现"[②]。高校学报"同质化倾向严重,千刊一面","相当一部分学报定位不清,选题雷同,内容重复","个性、特色不够鲜明"。[③]《清华大学学报》常务副主编仲伟民先生则对当前高校学报存在的问题给予了新的归纳:"一是数量庞大而平均质量偏低;二是过于综合而缺少专业性特点。"[④]按照目前的"生存"状态,高校学报大致可以分为三个层次:一是发展比较好的高校学报,如进入名刊工程的学报,显示出较高的整体质量和影响力;二是有特色的高校学报,具有学科的优势或栏目的特色,具有较高的学科影响;三是数量最多的高校学报,则仍然处于困境之中,影响因子的平均水平不仅远低于专业期刊,而且也低于省市社科院和社科联举办的社

---

① 朱剑:《高校学报的专业化转型与集约化、数字化发展——以教育部名刊工程建设为中心》,《清华大学学报(哲学社会科学版)》2010 年第 5 期。

② 《高校社科期刊改革座谈会纪要》,《全国高等学校文科学报研究会通讯》2011 年第 1 期。

③ 姚申:《反思与创新:关于中国高等学术期刊发展前景的若干思考》,《浙江社会科学》2007 年第 4 期。

④ 仲伟民:《中国学术期刊现状谈》,《中华读书报》2011 年 5 月 18 日。

83

分学科评价:综合性学术期刊评价的合理路径

科类综合期刊的平均水平。① 即使前处于第一二层次的学报也都存在着一些必须面对的问题。对于目前大多数学报陷于困境的现状和成因,学术界、期刊界(包括学报界)以及主管部门的许多有识之士都有精辟的分析,如 2011 年 3~4 月,《光明日报》以"高校学报出路何在"为题刊发了系列报道,讨论颇为深入。笔者注意到,在诸多关于学报的现状和出路问题的讨论中,都涉及了学术评价对期刊特别是包括高校学报在内的综合性社科期刊的影响,因此,本文试图研究的问题是当前的期刊评价是否对高校学报的发展造成了不利的影响,是否存在更能促进高校学报改革和发展的评价方式?

在讨论期刊评价问题之前,我们先对高校综合性学报的特点做一个描述。

首先,受到学报传统的影响,综合性学报与专业性学术期刊在办刊宗旨、学术定位等方面有着明显差异。从办刊宗旨来看,与专业期刊不同,高校学报在创办伊始便承载着特殊的使命,主要是"反映本校最新的学术水平和学术动态"的重要窗口,以致直到今天,高校学报仍附有明显的"与生俱来"的"母体印记",与本校(本地区)作者、学科有着密切的联系。不过,随着哲学社会科学研究的发展和专业期刊作用的凸显,高校学报也在与时俱进,一些高校学报"母体印记"逐渐淡化,最直接的体现就是作者分布的开放性特征。② 主动将"学校的窗口"让位于"公共学术平台",由学校的"自留地"变为天下之公器,作者来源的广泛性为学术研究的深度和广度奠定了基础,使得这部分的高校学报有可能在多个学科和较大范围产生显著的影响力。

其次,与专业性期刊相比,高校学报在学科的覆盖面上显得较为全面,虽然不可能做到覆盖所有的学科,但一般都能在 10 个左右的学科③上形成覆盖,呈现出很强的多学科综合性特征。以 CSSCI 综合性学报类来源期刊为例,2009 年和 2010 年每年刊登学术论文总计均在 1 万篇左右,其中 80% 的论文集中在经济学、中国文学等 10 个学科,这 10 个学科的发文总数超过了该类期刊年度发

---

① 据南京大学中国社会科学研究评价中心 2009 年统计数据。

② 鞠秀芳:《高校人文社科综合性学报学术规范评价指标前 100 名统计分析》,《西南民族大学学报(人文社会科学版)》2008 年第 6 期。

③ CSSCI 的学科分类为 23 个大类:管理学,马克思主义,哲学,宗教学,语言学,中国文学,外国文学,艺术学,历史学,考古学,经济学,政治学,法学,社会学,民族学,新闻学与传播学,图书馆、情报与文献学,教育学,体育学,统计学,心理学,人文、经济地理,环境科学。

文总量的80%（详见表2）。

表2　CSSCI来源期刊年度发文学科分布一览表(2009—2010)

2009				2010			
学科分类	期刊数	发文数	占比(%)	学科分类	期刊数	发文数	占比(%)
经济学	65	1444	14.46	经济学	68	1544	15.35
中国文学	62	1093	10.94	中国文学	64	1254	12.47
哲　学	61	1041	10.42	哲　学	64	999	9.93
法　学	67	921	9.22	法　学	69	959	9.54
历史学	63	781	7.82	历史学	66	837	8.32
教育学	58	673	6.74	教育学	54	658	6.54
管理学	65	625	6.26	管理学	65	612	6.09
社会学	60	595	5.96	政治学	67	581	5.78
语言学	58	565	5.66	语言学	62	512	5.09
政治学	62	524	5.25	社会学	62	414	4.12

资料来源：CSSCI数据库2009—2010年,http://cssci.nju.edu.cn.

从表2可以看出,经济学、中国文学、哲学、法学、历史学等是高校学报重点关注的学科领域。在作为样本的70种综合性学报类来源期刊中,80%的学报年学科发文量超过发文总数5%的学科都在10个左右,无论在学科发文量和发文比例上都具有显著的多学科、综合性特征。

再次,综合性学报的另一个共同的特点是人文学科和社会科学学科分布总体上较为均衡,无论对基础问题的研究,还是对应用领域的解答均有涉及,但是具体到每种学报则又各有侧重。对每年的CSSCI来源文献数据观察可以发现,从刊载论文的累计数量这一角度来看,一些综合性学报在某些学科研究的深度和广度上都达到了较高的水准,一些学报的学科年度发文量已经接近或达到了专业期刊的水平,很多学报在学科论文的规模上已经具备了分学科评价的数量基础。

二、高校人文社科综合性学报评价现状

在目前的综合性学报评价中,"期刊影响因子"是最重要的指标之一。影响

因子指标是一个最初源自西方自然科学评价的"舶来品",其对期刊影响力的评价准确度首先取决于引文的规范性,其次是对于评价的环境有着较高的要求,如期刊学科的准确划分、时间长度上对偶然因素的弥补等,而学科划分的准确性尤其重要。在期刊评价实践中,只要能准确把握其特性,影响因子的确不失为一个从特定角度揭示学术期刊影响力的具有较高显示度的量化指标。但不可否认的是,无论是一般的期刊评价还是核心期刊、来源期刊的评选,对学术期刊的发展都具有显著的导向作用,故应该慎之又慎。

现行的各类评价体系基本上都是将综合性学报和综合性社科期刊单独作为一个类别进行整体评价的,这样的评价方法符合当前期刊布局的实际状况,而且在各个期刊评价体系中,综合类期刊在核心期刊和来源期刊的比例上都占有了较多的份额。以 CSSCI 为例,在其认定的 2773 种人文社会科学学术期刊中,被归入综合性学报和社科期刊类别的期刊数量大约在 550 种左右,而最终入选来源期刊的两类综合性期刊之和达到 120 种,超过了总数的 20%[①],这与人文社科学术期刊的布局和学科结构有着直接的联系。将综合性学报和社科期刊作为单独类别进行评价,在初期确实对增强综合性学报的学术影响力起到了促进作用,主要体现在:

首先,将综合性学报作为独立分类进行评价有利于整体把握高校哲学社会科学研究的发展格局,有助于高校哲学社会科学研究的繁荣和协调发展。从 CSSCI 历年数据中可以发现,综合性学报的质量和影响力能够在一定程度上反映高校的整体研究实力和水平。

其次,将综合性学报作为独立分类进行评价使其处于学术界较为关注的有利位置,有助于学报从综合的角度开展问题研究,有助于学科之间的成果交流进而对跨学科成果具有催化作用。

再次,综合性学报单列一类,有助于学报打破"身份"和"门户"的壁垒,开门办刊,大大增强了开放性和吸收能力,优质稿源的引入和实力作者的参与,使其办刊质量得以从建立广泛的作者群和拓展研究领域两方面得到提升。这一点在教育部名刊工程入选学报中有很好的体现,另一个典型例证就是敢于开门办刊的西部高校的综合性学报,这些学报得以更好地吸收东部或发达地区的研

---

① 当然,高校综合性学报与综合性社科期刊各自占有的比例有较大差异。

究力量和研究成果,提升了期刊的影响力,增加了提升期刊质量的途径。

综合性学报单独列为一类的评价方式固然有很多的好处,而且学术界和期刊界也都大致能接受这样的分类和评价结果,但毋庸置疑的是,采用整体评价的方式对综合性学报以及综合性社科期刊的评价,也日益显现出较多的问题。

第一,同类比较是学术评价的基本方法,以影响因子为主要指标的期刊评价体系即是依据期刊影响因子对同类期刊进行比较,也就是说,是把期刊刊载的所有论文在统计年的被引用频次记入该期刊名下,再根据其载文量计算出该刊影响因子,然后与同类期刊进行比较。这就要求进行比较的期刊其刊载的所有或至少大多数论文都是同学科论文,或者在引证习惯上都是一致的,否则以与引证相关的影响因子指标来评价(比较)这些期刊就失去了统一的标准。如果将综合性学报视为一个类别进行整体评价,其评价(比较)是否合理的前提在于综合性学报之间是否具有良好的可比性,恰恰在这一点上,综合性学报并不具有这一前提。不同高校的综合性学报虽然在形式上极为相似,但在内容上却或侧重于文学、历史、哲学等基础性学科的研究,或侧重于解决有关社会进步和经济发展的基础性理论和实践课题,或兼而有之,这样的多学科但不平衡的特点,决定了其在各个学科领域的影响力有着较大的差别,侧重基础研究与侧重对策研究、注重学科深度挖掘与关注热点问题,不同的综合性期刊各有侧重,在引证习惯和引用规律上存在着很大的差异,加之反应速率、学科规范程度等因素,体现在影响因子上也就有较大的差异,难以进行真正的同类比较。可见,仅凭期刊影响因子,综合性学报虽"同类"但却不可比。

第二,随着以引文分析为基础、影响因子为主要指标的期刊评价体系的建立,综合性学报存在着因为"评价"而被边缘化的可能,特色栏目和重点学科的实际影响力不但不能彰显,而且还会被综合性的"影响因子"指标所"冲淡",各名校所确定的"一流期刊"目录(学术榜)中基本上都只有《中国社会科学》一种综合性期刊,大学图书馆也难觅大多数高校学报的踪迹,在很大程度上就是这个原因所致,相应地,综合性学报对学者的影响力用日渐式微来形容可能是最为合适的。

第三,在使用影响因子及其他计量指标对高校学报整体评价时,我们常常会发现,一些集中在政治学、经济学、法学等学科的讨论热点问题的论文受关注的程度往往高于文学、历史学、哲学等基础学科的论文,加之不同的引证习惯,反映在被引用的数据方面,前者明显高于后者。而不同高校由于其学术传统、学科结构和优势学科的不同,体现在其所主办综合性学报中,则表现为对上述两类论文的比重安排上有很大的不同,而这种不同对于各校优势学科的发展,进而使各学科在整个高校层面上得以平衡发展是不可或缺和至关重要的。但是,在不分学科而将综合性学报视为完全相同的整体进行简单的期刊影响因子比较的评价中,侧重政治学、经济学、法学等学科的综合性学报往往会在评价结果上占据比较有利的位置,而一些注重基础研究或者文史哲等学科的综合性学报则处于相对不利的位置,两者在影响因子方面的差别能以数倍乃至十倍计。长此以往,评价指标或方法导向的负面作用就会呈现出来。在这样的评价导向之下,一些综合性学报倾向于发表引用概率较大的学科论文,如经济学、管理学、法学等,从而提高被引率,很少发表甚至不再发表相对冷僻的学科的研究成果,如文字学、修辞学、训诂学、民族学等,也就成为很自然的事。这样的结果将会使一些学报因"趋利避害"被迫放弃自己擅长的学科,使有关基础学科的研究失去了基本阵地,必将对各学科的平衡发展产生极为不利的影响。

第四,从 CSSCI 历年的来源期刊遴选结果都可以看出,高校学报类来源期刊在影响因子上呈现出明显的梯级分化,处于底部的高校学报不但数量较大而且影响因子也较综合社科期刊为低,无论从同方知网的大样本库还是从 CSSCI 的小样本库来看,体现高校学报学术影响力的两个指标——一般影响因子和总被引频次都大大低于专业期刊,综合性期刊在某些学科的优势无法体现。其中不乏一些整体实力较弱但在某些栏目或学科上具有特色优势的学报,由于评价实践中的"低分"使其难以进入作者或学者的视野,即使是"学报名刊"主导的一些极具研究价值的基础研究领域的课题也常常乏人关注,一些值得在深度和广度进一步挖掘的课题也因为这种整体评价而变得无人问津最终被搁置或舍弃。

从现行多个期刊评价体系的实践中可以看到,在人文社会科学期刊评价中普遍将综合性期刊单独分类进行评价是中国特色,也是出于对期刊布局的现状和评价技术成本的考虑所作出的无奈选择,在客观上曾经对学报等综合性学术期刊的发展起到了推动作用。但是随着学术环境的变化和学术的发展,学报的办刊宗旨以及定位也逐渐发生了变化。早在 2002 年,教育部就已指出了学报改革和发展的方向:"要转变高校社科学报的办刊理念,打破传统封闭的办刊模式和千刊一面的局面,鼓励各高校根据自己的实际情况,积极引进新的办刊机制";"倡导高校学报走整合之路,创办代表我国高校哲学社会科学学术水平的专业性学报";"鼓励若干高校社科学报进行合作或联合,走联合之路,把刊物做大做强";"支持高校社科学报在保持各高校主办的现有格局不变的情况下,根据各地和各校的实际和特色,创办特色栏目和名牌栏目,走内涵式发展之路,塑造各自刊物的学术个性和文化特征"。① 教育部袁贵仁部长、李卫红副部长以及新闻出版总署柳斌杰署长、李东东副署长都多次对包括学报在内的高校学术期刊的发展和改革方向作出了明确的指示②,专业化转型和集约化或集团化发展乃是大势所趋。笔者认为,结合高校学报改革的目标,有必要对现行的高校学报等综合性期刊的评价方法予以改进,使得评价的导向和高校学报改革和发展的方向相一致。

三、综合性学报分学科评价的实验与思考

为了探索综合性学报分学科评价的可行性,笔者采集了 CSSCI 2006—2010 年入选教育部名刊工程综合性学报的分学科发文数据和被引数据,同时将各刊的学科论文分别组合成与专业期刊规模相当的 8 个"虚拟专业期刊"③,与综合性社科期刊、各学科的专业期刊以及学科排名前 2 ~ 6 位期刊均值进行影响因子的比较,结果如表 3 所示。

表 3　分学科影响因子统计表

年份	2006	2007	2008	2009	2010	2006	2007	2008	2009	2010
	管理学					哲学				
名刊学报	0.4650	0.2937	0.4297	0.3451	0.2899	0.2496	0.1896	0.2006	0.1854	0.1634
社科期刊前十	0.1481	0.2092	0.2635	0.1565	0.2129	0.1199	0.1213	0.1692	0.1102	0.1153

① 《关于加强和改进高等学校哲学社会科学学报工作的意见》,教育部文件,教社政[2002]10 号。

② 参见教育部、新闻出版总署官网的相关报道,http://www.moe.edu.cn;http://www.gapp.gov.cn/cms/html/21/index.html。

③ 这样的虚拟专业期刊已成为现实,由 17 家名刊工程综合性学报通过数字化重组而创办的"高校系列专业期刊"已经问世(可参阅其主页:http://www.sju.cnki.net/sju/default.aspx),这也从另一角度证明了综合性学报分学科评价的可行性。

（续表）

年份	2006	2007	2008	2009	2010	2006	2007	2008	2009	2010
	管理学					哲学				
专业期刊均值	0.3192	0.3308	0.3810	—	—	0.1465	0.1226	0.1338	—	—
学科最高值	0.9375	0.7352	1.0932	1.0958	1.0287	0.3590	0.2901	0.3294	0.2935	0.3570
2～6位均值	0.5219	0.5883	0.6417	0.6359	0.6075	0.1902	0.1254	0.1508	0.1200	0.1058
	中国文学					历史学				
名刊学报	0.1021	0.0904	0.1231	0.0821	0.1145	0.2351	0.1801	0.1923	0.1756	0.1688
社科期刊前十	0.0825	0.0911	0.0901	0.0690	0.0773	0.1660	0.1444	0.1538	0.1454	0.1329
专业期刊均值	0.0780	0.1002	0.0990	—	—	0.1706	0.1283	0.1718	—	—
学科最高值	0.3081	0.3198	0.3055	0.2985	0.2138	0.6032	0.4884	0.5758	0.5215	0.4815
2～6位均值	0.0987	0.1468	0.1261	0.1073	0.1372	0.3610	0.2050	0.2596	0.2189	0.2811
	经济学					政治学				
名刊学报	0.3294	0.3164	0.3543	0.4032	0.3583	0.3149	0.3534	0.2299	0.2222	0.2081
社科期刊前十	0.2094	0.2335	0.2195	0.2258	0.2212	0.1725	0.1842	0.2391	0.1899	0.1842
专业期刊均值	0.3350	0.3663	0.4271	—	—	0.1393	0.1540	0.1639	—	—
学科最高值	3.1460	3.7105	4.0882	3.5182	3.7781	0.4047	0.4755	0.4812	0.6388	0.5481
2～6位均值	0.8823	0.9369	1.0823	1.0663	1.1255	0.2225	0.3117	0.2557	0.2034	0.2659
	法学					社会学				
名刊学报	0.2975	0.2748	0.2168	0.2283	0.2465	0.3301	0.4563	0.5319	0.3619	0.3325
社科期刊前十	0.1293	0.1894	0.1671	0.1228	0.1446	0.2450	0.2201	0.2216	0.2258	0.1786
专业期刊均值	0.3358	0.4472	0.5013	—	—	0.3860	0.4610	0.6587	—	—
学科最高值	0.7170	1.1768	1.2971	1.2912	1.4551	1.0830	1.9054	1.3938	1.2357	1.3885
2～6位均值	0.5057	0.6958	0.7811	0.5416	0.5550	0.4228	0.3802	0.7733	0.6366	0.6232

资料来源：数据来源于 CSSCI 2006—2010，为研究项目测试数据，未经精校，与正式发布的影响因子报告无关。

注："名刊学报"：名刊工程入选综合性学报共 20 家期刊影响因子平均值；"社科期刊前十"：CSSCI(2010—2011)综合社科来源期刊前 10 位(不含《中国社会科学》)期刊影响因子平均值；"专业期刊均值"：当前年度该学科来源期刊影响因子平均值(2009、2010 年数据暂缺)；"学科最高值"：当前年度该学科期刊影响因子的最高值；"2～6 位均值"：当前年度该学科除最高值之外的前 5 种期刊影响因子平均值。

从上述统计可以看出,分学科评价的结果能够较好地呈现名刊学报和综合社科期刊与专业期刊对各学科实际影响力的异同。一、在所有学科,名刊学报的分学科影响因子均值都超过了综合性社科期刊前10名的均值;二、在多数学科,名刊学报的分学科影响因子已超出了专业期刊的影响因子均值,在哲学、中国文学、政治学等学科已超过或接近专业期刊的第一梯队(学科排名2~6位)影响因子均值,在管理学、经济学、法学、社会学等学科则与专业期刊第一梯队有较大差距。三、名刊学报在不同学科实际影响力有较大的差异,与这些学科专业期刊的发展水平有相当之关系。在专业期刊发展比较完备的学科,如经济学、管理学、法学等,综合性名刊学报明显处于劣势;在相对于研究队伍的规模而言专业期刊比较缺乏的哲学、文学等学科,综合性名刊学报则占据了优势。由此可见,高校学报的专业化转型是十分必要的。四、在实验中我们发现学科总被引频次也具有较好的可比性,与学科影响因子的比较结果具有较好的相关性。实验的结果显示,采用学科影响因子来反映综合性学报的学科影响力具有较高的显示度。当然,这仅仅是一种尝试,还需要获得较长时段和较大规模的数据测试结果后才有可能在期刊评价的实践中实际运用。

通过这种实验可以预见,综合性学报进行分学科评价将会对综合性学报的发展和转型带来积极的影响,主要体现在如下几个方面:

一是实施分学科评价后,综合性学报将成为分学科评价的主要对象,少数学科覆盖面较窄的学报将不归入综合性学报而归入专业期刊进行评价,这一导向必将加速推动一部分学报在专业和特色方面下功夫,进而逐步向专业期刊转型,从而能改变高校综合性期刊过多过滥,而专业期刊极度缺乏的现状,使高校学术期刊的结构趋于合理化。

二是分学科评价对于综合性期刊的全面发展也将起到积极的推动作用,在学科和栏目上将有所为有所不为,敢于在学科的研究深度和广度上下功夫,在整体上提升刊物的质量和影响力,使综合类期刊在多个学科能够达到专业期刊的影响力。

三是分学科评价将凸显综合性期刊的学科优势,吸引或积聚更多的学术资源,优势学科强者更强,特色栏目更具特色,对学科发展的推动作用将十分明显,可以从学科的角度强化期刊的影响力,使大学的品牌效应渗透到期刊的学科影响之中。

四是分学科评价将促进各类学术资源更好地整合,进一步完善综合性学报之间"分工协作、共同发展"的良好局面。

五是分学科评价将有助于区分论文的影响力、作者的影响力和期刊的影响力。分学科评价综合性学报,意味着要结合学科论文总量来测度期刊的学术影响力。数量是质量,也是影响力的基础。一篇或为数极少的高被引的好论文之于期刊,并不能代表期刊的整体影响力。如果不经过长时间的积累和达到相当的研究规模,不具备一定的研究深度,仅仅是极少数的好论文并不能为一本期刊带来专业领域的高影响力。而一本期刊在某个学科和某个研究领域经过多年打磨,必然会在学术界产生重要影响,即使没有名人效应也将产生较大的影响,这一点已被很多例子所证明。

笔者以为,目前已具备了进行综合性学报分学科评价的基本条件。从CSSCI的统计中可以发现,与专业学术期刊相比,虽然综合性学报在学科的覆盖宽度上有较好的表现,但是对各个学科的关注度明显有所侧重。当我们使用学科影响因子对综合性学报进行学科影响力测度时,在多个学科都有一些综合性学报的学科影响因子(如学报名刊工程和学报"名栏")已经达到或超过了专业类来源期刊的平均水平,从整体上显示出从"同质化"走向"专业化"的特征,在某些学科研究的深度和广度甚至超过了专业期刊。这使得分学科评价既有必要,也具备了可行的基础,有助于形成有序竞争的良好局面。此外,即将展开的高校期刊体制改革也对建立合理的期刊评价机制提出了明确要求,故当下亦是进行这项改革探索的较好时机。

原刊于《南京大学学报(哲学·人文科学·社会科学版)》2011年第3期

论文质量、期刊质量与期刊影响力

程郁缀　　刘曙光*

每一次全国高等学校文科学报研究会的评奖活动,每一次北京大学图书馆和中国社会科学院文献信息中心"中文核心期刊"、南京大学中国社会科学研究评价中心 CSSCI 来源期刊的遴选工作,以及诸如此类的评比评价活动,各期刊编辑部乃至其主办单位都会高度重视、全力以赴。之所以期刊界会反应如此强烈,是因为这些评比评价活动,涉及各期刊的影响力和声誉,直接关系到期刊的未来发展到底是进入良性循环轨道还是陷入恶性循环泥淖;涉及主办单位的影响力和荣誉,直接关系到包括主编在内的期刊编辑的业绩和工作考核;涉及高等学校、研究机构对某一期刊及其所刊载文章质量的评价。可以说,期刊影响力是一个期刊生存和发展的根本,是期刊主办单位、编辑、作者、读者普遍关注的头等大事。

一、什么是期刊影响力?

根据笔者了解,有相当一部分学校和科研单位都根据自己的情况,从数量和质量两个方面,制订了一套对科研成果进行评估认定、对人员业绩进行考核管理的指标体系。具体的做法是,制订一本权威期刊、核心期刊、重要期刊和一般期刊的目录,根据教职工在这些期刊上发表论文的情况进行量化计算,有的学校甚至提出,一篇权威期刊上的文章可以等同于若干篇一般核心期刊的文

---

* 程郁缀,《北京大学学报(哲学社会科学版)》编辑部;刘曙光,《北京大学学报(哲学社会科学版)》编辑部。

章。然后,再根据考核情况,作为教职工职称评定、职务晋升、奖金发放等的重要依据。简单地说,就是用期刊的影响力来评判某一论文的质量和学术影响力。

那么,什么是期刊影响力呢? 期刊影响力是指某一期刊在一定时期里对其所涉及的科研领域的科研活动所产生影响的深度和广度。期刊影响力最早是科技类期刊文献计量学中的一个术语。一般来说,期刊影响力可以从以下几个方面来考察。①

94

1. 总被引频次。指某期刊从创刊以来所刊载的全部论文在统计当年的统计刊源中被引用的次数,它反映了该期刊在学术交流中总体被使用和受重视的程度。

2. 影响因子。指两年内某一期刊所发表的所有文章被引用的总次数与这两年内该期刊所发表文章总数的比值,即该期刊两年内所发表文章的平均被引用率。影响因子是评价一个期刊影响力大小的主要量化指标,影响因子排名越靠前,往往被认为学术水平越高。一个期刊是否核心期刊或 CSSCI 来源期刊,主要取决于影响因子。

3. 快引指数。也称即年指标或当年指数。指某一期刊在统计当年发表论文的被引用次数与该期刊当年发表论文数之比,即一年时限内的平均被引用频率。它反映期刊当年的反响速率或受关注度。

4. 被引用半衰期。这是指期刊的生命周期。最新发表的作品或论文总是最能引起读者的关注和引用,但是,随着时间的推移,人们对它的关注程度会逐渐下降,其被引用率也会逐渐减少。期刊的半衰期是指某种期刊在某年度被引用的总数中,较新的一半文献是在此前何时发表的,这个时间就是这个期刊的半衰期,它反映期刊所发文章有效参考价值的时间长短。一个学科的变化越快,刊载该学科研究成果的期刊的半衰期就越短,反之亦然。期刊被引用的半衰期越长,说明该期刊越有价值,反之亦然。②

① 国内外对期刊所作的各种评价评比,大多考虑这几方面指标。如清华大学图书馆、中国学术期刊电子杂志社每年编制的《中国学术期刊综合引证报告》,就是如此。当然,我们也还可以把基金论文比、被下载情况列入。

② 赵宪章、邓三鸿:《2000—2004 年中国文学期刊影响力报告》,《东南大学学报(哲学社会科学版)》2006 年第 2 期。

5.被引广度。又称被引期刊数,是指某一期刊被多少种期刊所引用,它在一定程度上反映出期刊论文的知识域和影响范围,这也是期刊影响力的重要指标。有的期刊尽管被引量较大,但主要是在特定的学术圈子里被引用。例如,解放前的《现代》《创造月刊》《新小说》《学衡》和《少年中国》,在中国文学史上具有特别重要的地位和持久的生命力,至今这些期刊的影响因子排名仍能较靠前,但是,影响广度却有限。

在以上五项指标中,影响因子是期刊影响力的主要量化指标,其余四项指标则是辅助性指标。快引指数、半衰期和影响因子本质上都是被引用频率,它们一起构成所谓的短、中、长期的期刊影响力评价体系的核心。影响因子之所以被看作最主要指标,这是因为它是一个相对统计平均值,它克服了期刊由于创刊历史长短、刊期不同以及载文量多少所带来的偏差,相对更为科学、合理。

二、期刊影响力合理性的相对性

一方面,任何评价指标都有一定的合理性。某一期刊在学术界的影响,主要通过论文被引用来反映,影响因子排除了个人情感等主观因素,带有比较真实的特征。一般来说,期刊影响力越大,说明其论文的总体影响力越大,其学术质量越高。如果说论文的被引量是期刊总体实力的表现,那么,影响因子则是期刊所载论文总体质量的重要标准,其本质是期刊的被引用频率。现在,不少部门和人员将影响因子等同于影响力,将影响力等同于期刊内在质量指标,用以评价期刊、发表的论文和科研成果等的质量高低。

另一方面,任何评价指标都具有相对性。期刊影响力也不例外。由于以下几个方面的原因,它很容易产生偏差。

第一,学风的影响。一些研究者对自己所引用的文献不作或很少标注,特别是前些年,有些人治学方法、治学态度不够严肃、严谨,通篇很少甚至没有标注引文,或者标注得很不规范,文献的著录项不全,这就使得影响因子的计算产生困难。当然,这些年学风开始好转,据统计,2000—2004年,整个人文社会科学的篇均引文量为 6.06,有引文的论文占 66.4%。①

第二,作为期刊影响力主要量化指标的影响因子,其分子是被引证量,而分母是所发表文章的总篇数,那么,就会出现下面几个问题:

(1)如何确定分母。一本期刊不可能全是长篇的学术论文,可能还有读书札记、书评、学术综述、简讯、随笔、消息等,这些是否都作为分母? 什么样类型的文章应当计算入文章总数? 什么样类型的文章不应当纳入文章总数? 谁来进行分类和统计?

(2)如何确定分子。首先,是引文库数据的不完备性。现在,全国内地各种期刊有近万种,清华大学中国学术期刊(电子)杂志社虽然力图把尽可能多的学术期刊纳入其中,统计源刊约为 6000 种,但却把其他类型的期刊排除在外,而且也难以保证不遗漏一些学术期刊。南京大学中国社会科学研究评价中心"中文社会科学引文索引 2010—2011 年来源期刊目录"共有 527 种期刊,扩展版来源期刊目录 172 种,约占全国人文社会科学学术性期刊总数的 20%,虽然覆盖了绝大多数重要期刊,但其不完备性是显而易见的。我们知道,不同学科、不同层次期刊之间论文的交叉引用已司空见惯,文章被"名刊"引用发挥了它的影响力,被"小刊"引用也体现了它的社会价值,也应同样受到重视。由于引文库数据的不完备性,这样,所统计出来的引文总量总是比实际数量要小,而且,依据不同引文库所统计出来的结果是存在较大差异的。其次,是统计数字的准确性。统计众多期刊的全部论文的引文,毫无疑问是一件浩繁复杂的工作,虽然有计算机作为辅助工具,但要想完全不出差错恐怕是我们的一厢情愿。数字的误差肯定是要影响影响因子的结果。②

(3)一些新近创刊或发表论文篇数较少的期刊就可能因分母较小而有较高的期刊影响力。

(4)一些期刊发行增刊,会因增刊中有许多被算入发表总量的小论文而导致期刊影响力下降。③

① 赵宪章、邓三鸿:《2000—2004 年中国文学期刊影响力报告》,《东南大学学报(哲学社会科学版)》2006 年第 2 期。

② 周兴旺:《科技期刊影响因子的偏差分析》,《四川文理学院学报》2010 年第 2 期。

③ 涂恩平、黄彩玲、张志伟:《引证分析(citation analysis)和期刊影响力(journal impact factors)——舍本逐末?》,《中华麻醉学杂志》2000 年第 5 期。

第三，期刊影响力是中性的，无正负可言。但论文的引用却有正负之分。不管论文影响力是正是负，都能提高期刊影响力。一些发表奇谈怪论、歪理邪说的论文，往往能大大提高期刊影响力。

第四，期刊影响力不能反映各种人为因素。首先，为了能有较高的影响因子，一些期刊不惜弄虚作假，这些做法严重损害了影响因子的客观性、公正性。如，互引和自引。对于期刊自引，我们可以在统计时排除。但是，数家期刊之间的互引却往往不易察觉。其次，商业性因素。期刊影响力的各项评价指标已经成为一些专门机构的商业产品之一，需要付费查询。有些数据甚至属于商业机密，缺乏透明度。这些数据往往是某一期刊能否进入"核心"的重要指标，人为因素的干扰恐怕难以完全排除。最后，专家意见的主观性。国内几家评价机构几乎都在遴选工作中采用"专家意见"作为参考，且不说专家意见中的人情因素，仅因为专家是有不同专业的，他们对同一期刊的认知就存在偏差，使得他们对期刊影响力的看法不同。

上述这种对期刊影响力统计的片面性还在于，它只是从文献计量学角度对期刊作出的评价，没有考虑到期刊及其所刊发论文的社会影响及其实践价值，尤其是在传承文明、决策咨询等方面的作用。

三、期刊影响力与论文影响力

前面已经谈到，期刊影响力是指某一期刊在一定时期里对其所涉及的科研领域的科研活动所产生影响的深度和广度。而论文的影响力，是指研究者的某一论文被学术界或同行所认可，在学术界和同行间产生的影响力。从评价的对象和内容上看，前者评价的是某一期刊，后者则是某一论文。但是，两者的评价方法却有许多相同之处，都可以通过文献计量得出评价的相关数据，如影响因子、总被引频次、即年指标等。

期刊影响力与论文影响力的关系十分复杂。从归根到底的意义上讲，论文影响力是因，期刊影响力是果，论文影响力决定期刊影响力。正因为论文的影响力大，刊载这些论文的期刊的影响力才会大。这就像是先有鸡还是先有鸡蛋的问题，从归根到底的意义上，当然是先有鸡再有蛋，不能因果倒置。一些评价机构"以刊评文"，由刊物影响力的高低来推断论文影响力的高低，把期刊影响力等同于论文影响力,这种推理确实存在一定的逻辑问题。①

仅仅看到论文影响力与期刊影响力这种归根到底的因果关系、据此来批评"以刊评文"的做法,这在思维方式上有些过于简单化,因为期刊影响力和论文影响力还有相互作用的一方面。期刊影响力与期刊论文的这种关系,很容易让人想到恩格斯的一句话:"相互作用消除了一切绝对的首要性和次要性。"②

一方面,期刊影响力大,说明该期刊所刊发论文的总体学术质量较高,但是,具体到每一篇论文,他们对期刊影响力的贡献并不是均等的。期刊影响力大,并不一定某一论文的影响力就大,也就是说,期刊影响力大并不代表某一论文的质量高。期刊影响力越大,并不能从逻辑上推出,某一论文的影响力也必然越大。个别论文甚至从来就没有被引用,对期刊的影响力来说是拖后腿的。在现实生活中,2~8 现象普遍存在,即一本期刊 80% 的引证率只是重复发生在某 20% 的论文中。

另一方面,由于某一期刊的影响力大,订数多,读者面较广,也可能导致某一论文的影响力较大。也就是说,同一篇论文,发表在影响力不同的期刊上,它所产生的影响力是不同的。发表在名不见经传的小刊上,很少甚至无人关注和引用,而发表在"名刊"上,受重视和关注的程度就会大大提高。造成这种差异的原因,主要是读者出于对"名刊"的信任,他们相信名刊的审稿标准毫无疑问要高于一般期刊,相信"名刊"编辑的深邃的学术眼光和严格的审稿标准,相信名刊编辑会像爱护自己的眼珠一样爱护自己期刊的品牌和声誉,会做到质量面前人人平等,不会给自己的期刊"注水份""掺沙子",甚至相信名刊上的差文章质量也高于一般期刊上的好文章,尽管这种"相信"毫无道理。

读者对一个期刊的信任"来如抽丝",可能要经过几代人的长期努力来建立。可是,这种信任却也"去如山倒",如果不用心在意,就会"忽喇喇似大厦倾"。但愿包括主编在内各名刊的编辑们不要辜负了读者的这份"信任"。

当然,论文影响力也并不一定能代表论文的学术质量。这也有两方面的原因:其一,就是我们上面谈到的论文的引用有正负之分,如果引用是负面引用,

---

① 周兴旺:《从逻辑学的角度看期刊影响力和论文影响力的关系》,《攀枝花学院学报》2009 年第 4 期。

② 恩格斯:《自然辩证法》,人民出版社 1971 年版,第 146 页。

那么,正好说明论文的学术质量是存在问题的,而不是表示它的学术质量较高。其二,如果说影响因子高就能代表期刊的学术质量高,那么,某一论文的总被引次数多就能说明这篇论文的学术质量高。但是,我们知道,同一期刊上发表年代越早的论文,其被引用的总次数相对较多,我们不能因此就说较早发表的论文学术质量就高于新近发表的论文。总而言之,影响因子和总被引次数都无法作为判定某一论文学术质量的标准。

四、学术期刊质量与期刊影响力

学术期刊质量与学术期刊影响力的关系也是十分复杂的。一般来说,它们是正相关的,也就是说,学术期刊质量越高,学术期刊影响力一般也越高;学术期刊影响力越高,说明学术质量也越高。但是,学术期刊质量与期刊影响力也有不一致的地方。期刊影响力在一定程度上反映期刊可能产生影响的深度和广度,但它不能等同于期刊的学术质量。

第一,论文的引用有正面引用和负面引用之分,而期刊影响力却没有正负之分。某些学术论文的负面引用(引证),虽然丝毫不能说明学术期刊质量有多高,但是却大大提高了期刊影响力。有些论文中错误言论,遭到学术界的猛烈批判,结果该论文引用率很高,刊发此论文的期刊影响力也提升很快。

第二,不同学科性质的期刊,并不能从影响力上反映他们学术质量的高低。期刊的影响因子与期刊所属学科领域有明显的相关性。一般来说,基础学科和单一学科有较高的平均影响因子,而比较专门的和应用性学科领域,其影响因子相对较低,甚至某一学科领域的顶级期刊可能也会低于另一领域的一般期刊。不同学科性质的期刊由于学科之间的差别,基本没有可比性,否则,这种评价是不公平的。如表1。

第三,刊载不同文章类型的期刊,难以从影响力上反映学术质量高低。文章简短而且出版周期短的期刊通常快引指数较高,但被引用半衰期较短,影响因子一般在两年之内趋于下降。而刊载研究性论文的期刊通常在出版三年后有一个被引用高峰,因此,快引指数较低,被引用半衰期较长。[1] 例如,文学作品

---

[1] 于建荣:《影响因子:计算方法、用途及局限性》,《生命科学》2002 年第 2 期。

的生命周期,总体上看,远远大于文学研究论文。①

表1　不同学科期刊影响力统计表

刊名	被引期刊数	影响因子	5年影响因子	即年指标	被引半衰期
法学	753	1.632	1.413	0.157	5.0
文学评论	558	1.077	0.984	0.143	7.5
北京大学学报	872	1.140	1.272	0.224	6.8
中国语文	485	0.923	1.191	0.221	>10
佛教文化	15	0.004	0.012	0.000	——

资料来源:根据《中国学术期刊综合引证报告(2008版)》制作。

因此,在比较影响因子时,应区分不同学科性质的期刊和不同文章类型的期刊。"同类相聚,同级相比",这是体育比赛和期刊评价都应该遵守的一个基本原则。南京大学中国社会科学研究评价中心也坦承,目前CSSCI主要存在着权重问题、期刊分类问题、期刊载文量的计算等问题。②

第四,从某一学科来排名期刊影响力,没有考虑到期刊有专业性和综合性之分,缺乏可比性和科学性,难以反映某一期刊总体的影响力。现在学术界总喜欢从某一学科来给期刊影响力排名。如《中国文学期刊影响力报告》《中国语言学期刊被引次数和被引广度分析》③《艺术学期刊及其栏目学术影响力研究》,等等。当然,诸如此类的分析报告,对于某一学科了解该学科的论文分布和发展趋势是很有意义的,但如此来评价期刊影响力则容易引起误解,是不可取的。例如,2000—2004年"中国文学"这一领域论文被引最多的期刊,《文学评论》排在第一,《北京大学学报》排在第二十七。④ 我们可以说:在中国文学研

---

① 赵宪章、邓三鸿:《2000—2004年中国文学期刊影响力报告》,《东南大学学报(哲学社会科学版)》2006年第2期。

② 薄洁萍:《聚焦"中文社会科学引文索引":不能承受之重》,光明网:2010 – 05 – 18. http://www.gmw.cn/content/2010 – 05/18/content_1127345. htm.

③ 鞠秀芳:《中国语言学期刊被引次数和被引广度分析——基于CSSCI的统计分析(2004—2006)》,《云南师范大学学报(哲学社会科学版)》2009年第1期。

④ 赵宪章、邓三鸿:《2000—2004年中国文学期刊影响力报告》,《东南大学学报(哲学社会科学版)》2006年第2期。

究领域，《文学评论》影响力最大。但由于《北京大学学报》是综合性期刊，不能由此得出结论说"《文学评论》比《北京大学学报》质量高"。

第五，期刊影响力是动态变化的。如果改变评估期刊所选择的时间，影响因子会有较大的变化（如，分别取 2 年、5 年和 10 年）。而且，我们前面也提到，快引指数、半衰期和影响因子分别反映期刊短、中、长期的被引用频率，它们谁更能代表期刊的真正影响力呢？它们的这些变化并不一定能说明期刊质量是真正提高了还是下降了。或许，期刊影响力的动态变化，这也是各种版本的核心期刊和 CSSCI 为什么每隔一段时间要重新遴选的原因。

五、体制内的尴尬

不管是学者还是科研管理人员，不管是从事文献计量学研究的专家还是办刊人，他们都能达成如下共识：期刊影响因子与期刊影响力，期刊影响力与期刊学术质量、论文学术质量特别是与某一（些）论文学术质量之间存在复杂关系；不能把期刊影响因子等同于期刊影响力，不能把期刊影响力等同于期刊学术质量或论文学术质量；文献计量学的这些指标作为期刊评价、学术论文评价只具有一定的参考价值，是辅助性的、有条件的；目前各种评价机制不合理，存在很大弊端。

南京大学中国社会科学研究评价中心 2010—2011 年度《中文社会科学引文索引来源期刊目录》公布后，学术界掀起了新一轮对引文数据评价功能的质疑和争论。人们在思考：一个被用于检索人文社会科学论文收录和文献被引用情况的信息查询系统，何以被当作衡量大学、科研机构、学术期刊和学者学术水平的最重要的甚至是唯一的评价尺度？谁赋予了 CSSCI 魔力？[①] 不错，CSSCI 的正常功能被人为地遮蔽，而其附带的评价功能被无限地放大。究其原因，关键在于：现行的学术评价体制是一种以管理者（包括政府有关部门）为主导的评价体制，而不是学术界的自主性、综合性的评价体制。各科研和教育主管部门、各高校简单地把来源期刊与优秀期刊画上等号，把期刊评价等同于论文评价，

---

① 薄洁萍：《聚焦"中文社会科学引文索引"：不能承受之重》，光明网：2010 - 05 - 18. http://www. gmw. cn/content/2010 - 05/18/content_1127345. htm。

把引文数据、来源期刊作为论文评价、期刊评价、作者评价、学术机构评价的最重要的甚至唯一的标准。

作为期刊、作为学者、作为学术机构,他们虽然知晓这种评价体制的弊端,但却无力改变这种体制,只能被动服从、贯彻和落实。身在体制之中,只能被捆绑,他们不得不屈服于这种体制,无奈地接受这些机制对自己刊物、对自己论文、对自己机构的评价,甚至变态地主动迎合这种体制。

某些高校规定:将中国社会科学院系统主办的刊物作为第一层次,将地方社科院、社科联主办的刊物作为第二层次,而将学报系统的刊物作为第三层次(学报系统最好的刊物也只能作为第二层次)。这种评价体系使得高校教师在发表自己高质量的科研成果时,首选考虑的却是社科院、社科联系统的刊物。这也导致了高校学报来稿质量的下降。所以,在多次名刊主编论坛上,我们总是呼吁,要改变目前的这种评价机制。

为了职称晋升,为了博士论文答辩,一些教师和学生不得不到处托关系、走后门,甚至不惜出高额版面费,就是为了在权威期刊上发表一篇论文。他们不是不想把时间精力花在严谨治学之上,体制逼迫他们把功夫花在学问外。为了能进入各种版本的核心期刊行列,一些期刊主办单位、编辑部不得不千方百计打通关节,到处请客送礼。他们也不是不想苦练内功,把刊物自身质量搞好,而是体制逼迫他们把功夫花在办刊外。

的确,现行评价体制背负了太多的不能承受之重,由此加深了学术活动及其各个环节的异化,日益消解了研究者学术研究的情趣,如何构建和完善定性与定量相结合的、公正、公平、科学、合理的学术评价机制,使人文社会科学的研究者、传播者、管理者、评价者各归其位、各司其职,使人文社会科学走上良性循环的轨道,仍然是摆在人文社会科学工作者和管理者面前的一道难题。

原刊于《陕西师范大学学报(哲学社会科学版)》2010年第5期

质量与特色:综合类人文社会科学期刊发展的必由之路

江中孝[*]

当今中国的综合类人文社会科学学术期刊,由于主办单位的不同,大致可以归为高等学校、社科院社科联和党校(行政学院)三大系统,它们虽然各有优势和特点,但都不同程度地存在栏目设置和内容同质化的问题,面临市场化的生存压力、网络新媒体和专业学术期刊迅猛发展的挑战。我们既面临这些严峻挑战,又处在我国经济文化大发展大繁荣迅速崛起千载难逢的好时机。作为期刊的"舵手",我们一定要严格把好刊物的政治导向、学术质量和技术规范关,其中,鲜明的特色是安身的基础,上乘的质量是立命的关键。因此,根据自身条件,依靠所在区域的地方优势和主办机构的学科优势,遵守学术规范,在原创性、前沿性基础上办出特色、提升质量,是刊物生存发展的必由之路。

恩格斯在《自然辩证法》中指出:"一个民族要想站在科学的最高峰,就一刻也不能没有理论思维。"古今中外的历史证明,人文社会科学在社会经济发展和人类文明进步中具有十分重要的地位。党的十一届三中全会以来,我国的科学文化事业包括人文社会科学事业得到了前所未有的大发展,从事人文社会科学研究的队伍逐渐壮大,呈现人才辈出、成果累累的繁荣局面。这种局面的出现是与各类人文社会科学期刊的推动分不开的。因为学术期刊是学术研究成果的重要载体,是非常珍贵的文化资源,也是一个国家或地区文化软实力的重要体现。学术期刊的水平基本体现了一个国家或地区在相关学科领域的学术研究水平,而综合类人文社会科学学术期刊则是所在地区或主办机构学术研究水

---

[*] 江中孝,《广东社会科学》杂志社。

平最重要的标志性体现。

综合类人文社会科学学术期刊是我国学术期刊的重要组成部分,具有学科门类广、学术水平高的特点,主要刊登人文社会科学各学科具有较高学术水平的研究论文,它的读者、作者和编者都是各相关专业领域具有一定专业素养的学者。虽然它的读者面较窄,发行量有限,但它在制订学术规范、净化学术风气、传播学术思想、弘扬人文精神、积累文化知识、培育研究人才、倡导理论创新、推动社会进步,特别是构建具有中国特色、中国风格、中国气派的学术话语体系方面担负特别重要的使命,对推动中国学术的健康发展具有非常重要的作用。

进入 21 世纪,文化在经济和社会发展中的地位越来越重要,人文社会科学研究在"认识世界、传承文明、创新理论、资政育人、服务社会"、提升民族精神文化素质方面的功能和作用日益受到重视。党的十五大报告指出:"积极发展哲学社会科学,这对于坚持马克思主义在我国意识形态领域的指导地位,对于探索有中国特色社会主义的发展规律,增强我们认识世界、改造世界的能力,有着重要意义。"党的十六大报告从全局发展和战略高度强调社会科学与自然科学并重,从而确立人文社会科学在我国社会主义现代化建设事业中的重要地位。党的十七大报告中指出:"繁荣发展哲学社会科学,推进学科体系、学术观点、科研方法创新,鼓励哲学社会科学界为党和人民事业发挥思想库作用,推动我国哲学社会科学优秀成果和优秀人才走向世界。"语重心长要求人文社会科学工作者为我国文化的大发展大繁荣作出应有的贡献。

中共广东省委认真学习贯彻党的十六大、十七大精神,审时度势,在新世纪新阶段先后提出"建设文化大省"和"建设文化强省"的发展战略。建设文化大省和文化强省是综合的社会系统工程,不仅需要物质文化建设为基础,而且需要制度文化建设相匹配,同时还需要思想文化建设的支撑。综合类人文社会科学期刊主要发表对人类社会发展和文化传承具有重大理论价值、能产生长远影响的知识产品,是一种非常重要的文化资源。中共广东省委宣传部将《广东社会科学》《学术研究》等在国内外有重要影响的人文社会科学期刊列为"名刊工程"重点资助,要求多出精品力作,提升文化地位,为实现建设文化大省和文化强省目标,率先基本实现现代化,全面建设小康社会,发挥更大作用。

近代以来,尤其是十一届三中全会之后,广东一直是我国改革开放的前沿和社会变革的先行地区,经济快速发展,人民生活水平不断提高,成为名副其实的经济大省和经济强省,在整个国家的现代化建设过程中具有举足轻重的作用,也理所当然地成为全国学术理论界关注的焦点。《广东社会科学》立足广东,面向全国,放眼世界,坚持理论联系实际的学风,崇尚严谨规范学风,注重学术积累和理论创新,重视研究改革开放特别是广东实践提出的新问题,把握历史机遇,拓宽发展思路,发表既有理论深度又反映时代精神的研究成果,得到国内外人文社会科学工作者的普遍好评。我们将利用广东作为我国改革开放前沿和社会变革先行地区的实践优势,依托广东省社会科学院的学术基础和优长学科,通过建立激励机制、实行专家双向匿名审稿制度、搭建学术话语平台,把《广东社会科学》办成特色鲜明、质量优良的学术刊物,为营建具有国际影响的中国南方学术话语中心,繁荣发展我国人文社会科学事业作出新的更大贡献。

原刊于《中国社会科学报》2010 年 8 月 10 日

质量与特色：综合类人文社会科学期刊发展的必由之路

论学术期刊的有效传播及发展策略

张树武　　徐铭瞳*

一、什么是有效传播

完整的传播流程包括几个因素:传者、受者、信息、媒介、效果和反馈。在学术期刊的传播过程中,传受、媒介等多方面进行的信息传递互动,从始至终贯穿着反馈现象,最终的目的体现为产生信息效益,这是传播效果的集中体现。① 受众对于传者所传递的信息接收后表示认同,并受到一定程度的正面影响,传者和媒介才算实现了有效传播,若未接收到信息或已接收但不能认可,则不能成为有效传播。

在学术期刊中,有效传播体现为几个方面:首先,出版者能够通过主客观能力组织高质量的学术论文并将其出版面世;其次,读者(科研人员个体或组织)在检索、阅读已刊载论文后,认同其中承载的学术理念,并能够将这些信息应用于社会生产、生活之中,产生一定的社会效益和经济效益;再次,受传双方通过信息的流动产生互动联系,及时对期刊作出评价和引导,为期刊的持续发展和读者的长期接收奠定良好的基础。学术期刊通过有效传播提升自身的学术影响力和社会影响力,并以此吸引高质量的学术论文,形成期刊品牌和学术质量的良性循环。

＊ 张树武,东北师范大学学术期刊社。
① 聂咏国:《科技学术期刊传播模式的建立及对期刊发展的分析》,《学报编辑论丛》(第6集),中国社会科学文献出版社1996年版,第6页。

二、学术期刊传播的特殊性

截至 2011 年,我国自然科学学术期刊已达近 3000 种,人文社会科学学术期刊已达 2800 余种①,学术事业发展一度达到高峰。遗憾的是,在此背景之下,学术期刊的传播仍有不尽人意之处。由于传递内容、受众对象和生产模式的不同,在具体的传播过程中与其他传播媒介相比有其特殊性,主要体现在几个方面:

(一)传播时滞较长

根据中国知网 2009 年科技期刊出版时滞统计结果显示,我国学术期刊出版时滞多数在半年以上,学科刊均最长时滞为 1 年零 1.5 个月,比国际上一般学术期刊的出版周期长 1/2,印刷 + 上网最长时滞更高达 757 天。在科技迅猛发展、互联网异常发达的现代社会,人们追求信息的秒速传递,电视、广播媒介的信息每小时更新跟进,互联网传递的信息更是以百万/秒计算。对于多数仍以月刊、双月刊甚至季刊存在的学术期刊,其本身的时效性已经大大落后于其他媒介,更不要说这长达数月甚至 1 年多的时滞期。学术期刊这种迟钝的反应机制,大大地折损了研究成果的首创性、创新竞争力、影响力和可利用价值,贻误了我国许多科技成果发布的时机。例如,在 2003 年我国 SARS 应急学术研究成果的发布方面,我国科技工作者的研究成果,普遍比国外要晚 1 个月以上。② 严重的出版滞后使知识老化,文献被引频次急剧降低。据统计,出版时间滞后 1 个月到 18 个月,篇均被引次数也从 0.45 降低到 0.08,有将近 5 倍的差值。出版时滞降低了学术期刊的影响因子,降低了期刊活动对学术创新活动的影响力,使得我国的学术期刊难以参与到与国际学术期刊的竞争当中,国家整体的学术水平无法跻身世界前茅。

(二)传播内容发散

由于历史原因,目前我国的学术期刊格局以综合性为主,综合性期刊是我

---

① 朱剑:《我国学术期刊的现状与发展趋势:兼论学术期刊改革的目标与路径》,《传媒》2011 年第 10 期。

② 卓宏勇:《科技类学术期刊:困境中求变办刊分散是"软肋"》,http://media.news.hexun.com/754654.shtml,2004 - 07 - 28。

国学术论文发表的重要载体,对我国学术事业的繁荣发展起着不可或缺的作用。但综合性期刊天然存在着弊端:第一,学科边界不清晰,门类庞杂,学科内容分布广泛但缺少重点,与专业期刊相比无法拥有自身的忠实读者;第二,刊物栏目、内容设计"千刊一面",论文存在低水平重复,而且由于涉及类别过多导致专业研究支撑不够,期刊影响力低下,难以树立学术品牌。

通过对 2010 年被《复印报刊资料》转载的综合性期刊中综合指数排在前100 名期刊的竞争实力进行分析发现,综合实力和专业实力"双优"期刊所占的比例不高;大部分综合性期刊,只有 1 个优势学科或在各学科中都未形成明显优势。①

2010 年中国知网提供的数据显示,科技期刊中有近一半的期刊内容定位分散。而内容的学科定位直接影响着期刊的研究层次定位,决定着期刊读者定位和作者定位,过于分散的内容定位既影响了期刊的订阅市场,也影响着期刊的办刊能力和品牌打造能力。

(三)传播效果微弱

国家新闻出版总署在 2001 年提出"双效期刊"的概念,强调学术期刊应该在遵循国家政策方针的大前提下,兼顾社会效益和经济效益两个方面,这也是学术期刊传播效果的具体体现。但目前一些期刊还缺少基本的"双效"意识,在社会效益和经济效益之间无法形成联系,往往顾此失彼,甚至满盘皆输。例如,有的出版者将期刊视为主办单位(高校、科研机构)的科研附属物,认为期刊应主要为本单位科研服务,对单位科研现状进行展示,以及为员工评职晋级、申请奖励提供方便;有的出版者则一味强调经济收益,将期刊当作获利工具,随意发表职称、学位论文。在这两种思路之下,无论出版者还是作者都非常功利,只求出版不看质量,导致论文学术质量低下、知识老化,脱离研究焦点、热点,真正做学问的研究者不愿意读,作者成了唯一的读者,信息有效利用率非常低,互动反馈更接近于零,传播效果微乎其微。

(四)盈利模式模糊

长期以来,我国学术期刊在计划经济体制下运作,办刊经费主要依靠国家

---

① 高自龙、杨红艳等:《2010 年度〈复印报刊资料〉转载学术论文指数研究报告》,《中国新闻出版报》2011 年 3 月 29 日。

或上级单位拨款,发行以各期刊内部交流为主,办刊方针是重学术轻经营,出版者思想观念保守。近些年来,在市场经济冲击之下,一些学术期刊开始走向自负盈亏、自主经营的道路,大多数期刊的经营发展陷入困境。据中国科协学会学术部统计,目前90%的全国性学会学术期刊全国发行量非常低,有的仅几百份,最多上千份。而学术期刊因为未曾将发行销售纳入经营思路中,定价比较随意,完全不考虑实际生产成本,有的期刊明明印刷成本高达十几元,却只象征性标注几元定价。由于学术期刊大部分因为宣传不足、定位狭窄等原因无法吸引广告赞助,在低定价策略下,反而是发行越多,损失越大,这就与学术期刊希望产生的传播效果截然相悖。① 不注重宣传、不追求发行,社会影响力普遍较低,完全靠作者支撑刊物,在这样模糊不清的盈利模式下,学术期刊的生存前景堪忧。

分析可知,学术期刊传播的特殊性,在一定程度上也是阻碍期刊进行信息有效传播的因素,学术期刊生产、经营、传播的天然缺陷,使其必然要面临这些障碍并不断探索解决之道。在新时期,随着信息技术的飞速发展和期刊制度的不断完善,学术期刊也在逐渐进行着策略调整,以期实现信息最优化传播,从而扩大期刊的学术影响力和社会影响力,适应市场经济浪潮的冲击,寻求最适合的生存姿态。

三、实现学术期刊有效传播的途径及方法

实现学术期刊的有效传播,最终目的是依托传播产生的社会和经济效益来提高期刊的影响力,而期刊影响力的提升也会促进信息的有效传播,有效传播和影响力之间相辅相成,最终以良性循环的姿态推动学术期刊的整体运作。

(一)明确期刊宗旨定位

学术期刊的办刊宗旨、期刊定位究竟为何? 是作为本单位的成果展示平台、强调编辑部的服务功能,还是顺应市场潮流将经济收益提上日程? 笔者认为,以上两种思路未免失之偏颇。学术期刊的真正目的,应该是为了传递科学、创新、实用的知识,以便在出版工作开展后,可以使得这些知识为社会所用,产

---

① 边全乐、胡映霞:《学术期刊经营策略刍议》,《编辑学报》2006年第A1期。

生正面的社会效益和经济效益。在这种抱负之下,学术期刊绝对不仅仅是提供发表的服务部门,也不是单纯谋取利润的商业工具,而是专注于发表高质量学术论文、提供优质信息交流服务的科技平台。出版者也要摆正自己的位置,不能将自己视为信息保姆或者稿件商人,而应树立身为把关人的理念,一定要杜绝人情稿、效益稿,在初审流程中,就将劣稿拒之门外,坚持发表优秀论文,把好质量关。

另外,应注意在传播过程中,构建出版者、作者和读者之间平等和谐的关系模式。出版者对于作者和读者要抱有友好、尊重的态度,对于传播中出现的问题要及时给予反馈。举例而言,传统的出版流程耗时漫长,仅仅稿件初审就需要1个月甚至长达数月的时间,很多期刊在征稿启事上都会注明:"本刊恕不退稿,凡×个月内未收到本刊录用通知者,请另投他刊。"这样的结果往往是作者苦等数月,未得到编辑部只言片语的回复,最后即使没有被录用,也不知道原因何在。作者对自己的论文究竟存在什么不足,应从何改进,一无所知。最终带来满腹怨言,令人从此对该刊敬而远之。学术期刊应尊重他人的成果和人格,不妨建立一些互动的渠道,譬如利用讨论区、在线QQ等即时工具来加强彼此的沟通和交流,对于作者稿件的不足给出意见指导修改,也可通过此渠道了解读者的信息需求,调整自己的内容设计,优质的学术服务和亲和的姿态必然会在行业内得到良好的口碑,吸引大批的投稿者和读者,从而实现有效传播,增强期刊影响力。

(二)重视学术期刊特色化建设

前文提及,学术期刊目前面对的一个问题是内容发散、千刊一面,同质化现象严重,期刊缺乏辨识度,无法在市场竞争中获得一席之位。特色化建设可以使学术期刊获得专属于自己的独特标识,从重复性较高的期刊群中脱颖而出,树立自己的品牌。因此,加强学术期刊的特色化建设,就成为一项非常重要的工作。

期刊的特色化建设可以从几个方面入手:首先,创建特色化栏目,学术期刊可以立足所属院校机构的优势学科或专业,制定一些长期的特色栏目,譬如《西安石油学院学报(人文社科版)》开设的"石油经济与石油企业管理""石油企业文化"等栏目;或结合所在地区的地域特色、人文环境等因素,譬如《湖南大学学报(社科版)》的"岳麓书院与传统文化"栏目和《韶关学院学报》的"岭南文化研究"栏目等。通过开设特色栏目,做到"人无我有、人有我精",以此扩大学报的社会影响力。①

其次,关注前沿课题和学术热点、焦点,甚至未来可能成为热点的冷门话题,策划系列专题。关注前沿热点问题,可以照顾到社会普遍的信息需求,提升期刊影响因子,而另辟蹊径地研究冷门,则能够更有效地引导和培养受众的接受习惯,使自己在期刊市场中主动占据一席之地,培养一批忠实的读者。

再次,在期刊已有的内容表现上与时俱进。学术期刊的内容设计不是一成不变的,而是应该根据时代的进步、社会经济环境的变迁、学术领域关注点的转移,稳中求变,适当进行调整,以适应社会的需要。譬如随着计算机技术的进步,研究热点已从 web1.0 进展到 web3.0,《湖南大众传媒职业技术学院学报》就在网络飞速发展的时代背景下,将原来的"网络媒体"栏目变更为"新媒体"栏目。

（三）树立品牌宣传意识

"酒香也怕巷子深",与计划经济时期的学术期刊发展情况不同,现如今的学术期刊应树立品牌意识,积极参与到品牌的建立和宣传当中,以此提高社会的知名度。期刊品牌的建立主要应从上文提及的高质量、特色化等方面入手,而品牌的宣传则要求学术期刊加大市场营销力度,在产品策略、价格策略、发行策略等方面入手,通过办刊宗旨、特色化建设等方式细化受众市场,有针对性地选择目标读者群,加大宣传力度;在期刊定价方面,应充分考虑生产成本和市场价值,使期刊生产环节和市场营销紧密关联,并全面推进发行工作。同时,还可以通过广告、学术交流、期刊推广等方式来扩大知名度,提高影响力和品牌竞争力,最终确立学术期刊的品牌,实现期刊的有效传播。

（四）实现期刊双效转化

"双效期刊"概念的提出使期刊的社会效益和经济效益首次得以相提并论,打破了以往片面强调社会效益而忽略经济效益的计划经济模式。但不可忽视,现在还有很多期刊只是空喊口号,不能很好地做到双效结合。除了出版者思想认识上的差异之外,其主观能动性的表达能力不足也是期刊无法实现双效转化的一个重要原因。由于学术期刊自身的专业性,要求出版者具有与之相符的知

---

① 徐铭瞳:《论高校学术期刊的特色化建设》,《长春工程学院学报(社会科学版)》2010 年第 3 期。

识能力,这样才能在稿件审理的过程中,清楚判断各个学科门类的稿件中,哪些是可以带来良好的社会效益和经济效益的,哪些不能。编辑人员由于自身学科的局限性,显然很难对每个专业都了如指掌,而选用学科专业人员又会在编辑业务方面有所欠缺。这时就需要借助其他专家的力量,帮忙鉴定稿件的优劣价值。因此,在学术期刊中,审稿专家库、专家委员会的建立就显得尤为重要,通过对稿件质量进行二次把关、价值鉴定(包括学术性、创新性、实用性等多个方面),帮助期刊提升学术质量,使知识信息可以有效地作用在社会思想和生产生活当中,转化为生产力。在产业环境大背景下所实现的知识产业化,更是使期刊信息的有效传播得到淋漓尽致的展现。

(五)重视发展数字出版

学术期刊传播障碍的其中一个重要原因,是纸质期刊出版周期过长所产生的严重滞后。为了解决这个迫在眉睫的问题,除了人为地推动审稿、排期等流程的速度外,发展数字出版已成为一个非常有效的方法。数字出版以网络媒体为依托,以数字化技术为手段,将期刊的载体从纸张转移到互联网平台。数字出版具有速度快、成本低、易检索等优势,尤其是近两年刚刚提出的优先出版,更是将数字出版推向了一个新的高度,使数字出版能够得到社会各界尤其是学术机构的认可和参与。据中国知网的数据统计,优先出版能够将论文的发表周期有效缩短到一个月以内,提升了至少5倍。这种高速发表保证了作者的研究成果的首创性和可利用率,对实现期刊信息有效传播、树立期刊品牌效应意义重大,同时更是对促进我国学术事业的建设起到了极为重要的作用。目前我国已有一千余种学术期刊加入优先出版计划当中,相信随着时间的推移,会有越来越多的期刊认识到数字出版的优势并参与其中。

综上所言,从传播学角度对学术期刊的传播效果进行研究,其根本目的是为了提高期刊的影响力,改善期刊的生存和发展状态,使其更加适应社会生产和生活的需求,充分实现学术期刊的本质功能,并最终推动我国学术事业的整体发展,以参与到国际竞争当中,展现我国科学研究的魅力所在。

原刊于《延边大学学报(社会科学版)》2012 年第 6 期

学术成果考量与高校教师职责

喻　阳[*]

近段时间以来，由学术评价及与之关联的学术生态引发的争论似有愈演愈烈之势。学术评价问题既涉及教学科研人员职称评定、岗位晋升、福利待遇、学生学业生涯、学校排名这样的微观层面问题，也涉及学术生态、社会风气、道德境况这样的宏观层面问题。本文之所以着力辨析学术成果考量与高校教师职责问题，是因为它们与学术生态高度相关，而学术生态建设正是目前学界和社会普遍关注的问题之一。两个问题都很大，全面评说与之有关的方方面面，既非一篇文章的篇幅所可容纳，亦非作者兴趣所在和学力所及。下面仅以学术生态建设为视角，以大题小作之方式约陈己见。

一、关于学术成果的质与量

教学科研人员、专业技术人士、文化艺术工作者之于学术成果，理想的情形当然是既有质又有量。既字字珠玑，又著作等身，自然是最好不过的情形。但这对于绝大多数人而言，绝无实现的可能，因此也就不会有多少人向往。在对学术成果的质与量不能兼顾的情况下，何者更重要呢？多数人想必都会承认，质比量更重要。一篇高质量、有影响的文章或一部言略意深的著作，胜过无人问津的数尺废纸。《道德经》仅 5000 字左右，《论语》1 万多字，《孙子兵法》亦不足 6000 字，《心经》只有 260 个字，而它们都是彪炳史册、流传千古的中华民族最有影响的著作，字数不多，却是真正的巨著。相比之下，那些充满陈词滥调甚

　＊　喻阳，《新华文摘》杂志社。

至抄袭而成的文章和著作,耗掉了无数草木纸浆,却终将零落成尘、湮没无闻。有鉴于此,我想很少有人不承认作品的质比量更重要的道理。可现实的情形是,在我们的高校和科研院所,虽然口头上从来没有人说过不重视学术成果的质,甚至以强调、硬性规定发表或出版作品的单位的等级来表明对质的重视,但事实上,"重量轻质"却是普遍的做法。典型表现有二:一是规定教学科研人员在规定时间必须发表不少于规定数量的作品,以为履职考核的硬性杠杠;二是在职称评审、岗位晋升等关键事务中,比作品发表数量是常见情形,有关行政管理人员"数论文"成为其中的关键环节,以至有人戏称要拿尺子或秤来量化比较参评者的学术短长。人非机器,这样重视和要求文章或著作数量,焉能篇篇、部部高质?

这样的考评体系之弊端可谓有目共睹,而且也很具中国特色。这里我们不妨看看学术、文化都很发达的美国一些大学的不同做法,以资镜鉴。在美国大学排名中经常位列第一的普林斯顿大学有一位获得菲尔兹特别奖的教授叫安德鲁·怀尔斯(Andrew Wiles),他从剑桥研究生毕业以后到普林斯顿大学做教授,之后大约有八年时间没有发表一篇文章。这八年里,很少有人知道他在做什么,而学校、院系领导也都不过问。怀尔斯后来解决了困扰了数学家三个多世纪的难题:证明了由 17 世纪法国数学家费马提出的"费马猜想",使之成为"费马大定理"。采取此种做法的大学不多,但也并非绝无仅有。如美国康奈尔大学物理系教授 K. 威尔逊(Kenneth G. Wilson),也是好几年没有文章发表,但校长很英明,不为难他,结果 1982 年他拿了诺贝尔奖,作出了非常巨大的贡献。① 这样一些具有良好声誉、在世界大学排名中很靠前的教学机构的做法,是否值得学习或至少给我们一些启示呢?

总之,在学术成果的质与量方面,在两者不可得兼的情况下,毫无疑问,质比量重要得多。

二、关于高校教师的职责

近年来,我国高校科研评估考量维度中重视教师科研产出的政策导向,滋

---

① 杨福家:《年轻人怎样成长》,《解放日报》2012 年 9 月 22 日。

生和严重强化了教师的"重研轻教"倾向,相比于学科发展和科研项目,学生的重要性被严重淡化,学生成为"被遗忘的角落"。① 当然,即使在美国,情形或有轻重,但此种情况似亦普遍存在。原卡内基基金会教学促进会主席博耶(1979—1995)在 20 世纪 80 年代主持的一项对美国大学学术工作的调查发现,在美国现有的管理制度与文化下,产生了严重的"重科研、轻教学,两者相互割裂"的倾向。② 出现这样的情形,严重背离了教师职责与大学使命,而之所以如此,又与大学内外、社会上下对教师职责、大学使命的遗忘、遮蔽或误解高度关联。

"教育的使命在于人的完成。"③其涉及知识的传授、能力的提升、德性和审美品格的培养等诸多方面。韩愈早已有言,师者,所以传道、受(同授)业、解惑也。教师职责,舍此无他。传道,即传授为人之道、为学之道,让学生明了宇宙人生之道;道之所存,师之所存。授业,即传授学业功课;在大学阶段,尤其是帮助学生系统学习专业知识。解惑,即深入、细致地回答学生提出的各类问题,既包括专业问题,也包括社会、人生问题。能够胜任如此职责,方为合格教师。而放眼当今高校师资队伍,承担如此责任的能力其实堪忧。必须自己明道有道、懂业敬业、明智无惑,方可传道、授业、解惑。而在现有高校教师队伍中,失道、不懂业或业不精、内心迷惑者不在少数。所以,以前述职责要求教师,绝不是降低了标准,而实属难能。教师的职责就是教书育人。笔者并不赞成纽曼等人主张"教学应该是大学唯一的工作"的观点,但也肯定不赞成洪堡"研究是最佳形式的教学"的观点。教师有能力拿出一些科研成果是好事,学校等机构亦可以适当形式加以鼓励,但决不可舍本逐末,重科研轻教学,而忘却、误会了教师的天职。

高校是学生接受高等教育的场所。《国家中长期教育改革和发展规划纲要(2010—2020)》就明确提出,要牢固确立人才培养在高校工作中的中心地位。作为高校教师,教书育人是本分,应尽职责。评价一个教师的优劣,首要的自然是看其教学效果。而且教学效果相对容易评价,学生、同行、教学管理人员的考

---

① 鲍威:《中国高等教育规模扩张的理论解释与扩张机制》,《教育学术月刊》2012 年第 8 期。

② 卢乃桂、李琳琳、黎万红:《高校教师聘任制改革背景下学术工作的分层与分割》,《高等教育研究》2011 年第 7 期。

③ 杨国荣:《教育的使命》,《解放日报》2011 年 9 月 18 日。

量都易于施行并相对公允。但现实的情形是,在多数高校,特别是在所谓的研究型院校,重科研、轻教学已蔚然成风。尽管在世界教育发展史上和在教育学理论研究中,都有强调大学研究特质的主张和做法,典型的如"洪堡理念"、柏林大学模式,但是我们必须明白并反复强调:高等院校教师的首要职责是教书育人。科研也很重要,但绝没有教学重要。即便是所谓研究型大学,其首要职责也是培养研究型人才,而非研究本身。"与研究院所的研究不同的是,大学里的研究本质上也是为了培养人。"①

关于教师职责问题,本来不值得评说,因为我的上述看法古已有之,而且千百年来意见也比较一致。但是我们目前的诸多高校管理实践均表明,人们有关于此的口头表达或内心认知已经与行为发生严重背离,而且严重影响到了学校

面貌和学术生态,因而有必要对广为人知的道理重予申明。

三、解决有关问题的几个可能做法

针对与学术评价关联纠结的诸多方面,依据对学术成果的质量关系和高校教师职责的前述看法,辅以必要的社会学、教育学、伦理学想象,笔者筹划、主张、支持以下几个可能做法。

首先,坚定回归教学本位,全面降低对高校教师和学生的成果发表要求。教师的主要任务是教,学生的主要任务是学。教得好与学得好都与学术成果发表的有无与多少没有太大关系。须知,有价值的文章和著作必须于观点、材料、方法在一个或几个方面有所创新,否则便没有写作和发表的必要。但指望所有高校教师不断写出和发表有所创新的文章或著作,显然是不现实的。一个教学科研人员一辈子能在一二问题上有所创新亦属不易,怎么能要求他们常年都在创新呢?没有创新有什么必要发表文章或著作呢?教师如此,学生更是如此。如果说对博士生有一两篇论文发表要求尚属合理的话,对硕士生则根本没有必要将其学业完成、学位获取与成果发表挂上钩来。

强调高校工作回归教学本位,降低对教师的学术成果发表要求,自然会引

---

① 王春春:《研究型大学如何培养人才:访华中科技大学校长李培根》,《大学(学术版)》2011 年第 5 期。

出一个问题：如何去对教师的教学成果进行评价呢？我认为，对教师的评价方法不难设计，评价工作不难开展。教师教学效果的评价主体是学生、学校教学管理人员和相同或相近专业教师。具体的操作办法可以是：由有关教学管理人员和相同或相近专业教师组成教学效果检查和评价小组，在不事先通知的情况下到被评价教师课堂上听课，然后无记名给出评价意见，再由有关人员整理综合出一个总的评价意见，确立一定权重，以之为最终评价的部分依据。而更为重要的是把对教师教学效果的评价权主要授予学生，对学生发放教学效果评价问卷。问卷要有指涉育人情况的事项，要综合打分。问卷不记名，而且应在课程过半、结业考试之前发放和回收，以避免教师以考试难易"贿评"。

在合理确定教学评估方式、有效开展教学评估后，需要强调的是，在高校教师的职称评定、岗位晋升、报酬待遇等方面，必须明确教学效果的权重要明显高于学术成果发表、社会服务等的权重，以使教师以教书育人为首要职责的理念落到实处。

其次，同行评议应成为普遍的学术成果评价制度。学术评价的主体只能是同行专家。评价一个人的学术水平，其发表文章、出版著作的多少只有有限的参考作用。极而言之，发表几十篇、几百篇了无新意的文章，出版几部、几十部无人问津的著作，不及发表一篇或几篇真正具有突破性创见、甚而振聋发聩的文章。前面我们说过，只有五千字的《道德经》或不足六千字的《孙子兵法》，足以让其作者老子、孙子消弭时空阻隔而达至不朽。相反，我们周围的一些"著作等身"之士，除了为少数同行或其自身"宣传"所及之人所知之外，并不"著名"，而随着时间的流逝，其人其作都终将化为尘土、湮没无闻。认同于此，重质轻量当为学界共识与风气。

那么，学术作品的质该由谁来评议呢？"文章都是自己的好"，作者的自我感觉显然不能作为定论。文章、著作真正有资格的评价主体，只能是其读者，尤其是其读者中的同行专家。那些从未读过作品，只知道计算发表量的人，显然不是作品质量的合适评价主体。而凡是读过作品的人，应该都有资格成为评价主体。体育运动观众中的足球运动员、篮球运动员、网球运动员等专业运动员并不多，但只要他们看了相应赛事，不妨放口评说。但也必须明白，普通观众、非职业人士的评说与专家、职业人士的评说水准，是存在很大差别的，专家评说的水准无疑更高。对文章、著作的评价，最合适的评价主体，只能是相同或相近领域的专家,或曰学术共同体,尤其是其中有操守、公信力强的专家。在职称评定、岗位晋升、成果奖励这样事关相关人员切身利益甚或前途命运的问题上,高校、科研机构应该建立分科明确的专家库,构建、达成学术共同体,由之承担相应的评价工作。同行评议应成为学术成果评价的首选甚或唯一机制。

再次,代表作制应成为职称评定、岗位晋升中的普遍做法。前面我们已经反复申述了学术成果质重于量的道理。基于此,在事关广大教学科研、技术、文化工作者,尤其是教学科研人员,特别是高校教师的职称评定、岗位晋升和收入待遇等问题上,我们提倡以质取胜,再不要重点或一味比较参评者发表文章、出版著作多少或发表、出版机构的所谓"档次"、等级了。可喜的是,我们看到,目前一些高水平的高校和科研机构,在职称评定工作中,正在积极探索"从量到质的转变"。在复旦大学,今年开始推广"代表作"制度,即突破以往以数量论评定资格的制度,只要教师能拿出优秀的学术成果,比如论文,哪怕只有一两篇,经过业内专家匿名评审通过,就可晋升教授或副教授。上海交通大学 2004 年就在部分院系改革考核制度,比如,凡发表 SCI 论文者将不再像过去那样凭论文领取奖金,或是申请专利就可申请奖金,而是必须根据论文的影响因子、重要程度以及专利产业化情况来进行考核。此外,学校将根据成果或论文的重要程度,采取年薪制与特殊贡献奖励相结合的办法,鼓励出大成果。[①] 在中国人民大学、浙江大学等国内知名高校,在职称评定工作中,目前也已开始试行或全面推广代表作制。实行代表作制,有利于把教学科研人员从穷于应付、追求数量、各显神通的论文发表或著作出版中解放出来,摆脱急功近利的学术心态,潜心开展真正具有新意的研究,特别是深入开展一些重大的、基础性的原创研究。我们期望,代表作制成为高校、科研及其他涉及职称评定机构中,在职称评定工作上的主要制度。对以教学为主的高校教师而言,对其科研成果的要求,更有必要普遍推行此项制度。

需要说明的是,无论是教学效果评价,或是同行评议,代表作制,都有人担心其卷带而来的主观性、"人情风"问题。我认为,这既不可避免,也不难解决,唯在态度和方法而已。须知,现在社会上广泛开展的与艺术有关的各种比赛,

---

① 参见唐闻佳:《上海交大医学院一系列学科与师资队伍改革促成"学术回归""袖珍"医学院成为科研高地》,《上海文汇报》2012 年 10 月 29 日。

如文学奖、电影奖、摄影大赛、书法大赛、模特大赛、时装大赛、烹饪大赛,以及青歌赛、超级女声一类比赛,都是据评委或观众、听众的主观感知判别高下的。主观感知并不可怕,而且还方便易行,唯在评论者的水平和良知,而对水平和良知的考量与督查,亦非难事,唯在为与不为而已。

还需说明的是,主张高校回归教学本位,淡化成果考量,绝不是说高校教职人员不可以搞科研或提供社会服务,而只是对几者之间主次关系的一种界定。自中世纪后期大学诞生以来,伴随着历史的发展和社会的进步,大学职能不断演进和扩展,成为人才培养、科学研究和社会服务的统一体。但是,正如有研究者指出的:"三项职能之间的关系并非并列的等同关系,而是有主次之分的。人才培养仍是高等学校的基本职能。人才培养是大学最本质的属性,所有的高等学校都是以教学为主的,人才培养是其根本任务。这也是高等学校有别于其他社会机构或组织的根本所在。"①

当然必须看到,无论是同行评议,学术共同体建设,或是高校教师职称评定、岗位晋升等实行代表作制,在实践中都还会存在一些问题,都还需要不断总结经验,不断完善。但也有必要知道,绝对完善的制度永远不存在,追求制度完善的努力永无止境。恰如刘东所言:"任何制度都难免有它相应的相对性,都必定有它自身的长和短。"②决不可因噎废食,因进步中会存在问题而放弃追求进步本身。

面对当前高校管理、学术生态建设存在的诸多问题,高校教学、管理工作者和社会各界有关人士均应认真梳理学术成果评价和高校教师职责有关理念,切实革新有关做法,修复"被污染与被损害的"学术生态,共建美好学术家园。

原刊于《社会科学辑刊》2012 年第 6 期

---

① 赵庆年、祁晓:《研究型大学的基本职责》,《高教探索》2012 年第 5 期。
② 刘东:《我们的学术生态——被污染与被损害的》,浙江大学出版社 2012 年版,第 114 页。

文献计量学与科学评价中有关问题思考

苏新宁*

一、引言

文献计量学与科学评价是图书情报学科十分活跃的研究领域,它不仅促进着图书情报学科领域的快速发展,对科学学学科也是很好的补充,而且对我国科学研究、科学评价、科研管理与科研规划等都发挥了显著作用。然而,由于长期以来我们采取的文献计量学理论或评价指标大多来源于数十年前,是否适应当前的科学评价也没有过多的去分析评判,致使我们的实际分析可能出现问题,甚至可能出现与实际情况的背离。

多年的信息分析与科学评价领域的实践,笔者深深地体会到,过去的一些理论、指标等对当今的科学评价依然有着指导意义,但不能完全照搬,应当根据当前的科学发展和文献出版状况进行必要的分析,合理使用,有效借鉴,甚至进行改造,使分析评价结果更加客观、合理和科学。因此,本文将对文献计量学定律以及一些常用评价指标作一分析,阐述笔者对这些问题的思考及看法。

二、文献计量学定律应用中的思考

文献计量学三大定律是信息分析与定量评价的理论基础,在文献计量学领域发挥着重要指导和引领作用。文献计量学植根于三大定律肥沃土壤,获得蓬勃发展。但这些理论已提出近百年,是否适合于当今"信息爆炸"、文献激增的

---

* 苏新宁,南京大学信息管理学院。

环境？这是文献计量学领域十分关心的问题。

（一）布拉德福定律的思考

布拉德福定律（Bradford's Law or Bradford's Distribution）是英国文献学家、化学家布拉德福先生于 20 世纪 30 年代创立，主要描述了文献分散规律的经验定律。布拉德福定律认为，如果按科技期刊刊载某专业论文的数量多少，以倒序排列，则可以分出一个核心区和相应的几个区，每个区的论文数量相等，则核心区期刊数量和相继区期刊数量成 $1:n:n^2\cdots$ 的关系（$n>1$）。布拉德福定律用专业文章数量的多少确定各专业期刊核心区的概念，为我们早期确定学科核心期刊起着很重要的作用。

但是，由于 80 年前的期刊远没有像今天这样专业化，多数期刊是作为综合科学类期刊出现的，没有专业偏向或侧重。所以，布拉德福定律确定学科期刊的核心区具有科学依据。但在今天这样，期刊多采用专业化出版的情况下，单纯采用布拉德福定律确定核心期刊区已经不能适应当今期刊的发展。例如，笔者对图书情报近百种期刊的载文进行了统计，按期刊刊载图书情报专业论文数量的排列，确实符合布氏分布，但大多数学界认可的核心期刊却不在此列。例如，《中国图书馆学报》《情报学报》《大学图书馆学报》等均不在核心区。因此，完全照抄布氏定律遴选核心期刊显然已经不适合了。

但是不是说布拉德福定律就不适合当今的文献计量规律，回答是否定的。虽然依赖刊载专业论文的数量，不能确定核心期刊的分布，但布氏思想对当今选择核心期刊仍有很大的指导作用。如果我们换一个角度，把图书情报期刊的影响因子从大小排序，并依据布拉德福定律分区，发现每个区影响因子之和相等的话，其期刊数量呈现出布拉德福比例，更加可喜的是，处在核心区的期刊与多个期刊评价系统的核心期刊目录基本相符。这说明，当我们换个角度利用布拉德福定律的话，不仅能为我们确定核心期刊提供依据，还为我们划分期刊等级提供了非常有价值的参考。因此，我们不能盲目地抄用布拉德福定律，但可以根据布氏思想寻找规律，更科学地应用布拉德福定律。

（二）齐普夫定律的思考

齐普夫定律(Zipf 's Law)是美国学者 G. K. 齐普夫于 20 世纪 40 年代提出的关于词汇在文献中出现频次的分布规律,也称词频分布定律、最省力法则、齐氏分布定律。齐普夫定律的主要思想:如果把文献中词的频率(f)从高至低递减排序,并用自然数给这些词编上等级序号(r),则有 fr = C(C 为常数)。① 这个定律与 80/20 规律有异曲同工之效,它提示我们在进行评价分析过程中可以花费较小的力气取得较好的效果,以及如何选取更加科学的指标和有效参数获得理想的结果。

齐普夫的词频分布规律的思想为我们分析学科研究热点提供了一个非常好的思路,我们可以通过文章标引的关键词次数分析各学科研究热点,也可以根据关键词各年出现的次数和排序变化预测研究趋势。许多学者利用这一规律和方法进行过相关研究,并获得了较好的效果。② 但根据研究结果我们发现,单纯关键词频率统计方法,还不能确切体现研究热点。一些较为泛指的词出现的频率会很高,如"数字图书馆""信息资源建设""检索技术"等,从这些关键词很难观察到具体的研究热点和趋势。如果能够将与这些高频词经常在同一文献共同出现的关键词进行统计排列,则更能反映出研究的热点和趋势。

在进行学术评价中,涉及许多评价指标,一个评价体系中看似指标越全似乎越好。其实,齐普夫定律中最省力思想告诉我们,从效率出发并不是指标越多就越好,大量的指标数据采集将会耗费更多的时间和精力,而大多的评价研究是有时间要求的。因此,建立高效的评价体系应当分析所有指标在评价体系中的作用,选择影响大的、易获取的指标,对在评价中产生微小作用的一些指标并且需花费大量精力的指标可以舍弃。

（三）洛特卡定律思考

洛特卡定律(Lotka's Law)揭示了科学研究人员数量与所著文献数量之间的关系,认为发表 2 篇论文的作者数量是发表 1 篇论文作者数量的 1/4,发表 3

① 《中国情报学百科全书》编委会:《中国情报学百科全书》,中国大百科全书出版社 2010 年版,第 166 ~ 167 页。

② 郑江淮等:《中国经济学研究热点与趋势分析——基于 CSSCI 的分析》,《重庆大学学报》(社会科学版)2009 年第 1 期。何日取:《基于 CSSCI 的社会学研究热点与趋势分析(2005—2006)》,《学海》2009 年第 2 期。苏新宁:《图书馆、情报与文献学研究热点与趋势分析(2000—2004)——基于 CSSCI 的分析》,《情报学报》2007 年第 3 期。

篇论文的作者数量是发表 1 篇论文作者数量的 1/9,如此类推,发表 n 篇论文的作者数量是发表 1 篇论文作者数量的 $1/n^2$。[①] 洛特卡定律又称倒平方定律,描述了科学生产率的经验规律,是美国学者 A. J. 洛特卡于 20 世纪 20 年代提出的。

洛特卡定律为我们评价核心学者提供了一条思路,即发文越多越可能成为核心学者。这在十多年前可能是评价核心学者一种非常有效的途径,但在追求量化考核学者绩效的今天,量化考核学术业绩的政策促进了大量学术垃圾横空而出,抄袭事件举不胜举。所以,这种定量的方法确定核心作者,已经失去了原有价值。正如,有学者呼吁"学术评价:超越量化模式"[②],希望能采取代表作制度等有效方法取代量化模式。当然,我们可以换个角度应用洛特卡定律,例如,采取作者成果的被引情况来考量作者的影响或核心学者,如果这种考量能够排除自引和小团体引用,则可能更有价值。

今天,学界考察科研工作者的科研绩效又推出了 H 指数系列方法[③],主要是通过被引来分析个体学者的学术影响力,如果我们将 H 指数和被引次数以及发文量结合考察学者,可能就会得到较为准确的核心学者群,还能够产生出学者的科研绩效率。

三、评价指标应用中的思考

科学评价的实施需要建立评价体系,评价体系有一系列指标和方法构成。长期以来,我们主要使用国际惯用指标进行学术评价,但这些指标是否适合当今的学术资源发展规律? 是否适应我国当前的学术研究环境? 这是我们应当思考的问题。笔者下文将对定量评价中几个常用指标进行一定评述。

(一)影响因子的思考

影响因子是上个世纪 70 年代由加菲尔德创建,主要用来评价期刊的学术

① 《中国情报学百科全书》编委会:《中国情报学百科全书》,中国大百科全书出版社 2010 年版,第149 页。

② 陈洪捷、沈文钦:《学术评价:超越量化模式》,《光明日报》2012 年 12 月 18 日。

③ 金碧辉、Rousseau Ronald:《R 指数、AR 指数:h 指数功能扩展的补充指标》,《科学观察》2007 年第 3 期。张学梅:《用 h 指数对我国图书情报学界作者进行评价》,《图书情报工作》2007 年第 8 期。

影响。它的计算方法:若计算期刊某年的影响因子,则为该刊此年的前两年所发文章在这一年的篇均被引率。即,前两年所发文章的数量为分母,前两年所发文章在计算当年被引次数做分子,计算所得之值即为该刊这一年的影响因子。影响因子诞生于40年多前,主要用于反映期刊近期的学术影响,早期主要用于评价自然科学与工学期刊,现在所有期刊均采用这一指标作为期刊的主要评价指标是否合适,笔者给出以下思考。

第一,当前的影响因子的计算对各学科期刊都是一个统一的公式,没有体现出学科间的差异。尤其是人文科学,它和自然科学的成果引用的时间关系是完全不一样的。自然科学的引用绝大多数来自于近期发表的文章,随着时间的推移,较早发表的文章其引用价值大大降低,所以,由近两年文章被引计算影响因子尚具一定的合理性。但人文科学则不一样。如历史、文学、语言学等,可能几十年前的研究成果,对今天的研究同样具有重要价值,并且还会大量引用。所以,仍用前两年文章被引计算人文科学期刊的影响因子是否合理,也值得商榷。

第二,影响因子前两年为计算区间是否适合。我们知道,如今一篇文章从撰写到发表,一般需要经过一年以上(主要在杂志社积压时间较长),也就是说,文章很难在发表后的一年以内被引用。这一现象促使我们质疑影响因子前两年的区间是否适合? 笔者曾经做过统计,社会科学期刊的文章发表后被引用的高峰值在发表后的第三年。[①] 那么,仍然用前两年的计算方法就有悖于影响因子表达的初衷,应当对学科各年份被引比例做一统计分析,选择恰当的年份进行影响因子的计算区间。

第三,影响因子按年份计算,这对在一年中不同月份发表的文章在第二年的被引机会(计算在影响因子中的被引机会)大不相同。如12月份发表的文章,几乎在发表后的第三年才可能被引用。这就导致同年内,不同时期发表的文章在影响因子的计算上存在很大差异。解决这种差异,应当采取将影响因子的按年度计算的方法改变为按月份的计算方法,这种改变虽然使影响因子的计算方法变得复杂,但这在当前普遍用计算机计算处理的环境下,并不是件困难的事情。

---

① 苏新宁:《构建人文社会科学学术期刊评价体系》,《东岳论丛》2008年第1期。

（二）即年指数的思考

即年指数是指期刊当年发表的文章在当年被引用的比例。该指标主要用于反映期刊对学术领域的及时反应速率,也体现了期刊对当前研究热点的关注度。正是由于这样的作用,所以该指标在许多期刊评价体系中得到使用。但是这一指标在我国是否完全适用,是否需要改进,也将引起我们思考。

正如前文所述,一篇文章发表后一年内很难有其他文章引用它,这主要是发文的时滞原因。我们曾做过一个统计,在 CSSCI 中,当年发表的文章在当年有被引的期刊种数只占 CSSCI 所有有被引论文的期刊种数的42%,如果除去被引用 1～2 次的期刊,那么剩下的有引用的期刊只占不到20%的比例。[①] 这样的结果是不能有效地反映该指标的作用的,该指标评价人文社会科学期刊必须要进行改进。

从另一个角度我们发出提问,即年指数对评价自然科学期刊可能有很重要的功能,如果说对社会科学期刊也能起一定作用的话,那么,对评价人文科学类期刊是否具有价值则值得考证。如果这一指标对人文科学期刊没有评价意义,则是否需要改正我们的人文科学期刊评价标准?

（三）网络即年下载率的思考

网络即年下载率指标是在网络资源普及的环境下产生出的对期刊评价的一个新指标,这一指标可以了解到所收录期刊中文章被读者阅读的情况,这是过去传统期刊、传统评价指标所无法完成的。可以说,这一指标从一个独特的角度反映了期刊在论文传播中所起到的作用,是对其他指标一个很好的补充。

但是,该指标在使用过程中还是存在一定的不足。例如,在统计数据库中,如果没有收录该期刊,则该期刊该项指标则为 0。也可能有的评价系统将该期刊在其他数据库中的下载率作为补充,但不可否认的是,这个补充的指标是不对称的,他们的用户群是不一样的,可能产生的差别非常之大,势必影响该期刊在这一指标上的劣势,造成评价结果的不合理性或缺乏公正性。也有的期刊在任何数据库中都没有收录,这将导致该刊这一指标值的空缺而无法判定此刊。

（四）其他相关指标的思考

在人文社会科学期刊评价中,许多系统采用二次文献转载指标。毫无疑

---

① 苏新宁:《构建人文社会科学学术期刊评价体系》,《东岳论丛》2008 年第 1 期。

问,有的二次文献转载期刊转载数量少,学科也不是非常全,有的学科很少有文章被转载,这势必影响这些学科在这一指标上对期刊的鉴别性。

还有些期刊考虑到知识产权问题不允许二次文献的全文转载,这也影响了这些期刊在二次文献转载指标上的缺损,也影响了这些期刊被全面的评价。

有些学者在评价期刊时,认为新设立指标体现了评价的创新性。例如,期刊 H 指数评价期刊层出不穷,但在使用 H 指数评价期刊时要特别注意所产生的期刊 H 指数是否具有分辨力。一般来说,小数据下的 H 指数不能说明问题,H 指数需要大容量数据的支撑。

四、评价操作中需要注意的问题

以文献计量的方法进行科学评价主要依赖二次文献数据。在操作过程中,除了需要选择正确的评价指标,进行大量的数据处理,以及统计计算工作,在具体操作中还需注意一些相关问题。

(一)人为制造数据的排除

10 年前当人们对学术评价过程或指标(如期刊评价)尚未理解时,这时的定量评价结果可以说是客观、公正,结果也是真实地反映了评价对象的实际情况。但目前大家都了解了评价指标的计算方法,一些不正之风也由此而出。有的期刊为了提高自己的被引数量,采取大量的自引、互惠引用、联盟引用等手段,我们应当在评价过程中剔除这些人为因素产生的虚假数据。

学术期刊中的自引本无可厚非,因为在学者的研究中会自然地引用相关文章,作者一般注重相关主题的文章,而不会刻意选择期刊。这种自然行为,会造成期刊一定的自引,但这种自引超过一定比例,可能就会存在问题。在 SCI 中,自引率超过 20% 就可能被剔除来源期刊。虽然我们不可能采取一票否决的剔除手段,但我们可以根据同类期刊的平均自引率,对高自引期刊削减被引次数,让被引回归自然。

对互惠引用或联盟引用(两个期刊人为的相互引用或多个期刊人为的循环引用),我们可以建立期刊引用网络,用一定的阈值呈现期刊间高引用网络,然后,将网络呈现数据与过去数据进行比较,发现巨变情况,就很可能存在互惠引用和联盟引用。我们曾对 CSSCI 来源期刊建立了引用网络,发现了许多互惠引用和联盟引用,经过调查并得到证实。所以,在评价过程中当发现了这些人为制造的引用,可采取剔除手段,将自引、互惠引用和联盟引用产生的数据剔除掉。

(二)选择指标的考证

在评价过程中,我们应当对每一个指标进行实际数据的考证,确定这些指标是否适合评价。如,当我们选择了影响因子作为评价期刊的指标后,应分析所计算的年代区间的论文被引是否占据被引总量的大部分,如果某学科论文在选取的时间区段间被引数量尚不足全部被引数量的一半,则证明采用这一区段计算影响因子不能体现该学科期刊水平的真实情况,应当进行修正。例如,SCI已经发现原有影响因子的计算方法存在一定不足时,即增加了 5 年区间计算影响因子的算法。

在进行科学评价中,经常会采用一些新的评价指标,在采用前同样需要进行多方面数据调研和分析。例如,当学界采用 H 指数评价学者的学术影响力获得认可后,一些学者就将其引入多个评价领域,例如将 H 指数引入评价期刊[①],这些引入作为探索性研究应得到鼓励,但真正用于期刊评价体系,并用于选择核心期刊就需要仔细鉴别。也就是说,这项指标是否对期刊的优劣有分辨率,这种分辨是否将优质期刊呈现出来,如果新指标确实可用再纳入评价体系。如,SCI 在近几年就引入了期刊特征因子指标评价期刊和论文[②],并获得了很好的效果。

(三)显性评价与数据的一致性

文献计量学评价科学研究是一种定量评价方法,既然是定量评价就应当把所有计算结果显性公布,提供公开查询。这种数据公开可以使每个参评对象了解自己的优弱势所在,也保证了评价的公开、公正。在定量评价中切忌暗箱操作,只有将统计数据全部呈现给公众,才能得到公众的信任,也便于公众从数据中发现问题,完善评价体系。

另外,有的评价系统自己没有数据,完全依赖其他机构提供数据。这时,评

---

① 杨建林:《哲学期刊的 h 指数分析——基于 CSSCI(1998—2007 年度)数据》,《西南民族大学学报(人文社科版)》2009 第 5 期。邓三鸿、金莹:《图书馆、情报与文献学 CSSCI 来源期刊的 h 指数分析——基于 CSSCI(1998—2007 年度)数据》,《西南民族大学学报(人文社科版)》2009 第 6 期。

② 任胜利:《特征因子(Eigenfactor):基于引证网络分析期刊和论文的重要性》,《中国科技期刊研究》2009 年第 3 期。

价机构应当对数据进行严格的检验,对缺损数据要在相同的环境下补缺,不可随意性补充数据,否则难以保证数据的一致性。在使用多方数据源的评价系统时,要注意各方数据的协调性,切忌互相矛盾数据进入同一评价系统。

(四)弱化排名探索科学特征

借助定量分析方法不仅仅是给分析对象排座次,更重要的是借助定量分析的方法探索科学研究内在关系。因此,我们在进行科学评价的过程中,尽可能淡化排序功能,注重借助文献计量学原理深度挖掘科学研究领域、研究主题之间的关系,建立科学文献间的联系关系。通过对大量的数据分析,探寻数据之中存在的科学规律,发现科学研究源流,以及呈现各学科研究领域的研究特征等。也就是说,以文献计量学为理论基础,将分析评价的成果直接服务于科学研究。

(五)结语

长期以来的信息分析与科学评价工作,使我们深深体会到,进行科学评价可以促使我们对科学研究状况的了解,可以更有效地进行科学研究,切不可把科学评价和科学研究对立起来。但不科学的评价也会造成一些负面效应,我们必须选择恰当的评价指标,采用科学的评价方法,摈弃不合理因素,使科学评价工作健康发展,真正做到促进科学研究的蓬勃发展。

原刊于《图书与情报》2013 年第 1 期

基于 CSSCI 的多学科引文网络期刊核心

——边缘结构分析

闵红平　刘　虹　郑彦宁　潘云涛[*]

引　言

现实存在的网络,特别是网络中的联系具有社会性的网络,几乎都具有核心—边缘结构。核心—边缘结构的研究方法根据节点的重要性和亲疏程度,把网络中的节点分为核心节点和边缘节点,从而达到简化复杂网络和聚焦网络关键结构的目的。社会网络分析方法的核心—边缘结构模型分析可以对网络的"位置"结构进行量化分析,区分出网络的核心与边缘。因此,核心—边缘结构的分析方法可以给各学科期刊引文网络中期刊的分布和角色分析提供一定的支持。

核心—边缘结构的研究原本主要应用于地域问题的研究（如旅游地理[①]、经济地理[②]等）,逐渐地其涵盖范围被拓展到社会网络中人群和团体的研究[③],

* 闵红平,南京大学信息管理学院;刘虹,南京大学信息管理学院;郑彦宁,中国科学技术信息研究所;潘云涛,中国科学技术信息研究所。

① Chancellor C, Yu S, Cole S. Exploring Quality of Life Perceptions in Rural Midwestern（USA）Communities: an Application of the Core – Periphery Concept in a Tourism Development Context [J]. International Journal of Tourism Research, 2011, 58.

② 王宝强、陈腾等:《基于"核心—边缘"理论的海峡西岸经济区空间结构解析》,《城市发展研究》2010 年第 1 期。

③ Stolzenburg U, Lux T. Identification of a core-peripherystructure among participants of a business climate survey[J]. the Eu-ropean Physical Journal B, 2011, 84;任义科、杜海峰、李树苗:《农民工社会网络的核心边缘结构分析》,《人口与发展》2010 年第 6 期;Boyd J, Fitzgerald W, etc. Computing continuous core/periphery structures for social relations data with MINRES / SVD [J]. SocialNetworks, 2010(32).

随着互联网络的发展,人群的概念延伸到互联网环境下的社交网络①和虚拟社区②。近些年,核心—边缘结构的研究方法被越来越多地运用到信息计量的领域③,如探讨科学研究结构④、研究合作⑤等。另外,也有学者开始利用核心—边缘结构模型进行期刊引文网络的研究,如宋歌通过对经济学期刊互引网络的核心—边缘结构分析,将期刊群进行了多层的分区,打破了"核心"与"非核心"的二元划分方式。⑥

总的来看,目前核心—边缘结构的研究方法在期刊引文网络方面的研究还比较少,且研究对象较为单一。本文借助 2000—2010 年十年间 23 个学科的 CSSCI 来源期刊引文数据,运用 Excel、Ucinet 等社会网络分析工具,探索十年间各学科引文网络的核心—边缘结构及演变情况,揭示各学科发展状况及个别学科中较为核心的期刊。本文意义在于探索核心—边缘结构分析方法在期刊引文分析方面的应用,并为分析各学科发展情况和在重点学科中较为核心的期刊提供一定的依据。

一、数据及方法

本文所研究的数据来源于中国社会科学引文索引(CSSCI),时间跨度为 10 年(2000—2010 年),初始数据经过分类、整合、排除施引期刊中的非来源期刊等预处理操作,得到各年度各学科的期刊引文矩阵,以表 1 为例。运用 Ucinet 中的核心—边缘结构分析(Core /Periphery),得到各年度各学科期刊核心—边缘分布情况,并进行分析。

---

① 张玥、朱庆华:《学术博客交流网络的核心—边缘结构分析实证研究》,《图书情报工作》2009 年第 12 期。

② 胡勇、赵凤梅:《虚拟学习社区中的核心—边缘结构分析》,《中国电化教育》2011 年第 3 期。

③ Ocholla D,Onyancha O,Britz J. Can information ethics beconceptualized by using the core / periphery model? [J]. Journal of In-formetrics,2010(4).

④ Zelnio R. Identifying the global core-periphery structure ofscience [J]. Scientometrics,2012(91).

⑤ Choi S J. Core-periphery, new clusters, or rising stars?: international scientific collaboration among 'advanced' countries in theera of globalization [J]. Scientometrics,2012(90).

魏晓俊、谭宗颖:《基于核心—边缘结构的国际科技合作网络分析——以纳米科技(1996—2004 年)为例》,《图书情报工作》2006 第 12 期。

⑥ 宋歌:《经济学期刊互引网络的核心—边缘结构分析》,《情报学报》2011 第 1 期。

表 1 2010 年图书情报与文献学期刊互引矩阵(节选)

被引 / 施引	大学图书馆学报	档案学通讯	档案学研究	情报科学	情报理论与实践
大学图书馆学报	64				7
档案学通讯		80	47	5	
档案学研究		102	57	5	
情报科学	36			171	74
情报理论与实践	31			74	142
情报学报	8			33	28
情报杂志	36	6		124	86
情报资料工作	30			22	47
图书馆工作与研究	59			25	26
图书馆理论与实践	44			25	15
图书馆论坛	79			12	22
图书馆杂志	27			7	5
图书情报工作	94	8		148	111
图书情报知识	17			21	16

二、分析及结果

(一)学科综合分析

根据学科的核心期刊数量,可将 23 个学科进行分类,如表 2 所示。

表 2 期刊数量角度的学科分类

期刊数量	学科
期刊数≥20	管理学、历史学、经济学、政治学、法学、图书馆情报与文献学、教育学
10≤期刊数<20	马克思主义、哲学、语言学、中国文学、艺术学、民族学、新闻学与传播学
期刊数<10	外国文学、宗教学、考古学、社会学、体育学、统计学、心理学、人文经济地理、环境科学

　　为了对不同学科的各年度引文网络进行核心—边缘分析,只有当样本量达到一定矩阵规模时,才可得到信度较高的分析结果。因此,本节首先对几个核心期刊规模较大(期刊数≥20)的学科进行核心—边缘模型分析,探究不同学科的引文结构在时间序列上的演变规律和合作情况。对于期刊规模较小(期刊数<20)的学科,采用定量统计的方法,分别统计出施引和被引量处于各年前五名的期刊,再据此分析各学科核心区域期刊的年度演变情况。

　　通过对23个学科的统计分析,可发现如下三个特征:

　　1. 不论学科大小、期刊数量规模,各学科的核心区域都包含有显著的核心期刊,说明这些学科在经历漫长的学科发展后,已形成学科的核心学术期刊源,它们成为各学科学术参考交流的重要资源,在学科发展中起着举重若轻的作用。例如,在新闻学与传播学学科,《编辑学报》《新闻记者》和《现代传播:中国传媒大学学报》等期刊就一直处于学科的核心区域,而在实际的学术研究中,它们也确实是非常重要的学术引用来源。对心理学、考古学等小学科的研究结果也体现了此规律。

　　2. 学科内历年被引频次最高的期刊群比施引频次最高的期刊群集中。通过统计分析发现,这些学科的核心被引期刊群体在时间序列上显示了显著的稳定性,期刊变动很小。相比之下,期刊的施引相对更加分散、广泛。以语言学为例,图1和图2分别描述了学科施引和被引频次最高的前五种期刊在时间序列上的演变,黑色方格及代表当年施引和被引频次前五名的期刊,可以看出期刊分布在被引图谱上体现了高度的集中性。被引代表一种学术认可,被引越多,越能体现期刊在学科内知识交流中的权威性和影响力,它代表了期刊的核心地位。因此,可据此找出学科的核心期刊群。

　　3. 不同学科所具备的核心—边缘网络结构的规模和稳定程度,随学科不同而差异化。核心区域的规模主要受学科的核心期刊数量影响,期刊数量越大,核心区域规模越大;而核心区域的稳定度则主要受学科自身特点的影响。图书情报学科是所有学科中核心—边缘结构最稳定的学科,这与图情学科自身特征有关,期刊评价、文献计量是该学科重要的研究内容,学科内的学者普遍具备较好的学术素养,善于从最权威的学术刊物寻找优质的学术资源,长此以往,形成了较成熟稳固的学科核心期刊群。

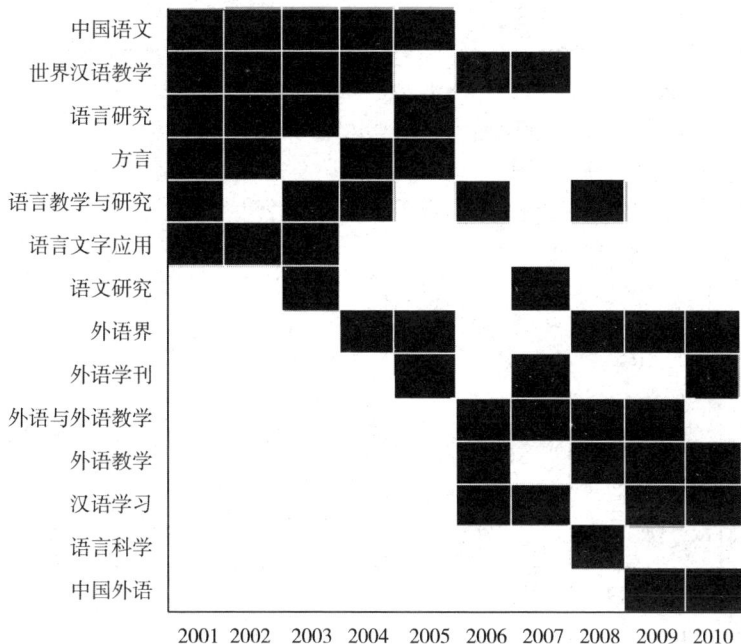

图1　语言学学科施引频次最高的前五种期刊时间序列演变图谱

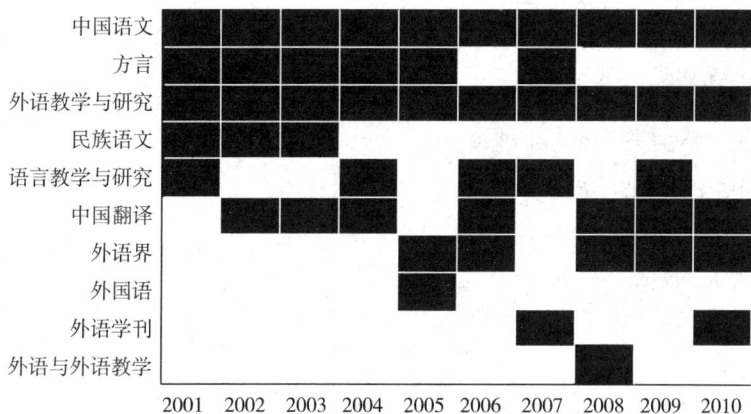

图2　语言学学科被引频次最高的前五种期刊时间序列演变图谱

（二）重点学科分析

对期刊规模较大的大学科进行核心—边缘模型分析,可更加深入地探索各学科核心区域形成的时间演变过程,并对成型原因进行深层次的分析,以更好地发现学科核心—边缘网络结构的规律。

表3 法学期刊核心—边缘模型分析

年份	核心期刊	相关性	集中度	期刊总数	核心区期刊占比
2001	法学家、法学研究、中国法学、法学评论、现代法学、法学	0.566	0.949	17	35.3%
2002	中国法学	0.404	0.923	16	6.3%
2003	法学研究、中国法学、法学家、法学、现代法学、中外法学、法律科学：西北政法学院学报、法商研究、法制与社会发展	0.660	0.877	16	56.3%
2004	中国法学、法学家、法学研究、河北法学、法学、现代法学、法学评论	0.635	0.923	21	33.3%
2005	法学研究、中国法学、法学家、河北法学、政法论坛：中国政法大学学报、法学	0.539	0.892	21	28.6%
2006	法学家、法学、法学研究、中国法学、河北法学、现代法学、政法论坛：中国政法大学学报、法律科学：西北政法学院学报	0.643	0.874	21	38.1%
2007	中国法学	0.728	0.758	21	4.8%
2008	中国法学	0.678	0.983	21	4.8%
2009	中国法学、法学、法学研究、中国刑事法杂志、法学杂志	0.673	0.786	21	23.8%
2010	法学杂志、华东政法大学学报	0.482	0.957	21	9.5%

核心—边缘模型展示了处于法学学科期刊引文网络中核心区域的期刊。表3列出了从2001年至2010年法学学科处于核心位置的期刊的时序演变。可以看出,相关性和集中度都保持着较高的水平,特别是集中度都维持在0.75水平以上,说明具有显著的核心—边缘特点。虽然处于核心区域的期刊数量随年度有所变化,但其中最核心的期刊基本保持稳定,没有太大的变化。特别是《中国法学》一直保持在核心区域,说明《中国法学》一直在法学学科的期刊网络中处于核心地位,与其他期刊的引用关系密切,引用次数频繁,是法学学者进行学术参考与学术成果发表的重要刊物。此外,《法学家》《法学研究》和《法学》也基本一直维持在核心区域,这些期刊也是法学学科的学术交流的重地。同时,值得注意的是《法学杂志》在2009年开始对其他期刊的引用大量增加,进入了引文网络的核心领域。

表4 管理学期刊核心—边缘模型分析

年份	核心期刊	相关性	集中度	期刊总数	核心区期刊占比
2001	中国软科学、科学学与科学技术管理、管理世界	0.352	0.854	22	13.6%
2002	科研管理、科学学与科学技术管理、中国软科学	0.629	0.912	22	13.6%
2003	科学学与科学技术管理、中国软科学、科研管理、科技进步与对策	0.553	0.932	22	18.2%
2004	科学学与科学技术管理、科研管理、中国软科学、科技进步与对策、科技管理研究	0.649	0.862	26	19.2%
2005	科学学与科学技术管理	0.000	1.000	26	3.8%
2006	科技管理研究、科学学与科学技术管理、科技进步与对策、科研管理、中国软科学、科学学研究	0.710	0.905	26	23.1%

年份	核心期刊	相关性	集中度	期刊总数	核心区期刊占比
2007	科学学与科学技术管理、科技管理研究、科技进步与对策、科研管理、中国软科学、科学学研究、中国科技论坛	0.774	0.893	26	26.9%
2008	科学学与科学技术管理、科技管理研究、科技进步与对策、科研管理、科学学研究	0.698	0.923	29	17.2%
2009	科技管理研究、科技进步与对策、科学学与科学技术管理、科学学研究、科研管理、中国软科学	0.761	0.871	29	20.7%
2010	科学学与科学技术管理、科技进步与对策	0.532	0.908	26	7.7%

管理学科各年处于核心领域的期刊划分结果具有较高的相关性和集中度。相关性基本上都维持在 0.5 以上,集中度都高于 0.85,说明分析结果具备很高的有效性。从各年划分结果可看出,管理学学科处于核心领域的核心期刊基本保持稳定,《科学学与科学技术管理》《中国软科学》《科研管理》《科技进步与对策》这几种期刊一直处于该学科的核心领域,具有较高的被引次数和引用次数。

表5　图书情报学科期刊核心—边缘模型分析

年份	核心期刊	相关性	集中度	期刊总数	核心区期刊占比
2001	图书情报工作、中国图书馆学报、情报科学、情报杂志	0.697	0.843	18	22.2%
2002	图书情报工作、中国图书馆学报、情报杂志、情报科学	0.722	0.853	18	22.2%
2003	图书情报工作、情报杂志、中国图书馆学报、情报科学	0.693	0.839	18	22.2%
2004	图书情报工作、情报杂志、中国图书馆学报、情报科学、图书馆论坛	0.706	0.784	20	25%
2005	图书情报工作、中国图书馆学报、图书馆论坛、情报杂志、情报科学	0.712	0.817	20	25%
2006	图书情报工作、图书馆论坛、情报杂志、中国图书馆学报、情报科学	0.695	0.799	18	27.8%
2007	图书情报工作、情报杂志、情报科学、中国图书馆学报、图书馆论坛、情报学报、情报理论与实践	0.713	0.796	18	38.9%

年份	核心期刊	相关性	集中度	期刊总数	核心区期刊占比
2008	图书情报工作、图书馆论坛、情报杂志、中国图书馆学报、图书馆建设、图书馆、图书馆学研究、图书馆工作与研究、图书馆杂志、情报理论与实践、大学图书馆学报	0.721	0.765	20	55%
2009	图书情报工作	0.766	0.722	20	5%
2010	图书情报工作	0.787	0.809	20	5%

从表中可以看出,图书情报与文献学学科各年的相关性和集中度都非常高,说明核心—边缘分组结果与理想模型的关系非常紧密,结果十分可靠。同时,从表中也可看出图情领域处于核心领域的期刊群非常的稳定,《图书情报工作》《中国图书馆学报》《情报杂志》和《情报科学》这四种期刊长期处于核心领域,这说明图情学科较早便形成了较为成熟的学术交流模式,学科的期刊交流具有明显的核心—边缘结构。同时,《情报理论与实践》从2007年开始施引与被引次数增加,成为核心领域中的一员,这说明该期刊近年来加强了与其他期刊的引用行为,学术交流行为更加活跃。值得注意的是2008年,以《图书馆建设》《图书馆》《图书馆学研究》《图书馆工作与研究》《图书馆杂志》和《大学图书馆学报》等为代表的与图书馆学领域密切相关的期刊进入了核心群领域,这些期刊与其他期刊的施引和被引次数都大量提升,这表明当年图书馆学领域的学术活动非常的活跃和频繁,这可能是由当年图书馆领域发生了学术大事件或研究取得了重大突破所致。

结　语

研究发现,核心—边缘结构模型在期刊引文网络分析中可以得到较好的应用。通过分析可以看出,CSSCI收录的23个学科在学科发展的过程中都已基本形成核心—边缘结构,每个学科都有显著的占据核心区域的期刊;而在实际学术活动中,这些期刊正是在该学科处于领先地位的期刊,它们拥有很高的被引量和施引量,并且与其他期刊开展广泛的引用联系,是学术研究重要的引用对象和参考来源。此外,核心边缘结构模型的改进应用和期刊群的多层次划分等问题,还有待进一步的研究。

原刊于《西南民族大学学报(人文社会科学版)》2013 年第 2 期

缘于体制：社科期刊十个被颠倒的关系

仲伟民[*]

引言：学术期刊与学术期刊体制

中国现代人文社会科学学术期刊自诞生至今已有百余年的历史。百余年来，学术期刊作为我国人文社会科学成果发布的主要平台，在本身获得了长足发展的同时，也为学术事业的发展作出了不可替代和不可磨灭的贡献。对此，从学术界到政府部门都有十分中肯的评价，无须多言。但近年来，来自学术界和政府部门对学术期刊特别是高校学报的批评之声不断增多，学术期刊界承受的压力不断增大，也在不断地反思自身的问题。① 尽管来自学术界和政府部门的批评以及业界反思的角度和关注的内容不尽相同，但在分析问题的根源时，却相当一致地指向了学术期刊体制，因此，改革不合理的学术期刊体制成了三方共同的诉求。

体制问题的凸显是有原因的。改革开放以来，逐渐摆脱了为政治服务的定位而向其本义回归的学术研究，对成果发布和交流的主要平台——学术期刊从数量到质量都提出了更高的要求。作为对学术界要求的呼应，在政府的主导下，学术期刊的阵营不断扩大。但是，学术期刊体制并没有相应的变化，诚如李

---

* 仲伟民，清华大学历史学系。
① 来自政府部门的批评可参见新闻出版总署柳斌杰署长、李东东副署长等官员关于学术期刊体制改革的一系列讲话，详见新闻出版总署网站。学术界的观点和业界的看法可参见《光明日报》2011 年 3 月下旬到 4 月上旬的由记者薄洁萍所作的连续报道《高校学报出路何在？》，光明网，http：／／theory. gmw. cn/2011 – 03 ／28 ／content_1760086. htm。

频所言:"共和国期刊 60 年的发展,体制一以贯之,不变也没变。"①故在发展变化了的学术研究与没变的期刊体制之间,形成了紧张和矛盾的关系,而学术期刊招至批评的种种问题正是这种紧张和矛盾的具体体现。

现行学术期刊体制到底是如何造成了学术期刊的问题并阻碍了学术期刊发展的? 对此,政府部门认为,体制的问题主要表现在学术期刊不具有独立市场主体的资格和身份,只要给予其独立的市场主体的身份,一切问题就迎刃而解。2012 年 7 月,新闻出版总署发布了《关于报刊编辑部体制改革的实施办法》(以下简称《实施办法》),实际实施的改革就是改变学术期刊的身份这一项,亦即规定了"转企"是学术期刊体制改革的唯一目标与手段。② 笔者则认为,学术期刊结构与布局极不合理、科学的学术期刊体系及其评价体系未能成功构建这些学术期刊最为严重的"体制病"实病在管理体制,责任在政府而非期刊。单纯的"转企"是政府犯错,期刊吃药,疗效不会明显,期刊即使"转企"也根本无力解决这些问题。解铃还须系铃人,体制改革并非学术期刊单方面的事,只有政府部门从自身改起,才可能从源头上解决学术期刊的问题。

显然,笔者与《实施办法》制定者在对"(学术)期刊体制"这一概念的理解上是有差异的。从政治学上来解释,"体制是管理机构和管理规范的结合体或统一体。不同的管理机构和不同的管理规范相结合就形成了不同的体制。总之体制是国家机关、企事业单位的机构设置,隶属关系和权利划分等方面的具体体系和组织制度的总称。"③这个被写入"百度百科"的释文应该说是常识。但在《实施办法》中,期刊体制已被限定为期刊的身份,而管理机构及其制定的管理规范被整个地忽略了。在笔者看来,这一不应有的忽略完全遮蔽了学术期刊体制问题的要害。为了说明这一问题,本文将讨论在现行期刊体制下,管理机构与其制定的规范和实际实行的管理措施如何制造了学术期刊与方方面面

① 李频主编:《共和国期刊 60 年 1949—2009》,中国大百科全书出版社 2010 年版,前言。

② 新闻出版总署:《关于报刊编辑部体制改革的实施办法》,2012 年 7 月 30 日,新闻出版总署网站,http://www.gapp.gov.cn/cms/html/21/508/201208/761738.html。该文件虽然没有"唯一目标与手段"这样的字眼,但对学术期刊体制改革并没有在"转企"以外给出任何其他的具体目标与手段。该文件虽然还提及改革要"与调整报刊业结构、转变报刊业发展方式相结合,与实现报刊业集约化经营、培育大型报刊传媒集团相结合,与推动传统报刊业向数字化、网络化现代传媒业转型相结合,与建立健全报刊准入和退出机制、科学配置报刊资源相结合",但却没有任何具体措施。

③ "体制",百度百科,http://baike.baidu.com/view/79359.htm。

的颠倒关系,尽管这些颠倒关系中的一部分已有学者做过比较深入的论述,但本文的分析重点是,目前学术期刊之所以举步维艰,与这些颠倒关系的存在是有极大的关系的,而这些颠倒关系的成立又与现行体制之间有着不可分割的联系,并在此基础上,探讨通过体制改革重建学术期刊与各方正常关系以满足学术研究发展需要的可行路径。

现行体制下学术期刊十个被颠倒的关系

(一)学术期刊与二次文献期刊之关系的颠倒

二次文献进入学术研究领域并为学术界所关注大概始于上世纪80年代。那是经历了"文革"浩劫后学术期刊逐步复苏的年代,新创办的学术期刊不断涌现,承接1950年代形成的新中国期刊体制①,高校学报和各省市社科院办的期刊呈现出多学科的综合性和稿源的内向性征,读者定位并不清晰而数量却有成倍增加的期刊给读者的阅读带来了一定的困难。可见,从改革开放之初,学术期刊体制就已呈现出与回归正轨的学术研究需求之间的矛盾。为解决这一问题,二次文献期刊应运而生。二次文献期刊的发展有两条基本路向:一是单一学科二次文献,即把分散于各期刊的同一学科文献择优集中二次再版。此类二次文献期刊以中国人民大学书报资料中心的《复印报刊资料》为代表。由于是复印出版,从版面到内容原汁原味(后来才改为重排出版),给读者带来了极大方便,深受读者欢迎。二是综合性二次文献,选取各刊优秀文章,摘录其核心内容,汇编出版,此类二次文献期刊以创刊于1980年代的《新华文摘》和《高等学校文科学报文摘》(后更名为《高等学校文科学术文摘》)以及创刊于2000年的《中国社会科学文摘》为代表,被合称为"三大文摘"。这类二次文献期刊对于读者了解各学科最新信息有很大帮助,故也深受读者欢迎。因为学术期刊的作者与读者本是二位一体,作者对二次文献期刊也是欢迎的。

原发刊和二次文献期刊之间的关系本来很清楚,原发刊是二次文献期刊生

---

① 关于中国学术期刊特别是高校学报传统与体制的形成及在1950年代出现的"裂变",可参见仲伟民、朱剑:《中国高校学报传统析论——兼论高校学报体制改革的目标与路径》,《清华大学学报(哲学社会科学版)》2012年第5期;叶娟丽:《中国大学学报:制度变迁与路径选择》,《南京大学学报(哲学·人文科学·社会科学版)》2013年第1期。

存的基础,没有原发刊,二次文献期刊等于无本之木、无源之水;二次文献期刊对原刊部分被选用文章的传播有积极作用,特别是对作者定位不清晰的综合性期刊,增加传播的效用是明显的。因此,从学术传播的角度看,二者之间是一种互补的关系,但主次是分明的,即原刊离了二次文献期刊依然可以存在,而二次文献期刊离了原刊,则没有了生存的余地。

但是,随着二次文献期刊另一种功能的过度开发,原本十分清楚的主次关系被彻底颠覆了,这个功能就是二次文献期刊的评价功能。学术期刊定位不清不仅给读者阅读选择带来不便,也给主管部门评估期刊的出版质量带来困难。由于二次文献在理论上是经过优选后脱颖而出的相对优秀的文献,故被二次文献刊选用是经过了原发期刊以外的某种机制的再评价。原发期刊种类繁多,评审标准难免参差,而同一种二次文献期刊评审所依据的标准则相对统一,所以更容易得到认同。特别是在多数学术期刊质量普遍低迷的情况下,以是否被二次文献期刊选用作为评价论文乃至原发期刊质量的标准更容易被普遍接受,这实际上也得到了主管部门的默认。

如果我们仔细分析一下以二次文献期刊的审稿标准作为学术期刊质量评价标准的做法,就会发现这个标准和这样的做法实际上都是很可疑的。

首先,虽然同为二次文献期刊,但各自的办刊宗旨和读者定位不尽相同,各有侧重和偏好。比如《新华文摘》的读者定位主要在党政机关干部和管理人员,其选文更多偏好于时政类报刊和实用性研究;《高等学校文科学术文摘》和《中国社会科学文摘》虽然都更关注纯学术研究的期刊,但前者更关注高校期刊,而后者更关注社科院(联)期刊。所以,随着学术期刊发文量的不断增加,能被"三大文摘"同时选中的文章已越来越少。

其次,全国有约 3000 种人文社会科学学术期刊,年发稿总量超过了 50 万篇,此外还有大量涉及学术问题的报纸杂志,文章更是难以计数;与此相比,二次文献期刊的容纳量就显得极不相称,二次文献期刊有各自的侧重和偏好是必然的。也就是说,对优秀学术论文有意或无意的漏选既是不可避免的,也是符合二次文摘期刊特点的。为了弥补侧重和偏好带来的不公平,某些二次文献期刊规定每期选取同一原发刊的论文不得超过 3 篇、对同一原发刊同一专栏的论文只选用 1 篇,这是用表面上的公平掩盖了实质上的不公平,优秀学术论文的漏选更加不可避免。

再次,公平评价的前提是评价标准对被评价对象的普适性、被评价对象的平等参与权。如果作为一种学术论文或期刊评价机制,标准的适用性和每年发表于各类期刊的 50 万篇以上的文章能否平等参与都是至关重要的,但以此作为二次文献期刊的审稿标准和程序显然是不可取的。作为一种有其侧重和偏好的期刊,任何二次文献期刊要适合所有论文都是不可能的;而仅凭二次文献期刊的编辑人员,年审阅 50 万篇以上的期刊论文,不啻天方夜谭。

可见,二次文献期刊的审稿机制与学术评价机制是不同的。因此,仅凭二次文献期刊不可能建立起面对所有学术期刊所有论文进行平等评价的机制,二次文献期刊也没有这样的使命。

但现实中,二次文献期刊特定角度的审稿标准被放大成了对学术论文乃至学术期刊的评价标准,二次文献期刊也就从原发期刊的伙伴变成了凌驾于所有学术期刊之上的权威评判者,在方方面面都显得比原发刊高一等,主次关系的颠倒造成了以下两种怪异的现象:

怪异现象之一:为了追求文摘率,原发刊在组发稿件时,经常投二次文献期刊之所好,被其牵着鼻子走。常见的现象是,因标新立异的文章容易引人注目,也容易做文摘,更容易被二次文献期刊所关注,于是,部分学术期刊热衷于发表那些标题醒目,或话题时尚,或观点貌似新颖实则哗众取宠的文章,明知有些文章学术质量不过关也不惜版面,而对那些专业艰深、内容厚重、论证周延但难做文摘、难为二次文献期刊看中的文章却不屑一顾。当能否被二次文献期刊看中成为学术期刊用稿标准时,所损害的已不仅是学术期刊,而是直接损害了学术研究。

怪异现象之二:二次文献期刊暗箱操作越来越多。由于二次文献期刊选取稿件的标准有极大的主观性,其编辑的职业操守较之一般期刊就更形重要。毋庸讳言,某些二次文献期刊及其某些编辑的职业操守是令人怀疑的。如某些二次文献期刊要求原发刊购买其广告版面或增加订阅,更有某些编辑人员将二次文献作为谋取私利的资源。对于这些无理要求,部分期刊为了获取较高的文摘率,不得不屈从,甚至主动迎合。一个显见的事实是,有些学术水平很高的学术期刊,二次文献却很少;而有些学术水平非常一般甚至是低水平的学术期刊,其二次文献率却不低。如果说,在选稿标准上投二次文献期刊所好损害的是学术研究,那么,对二次文献期刊无理要求的屈从和迎合,就在损害学术研究的同时还污染了学术风气。

造成上述怪异现象的原因并不复杂,主要原因在于不合理的学术评价和学术期刊评价机制;而明知学术评价和学术期刊评价机制不合理,却仍让其大行其道,个中原因是什么?"尽管学术评价应回归学术共同体的评价基本已成学界共识,但如何才能体现公正仍是悬而未决的问题。解决的唯一办法就在于学术民主⋯⋯最合适的平台无过于学术期刊。真正能成为某一学术共同体交流对话平台的学术期刊必须具有学科专业(专题)边界清晰、开放、通畅传播这三个特征,而目前却鲜有这样的平台。"①缺乏这样的平台的原因恰恰在不合理的学术期刊体制,是体制的不合理才给予了二次文献期刊充当学术期刊质量评价者角色的机会。如果说,要扭转学术期刊与二次文献期刊的这种颠倒关系,重点在重建学术评价机制,那么,重建学术评价机制的逻辑起点正在改革不合理的学术期刊体制。关于这一点,下文还将提及。

(二)学术期刊与评价机构之关系的颠倒

学术期刊与评价机构之颠倒关系与前一个问题即学术期刊与二次文献期刊的颠倒关系可谓异曲同工。与二次文献期刊一样,专业的学术评价机构也是上个世纪 80 年代开始产生的。二次文献有"三大文摘",专业评价机构则有"三大核心",即《中文核心期刊要目总览》《中国人文社会科学核心期刊目录》和《CSSCI 来源期刊目录》。"三大核心"的制作者都是图书情报学科的研究人员。遴选"核心期刊"的原因与创办二次文献期刊一样,都是为了应对学术期刊体制不合理而造成的学术期刊数量剧增但定位不清读者无所适从的状况,只不过二次文献期刊是选优文,核心期刊是选优刊。《中文核心期刊要目总览》主编之一蔡蓉华教授在接受记者采访时曾一再强调,《总览》不是评价标准,而是一本参考工具书,是一本主要供图书馆期刊订阅工作参考的工具书。②"来源期刊"也是选优刊,但其目的与"核心期刊"并不相同,是要通过对"来源期刊"各种数据进行标引统计,以为学术研究服务。制作 CSSCI 数据库的南京大学中国社会科学研究评价中心反复强调,"CSSCI 来源期刊"并非"核心期刊",其所收录的期刊只是 CSSCI 的数据源期刊,确定来源期刊仅是其工作的基础和必须程

---

① 朱剑:《重建学术评价机制的逻辑起点——从"核心期刊"、"来源期刊"排行榜谈起》,《清华大学学报(哲学社会科学版)》2012 年第 1 期。

② 参见晋雅芬:《谁念歪了核心期刊这本经?》,《中国新闻出版报》2009 年 5 月 5 日。

序,对来源期刊各种数据的采集、分析、研究才是其主要功能。① 可见,连制造者也不承认这些期刊目录代表的是学术评价和学术期刊评价。

"核心期刊"和"来源期刊"原本与学术期刊的关系比二次文献期刊要简单,它们最初与学术期刊的编辑出版甚至都没有直接的交集。然而,"核心期刊"和"来源期刊"的评价功能也被过度开发了。由于"核心期刊"和"来源期刊"的目录都是按一定标准选出来的,自然也像二次文献期刊那样被认为具备了评价的意义,更由于其制作者标榜的"客观"和"公正",在事涉资源分配的评价中得到了越来越多的运用,"核心期刊"和"来源期刊"已远远超越了其最初的功能;而且因其直接评选期刊,故对学术期刊的影响远较二次文献期刊更直接;又因其评刊周期长达 2~4 年,故对学术期刊持续影响的周期更长。所以,尽管"核心期刊"和"来源期刊"有许多不同,但这并不妨碍"三大核心"说法的流行,而制作这些目录的机构也就成了专业的评价机构。

那么,"核心期刊"和"来源期刊"的遴选是否可以等同于学术期刊评价? 其制作者是否真的具备了评价机构的资格? 这也要具体分析。首先,无论是"核心期刊"还是"来源期刊"制作期刊目录的最初目的都不是评价期刊的优劣,而是选择读者比较多的期刊,以发挥公共图书馆的效用,或者作为统计数据来源,那些质量虽高但读者面较窄的期刊显然不在其选择的范围内,这样的评价目的也就决定了它们都不能被视为对所有学术期刊的评价。其次,"核心期刊"和"来源期刊"的制作者都是从事文献情报研究的图书馆工作人员,而并非各学科的专家,因此,他们都不是从事学术评价适格的评价主体。再次,因评价目的不同,"核心期刊"和"来源期刊"选择期刊的标准各不相同,亦即其评价方法并不具有普遍性。

因此,"核心期刊"和"来源期刊"目录都不宜直接用于学术期刊的评价。其制作机构也没有进行学术期刊评价的使命和资格,称其为"评价机构"多少有些名实不符(为了行文方便,本文姑且也称其为"评价机构")。但在现实中,与二次文献期刊一样,"核心期刊"和"来源期刊"特定角度的选刊标准被放大成了对学术期刊的评价标准,其制作者也变成了凌驾于所有学术期刊之上的权威

---

① 《"中文社会科学引文索引"(CSSCI)简介》,南京大学中国社会科学研究评价中心网站,http://cssci.nju.edu.cn/news_show.asp? Articleid=119。

评判者,两者关系在这里也被颠倒了,所以,同样造成了怪异的现象:

怪异现象之一:学术评价被简化成了排行榜,这些"总览""目录"说穿了就是个学术期刊排行榜,大家似乎只关心两点内容:第一,哪些期刊进入了"核心";第二,进入"核心"各刊的排名位次。为此,学术期刊不得不研究评价机构的偏好,不得不投其所好,以争取在榜上有名并获得好的名次。学术期刊不再关心学者的需求,而一味迎合评价机构的偏好,甚至不惜造假。

怪异现象之二:某些机构正是钻了科学合理的学术期刊评价机制缺失的空当,竞相公开打出了期刊评价甚至学术评价的旗号。如果说以前期刊目录的制作机构尚无意作为评价主体的话,现在的某些机构则是迫不及待地要充当评价主体。其实,在期刊数据库已成为各学术图书馆主要期刊来源后,核心期刊目录早已失去了其原始意义,然而,核心期刊目录不仅没有退出历史舞台,相反更加高调地发布。他们为何这么做?原因极为简单,因为有利益在!

与二次文献期刊引发的种种怪象一样,造成上述怪异现象的直接原因也在于科学合理的学术评价机制的缺失,原本不具备独立进行学术评价资格的评价机构如此走红,而其背后也是不合理的学术期刊体制在作怪(关于这一点将在讨论学术期刊与学术研究和学者的关系、学术期刊"名"与"实"的关系时再详论),这进一步说明了重建学术评价机制和改革学术期刊体制的重要与必要。

(三)学术期刊与网络平台之关系的颠倒

学术期刊的网络平台是随着计算机和互联网技术的发展而问世的。它在上世纪 90 年代的出现,意味着学术传播领域革命性的变化开始了。尽管当时很少有期刊人意识到这一点,但十多年后,数字化传播几乎已成为学术传播的唯一方式。

在中国,实现数字化传播的网络平台可以分为两种:一是各学术期刊自办的网站或网页;二是汇集了数千种期刊实现商业化运营的大型期刊数据库网站。与西方发达国家不同,作为数字化传播主流的专业学科期刊集群网站很少独立存在,而像中国知网这样将所有学术期刊不分学科不分性质一网打尽的期刊数据库网站,在西方发达国家则是不可想象的事。这仍然与学术期刊体制有关。大量存在的综合性期刊为知网的建库模式提供了基础,而专业网的建设则举步维艰,由此带来了学术期刊数字化传播的种种问题。在现实中,由于各刊自办网站(网页)不能满足信息聚合的要求,故无法与大型期刊数据库竞争。对于绝大多数期刊来说,其数字传播主要靠大型期刊数据库来实现。

在学术期刊制作到传播的整个产业链中,作为上游产品提供者的学术期刊与下游发行商原本应该是平等的合作伙伴关系,但从合作的开始,这样的平等关系就没能建立起来。"期刊数据库网站与入编期刊的关系呈现出如下共同的特点:(1)期刊数据库网站几乎无一例外地都实行了商业化运营,但为这些网站提供上游产品的入编期刊的付出与所获得的回报却极不相称,数字化时代最宝贵的资源——期刊原始数据几乎是白送给数据库网站,甚至还有付费倒贴的。(2)虽然建立的是期刊库,但其建库模式及服务模式的确定并没有期刊的参与……(3)为了数据库的营销以及建立数据库的品牌,有意淡化期刊的形象,期刊在数据库中的形象和地位皆模糊不清,剩下的只有唯一的'大刊'和'强刊'——数据库本身。(4)除个别期刊外,各数据库与期刊所签署的入编合同(或类似协议)都是由数据库一方单独拟定的格式化合同,尽管每一条数据都来自期刊,但这些合同不仅将期刊一概排除在数据库的拥有者之外,还无一例外地将获得作者授权和向作者支付著作权使用费等关键性责任推给了期刊。上述四点足以使期刊的弱势地位显露无遗。"①从这样的关系中,我们看不到有任何平等可言,学术期刊已完全被拥有大型网络平台的期刊数据库所绑架,两者之间的颠倒关系就这样被确立了。

学术期刊与网络平台颠倒关系得以建立的原因主要有二:一是不合理的期刊体制造成的大量分散分布且缺乏学科归属的学术期刊一直深陷传播困境难以自拔,不仅是纸本的传播,数字化传播亦是如此,只能依靠包罗万象的大型数据库网站,故必然在合作中处于弱势地位。二是期刊对数字化传播前景认识不足,加之与数字技术隔膜,而将网络传播权拱手让出。在这样的情形下,数据库网站成功地借助数字化的"聚合"效应而改变了学者阅读学术文献的模式,由阅读纸本的期刊转变为阅读数据库,在线阅读已成为读者获取期刊学术资源的主要方式,因此,有些期刊纵然在数年后幡然醒悟,但现实已是离开了数据库的平台,期刊几乎无法传播。颠倒的关系就这样一直维持下来了。在这种颠倒关系中,陷入体制困境中的学术期刊实在是身不由己,因为,学术期刊尤其是中小学

① 朱剑:《高校学报的专业化转型与集约化、数字化发展——以教育部名刊工程建设为中心》,《清华大学学报(哲学社会科学版)》2010年第5期。

校的学报,基本没有纸本发行量,网络平台几乎成为这些期刊唯一的传播渠道;如果不依赖大型网络平台来传播,就会失去最广大的读者;即使一些名刊大刊,纸本发行量也是逐年下滑,同样要依赖大型网络平台。也就是说,学术期刊投靠网络平台,是一个无奈的选择。

这样的颠倒关系给学术期刊在信息时代的发展带来了很大的困扰。

困扰之一:数字化转型举步维艰。数字化是学术期刊未来发展的方向,这已是共识,但在目前数据库网站垄断了数字传播的情况下,数字化根本无法成为期刊内生的动力,只能是为数据库提供初始产品,编辑工作只能以纸本为中心展开。

困扰之二:难以应对期刊市场化的前景。在市场经济的大环境下,学术期刊终将面对市场。对于学术期刊来说,首先要有明确的知识产权保护意识。从学术期刊与网络平台的颠倒关系中不难看出,学术期刊知识产权意识淡薄,不仅从数据库获得的回报与付出不成比例,而且在数据库中,期刊早已被拆解成一篇篇的论文,不再以独立的个体形式传播。当期刊告别纸本的时候,将变得一无所有。

其实,目前这种状况对数据库的发展同样不利。数据库虽然实现了数字化传播,但其建库的理念还局限于图书馆模式,一味贪大求全,入库期刊良莠不齐,给读者检索和阅读带来很大困扰。一方面,由于网络平台缺乏真正适合网络时代学术传播的个性化产品,这样的数字传播只是初始的和粗放式的,远未达到数字传播的最佳境界。另一方面,初始的和粗放式的经营必定带来同行间的恶性竞争,近年来,为争夺资源,这样的恶性竞争已在几家大型网络平台之间展开,所谓"独家协议"就是在这样的背景下出现的。尽管网络平台对签订了独家协议的期刊支付了比原来高一些的报酬,但是与学术期刊实际运营费用相比,这点报酬仍然是微不足道。

因此,网络平台必须重建与入编期刊的关系,使双方的关系建立在平等、互利、双赢的基础上,共同开发满足学术研究需要、适合网络平台传播的个性化产品,方得以走入良性竞争和快速发展的轨道。但是,不平等的关系既然能建立,要打破目前这种强、弱之间的不平等,唯有弱者变强,期刊要自强,首先要挣脱体制的束缚,因此,问题又归因到不合理的期刊体制。

（四）学术期刊与管理部门之关系的颠倒

对学术期刊实施管理的部门主要有两类：一是政府行政管理部门；二是业务主管部门。

先看政府的行政管理。对于属于学术文化事业组成部分的学术期刊来说，政府的行政管理的职能主要包括两方面的含义：一是管理；二是服务。从管理的角度来说，政府通过制定各种方针、政策、法规等，引导学术期刊整体健康地发展。从服务的角度来说，政府有义务为学术期刊提供普遍的、公平的、高质量的公共服务。管理既是一种权力，也是一种职责，同时还是一种义务。政府与学术期刊之间既是管理者与被管理者，也是服务者与服务对象的关系，而规约这两者关系的，正是体制。对学术期刊体制而言，管理体制是整个期刊体制的核心的成分。

长期以来，学术期刊与学术研究一样，都属于公益事业的一部分，现行学术期刊体制也是在这个前提下建立起来的。政府对学术期刊的管理权力主要体现在：学术期刊的准入和退出机制，对期刊的运行是否合乎国家的法律、法规进行检查的机制，对期刊质量进行评估并作出相应奖惩的机制，以及作为国家对学术文化事业之一部分的学术期刊的人力、物力和财力投入进行分配的机制。政府为学术期刊提供的服务则主要体现在：为学术期刊的发展创造必要的条件。

因此，学术期刊的现况如何主要取决于两个方面：一是政府管理和服务水平；二是学术期刊人的办刊水平。如果学术期刊整体出现了大的问题的话，应该从这两方面来找原因和解决办法。2011 年 5 月，中共中央办公厅、国务院办公厅下发了《关于深化非时政类报刊出版单位体制改革的意见》，该文件指出："非时政类报刊出版单位的现行体制制约了报刊出版业发展，存在数量过多、规模过小、资源分散、结构不合理、市场竞争力弱等突出问题。"①对于在非时政类报刊中占据了多半壁江山的学术期刊，从管理部门到学术界和期刊界中的大多数人都不否认这些问题的存在。客观地将这些问题置于体制的框架内，可以很清楚地看到，诸如数量、规模、资源、结构、市场等，均不是学术期刊所能决定的，

---

① 中共中央办公厅、国务院办公厅：《关于深化非时政类报刊出版单位体制改革的意见》，中办发〔2011〕19 号。

这些问题的操控权全在政府。不言而喻，学术期刊的命运直接掌握在行政管理部门的手上。换句话说，现存问题的根源主要在于期刊管理体制，政府没有尽到应尽的管理和服务职能。因此，要解决学术期刊面临的种种问题，改革必须从政府的管理体制入手。在这方面，政府与期刊责任的主次关系是很清晰的。①

然而，在新闻出版总署颁布的《实施办法》中，这一责任的主次关系完全被颠倒了。我们没有看到总署对其应负的责任有任何的担当，相反，却把所有的责任全部推给了学术期刊，试图通过对学术期刊的"转企"来完成艰难的学术期刊体制改革任务。在决定学术期刊数量、规模、资源、结构这些应该由总署解决的问题没有任何解决方案的情形下，原封不动地保留现有的管理体制，只是一刀切地让期刊"转企"，无疑是本末倒置。这样的改革对于面临种种困境的学术期刊来说，不啻雪上加霜，旧病未去，又添新灾，必然造成学术期刊更大的混乱，进而必然会严重损害学术研究事业。如果说，从事行政管理的政府官员不懂学术期刊是可以理解的，那么，既然不懂，仍在缺乏调研、不考虑是否有利于学术研究发展的情况下，匆忙发布这个只针对期刊而缺乏自省的改革方案就令人难以理解了。已有很多学者从学理和法理的角度对该《实施办法》提出了严肃的批评，本文就不再重复了。

至于为学术期刊发展而提供的服务功能，在这样的管理体制和模式下，总署纵然有心，恐怕也无力践行了。

再看业务主管部门的管理。所谓业务主管部门，亦即学术期刊的主办和主管部门，实施具体业务管理的主要是高校和科研院所。高校和科研院所承担着学术研究的重任，因此，一切管理活动都围绕科研成果这一中心来展开，其管理职责主要通过对科研活动的经费投入、业务指导和规范及相应的评价和奖惩措施来实现，为了本单位能出更多更好的成果，管理部门的服务功能也不可或缺。对本单位主办的学术期刊的管理，只是其管理职责中的一个次要部分。

对科研成果的管理特别是其质量评价原本是一件复杂的工作，在现实中，为了管理的便利，高校和科研院所的管理部门大多制定了科研成果评定或奖励

① 有一个很能说明问题的实例：2003 年，教育部为了振兴高校学报而推出了"名刊工程"，其首要目标就是"专"（专业化），入选该工程的都是著名高校，具有雄厚的办刊实力，但却因为申请不到刊号，这一目标至今还只是一个"愿景"。

等级制度,即把所有学术期刊都排列到不同的等级上,这就是所谓"以刊评文"——不论科研论文的真实水平和质量,只看发表在什么级别的期刊上,于是本单位期刊清单就成为研究人员投稿的指南和评价的依据。这些清单的依据大多是专业评价机构制作的"核心期刊"或"来源期刊"的榜单,而这些榜单又与大学排名紧紧地联系在一起,诚如陈平原先生所指出的:"最近十年,'大学排名'的影响力急剧提升,成了悬在校长们头上的一把利剑。明知那些凭借真假数字堆积起来的排名不太可靠,可谁也不敢置之不理。因为,对于许多学生家长及公众来说,这是他们了解学校办学水平的唯一捷径。因此,校长们只好采用机会主义策略——排名低时英勇反驳,排名高时积极引用;对外说是无所谓,对内其实很在意。"①这样的排名,完全颠倒了学术成果形式与内容的关系,更加凸显了学术评价机制的不科学、不合理。不仅对学术研究有误导,对学术期刊也有误导,迫使学术研究和学术期刊围绕着评价机构的指挥棒转。

因此,无论从学术期刊的行政管理还是业务管理来看,学术期刊的改革,首先都应该是学术期刊管理体制的改革,通过改革,让学术期刊摆脱长官意志,走上符合学术研究和自身发展规律的理性之路。

(五)学术期刊与市场之关系的颠倒

学术期刊与学术市场的关系问题是近十年来学术界与学术期刊界讨论最热烈的问题之一,赞成与反对学术期刊市场化的意见针锋相对,谁也说服不了谁。如果仅仅是理论探讨,这场争论可以旷日持久地进行下去,但随着文化体制改革向学术期刊的推进,市场化与否已不是一个理论探讨中的问题,而是如何实践的问题。在新闻出版总署发布的《实施办法》中,学术期刊已被明确归为非时政类报刊,改革的方向也已被明确规定为市场化。因此,我们可以暂时搁置争论,来具体分析一下总署所要推行的究竟是一种什么样的市场化,又会给学术期刊带来什么样的后果。

所谓市场化,一般说来,指的是以市场需求为导向,以通过竞争而实现的优胜劣汰为手段,实现资源充分合理配制、效率最大化目标的机制。在市场机制中,商品从市场获得的回报率是衡量其生命力的唯一标准,也由此决定着商品

---

① 陈平原:《我眼中的北大与港中大》,新京报网,http://www.bjnews.com.cn/opinion/2013/03/02/250580.html。

的生死存亡。学术期刊当然具有商品属性,让学术期刊走向市场的大方向在市场经济时代是必要的和必然的。但同时不能忘了,学术期刊又不等同于一般的商品,最大的不同在于,其使命事关国家的软、硬实力,故不能单纯地以是否赚钱作为孰优孰劣进而实行优胜劣汰的标准。学术期刊的创办者从来不以营利为目的,仅从其通过市场销售而回笼的资金来看,投入和产出根本不成比例,谈不上有回报,亏损是必然的。单一的市场化标准对于学术期刊来说是行不通的。正是因为学术期刊的这一特性,中央两办的文件在指明市场化方向的同时,更强调要把社会效益放在首位,而且特别规定对于学术期刊"另行制定具体改革办法"。可见,我们不能把学术期刊的市场化等同于一般大众期刊的市场化改革,必须制定一套适用于学术期刊的市场化改革方案,其要点至少应该有三:一是学术期刊是否能满足市场需求的标准不是看其能否赢利或赢利多少,而是看其能否满足学术研究的需要;二是在这一前提下,应该借鉴市场化的某些经验和管理手段,建立特殊的学术期刊市场化机制;三是这样的市场化改革,不仅及于学术期刊,更重要的是管理体制和模式的改革。

然而,作为"另行制定具体改革办法"而出台的《实施办法》却未显示"另行"在何处。该《实施办法》虽明确规定:"始终把社会效益放在首位,努力实现社会效益和经济效益的有机统一",但从该文件规定的学术期刊必须与一般大众期刊毫无二致地以"转企"为改革的唯一手段和目标来看,我们看不出这样的改革如何能确保"始终把社会效益放在首位"。可见,在其笼统谈论的社会效益与具体的一刀切地"转企"改革之间存在着明显的矛盾。这是一个主导原则与具体措施相分裂和背离的办法,社会效益与市场效率的关系其实已被颠倒了。

在这样被颠倒的原则指导下的学术期刊体制改革,即不触动管理部门的管理方式,不改革造成今天学术期刊陷入困境的管理体制,不为学术期刊设定特殊的市场机制,而只是一味地将学术期刊赶到市场上去,学术期刊要在这样的所谓市场环境下生存,除了向作者收取高额的费用外几乎别无他途。因为纵然国家设立种种基金来资助学术期刊,但对于多达3000家的人文社科学术期刊,无异于杯水车薪。这样的改革后果并不难预测,今天就有一些所谓"走市场"的学术期刊,只要看看它们都在干些什么就明白了。比如前些年被曝光的《商场现代化》杂志,通过收取版面费年进项以千万元计;再如某省的一家社科期刊,每期发表收取版面费的文章有上百篇,钱财也是滚滚来,学术质量却被抛到了九霄云外。这样的学术期刊,不要说与国际学术期刊根本无法竞争,即使连保住过去的学术水准都不可能,而繁荣我国的学术文化事业更不知从何说起。简单地说,一刀切的"转企"的后果无非是让那些坚持学术标准、不为金钱所收买的学术期刊在万般无奈的情况下走向堕落,说"逼良为娼"并不为过。

目前,文化传承与创新已经成为我国的国策,而学术期刊作为文化传承和创新的重要载体,行政管理部门怎能简单地将其市场化了之? 2011 年 10 月中国共产党第十七届中央委员会第六次全体会议通过的《中共中央关于深化文化体制改革推动社会主义文化大发展大繁荣若干重大问题的决定》明确指出,为了达到建设社会主义文化强国的目标,必须"坚持把社会效益放在首位,坚持社会效益和经济效益有机统一,遵循文化发展规律"。说得很清楚,必须把社会效益放在首位,必须遵循文化发展规律。可见,总署的《实施办法》也是不符合基本国策的。

(六)学术期刊与学术研究之关系的颠倒

中国现代学术期刊是随着现代学术研究在中国的确立而诞生的,从诞生的那一刻起,就与学术研究结下了不解之缘。作为学术研究重镇的高校是学术期刊最早的创办者之一,早期最著名的高校学术期刊有 1906 年创刊的《东吴月报》,继之有 1915 年创刊的《清华学报》和 1919 年创刊的《北京大学月刊》。这些早期高校学术期刊在现代学术逐渐取代传统学术并获得最初繁荣的过程中起到了无可替代的作用。关于这一段堪称辉煌的历史,早已被学术界和期刊界的同仁们反复描述过。笔者在这里要强调的是,学术期刊之所以能有如此贡献,与其明确的定位是分不开的。"无论是冠名为'学桴'的《东吴月报》的'表学堂之内容,与当代学界交换智识',还是稍后的《清华学报》的'学报者,交换知识之渊薮也'和《北京大学月刊》的'交换知识之机会','释校外学者之怀疑',无一例外地都将学报视为交流学术的最佳平台和工具,而交流的目的则在于在古今中外学理的基础上,为构建科学的中国现代学术,以推进现代国家的建设而贡献学界的一份力量。这是学界历史使命之所在,由此也决定了学报的历史使命。概而言之,学报的使命即在追求真理、交流学术、引领时代。而正是在这一使命的召唤下,学报在学术发展史上起到了不可替代的独特作用。"①

在这样的定位下,学术期刊与学术研究的关系是十分清晰的。学术期刊因学术研究而生,它存在的全部意义就是为学术研究和学术传播服务。它的功能主要体现在:为学术研究搭建成果(论文)发布和交流的平台,为了使平台具有权威性和公平、公正,其主事者一定是某一学科方向执牛耳的著名学者,故在平台的周围能聚集起从事相关研究的志同道合的学者,进而形成学派,共同推进学术研究的发展。可见,学术期刊与学者的研究虽有分工,但相互依存,不可分离。

20世纪上半期,学术期刊很好地发挥了自己应有的作用,实得益于学术期刊与学术研究关系的清晰定位,比如专攻历史地理研究的禹贡学派,就是以《禹贡》杂志为中心;专攻社会经济史研究的食货学派或称中国社会经济史学派,就是以《食货》和《中国社会经济史研究集刊》杂志为中心。这些期刊之所以能成为某一学派的中心,正是因为这些期刊的主编和编辑人员集研究者与编辑者于一身,一批大师级学者同时也是期刊的编辑,比如顾颉刚之与《禹贡》杂志,陶孟和、汤象龙等之与《中国社会经济史研究集刊》。参与过《清华学报》编辑出版的人员组成在今人看来更有些不可思议:吴景超、朱自清、吴宓、叶企孙、梁启超、萨本栋、胡适、王国维、梅贻琦、梁思成、周培源、赵元任、马寅初、顾毓琇、杨树达、冯友兰、杨振声、罗家伦、金岳霖、吴有训、陈寅恪、翁文灏、闻一多、王力、俞平伯。今天单独拿出任何一位,都足以让我们震撼!那个时期,编研一体,学术期刊是学术研究不可分割的一部分。

新中国的学术期刊体制始建于20世纪50年代,完成于计划经济年代的学术期刊体制最显著的特点是以单位为中心。从50年代初到80年代初这30年中,期刊从布局到结构已存在诸多问题,但因学术研究饱受政治运动的干扰,"学术为政治服务"大行其道,学术期刊在很多时候都更近于"大批判"的阵地,加之学术期刊数量有限,存在的问题并不彰显。即使在这些年中,学术期刊与学术研究的关系也是比较清晰的,编辑队伍与学者基本是一体的,在政治运动间歇的年代,还是有相当一批至今仍为后学称道的成果在一些尚具一定特色和

① 仲伟民、朱剑:《中国高校学报传统析论——兼论高校学报体制改革的目标与路经》,《清华大学学报(哲学社会科学版)》2012年第5期。

风格的期刊上刊发。当然,要以期刊为中心形成学派在那个年代是不可能的事。

随着 80 年代中期学术期刊阵容的不断扩大,学术期刊体制问题逐渐彰显,结果就是学术期刊与学术研究相分离的倾向开始显现,学术期刊作为学术交流平台的功能不断被削弱,主要表现在:首先,期刊的结构和布局出现了明显问题,新创办期刊中学科拼盘式的综合性期刊占比过高。这与单位制为中心的期刊审批和管理有关,不论科研实力强弱,按单位平均分配刊号,一校一综合刊的局面由此形成。其次,在主管部门的主导下,单位制的学术期刊特别是高校学报逐渐走向封闭,本校本单位"窗口"和"园地"的定位被强化,加剧了不合理的刊号配置的不良后果。再次,这样定位下的期刊根本吸引不了优秀学者加盟,编辑的整体学术水平出现了明显下滑,以至于从 80 年代末开始,"编辑学者化"的呼声不断响起。始于 80 年代至 90 年代末达到高潮的学术期刊大扩容,看似出于学术研究的需求,实则已背离了学术研究和学术期刊的规律,诚如柳斌杰署长所言,"一方面一些报刊没办好,另一方面该办的却办不起来","现在是个单位、行业、协会,就要有本期刊,拥有报刊的单位宁可经营不下去,赔着钱也不肯放弃。所以许多期刊质量低下"。① 这完全是不合理的期刊体制所造成的。在这样的体制下,很多主办单位为了办期刊而办期刊,学术期刊与学术研究的关系已被扭曲乃至颠倒了。

这样的扭曲和颠倒关系必然造成恶果,首先,最显性的表现是学术期刊的质量普遍下滑,越是封闭办刊的质量下滑得越厉害,以至于有些高校学报被学者们直接斥为"学术垃圾场",无人问津。其次,学术期刊在学术研究中的地位显著下降,突出表现为学术期刊在学术研究中很难再起到引领作用。所谓学术期刊引领学术研究,一要靠学术期刊的开放性,二要靠走入编辑队伍中的著名学者而并非一般的编辑,如果不是一个开放的平台,没有高水平学者充分参与其中,能引领学术研究的高水平期刊是不可能办成的。近年来,犹如 80 年代末学术期刊界热议"编辑学者化"一样,学术期刊的"使命"成了热点问题,如果使命不成问题的话,又何来热议?

对于学术期刊与学术研究的扭曲关系,学术界已有很多评论,令人欣慰的

---

① 《出版单位不合格,要退出》,《人民日报》2013 年 3 月 14 日。

是,这种不合理的现状近年来正在得到纠正,一批著名学者开始以各种方式走入编辑部,专家办刊、开门办刊逐渐成为一种风尚,部分学术期刊因此而大有起色,比如入选教育部名刊工程的多数高校学报,因引入专家办刊、开门办刊的理念而得到了学者的好评。但囿于体制的困扰,学术期刊与学术研究关系完全走向正常尚需各方努力。不能不指出的是,新闻出版总署制定的《实施办法》正与这样的努力背道而驰。试想一下,在不解决当由总署承担责任的学术期刊结构、布局等体制问题的情况下,一刀切地"转企"会有什么样的结果?至少会出现走入编辑队伍的著名学者的"逃离",学术期刊将加速与学术研究相分离,指望这样的改革能做大做强学术期刊,岂不是缘木求鱼?

（七）学术期刊与作者之关系的颠倒

学术期刊与作者的关系和学术期刊与学术研究的关系实际上是一体两面的问题,密不可分。学术期刊与作者的关系主要体现在两个方面:其一是期刊与作者的关系;其二是期刊主编、编辑与作者的关系。

先看期刊与作者的关系。期刊与作者的关系表面上看比较简单,作者是期刊稿源的提供者,期刊是作者学术成果的交流和发布平台,但实质上这一关系是建立在学术期刊与学术研究密切结合的基础上,抽离了这一基础,即学术期刊与学术研究相分离,期刊与作者的关系就扭曲甚至断裂。

再看期刊主编、编辑与作者的关系。其实这是学术期刊与作者关系的具体体现。主编和编辑是期刊的主持者,也是期刊与作者和读者关系的维系者。在学术期刊与学术研究的关系正常的情况下,作为学术交流平台的期刊,其周围能否有忠实的作者和读者环绕,能否成为某一学术共同体的中心,在很大程度上取决于主编的声望和编辑的作为。我们可以看到,在历史上学术期刊能成为某一学术共同体中心的时候,其主编一定是这个学术共同体的领军人物之一,其编辑也一定是这个学术共同体的成员,他们都不会外在于这个学术共同体。也就是说,编研一体,主编和编辑首先是学者而且是优秀的学者,是造就成功的学术平台不可或缺的必要条件。但在学术期刊与学术研究相分离的情况下,主编和编辑将不可避免地外在于学术共同体,那么,期刊还能成为学术共同体的平台和中心吗?作者与读者对期刊还会有归依感吗?从这个角度,我们可以清楚地看到,学术期刊与学术研究,主编、编辑与学者、作者不能分离的重要性。

判断学术期刊及其主编和编辑是否与学术研究以及学者(作者)相分离其

实有一个很容易鉴别的办法,那就是看期刊评价的主体还是不是学术共同体。当两者能完美地结合时,对学术期刊最权威的评价一定是来自学术共同体;当两者的关系出现扭曲或断裂时,因学术共同体对期刊的疏离,期刊的评价权就会旁落到非本学科专家的那些评价机构手里去了。以此为标准,我们不难看出,今天学术期刊与作者的关系已随着其与学术研究关系的扭曲而扭曲了,而专业评价机构在这样扭曲的关系中担当了重要的角色。

在这样的扭曲关系下,一些奇怪的现象就出现了,最典型的莫过于:作者不知该往哪个期刊投稿,需要评价机构来指导;与此相对应的是,期刊不知哪些作者优秀,也需要评价机构来指点。今天的情况就是这样。比如在某个后起的评价机构制作的《期刊排行榜》功能说明中,就赫然列出了指导作者投稿的功能。① 评价机构还不厌其烦地为期刊列出了高被引作者排名表,以指导期刊组约稿件。今天的评价机构已由当年的为不可能对各专业都懂的图书采编人员作参考,跨越到对各学科的专业人员和各期刊专业编辑的投稿、组稿进行指导了,如果说其前一功能尚在情理中,那么,它的后一功能真是对学术研究、学术期刊和学者的莫大讽刺。然而,令人悲哀的是,这样的功能还真的在发挥着越来越大的作用,现实中确实存在着当作者的论文完成时,不知投给哪个期刊最为合适,而期刊则不知道自己的忠实作者在哪里的怪现象。

作者和读者对学术期刊没有了归依感,学术共同体当然也就失去了对期刊的评价权。评价机构垄断了对学术期刊的评价权的结果,进一步隔离了学术期刊与学者之间的关系,最终使学者失去了对本应属于他们自己的交流平台的兴趣。他们已不再关注这些期刊,特别是在数字化时代,养成了读数据库中论文这一新的阅读习惯的学者们,对于期刊尤其是没有清晰的学科和问题边界的综合性期刊的形象已很淡漠。但是,作者的成果仍然需要发表,他们与学术期刊仍然维系着某种联系,只不过这种联系已经不是建立在共同的学术取向和研究风格的基础上,而是需要通过评价机构的中介。作者投稿时不再去选择在学术风格和学术取向上最合适的期刊,而是根据评价机构的指引,寻找那些可以使

---

① 在诸评价机构中成立最晚的武汉大学中国科学评价研究中心(RCCSLE)的主打产品就是《RCCSLE权威、核心期刊排行榜》,该中心宣传的五项评价目的中"为政府提供决策依据"、"为所有作者选刊投稿提供快速通道"等赫然在目,却只字未提为学者的研究服务(参见 http://wenku.baidu.com/view/d6c046bfc77da26925c5b002.html)。

自己在评价机构的评价中得更高分数的期刊。因为评价并不仅仅针对学术期刊，学者们的所有成果也都需要评价，而所谓评价在很多时候已蜕变为"以刊评文"，那些评价机构制作的期刊排行榜上有名的"权威期刊""核心期刊"就成了作者的首选，而不管这些期刊是否合适。在这种情况下，在作者（学者）、学术期刊与评价机构之间就建立起了一种颠倒的关系。期刊原本应该是为作者（学者）服务的，但作者为了能在更易得高分的期刊上发表文章，就得研究并屈从于这些期刊的偏好。而这些期刊之所以能获得作者的青睐，是因为评价机构给予了"权威"和"核心"的称号，因此，在忠于作者还是忠于评价机构之间，期刊自然选择评价机构，以评价机构的偏好为自己的偏好。最终，评价机构的偏好也就成了作者的偏好，颠倒的关系被建立了起来。在这样的颠倒关系下，评价机构对学者和学术期刊的干扰和干预似乎只是某些偏好，但对学术研究的危害却可用触目惊心来形容。我们从近年来屡屡被曝光的涉及数据造假的学术不端事件中，可以看到数据造假有的已不是个人行为，而是由多家学术机构共同完成，形成了一种造假的产业链，而引导这个产业链中许多人迈上这条不归路第一步的就是这些偏好。

从以上分析中，我们可以看到，评价机构已经通过指挥学术期刊的"指挥棒"对学术研究形成了很大的影响。而这些评价机构的专业评价人员并不具备文献情报学以外任何学科的背景，也不具备主编和编辑的职业素养，他们何以能如此轻松和持久地影响学术期刊和学者？如何能使学术期刊与学者之间的关系完全颠倒过来？原因还是在于不合理的学术期刊体制所造成的学者与学术期刊的疏离。因此，要让学者与学术期刊从颠倒和扭曲的关系中回归正常，就必须改革不合理的期刊体制和学术评价机制。

（八）学术期刊"名"与"实"之关系的颠倒

在讨论了学术期刊与学术研究和学者之间比较具体的关系后，我们再来讨论一个与此相关但比较抽象的问题，即学术期刊"名"与"实"的关系。我们不难发现这样一种现象，即随着专业评价机构各种学术期刊排行榜和排名表的盛行，学术界对学术期刊的批评也越来越多了。显然，对于学术期刊，评价机构排的是"名"，而学术界批的则是"实"。不言而喻，"名"与"实"的关系已逐渐成为困扰学术期刊人的一大问题。按一般理解，所谓"名"，是指人们对客观事物进行命名的符号活动；所谓"实"，是指客观实在本身。那么，在现实中，学术期刊的"名"与"实"的关系到底是一种怎样的状态呢?

对于学术期刊来说,"名"的本义即刊名。刊名包含有确定的信息,比如刊物的学术平台性质、学科或问题边界,有的还包含有主办单位的明确信息。从刊名中,也可以隐约窥见刊物的宗旨、定位与抱负。比如创办于 1906 年的我国第一份高校学报《东吴月报》还有一个专门的刊名——《学桴》,桴的本义是木筏,以其命名刊物,喻义恰如其发刊词所云:"学桴者,预备过渡时代器具之一部分也……而何不以兵桴,以商桴;而何不以政治桴,以宗教桴,而独取于学者?盖兵商政教皆备于学。则学者载种种桴之桴也。而又可谓合种种桴而所成之桴也。"①足见主办者的良苦用心。再如,中国科学院创办于 1950 年代的《中国科学》和《科学通报》以及一系列以一级学科命名的专业期刊(如社会科学学部创办的《历史研究》《经济研究》《文学评论》等)即表达了这样的愿望:"希望中国的科学工作者们协力支持,视为我们建设新中国、建设新中国科学的共同事业。"②显然,这样命名刊物,是为了彰显其开放性。与此形成鲜明对照的是高校学报,1950 年代至今,以校名命名刊名、以学报表示多学科综合渐成惯例,以表达其本校教学与科研"窗口"和本校科研人员"园地"的定位。"在如此迥异的理念指导下的办刊实践,孰优孰劣很快就见了分晓。在高校学报几十年不变地自我封闭着的时候,中国社会科学院的期刊却敞开大门,面向院内外特别是高校以数十万计的学者征集稿件……这些期刊所发表的论文,有 70% 以上来自高校。同为学术期刊的学报却成了主办学校的'自留地',综合性、内向性不仅未能留住本校的高水平学术论文,而且还造成了高校之间那看不见的壁垒。可见,刊名——办刊理念——办刊实践——办刊效果实在是环环相扣的链条。冠以校名的刊名——抱持综合、内向的理念——封闭、刻板的办刊方法——门户壁垒的形成,从某种意义上说,这就是高校学报广受批评的办刊之路的写照。"③这就是学术期刊"名"与"实"关系的基本体现。

"名"与"实"的关系还不仅于此。在中文语境中,"名"并不是只有"名称"这一简单含义。"名"的概念在中国有着悠久的历史和复杂的内涵,早在先秦时

---

① 《学桴》,《东吴月报》1906 年创刊号。

② 郭沫若:《发刊词》,《科学通报》1950 年第 1 期(创刊号)。

③ 朱剑:《高校学报的专业化转型与集约化、数字化发展——以教育部名刊工程建设为中心》,《清华大学学报(哲学社会科学版)》2010 年第 5 期。

期就已存在,在先秦儒家典籍中,"名"至少已有了以下主要含义:(1)命名和名称之义;(2)名位、名号之义,指名位、地位、身份,其中含有鲜明的等级意蕴;(3)声誉、名声。① 经过两千多年的历史演变,"名"这一概念的意涵更加丰富,且深入人心,成为中华文化中的一部分。具体到当今学术期刊之"名",除了名称这一基本意义外,也蕴含着清晰的品位、声誉、地位、等级之意义。本来,学术期刊的品位和声誉都应该是学者通过对学术期刊的阅读而产生的感觉印象,当大多数学者对某一学术期刊都持有同一印象时,就会成为学术界对该刊的主要评价。学术期刊只有得到学术界的认可,才会有好的品位和声誉认定。这就要求学术期刊脚踏实地地做好本职工作,真心实意地为学者的学术研究服务。没有这样的"实",就不可能有好的"名"。至于地位和等级,当然由其品位和声誉来决定,即所谓有"为"才有"位"。但在现实中,学术期刊的等级和地位已由评价机构说了算,评价机构按量化评价的方法制作的期刊排行榜和排名表的直接作用就是为学术期刊确定地位和等级的。因为学术期刊与评价机构间颠倒关系的存在,"名"与"实"不符乃至颠倒现象的出现也就是必然的了。除了前已述及的某些期刊靠数据造假博名外,某些高校和科研机构还根据期刊的主办单位来确定"权威期刊"的榜单,使得"名"与"实"相脱离而形成"名"的固化,某些所谓的"权威期刊"如今已堕落得不成样子,但在这些期刊榜上,"权威"依旧;而某些恪尽职守,并不断创新,已在学者中赢得口碑的期刊却因主办单位不够权威而榜上无名。可见,"'名'与'实'对应是一个方面,'名''实'偏离乃至飞离也是一个方面,飞离了具体事物的'名'又生产出新的'实'又是一个方面。"② 当学术期刊的"名"不是由学术共同体而是由评价机构和行政机构决定,并进而左右了学术期刊和学术研究时,学术界对学术期刊的批评也就不可避免地爆发了。

必须指出的是,学术期刊"名"与"实"关系的现状与学术期刊体制特别是新闻出版总署的学术期刊管理体制的不合理也是分不开的。关于高校冠以校名的刊名命名方法只是一种惯例,并非不可突破,比如某些专业院校的学报就

---

① 参见陈继红:《名分·秩序·和谐——先秦儒家名分思想的一种解读方式》,《南京大学学报(哲学·人文科学·社会科学版)》2010 年第 5 期。

② 朱炳祥:《名实关系论》,《上海大学学报(社会科学版)》2000 年第 1 期。

没有冠以校名,但到了 2001 年,新闻出版总署却以文件的形式硬性规定:"所有高校学报必须在'学报'前冠以学校全称,不得使用学校的简称。"①学报的命名法由此成为铁律。即使学报都这样命名,只要坚持开放性,仍有可能成为开放的学术平台,但总署早已在 1998 年就下文规定:"学报刊登的稿件,2/3 以上是本校学术、科研论文或信息。"②总署的学术期刊管理体制是如何束缚学报手脚的,于这些规定中即可见一斑。另外,在涉及学术期刊等级和地位的问题上,尽管总署从来没有公开认可评价机构的排行榜和排名表,但这种纯量化评价的办法还是得到总署的完全认同,总署分别于 2010 年和 2011 年制定的《报纸期刊出版质量综合评估办法(试行)》和《全国报纸期刊出版质量综合评估指标体系(试行)》就是一个纯量化评价的体系,"近年来学术界关于评价的研究已清楚地表明,单纯的量化评价有着无法克服的缺陷。……如果将此评估体系用于学术期刊的质量评价,那么,在评价目的、评价内容、评价主体、评价方法、评价指标和评价结论诸方面明显存在的重大问题将会对学术研究和学术期刊产生极为不利的影响。"③在这里,我们再一次看到总署的学术期刊管理体制不合理的一面。

(九)中文学术期刊与英文学术期刊之关系的颠倒

近年来,学术国际化的热潮方兴未艾。关于学术国际化,已有学者作出了颇为深入的分析,笔者在此想着重指出在国际化的热潮中所出现的中文学术期刊与英文学术期刊关系的颠倒现象。这个颠倒关系集中表现在两个方面:一是将英语视为学术国际化的唯一语言;二是将能否被 SCI、SSCI 和 A&HCI 收录作为期刊国际化的唯一标准。

如果说,学术国际化就是"以科学的方法、普世的价值观念、无障碍的语言、规范的样式在国际公共学术平台上展示和交流学术研究过程及其创新成果,能为国际学术界所接受或应用"④,那么,撇开方法、价值观和规范不谈,仅就语言

① 新闻出版总署:《关于进一步调整高校学报结构的通知》,新出报刊〔2001〕513 号。
② 新闻出版总署:《关于建立高校学报类期刊刊号系列的通知》,新出期〔1998〕109 号。
③ 朱剑:《量化指标:学术期刊不能承受之轻——评〈全国报纸期刊出版质量综合评估指标体系(试行)〉》,《清华大学学报(哲学社会科学版)》2013 年第 1 期。
④ 朱剑:《学术评价、学术期刊与学术国际化——对人文社会科学国际化热潮的冷思考》,《清华大学学报(哲学社会科学版)》2009 年第 5 期。

来看,"无障碍的语言"是否就只有英语?答案显然是否定的。语言作为表达思想和观点的工具,与表达的内容有着不可分割的联系。当研究的是纯自然科学时,以英语作为国际交流的标准语言当无太大问题,但当研究的是人文社会科学时,仅以英语作为交流工具就远远不够了。因为人文社会科学的内容十分丰富,仅世界各国家和民族的文化就都是与特定的语言无法分割的,离开了某些特定的语言,也许连一些地域文化的基本内容都无法理解,更遑论研究了。中国的传统文化就是一种离开了中文就无法正确理解和表述的文化。比如,中国的文字、书法、哲学、历史、诗词歌赋等,如何用英文精确表达?再举一个更具体的例子,解读简帛文字已成为一门世界性的学问,无论是何方神圣,如果不懂中国古文字,就别来碰它。我们不可能要求简帛研究者用英文来写作,更别说拿到英文期刊上去发表了。但今天的问题恰恰在于,不仅以英语写作学术论文是西方学术期刊对中国作者的要求,而且我们的学术主管部门的确也在要求中国学者这样做。这是世纪之交以来学术国际化热潮的特点,从中不难看到政府部门强烈的输出愿望,即要使中国的知识产品走向世界,让世界听到中国的声音。这种愿望是可以理解的,在有些学科也是可行的,但在涉及中国传统和中国文化的学科中,我们首先应该捍卫中文作为国际学术交流第一语言的地位。无论从尊重中国文化还是从研究中国文化的角度来说,这都是非常必要的。

与要求中国学者用英语写作中国问题研究的学术论文相配套的措施还有鼓励中国高校和科研机构创办英文期刊。据统计,截止到 2010 年,中国共有329 种外文期刊(绝大多数为英文),其中社科类有 51 种。尽管社科类期刊数量较少,但近年增长速度并不慢。上世纪最后 20 年,总共增加了 15 种;本世纪最初 10 年就增加了 26 种! 而且这种增长势头有增无减,很多高校和科研机构都有创办英文刊的愿望。可谁又知道办英文刊的苦衷?英文刊出版了,可大多外国专家不看,中国学者不睬;也就是说既无国外读者,更无国内读者。也许,这可称为自娱自乐,但在笔者看来则是自欺欺人。

"崇洋媚外"这个词汇在社会上早已遭到唾弃,可在学术界却正在深入骨髓,最典型的就是在学术评价中的 SCI/SSCI/A&HCI 崇拜。大多数学者都知道,SCI/SSCI/A&HCI 不就是美国科学情报研究所建立的文献数据库吗? 笔者在国外大学访问时曾向人家请教过这个东西,问他们重视不重视,得到的回答却是很疑惑很怪异的眼光,甚至不知道你在问什么。在欧美国家,没人拿这个数据库作为学术评价标准。

当今几乎所有高校都有 SSCI/A&HCI 崇拜风,不少学者也以在 SSCI/A&HCI 期刊发表论文为荣。期刊人对这些把戏的了解应该更多,但很多期刊人却在努力使自己的期刊被 SSCI/A&HCI 收入,即使再委屈自己也在所不惜。这种现象与我国学术评价机制密切相关,学者在此类期刊发表文章有高额奖励,期刊入此数据库则一步登天。因此,只有彻底废除危害中国学术正常发展各种不合理的指标体系,此类 SSCI/A&HCI 崇拜歪风才会消散。笔者总觉得目前这股歪风,与当年大炼钢铁有一比,小锅炉先支起来,尽管炼出的全是废品;而今的学术界,不论蒙还是骗,先在 SSCI/A&HCI 刊上发文章或先进入 SSCI/A&HCI 索引库再说,管它文章水平高低!这么做,到头来害人害己害国家!有人做过调研,中国学者发表的 SSCI/A&HCI 论文,大部分水平并不高,甚至低于国内专业刊及高水平综合刊发表的论文。

笔者不否认中国人文社会科学学术研究的国际化发展趋势,反对的是盲目地或荒谬地以英文化代替国际化,以欧美化代替国际化,这样的国际化不仅会大大损害中国优秀的传统文化,而且会使我们与真正的国际化渐行渐远。

台湾大学黄慕萱教授曾精辟地指出:"由于人文社会学者的研究议题具有高度的本土关怀,自然会以最符合该国文化与思考的语言作为文献发表所使用的语言,因此以英文文献为搜录对象的 SSCI 及 A&HCI 引用索引数据库并无法代表非英文人文社会学者的研究产出状态,其搜录的期刊文章仅表示较具有国际能见度及影响力,而无法表示其重要性或质量的高低,故在非英语国家,人文社会学者的学术评鉴不能仅以国际引文索引数据库进行评鉴。"[①]黄教授这段话说得实在太好了,可现实离这个想法实在太远了!

(十)综合刊和专业刊之关系的颠倒

综合刊和专业刊的关系是个老掉牙的问题,谈论多年,可这个问题依然是目前学术期刊存在的最大问题。朱剑曾有两篇文章对这个问题作过非常透彻

---

① 黄慕萱:《人文社会科学研究评鉴特性及指标探讨》,《清华大学学报(哲学社会科学版)》2010年第 4 期。

的论述①,所以笔者就不在这里饶舌了,只是结合个人体会,非常简单地提炼几个主要观点。

其一,综合刊数量如此之多,是中国现代学术体制和行政体制双重影响的产物。从学术史上看,中国传统学术崇尚综合,西方学术强调分科,20世纪初期西方学术传统对中国产生影响有一个漫长的过程。表现在期刊结构上,尽管也有不少专业期刊,但在学术史上产生重大影响的多是综合性期刊,而且综合性期刊在数量上也占优势。从行政体制上看,1949年后学术期刊基本为学术单位所有制,每个单位办一份期刊,当然只好办综合刊;这种行政体制的影响,在改革开放后表现得尤为明显,这就是一大批综合性大学学报的产生。学校安排教学和科研是分科的,但学报则只能是综合的。地方社科院和社科联与此类似。

其二,从学术界实际情况来看,专业刊比综合刊更符合学术发展的内在需要。尤其在经过改革开放30多年中国学术已经有了较大发展的形势下,学术界对专业刊的需求更加强烈。但历史原因和体制原因,造成了专业刊与综合刊数量关系的颠倒。上面已谈了历史原因,至于体制原因,最主要的,笔者以为是新闻出版署机械而僵化的刊号管理!如果允许有研究实力的学术单位和团体创办专业学术期刊,目前的学术期刊生态格局要好很多。也就是说,不是综合刊太多了,而是专业刊太少了!如果有大量的专业刊存在,那些低水平的综合刊就会没有生存的余地,根本不用你指责什么垃圾不垃圾;也不会有那么多怪诞的以书代刊、似书似刊、非书非刊的四不像出版物存在。这种对期刊的封闭式和静态式管理,严重制约了中国学术的正常发展。所以,这种关系的颠倒,责任不在期刊人,也不在学术界,而在管理部门。

其三,尽管我们总说学术界需要更多的专业期刊,但绝不意味着综合刊就该赶尽杀绝。相反,学术研究同样需要综合刊,综合刊也会有发展的美好前景。只是,综合刊要提高办刊水平,要有问题意识,不能将综合刊办成一个简单的大拼盘,而这恰恰是目前大部分综合刊存在的共性问题。

165

---

① 朱剑:《徘徊于十字路口:社科期刊的十个两难选择》,《清华大学学报(哲学社会科学版)》2007年第4期;《高校学报的专业化转型与集约化、数字化发展——以教育部名刊工程建设为中心》,《清华大学学报(哲学社会科学版)》2010年第5期。

其四,在综合刊和专业刊的结合上,部分综合性大学学报已做了一些尝试,这就是多家学报联合创办的"中国高校系列专业期刊"。笔者以为,这是到目前为止最为成功的学术期刊改革模式,已有期刊人对这一模式的成功之处作了归纳:第一,既顺利地实现了专业化转型,又没有割断与过去的血脉联系,而且编辑队伍可以保持稳定。第二,开创了学术期刊跨地域、校域进行整合、联合的模式,形成了集约化、规模化的全新路径,并为实现集团化打下了基础。第三,打破了高校间的门户壁垒,专业刊是高校办的,但不再专属于某一校,因而是开放的。第四,创设了在大型期刊数据库网站实现期刊整体、系列传播的全新模式,保持了期刊的完整性与独立性,树立起了数字化学术期刊的品牌形象,而且也开启了同大型商业化企业合作的新路径。① 笔者在此再补充第五点,参与专业刊合作的有数十家学报,但大家的协作配合非常理想,做到了真正的协同创新。"中国高校系列专业期刊"一经问世,就得到了学者们的热烈欢迎和一致好评,在期刊同行中也备受关注。

结语:体制改革与颠倒关系的再颠倒

从以上对人文社会科学学术期刊十个被颠倒关系的分析中,我们可以清楚地看到这些颠倒关系之所以存在,皆与现行学术期刊体制的不合理有关,而在其中起主导作用的,往往是政府管理部门。换言之,政府期刊管理体制的不合理,是颠倒关系存在的主要原因。如果我们期望正在到来的体制改革能够将这些颠倒的关系再颠倒,即让其回归正常,那么,只有将改革不合理的期刊管理体制作为改革的重点,期望才不会落空。

必须指出的是,造成颠倒关系的还有诸多学术期刊自身的原因,其中最为重要的是各自为政,缺乏共同体意识。没有共同体,学术期刊就缺少了制定有约束力规约的能力,更缺少了维护自身利益的手段,比如在与二次文献期刊、专业评价机构、特别是数据库网站和与管理部门的关系以及在学术期刊国际化方

---

① 朱剑:《高校学报的专业化转型与集约化、数字化发展——以教育部名刊工程建设为中心》,《清华大学学报(哲学社会科学版)》2010 年第 5 期;崔月琴:《高校系列专业期刊:打破校域界限 突出专业优势》,《中国社会科学报》2012 年 1 月 3 日。

面,学术期刊就陷入了典型的集体无意识。因此,只有建立起学术期刊共同体,大家同心协力,上述颠倒关系才有可能再颠倒过来。在笔者看来,学术期刊体制改革的实施,对学术期刊共同体的形成是有着某种促进作用的,它至少使得学术期刊能够共同思考和应对共同面临的问题,而学术期刊共同体一旦形成,反过来对体制改革的顺利进行也有不可替代的独特作用,因为一场面对特定群体的改革没有这个群体的主动参与是很难真正成功的。

我们还必须看到,不合理的期刊体制有一个长时间的形成过程和复杂的历史背景的变迁,至少可以从 1950 年代初开始追溯起。今天,新的时代已经来临,改革不合理的期刊体制,无论对管理者还是期刊人来说,都既是还历史的旧账,也是为未来承担历史责任。

应该说,在颠倒关系的夹缝中求生存的学术期刊并没有完全屈就于这些颠倒关系,学术期刊的反抗从来也没有停止过。近年来,部分学术期刊人对只有学术共同体才具备评价主体资格的坚持以及对专业评价机构的批评,已使得部分评价机构对评价方法有所改进。① 更值得指出的是,对于现行学术期刊体制,期刊人也以实际行动发起了挑战,而且得到了来自政府管理部门的鼓励和支持。如前述"中国高校系列专业期刊"的创办,就是一个在新闻出版总署《实施办法》颁布前即已开始的借助数字化技术的自我革新行动。"'中国高校系列专业期刊'是学术期刊人试图突破体制的束缚而创办的,它必然存在与现有体制不相符合之处,它之所以能够在现有体制下成立并运行,是因为得益于体制改革和数字化变革的大背景,主管部门鼓励创新,包括体制和机制创新。"的确,"中国高校系列专业期刊"从酝酿到创办直到最近的大扩容,都得到了教育部和新闻出版总署的关注和支持,两部门的相关负责人始终参与了这个行动,并在政策、法规等方面认真听取意见,给出指导性的意见。没有教育部和总署的支持,"中国高校系列专业期刊"也很难走到今天。通过创办该系列期刊的尝试,

---

① 比如,2012 年版《中文核心期刊要目总览》在制作过程中就引入了专家评价的办法,将个别专家不予认可的期刊从核心期刊的目录中剔了出去。再如,南京大学社科研究评价中心在遴选 2012—2013 年"CSSCI 来源期刊目录"时,对评选规则作了改进的尝试,明确了"以论文内容来确定期刊学科的归类方法";"进一步完善以定量数据为基础、同行专家评价为重要补充的评价机制";"对涉嫌违规的来源期刊要在发现并核实后立即停止收录"等几个新的原则(详见《中文社会科学引文索引指导委员会第九次会议纪要》,南京大学社会科学研究评价中心网站,http://cssci.nju.edu.cn/)。

我们对将纸本期刊与数字化期刊分开、编辑与出版分开的"两分开"①改革路径更加充满信心。"但这样一种新型的办刊模式是否能得到最终认可,亦即是否能得到改革后新体制的保护,现在下结论还为时过早。而在新体制认可它之前,它的存在和运行都处在非常艰难的状态下,除了没有先例可循,缺乏体制的保护使其身份不明和缺乏必要的经费支持是阻碍其继续发展的最大的问题。由此观之,尽管学术期刊体制改革是可以而且必须与数字化变革实现无缝对接的,但最终能否导致学术期刊体制与体系的科学重建,还取决于决策者的顶层设计与业界的底层设计能否完美地结合起来。"②

出自中央政府关于期刊体制改革的方案显然属于顶层设计。学术期刊的改革需要有顶层设计。相对于顶层设计,来自业界的底层设计对改革的成败同样重要。"制度设计是个精细活,既要有顶层设计,统筹全局、高屋建瓴,又要有底层设计,抽丝剥茧、脚踏实地;既要关注历史大势,也不可忽略政治或者经济发展中那些看起来没有分析价值的小事。"③"中国高校系列专业期刊"的设计可谓标准的底层设计。虽然体现为基层自发的行为,但其归宿还是指向制度的顶层设计,它在改革的方向和目标上,与中央的顶层设计是完全吻合的。更为重要的是,它还为中央关于学术期刊体制改革的顶层设计提供了"抽丝剥茧、脚踏实地"的具体路径。该系列专业期刊的设计完全从现实出发,借助数字化技术,展开从期刊结构、布局到传播方式的全面革新,必将有效地促进学术期刊评价机制和学术期刊管理体制的重建。如果这一底层设计能为顶层设计所接纳,我们完全有理由相信,通过这样的改革,本文所分析的十个颠倒关系能够重新颠倒过来,将建立起数字化时代全新的科学的学术期刊体系,从而能满足学术研究的需要,不负自己的使命。

原刊于《南京大学学报(哲学·人文科学·社会科学版)》2013 年第 2 期

---

① 关于"两分开"的方案,详见仲伟民、朱剑:《中国高校学报传统析论——兼论高校学报体制改革的目标与路径》,《清华大学学报(哲学社会科学版)》2012 年第 5 期。
② 朱剑:《变革年代学术期刊的数字化生存》,《澳门理工学报(人文社会科学版)》2013 年第 2 期。
③ 叶娟丽:《中国大学学报:制度变迁与路径选择》,《南京大学学报(哲学·人文科学·社会科学版)》2013 年第 1 期。

学术期刊：西方的困境与中国的机遇

原祖杰*

2012 年 1 月 21 日,英国剑桥大学著名数学家、菲尔兹奖得主提摩西·高尔斯(Timothy Gowers)发表了一篇博文,声称要与全球最大期刊出版商爱思唯尔(Elsevier)划清界限,并号召学术界加入抵制爱思唯尔的行列。他的倡议立即得到远在美国加州的数学博士研究生泰勒·内伦(Tyler Neylon)的响应,后者为此建立了"知识的代价"(Cost of Knowledge)网页,组织签名活动。短短几周内,响应者就达 3000 多人,其中很多是来自剑桥、牛津、哈佛、耶鲁等世界顶尖大学的著名学者。其他欧美高校学者也纷纷跟进,到 2012 年年底,参与签名的学者已经超过 13000 人。① 据英国《卫报》2012 年 2 月 2 日报道,引发这一行动的原因主要有三:其一是爱思唯尔旗下期刊定价过高,让图书馆和读者都无力承受;其二是爱思唯尔打包出售期刊,让图书馆花了很多冤枉钱去购买不需要的杂志;其三是爱思唯尔对美国国会法案《停止在线盗版法》(Stop Online Piracy Act, SOPA)、《保护 IP 法》(Protect IP Act, PIPA)和《美国研究成果法》(US Research Works Act)的幕后支持。这三项法案试图从不同角度阻止网上免费阅读,因遭遇数百万学者、学生联名抵制而被搁置。但学者们的不满已经由这些法案本身转向其背后的利益集团,尤其是以爱思唯尔为代表的跨国商业出版集团。他们抗议说,爱思唯尔等出版商将学者们经过免费同行评审的免费学术成果在他们控制的期刊上出版后,打包高价卖给大学图书馆,以此牟取高额利润,这种商业化运作窒息了学术的正常传播。因此,他们决定联合起来抵制爱思唯尔,包括

---

* 原祖杰,《四川大学学报(哲学社会科学版)》编辑部。

① "The Cost of Knowledge", http://thecostofknowledge.com.

不给爱思唯尔旗下的学术期刊提供稿件、匿名评审和编辑服务。[①] 这场争论能否让一味追求学术出版企业化、市场化的中国有关部门幡然醒悟，在不放弃自身优势的条件下制定正确的期刊改革路线，是本文所关注和讨论的焦点问题。

一、西方的学术出版危机

学术期刊是现代学术的一种表现形式，是发布学术成果和推动学术交流的重要平台。这一功能决定了它自始就是一种依附于学术团体或学术机构的小众化传播媒介，并不以盈利为目的。一般认为，学术期刊起源于 17 世纪。最早的学术期刊是法国人丹尼斯·戴·萨罗（Denis de Sallo）于 1665 年创办的《学者杂志》（Journal des Savans），这是一本学术通讯式的刊物，主要刊登技艺与科学领域的新发现和新见解，品评学者们的新著作。同年出现的由英国皇家学会出版的《伦敦皇家学会哲学会刊》（Philosophical Transactions of the Royal Society），登载了牛顿、莱布尼茨等哲学、科学家们的划时代成果，也创立了学术团体支持学术期刊的典范。300 年来，学术期刊依附并服务于学术团体和学术机构的传统几乎没有多大改变。

然而，从 20 世纪六七十年代开始，出版商开始逐步介入学术期刊出版领域。他们先是将一些非营利性组织出版的期刊集合在一起重新发行，继而开始垄断学术期刊的出版和发行。在过去 30 年中，学术期刊的发行模式更是经历了前所未有的转型。以前，学术期刊都是直接面对读者的。个人或图书馆以相对低廉的价格向期刊编辑部直接征订，后者则用这笔收入支付印刷、邮寄等费用。每年的征订收入可以抵消印刷费等必要的经营开支。90 年代中期以来，一些跨国经营的中介公司开始活跃起来，其中包括 EBSCO、SWETS、Blackwell 等，它们把期刊的定价信息提供给大学图书馆。图书馆为了方便，也开始向它们统一征订所需期刊，它们再向各期刊转订，从中赚取打折差价或者手续费。后来这些公司慢慢合并扩大为庞大的期刊出版集团。随着网络化、数据化的发展，

---

① The Guardian, Feb. 2, 2012, http://www.guardian.co.uk/science/2012/feb/02/academics—boycott—publisher——elsevier.

出版商需要更为强大的经济实力和技术支撑来构筑在线发布平台。1993 年,英国里德国际公司(Reed International)与荷兰爱思唯尔公司合并建立了里德 爱思唯尔出版集团(Reed Elsevier Group PLC),简称爱思唯尔。该公司出版的期刊以《细胞》《柳叶刀》等医学杂志闻名于世,合并之后迅速向自然科学和社会科学领域扩张,逐步形成了覆盖各学科领域的期刊出版巨头。其旗下约 2000 种期刊每年发表 250000 篇论文,其数据库 Scienc Direct 存有 700 万种出版物,年下载量达 2.4 亿次。① 在学术期刊出版上直追爱思唯尔的是总部设在德国海德堡的施普林格(SpringerVerlag)。该公司成立于 1842 年,从 1964 年开始先后在纽约、东京、巴黎、米兰、香港等地开设分部,成为跨国出版公司,现在每年出版期刊近 2000 种。2006 年,施普林格与中国高等教育出版社合作出版了教育部发起的 27 种中国学术前沿系列英文刊,在中国期刊出版市场上占据了一席之地。目前全球有 2000 多家出版商参与了学术期刊的出版业务,其中爱思唯尔、施普林格和约翰·威利(John Wiley & Sons)3 家跨国出版集团占据着将近一半的市场份额,大约有 42% 的学术文章由这 3 家公司出版。

应该承认,商业公司的大规模介入对于学术的传播发挥了一定的积极作用。与分散的学术团体和迟钝的政府机构相比,商业公司有着雄厚的资金和敏锐的市场嗅觉。他们成功利用了科技革命和信息革命的成果,将先进的技术手段运用到学术出版领域,搭建起各种在线出版和阅读平台,并将分散的学术资源汇集成容量庞大的数据库,为学术的传播和发展作出了巨大贡献。期刊出版商们在为研究者提供资料获取方便的同时,也改变了后者的资料搜索和阅读习惯。学者和学生们不再像过去那样在图书馆的书架之间翻阅他们熟悉的承传了数百年的纸质期刊,而是开始习惯于坐在电脑旁下载和阅读他们需要的文章和其他研究资料。服务于学术的各大学和科研机构图书馆也不得不迎合读者的需求,增加了数据库的订购而削减了纸质刊的订购数量。很多美国大学图书馆近年来迫于财政压力而作出规定,凡是订购了电子版的期刊将不再订购纸质版。这就使得一些连续订阅了几十年甚至上百年的学术期刊在书架上消失了。这一趋势也让那些试图坚守纸质发行的学术期刊纷纷缴械投降,将在线出版发行权交给出版商。过去十年全球学术期刊出版见证了爱思唯尔、施普林格、约

---

① Wikipedia:Elsevier,http://en. wikipedia. org/wiki/Elsevier.

翰·威利等大型出版集团在各国攻城略地,市场占有份额急剧扩大。

出版商在学术领域的长驱直入,使得商业与学术的矛盾逐渐显现出来,学术机构、团体和个人都感受到学术市场化带来的真切压力。首先,由国际期刊出版集团提供的学术期刊的征订和维护费用越来越高,各大学图书馆有限的财政拨款已经难以支撑。由于学术期刊的受众比较固定,其订户局限于图书馆和学者个人,他们对这些期刊的需求往往缺少弹性。出版商发现,一旦他们占有了足够的市场份额,提高价格并不会失去这些订户,其结果就是各大图书馆用于期刊订购的开支急剧上涨。据美国图书馆协会统计,20 世纪 80 年代,各图书馆订阅图书和期刊的支出基本相当,1986 年图书支出是 44%,期刊支出 56%。而到 1998 年,图书支出下降到 28%,期刊支出增加到 72%。据该协会对全球图书馆开支的最新调查估计,2012 年图书馆的图书支出平均在 20% 左右,期刊支出则保持在 70% 左右,剩下约 10% 是其他资料支出。[①] 这一趋势在中国图书馆的财政开支中也有突出反映,即使有选择地购买一些国际出版公司的数据库,也让各大学图书馆的财政支出大幅增加。

商业化出版的无节制的扩张已经让世界上几乎所有的学术机构感受到前所未有的压力,其中也包括资金最为充裕的哈佛大学。2012 年 4 月 7 日,哈佛大学教授顾问委员会向全体教师发布的一份有关期刊订阅的备忘录称:"我们在此通报一个哈佛大学面临的难以坚守的情势。许多大型期刊出版商已经让学术交流环境在财政上难以为继,在学术上难有发展。这一情势因一些出版商(所谓"供方")索取、打包和上涨期刊价格而更加恶化。"[②]该备忘录还提供了一些关键性数据:哈佛大学图书馆每年支付给商业出版的费用多达 375 万美元;打包的数据库中只有不到一半是图书馆需要的资料;一些期刊一年的订阅费高达 4 万美元,其他一些也在 1 万美元左右;过去 6 年中,两大出版商提供的在线内容价格上涨了 145%。[③] 备忘录还指出:"尽管学术成果不断增加,出版可能会趋于昂贵,但 35% 甚至更高的利润率说明,我们必须支付的价格并不能单单

① http://www.pcgplus.com/pdfs/Library%20Budget%20Predications%20for%202012.pdf.

② Harvard University:Harvard Library:"Faculty Advisory Council Memorandum on Journal Pricing." http://isites.harvard.edu/icb/icb.do?keyword = k77982&tabgroupid = icb.tabgroup143448.

③ Harvard University:Harvard Library:"Faculty Advisory Council Memorandum on Journal Pricing." http://isites.harvard.edu/icb/icb.do?keyword = k77982&tabgroupid = icb.tabgroup143448.

归因于新文章供给的增加。"①

　　显然,让财政紧张的各大学大为不满的是这些大型出版集团远高于很多行业的利润率。网上一篇发表于2012年1月13日的题为《商业学术出版商们的可耻利润》的文章披露了一系列让人震惊的数据:爱思唯尔、施普林格和约翰·威利三家公司2010年或2011年初的利润和利润率分别为7.24亿(36%)、2.94亿(33.9%)和2.53亿(42%)英镑。这篇文章在3月14日更新后增加了爱思唯尔2011年的数据:净利润为7.68亿英镑,利润率为37.3%。② 这样高的利润率意味着什么?我们到网上搜索一下世界各行业的金融数据列表就会明白,在全世界约200种大型产业中,期刊出版的利润率高居榜首,遥遥领先于矿产、烟草、网络信息、移动通讯和应用软件等通常被认为是高回报的产业。出版商们声称,排版、印刷和网络平台建设增加了他们的成本。而据德国银行2005年的抽样分析,电子出版的成本并不像有些出版商所声称的那样高昂,不然他们就不可能获得如此高的利润率。③

　　其次,跨国出版集团形成的资源垄断在某种程度上制约了学术的传播。由于电子数据库大都价格不菲,一些经费有限、规模较小的图书馆只好减少订数,不能利用大学图书馆的读者就无缘问津这些数据库。这些读者既包括那些不属于大学师生却热衷于学术研究的独立学者,也包括已经退休却仍然保持着学术热情的大学教授。原本价格低廉且邮寄上门的学术期刊已经不复存在,除非他们自己掏腰包下载价格昂贵的学术文章,不然就与学术研究绝缘了。由此我们看到,学术期刊在网络化、数据化之后反而远离了一部分读者。由纸质刊转向电子刊,读者阅览成本该是下降的,读者群本该是增加的,现在我们看到的结果却因出版商的贪得无厌大打折扣。

　　西方发达国家正在经历的学术出版危机不单单表现在学术期刊出版上。事实上,由于大学出版社的市场化经营,其他形式的学术著作出版危机出现得更早,也更严重。10年前,美国学术团体协会在其2003年年会上曾集中讨论了

---

① Harvard University:Harvard Library:"Faculty Advisory Council Memorandum on Journal Pricing." http://isites. har-vard. edu/icb/icb. do? keyword = k77982&tabgroupid = icb. tabgroup143448.

② "The obscene profit of commercial scholarly publishers", http://svpow.com/2012/01/13/the – obscene profits – of – commer-cial – scholarly – publishers/

③ Wikipedia:Academic Publishing,http://en. wikipedia. org/wiki/Academic_publishing.

学术出版危机问题,形成名为《危机与机遇:学术出版的未来》(Crises and Opportunities:The Futures of Scholarly Publishing)的报告。该报告主要针对的是学术出版的市场化倾向给不太可能产生经济效益的人文学研究带来的挑战。报告称:"学术出版是学术发展的底线。然而,近来的形势却不容乐观。在许多领域,专著出版是学者成名与提升的基本标准。然而财政压力让很多大学出版社限制了学术专著的出版。"①学术出版的市场化导向必然会窒息那些经济效益和社会效益都不太明显的纯学术的发展。

从西方学术界发出的各种焦虑的声音中我们可以感受到这场学术出版危机的方方面面:学术成果的出版越来越受制于商业出版社或出版集团,大学图书馆越来越难以承受打包订购的学术期刊不断上涨的订阅费和维护费,无权利用大学图书馆资源的学者逐步被排斥在学术圈之外。意识到危机的学术机构和学术团体开始积极谋求化解之道,如哈佛大学要求其教授们将发表的成果提交一份到学校指定的数据库供师生们免费阅览;一些学术团体和专家呼吁增加低价电子出版来应对出版需求,向读者免费开放。近年来出现的由出版商提供平台而由作者自费出版学术文章的现象似乎也为解决学术出版危机提供了一项选择,即增加所谓开放期刊(open access journals)。这种出版模式要求作者自己或者其大学支付全部或部分版面费。目前比较著名的免费阅览平台是"科学公共图书馆"(The Public Library of Science)和"生物医学中心"(Bio Med Central)。此外,一些著名出版商也拿出部分空间实行作者付费的免费阅览出版。然而,由个别学术机构发起的免费数据库能够在多大程度上抵御已经坐大的期刊出版集团,打破它们已经形成合围的学术出版垄断,还是一个未知数。近年来财政上捉襟见肘的欧美大学,面对用自己的学术奶水培养起来的出版巨人,尽管充满焦虑却也束手无策。当学者们发现爱思唯尔等出版商试图利用自己的影响力推动美国国会通过限制免费获取文献的立法时,他们才意识到自己已经被逼入绝境,万人抵制爱思唯尔的努力或许是挣扎在商业化海洋中几近灭顶的西方科学家们为维护神圣的学术殿堂而作出的最后一击。

旁观这场危机,我们不能不为20世纪后期以来欧美一些发达国家误入歧

---

① American Council of Learned Societies, "Crisis and Opportunities:The Futures of Scholarly Publishing. ACLS OccasionalPaper,"No.57,p.1.

途的学术(包括高校)市场化而扼腕,尽管对于很多大学来说,面对渗透到学术领域的商业因素只能被动地应对和接受。殊不知,志趣不同的商业与学术联姻,即便在某些方面能够相得益彰,但注定还是同床异梦。以牟利为动机的出版商进入学术领域,如狼入羊群,他们将数百年建立起来的学术互惠模式变成自己生财的工具,学术在与商业嫁接之后呈现出一种新的出版模式:依附于大学等学术机构支持的学者们将自己的学术成果在经过同行的无偿评议之后免费提供给出版商,出版商再把这些成果包装之后高价卖给大学。那些鼓吹学术市场化的人忽视了一个基本的事实,那就是出版商追求的是利润最大化,学界则以最大限度地传播其发现为己任。随着越来越多的文章被商业出版商出版,其寻求广泛传播的学术目标就会大打折扣。支持免费获取在线文章的威康信托基金会(The Wellcome Trust)在一份分析报告中指出了问题所在:"那些左右商业市场行为的可变因素与学术市场或者是将科学进步作为公共福祉的较大的共同体的关注并没有很强的联系。"①

　　总之,西方学术期刊由于商业因素的介入而正在经历的出版危机给政府、学术机构、学术团体和学者个人造成了越来越多的压力,大学、学者与商业出版集团之间的紧张关系在这场万人签名的学者诉求中露出了冰山一角。然而,当学者们意识到他们的成果被无偿剥削而采取不合作的抵制行动时,当一些大学和科研机构试图摆脱这一困境而另谋出路时,他们却发现剩给自己的选择已经不多。比学者发表障碍和大学财政危机更严重的是学术传播渠道的闭塞,它将最终导致一个国家学术研究事业生命的萎缩。这一危机也许在短期内不会影响西方国家科技和文化的优势地位,但从长远来说,它很可能会成为西方文明堤坝的一个致命的决口。

二、中国的学术出版优势

　　与欧美等发达国家面对重重危机而趋于衰落的学术期刊出版相对照的是,中东和亚洲一些发展中国家市场化程度不高的学术期刊出版的快速增长。过

---

①　University of California Berkeley,Libray Collections,http://www.lib.berkeley.edu/Collections/crisis.html.

去 20 年中最迅猛的科技与学术成果增长来自伊朗、韩国、土耳其、塞浦路斯、中国和阿曼。根据 2004 年的一项调查,占全世界科技文章转引率 97.5% 的 31 个国家中,只有伊朗、中国、印度、巴西和南非属于发展中国家。2011 年的英国皇家学会报告显示,在用英语发表的科技类研究文章(research article)的数量上,中国仅排在美国之后,然后才是英国、德国、日本、法国和加拿大。报告还指出,中国将在 2020 年前的某个时候,也许就在 2013 年超越美国。①

或许有人会说,中国人发表的文章,虽然数量众多,但质量参差不齐,并不说明中国的学术出版有什么成功之处,不过笔者还是对中国的学术出版持乐观态度。原因很简单,那就是改革开放 30 余年来中国的学术研究已经取得了长足的发展,在数量增加的同时,学术文章的质量也在不断提高。就人文社科领域的成果而言,迟至 20 世纪 90 年代中期,中国内地学术期刊发表的文章大多都在自说自话,对于国际学术界一些重要讨论很少发出自己的声音,因此也很少受到国外学者的关注。即便是中国历史学方面的文章也很少引用内地学者的著述。相对而言,港台学者的文章更受到国外学术界的青睐。进入本世纪以来,这种情况已经逐步改观:一方面,越来越多的国外学者开始关注和引用中国人文、社会科学期刊上的文章;另一方面,一些中国学者也开始积极加入到一些国际学术界流行话题的讨论之中,中外学术交流出现了实质性的飞跃。在这一转变过程中,一大批包括大学学报在内的人文、社会科学期刊发挥了重要作用。与基本停留在原来水平的西方国家和港台地区期刊相比,中国内地期刊无论是规模、质量还是学术影响都大幅提高。

中国学术期刊的这种比较优势主要表现在以下几个方面:

其一是学术期刊与学术机构的紧密结合。众所周知,在大多数西方国家,一般学术期刊都是由学会或依托于某个学术圈子的个人发起,如美国的《明代研究》(Ming Studies),是由明史研究专家范德(Edward L. Farmer)教授在 20 世纪 70 年代创办,依托的是美国明史学会这个很小的学术圈。再如美国的《亚洲研究杂志》(The Journal of Asian Studies),由美国亚洲研究会(Association of Asian Studies, AAS)主办,其编辑部和编辑人员往往根据主编的任免而在各大学之间变换。这种传统的办刊模式自然有其优势,主要在于它能较为方便地吸引

---

① Wikipedia:Academic publishing,http://en. wikipedia. org/wiki/Academic_publishing.

学会内部同行学者的参与。但其弊端也非常明显,很多学会会刊的编辑队伍往往不固定,主编和编辑部的更换,不仅影响到学术质量,有时甚至耽误出刊。笔者在2008年1月曾随教育部副部长吴启迪率领的考察团访问了设在美国纽约、费城等地的爱思唯尔和施普林格的期刊发行总部以及汤姆森—路透科技信息集团(Thomson Scientific),对方在介绍其发行或收录的各种期刊的同时,强调了他们对期刊的评估标准,包括按时出刊、原发性、编委会和作者群体的国际性等。当时印象颇深的是汤姆森—路透将"按时出刊"列为首要标准,因为在中国很少有出刊滞后现象发生,在美国却并不少见,这可能与两国不同的办刊模式有关。

比较而言,中国内地大多数学术期刊首先占据了人才优势。这些期刊大多都有较为稳定的编辑部,业务熟练的编辑团队薪火相传,为期刊质量和出刊周期提供了技术上的保证。福建师范大学学报陈颖编审最近在一篇文章中对国家有关部门将取消编辑部作为期刊体制改革的目标表现出极度忧虑绝非无病呻吟。[①] 如果将学术文章比作一份期刊的燃料,编辑部就是它的发动机。当然,要保证发动机的有效运转,还要提高期刊编辑的专业素质和职业伦理意识。此外,国家和地方的新闻出版监管部门的监督作用也提高了内地学术期刊的时间性和规范性。与西方国家学术期刊的散漫风格相比,依托于高等院校和研究机构的内地学术期刊尽管数量众多,却大多都能够有条不紊地按时出刊,这一事实本身就足以说明其办刊机制存在一定的合理性。

其二是学术期刊数量众多,为不同层面的学生、学者发表文章提供了选择空间。近30年中国学术期刊尤其是大学学报发展的实践表明,学术期刊不仅有发表成果、推动学术交流与进步的功能,而且肩负着训练学术队伍、提高学术素质的使命。当然,就学术期刊本身的标准而言,学报界的确存在"全、散、小、弱"和"千刊一面"的特征,这种局面在很大程度上应该归咎于国家对学术期刊僵死的管理方式。正如仲伟民和朱剑在其文章中所分析的那样,学报结构性和体制性的矛盾的"根源不在学报,而在管理部门,今天一校一综合性学报的格局

---

① 陈颖:《编辑部体制的终结与"后学报时代"的来临?》,《清华大学学报(哲学社会科学版)》2012年第5期。

就是管理部门延续了计划经济时代的习惯性思维而一手造成的"①。因此,解决的办法不应该是用行政强制的方式关闭某些学报,而是应该引导这些学报向不同层面的专业刊发展,确立正确的期刊定位,包括读者定位和学术定位,在提高其核心竞争力的同时达到为不同层面的学术群体服务的目的。②

其三是较为充足的经费支持提高了学术期刊的公正性,在一定程度上保证了所发文章的学术质量。学术期刊从来就是靠国家、学术机构或学术团体的经费补贴维持的,稳定的办刊经费是保证一份期刊正常运转的基本条件。现在看来,西方偏向于自发、自助的办刊体制已经难以适应现代期刊运转方式,难免被裹挟进商业大潮而失去一定的学术独立性。笔者曾接触到几位国外学术期刊的主编,他们常常为缺乏固定的办刊资金而烦恼,对中国内地学术期刊较为稳定的办刊经费支持极为羡慕。在西方各国大多面临财政危机的今天,中国内地一批优秀的学术期刊正在国家和大学相对充足的办刊经费支持下脱颖而出。

总之,相对稳定的办刊队伍,不同层级的期刊平台和相对充足的办刊经费,为中国的学术发表提供了较为宽阔的平台,发表的学术文章数量的上升本身就是学术繁荣的一个重要指标。这种办刊优势是提高国家核心竞争力的重要条件;如能保持这种优势,假以时日,以学术研究为核心的高端文化就会超越西方发达国家。

当然,在出版市场趋于全球化的今天,中国的学术出版也难以独善其身。一方面,这些出版商如同在世界其他地区一样,通过与出版社或期刊社签订合作协议的方式积极地将中国出版的学术期刊纳入其麾下,努力在中国内地扩大其期刊占有量;另一方面,这些公司又不遗余力地向中国各大学图书馆推销其数据化产品。这些世界一流的期刊出版公司提供的方便、快捷的阅读和检索服务吸引了越来越多的大学图书馆纷纷订购其产品。然而,图书馆方面很快会发现,这些公司在占据了足够的市场份额之后就开始提高其产品价格。据悉,"个别出版商的全文数据库甚至出现年度涨幅 20%~30% 的情况,造成图书馆外文

---

① 仲伟民、朱剑:《中国高校学报传统析论——兼论高校学报体制改革的目标与路径》,《清华大学学报(哲学社会科学版)》2012 年第 5 期。

② 有关合理的定位对于提高期刊核心竞争力的意义,参见刘远颖、刘培一:《论学术期刊核心竞争力的提升》,《中国科技期刊研究》2007 年第 2 期。

科技期刊订购费用迅速膨胀"①。

　　值得庆幸的是,中国的大多数学术期刊还是由国家和学术机构资助的,尚未步入市场化的误区。如能在雄厚的国家财力支持下建立起各种形式的免费在线阅读平台,就能够抵消国际期刊巨头们对学术期刊的出版垄断。据悉,国家有关部门正在筹建让读者可以免费获取文章的在线平台和数据库,为中国人文、社会科学的繁荣提供传播上的保障。当然,这并不意味着中国的学术期刊出版可以固步自封,正确的改革路线是要扬长避短,在不放弃自身优势的情况下充分利用网络化、数据化给中国学术期刊出版带来的机遇,找到一条既适合中国国情又符合世界学术发展规律的学术期刊出版方式。

三、中国人文、社科期刊的困境与出路

(一)学术环境问题

　　前面强调中国内地学术期刊相对于西方国家的比较优势,并非要回避这些期刊存在的严重问题。学术界对当前中国人文社会科学期刊,尤其是各大学学报的批评不绝于耳,来自学报界内部的自我反省则更为深刻。朱剑提出的"社科期刊的十个两难选择"较为全面、客观地反映了目前国内学术期刊存在的诸多问题。② 这些反思冷静、尖锐,有振聋发聩之功,敦促学术期刊界同仁积极地思考改革之道。笔者在此想参考发达国家尤其是美国的学术期刊经办方式,从学术环境和办刊模式两个方面讨论一下解决问题的可能性路径。

　　造成目前国内学术期刊整体质量不高的客观现实,与中国长期以来形成的学术环境有密切关系;而学术环境的形成,主要取决于制度、伦理和学术习惯等。首先我们来看一看发达国家与学术期刊相关的制度、环境。在美国,只要申请注册一个刊号就可以创办一份学术期刊,除非涉及国家和全民利益,政府一般是不会花纳税人的钱来资助个别领域的学术活动的。营利性大众刊物靠市场支持,办非营利性学术刊物就成了学术机构、学术团体和学者们自己的事

---

　　① 百度百科:"爱思唯尔",http://baike.baidu.com/view/5238290.htm.
　　② 朱剑:《徘徊于十字路口:社科期刊的十个两难选择》,《清华大学学报(哲学社会科学版)》2007年第4期。

了。反观中国的学术期刊,国家对办刊方式和刊号等政策资源的控制,高校对办刊经费和人力资源的控制,决定了我们既不可能在纯市场环境下办刊,也不可能在纯学术环境下办刊。前者追求的是经济利益,而后者追求的是真理和学术价值。中国高校学术期刊的办刊模式反映的是国家政策、高校声誉和学者发表诉求三种因素的混合体。

而在中国,30年来的改革开放虽然改变了新中国头30年的大锅饭政策,促成了国家的繁荣与发展,但以市场化为导向的改革政策在一些行业也产生了一定的副作用,那就是对于绩效过分强调导致对成果数量的盲目追求,而大学和科研机构对于教师和科研人员过分量化的考察指标加重了市场化带来的副作用。学术成果本来只是学者表现自己科研发现的方式,有没有,有多少,既取决于学者个人的努力程度,也取决于学科差异和科研条件的优劣,因此难以对大学教师和科研人员制定一个划一的成果数量指标。盲目追求成果数量必然导致学术成果的贬值。此外,过度的绩效制也导致大学教师对于自己工酬的过分在乎。按劳取酬意味着劳必有酬,在这种背景下,学术自觉传统受到破坏,除非与待遇、晋升等实际利益挂钩,不然学术兼职很难推行。

一份学术期刊的维护与发展离不开相关学者的专业认同。这种认同对于一个只需获得较小学术圈子支持的专业刊应该不是问题,但对于一份跨越几个不同学科的综合性学术期刊,比如学报,要同时建立起专业认同是不可能的,而单位认同对于一些学科背景比较好的高校来说可能会在一定程度上解决基本稿源问题,但从长远来说反而制约了学报的学术水平和学术影响。因此,要建设世界一流的学术期刊,必须走专业化道路,高校学报可以在依托高校这一基本格局不变的情况下,通过全国范围的学报间协调,探索一条向专业刊过渡的方式。下文要讨论的网络化、数据化趋势,将为这一发展方向提供便利条件。

（二）办刊机制问题

我们知道,在大多数欧美国家高校中,尽管一些名刊的地位已经众所周知,在上边发表的文章自然受到重视,但学术单位对于多数期刊并没有划分等级,唯一的衡量标准,就是是否同行匿名评审期刊。根据笔者的观察和了解,虽然目前国内很多人文、社会科学期刊都声称实行同行匿名评审制,但严格执行的还是少数。从目前中国的学术环境和办刊状况来看,匿名评审制度的可行性和可靠性都有待实践的检验。包括学报在内的一些著名学术期刊之所以能够吸引高质量的学术论文,除了自身已有的地位和影响,主要还是靠主编和编辑的学术眼光和学术人脉。然而,一份期刊学术质量的长期保持不能单靠主编和编辑,更要靠一种公正、合理的评审制度。任何制度的建立和推行都需要一个循序渐进的适应过程,对于同行匿名评审制度的采用,不仅编辑要适应,专家也要适应,因为这是国际学术界公认的办刊规则,是中国学术期刊走向世界的一道绕不开的门槛。当然,要在中国建立严格的同行匿名评审制度,不仅需要期刊和学术同行的共同努力,还需要教育部和各大学采取措施,改变目前急功近利的学术风气,调整大学内部的考评制度,甚至要逐步淡化经济体制改革之后因矫枉过正而建立起来的做一件事拿一份钱的学术打工制度,把教育交给学校,把学术交给学者。有了稳定的工作和收入,学者们才能平心静气地致力于教学和科研,才能不计报酬地为学术奉献,也才能保证同行匿名评审制度的健康运行。当一份期刊无论主办方是谁,对所有学者都能一视同仁的时候,我们离专业刊的目标也就不远了。

（三）期刊编辑规范问题

美国大部分学术期刊和学术著作,采用的都是《芝加哥规范手册》(Chicago Manual of Style)中列出的规范标准。这些规范标准有几种选择,一般刊物都是选择一种行业内广为认可的标准。尽管各刊之间存在着差异,但所采用的标准仍具有内在的一致性。有些期刊会在芝加哥手册基础上作一些针对本领域特点的补充,公布在投稿须知中。作者在投稿之前都要查阅这些标准,并严格按其要求调整稿件格式,不然的话稿件很难被采用。对于受过高等教育训练的英语作者来说,有些书写规范在平时就已经养成。如果稿件在规范上出现常识性错误,编辑或评审人会认为作者缺乏基本学术训练而直接拒绝其稿件。所以,美国学术期刊编辑很少把时间花在帮助作者修订格式上。由于涵盖的学科较多,统一风格可能是我国高校学报综合刊的一大难题,但如果能在参与网络专业刊的学报中率先建立一套完整、合理的编辑规范,一方面可以提高专业刊的编辑质量,另一方面也可以推动学术规范的完善。

（四）学术期刊出版、发行的网络化、数据化趋势

前面谈到,从20世纪六七十年代开始的商业因素向学术刊物的渗透给世界范围内的学术期刊带来前所未有的挑战。很多学者、学术机构和学术期刊不满于这种状况,试图寻求替代性的学术发表路径。然而,即使参与抵制爱思唯

尔的学者也不能不承认一个事实,那就是网络化、数据化的学术期刊给读者提供了前所未有的阅读和研究方便。而很少有哪个期刊能够凭自己的力量建立一个独立的数据化平台,即使建立起来,所花费的资金与所收到的效果也极不相称,因此不得不靠有经济和科技实力的出版商来完成向数据化和网络化的转换。对于研究者来说,他们关心的主要是跟自己研究相关的文章,而不是文章发表的刊物;对于期刊界来说,纸质刊正在淡出人们的视野,出版发行的主要目标由独立完整的期刊转化为分散的文章,这恰巧在某种程度上解决了目前国内综合刊数量过多的问题。国际学术界对于一个国家学术实力的评估不是看这个国家有多少知名学术期刊,而是看这个国家发表了多少有较高质量的学术文章。因此,网络化和数据化是学术发表的必由之路。

那么,如何解决前文提到的学者与出版商之间的矛盾,让学术为国家、为全人类服务,而不是变成出版商获得巨额利润的工具? 在笔者看来,可行途径至少有二:其一是由国家给出版商和学术期刊提供资金支持,条件是为学术出版提供免费网上阅读,既让为技术开发和市场扩展付出代价的出版商有利可图,又让学术界能够真正从网络化、数据化的信息技术革命中获益。其二是由政府部门直接经营数据化出版,建立免费的网络数据平台。只有这样才能够避免商业化陷阱,化解学术与商业的矛盾,也才能帮助大学学报等综合刊走出两难选择,在不伤筋动骨的条件下,完成向网络化、数据化的过渡。

原刊于《文史哲》2013 年第 2 期

论高校学报青年编辑的学术素养

——兼谈高校学报青年编辑的职业发展

王雪松[*]

"编辑学者化,学者编辑化"的提法已经不是什么新鲜事,在很多高校学报编辑部,由学者兼职或专职担任主编也是很普遍的事情。但是就普通编辑的学者化而言,在实践中还存有问题,在理论上还存有争议。[①] 但不可否认的是,随着时代的发展,编辑的知识结构、学术水平越来越成为制约刊物发展的重要因素。就高校学报来说,其与科研机构的密切度更高,与读者作者群体的互动更集中频繁,与学术母体的联系更加紧密,同时,知识的更新速度加快,编辑唯有不断进步,才能把握学术动向,追逐学术前沿。从长远看,学者化是编辑成长和发展的必由之路,对于高校学报的青年编辑来说,挑战与机遇并存,需要积极正确地自我定位,自我发展,提高学术素养。

一、高校学报青年编辑提高学术素养的必要性

众所周知,学术期刊的编辑从约稿、组稿、审稿、改稿,甚至在退稿环节,都离不开学术判断。现在随着数字技术的介入,大部分学术期刊都建立了网上投稿和审稿平台,自动化的编辑流水线简化了编辑工作,编辑居于作者和审稿专家之间,不少编辑当上了学术活动的"二传手"和"中间人",专业化的问题留给

---

   * 王雪松,《华中师范大学学报》编辑部。

   ① 蒋宇:《"编辑学者化"论争与"学者型编辑"的构建》,《宁夏大学学报(人文社会科学版)》2011年第6期。

专家解决,似乎不需要编辑多么高的学术修养,其实不然。

编辑缺乏学术眼光,只好将大量的平庸之作推送给专家审理,那么势必增加编辑部的经济成本,而选用的稿件毕竟是有限的,增加了劳动强度和办公支出。更重要的是,依赖投稿平台和自动化程序,人的因素被弱化了。

首先,编辑学术素养的提高,能够在选题策划和引导学术方面发挥更大的作用。学术强调创新,学术期刊一方面是传播知识、建构知识,另一方面也是传播理念、创新思维。编辑只有具备一定的学术素养、才能有意识地组织稿源,策划选题,而不是被动等待来稿,然后搞一个学术文章大拼盘。后者容易使期刊掉入"小、散、滥"的泥潭而为人诟病,从此失去特色,而前者则可让期刊形成若干稳定的关注点,从而带动学术发展。

其次,编辑的较高学术素养有助于做好编校中的沟通工作。在我国当下学术氛围中,编辑的学缘关系、人脉关系、学术地位在约稿环节中起着重要作用。在实践中,我们发现,编辑的程式化约稿语言,尽管写得真诚客气,稿酬不可谓不丰盛,言辞不可谓不恳切,但效果并不佳。这是因为,约稿语言被固化为职业语言,而学术味道淡薄。相比于报酬,学者更乐意寻找知音,更关注学术观点的被关注度。如果编辑能够针对该学者的研究领域,从其最新的学术活动入手,展开学术性对话和邀请,那么往往能收到积极回应。而这,需要编辑有较高的学术素养。

在外审环节,也需要编辑的学术判断。一般而言,稿件经编辑初审后,才会送去外审。也就意味着,放出去的稿件必须具有一定的"含金量",值得外审专家付出劳动,如果送审稿件存在明显学术问题,特别是常识性问题时,就会让外审专家产生不好印象,影响下一次交往。当然,有些编辑在初审阶段,根据稿件上的信息(如学校类别、职称、学历、既有学术成果)来作为评判稿件质量的依据,这当然有一定的道理,但从发现和培养新作者的角度来看,这往往会漏掉那些潜力作者。同时,对于某些知名学者来说,也不能保证篇篇文章都是精品,从文章外部条件入手,也有失公平。

还有一种情况,当稿件外审回来后,有些意见比较尖锐,有些意见比较中肯,有些意见和编辑初步的判断有较大出入。一般来说,否定性意见一般源于学术观点的不认同、对论证方法和行文逻辑的不认可等。编辑要根据实际情况,选择重新另审、退修、退稿等处理方式。在具体处理过程中,特别是面对退修和退稿时,要注意转换成学术语言,规范得体,又能表达出审稿意见;在修改稿件过程中,可以和作者一起想办法,积极参与到文章写作中。这一切都需要编辑要有深厚的学术素养。

二、高校学报青年编辑提高学术素养的路径

教育部之前对高校学报的定位,对于学报编辑部和编辑工作产生了重要影响。如2002年教育部《关于加强和改进高等学校哲学社会科学学报工作的意见》指出,高等学校哲学社会科学学报是高等学校主办的、刊登哲学社会科学研究论文的、高层次学术理论刊物,是高等学校教学科研工作和我国哲学社会科学事业的重要组成部分。它连续、集中、全面反映高校教学科研成果,是传播社会主义先进文化的重要载体,是展示高校学术水平的重要窗口,是开展国内外学术交流的重要桥梁,是发现培养学术人才的重要园地,是塑造学校形象、创造学校品牌的重要途径。在推动高等学校教学科研和繁荣发展我国哲学社会科学,在承担哲学社会科学"认识世界、传承文明、创新理论、咨政育人、服务社会"的神圣职责中,具有不可替代的作用。[①]

因此,在很长一段时间内,大部分高校将学报作为展示主办高校学术成果的"窗口",作为培养校内青年学者的"平台",有强烈的内向性。学报编辑部一般被划作教辅单位,有点"自留地"意味,如此在编辑职业规划上,难以保证专业对口,甚至成了安置人员的一个边缘单位。然而,随着时代发展,大部分高校学报已经"开门办刊",将高校学报作为公共学术平台来经营。这样,高校文科学报乃至学报编辑迎来了新的发展契机。编辑行业门槛提高,编辑要求有一定学科和学术背景。以华中师范大学学报(人文社会科学版)为例,现有编辑6人,分属文学、政治学、哲学、历史学、教育学、经济学领域,全部实现编辑专业化(这个专业化不是指编辑来自编辑出版专业,而是来自相关学科),专业与分管栏目一一对应,学历全部为研究生,具有博士学位的有4人,其中具有博士后经历的有2人。编辑素质的提高提升了学报的刊文质量,反过来,学报声誉的提升又

---

① 尹玉吉:《论中国大学学报现状与改革切入点》,《清华大学学报(哲学社会科学版)》2011年第4期。

促使编辑的自我进步和学术研究。

（一）提高青年编辑学术素养的途径之一：学历进修

这是提升编辑学术素养的有效手段。就笔者与高校学者的交流情况来看，有一种意见认为，由于现阶段博士还未走向扩招，从培养模式上看，大多数博士研究生经过系统的学术训练，已经窥得学术研究之门径，且毕业论文要经过匿名外审，故而培养质量有一定的保障。因此，对于大部分编辑而言，要积极进取，根据自身情况，攻读高一级学位。对高校学报的编辑而言，由于生活、工作在大学校园，学历提升有一定的便利性，可以兼顾工作和学习，青年编辑要抓住机遇，不畏艰难，努力提升自我。

（二）提高青年编辑学术素养的路径之二：参加学术会议

对于学术期刊编辑而言，积极参加学术会议已成共识。因为学术会议（特别是专业高端学术会议）能提供良好的学习和交流平台。首先，一般而言，学术会议都会有相关的议题，这些议题经过论证，反映了该专业的研究动态和前沿问题，便于编辑把握该专业的发展趋向。其次，可以广交学术朋友，寻找共同的兴趣点，学术会议话题较为集中，编辑可以从中寻找优秀论文，便于组稿。另外，编辑自身也可表达学术观点，以议题吸引专家参与，积累作者和审稿者资源。

笔者在此还想特别指出，编辑行业内部的学术会议，也非常有必要参加。长期以来，学报编辑大多参加的是培训学习，单向单质单调。但是近年来，编辑行业内部也逐渐开始举办学术会议。例如，以笔者所在的华中师范大学学报为例，在2012年4月举办了"中国高校系列专业期刊建设学术研讨会"，在同年12月举办了"高校文科学报信息化背景下的栏目建设研讨会"，邀请了来自学术评价机构、信息传播机构、学术期刊的资深学者和主编来作相关报告。会议得到了与会者的高度赞扬，编辑能够获得编辑行业的最新学术信息和发展方向。另外，编辑之间的交流更加细致具体，就编辑业务中的问题砥砺切磋，更利于学术素养提高。因此，青年编辑要格外注意和重视行业内部举行的研讨会。

（三）提高青年编辑学术素养的路径之三：立足岗位，依托院系，投身教学和科研

青年编辑在编辑稿件过程中，一是"阅文无数"，有了较广博的学术涉猎，特别是跨学科的文章带来不同的学术视阈，为开展科研创造了条件。二是"磨砺良久",每一篇学术文章的刊发,都经过外审、修改、校对等环节,故有"磨"文章之说,这也是一种透明的治学过程,从中编辑获得如何写作学术文章的直接经验。二者为编辑从事学术工作打下了基础。

对于高校学报来说,必须要借助院系的科研力量,编辑更要融入院系,适当承担教学任务,同时也依托院系的科研基地或团队,亲身投入到科研工作中。长期不动笔,编辑易陷入"眼高手低"的境地,因此勤动笔,可以有效避免这种现象。跟院系打成一片,编辑会获得更多的学术资源,从而更好地"武装"自己。青年编辑只有保持与学术母体之间的学术联系,亲尝科研之甘苦,亲历教学之得失,才能更深刻地理解学术文章和学者,带来学术素养和职业素养的双向提高。

三、高校学报青年编辑提高学术素养的困境和对策

随着数字化浪潮的到来,整个出版行业面临着转型和调整,同时由于社会分工得越来越精细,学术期刊编辑的角色会进一步细化,原来的组稿和校对工作,可能会分化为选题策划、学术审查、文稿编辑、校对、技术处理、网络传播、营销等方面。这一切,对身在其中的传统学报编辑而言,既是机遇又是挑战。①2012 年 7 月 30 日,新闻出版总署印发《关于报刊编辑部体制改革的实施办法》,学报编辑部有"转企"之论,一时间改革之声风声鹤唳,学术期刊界陷入惶恐不适中②,社会大环境的变迁给青年编辑的成长带来了困扰。

除此之外,高校内部的小环境也给青年编辑的成长带来困扰。比如,在职称评定上限定在出版编辑系列,这倒无可厚非,但是在科研成果认定上,只限于编辑业务方面,扼杀了专业学术研究的兴趣。另外,在科研条件和待遇方面,学校政策一般向教师系列倾斜,编辑在申报课题、外出访学、考试进修方面受到诸多限制,这一定程度制约了青年编辑学术素养的提升。

---

① 郭庆华:《出版转型中学术期刊编辑的生存与发展》,《山西大学学报(哲学社会科学版)》2013 年第 1 期。

② 桑海:《"视差之见"与跨越性反思———近期高校社科学报改革讨论述评》,《文史哲》2013 年第 2 期。陈颖:《编辑部体制的终结与"后学报时代"的来临?》,《清华大学学报(哲学社会科学版)》2012 年第 5 期。

而编辑部内部的微环境，也为青年编辑的成长带来一定的压力。一般而言，编辑部的人员都比较少，但事务性工作却很多，青年编辑在编辑部往往要承担很多杂务，占据不少时间和精力，同时由于职称低，待遇低，还承受巨大的经济压力。这些也成为青年编辑研修路上的"拦路虎"。

针对上述情况，需要两方面作出调整。一方面是管理部门的管理方式，一方面是青年编辑自身的调节能力。

对于管理部门而言，不能将"编辑"视为"螺丝钉"，以岗位的方式固定其职责、权益，不得越雷池半步。上述管理方式，是将人作为"物"来管理，虽然简化了管理，但是却丧失了人的主动性和灵活性。有些单位制定一些严格的规定如"几年内不得转岗""职称评定只能从职业角度考量""不参加外出学习进修"等，据称是为了让编辑安心工作，有利于期刊平稳发展。其实，这是让编辑"死心"工作。管理部门应该转换思路，只有充分调动编辑的积极性，才能办好学术期刊。所以，管理部门应该根据编辑个体所长，制定个性化、多样化的发展政策，不怕编辑走出去，因为合理的岗位流动，才能带来岗位良性竞争。这样，编辑岗位在竞争中越发"抢手"，期刊也因此而更具"竞争力"。同时，管理部门要出台政策，促使编校分开，编辑和出版发行分开，将编辑从琐碎的和不擅长的工作中抽身出来。

对于编辑个人而言，不能只做"万金油"，而应该在掌握基本编辑技能的基础上学有专长。一般而言，一个人的精力有限，做到既博又精是很难的，青年编辑不必面面俱到，而是要注重扬长避短。也不能坐等被动改革，而应该顺势而为，因为无论怎么改革，培养高素质的人才是我国文化大发展大繁荣规划中的应有之义，编辑只有不断提升自己的素养，方能勇立改革潮头。青年编辑要处理好职业和学业的关系，处理好角色定位和个人理想方面的关系，处理好学术素养提升与期刊发展之间的关系，处理好个人与集体的关系等。唯有如此，青年编辑才能更好地成长。

原刊于《襄阳职业技术学院学报》2013 年第 3 期

高校学报改革方向与路径的多角度思考

孙俊青[*]

从 2003 年推行的文化体制改革为电影院线、剧团、出版社、非时政类报刊等的改革都划定了明确的时间表,改革也的确取得了部分预期的市场化效果。但是,对于高校学报的改革一直没有明确的时间表和见效的举措。2012 年 7 月出台的《关于报刊编辑部体制改革的实施办法》显示了国家对于高校学报改革的决心,但实施一年多来,在进行实质性推进的过程中遇到了现实困境。另一方面,目前面临的数字化的迅猛发展、国际化潮流的推进和大数据的时代特点等形势远比单纯的改制与否复杂、严峻得多。[①] 基于此,无论是政策制定者还是高校学报的主管主办单位,以及广大的编辑同仁,都需要积极面对行业整体变化和这种最新的改革形势,重新思考在数字化飞速发展、大数据时代已经到来的趋势下高校学报扮演的角色,重新思考高校学报的改革方向和路径选择问题;对于我们原来坚信的关于高校学报应该建立联合体,专业化取代综合性的改革发展方向,以及实现规模化和集约化出版的改革路径[②],需要结合新的形势再思考和分析。

* 孙俊青,《北京联合大学学报(社会科学版)》编辑部。
① 尹玉吉:《中西方学术期刊审稿制度比较研究》,《浙江大学学报(人文社会科学版)》2012 年第 4 期。
② 关于高校学报改革方向和路径,是笔者根据原新闻出版总署颁布的《关于报刊编辑部体制改革的实施办法》和原新闻出版总署领导在不同场合,对大学学报提出的改革要求等进行的总结描述。

189
高校学报改革方向与路径的多角度思考

一、从对高校学报专业化的探索
转向文献使用专业化的开拓

（一）对高校学报专业化的探索历程

高校学术期刊,尤其是高校学报的改革话题由来已久。可以说从高校学报大规模发展的上世纪八九十年代,有远见的同行和研究者就开始讨论高校学报的改革发展问题。随着我国科技事业的突飞猛进,学术期刊日益受到重视;我国文化体制改革的逐步推进,关于高校学术期刊改革的话题一次次被提起。比较典型的关于高校学报改革的权威论述来自高校的专管部门——教育部。2002 年,时任教育部副部长的袁贵仁提出了关于高校学报改革发展的三种途径:上策为由一个学校牵头,依托全国性各专业委员会、学会,办高校社科学报各专业专刊;中策就是鼓励若干高校社科学报合作,或叫联合,组成联合编委会,进行相对集中的学科专业分工;下策为内涵发展之路。① 教育部也因此开展了促进高校学术期刊发展的名刊评选活动,旨在促进高校学报的发展,争取资助一批使其成为国内甚至国际上比较著名的学术期刊。原新闻出版总署也认为学术期刊改革就是要进一步优化高校期刊结构,鼓励高校期刊向专业化、特色化、品牌化方向发展。② 这些是从主管单位自上而下的改革,也收到了一定的效果,但是并没有从根本上改变高校学术期刊,尤其是高校学报在创办之初就存在的一些饱受诟病的综合性和向内性问题。③ 到 2011 年更是因《光明日报》的系列报道,总结了高校学报的"全、散、小、弱"特点,而引起了学术界关于高校学报的功能和实际作用的大讨论。④ 同时,2011 年 1 月,《清华大学学报(哲学

---

① 袁贵仁:《新世纪新阶段高校社科学报的形势和任务——在全国高校社科学报工作研讨会上的讲话》,《北京大学学报(哲学社会科学版)》2002 年第 6 期。

② 王玉梅、李东东:《高校学术期刊要集约化规模化发展》,2009 – 12 – 22,http://www.chinaxwcb. com/index/2009 – 12/22/content 186100.htm.

③ 尹玉吉:《论中国大学学报现状与改革切入点》,《清华大学学报(哲学社会科学版)》2011 年第 4 期。

④ 《光明日报》从 2011 年 3 月 27 日起,推出系列报道"高校学报出路何在",共推出 6 期关于大学学报的作用、功能、存在的问题、改革期许等相关内容的报道。之后,其在学术界引起强烈反响,也带来了关于高校学报存在、发展和改革的大讨论。

社会科学版)》牵头的 17 家入选教育部"名刊工程"的学报在中国知网的平台上，开辟了高校学报的专业化期刊——中国高校系列专业期刊，主要是将这 17 家学报的文章按专题分类上传，成立由各综合性学报组成的联合编辑部，对拟在各综合性学报发表的文章同步进行数字化、专业化编排，在主要一级学科，联合打造共建共有的、权威的系列专业期刊。① 经过这几年的发展，到目前已经有 70 余家学报参与。这种数字化期刊订阅省钱方便，数字发行，对于某一学科的学术、科研工作者来说，作为随手翻阅的可能更多一些，每一期翻阅一下，发现感兴趣的作者和文章可以下载直接阅读，正好可以弥补数据库鱼龙混杂的不足。实际上这种数字专业化期刊的优势也正是为专业的读者进行了大致的专业定制，体现了专业化的优势，但是对于绝大多数的习惯于直接按照主题、关键词等搜集资料的研究者，其作用和意义并不大，因为"中国高校系列专业期刊"毕竟只是一个入口，搜索路径不具有唯一性。所以，这种探索也就应该止于电子期刊，实在不宜进行实质上编辑部的重组合并，拼成几大专业期刊。

（二）数字化发展使文献使用专业性成为可能

经过重组合并的电子期刊对读者来说，确实带来一些方便。但是，学术期刊的读者并不同于以消遣阅读为主的其他消遣类杂志的读者，其更多的是为了科学研究查找与自己所研究科目密切相关的信息，他们通常以主题词的形式到数据库中检索查阅。在以往非互联网时代，人们查阅资料是靠翻阅、手抄、做卡片等积累，而且期刊订阅大户的各图书馆、资料室经费有限，所以喜欢订专业类的期刊，读者查阅资料主题集中，乐于翻阅专业类期刊，因此也产生了图书馆制定的中文核心期刊等，用以指导订阅杂志。目前，各家学报、包括专业期刊都作为来源刊被几大数据库收录（最明显的就是中国知网）。读者查阅资料的方式变了，都是以主题检索的方式来查阅资料，在整个数据库中，只要输入主题检索词，不论是知名教授还是普通科研工作者的文章，不论是发表在核心期刊、专业杂志还是一般学报，只要是数据库中存在的都能搜到。

笔者就此进行了一个对比调查。例如，北京大学知名学者陈少峰是研究文化创意、文化产业的专家，笔者找出作者在类似的选题，相近的时间段内，发表在专业期刊、高校学报的不同论文进行被下载量的对比研究。这里列举的是作者在同一时间段内就相似主题所撰写的学术论文,发表媒介涉及了专业期刊(《中国流通经济》《文化月刊》)和核心期刊(《人民论坛》)。按照一般观点,这种专业期刊应该比综合性的《北京联合大学学报》(人文社会科学版)的影响力要大一些。但是就是被大家否定的综合性的普通高校学报,所发表的文章被引用频次却分别达到 10 次、10 次、3 次,下载量除了 2009 年比《中国流通经济》的低,其他的都高于这些专业刊。(详见下表)

文章题目	作者	载体	时间	引用	下载量
关于提升文化产业集聚园效益的思考	陈少峰	北京联合大学学报(人文社会科学版)	2009 - 08 - 20	10	460
政府在推动文化创意产业中的角色定位和工作方式	陈少峰	中国流通经济	2009 - 03 - 23	2	633
提升文化国际竞争力的立体化视角	陈少峰	人民论坛	2011 - 08 - 15	1	159
文化产业的全产业链商业模式何以可能	张立波;陈少峰	北京联合大学学报(人文社会科学版)	2011 - 11 - 20	10	550
培育动漫产业市场主体的若干对策	陈少峰	北京联合大学学报(人文社会科学版)	2010 - 05 - 20	3	169
发挥文化产业在提升经济中的引擎作用	陈少峰	文化月刊	2010 - 04 - 15	0	143

资料来源:笔者根据中国知网相关资料进行整理。

由此也不难看出,虽然高校学报的纸本订阅量少,但是它的传播量并不少,影响力也不低。以目前的主要传播途径(数字化传播)来说,一般期刊和专业期刊在传播途径上并无多大不同,其实在长期的实践摸索中,更多的高校学报,有意无意地已经避开了关于专业性和综合性的艰难选择,借助数字化技术,通过搜索引擎和专业化的期刊平台将内容结构化,读者可以下载或订购有关的单篇文章,实现了使用文献的专业性。这样看来,虽然高校学报的出版形式依然是综合性的,但是在读者使用的过程中,依托数字出版和期刊平台的聚合功能,在客观上达到了文献使用上专业化的效果。这样就要求我们在新的改革形势下要更好地加强数字化建设和完善期刊的运行环境。

总之,从事纸质媒体出版的期刊需要转过来用新媒体的思维去思考问题,才能拯救传统出版业和实现转型。① 数字化出版和传播解决了长期以来困扰学报界的关于综合性和专业化选择的难题,超越了简单地将学报专业化的局限,更深层次形成了以读者为中心,以内容为主体,实现了读者使用文献的专业性,为读者提供了全面的、多层次的信息服务平台。② 从对高校学报专业化的探索转向文献使用的专业性,是我们进行高校学报改革的新方向。

二、从对内容提供的规模化要求转向信息供应的集约化和定制化

(一)对高校学报集约化规模化发展的要求

进一步深化高校期刊出版单位改革,鼓励高校期刊集约化、规模化发展,构建学术期刊数字出版平台,创新高校期刊出版体制。要把分散的办刊力量集中起来,优势互补、资源共享,借鉴国外先进的办刊经验,形成一批开放型、高水平的学术期刊群。③ 这是原新闻出版总署对高校学术期刊改革的期许和改革的最终目的。一提到规模化和集约化,大家首先想到的就是合并重组,做大做强。做大容易,但也有无数的例子证实了做大并不一定能做强,强不是简单合并相加就能达到的。

"经济社会文化的发展变革决定着出版业发展的基本路径和整体特征。"④ 在各种条件尚未成熟时,只是为了组建期刊的航母,靠行政力量自上面下组建的集团,貌似强大,实则不然。所以在面对高校学报这个出版能力相对更弱,市场化几乎为零的领域进行改制时,不宜简单地兼并重组。可以换一种思维和角

---

① 陈少峰、陈晓燕:《基于数字文化产业发展趋势的商业模式构建》,《北京联合大学学报(人文社会科学版)》2013 年第 2 期。

② 周小华:《用数字化实现高校学报的专业化》,《编辑之友》2012 年第 6 期。

③ 周小华:《用数字化实现高校学报的专业化》,《编辑之友》2012 年第 6 期。

④ 杨虎、乔东亮:《产业化转型下的日本畅销书出版业发展历程及启示》,《北京联合大学学报(人文社会科学版)》2013 年第 3 期。

度考虑借助当前形势的发展,和人们阅读方式的变革,以技术为着力点,实现高校学报传播能力的增强和传播效果的推广。在当前条件下,对高校学报的改革,不宜一味地要求内容的规模化,组建高校学报集团不是我们的最终目的,关键是高校学报要加入轰轰烈烈的改革中去,以传播能力的增强和影响力的扩大为办刊第一要义。

（二）信息供应的集约化和定制化

上面谈到的由《清华大学学报》（哲学社会科学版）牵头组织、教育部所评的多家社科学报名刊联合、在中国知网平台发布的几种专业学报,是一种实现规模化的数字化的联合方式。这种方式对于稿件的传播效果和影响力并未加大,因为传播方式和传播途径都依赖于网络和数字化,而非刊物的专业与否。

文化体制改革进行的这 10 年中,网络发展日新月异,技术飞速发展,我们的学报改革也必须与时俱进。阅读方式的变化正在影响着我们的选择,学术期刊必须面对这一问题,不应只盯着编辑部编制、盯着纸媒发行量的日渐减少,还应看到随着国力的增强,科研人员和高校师生的增多,学术期刊潜在的作者和读者没有减少,反而大幅上升,只不过由纸刊订阅转向了网络下载,学术期刊由整本发行转向了单篇发行,这也符合今后的发展趋势。在网络化的信息时代,先进的媒介传播技术,将媒介传播的速度、广度、信息的量度、目标的向度、精准度、强度等都提到前所未有的水平。编辑创作媒介的任务,不是更小了,而是更大了。[①] 基于此,高校学报应改变传统的只做内容提供者的角色,而应向兼具信息服务商角色的方向努力。目前大数据的时代,更强调对数据的分析和利用,随着网络平台交互使用功能的延伸和加强,读者和作者可以进行单篇文章传播途径、传播能力、引用率和影响力的统计分析。目前需要更大的集成果发布、知识传播和学术评价等功能于一体的,能够按需据实进行学术传播能力和影响力分析的平台出现,借以提升高校学报的水平。建立在平台交互基础上的集约化、规模化切实可行。

（三）高校学报集约化的实现途径

如果高校学报的体制不变,意味着从业人员的事业编不变,那么激发积极

---

① 王振铎、高峻《编辑创新:出版传播的核心竞争力》,《北京联合大学学报（人文社会科学版）》2012 年第 2 期。

性、实现信息的集约化和定制化,可借鉴新闻出版体制改革中部分报刊实行的采编与经营分离的做法。高校学报的人员编制保留在高校体制内,实现各高校学报出版和发行的集约化和定制化服务。这样各编辑部可以保持目前的状态,关注前沿动态,潜心学术发展;出版之前的工作都由编辑部完成,印刷、发行、广告交出版公司由专业的期刊经营人员来经营。出版公司同时可以与编辑部合作,策划和举办学术会议、大奖赛等各种形式的活动,来促进刊物的传播和发行。借鉴目前一些出版社的运作方式,实行策划编辑和文字编辑分工合作的方式,策划编辑聘任行业领域有一定组织沟通能力的主要研究人员承担。由出版公司和编辑部主编等共同成立编委会,确定每期的选题方向和主要作者群体。文字编辑人员还是由各高校聘任,以目前的岗位标准,按照目前各编辑部的考核方式对编辑进行考核,人员流动也只在校内。全公司化的运作对学术期刊的发展会带来什么样的利和弊?一方面通过策划议题、笔会等形式能够取得一批稿件,也利于刊物的发行和传播,但是这种策划的学术文章也可能会背离学术研究的宗旨,充满浮躁和急功近利的学术风气;而另一方面,综合性高校承担很多基础性的研究工作,研究成果也需要发表、交流、传播,这种完全放开的市场化、公司化运作的学术期刊或许会摒弃这类成果的刊发,所以在采用这种内容与出版分离的方式时,必须统筹考虑,精心安排。也可争取政府或者基金会的支持,主管部门出面协调各方关系、利益,以真正有利于学术交流和发展为最终目的。

顺应潮流,立足实际,坚持数字化的发展,积极探索学术期刊的发展规律和传播规律,是当前情况下高校学报的努力方向。“变革的永远是技术,思想才是最终的引领者。”无论怎样的技术革新,主旨还是编辑要有发现学术价值的眼光,高校学报必须以学术立命,从对作者负责转到对读者、作者和科研事业负责,改变过去那种专业期刊优于高校学报的理念,从对内容提供的规模化要求转向信息供应的集约化和定制化服务。

原刊于《出版发行研究》2014年第2期

高校学报改革方向与路径的多角度思考

学术期刊分级制带来的问题与破解方略

李宗刚*

学术期刊作为发表学术研究成果的重要平台,在提升学术研究水平、推动学术发展等方面具有极其重要的作用。但是,随着有关期刊评价指标体系对学术期刊的分级,致使期刊出现了层级分化:一方面,这对规范学术期刊正确办刊方向、促进优秀期刊的脱颖而出,具有积极的作用;另一方面,期刊分级也犹如双刃剑,它对那些未被纳入核心类的期刊则产生了抑制作用,甚至还部分地制约了一般学术期刊的良性发展,致使其办刊面临的困难更大,挑战更多。要想真正地使学术期刊,尤其是一般期刊突破分级制带来的限制,一方面亟需改进和完善有关学术期刊的评价体制,另一方面需要使学术期刊真正地回归学术的根本点上,把学术期刊打造成为中国人文社会科学研究平台。

一

期刊作为刊发学术论文的重要平台,本来肩负着繁荣学术的重任,按理说不应该有一般期刊和特别期刊之分。但是,随着中国学术期刊和国际期刊的接轨,一些科研单位、大学图书馆或者学术评价中心,逐步地建立起自己的期刊评价指标体系,然后,据此指标体系把期刊划分成为核心类来源期刊和一般期刊这样两个泾渭分明的期刊层级。

随着国内学术期刊和国际学术期刊发展的接轨,国外对学术期刊的评价方法也逐渐地被国内学术期刊评估中心引进,我国通过借鉴和吸收国外先进期刊

---

* 李宗刚,《山东师范大学学报(人文社会科学版)》编辑部。

的评刊体系,逐渐地形成了具有中国特色的学术期刊评价机制。当前,它主要体现为北京大学图书馆的全国中文核心期刊、南京大学中国社会科学研究评价中心的中文社会科学引文索引(简称 CSSCI 来源期刊)和中国社会科学院文献信息中心的中国人文社会科学核心期刊这三大评价指标体系。

客观地说,尽管中文核心期刊的评价指标体系和 CSSCI 来源期刊的评价指标体系不完全一致,但两者都有其存在的合理性,也都有其局限性。我们不能简单地对其作出优与劣的结论。需要肯定的是,在中国学术期刊和国际学术期刊接轨的趋势下,中国能够不失时机地推出自己的学术期刊评价指标体系,这本身就是一个很大的进步,这对学术期刊确立正确的发展方向,使学术期刊反映和传播学术研究前沿成果的功能得以强化。但是,这两大评价指标体系还有待于进一步发展和完善,如北京大学图书馆的中文核心期刊评估滞后时间太长、评估周期太长,不能及时有效地反映学术期刊的最新发展面貌;南京大学的 CSSCI 来源期刊在一定程度上纠正了前者的局限,但又过分地凸显了"引文"这个数据,且这个"引文"数据又不是所有学术期刊的"引文",而必须是刊发在已经成为 CSSCI 来源期刊上的"引文",这就使得"来源期刊"和"非来源期刊"不是在同一平台上竞争。况且,"来源期刊"也会依恃其所获得的"特殊权力",在与其他期刊关乎"你上我下"的竞争时,难以完全做到以学术为准绳。尽管如此,这些评价体系在我们探索的道路上毕竟迈出了可喜的一步,即便是需要调整,也已经具有了可以"涂改"和"修正"的"草图"。

尽管期刊评价机构曾再三地申明高校和科研机构不要把这个体系当作唯一评价论文的标准,但客观地说,各个高校在科研奖励、职称评定等排名时,却都将这些数据纳入到了自己的评价指标体系中。与此相对应,教育主管部门在测评高校的科研实力时,又依据这样的指标体系,尤其是根据 CSSCI 来源期刊的指标体系,对其所刊发的论文进行数量的统计,进而对期刊的档次①和大学的科研实力进行有效的排名。至于诸多的课题,如国家社科基金项目、教育部人文社科项目和省社科项目,在课题中期检查和课题结题时,也都有刊发在 CSSCI

───────────

① 在"第二批高校哲学社会科学名刊工程评审依据"中,关于刊发的论文的"学术水平"就有这样的得分点:"以 2003—2004 年两年的 CSSCI 排名计,平均排名在 1~10 名、11~15 名、16~20 名,依次得分";"入选中文核心期刊要目总览(北京大学)、中国人文社会科学核心期刊(中国社会科学院)、中国人文社会科学引文数据库(CSSCI)来源期刊者,每种得多少分,共可得多少分"。

来源期刊上的论文的具体要求。这就使得学术期刊在国家体制的认同上已经出现了分化,并在这个分化的过程中,逐渐地固化了其既有的层级,使那些进入了这些评价指标体系的学术期刊可以获得诸多的特权。

在国家社科基金资助的期刊标准中,由于其把期刊是否属于"核心期刊"和CSSCI来源期刊当作门槛,致使一般期刊无缘于国家社科基金资助,这又进一步加大了一般期刊与核心期刊之间的距离。近几年,国家为了促进学术期刊的健康发展,开始把经费投向举步维艰的学术期刊,这本是一件推动学术发展、具有远见卓识的好举措,但令人遗憾的是,根据国家社科基金资助期刊的要求,它又把全国中文核心期刊和CSSCI来源期刊等名号作为前提条件,致使一般期刊连申请的资格也没有。那些获得国家社科基金资助的期刊,一般每年资助40万元,连续资助3年,如此下来,便是120万元。这样一笔"巨款",对于一般期刊来说,可以说是十来年的办刊经费之和。在国家社科基金资助的期刊和一般学术期刊的竞争中,便如同"吃得膘肥体壮的马"和"饿得皮瘦毛长的马"之间的竞争。试想,那些没有"夜草"可吃的"一般之马",不仅要赶上那些吃上"夜草"的"核心之马",而且还要赶上之后再"反超"这些吃着"夜草"的"核心之马",其困难自然是可想而知。

两极分化后的学术期刊,按照一般的规律来说,其运行的基本情况将是"强者恒强、弱者恒弱"。按照正常情形来说,核心期刊因为拥有了更大的话语权,拥有了体制内的认同和推崇,也就自然获得更多优秀学者的认同;而这些学者,由其本身在学术界拥有更大的话语权,其所刊发的论文更容易引起学术界的关注,也就更可以作为权威性话语来加以引用。与此相对应的是,那些转载类的期刊,自然也就容易关注这些处于学术前沿的学者所刊发的论文,从而使得其被转载具有了更大的可能性。至于那些还没有累积起学术声誉的青年学者,则需要一个发现与培育的艰难过程,自然也需要被学界逐渐接纳和认同的漫长过程。如此一来,一般期刊要想摆脱业已形成的惯性作用而被学者认同,便陷入难以突破的悖论之中:期刊的档次越低,所获得的优质稿源就越少,就越难提升期刊的学术影响力,越难和那些掌握着一定话语权的核心期刊抗衡,自然也就越难进入"特权"期刊的行列。

一般情况下,在一个实力悬殊的不平等平台上竞争,一般期刊要战胜核心期刊,其困难是巨大的。但是,背离这种一般情况也会偶尔发生,即某一核心期刊或者由于自身的期刊定位偏离了学术的轨道,并且在稿件质量的管理上出现了问题;或者是因为期刊没有遵循评价指标体系的规范要求,没有在提高学术质量上下功夫;或者是因为期刊追求暂时的经济效益,滥发多发稿件,致使办刊质量出现了大幅度下滑;或者是受关系稿的困扰,加上没有必要的制度作为"防洪墙",而期刊的内部运行机制又无法及时进行纠错。否则的话,既有的这个"强者恒强、弱者恒弱"的基本法则是很难改变的,换句话说,这都是期刊自己打败了自己。如一些核心期刊,曾经具有相当美誉度,但随着市场经济的法则,期刊把创收当作了目的,导致了发稿只注重数量的增加,而忽视了稿件质量的把关,论文越发越短,字号也大都成了小五号,排版密密麻麻,进而使期刊办刊水准大幅下降,从而在新一轮评估中,被挤出了核心期刊的行列。但是,从全国几大核心期刊的评估结果来看,"败走滑铁卢"的核心期刊毕竟是少数,大多数期刊还是稳居核心期刊的行列。自然,那些能够晋升到核心期刊行列的"新科状元"也是少数。这种情形说明,期刊发展所遵循的基本规则还是"强者恒强、弱者恒弱",期刊由分级而带来的层级固化现象正在形成,期刊的"战国时代"正在远去。这既对一些核心期刊做大做强提供了历史机遇,更对一般期刊的发展带来了更严峻的挑战。

　　总的来看,在高校和科研单位对学者论文刊发于核心类学术期刊的特别推崇的动因,还是来自国家教育主管部门评价高校的标准体系。如在申请硕士点、博士点、国家重点学科或者国家重点一级学科等方面的指标要求上,都特别突出了一些重要期刊的比重。如此一来,自然就使得那些一般期刊在这样的"博弈"中处于被动地位,难以和核心期刊相抗衡,使期刊分级成为难以规避的现象。

二

　　如果说过去在学术论文的测评中存在着某些模糊之处的话,那么,引入可以操作和掌控的量化标准,便可以从总体上测量出论文的实际社会影响力。一般说来,一篇论文能够产生社会影响力,自然会为学术界的同仁所关注,甚至其话题带有学术前沿性,这在转载和引用上都会有所体现。如某高校在对其学术研究的数据分析时,就清晰地显示了,那些在全国具有影响力的学者,其所刊发的论文在转引和转载上都有较高的数据。"对中文数据库作者的发文总量、被引总频次和 H 指数进行分析,同属于发文总量前 20、被引总频次前 20 和 H 指数排名前 20 的学者有 11 位学者。"①经调研,这 11 位学者和其在高校学术研究中的实际学术地位是基本对称的。与此同时,在中国知网刊发的期刊论文中,不少论文的转载率和转引量是零。如果说高转载率和高转引量并不意味着高水平论文的话,那么,零转载率和转引量更不意味着论文的水平之高。客观来看,作者更关注的是如何使自己"生产"出来的学术论文顺利地刊发出来,进而满足体制对自己的评价指标。至于其转载和转引等指数,则不为学者所特别关注,尤其是转引,更没有引起学者的关注。个别学者甚至对自己过去发表的论文都早已遗忘了。这一方面说明我们的学者没有真正地把学术研究纳入到一个有机的传承链条中,另一方面也说明了我们的学者没有意识到转载和转引之于学术论文的价值和意义。

期刊分级使得期刊评价有了一个相对客观的标准,且这个相对客观的标准也具有相对的合理性,其对学术期刊的健康发展具有极其重要的促进作用,这在一定程度上对扭转当下的学术功利化的不良倾向发挥了积极作用。期刊分级尽管存在着这样或那样的问题,但这并不意味着期刊分级就没有任何的价值和意义。

首先,期刊分级有利于期刊循着尊重学术的轨迹发展,这对扭转当下的期刊注重刊发"短平快"的应景之文有显著的功效。在中国大学或者科研院所中,甚至是一些中小学等事业单位中,职称评定几乎是人们晋级最重要的途径,而职称评审体系又往往把发表的论文放在极其重要的位置上,这就导致了事业单位的大部分人,不管是从事领导工作,还是从事业务工作,不管是从事一般服务性的工作,还是从事教学工作,都将论文写作放在了首位,以至于出现了人人都在忙于写论文、然后再找人托人发论文的盛景。应该承认,大家都在搞科研,都在写论文,这并不是什么坏事,但问题是,一些人写论文,不是因为自己在长期的科研过程中有了新的发现来写论文,而是因为职称需要才硬性地去写。在此情形下所写出来的论文,不是无病呻吟,就是东拼西凑。更有甚者,还有一些人

---

① 山东师范大学图书馆情报分析组:《山东师范大学科研论文全景分析》,《山东师范大学学报(人文社会科学版)》2013 年第 1 期。

请人代写，"据武汉大学信息管理学院副教授沈阳及其团队的研究统计发现，2007 年我国买卖论文'产业'规模约为 1.8 亿元;到 2009 年,其规模已膨胀 5.5 倍,论文买卖的销售额近 10 亿元"①。由此说来,正是职称晋升等需要,使得论文买卖泛滥成灾,这对从事写论文的作者而言,自然是一种极大的折磨,对社会资源而言,更是一种极大的浪费。与此同时,在职称的晋升中,其所看重的往往是论文的篇数和论文所刊发的期刊级别,因而大家为了能够完成指标,把论文的字数控制在五到七千字之间,页码控制在三四个页码之间,字号大都是小五号,这固然使期刊能够最大限度地刊发更多的学术论文,为更多的人提供了刊发论文的机会。然而,不管期刊怎样竭尽全力地去刊发论文,就其供需关系来说,相对于如此浩浩荡荡的亟需刊发论文和晋级的"科研工作者"来说,依然是杯水车薪。这种被放大了的供需关系又为一些期刊收取"版面费"提供了机缘,进而使行情水涨船高,学术研究不再是以学术研究本身为目的,而是演化为一种为完成工作目标和晋级的手段,使学术研究被极大地异化了。

其次,目前的核心期刊评价指标体系在客观上对期刊刊发论文起到了极其重要的规范和制约作用。我们不管是否承认核心期刊的评价指标体系的合理性,它客观上已经对期刊刊发论文产生了极其重要的影响。一些以进入核心期刊为鹄的的学术期刊,为了能够进入核心期刊的行列,开始在评价指标上和核心期刊的评估指标进行必要的接轨。这样的对接,从积极的方面来说,促使许多期刊为了能够对接核心期刊的评价指标体系,从追求刊发论文的数量逐步转变为注重论文的质量。期刊的生命线是稿件质量而不是数量,期刊所发论文多少,与期刊的品牌建设没有必然的关联,它不是衡量期刊是否为名刊的标准,更不是衡量一个期刊主办方的科研水平的标准。因此,一些期刊从服务和服从品牌建设这个大局出发,其刊发的论文从注重"职称功能"向注重"社会功能"转变,通过刊发高质量的论文,达到提升学术期刊影响力的目的。在此方面具有代表性的期刊是人文社会科学版的《上海大学学报》,该刊每期的载文量仅仅有12 篇,一年下来六期只有 72 篇,一期杂志的页码在 150 个左右,每篇论文的页码都在十几个页码之上,其排版则与此追求相对应,每页共有 37 行,这和一般

---

① 孙昕光:《学术不端行为与学报编辑策略》,《山东师范大学学报(人文社会科学版)》2010 年第 4 期。

期刊的 42～44 行相比较,要稍少几行。如此策略,既是从载文量方面加以考量,也是从学术研究质量方面来考量——与其刊载一些"无关痛痒"的论文,还不如刊载一些能够代表学术前沿、具有真正学术分量的论文。当然,过分地凸显这一指标评价体系,并且一味地围绕着这一评价指标体系运转,而忽视期刊所承载的学术目的,也自然是不可取的。

再次,期刊分级对学者的学术论文生产具有潜在的规范制约作用。学者由于身在高校或者科研院所等体制中,其学术生产必然受到体制的制约。一般说来,著名学者根本不需要那些一般期刊为其提供刊发论文的服务,缘于他们身在体制中,其所需要的是国家级的核心期刊,这些期刊在圈内具有广泛的影响力。试想,他们殚思竭虑写出的论文,如果刊发在一般期刊,对将来职称晋升作用不大,甚至连年终的考核都不计算(这在很多高校教师那里,称之为"工分",与人民公社时期的"社员"在生产队"磨洋工"来"挣工分"有相似之处)。由于一些高校和科研院所把核心期刊纳入到大学的学术排名和职称晋升、考核任期等指标上来,那就自然地如同高考作为学生的指挥棒一样,对高校和科研院所的学者的论文发表起着杠杆作用。这使得那些身在体制中的科研工作者,为了能够完成体制所设定的目标,把刊发论文的期刊层级当作极其重要的一个指标。学者们在投稿时便会先把稿件的质量分出一个三六九等来,然后把自己认为最好的稿件投给自己心仪已久的核心期刊,如果无法被采纳,再退而求其次。这就导致了优秀学者在撰写学术论文时,为了能够实现其社会效益和体制效能的最大化,把核心类的期刊当作了论文刊发的载体。如此一来,就使得核心期刊具有了做大做强的机缘,这对逐渐形成具有中国特色和权威的核心期刊、对更有效地引导论文生产,其积极作用还是不可小觑的。

期刊分级在带来积极作用的同时,也存在着一些不容忽视的消极作用。如果我们不能有效地清除这种消极作用所带来的弊端,则可能会给核心期刊的建设带来不可估量的损失。不管是具有学术创新性的论文,还是那些老生常谈的平庸之作,最后都被量化为几个冷冰冰的转载和转引的"数据"。我们在此不能说这些"数据"没有任何价值和意义,但是,这样高涨的"数据"并不一定使学术期刊在国家学术创新体系中获得同步提升。纵观近几年中国学术期刊刊发的论文数量,我国早就成了学术论文"生产大国",但是,我们却不是学术论文"生产强国"。在此,我们且不说自然科学类的论文在世界学术创新中的地位,单就人文社会科学类的学术论文而言,真正对世界学术创新产生积极作用的论文到底有多少呢?哪些论文在业内产生了具有世界性的学术影响呢?在此我们如果把眼光放得长远一点,还会发现一个极其重要的学术现象,那就是在西方诸多的学术领域中,一些具有原创性的学术著作或者学术论文,能够超越时代的局限,能够穿越历史的时空,能够跨越空间的限制,直到今天,依然还能够一版再版,能够为后人再三诵读,依然具有非凡的学术影响力。马克思、恩格斯等人所创立的马克思主义理论学说,依然是我们几代学者学术阐释的对象和学术创新的根基;如果说马克思主义在中国因为隶属于主流意识形态范畴,具有特殊性的话,那么,像德国哲学家康德、黑格尔所建构的庞大的哲学体系,像英国经济学家亚当·斯密的《国富论》那样的学术专著,法国历史学家托克维尔《旧制度与大革命》等学术著述,直到今天还被人们再三提及的历史专著,①我们实在是少之又少。我们所刊发的论文,不能说很多是职称论文、学位论文,但有很大一部分论文,并没有什么学术含金量,没有什么学术创新力,致使一些期刊上所刊发出来的论文,不要说是过几百年、上百年,几十年甚至是几年就已经过时了,就成了历史的古董。更有甚者,有些论文从刊发之日起,就没有几个读者去阅读,就已经失却了生命力。如此情形说明:我们的学术期刊,不管是那些核心类的期刊,还是那些非核心类的一般期刊,其所刊发的学术论文真正地能够获得世界同行认同和推崇的,实在是太少了;我们的人文社会科学类期刊,其所刊发的学术论文,能够经得起时间的淘洗和实践的检验,成为累积起中国学术大厦的栋梁之材的,也实在是太少了。由此说来,期刊分级在具有一些积极的作用的同时,也有不容我们忽视的消极作用。

首先,评价指标体系的确立,标志着学术期刊自由竞争的"战国时代"的终结,取而代之的是以垄断和霸权为代表的期刊格局的形成。这意味着那些在期刊分级中成为核心的来源期刊获得了更多的资源,拥有了更多的话语权。如此一来,期刊就分为一般期刊和核心期刊。核心期刊依据着自身被期刊评价机制所赋予的特别的权力,相对于一般期刊占据了更多的资源,拥有了更大的话语

---

① 在2012年11月30日,在与专家学者的座谈会上,新任中纪委书记王岐山向与会的学者推荐了《旧制度与大革命》一书。王岐山说:"我们现在很多的学者看的是后资本主义时期的书,应该看一下前期的东西,希望大家看一下《旧制度与大革命》。"详见 http://news.ifeng.com/opinion/special/jiuzhiduyudageming/,2013 - 04 - 26.

权,受到了学者更多的推崇。这使得学术生产和消费出现了一边倒的态势:优秀学者的优秀稿件受此影响,大都流入到了这些核心期刊中;而那些一般期刊则相反,其所流入的稿件,大多为一般学者的普通稿件,因而出现了两极分化,使得本来处于同一平台之上的期刊竞争,已经不再是处于一个基点上。

其次,那些被排斥在评价指标体系外的一般期刊,由于在"鲤鱼"自由"跳龙门"时,错过了最佳时机,致使其发展受到了核心期刊的挤压,也妨碍了学术研究成果更为顺畅地刊发——因为很多学者把学术成果刊发在那些核心期刊上。由于核心期刊的数量是有限的,其可以刊发的论文数量也是有限的,这使得核心期刊的刊发周期加长;相反,那些一般期刊倒是可以敞开大门,期待着刊发这些具有学术创新性的成果,但由于刊发在一般期刊上,作者就无法完成体制所设定的工作目标。这样一来,作者宁愿使自己的学术研究成果滞后刊发,也不会轻易地刊发在一般期刊上,从而使得其时效性大打折扣,使学术参与社会发展的能力大大下降。这势必造成一般期刊被核心期刊挤压的态势。此种情形恰如生长于参天大树下的幼苗,所有的阳光都被大树垄断了,所有的养分都被大树吸收了,幼苗能够"苟延残喘"已实属不易,更不用奢谈成长为未来的参天大树了。

再次,那些被纳入到了核心行列的期刊,则会凭借其所拥有的"特殊权力",在客观上对一般期刊的发展排斥乃至遮蔽,进而使得垄断成为可能。垄断既会妨碍了核心期刊的发展,也挤压了一般期刊的发展。在市场经济条件下,一个健康的市场要为参与市场竞争的企业提供平等的条件和机会。为此,很多主管部门对那些带有垄断性的企业,提出反垄断的诉讼,为市场的健康发展提供平等的平台。同样,在学术期刊中,那些拥有了"特殊权力"的核心期刊,恰如那些市场中处于垄断地位的企业一样,对弱小者不仅没有平等对待,反而利用自身所具有的优势,通过不正当竞争获得更高的指标。如此循环往复,那些处在这个"权力"圈子之外的一般期刊,便很难获得进入这个"特权俱乐部"的"门票"——因为能否进入这个俱乐部的"门票",不在一般期刊手中,而在那些核心期刊手中。这种情形在个别核心期刊那里,甚至发展到了对与自己处于同级竞争行列的期刊,不管其是否存在着恶意引用的情形,都一律采取打压的措施。如此竞争,就不再是高擎学术的大纛,而是为"引用"而引用,为"数据"而数据了;个别一般学术期刊,又为了能够晋级核心期刊之列,采取不管需要与否,推荐给作者,期冀作者加以引用,这种混乱局面的出现,既是缘于评价指标体系这一"指挥棒"的导引作用,也缘于学术期刊唯"数据"是举的急功近利的"短视"行为。如此情形,如果不从评价机制上加以调整,学术评价中的乱象就难以从根本上扭转。

如果国家的学术评价体制不发生改变,期刊要追求所谓的独立学术品格仍将存在难以突破的瓶颈。毕竟,学术期刊大都是体制下的产物,它或者搭乘体制的快车道,举体制之力,一切为了进入核心期刊这个"俱乐部"服务,甚至为此不惜投入巨资,有的连学术期刊的名字都改了,把那些限定在学报之前的普通的院校名字,更换为一个更"玄乎"一点的名字。显然,这样的一些现象,尽管问题出在高校或者科研院所那里,但根子还是出在国家体制上。如果学术期刊的分级没有把这样一些核心问题纳入到更富有效能的评价指标体系中,那所谓的核心期刊也罢,非核心期刊也罢,都将会沦为"为稻粱谋",这和促进中国人文社会科学学术研究的发展和繁荣,自然相去甚远。

三

期刊良好的学术声誉是一个漫长的累积过程,这与"立竿见影"不同,其具有一个相当长的滞后期。也就是说,从"立竿"到"见影",一般滞后三到五年乃至七年的时间间隔。不管怎样,作为一个以学术为其立足之本的学术期刊,在已经出现了"分化"和"固化"期刊层级的情况下,应当努力地去找寻到一般期刊的发展之路,进而通过艰难的跋涉,完成期刊从一般期刊到优秀期刊的提升的重要使命。

目前,学术期刊都把刊发具有学术前沿性的学术论文当作破解期刊困境的方式,尤其是通过刊发那些已经累积了学术盛名的学界名流的稿件,从而达到提高期刊社会影响力的目的,而期刊的提携和发现学术新人的功能则被弱化了。从学术创新的历史来看,那些具有深远影响的论文,并不一定是在作者累积了学术盛名之后才写出来的论文,而往往是在其学术发展的成长期所闪现的思想火花的集结。像那些在科学史上已经留下了深深足迹的学界巨擘,他们的学术创新能力往往是在其未成名之前的学术研究成果,如出生于1873年的梁启超,在30岁之前已经赢得了一世的盛名;出生于1910年的费孝通,在28岁便已经完成了《江村经济》书稿,从而登上了社会学的顶峰,对此,费孝通的指导老师马林诺夫斯基说:"我敢于预言费孝通博士的《中国农民的生活》(又名《江村经济》——译注)一书将被认为是人类学实地调查和理论工作发展中的一个里程碑。"①像他们这样一些著名的学者,很多是在青年时期便已经把其创造的能力提升到了他们一生的最高值,至于在随后的时光里,他们所谓的学术创新往往都是在完善和发展这种学说,难以呈现出青年时学术创新的迅猛态势。因此,作为一般学术期刊,要破解期刊评价指标体系所带来的困窘,一要倚重学界那些已经累积起盛名的名人,二要致力于发掘和培育学术新人,由此使学术期刊依托这些学者,支撑起期刊发展的广阔天空。

期刊把刊发名人的学术论文当作期刊提升的关键,其所看重的是名人作为权威学者所具有的超越一般学者的话语权。对于话语权这个问题,我们一直没有进行充分的阐释。过去,我们常说在真理面前人人平等,或者是说,在学术质量面前人人平等。其实,这样的一些命题本身并没有什么不妥,它们也是可以成立的。但是,我们在承认这些命题时,不要把在真理面前人人平等与人的话语权不平等混淆起来。平等的人所具有的话语权的权重是自从有了社会以来就没有绝对平等的。一般说来,一个著名的学者,经过几年、十几年乃至几十年的历练,累积起了巨大的学术背景,再加上他们本身参与了历史的进程,所以他们话语的权重就比一般人话语的权重要重得多。况且,他们所说出的"话语"是奠定在以前话语的基础之上的,或者说,其话语有前面的话语作为铺垫和累积,并且还获得了以前的话语支撑,因此,其话语本身就不再是简单的自我的内容之和,而是与前面的话语累积起来,形成了一个话语的倍增。因此,一个人的"话语"越是具有前面雄厚的话语基础作为铺垫,其"话语权"就会越重,就越容易引起人们的重视,越容易被接受者所推崇和接纳。

从接受的角度来看,接受者在接受之前就对权威话语已经形成了较高信任度。接受者由于有以前的经验作为前视阈,以至于接受者在接受权威者话语的过程中即便没有经过咀嚼也可能囫囵吞枣地接受,或者是先接受了再进行理解——显然,这样的一种接受,其实际结果往往是先假设了对方权威话语的真

---

① [英]布·马林诺夫斯基:《序》,费孝通:《江村经济》,戴可景译,商务印书馆2002年版,第13页。

理性和先验的正确性,然后再以此来矫正自我的认识,修正自我的认识,以至于对方的话语哪怕是错误的,我们也不会怀疑其错误,而是先验地认为自己的认知是错误的,而权威话语是不会有错误的。像那些发生在历史上的个人崇拜和个人迷信,像那些所谓的"一句顶一万句",其实质就是对权威话语的接受已经在思维上形成了一种定势。因此,我们说"在真理面前人人平等"时,不要忘记一个基本事实前提,即平等的是"话语",但不是"话语"的"权重"。话语的权重不会平等——实际情形也的确如此,如果我们认为人人的话语权都是平等的,又哪来的权威话语?

权威话语之所以能够产生出如此巨大的效能,关键在于权威本身在这个社会中占据着极其重要的位置。那些占据着核心权力或者重要权力的人,其话语本身,就不再仅仅是自我话语的表达,而是自我话语和权力话语的结合体,甚至有些话语本身就是代表着权力体系发出的话语。这样的话,其话语就不再仅仅是代表着个体的话语,而是代表着政党、政府具有主导型、政策性和前瞻性的话语,这些话语又往往会通过一定的权力体系贯彻落实到每一层级中,制约和规范着社会的发展方向。如江泽民在《上海交通大学学报》(自然科学版)2008年第3期撰写的《对中国能源问题的思考》一文,在中国知网的下载量达到了9432次,转引量达到了738篇次;他在《上海交通大学学报》(自然科学版)2008年第10期撰写的《新时期我国信息技术产业的发展》一文,在中国知网的下载量达到了2481次,转引量达到了84篇次;1989年,江泽民在担任上海市委书记、上海交通大学兼职教授时撰写的《能源发展趋势及主要节能措施》一文,刊登在同年的第3期的《上海交通大学学报》(自然科学版)上,其在中国知网的下载量达到了345次,转引量达到了6篇次。① 由此可以看出,江泽民在担任党和国家领导人后所撰写的学术论文,便高瞻远瞩,诚如有学者就其《对中国能源问题的思考》一文指出的那样:"文中的许多数据和资料是一般研究人员很难得到的,并且江所具有的战略眼光,也是许多学术论文难以企及的。""江泽民论文的发表使朝野上下关于中国能源战略的大讨论再次升温。……鉴于江的特殊身份,这篇论文引发的波澜显然不仅局限于学术界,它在当今中国所处的能源局势中传

---

① 该统计数据截止到2013年4月26日。

达着非同寻常的意义。"①由此可以看出,江泽民的学术论文,正是凭借着其自身所具有的战略眼光,使得其论文超越了一般学术论文的价值,进而在转引量上达到了一般学术论文无法望其项背的高度。这恰是权威话语与权威相结合的特点,使其在话语的传播中获得了先验的真理性优势,具有了在论证上的无可质疑性。权威话语之所以在一些学者的论述中再三被"引用",其根本的目的就是作者想借助这样的权威话语,使得自己的论证带有某种必然性和真理性,为自我的论证找到合法性存在根据,从而达到了自我分析论证与权威话语捆绑在一起的效能,这对"挣得"自我的合法性具有非常重要的作用。也正是这一特点,使得人们在学术论文的撰写中,经常地把一些权威话语当作自己的挡箭牌,进而为自己的论证增加一些话语的权重。而与此相反的是,那些不是权威的话语,或者是一般学者的话语,由于其缺少这样的一种历史累积,致使其话语的权重无法获得彰显,而对此论断的引用就难以起到"以一当十""以一敌百"的作用。甚至在某些极端的情形下,还会出现削弱其论证力量的反作用。因为,当读者在阅读接受的过程中,看到作者引用这样一些没有"名气"的"非权威话语",会感到其学术传承的链条不是最前沿的,而是一些处在边缘上的自我言说。这样的自我言说,使读者认为作者所进行的研究,没有能够很好地和学术前沿进行接轨,而那些所谓的学术前沿,则往往是以处在这一研究领域中的领军式人物所达到的高度为其最高值的,而那些处在研究起步阶段的学术无名之辈,则难以引起阅读者的高度重视,尽管这样的一些无名之辈的见解并不见得就没有真理性——但是,正如我们在前面所分析过的那样,其学术论文具有真理性和先验性,与其学术研究中的话语具有一定的权重,是两码事。也许,随着时光的流逝以及学者的自我学术盛名的累积,其会逐渐地从边缘走向中心,但是,在其走向中心之前,其话语的权重,是难以承载起如此之重的学术含量的。因此,这样的一些话语便无法具有那种权威话语的力度。

学术期刊的发展倚重学界的名人,并不意味着就要排斥和打压学术新人。实际上,今日的许多学界名人在昨日也是学界新人,甚至在某一阶段还是默默无闻的平常之辈。一般说来,发现和培养千里马,远比骑在千里马上自由奔驰要艰难得多。但是,一个时代的学术要想获得发展,如果没有必要的代际传承

---

① 曾航、钟啸:《"江学长"的能源策》,《21世纪经济报道》2008年4月8日。

是不行的。我们可以这样说,发现和培养学术新人,既是学术传承和学术提升的需要,也是期刊近期发展和长远发展的需要。从近期来看,学术期刊对学术新人的扶持,对新人的成长有着至关重要的促进作用;从远期来看,学术期刊对学术新人的提携为期刊自身的健康发展提供了可以依托的新生力量。毕竟,学术的代际传承规律告诉我们,今日的学界新人,也许就是明日的学界贤达——假设学术期刊在这些学界新人需要提携的时候,对他们"置之刊后",那么,等到他们"功成名就"时,再请他们为期刊"增光添彩",自然是很难的。由此说来,作为一个面向未来的学术期刊,一定要处理好刊发学界名人名稿和提携学术新人新作的关系。从某种意义上说,学术期刊能够发现和提携学术新人,就意味着赢得了未来期刊更大的发展空间。

　　总的来说,我们的一些学术评价中心把国外的先进评刊方法引进过来,并逐渐地形成了具有中国特色的学术期刊评价体制,不仅非常必要,而且是很有效果的。从宏观的方面来审视期刊的有关评价指标体系,在当下的中国,不管是北京大学的中文核心期刊还是南京大学的 CSSCI 来源期刊,都大体上比较准确地反映了期刊的学术影响力的总体态势。当然,如果说这些数据也存在着不科学不公正的话,那也仅是一个如何完善的问题,在当下的情况下,是绝难去推翻这样一个已经进入了体制的指标体系的。从这种意义上说,我们办期刊,正是戴着体制的枷锁跳舞,我们所能做的,是如何最大限度地规避枷锁的束缚,通过更加有效的方式,将期刊的枷锁转化为期刊的动能,从而使期刊从边缘走向中心,让期刊从一般期刊跃升到核心期刊的行列中,进而为中国人文社会科学学术事业的发展和繁荣尽绵薄之力。

原刊于《西南民族大学学报(人文社会科学版)》2013 年第 7 期

中国编辑史研究 30 年回顾

姬建敏*

　　编辑史研究作为我国编辑学研究的重要内容之一,它与编辑理论研究、编辑实务研究一起,几乎撑起了编辑学研究的一统江山。但回观我国编辑学研究的历史,给人的总体印象是理论、实务研究众声喧哗,成果卓著,独有编辑史的研究略显冷清,既迟缓又单薄,远远没有达到其应有的高度和厚度。而中国又是个文明古国,悠久光辉的历史、纷繁灿烂的文化、浩如烟海的典籍,都离不开历朝历代编辑的积累、传播之功。因此,对编辑史进行整理和研究,不仅有助于进一步清理我国的文化遗产,认识编辑工作对人类社会、科学文化发展的重要作用,而且还有助于继承和发扬其优秀的编辑传统,提高现代编辑工作的质量,即有利于编辑理论和编辑实务的开展。难怪中国编辑学会第一任会长刘杲同志曾说:"为编辑史、出版史研究服务是我们的责任。"[1]为了尽到"我们的责任",本文拟对我国的编辑史研究爬梳整理、总结观照,以期为今后我国的编辑史研究多出成果、出好成果提供指导,为我国的编辑学研究及其学科建设提供借鉴。

一、编辑史研究的历程

　　人类在社会文化的建设和文化传播中,虽然已有几千年的编辑活动历史,积累了丰富的编辑实践经验,但与编辑活动悠久历史不相对称的是,作为一门

---

*　姬建敏,河南大学传媒研究所,河南大学新闻与传播学院,《河南大学学报》编辑部。

[1]　刘杲:《出版笔记》,河北教育出版社 2006 年版,第 329 页。

独立学科的编辑学直到 1949 年才在我国诞生,编辑学研究也可以说从那时才开始。编辑史作为编辑学三大构成要件(史、术、论)之一,其研究相较于 1949 年以后慢慢起步的编辑理论研究和编辑实务研究来说,起步更晚。

(一)自发、零星的初始阶段

1978 年党的十一届三中全会以后,改革开放成为国策,我国的编辑学研究也乘着改革的东风迅速进入"热闹状态"。编辑史研究的正式开启也是在上世纪的 80 年代,但与编辑学理论研究一经掀起热潮便方兴未艾、经久不息的状况不同,编辑史的研究略显冷清和沉寂。并且,编辑学与出版学一直以来纠缠不清的关系在两个学科历史研究领域中的体现更为严重,以致于大量的编辑史研究都是在"出版学""编辑出版学"这些含混、笼统的提法下进行的。回顾编辑史研究的历程,标志性的事件应包括 1985 年中国出版科学研究所成立,并于 1989 年、1991 年分别在湖南和山西先后两次召开的中国近现代出版史学术讨论会。虽然会议的口号是"出版史",但其中的很多研究内容均涉及编辑史。两次研讨会广泛涉及晚清官方出版、外国传教上在华出版、民国时期的出版和革命根据地及解放区的出版等领域,诸多最新研究成果交相辉映,一些研究重点也随之凸现出来成为热点,为编辑史下一阶段的研究开拓了思维广度,提供了新的视角,确定了科学的方向。

至于在此之前,正规的编辑史研究究竟起于何时、何处,学界并没有形成一个统一的、公认的看法。目前,能发的、最早的、对外发表的编辑史研究成果是 1984 年面世的两篇论文,它们分别是林辰的《古代编辑工作的启示》[①]与文超的《中国古代编辑事业发展概况述评》[②]。前者主要是通过历朝历代编辑家的编辑活动,像先秦的孔子、两汉"三郑"(郑玄和郑兴、郑众父子)与"三刘"(刘安和刘向、刘歆父子)、魏晋南北朝的萧统等,论述了古代编辑的经验对现代编辑工作的启示。比如,汉代的编辑成就给现代编辑的启示是:编辑工作必须具有时代特点;唐代编辑的《艺文类聚》《初学记》《花间集》给现代编辑工作的经验是:编书要有创见、要创新;而古代编辑家欧阳询、纪昀、李昉等都是大学问家,他们

---

① 林辰:《古代编辑工作的启示》,《出版工作》1984 年第 3~4 期。
② 文超:《中国古代编辑事业发展概况述评》,《齐齐哈尔师范学院学报(哲学社会科学版)》1984 年第 3~4 期。

给现代编辑的启示是:现代编辑要比古人知识更渊博;如此等等,古为今用思想颇明显。后者以朝代更替、社会发展为线索,通过对我国古代编辑事业发展情况及与之相关的书籍的演变与发展的整理和探讨,描述了我国古代编辑事业发展的基本脉络,揭示了其发展过程中的特点和规律。像先秦孔子编《诗经》、两汉刘向和刘歆父子编《七略》、魏晋南北朝萧统编《文选》以及唐朝编的《艺文类聚》、宋朝编的《资治通鉴》、明朝编的《永乐大典》、清朝编的《四库全书》及其造纸术的发明、印刷术的发展等,论述言简意赅,颇具价值。但是,它们只是当时学界中零散的、随机性的研究,真正开始有意识地提出、呼吁和从事编辑史研究并取得标志性成果的人物,故宫博物院的章宏伟归之为戴文葆先生。

章宏伟是首届"韬奋出版奖"获得者、资深编辑家戴文葆的传记作者。他自上世纪80年代结识戴文葆先生开始,多年来对其编辑实践、编辑思想、编辑理论深有研究。他指出,1984年的9月,内蒙古社会科学院曾在呼和浩特举办过一次"编辑学与编辑业务"讲习班,包括中华书局前任副总编辑张先畴、人民出版社副总编辑吴道弘、作家出版社副总编辑龙世辉、《光明日报》社秘书长卢云等众多业、学两界人士参加,当时在人民出版社工作的戴文葆也应邀参加。会上众多发言者的发言材料即研究成果被整理后编印为《编辑学编辑业务》作内部发行之用,戴文葆的讲授材料是《编辑学与编辑史探讨》,全文长16万字,开篇以"编辑史初探"为题略述中国编辑活动的发展历史,继而围绕孔子、萧统、赵崇祚、陈子龙、纪昀、魏源等历史上功绩卓著的大编辑家的编辑活动展开论述,介绍古代典籍编辑的源起、传承、环节,并有论有据地评价这些典籍的特点和影响。章宏伟称这部讲稿为"中国第一篇编辑史讲稿"。但由于是讲习班上的授课材料,且只被收入了供内部发行的《编辑学与编辑业务》论集中,因此,该项研究成果一直默默无闻,隐而不彰,未引起更多注意。两年之后,戴文葆的编辑史研究成果《历代编辑列传》开始在《出版工作》上连载。这一研究专题,主要是围绕历史上在编辑实践中具有大成者进行人物纪传式的探究,共遴选包括孔子、吕不韦、刘歆、萧统、刘知几、司马光、解缙、纪昀、章学诚等在内的37位历史人物,述其编辑实践,论其编辑思想,剖析其所编辑作品的时代特点和历史影响,归纳各自开创的编辑体例、编辑方法,梳理一脉相承的编辑理念和编辑传统,并以历史唯物主义的视角将编辑活动置于政治、经济、文化、科技的社会有机网络中加以考察,辩证审视,科学透析,以求得出编辑活动历史的、本质的、客观的规律。该编辑史研究成果在《出版工作》上连载两年,至1988年方结束,共计约40万字。可惜的是,《出版工作》也是国家出版局于1978年创办的一份内部刊物,较之公开发行的学术期刊,影响力受到很大局限,以致于戴文葆先生的这一重大研究成果仍未在学界引起大的反响。但不管怎么说,这一研究成果的取得,显然与《编辑学与编辑史探讨》具有连贯性,证明戴文葆先生至迟在20世纪80年代的中期即已开始了有意识的、系统的编辑史研究工作。因而,章宏伟认为《历代编辑列传》是第一部以人物为主线的中国古代编辑史",“是我国最早也是最系统的研究中国古代编辑史的著作,具有开创性"。①

此外,整个20世纪80年代关于编辑史的研究,见诸媒体的还有陆平舟的《先秦编辑事业改略》(《编辑之友》1986年第2期)、姚福申的《有关中国编辑史若干问题初探》(《编辑学刊》1986年第2期)、燕平的《我国古代编辑工作概述》(《上海大学学报》1987年第4期)、靳青万的《论我国古代的两大文明与编辑活动之关系》(《许昌师范专科学院学报》1988年第4期)、胡益祥的《孔子编纂学探微——中国编辑之一》(《河南大学学报》1989年第1期)和《诸子文化与〈吕氏春秋〉——中国编辑史研究之二》(《南都学坛》1989年第2期)以及1989—1990年胡光清发表在《编辑之友》上的《中国古代编辑思想史论》系列论文10篇等,它们都算得上是比较早的编辑史研究成果了。值得一提的是,胡光清的系列论文之一是《叙论》,论的是中国古代编辑活动和编辑思想的一般特点;之二到之十,分别从“述而不作”“辨章学术”“部次条别”“沉思翰藻”“以类相从”“举撮机要”“编次之纪”“经世应务”“互注别裁”出发,论述了中国古代编辑思想的核心价值。《编辑之友》从1989年第1期起开始连载,至1990年第6期才发完,为时两年12期(之一、之二分为上、下两篇),并发了编者按:“作者的立论是构建于翔实的史料之上,且其内容没有空泛的‘议’,而是扎实的‘论’;文章展示了一个新颖而具体的研究课题(“中国古代编辑思想”及其相关种种),这表明作者已在向学科研究的纵深挺进。”②足见其分量之重、研究之深。

(二)有组织、有计划的自觉阶段

如果说20世纪90年代以前的编辑史研究属于自发的、零星的个人行为,

① 章宏伟:《戴文葆先生与编辑史研究》,《济南大学学报(社会科学版)》2013年第1期。

② 胡光清:《中国古代编辑活动和编辑思想的一般特点——中国古代编辑思想史论之一·叙论(上)》,《编辑之友》1989年第1期。

研究的形式算作单打独斗的话,那么,90 年代之后,尤其是中国编辑学会的成立,则标志着中国的编辑史研究已经进入了有组织、有计划的自觉研究阶段。

1992 年,随着编辑实践的发展,编辑学研究者研究热情的高涨,地方编辑学会的造势和推动以及全国范围内编辑学研究的持续升温,起着组织、领导、团结、凝聚、协调、引领作用的中国编辑学会在北京成立。① 学会不仅下设编辑出版史专业委员会,而且还定期召开编辑史研讨会、座谈会,出版编辑史研究论文集等。据不完全统计,学会成立至今,先后召开各种编辑史学术研讨会 10 余次,比较重要的研讨会就有:1993 年 10 月在湖北武汉召开的首届编辑史研讨会,1999 年 3 月在江苏南京、2000 年 6 月在浙江温州召开的编辑史研讨会,2004 年 5 月、2007 年 11 月、2009 年 11 月分别在北京召开的编辑史研讨会等。会议或关注编辑史研究的现状、研究内容、研究方法,或注重编辑史与中华文化、社会变迁的关系等,研究内容从 20 世纪 90 年代的具体、微观发展到新世纪头 10 年的视野开阔、视阈宏大。比如,1999 年 3 月 23~25 日在江苏南京召开的编辑史学术研讨会,主持会议的是编辑学会会长刘杲,出席会议的有副会长宋原放、吴道弘、高斯、蔡学俭以及顾问戴文葆等专家、学者。会议的主要内容:一是交流近两三年来编辑史、出版史研究的成果;二是讨论当前编辑史、出版史研究的经验和问题,提出改进意见。会议一致认为,对编辑、出版的历史研究是一项基础性工作,对指导实际工作有重大意义,今后的编辑史研究要重视书、事、人的个案研究,特别是那些重大的有代表性的个案。② 可见,这次会议,不仅总结了以前研究的经验,还明晰了下一段的研究思路。再如,2000 年 6 月 15~19 日在浙江温州举行的编辑史研讨会,主持会议的是编辑学会常务副会长邵益文,出席会议的有副会长吴道弘、宋原放、戴文葆、蔡学俭、王振铎、刘光裕以及其他专家、学者。会议的中心议题是:探讨 20 世纪我国编辑、出版活动的特点和作用,以及有关事件、机构、著作和人物的研究。与会者一致认为,研究我国百年编辑史、出版史,特别是 50 年来的编辑史、出版史的任务,已经被提到议事日程上来;编辑史研究要求开拓新的领域,提出新的研究课题,特别是要重视个案研究

① 姬建敏:《编辑学研究的现实路径探寻——从中国编辑学会历届学术年会与理论研讨会主题出发》,《河南大学学报(社会科学版)》2013 年第 3 期。

② 《中国编辑研究》编委会:《中国编辑研究(2000)》,人民教育出版社 2001 年版,第 501 页。

和比较研究,定出个案研究选题,有组织地进行;出版单位的负责人和编辑要重视书稿档案等资料的积累保管工作,以推动和支持编辑史、出版史的研究作。[①]不仅如此,2006 年中国编辑学会换届后,在以桂晓风会长为代表的新一届学会领导支持下,编辑出版史专业委员会还作出决定:每两年召开一次全国性的学术研讨会和一次专家学术座谈会,二者隔年交替进行;选取学术会议中的优秀论文,出版编辑出版史研究论文集,原则上每两年出版一卷。截至目前,已分别选取 2007 年"全国编辑出版史与中华文化学术研讨会"和 2009 年"中国编辑出版史与社会变迁学术研讨会"两次学术会议上的论文成果,于 2009 年和 2011 年结集出版了《中国编辑出版史研究》第一卷和第二卷。

与此同时,中国出版科学研究所、各地的编辑学会以及全国高校学报研究会、出版工作者协会等,也都组织了相关的编辑史研究活动,有的还组织出版了一定数量的高质量研究成果。例如,2009 年由中国出版科学研究所承担的国家哲学社会科学基金重点资助项目,国家"十五""十一五"重点图书出版规划项目——《中国出版通史》的编写工作历时 8 年得以完成。全书共 9 卷,约 400 万字,上起商周之际,下迄 20 世纪末,涵括港、澳、台地区和少数民族的出版史,可谓贯通古今,无所不包,当然,更不用说与出版史水乳交融的编辑史了。

总之,在中国编辑学会、学界有识之士的积极倡导下,在全国范围内的编辑学研究经复苏后的"稚嫩期"到"渐趋成熟的发展期"如火如荼地展开的大好形势下[②],近 30 年的编辑史研究历程,虽然称不上轰轰烈烈、大红大紫,倒也脚踏实地、平稳发展;虽然起步晚于编辑理论和编辑实务的研究,火热程度亦逊于后者,但到底还是在编辑学学科的整体向前发展中逐渐升温,被予以越来越多的重视。毕竟编辑史立体的、性质明确的实践内容,既可以对编辑实践提供最直接的指导,又可以为编辑学理论建构提供多方面的参照。全国范围内的编辑学理论研究、实务研究既然能势如燎原之火,自然也绕不开编辑史研究领域。

---

① 《中国编辑学会召开第三次编辑史、出版史研讨会》,《出版参考》2000 年第 5 期。
② 姬建敏:《从一个栏目的成长看编辑学研究 30 年》,《河南大学学报(社会科学版)》2009 年第 2 期。

二、编辑史研究的争鸣及焦点

一个新的学术领域被探及,最初的状态必定是各说各话,异见纷呈,不同的见解和观点交相碰撞,有统一,有争鸣,最终形成一种或几种主流观点,稳定成为这一研究领域的成见。编辑史的研究历程较短,也可算作一个新的领域,各种观点的并存对立也很普遍,但这种观点争鸣的局面并不像编辑理论中的意见相左那么激烈和混乱,这缘于基础理论的最初构建带有较大的主观性,而编辑史的研究针对的是历史的、客观的编辑实践,主观性成分较少。所以,与其说编辑史研究中的争鸣是各家论者的各抒己见,不如说这些被争论的焦点恰恰体现了编辑史研究中的关键所在,即搭建一个全新研究领域的架构时必然要面对的一些热点和难点问题。

(一)编辑史的起源时点

关于编辑史的涵括上限,至今还没有形成定论。在《中国编辑研究》年刊《发刊词》中,无论是编辑理论还是编辑史,其研究对象都"是编辑劳动及其客观规律"。但对于何为编辑劳动,就有了仁者见仁、智者见智的认知了。钱荣贵就认为编活动有现代和古代之分,但无论现代还是古代的编辑活动,归根结底都是编辑活动,具备编辑实践的基本特质。基于此,"编"之行为和"编"之思维贯穿于文籍产生之前与之后的历史,结绳记事也"是一种最为原始、最为质朴的'编辑活动'"①。而如果以较为规范的外在形式,较为齐全的流程元素来考察的话,"甲骨时代无疑是'文籍之编'的源头"②。

靳青万则着重考察了文字产生过程中编辑在提炼、规范、简化、固化等环节中所发挥的重要作用,认为编辑活动是相伴于文字的发明过程而产生的。基于此,编辑史应该以文字的萌芽和形成阶段作为起始点,也就是旧石器时代晚期或新石器时代早期,距今约 10000 年时间。③

---

① 钱荣贵:《史前时期"实物之编"的思想灵光》,《江苏大学学报(社会科学版)》2009 年第 6 期。
② 钱荣贵:《甲骨时代的编辑审美观及其他》,《南通大学学报(社会科学版)》2009 年第 2 期。
③ 靳青万:《中国古代编辑史论稿》,河南大学出版社 1992 年版,第 13 页。

姚福申将编辑实践与文字资料的收集和整理联系起来,以此来考辨编辑活动的起源。而目前有考古佐证的最早成熟的文字资料自然应该是殷商时期的甲骨卜辞。甲骨卜辞有序叠放,编次成册,具备明显的编辑痕迹,也体现了一定的编辑规律。但卜辞本身毕竟内容单一,形式简略,属于实用性很强的应用文,与真正的史料典籍尚有差距。但《尚书·多士》中的"惟尔知,惟殷先人有典有册,殷革夏命"又证明殷商时代是有典籍存在的,这些典籍没有实物佐证,但同样在《尚书》中确有保存,被公认的一篇便是《盘庚》。《盘庚》一文篇幅浩长,内容丰富,结构整饬,逻辑清晰,详细记述了商王朝迁都期间、迁都前后商王对臣民的训诫。商王盘庚所处的时代是公元前 14 世纪,"由此推断,中国的档案编辑工作至少可追溯到三千三百多年之前"①。可见,公元前 14 世纪被姚福申界定为编辑活动的滥觞阶段。

与上述观点不同,刘光裕对编辑史的起点另有看法。他认为,编辑的产生是出版的需要,即出版的存在是编辑存在的必要前提,而"有了印刷术,然后图书才可以说得上'出版',才开始有出版业"②,所以,编辑史的溯源上限应该在两宋。

钱荣贵、靳青万、姚福申三家观点的差异缘于他们对编辑实践的对象理解有别。钱荣贵和靳青万的立场有相似之处,他们将编辑活动理解成一种信息的整理和规范化过程,并不一定只针对实存的物质,所以,结绳记事也可以算成编辑活动,文字形成过程中的逐渐规范、简化定形也可以看成是编辑活动。姚福申则将编辑对象指为"文字资料",并且是有一定内容丰富度、形式上成熟完备的文字资料,基于此,他将编辑活动上溯至上古典籍《盘庚》出现的殷商时代。刘光裕则是结合出版活动来限定编辑活动的,既然出版是编辑存在的前提,而出版又是印刷术发明之后的产物,编辑活动就只能开启于出版正式产生的两宋了。再进一步讲,以上诸说之所以互不一致,根本原因在于不同学者对"编辑"概念的内涵理解不同,前三种观点属于此;或对编辑与出版关系的理解不同,后一种观点属于此。这就引出了编辑史研究中其他两个方面的争鸣。

(二)古今"编辑"概念、编辑史与编辑理论中"编辑"概念的厘清

编辑理论、编辑实务与编辑史三足鼎立构成编辑学的学科体系,三者间彼

---

① 姚福申:《中国编辑史》,复旦大学出版社 1992 年版,第 20 页。

② 刘国钧著、郑如斯补订:《中国书史简编》,书目文献出版社 1982 年版,第 64 页。

此贯通、密不可分的关系在"编辑"概念的难以统一以及对研究工作造成的负面影响上体现得最为明显。正因为编辑理论的研究中截至今天也没有形成一个广为接受的、统一的"编辑"概念，基于此而构建的一些理论仍然眼界各异，表述有别。广为认可的、统一的"编辑"概念的缺位除了造成基础理论研究领域的各说各话外，也直接导致了编辑史研究中的歧见并存，一如上文所述的情形。或者也可以反过来说，正是因为编辑史研究长期以来的滞后乏力，没能及时地跟上编辑理论、编辑实务研究的步伐，以致于在编辑活动的外延圈定上没能为编辑理论研究中界定"编辑"概念时提供可资参考的足够依据，致使编辑理论研究领域中的"编辑"概念之争既无凭可依，也无据可证，各取所需，众说纷纭，历经二三十年却仍不明晰，歧异甚大。同样的一个"编辑"概念，却同时深入地影响到了编辑理论和编辑史两个研究领域，这既表明了此二者间你中有我、我中有你的不可分割性，同时，也证明了二者间互为基础、互相促进的辩证有机关系。说到底，编辑理论是对编辑史研究成果的高度抽象和哲学概括，而"编辑史研究实际上是编辑学研究的一种历史方法"①。

针对这一问题，个别研究者站在历史和全局的高度提出了一些中肯的意见，较有代表性的是林穗芳先生的观点。首先是"编辑史"与"编辑学"中的"编辑"概念是否需要统一的问题，其次是"编辑"概念在古今不同语境下应该如何界定和对待的问题。

对于第一个问题，林穗芳先生的观点是比较明确的，即"编辑史"与"编辑学"中的"编辑"概念应该统一。因为只要你承认编辑史是整个编辑学学科的一个组成部分，那么，它就是编辑学学科体系的有机构成，搭建这一体系的基本概念和范畴自然也必须内涵一致，外延相同，只有这样才能彼此共通互释，保持理论体系内部的一致和贯通。但不可否认的是，编辑史研究中所面对的"编辑"活动在古今不同的语境下是有内涵上的差别的。"编辑"的古义是"收集材料，整理成书"，而今义则是从出版活动的视域加以界定的，可以将这两种"编辑"粗略地描述为著作方式之一种和出版工作之一部分。编辑活动的外在形式可以根据性质的不同分为属于著作活动的编辑和属于非著作活动的编辑，与出版紧密相连的是非著作编辑活动，它具有明显的中介特性，有别于著作性编辑活动。

---

① 何皓：《编辑学及其发展方向》，《编辑之友》1988 年第 6 期。

显然,只有具有中介特性的非著作型编辑活动才能被划入编辑学的研究对象。那么,具体到编辑史的研究对象呢? 这两种性质的编辑活动是否均应涵括,还是仅择其一? 林先生认为,研究范围约略等同于著作型编辑活动的"图书编纂史"与"编辑史"同属于"编辑出版史"的二级学科,二者是并列关系,既然是平行关系,从逻辑上讲就不能将"图书编纂史"与"非著作型编辑"并列归为"编辑史"的研究范围,使其成为"编辑史"的一个下辖区域。对于将著述活动分为"原创型"和"非原创型"两种,将"非原创型"的书籍编辑(包括介于"原创型"与"非原型"之间的编辑活动)归为书籍编辑学研究对象的提法,林先生同样持谨慎态度。他认为:"编辑史要同编辑学一样,以出版业和其他传播业中的编辑活动为研究对象,建立自己的理论系。"①归结起来,林穗芳先生认为,无论是编辑学还是编辑史,均应该以具有中介性的"出版编辑活动"为研究对象,将著述类型的编辑活动剔除在外,另作处理;同时,编辑学与编辑史在"编辑"概念的界定和研究对象的划归上必须保持一致,以免造成自身的混淆和逻辑上的矛盾。

(三)编辑与出版的关系

造成研究者对编辑活动时间范围的限定存在差异的另一个主要原因就是对编辑与出版关系的认识。在编辑理论的研究中,编辑与出版活动的范围孰大孰小、谁涵括谁的问题由来已久,争论不休。当这种争论迁延到编辑学与出版学这两门学科的历史研究领域时,这种争论看似一如理论研究里的争论,实际上却又有了新的变化。因为理论研究是一种现时态的横向研究,针对的是某种特定活动,编辑学研究的是编辑活动,出版学研究的是出版活动,而在实践中,编辑与出版又是错综复杂地交合在一起的。有人认为,编辑活动为核心,出版只是其物化、传播的构成环节;也有人认为,出版是核心,编辑只是其中的重要一环而已,编辑为出版服务,附属于出版的通盘行动之中。而在编辑与出版的历史研究领域,情况就不同了。因为一门学科的历史研究,针对的是某一特定活动的历时性存在,强调的是一种纵向的演进式发展。出版的存在历史非常容易确定,事实清楚,有据可查;编辑的历史起点则存在着不确定性,如何确定编辑与出版二者间的关系,决定着对编辑活动起源时点的认定,起源时点的认定

---

① 林穗芳:《编辑学和编辑史中的"编辑"概念应当保持一致——兼论开展编辑模式历史比较研究的必要性》,《编辑学刊》1997 年第 6 期。

又反过来决定着如何定义编辑与出版二者间的关系。

中国编辑学会第一任会长刘杲曾就编辑史与出版史的关系作过明确论述。他认为,编辑史与出版史存在着密切的关系,但二者并不是完全重合的关系,而是有一部分重合。同样,"编辑学不是出版学的一个分支。编辑活动的范围远远超越出版活动。编辑学和出版学有不同的研究对象"[①]。在试图廓清编辑与出版的概念时,应该以现实的编辑出版实践为依据,而不应该简单地遵循"从概念到概念"的思维逻辑。刘光裕也强调了编辑史与出版史研究对象中的交叉问题,但他同样认为这种交叉并不是严格的重叠,编辑依赖出版,出版也依赖编辑,离开任何一方面而讲另一方面都会不得要领。

(四)孔子等人物的编辑家身份

在编辑史研究领域,目前成果最集中的一个方向大概就是孔子了,围绕着孔子的编辑实践、编辑原则、编辑思想进行的研究可谓林林总总,不胜枚举。但即便如此,关于孔子到底算不算是编辑家的争论迄今也没有一个定论。占据主流的观点不外乎两种:一种是认为孔子在古代从事了大量的编辑活动,是编辑工作名副其实的开先河者,可称作中国历史上第一位大编辑家;另一种观点则否认孔子的活动属于真正意义上的编辑范畴,因此,即便孔子于文化传播上居功甚伟,也难有编辑家之名。

认为孔子是大编辑家的一派主要是依据孔子的编书活动而得出的结论。历史上,孔子曾"删《诗》《书》、订《礼》《乐》、赞《周易》、修《春秋》",并在对这些作品的编纂过程中严格遵循"述而不作"的原则,这与编辑工作的内在精神高度一致。既然"编辑"的定义是"搜集资料,整理成书",那么,孔子编订"六经"恰恰就是在集合了大量前人成果的基础上,通过对比、校勘,加以选择、提炼,遵照某种指导思想,以一定的规则,汇辑、整理成教化万民、行之后世的经典作品,无论是其工作过程、原则方法,还是指导思想、目的效应都与编辑工作的特点极其吻合。并且,孔子通过自己的实践和倡导,形成了"述而不作""不语怪力乱神""攻(治)乎异端(杂学),斯害也已"的优良编辑传统,为其后两千年的编辑活动树立了典范。凡此种种,都使得孔子当之无愧地成为我国历史上开创性的大编辑家。

---

① 刘杲:《我们是中国编辑》,海豚出版社 2011 年版,第 187 页。

持反对意见者则从两个方面对上述观点加以反驳。其一是,认为孔子的编书活动属于编纂而非编辑。"编辑"概念应该与出版活动密切相连,而孔子编书活动的直接目的是为了辅助教学,更好地传播儒家思想。《辞源》中"搜集资料,整理成书"的释义是针对古代典籍中的"编辑"一词而言的,今天所言的"编辑"则与近代方出现的"出版"一语密切相关,以古语中之"编辑"含义通释"编辑"一词是不能成立的。孔子的"搜集资料,整理成书"活动,一不以出版为目的,二不合"编辑"今义,实际上只是作为著作活动之一种的编纂行为而已,在古今概念混淆使用基础之上认定其为编辑家,未免过于武断。至于孔子所倡导和践行的"述而不作"原则,其出发点是"信而好古",也就是说孔子"述而不作"的根本原因是"好古",即崇尚周礼周制,以图弘扬恢复,并不是出于尊重事实、客观诚信的考虑。其二是,从历史考据的角度认为孔子并没有集中编订"六经"的行为,既无编辑实践,遑论编辑家之名。关于孔子编订"六经"的说法,基本上都是依据《史记》《尚书·序》中的记载,但这些作品都产生于"罢黜百家、独尊儒术"之后,其可信度有待考证;于今可为研究孔子思想及活动确凿证据的《论语》,偏偏未曾提及孔子编订"六经"之事。而对孔子"述而不作,信而好古"一语的主流释义也遭到质疑。古汉语中"述者循也","作""乍"通假,基于此,这句话又可以译解为:"相信和爱好古代的书面材料,遵循它而不使丢失。"如此一来,自然也就与所谓的编辑思想、编辑原则毫无关系了。

其实,近 30 年编辑史研究中的焦点问题不仅仅限于以上四个方面,参与讨论的人数更不仅仅限于以上提到的学者。仅以"编辑"概念及其历史形态的讨论为例,丛林主编的《中国编辑学研究述评(1983—2003)》里列出名字的学者就有刘光裕、王华良、杨明新、姚福申、王耀先、林穗芳、任定华、邵益文等①;以"编辑的起源"为例,邵益文的《20 世纪中国的编辑学研究》里列出的观点就有起源于殷商、起源于春秋、起源于五代至北宋时期等②。笔者进行"我国编辑学研究 60 年(1949—2009)"国家社科基金项目研究的时候,发现几乎参与编辑学研究的大家大都或多或少地涉猎过编辑史研究的内容,如王振铎、张积玉、宋应离、蔡克难等。所谓"窥一斑而知全豹",编辑史研究可谓平淡中有亮点、平凡中见

① 丛林主编:《中国编辑学研究述评(1983—2003)》,齐鲁书社 2004 年版,第 341~342 页。
② 邵益文:《20 世纪中国的编辑学研究》,河北教育出版社 2000 年版,第 39 页。

起色,并且"亮点"关乎编辑学研究的核心问题,"起色"彰显编辑学研究的深入和进步。

三、编辑史研究的重要论著

一般来说,一个学科研究水平的高低,大体与学科研究成果数量的多寡、水平的高低成正比。

我国的编辑史研究,尽管起步比较晚,升温比较慢,但研究成果还真的不可小觑。单就出版的编辑史著作来说,在 1999 年 3 月江苏南京召开的编辑史、出版史研讨会上就有总结:"近几年来编辑史、出版史研究情况不错,出版专著约有 110 种左右,内容涉及断代史、地区史、专题史、书史、书话、编辑史、发行史等方面,但也存在着主要领导和社会的重视不够,缺少发表文章的园地,单行本的出版更为困难等问题。"①虽说这 110 种专著包含出版、书史、书话、发行史等,但它出现在《中国编辑学会活动纪事》里,足见编辑史研究在这 110 种专著中所占的分量不轻。再说 1999 年至今又是 10 多年,专著的数量想必增加不少。如果以 1999 年为界,前者出版的代表性研究成果有:韩仲民的《中国书籍编纂史稿》(商务印书馆,1988 年);宋应离的《中国大学学报简史》(中州古籍出版社,1988年);伍杰的《中国古代编辑家小传》(中国展望出版社,1988 年);姚福申的《中国编辑史》(复旦大学出版社,1990 年);丁景唐的《中国现代著名编辑家编辑生涯》(中国展望出版社,1990 年);靳青万的《中国古代编辑史论稿》(河南大学出版社,1992 年);陈昌荣的《列宁的编辑理论与实践》(科技大学出版社,1993年);李明山的《中国近代编辑家评传》(河南大学出版社,1993 年);申非的《编辑史概要》(中国农业出版社,1993 年);徐登明的《编辑出版家叶圣陶》(中国书籍出版社,1994);李频的《编辑家茅盾评传》(河南大学出版社,1995 年);肖东发的《中国编辑出版史》(辽宁教育出版社,1996 年);阎现章的《中国古代编辑家评传》(河南大学出版社,1996 年);姚远的《中国大学科技期刊史》(陕西师范大学出版社,1997 年);曹之的《中国古籍编撰史》(武汉大学出版社,1999 年)等。后者有:宋应离主编的《中国期刊发展史》(河南大学出版社,2000 年);黄

---

① 《中国编辑研究》编委会:《中国编辑研究(2000)》,人民教育出版社 2001 年版,第 501 页。

镇伟的《中国编辑出版史》(苏州大学出版社,2003 年);宋应离等主编的《20 世纪中国著名编辑出版家研究资料汇辑》(河南大学出版社,2005 年);肖占鹏等的《唐代编辑出版史》(南开大学出版社,2008 年);冯志杰等的《中国编辑出版史研究》(九州出版社,2009 年);张玉华主编的《编辑出版家吴道弘》(浙江人民出版社,2012 年);秦晴等编的《编辑大家秦兆阳》(人民文学出版社,2013 年)等。它们或宏观综论编辑史,或微观解剖某一编辑家的编辑行为与编辑思想;有的研究通史,有的探讨某朝某代的编辑史;有的是论从史出、史论结合的编辑理论总结,也有的是编辑史料、编辑经验的汇集。特别是像姚福申的《中国编辑史》、靳青万的《中国古代编辑史论稿》、肖东发的《中国编辑出版史》、阎现章的《中国古代编辑家评传》、黄镇伟的《中国编辑出版史》、秦晴等编的《编辑大家秦兆阳》等,影响比较大,受关注的程度比较高。下面仅以姚福申的《中国编辑史》和肖东发的《中国编辑出版史》为例,做一简单介绍。

(一)姚福申的《中国编辑史》

《中国编辑史》(复旦大学出版社,1990 年 1 月)是我国改革开放新时期最早的一部通史型编辑史著作,曾获第二届吴玉章奖,在编辑史研究领域有着不可忽视的重要地位和重大影响。书的作者姚福申,男,1936 年生,浙江鄞县人,复旦大学教授,历任编辑专业副主任、《新闻大学》杂志主编等,主要编辑学研究成就是他对中国编辑史研究的贡献。

1.《中国编辑史》的主要内容

《中国编辑史》包括"绪论""上编古代部分""下编近现代部分"三部分,共分 19 章。"绪论"围绕编辑史研究对象、编辑活动起源、影响编辑活动的各种因素等一系列具有领起和导引性质的问题进行了简明阐述。"上编古代部分"第一章"世界古代文明与中国编辑工作"主要从文字的出现、上古文献的形成、两河流域的泥版文献、埃及的纸草书、古印度的经文、中国春秋时代孔子为首的编辑"六经"出发,论述了世界范围内编辑的出现与经济发展的关系及其中国编辑工作在世界上的领先地位。第二章"中国文献的出现和编辑的产生"主要通过论述我国文字、文献的起源以及甲骨文的发现,指出"殷代已有原始的档案编辑工作"，"中国的档案编辑工作至少可追溯到三千三百多年之前"。① 第三章"周代——书籍编订的草创阶段"重点就孔子在编辑史上的贡献、《吕氏春秋》的编辑特点等进行论述，肯定了周代书籍编订的草创之功。第四章是"中国古籍在秦世的两次浩劫"、第五章是"编辑业务的奠基时期——两汉"。在第五章里，不仅介绍了刘向父子在编辑工作上的贡献，还介绍了中国最早的辞书《尔雅》以及辞书的发展过程；不仅介绍了司马迁《史记》及《汉书》的编撰特点，还介绍了纸的发明、科技书的发展等。作者认为，"书肆的普遍出现，表明两汉时代书籍已经像日用必需品那样，成为社会生活中不可缺少的东西……《七略》和《汉书·艺文志》正是这种整理工作的成果，它标志着汉代书籍的编辑水平已经达到了一定的高度"②。第六章是"中国文化在魏晋南北朝时代的进展"、第七章是"隋唐——编纂活动的发皇时期"、第八章是"飞跃发展的五代两宋编辑出版事业"。尤其是第八章，全方位地论述了宋代我国编纂活动、出版活动、雕版印刷、活字印刷、目录学等的大发展。第九章"元明两代编辑与出版工作的进展"主要通过《永乐大典》的纂辑，西欧书籍的翻译，地方志、科技书的出版等，对明代的编辑出版工作进行了总结。第十章"清代编纂工作及其经验教训"除了客观总结清代大的编辑活动及其贡献以外，特别指出清代文字狱、禁书运动对我国编辑出版的阻碍。

"下编近现代部分"第一章是"鸦片战争前后的编译出版工作"、第二章是"维新运动与书刊编辑"、第三章是"辛亥革命前夜的编辑出版情况"、第四章是"民国初年的出版事业"。尤其是第三章商务印书馆的创立、第四章中华书局的成立等，在作者看来，它们作为标志性事件，在中国编辑发展史上应占有一席之地。第五章是"五四前后的书刊编辑活动"、第六章是"中国共产党早期的出版工作"。前者主要介绍了《新青年》的诞生及其影响、商务印书馆的改革等；后者重点推出了《共产党》月刊、人民出版社、上海书店、长江书店、《向导》《中国青年》杂志等有影响的媒介媒体。第七章是"十年内战时期的编辑出版事业"、第八章是"抗日战争时期的出版界"、第十章是"解放前夕的编辑与出版活动"。最后三章社会环境不同，时代特点不同，编辑出版的活动也各有千秋。作者之

① 姚福申：《中国编辑史》，复旦大学出版社 1990 年版，第 20 页。
② 姚福申：《中国编辑史》，复旦大学出版社 1990 年版，第 94 页。

所以强调邹韬奋、张元济的编辑贡献以及"生活、读书、新知"三联书店的编辑特色等内容，足见它们在编辑史上具有重要的地位。

2.《中国编辑史》的特点及意义

显然，《中国编辑史》包括"绪论"和19章，上编10章是古代编辑活动，上起文字初创、文献始定，历经汉初与唐宋之兴，下迄晚清；下编9章则从鸦片战争时期起，历数近代出版、现代出版直至新中国成立前的编辑出版活动。全书具有贯通、辩证、唯物、创新等四个特点。

（1）贯通。这部书是第一部系统的、完备的、通史性质的编辑史著作，可谓首创。它之前虽然有戴文葆的《历代编辑列传》和韩仲民的《中国书籍编纂史》，但它们都不是以全部的编辑活动为研究对象进行的通史研究，《历代编辑列传》是人物纪传体的形式，《中国书籍编纂史》也仅限于书籍这一有限的介质。《中国编辑史》则"研究人类知识收集和整理工作的历史"，纵贯古今，触类旁通，以一个内涵明确的"编辑"概念为选材依据，爬梳辨析，取舍剪裁，既关涉宏阔，又一以贯之。

（2）唯物。该书的指导思想和研究方法是唯物的、历史的，这体现在两个层面上。一是方法论层面，或曰技术层面，作者遵循着言必有据、论有实证的严谨态度，既不主观臆测，也不轻下结论。二是历史主义的审视眼光，作者并不孤立地去研究具体的编辑模式演进、载体介质变化、技术方法革新，而是将其统统置于社会的经济、政治、文化的大视野下加以考察。无论是孔子的编纂"六经"，还是刘向的古籍校定，唐、宋两朝国家规模的大型编纂活动，晚清洋务运动中的集中译介，都是一定时期社会经济、政治作用下的结果，作为文化事业之组成部分的编辑出版活动势必与社会其他要素紧密相连，共成一体。

（3）辩证。该书对一些历史编辑活动的定性、代表性编辑人物的评价是较为公允客观的，既未受意识形态色彩制约，也没有囿于局限性的眼光，能够站在历史的角度，以发展的思路、全局的视域客观公正地加以评判。清代《四库全书》的编纂，规模庞大，卷帙浩繁，但清朝统治者以惯有的文化钳制等狭隘思维对很多既有古籍进行了许多主观篡改，故意曲解和遮掩一些作品中的正面思想，其行为恶劣，影响消极，也给编辑传统注入了许多负面的元素；但作者还是充分肯定了这部丛书的正面意义，认为它"为我们保存了很多珍贵的文化遗产……就中国文化建设而言,《四库全书》的编辑还是功大于过的"①。即使对于胡适提出认同的"整理国故",作者也公允地认为"不能简单地扣上'对抗马列主义传播、对抗革命运动'的帽子","除了脱离现实斗争这一消极因素外,在学术研究上还是有一定价值的"②。 这种良莠分明、辩证分析的态度,在编辑史研究中是非常可贵和值得提倡的。

(4)创新。从总体上说,《中国编辑史》作为编辑史研究领域的第一部通史型著作,本身就是一种创新,在很多方面都确立了新的模式、结构、典范和方向。作者开宗明义地将编辑史的研究对象限定为"人类知识收集和整理工作的历史",并明确地将这里的"人类知识"解释为"文字资料",进而将中国编辑活动的上限追溯至商朝的盘庚与小辛时代,即距今 3300 多年前。确定了历史起点后,作者将整个编辑活动的历史按照物质载体和媒介技术特征划分为三个阶段:殷商与西周时期(公元前 17 世纪至公元前 8 世纪)、春秋到西晋时期(公元前 8 世纪到公元 3 世纪)、西晋至今。第三个阶段又可以划分为手抄时期(约公元 3 世纪到 10 世纪)、手工印刷时期(约公元 10 世纪到 19 世纪)和机器印刷时期(始于 19 世纪)。从横向来看,全书涵括广泛,条块明晰,既有对体例范式的追本溯源,又有对编辑代表人物的评述纪传;既有对重大编辑活动的铺陈演说,又有对前因后果的条分缕析。宏观上有分期架构,提纲挈领,细节上则涉猎广泛,林林总总,从类书、丛书到家刻、坊刻,从发凡体例、奠基模式到载体演变、技术更新,从金木竹石到纸张缣帛,从简策图书到报刊,既有对历时性发展规律的总结归纳,又有对细节知识的发掘普及。

《中国编辑史》作为新时期第一部通史性著作,在编辑史研究方面开了个好头,在编辑史研究历程中意义特殊,不可忘却。

(二)肖东发的《中国编辑出版史》

《中国编辑出版史》(辽宁教育出版社 1996 年版)是北京大学新闻传播学院教授、著名编辑出版史及图书学专家肖东发主编的,是国家教委"八五"规划教材、新闻出版总署重点项目"普通高等教育编辑出版类规划教材"之一,也是继姚福申的《中国编辑史》之后我国编辑出版史研究的又一部力作。肖东发作为

---

① 姚福申:《中国编辑史》,复旦大学出版社 1990 年版,第 224 页。
② 姚福申:《中国编辑史》,复旦大学出版社 1990 年版,第 323 页。

资深编辑学研究家,出版有《中国书史》(书目文献出版社 1987 年版);《中国图书出版印刷史论》(北京大学出版社 2001 年版);《中外出版史》(中国人民大学出版社 2010 年版)等著作。发表有《中国出版史研究的回顾与展望》(《出版科学》2002 年第 3 期)、《中华文明的起源与早期传播活动》(《出版发行研究》2009 年第 4 期)、《活字印刷术的发明及其在宋元时代的发展与传播》(《北京大学学报》2000 年第 11 期)等论文。其研究领域广泛,研究方向偏重于编辑、出版、文化、编辑出版教育等。

1.《中国编辑出版史》的主要内容

《中国编辑出版史》共有 10 个部分构成。"绪论"主要探讨了中国编辑出版史的学科体系、研究历史和现状、历史分期和总体特点。作者认为,编辑出版史研究应该从社会文化背景入手,重点研究历朝历代编纂机构、编辑活动、著名编辑家、重要出版物、图书的生产过程、形成制度、贸易流通等问题。该书在全面总结我国编辑出版史研究现状的基础上,将我国编辑出版史分为编辑出版萌芽时期(上古至西周)、草创时期(春秋战国)、奠基时期(秦汉)、初兴时期(魏晋南北朝)、发展时期(隋唐五代)、壮大时期(宋辽金元)、兴盛时期(明和清前期)、变革时期(清代后期)、斗争时期(中华民国)等。

第一章是"编辑出版的萌芽时期(上古至西周)"。该章主要探讨了文字的产生、图书的起源、早期的文字载体、原始的编辑活动四个方面的内容。作者认为,我国图书起源于夏朝。我国早期的编辑活动起源于商代,以史官的典籍整理为主要标志。第二章是"编辑出版的草创时期(春秋战国)"。该章主要探讨了春秋战国时期的图书编辑活动。作者认为,春秋战国时期是我国编辑活动的草创时期,并重点以孔子为例探讨了大编辑家孔子的编辑活动及其特点,以及战国时期的文献编辑活动。在此基础上,该章还对战国期的图书形制——竹帛简牍制度进行了详尽分析。第三章是"编辑出版的奠基时期(秦汉)"。该章主要探讨了秦汉时期的图书编辑活动。作者重点分析了两汉时期的图书机构、编校活动、图书贸易、图书形制,并认为两汉时期刘向等人的编校活动最为引人注目,是中国历史上第一次大规模的图书编校活动,不仅对我国后来的图书编辑活动产生了重大影响,还奠定了我国图书分类的方法。第四章是"编辑出版的初兴时期(魏晋南北朝)"。该章主要论述了魏晋南北朝的图书编辑机构、编辑活动、图书收藏与复制、图书发行和图书形制。作者认为,在秦汉时期书籍编辑活动发展的基础上,魏晋南北朝时期图书编辑活动更加活跃,不仅规模剧增,而且编著形式不断创新,出现了类书、别集、总集、韵书、姓氏谱、佛经文献等诸多新的出版物。第五章是"图书编辑出版的发展时期(隋唐五代)"。作者认为,隋唐五代是我国图书编辑出版的大发展时期。该章重点论述了隋唐五代的图书编纂机构、编辑活动、雕版印刷术发明、图书贸易和图书形制,尤其对雕版印刷术的发明进行了深入论述,指出了雕版印刷术发明的条件、时间和意义。"印刷术的发明是中国编辑出版史上的一件大事,也是人类社会发展的一个里程碑,它极大地促进了人类文化和整个社会的进步。""有了印刷术,图书才可以说得上'上版',从此开始了不断发展的印刷出版事业,知识才得以广为传播,珍贵的典籍方可千载流传。"①第六章是"编辑出版的壮大时期(宋、辽、金、元)"。该章重点论述了宋代图书的编辑机构、编辑活动、出版事业、图书形制、图书发行,同时还对辽金元时期的图书事业进行了论述。第七章是"编辑出版的兴盛时期(明及清前期)"。该章重点论述了明清时期的编辑活动、图书出版、印刷技术、图书形制和图书发行。作者认为:"从明初至 19 世纪中叶为前期,这一时期从政治、经济到文化方面都出现了兴盛一时、盛极而衰的景象,中国传统的编辑出版事业也随之进入加速发展阶段。"②在谈到这一时期的编辑活动时,作者认为,类书的编纂、丛书的编纂都显示着这一时期图书编辑活动走向兴盛。第八章是"图书编辑出版的变革时期(清后期)"。该章重点论述了近代编辑活动、出版活动和图书发行。作者认为,近代是我国社会大变革时期,也是图书编辑出版的大变革时期:一是出版技术变革深化,二是出版生产方式变革显现,三是出版文化呈现出新的景观。第九章是"图书编辑出版的斗争时期(中华民国)"。该章重点论述了现代图书编辑活动、现代私营出版业、现代印刷技术发展和中国共产党领导的出版发行事业。在谈到这一时期编辑活动时,作者对这一时期的教科书编辑、书刊编辑、古籍整理、新文学编辑等进行了深入分析,同时,还对这一时期以商务印书馆、中华书局等为代表的现代出版机构进行了详尽论述。

2.《中国编辑出版史》的特征与意义

(1)通史特色,史论结合。《中国编辑出版史》是编辑史研究的通史之作,

---

① 肖东发:《中国编辑出版史》,辽宁教育出版社 1996 年版,第 211~212 页。
② 肖东发:《中国编辑出版史》,辽宁教育出版社 1996 年版,第 297 页。

是对中国编辑出版史研究的总体概括和宏观描述,它以编辑出版发展的历史演进为线索,全面客观地呈现了中国编辑出版事业发展上千年的历程。这部书在写作的过程中重视史论结合,既强调史的叙述,又重视论的展开,呈现出史论结合的编写特色。比如,在谈到中国图书文献的起源问题时,作者是以学界研究的客观现状为依据,较为审慎地提出自己的观点;在谈到雕版印刷术的起源时,作者也是论述充分,有理有据,逻辑严谨。

(2)编辑出版研究并重。与此前的《中国编辑史》《中国编辑史论稿》等著作同,该书强调编辑史、出版史研究并重。在谈到一个时期编辑活动的同时,还对其出版活动进行了深入论述,呈现出编辑出版史研究一体化的特色。作为编辑出版史研究的一部力作,该书在深化我国编辑学研究中占有着重要地位,它提出的编辑出版史分期、通史写作体例,编辑出版研究融合的特色,都对以后的编辑出版史研究起着重要的引领作用。

四、编辑史研究的成就、问题与方向

显然,自 20 世纪 80 年代编辑学研究复苏、兴起开始,学界对编辑史的研究就慢慢起步了,20 世纪 90 年代以后,研究的人相对增多,研究的内容也相对丰富。比如,对编辑起源的研究,对编辑史理论的有关研究,对编辑史的系统研究及各个朝代的编辑史、编辑家研究等,成果也相对增多,研究越来越受到重视。

(一)编辑史研究的成就

1. 优秀成果越来越多

编辑史研究尽管没有编辑理论、编辑实务研究成果丰盈,但其成果尤其是优秀成果呈逐渐增多趋势,除了上面提到的一些编辑史研究重要著作之外,研究的文章更是数以千计。在"中国知网"的"中国学术期刊网络出版总库"中,以篇名中含"编辑史""编辑出版史"检索,检出期刊文章分别为 62 篇和 2655 篇,研究成果涉及编辑史研究的各个领域,通史、断代史、古代编辑家、近现代乃至当代编辑群体、编辑个案等。研究内容的"扩张",研究领域的拓展,不仅使研究成果丰富多彩、琳琅满目,而且也使优秀文章大量涌现,如刘光裕的《编辑史研究的几个问题》(《编辑之友》1989 年第 1 期)、俞润生的《刘知几对古代编辑史的贡献》(《编辑学刊》1991 年第 4 期)与《对编辑史、出版史的一点想法》

（《中国出版》1999 年第 6 期）、吴道弘的《编辑史、出版史研究述评》（《出版科学》2002 年增刊）、于翠玲的《媒介演变与文化传播的独特景象——中国编辑史的认识价值》（《河南大学学报》2006 年第 1 期）、杜建华的《2009 年编辑史研究概述》（《编辑之友》2010 年第 10 期）、章宏伟的《戴文葆先生与编辑史研究》（《济南大学学报》2013 年第 1 期）等，都曾在不同时期引起不同的反响。

2. 研究队伍越来越精干

从发表文章的作者情况看，20 世纪八九十年代老一代的专家学者居多，如宋原放、林穗芳、蔡学俭、刘杲、邵益文、王振铎、宋应离等；进入新世纪以后，中青年作者逐渐脱颖而出，如张积玉、范军、李明山、蔡克难、于翠玲、吴平、李频、阎现章等，尤其是一些年轻博士的加入，更使编辑史研究锦上添花，如吴赟、潘文年、钱永贵、段乐川等，他们不仅把新锐的思想、创新的理念融入编辑史研究中去，而且还使编辑史研究的作者队伍越来越轻，越来越高端、精干，充满朝气。

3. 发表编辑史研究成果的媒体越来越多

且不说以出版史研究见长的《出版史料》发表的出版史、编辑史研究文章有多少，单就当今最火的"北大核心"和"南大 CSSCI 来源期刊"来说，无论是具有社科背景的《编辑之友》《出版发行研究》《中国出版》《中国编辑》《出版科学》《编辑学刊》等，还是具有科技背景的《编辑学报》《中国科技期刊研究》等，几乎全都开辟有编辑史研究的栏目。它们作为编辑学研究的主战场、主阵地，推出了大量的编辑史研究文章，成就了不少的研究人才。另外，高等学校编辑出版学专业的师生作为编辑学研究的生力军，高校学报也成为编辑学研究的重要平台，发表的编辑史研究成果也不在少数。以《河南大学学报》"编辑学研究"栏目为例，1985 年至今，据不完全统计，就发表编辑史研究文章 40 多篇，高质量的文章就有《孔子——我国编辑事业的开山鼻祖》（1986 年第 5 期）、《刘知几的编辑观——中国第一部古典编辑学〈史通〉述评》（1991 年第 2 期）、《文化价值：宋代编辑繁荣的原因》（1992 年第 4 期）、《略论茅盾的编辑思想和实践》（1994 年第 3 期）、《持之以恒必有收获——论中国编辑史出版史研究》（2001 年第 1 期）、《中国编辑出版研究学术史简论》（2008 年第 2 期）、《文化传承与智民之梦——21 世纪前半期现代化进程中商务印书馆的社会责任观》（2009 年第 2 期）、《论王振铎的编辑学研究及其理论建树》（2014 年第 1 期）、《论宋应离的编辑出版史学研究及其成就》（2014 年第 2 期）等。发表编辑史研究成果的物质载体越来越多元,越来越集中。

（二）编辑史研究存在的问题

尽管相对于编辑学基础理论研究和编辑实务研究,编辑史的研究显得最为便捷和省力,但在实际的研究过程中却恰恰是编辑史研究存在的问题比较多,也比较明显。

1. 重视程度不够,缺乏建设性研究

相对于编辑理论研究和编辑实务研究来说,学界对编辑史的研究重视程度非常有限,尽管从组织上看,有中国编辑学会下辖的编辑出版史专业委员会,但专业委员会的活动参加的人数少,活动次数也远没有达到常态。重视程度的不够,导致研究力度大打折扣,不管是从出版的专著、发表的文章看,还是从研究力量、研究水平看,与编辑学理论研究、实务研究根本无法相提并论,特别是建设性的优秀之作比较少,这不能不说是一大硬伤。王振铎先生曾在《编辑学研究重在建设》中指出:"目前,我国的编辑学,在学科建设上,遇到的首要问题,并不是缺乏资料,也不是缺乏'大批判',而是缺乏实际研究的行动,缺乏建设性的理论思考和成绩。我们面对大堆古代和现代的编辑资料,却没有下功夫去认真整理、分析、筛选和归纳,没有从中抽绎出富有概括力和说服力的理论。"①之所以编辑学研究中的很多争论由来已久,久而不决,究其原因就在于缺少实证性的研究成果作为评判的依据,缺少对中国古代编辑经验和编辑实践的深入总结。因此,在今后的编辑学研究领域中,很有必要提升对编辑史研究的重视程度,加大建设性研究,也许当编辑史研究的成果丰富到一定程度时,理论领域中的一些质疑和歧见也就自然而然地水落石出、不言自明了。

2. 研究力量薄弱、研究成果分散

与编辑学学科中的理论和实务研究相比,目前的编辑史研究,还存在着研究力量薄弱,研究成果分散等一系列问题,不管是典型的个案分析,还是重要的史料解读;不管是系统的通史梳理,还是局部的突围,"点"和"面"的研究都存在着比较大的开拓空间。尤其突出的是编辑史与编辑理论的研究没有充分结合起来,二者间已有研究成果在互为借鉴的使用上也显不足。以历史研究推动理论研究,以理论研究深化历史研究,两者互为动力,互设选题,有机结合,彼此

---

① 王振铎、赵运通:《编辑学原理论》,中国书籍出版社 1997 年版,第 236～237 页。

交融的理想状态还需要进一步推动来实现。

（三）编辑史研究的努力方向

针对编辑史研究中存在的问题,结合编辑学学科的构建和发展趋势,许多学界同人都对下一阶段的研究方向提出了建设性的意见。

中国编辑学会第一任会长刘杲不仅表示"我举双手赞成加强编辑史、出版史的研究",而且还列出了编辑史研究中需要格外注意的几个问题:学术争论问题,编辑史与出版史的关系问题,编辑史与编辑学的关系问题,编辑史与文化史、经济史、技术发展史、政治史的关系问题等。[①] 此外,他还建议扩大编辑史的研究面,进行中外比较研究、期刊出版的研究等。编辑学会第一任常务副会长邵益文认为:"要坚持用历史唯物主义观点研究编辑史、出版史,对人、对事、对机构和出版物都要实事求是,不搞'炒作';编辑史、出版史的研究著述要大、中、小并举。"[②]靳青万还创造性地提出了加强对少数民族编辑史的研究,加强编辑史与天文历法、音乐艺术关系的研究。[③] 也就是说,对于今后一个时期的编辑史研究,需要做的是既要重视编辑史研究中的个案研究,又要重视编辑史研究中的系统连贯性的研究;既要注意"点"的突破,又要注意"面"的开拓,加大研究力度,"点""面"结合,全面发展。

总之,我国浩如烟海的文化典籍、丰富优秀的编辑成就是编辑史研究取之不尽、用之不竭的宝藏。只要脚踏实地去研究,认认真真去挖掘,编辑史的研究就不可能不进步、不发展。毕竟在我国编辑学学科建设已有 60 多年,编辑史研究也有 30 多年了,有 60 多年的编辑学研究做依托,30 多年的编辑史研究经验为积淀,今后的编辑史研究一定会百尺竿头、更进一步,对此我们充满信心。

原刊于《河南大学学报(社会科学版)》2014 年第 6 期

---

① 刘杲:《编辑笔记》,河北教育出版社 2006 年版,第 323 页。

② 邵益文:《为推动编辑研究和出版繁荣而努力——中国编辑学会第二届常务理事会工作报告摘要》,《编辑之友》2001 年第 3 期。

③ 靳青万:《编辑学应是一门独立学科——论刘杲先生的编辑学学科思想》,《河南大学学报(社会科学版)》2012 年第 4 期。

学术期刊出版转型的若干问题思考

金福林[*]

学术期刊出版的性质

我们对书刊出版乃至整个文化事业历来都有一个社会效益与经济效益即所谓双效如何平衡的评价标准。作为一个时代文明和知识载体的高级形态的学术期刊,主要承担传递专业学科研究成果信息的功能,因此,学术期刊是一种准公共品,具有公益性与正外部性,这意味着学术期刊出版不能完全依赖商业经营手段来维系它的投入产出,一定条件下需要政策保护,需要包含公共财政或社会资本在内的资金支持(购买)。它往往不能在它的受益者哪里得到足额的货币回报,如果没有公共财政或社会资本的持续性补贴支持,它就难以为继。读学术期刊的人越多,对于社会而言,整体收益也便越大。因此,对于那些社会效益很高而私人效益较低,即正外部性较强的学术期刊品种,政府应该通过各种非市场手段,比如补贴、直接生产、减税等,来刺激市场的实际生产量以弥补市场提供的不足;而对于那些外部性较弱,私人收益同社会收益背离较小的品种,可以交由市场,按市场经济的法则来提供。

学术期刊出版转型的内涵

按照一般理论认知和实践进展,出版数字化转型的内涵可以概括为以下三个阶段:传统纸版内容编印发的计算机化、电商化;内容呈现与阅读的网页化;

---

[*] 金福林,《学术月刊》杂志社。

内容呈现与订阅的电子化、集聚化,附加服务平台化。

这里所指学术期刊出版转型的第一层意思是指数字化转型,主要是指学术期刊产品形态和服务形式的数字化呈现、运作与管理。还有一层意思是转企改制,新闻出版署新近颁布的《关于报刊编辑部体制改革的实施办法》有如下表达:原则上不再保留科技期刊和学术期刊编辑部体制。可见与图书业一样,学术期刊出版也面临着数字化与转企改制的双重转型。对此,我认为必须严格认定学术期刊出版的身份,对于具有明显准公共品与正外部性的学术期刊,应当采取公共财政购买为主、商业经营为辅的运行特许政策取向,除了鼓励其积极探索基于移动通讯与互联网技术的数字化转型,切忌简单地实施商业经营取向的转企改制转型。

学术规范与学术成果发表的多样性

学术规范是指学术共同体根据学术发展规律制定的有关各方共同遵守而有利于学术积累和创新的各种准则和要求,是整个学术共同体在长期学术活动中的经验总结和概述。学术规范的建立显然是为了促进学术创新。学术规范的研究对象是学术活动的全过程,即研究活动的产生、结果、评价等。

我们的学术期刊曾经承载了过多的政治理论宣传或专业知识与教育普及功能,但这种粗放的文体发表形态在一定历史阶段确然起到了宣传真理、启蒙常识的积极作用;此后随着国家发展的全球化进程的加速与深入,学术规范与学术评价制度的引入,我们又不免在易于操作的量化考评上愈行愈远乃至过度、过分。具体至学术期刊的生态上,主要呈现为发表文本的形式单一化问题。学术成果发表文体千篇一律,成果报告体、学报体猖獗,以往鲜活的、充满思想原创的成果难得一见。我以为,在坚持学术规范同时,应鼓励并提倡学术成果发表的多样化,文体上除专题论文之外,学术性评论、学术随笔、资料整理、调查报告、对话、书评、访谈等,均应纳入学术成果的发表文体范围,而所有多样化的学术文体均应以学术思想原创或方法的创新为评判其学术规范的首要原则。

学术期刊出版转型中的经营管理问题

学术期刊编辑部建设中的问题主要表现为：必要的专业人员配备不足，高中级编辑队伍结构不合理，编辑人员的待遇总体上明显低于高校相同等级的专业教师。业务规范问题既有数字化转型带来的信息化作业适应性问题，如审编校作业是维持传统纸质稿面处理还是以电子文档处理为主之间难以统一的内部冲突；也有因人员精简带来的传统作业流程的省略，如三审制、来稿回复等传统业务规范面临省略甚或缺失。相对于编辑业务，学术期刊或因承担机构的性质一般均没有足够重视经营工作。数字化阅读模式的变迁致纸刊发行低水平徘徊，期刊定价偏低，邮局发行普遍设置门槛，自办发行势单力薄，许多刊物对纸刊的发行努力几近放弃纯发行收入不振有年。说到学术期刊的经营收入，不免要扯上一些学术期刊在发表论文时收取版面费的问题。治理这一顽疾的途径自然已经隐含于起因之中，即一方面有条件地适度放开期刊审批制度；与此同时，另一方面应落实学术期刊社的经营主体地位，积极扩大主业发行收入之外的副业收入，如通过科研项目组织、专业培训或研讨会议服务来扩大营业收入。

235

原刊于《华中师范大学学报（人文社会科学版）》2014 年第 6 期

学术期刊出版转型的若干问题思考

也谈学术期刊要厚待青年学人

罗剑波[*]

6月9日，贵报"评论"版刊发了刘月文《学术期刊要厚待青年学人》一文，因题目中有"学术期刊""青年学人"关键词，而本人作为一名学术期刊青年编辑，近年亦较为关注青年学者的学术生态环境及发展境况，故对此文颇感兴趣，也想谈几点自己的看法。

一

该文作者认为，学术期刊首先注重的是作者身份，"只看重作者的学历（是否具有博士学位）、职称（是否教授）、工作单位（是否"211"或"985"）等资历信息"，以至于很多科研工作者"面临着投稿无门的尴尬"。进而又在其描述的这种现象基础上，上升至学术失德、失范的高度予以评论，认为："如果所有的学术媒体都堕落到'看资历取舍文章'的地步，中国的青年学者何时才有出头之日？中国学术的后继有人何以保证？仅靠金字塔尖的极少数学术名流能否支撑起整个中国学术大厦？中国学术的希望何在？"如此以弱者的姿态作出维护学术公平、正义的道德评判，颇能赢取读者眼球，因而此文刊发后很快就有了不小反响。

笔者以客观、理性的态度拜读此文数遍，亦对其中所描述的情况逐一思索，但在对作者表示同情之外，终觉与本刊的实际情况差别甚大；执此疑惑又咨询于同行前辈、朋友，他们亦觉迷惑不解。就学术研究而言，所有科研工作者，无

＊　罗剑波，《复旦学报（社会科学版）》编辑部。

论长幼,不管尊卑,本既平等,无所谓"厚待"不"厚待",但青年学者由于承载着学术研究的未来与希望,学术期刊理应对其关注、支持,笔者同样作为青年学人,对此有深切体认,亦完全赞同。但学术期刊毕竟应以学术为本位,评判一篇文章合不合用,学术价值如何,最终还是要回归学术评判的标准,而这无疑同样也是刘文实欲表达的言外之意。但终令我们疑惑难解的是,我们一直严格坚持的匿名审稿等多项制度,目的即在于要抛除非学术的因素,来遴选出高质量且符合刊物定位的文章,而绝非简单以"出身"来论定作者。且全国哲学社会科学规划办公室早在 2012 年 6 月 12 日《国家社科基金学术期刊资助管理办法(暂行)》中,就明确规定要"严格执行匿名审稿制度"。目前入选期刊两批已达 200家,在摆脱了办刊经济压力的前提下,在当前学术期刊竞争日趋激烈的大背景下,多数期刊考虑更多的是如何应对新形势、新环境来谋求更好的发展,这其中稿件质量无疑是基础和工作中的重中之重。但一个不争的事实是,目前虽然文章铺天盖地,但真正好的稿子却是少之又少,大家都在努力刊发出高质量的文章,这已经着实不易,如何还要搞所谓的"学术歧视"?

二

刘文认为某些学术媒体看重作者出身,归纳了以下理由,不妨逐一稍加引证如下:"首先,大幅度地减少审稿工作量。通过学历、职称、工作单位、课题级别等'粗放式'的外在用稿标准,可以将大量不符合条件的稿件筛选出去,这就相当程度上减少了编辑审稿的工作量……其次,提升学术媒体档次。还是普通刊物的,要争取进北大核心;已经是北大核心的,力争进 CSSCI;已然是 CSSCI的,还要在学界赚取一个响亮的名声。这些媒体秉持的未言明的常识信念是:具有'三高'(高学历、高职称、高影响力)的投稿人的学术水平要高于其他普通投稿人,他们发表的论文势必会有更高的引用率,能产生更大的学术影响力,而这又恰恰是一份刊物得以生存和发展的核心竞争力。再次,明码标价,按身份高低看人下单。"

对于第一点,学术期刊一般都有严格的审稿程序,收到稿件之后须登记备案,再进入流程,目前较多期刊已应用了网上投、审稿平台,可以查询稿件的即时处理状态。当然,如果作者首先连自己的研究起点都未交待清楚,就大谈一通;甚至连所投期刊根本就从未翻阅,不知其常设栏目与定位,更甚而连文献著录格式都不规范,这样的文章肯定是在一审时就要被"筛选"出去的。第二点亦有问题,对于真正有追求、在业界有较高声望的学术期刊同仁来讲,他们已经超越了看重这些指标的阶段,姑且不论目前这些评价机构亦已在有意淡化相关排名。具有所谓"三高"的作者,其文章水平未必就真正地"高",就笔者的编辑经历而言,当有的教授、博导不遵守学术规范,甚至连语言表达都成问题的时候,其文章无疑第一关也是要被"筛选"出去的。而具有"三高"的作者引用率更高,也要相对来看,在笔者编发的青年学者的文章中,亦不乏轻松胜出者。更不要论,就人文基础学科而言,所谓引用率是很难在短期内有准确反映的。最后一点涉及版面费问题,据笔者所知,这在多数文科学术期刊中并不存在,而绝非

"国家社科基金资助之外的大多数期刊都有收取版面费的'潜规则'"。当然,不排除有主编或编辑以各种名义私下索取的,而这同样也是多数学术期刊界同仁所深恶痛绝的!

三

据笔者所在期刊和笔者所了解的情况来讲,很多期刊非但没有所谓"学术歧视",反而非常重视青年学者的发展,并予以大力支持。这主要有以下举措。

其一,举办青年学者研讨会、座谈会。仅就笔者从事的学术研究方向、编辑工作及有限知见而言,中国社会科学院文学研究所《文学遗产》编辑部,近年来在全国各地举办了多次青年学者座谈会,以了解他们的研究动态,拉近期刊与作者间的距离。《华东师范大学学报(哲学社会科学版)》编辑部除青年学者座谈会外,针对当今人文社科青年学者学术研究面临的问题,于今年3月举办青年学者研究思路研讨会,70多名青年学者应邀报告自己的研究思路和遇到的问题,并由学术名家当场点评;此外,该刊编辑部还开设了每月一次的"青年学者论坛",每次一个主题,由来自不同学科的若干青年学者主讲,同时邀请学界名家和学术名刊的主编点评。对此,全国哲学社会科学规划办公室专门刊发了通讯,予以鼓励、支持。笔者就负责的栏目,已多次与相关学科的青年学者座谈,而利用参加学术会议之际,与青年学者的交流则更是频繁。

其二,设置专门的青年学者栏目。本刊从去年开始设立"青年学者论坛",

并约请海内外著名学者担任主持人。《华东师范大学学报(哲学社会科学版)》于今年恢复了 30 年前的"青年学者专号"。另有不少期刊设置"博士生论坛""博士论坛"等,定向刊发青年学者甚至是博士研究生的论文。

此外,学术期刊界目前活跃着一批青年编辑,他们多为博士毕业,有良好的学术训练与较高的学术追求。有的学者编辑本身即为青年学者,与青年作者有相近的经历与理想,更易于交流,也更有亲切感。在支持青年学者的发展方面,他们无疑会作出自己的努力,当然这首先要以学术的评判为基础。

就笔者所知,很多大学学报从不歧视青年学者,刊发论文非但不收版面费,还有相对丰厚的稿酬。当然,在学术期刊界,刘文描述的现象也确实存在,这主要是一些不良主编或编辑违背学术道德,做出一些令人不齿的事情,这是整个学术界同仁都深恶痛绝的!对此,最好的做法是不妨将这一"部分"或"某些"期刊或编辑公之于众,让其无藏身之处,而大可不必担心得罪他们,因为还有许多有学术良知、学术追求的主编、编辑,是与同样有学术良知、敢于揭露学术腐败的学者站在一起的!刘文先言"部分学术媒体",继而在文章最后又统称"学术期刊",这种混淆是要不得的。最近几年,时常有针对学术期刊的负面报道,不少都是由个案引起话题,再上升至针对整个学术期刊界的抨击,大有将学术期刊"妖魔化"的倾向。尤其是作为学者,在如此立论的时候,不妨更理性、科学一些,学者发表的任何文字,都必须经得起推敲,这也是最基本的学术训练。而对于一直在努力营造良好学术环境的很多学术期刊而言,这种无端指责是不公平的!回归主题,对于青年学者的支持,我们已在路上!

原刊于《中国社会科学报》2014 年 12 月 3 日

大数据视阈下的学术期刊：挑战与对策

韩璞庚[*]

一、大数据时代学术期刊面临的挑战

20世纪90年代中期以来，国际全球化与多元化程度进一步加深，互联网与信息技术迅速发展，人类逐步进入了数据时代，网络技术的迅猛发展，使人类知识生产与传播方式发生了根本性的变化，知识传播手段更加多样、便捷、及时、准确，知识传播的深度与广度也随着信息技术的飞速发展而发生颠覆性变化。学术期刊作为知识成果发布与传播的平台，随着全球化与网络化、数字化浪潮的冲击，无疑面临前所未有的严峻挑战。综合地看，挑战来自以下几个方面："第一，全球化冲击。全球化浪潮渗透到社会生活的多个层面，如何应对这一多元价值理念与思维方式的影响，无疑是一项严峻的挑战。"[①]第二，市场化冲击。市场化作为我国改革发展的基本取向与动力，无疑对学术期刊形成价值观与体制机制的冲击和影响。"学术期刊即使不能完全走向市场化的运作模式，也必须在市场体制的社会环境中求发展，其运作模式中不可能完全避免市场规则。"[②]第三，网络化的冲击。电子信息技术的革命性变革使人类步入信息网络时代，互联网彻底改变了人们的知识获取方式与阅读方式，读网的人越来越多，读书的人越来越少是不可逆转的大趋势。[③] 第四，数字化冲击。借助移动、互联、传感网、云计算、物联网等新兴信息技术的迅速发展，人类所有的知识客体

---

* 韩璞庚，江苏省社会科学院。

① 韩璞庚：《面向世界的中国学术期刊自律与学术生态建设》，《社会科学辑刊》2012年第6期。

② 戴庆瑄：《市场化环境下学术期刊编辑主体性的塑造》，《江海学刊》2010年第5期。

③ 韩璞庚：《面向世界的中国学术期刊自律与学术生态建设》，《社会科学辑刊》2012年第6期。

都正在被全面数据化,这昭示着人类大规模生产、共享与运用数据的时代——大数据时代已经到来,"除了上帝,任何人必须用数据来说话"(英文原文为:in god we trust;everyone else must bring data)①。学术期刊作为学术成果传播的载体,同样不能置身事外。在以上这四种挑战中,网络化、数字化的冲击无疑首当其冲。

大数据日益成为显性话题。有关大数据的概念,目前还没有形成统一的定义,但是具有共识的是,认为大数据是无法在一定时间内用通常的软件工具进行捕获、管理的数据集合(维普百科)。大数据(big data)指一般的软件工具难以捕捉、管理和分析的大容量数据,一般以"太字节"为单位。"大数据"之大并不仅仅在于"容量之大",更大的意义在于:通过对海量数据的交换、整合与分析,发现新知识,带来大知识、大科技、大利润和大发展。② 也有的学者认为,"大数据是在数据密集型科学环境下的一套用于超大规模数据的采集、存储、分析及知识再发现的信息处理范式的统称"③。有关大数据的特征,学界普遍认为有四个,即四 V 特征:数据存量大(Volume)、数据种类多(Variety)、数据产生时效的高速性(Velocity)、数据价值密度低(Volue)。结合网络化、数据化的特点,笔者认为,大数据时代的特性可以归结为以下几个方面:第一,虚拟性,"数字化的空间是人类通过数字化方式,链接各计算机节点,综合计算机三维技术、模拟技术、传感技术、人机界面技术等一系列技术来生成的一个逼真的三维世界"④。第二,模糊性,与传统的知识组织化不同,大数据时代以海量、云信息非组织化程度极高。第三,关联性,大数据时代数据孤岛被打破,数据公开获取成为可能,海量数据之间的关联成为可能。第四,交互性,"由于互联网及多种传感器的存在及反馈机制的形成,打破了以往'主体→客体'和'主体→主体'的单向交流结构,形成相互对话、交流、反馈的网际数据关系,传播—反馈及多个主体之间信息分享与传播互动成为可能"⑤。第五,构造性与无限拓展性,作为一个开放的系统,网络空间没有地域与国家的疆界与限制,只要你遵守最基本

① 徐子沛:《大数据》,广西师范大学出版社 2013 年版,第 14 页。
② 徐子沛:《大数据》,广西师范大学出版社 2013 年版,第 14 页。
③ 吴锋:《"大数据时代"科技期刊的出版革命及面临挑战》,《出版发行研究》2013 年第 8 期。
④ 韩璞庚:《网络与人类生存》,陕西人民出版社 2001 年版,第 4 页。
⑤ 韩璞庚:《网络与人类生存》,陕西人民出版社 2001 年版,第 6 页。

的网上游戏规则,虚拟空间的大门就随时洞开。我们能够通过人类的智慧构造一个虚拟社会来延展人类现有的生存空间,并塑造人类未来的生存方式,在这里,人类的想象力有了它的用武之地,人类的确能从中获得现实社会中无法获得的创造力与契机。① 同时,运用大数据的信息挖掘与整合技术,可以无限拓展研究的深度与广度,实现数据信息的衍生与再造。

基于以上分析,我们可以看到,学术期刊在大数据时代背景下,将面临前所未有的挑战与生存困境,我们作为办刊主体,必须努力思索与理性应对。

二、大数据时代学术期刊面临的困境与问题

(一)传统学术期刊办刊模式困境

传统学术期刊是以纸本为主要媒介的,纸本时代的学术期刊对学术信息的获取、存储、加工、辨识、处理是单向度的、静态的。面对大数据时代的办刊生态环境,我们的传统学术期刊并未适应大数据时代的要求,尽管我们的一些学术刊物在数字化的道路上谋求改变,进行了有益的探索,迈出了可喜的步伐,比如有的创办学术期刊网站,还有的依托大数据库创办学术网刊,但这些都还是在原有纸本刊的基础上,进行传统意义上的修修补补,并没有进入到大数据时代的办刊思维,没有适应大数据时代的发展,创新办刊模式。传统的以纸本为母体的办刊模式在新的大数据环境下已不能适应海量数据的要求,显得低效、滞后、慢拍、静态,长此下去,必然遭遇生存困境。

(二)学术信息获取方式陈旧

纸媒时代学术期刊对于学术信息的获取,主要依靠局部、片面的纸本数据,有些学术期刊主要依赖期刊编辑的经验、主观推断去完成学术信息的获取与加工。随着大数据时代的到来,这一情况发生了彻底翻转。大数据所带来的信息风暴正以人类无法估量的速度改变我们的思维方式、认知方式、生存方式、管理方式。"云计算"技术的发展与全方位使用,使得传播、存储学术数据变得十分便捷,学术期刊可以通过对学术数据的整合、分析,把握学术热点与前沿学术动态,最终可以为学术研究提供真实、可靠、客观、准确的学术信息,从而引领学术

---

① 韩璞庚等:《网络与人类生存》,陕西人民出版社2001年版,第5页。

讨论与争鸣。

（三）传统审稿方式的单一性

纸媒时代的审稿主要依据责任编辑的判断与裁定,而这里存在着巨大的学术风险。如何能判定文章的质量与前沿性,主要看责任编辑的学识、知识积累、科学态度与责任心。如果一个责任编辑的科学素养、人文素质、责任心等达不到严肃学术期刊编辑所应具备素质的要求,那么他所编发的论文的质量是要打一个大大的问号的。近年来,有些刊物为了进一步规范审稿流程,采取了双向匿名评审制度,这貌似解决了部分问题,但这里也同样存在学术风险,因为,匿名专家的学术立场、学术水平、综合素质与责任心是决定评审质量的重要因素。甚至可能存在匿名专家将与自己观点相左的论文打入冷宫的风险。而大数据时代可以完全改变这一状态。

（四）评价方式的片面化

传统纸媒时代的学术评价是以学术期刊为中心的,学术论文的刊用与否主要由学术期刊的编辑与同行专家组成的学术共同体决定,学术期刊所采用的评价方式主要是定性评价。定性评价的科学性是由编辑、同行专家的学术态度、学术水平决定的,这里存在评价的不确定、片面性的因素。随着时代的发展,学术界出现了专业评价机构,采用统计论文影响因子、被引率作为学术成果定量评论标准,学术期刊评价学术论文,评价机构评价学术期刊成为中国学术界的一大景观。我们可以看到,由于模拟数据时代采集的数据样本量小、种类少,导致学术期刊界有关定性、定量评价孰优孰劣争议不断。为此,去年社科规划办还组织有关刊物研讨这一问题。大数据时代到来之后,评价主体发生变化,学术平台,不仅对编辑、同行专家开放,而且对专业评价机构、全体参与评价的社会成员开放。通过海量数据的"云融合",来评定分析学术成果的创新性、前沿性,而不是仅凭编辑与同行专家主观判断来判定成果质量。

三、大数据时代学术期刊生存与发展的对策

基于大数据时代的特点与学术期刊的功能与任务,面向大数据时代的挑战,我认为,学术期刊应该作出如下努力。

（一）利用大数据优势，进行学术信息的获取、存储、加工、辨识、处理

传统纸媒时代学术期刊只能实现相关学术领域的单向度的学术整合与引领功能，由于技术手段的缺乏，对于读者的学术需求认知是片面的、单向度的、模糊的。而在大数据时代通过技术支持，学术期刊可以对每个学者、读者的个体需求充分了解与掌握。如电子阅读器可以记录大量关于读者阅读期刊的相关数据，读者的喜好、读者的身份、读者的学术偏向、研究旨趣可以通过技术手段一目了然，这样学术期刊就可以向读者提供个性化服务。作者也可以在数据信息技术的支持下，向相关期刊有目的定向投稿。

（二）建立学术期刊的大数据平台

面对数字化浪潮，我国学术期刊已经做出了反应。我们的学术期刊出版单位适应时代需要，不同程度地展开了数字出版工作，如加入中国知网、万方数据、维普、龙源等数据库。这些数据库也凭借技术优势，展现了强大的检索功能，然而，这些数字出版单位只是简单地将传统纸媒的内容原封不动地在数据库系统展现出来，统一制作，全文上网，无法实现大数据时代广大读者对信息获取的要求。因此，迫切需要建立我们自己的学术期刊大数据平台，使之能对海量学术信息进行有机整合，实现从粗放式拼凑向集约化出版的要求，而这需要强大的技术支持。

（三）从技术层面实现学术期刊的精细化、专业化发展

在传统纸媒时代，作者、编辑、读者各自分立、各自为政，作者要寻找发表平台，编者要寻找合适稿件，读者要寻找学术信息，三者均将大量的精力花费在对信息碎片的挖掘、筛选和处理上，而大数据技术可能在一定程度上破解这一难题。在由技术统计的基础上，计算机所提供的研究信息，可以引导作者选择进行什么样的研究和向什么地方投稿；编者可以从大数据平台上了解作者的相关研究信息，进行有目标的选题策划与组稿；读者可以在浩如烟海的信息中获取自己所需的信息，从而实现作者、编者、读者的三向互动，实现学术期刊的精细化、专业化发展。

（四）依托大数据，建构科学的学术期刊评价机制

建构符合数据时代需求的期刊评价体系，我们不能无视大数据时代的科技进步，要充分利用大数据的优势，建构科学的学术评价体系。科学的学术评价机制是良好的学术生态系统形成的保障。大数据使得一切学术信息均可量化，但同样需要注意的是,大数据无法量化人类的价值取向。学术研究是人类探索未知世界的科学活动,不能仅用工程论的管理手段进行评价,工程论管理适合于技术评价,而学术评价则有自己的独特性,评价学术成果不能仅以数量为依据,也不能仅仅以转载率、引用率为标准。评价学术期刊也不能仅以转载量、转载率、引用量、引用率、影响因子等为标准。学术期刊的评价应该坚持定量与定性相统一的原则,要建构主观性与客观性评价相统一的期刊评价制度。"在评价主体的构成上,推行专家评价、同行评价与客观影响评价相统一的综合评判指标;在评价内容上,要推行原创性、前沿性、引导性、影响力等评判指标,系统、公正、客观、全面地对学术期刊进行评价。"①这样才能避免互引、互转、自引、自转等不良行为的发生,维护学术期刊良好的生态环境,应对世界化、国际化的挑战。

（五）彻底转变传统编辑理念，实现责任编辑的全流程、动态化参与

大数据时代,编辑理念发生了颠覆。在大数据时代,作者、编者、读者的信息传输行为和决策行为均纳入了数字化管理轨道,并与国际公共文献实现互联、互通、共享,这必然使得学术期刊编辑中的数据共享、数据计算分析及数字化作业成为可能,进而催生"智能编辑管理"诞生。② 基于大数据平台,编辑可以从之前的琐碎事务中解放出来,因为智能管理编辑系统可以对来稿作者的学术水准、学术贡献、学术知名度进行分析与判别,自动生成评估报告,对学术不端、学术创新进行甄别与判定。这样,责任编辑的职能发生了变化:第一,编辑不再是单一学术成果的评判者,组织者的角色,而是信息的数据挖掘者、守护者、整合者。第二,编辑人员要成为统计、分析海量信息的专业人才,能够用技术手段辨识云信息,消解大数据的价值低密性。在这里,编辑的主体性得到充分的展现。在大数据视域下,学术期刊的编辑可以利用云数据,发挥自己的编辑主体性,对学术信息进行整合、编辑、筛选、加工、分类,使得无序、庞杂的学术信息变得有序、明晰、系统,在专业编辑的主体性掌控中,使得学术信息的价值向度进一步彰显。在智能编辑管理中,学术期刊编辑的学术意识得到强化,学

245

大数据视阈下的学术期刊：挑战与对策

---

① 韩璞庚:《面向世界的中国学术期刊自律与学术生态建设》,《社会科学辑刊》2012 年第 6 期。
② 吴锋:《"大数据时代"科技期刊的出版革命及面临挑战》,《出版发行研究》2013 年第 8 期。

术自觉性得到提高,主体能力得到提升,学术自主性的得到增强。①

当然,大数据不是万能的。大数据意味着大机遇、大价值,但同时大数据时代,也遭遇技术、人才、政策、资金等方面的问题。尤其是学术期刊,如何能够建立大数据平台,实现学术期刊与学术信息的有机整合,这不是一蹴而就能够解决的,也不是个别学术期刊单打独斗所能成就的,这需要宏观上的顶层设计,需要国家层面的管理调控和期刊之间互联互通机制的形成。面对大数据时代,学术期刊任重而道远。

原刊于《甘肃社会科学》2015 年第 1 期

---

① 戴庆瑄:《市场化环境下学术期刊编辑主体性的塑造》,《江海学刊》2010 年第 5 期。

文章合为时、事而编

——数字化时代如何践行学术期刊编辑的主体意识

秦曰龙[*]

一、在选题策划方面践行编辑主体 意识便是"文章合为时、事而编"

主体意识,指主体的自我意识,是人对自身主体地位、主体能力和主体价值的一种自觉意识,是人之所以具有主观能动性的重要根据,包括自主意识和自由意识两方面重要内容。[①] 前者指人意识到自己是世界的主人,在同客观世界的关系中,人居于主导和主动方面;是自己命运的主人,有独立自主的人格。自由意识是指主体的最高理想和最终目的是克服主客体的对立,实现主体的自由。"文章合为时而著,歌诗合为事而作",出自唐朝新乐府运动倡导者白居易的《与元九书》,是白氏继承汉乐府"缘事而发"现实主义精神从中唐社会现实出发提出的新主张,即:诗文作品应该反映时事,为现实而作。

编辑的劳动,是一种创造性的劳动,其主体意识集中体现在编辑意图中。学术期刊编辑,不是被动的文字加工机器,而是要主动策划选题、组织栏目、加工文章,从中体现出较强的再创作能力。这要求我们,时刻关注时代形势、关切社会现实,用心去感悟、体验生活,它是学术期刊编辑事业心的具体实现。故而,作为天下公器的学术期刊的编辑工作便是"为时为事"的具体实践。为现

* 秦曰龙,《吉林大学社会科学学报》编辑部。

① 百度百科:http://baike. baidu. com/linkurl = waFznHB-SMH2jK4YO2osN0TYu2eQ3LMMtvLA70 R8cBVpufWRGSK9eky1wHzPoRtbtJ5SpxtplDootlbMaEENX5K,2014 – 07 – 25。

实、为历史服务,为校内外、省内外、海内外学术发展服务。社会科学、自然科学更为贴近现实,即物质的现实,而文史哲、艺术等人文科学则强调通过分析文本,直指人的心灵。

围绕国家繁荣和发展哲学社会科学计划、文化体制改革等实际,学习党和国家的有关文件及其他有关方针、政策,领会精神并落实在日常编辑工作中;遵守学术规律,严格执行国家期刊标准和规范;对文章语言文字、框架结构、内容形式等的具体加工是学术期刊编辑从业的起码要求,不在我们谈论之列。本文只是从栏目策划、选题组织、编研结合等方面来谈一些个人的看法。

二、优化稿件、稿源质量,打造出恰如其分的栏目

自 2003 年参加工作以来,笔者独立承担中国语言文学、外国语言文学、新闻传播及某些艺术类文章的编辑处理工作。十余年间,笔者不断培养、增强自己的编辑主体意识,努力研究所负责学科之间、学科内部各方向之间的关系,根据学报、学术发展需要独立策划选题、组织稿件。

（一）逐渐摸索,精心打造出长久持续的固定栏目："文艺理论与文学批评"

数字化时代,面对专业类期刊的强势挤压,在学术期刊国际化、传播技术多元化趋势下,品牌栏目或专题栏目成为中国综合性人文社会科学类学术期刊试图冲出"综而不合"困境的有益实践。根据吉林大学的学科优势和学术研究热点,曾经将"20 世纪中国文学研究"和"中国美学发展研究"作为重点栏目着力打造,发表了数十篇相关论文,在国内形成了一定的知名度。考虑到时代形势、学术发展的需要,自 2012 年始将所负责"中国美学现代性发展研究""中国美学发展研究""20 世纪中国文学研究""中国古典文学研究""比较文学与世界文学研究""文艺理论与文学批评"诸多细分的栏目整合为"文艺理论与文学批评"固定栏目,每期围绕一个专题组织稿件,具体编辑了如"中国传统美学""中国古代文论""词曲研究""文学评点""《金瓶梅》《红楼梦》研究""鲁迅研究""辜鸿铭研究""莫言研究""'关于美的本质是否伪命题'的争鸣"等专题的文章。固定栏目专题刊发文章,能够集中力量打造特色,这既有利于提高学报的学术水准,也有助于学报社会影响力与知名度的扩大。

此外,与其他学科编辑合作,共同建设吉林大学社会科学学报的品牌栏目。

如与历史学编辑合作,共同办好学报名刊工程设置的特色栏目"边疆考古与华夏文明",起初依托吉林大学考古学系/边疆考古研究中心、历史系集中发表考古学、先秦文献、中华文明史方面的文章,现在则将出土文献、古文字研究方面的文章也归于此栏目中刊登,进一步提升本栏目的学术水平,拓展本栏目的涵盖力。

在省内兄弟院校期刊中,《北华大学学报》(社会科学版)的"语文现代化研究"栏目分专题刊发相关文章,如"通用规范汉字表""汉语词式书写"等,《延边大学学报》(社会科学版)的"图们江区域发展研究"、《吉林师范大学学报》(人文社会科学版)的"满族文化研究"、《通化师范学院学报》(人文社会科学)的"高句丽·渤海历史文化研究"等,立足特色,打造可持续性栏目,也是值得推广的优秀经验。

(二)关注社会现实,追踪学术发展,捕捉学术热点,适时组织专题栏目

社会不断发展进步,新的事物不断涌现,这些新问题新情况需要学术研究来反映。专题栏目因其紧扣时代脉搏,围绕学术研究中的热点和焦点问题,故而对学科发展趋向的引导和理论创新具有十分重要的意义。循着既要站在学科理论的前沿,探寻学科发展的路径、引领学科发展和研究的方向,又要反映当代社会生活中关系全局性的热点和问题的思路,学术期刊编辑可以通过参加各类会议、论坛、座谈会、项目开/结题报告会等形式的学术活动,了解学界新动向,不失时机地围绕学术前沿与热点问题组织稿件。如 2014 年第 1 期"清华简专题"三文,就是在 2013 年 4 月李守奎先生主持国家社会科学基金重大课题项目报告会上谈成初步意向的,文章发表时又结合上了《清华简(四)》出版的新闻发布会,及时出刊,与会学者都收到了赠送的新杂志,实现了编辑、作者、受众、学报、新闻媒介、社会影响多方面的共赢。

约发当今著名语言学家李如龙先生文章两篇:一是《汉语和汉字的互动与和谐发展》是在厦门大学"汉语与汉字关系国际学术讨论会"约定的,是先生关于汉语与汉字关系多年来思考的力作。二是《略论官话方言的词汇特征——官话方言词汇论著读书札记》是第七届汉语官话国际学术研讨会的约稿,与 2012 年约自中国音韵学研究会第十七届学术年会上的日本龙谷大学岩田宪幸先生的《从日本江户时代的材料看"南京""南京话"问题》、山东大学张树铮先生《19 世纪末北京话中的异读——以富善〈华英袖珍字典〉为标本》二文配成"汉语语言学·官话研究"专题在 2014 年第 2 期刊出,高校文科学术文摘、人大报刊复印资料汉语言文字学卷等二次文献检索反映平台分别予以摘编。

2010 年暑期吉林大学举办的"古典文学与美学高端论坛"上,笔者聆听王树海教授的即席发言,追出了《佛禅语言诗性化考辨——"诗俏禅门"再认识》一文,2010 年第 4 期刊发后被新华文摘全文摘编,被评为吉林省人民政府社科优秀成果一等奖。在 2008 年桂林"文艺理论与文艺学学科研讨会"拜读了冯宪光先生的长文,将其前半部分约来,以题为《论文艺美学作为学科的事实性存在》编发,两大文摘同时全文转载。和王学谦教授的即兴聊天,侃出了洋洋洒洒近两万字的长文《九头鸟与猫头鹰——莫言与鲁迅的家族性相似》(本来是只谈莫言《檀香刑》之悲悯情怀的九千字小文),与另外两文配成"莫言研究"专题刊发于 2014 年第 3 期。相关栏目的动态灵活设置,根据不同的主题或专题组团发表论文,有利于学报办刊的主动性和创造性,对学报的不断进步具有积极的推动作用。

此外,关注重大选题、项目公示等信息,通过对每年、每批次的国家社会科学基金重大选题、教育部重大选题、国家社会科学/教育部/博士后基金项目网站公布等的查询,有助于了解和把握编发论文选题的学术价值和现实意义。截至目前,笔者所负责学科刊发文章中各类基金项目成果数,占发文总数的 70%。

(三)通过内外稿件比例的搭配,优化稿源质量

在多年编辑工作中,笔者努力向着养成"兼容并包、胸有沟壑"的态度格局迈进,广泛约发海内外专家学者的优质稿件,与作者结下良好情谊,赢得了彼此的信任,形成了编辑与学者的良好互动。

1.争取内部优质稿件不外流。如对吉林大学文学学科二级教授张锡坤(《中国古代的"象思维"——兼评王树人新著回归原创之思》《西周雅乐的刚健风貌与刘勰"风骨"——〈文心雕龙·风骨〉"刚健"之再溯源》《俯仰宇宙审美观照源起之再追索——从〈诗经·大雅·旱麓〉的"鸢飞戾天,鱼跃于渊"谈起》《中国古代审美观照的拓展与深化——论郭象"独化"哲学中的"俯仰"与"虚静"的整合》《中国当代文艺理论原创性体系建设的初步构想》),王树海(《韩诗佛辨——兼论韩愈诗歌之于唐宋诗风变迁的过渡意义》《"衲子"未得衲子心欲矫"浮艳"落"苦""僻"——贾岛入出佛门的尘俗遭际及其诗风的成型》《"荆公体"诗歌的佛家怀抱》《白居易佛学依止及其诗歌成就辩难》),王汝梅(《〈金瓶梅〉绣像评改本:华夏小说美学史上的里程碑》);吉林大学哲学社会科学资深教授刘中树先生(《新时期的文化思潮与中国现代文学研究》《对改革开放30年文学实践理论研究的思考》《辜鸿铭历史行为的思想理论认识因缘》《20世纪中国文学发展史论》),李无未(《日本学者对"声明"与汉字音声调关系的考订》《汉语史研究基本理论范畴问题》高本汉《"二手材料"构拟〈广韵〉之检讨》《日本明治后期〈支那语学〉月刊传播北京官话的历史意义》),李守奎(《表意字的表达功能与古文字考释》《古文字字编类著作的回顾与展望》《面向全球的汉字学——关于汉字研究融入国际学术体系的思考》《先秦文献中的琴瑟与〈周公之琴舞〉的成文时代》),李志宏《根源性美学歧误匡正:"美"字不是"美"——兼向张玉能先生及实践美学谱系请教》等,黄也平(《文学:对"单语言时代"的历史告别——"全语言文学"实践对经典文学观的批判》《软传播:新世纪中国"国家传播"的方式选择》),杨冬(《一段令人缅怀的批评史—重读1946至1949年的西方文论经典》《新批评派与有机整体论诗学》《英美现代诗论的"经文"——从柯勒律治的想象力理论说起》)等先生力作的追寻与约定。这些校内相关学科学术带头人的呕心力作都不会外流。

2. 为进一步扩大学报的学术影响,努力改变学报校内稿件占据多数的局面,大力刊发校外优质稿件。除自由来稿外(如杨春时《现象学的未完成性与审美现象学的建立》多文、张玉能《为什么"美的本质"不是伪命题?》等多文、吴小美《自然:美与美感之源(论纲)》、周荐《汉语字词典字条义项的词性标注问题》等),还多渠道吸引校外乃至于海内外优秀学者的力作,如通过学术活动(李学勤《〈归藏〉与清华简〈筮法〉、〈别卦〉》、王齐洲《春秋时期中国文学观念的发展》、耿振生《北京话"儿化韵"的来历问题》、岩田宪幸《从日本江户时代的材料看"南京""南京话"问题》)等,同行专家代约(马庆株《理据性:汉语语法的特点》、徐大明《全球华语社区说略》、曹俊峰《本体论意义上的美不存在》、卢盛江《论北朝诗歌声律的发展》、张法《生态型美学的三个问题》、施议对《立足文本走出误区——新世纪词学研究之我见》、李昌集《关于"词曲递变"研究的几个问题》)等、编辑同行交流(杨义《学海苍茫,敢问路在何方——治学的五条路径》、黄霖《〈诗经〉评点与〈诗经〉传播——以晚明时期为中心》、朱万曙《文情士心:明清文学评点的精神向度》)等方式组织、编发了海内外名家的力作,截至目前,文学学科内外稿发文比例平均为4:6,提升了本学科栏目的学术影响力。

学术杂志的质量取决于所刊登的论文,稿件水平又取决于作者的素养。高质量的文章越多,刊物的水平越高,读者也会越来越多,刊物的社会影响力当然就越来越大,越能吸引来高水准的论文。期刊的吸引力越来越强,编辑、作者、读者的互动便越来越多,为人类文明进步作出的贡献就越来越大。

三、加强与同行交流,及时了解期刊发展新形势

(一)适应学术期刊数字化转型,参与文学学报等数字化期刊建设

全球化、数字化、网络化的浪潮正在改变世界。传统学术期刊的办刊理念、办刊模式、传播方式正经受着前所未有的冲击。传统媒体与数字媒体的融合,极大地推动了学术期刊的发展。网络环境下,期刊竞争日趋激烈。网络化进程,对学术期刊本身、编辑自身,既是良好的发展机遇也是严峻的挑战。作为学术期刊内容的生产者,只有改变惯性思维、克服职业惰性,充分发挥主体作用,我们才能适应网络环境下办刊的现实要求。2011年由17家教育部名刊工程入选综合性大学学报自发联合创办"中国高校系列专业期刊",实现了学术期刊数字化转型。各编辑部联合供稿、协同编辑,由中国知网以开放获取方式进行线上传播和自由下载。创刊以来,不断扩容,现在它已成为由《马克思主义学报》《文学学报》《历史学报》《哲学学报》《政治学报》《经济学报》《法学学报》《社会学报》《教育学·心理学报》《传播学报》《民族学·人类学学报》《艺术学报》12种一级学科学报以及《儒学研究》《三农问题研究》《青少年研究》《资源环境研究》《区域文化研究》《性别研究》6种专题期刊组成的数字化期刊群。笔者和《华中师范大学学报》《清华大学学报》《复旦学报》《武汉大学学报》同人共同编辑文学学报,直接参与到综合性学术期刊数字化转型的进程中去,收获良多。

(二)通过参加新闻出版广电总局、省局、高校文科学报研究会等组织的各类培训、会议,了解形势,与同行互通有无,取长补短,提高自身认识与业务水平

在已有相关出版学、编辑学、著作权相关知识与技能基础上,笔者积极参加各类培训活动,更新自己的编辑出版知识,如自学新版《标点符号用法》《出版物上数字用法》《通用规范汉字表》《汉语拼音正词法》等规范性文件,提高理论水平与业务能力。笔者还通过《文学学报》编辑工作会、学术期刊与学科建设研讨

会等形式走访同行,了解到很多信息,如《复旦学报》关于海外学者的发文要求,《清华大学学报》侧重文史学科、发文少而精,《文史哲》以大文为主,《社会科学战线》的特稿,《南京大学学报》和《南开学报》的"南南合作",《华中师范大学学报》与各文摘刊物、通讯评审专家的交流等。这些由知名大学或科研院所主办、具有强大作者群体的知名刊物,具有较高的学术话语权和社会影响力,其专业理念、专业水平与办刊经验,都有值得学习和借鉴的地方,给自己很多的启发。

(三)立足学报,面向专业类刊物学习

专业类刊物专题化栏目的长期持续性建设与学术选题经验,也很值得综合性学术期刊借鉴与学习。如与《文学遗产》《文学评论》《古汉语研究》《汉语学报》《域外汉籍研究集刊》等专业类刊物或学术集刊的交流,促使自己在文学学科专题栏目的策划上形成了新的认识。吉林大学《东北亚论坛》在社会科学类学术期刊国际化方面的探索,也给人以很深的启发。

四、编辑视野为杂家,学科研究做专家:编辑学者化的努力

"编辑应该是学术出版的又一道而且是决定性的门槛。编辑的学术素养、学术判断力、学术眼光决定了学术出版物的品质。"[①]20世纪初的某些大学者同时都是主办刊物的编辑,好的编辑同时也是某一研究领域里的佼佼者,如陈独秀、叶圣陶、鲁迅、胡适等。对于先贤们的标杆榜样,"虽不能至,心向往之",可通过个人在学术研究中的实践努力靠近之。

(一)围绕兴趣做科研,在论文写作中体验求得之乐,尽量避免"眼高手低"的后果

先入乎学问其内,不说外行话,才能与作者有效沟通,深切为学术服务。这是笔者学术研究工作由内而外的动力所在。为扎实提高自身学术水平,增强与作者的学术对话能力,笔者于2006年9月至2011年6月在职攻读语言文学博士学位,2014年4月开始在山东大学中国语言文学博士后流动站开始博士后研究工作,围绕相关选题发表了一些学习心得,获得了较好的社会反响。截至目

---

① 朱杰人:《学术出版是需要门槛的》,http://www.gmw.cn/xueshu/2012-09/content_5121443_2.htm,2014年7月18日。

前,发表学术论文20余篇(如《〈五音通韵〉所见〈字汇〉刍议》《高本汉"二手材料"构拟〈广韵〉之检讨》《〈五音通韵〉征引〈正字通〉考辨》《日藏〈五音通韵〉的版本与著作年代问题》《清初韵书〈五音通韵〉所见〈中原雅音〉》《〈五音通韵〉编纂特点述论》《清抄本〈五音通韵〉的语音意识》《明治时期以来中国语教科书中的"满洲语"资料》《现代汉语外来构词词素研究的基本问题》《现代汉语词汇系统中外来构词词素成因、特点及其影响》等),其中编辑学论文3篇(《数字化时代学术期刊编辑的困惑与追求》《学术期刊论文代发产业链的调查分析》等);主编学术著作两部(《对外汉语教学论著指要与总目:中国语卷》《对外汉语教学论著指要与总目:指要与日本语卷》);作为主要参加人参与中华书局大型古籍整理研究项目《日本江户明治时期中国语教科书汇刊》的编辑撰写工作。曾经荣获"吉林省社会科学优秀成果二等奖""吉林省优秀博士论文""吉林省语言学会优秀学术成果一等奖"等荣誉,在编辑学者化道路上取得了初步的成绩。

围绕博硕士学位论文及博士后选题深入持久研究,先后获得了教育部人文社会科学基金(《〈五音通韵〉与清代北京官话语音形成研究》,编号:09YJC740034)、吉林省社会科学基金(《〈五音通韵〉与清代吉林方音关系研究》,编号:2007019;《日藏〈五音通韵〉及相关韵书研究》,编号:2012BS05)、吉林省语委十二五科研规划(《清末民初吉林方言词汇考察》,编号:JYKL125YB–04)、中国博士后科学基金第56批资助基金(《新发掘清代北京官话韵书音系研究》,编号:2014M561900)等各类项目资助。这是笔者学术研究工作外在的促动和激励。

切身从事学术研究的实践,使笔者在对所编论文学术创新性、科学性、可持续研究性等方面的认识提高了,对作者创新研究潜力、成果创新品质等的把握也更加准确了,更深刻地体会到期刊编辑与学术研究的"互促"作用。将学术研究与期刊编辑工作结合在一起,初尝学术研究"登堂"之乐,专业研究的基础日益厚实,编辑工作水平也同步提高。

(二)编辑视野方面是杂家

入某一行当之内,又能出乎其外,置身于一个更为广阔的大背景下才能更有效地把握、编审好稿件。围绕兴趣点,拓展关注范围,从汉语理论及应用研究入手,围绕自己对"古"的兴趣,如古典文学、古典文学批评、历史学、版本文献学等拓宽至文学研究、文艺理论等方面,将专家的深度和编辑的广度结合在一起,向着"一专多能"的复合型人才目标前进。

正是在主体意识的指导下,自己的编辑业务水平和学术科研能力逐渐提高。经过初评和复赛两轮程序,结合业务技能水平(含文字基本功和审编能力)、科研能力、前沿意识、主题策划与栏目设计等方面的综合表现,在2015年1月4~8日哈尔滨市举行的"首届中国高校社科期刊青年编辑业务技能大赛"上与其他四位优秀同行荣获一等奖。这是荣誉也是激励,敦促着自己踏实前进。

关于学术期刊编辑主体意识践行的经验总结,一言以蔽之,即"不停地和自己'过不去'","不停地'折腾'自己"。只有这样地持之以恒,才能永远做到"文章合为时、事而编","文章合为时、事而作"。

原刊于《哈尔滨师范大学社会科学学报》2015年第3期

255

文章合为时、事而编

读者关注度标准在期刊评价中的限度

蒋重跃*

说到学术期刊评价,目前通行的标准都以定量方法为基础。运用这种方法得到的数据,直接反映的是期刊的读者关注度。那么,以读者关注度为标准来评价学术期刊究竟有怎样的特点? 有怎样的问题? 这些问题应该怎样解决呢? 以下谈谈我的看法。

一、什么是读者关注度?

所谓读者关注度,说的是期刊论文被读者关注的程度,往往以刊发论文的被引量、被索引量、被文摘量、发行量、流通量、网络下载量等的统计数据来表示。目前国内被用作评价标准的各类指标体系,如北京大学图书馆的《中文核心期刊要目总览》、中国社会科学院中国人文社科评价中心的《中国人文社科期刊评价指标体系》中的影响力一项、南京大学 CSSCI 来源期刊、中国科学技术信息研究所近期研发的《中国社会科学产出成果分析与评估》以及中国知网、万方数据等的影响因子统计,都反映了读者对期刊论文的关注度。

上述机构对自己的数据往往有各自的说法。中国知网的相关负责人就曾声明,数据只是数据,目的并非为了评价,这些数据如何使用,那是用户的事情,与知网无关。核心期刊遴选机构虽然明确提出,编纂核心期刊目录的目的是为图书馆订购期刊和为读者提高选择信息效率而设计,但也明确提出自己的工作任务是鉴别期刊的水平与质量,了解它们在相关学科中的地位和作用。在我看

---

* 蒋重跃,《北京师范大学学报(社会科学版)》编辑部。

来,这已经是在做期刊的评价工作了。

本文所说的读者关注度,有人叫作期刊影响力,对此我并不认同。我认为,被引量、被索引量、被文摘量、发行量、流通量、网络下载量只能说明被关注的程度,尚不足以说明影响力。在我看来,所谓影响力,应该由期刊对外影响和作用的结果来体现,这种结果主要应该是引起外部事物一定程度的变化。以上所说的诸多的"量",更多的是反映了信息使用者出于自己的需要而选用期刊论文,还不足以反映期刊论文引起外部事物发生变化的情况,所以"关注度"这个词要比"影响力"更符合实际情况。

二、读者关注度的一般限度与合理限度

关注度是个宽泛的概念,好像什么都能说明,看起来这是它的一个优点。比如,为什么读者会对某些文章特别关注? 这固然是因为他/她有着个人的具体需要,满足他们的需要,就成了相关论文价值得以实现的根据。另外,关注一篇文稿,总还因为这篇文稿在某方面有意义,水平和质量大概也不算太差劲。从这个意义上说,关注度的确在一定程度上反映了期刊论文的学术水平和质量。这样的论文多了,当然可以说明一本期刊有一定的水平和质量了。

在实际的期刊评价中,这种看法似乎也有道理。各种数据排名情况比较好的期刊中,大家公认水平较高的期刊往往就在其中。这似乎也说明关注度可以表明期刊的学术水平和质量。事实果真如此么? 我觉得还没有过硬的证据给予科学的说明。高水平学术期刊往往关注度也较高,这是事实。但决定期刊关注度高低的因素很多,不只学术水平一项,像经管政法类学科的论文,资源环境、"一路一带"等热点现实问题的论文,就因为所属学科的应用性较强,栏目选题比较贴近现实,所以容易引起更多读者的关注。而决定关注度大小的另一个因素,也是根本因素,则是期刊所属学科和选题领域中读者和作者数量的多少。多的,关注度很可能就高;少的,关注度很可能就低。

上述两个因素都与期刊论文的使用价值有关。而所谓使用价值,往往是实际工作和生活中的有用性。比如,干部要写工作报告,许多报告与资源环境问题、反腐倡廉问题、"一路一带"问题相关,这样,就会有一大批干部上网查阅与这些主题相关的论文。现在为了评职称而写论文发表的人越来越多,这些人也

要参考已经发表的论文。这些人分属于不同学科,从业人员多的学科,已发表论文的下载量和引用量很可能就大;反之,从业人员少的学科,已发表论文的下载量和引用量很可能就小。这是很自然的。有鉴于此,我们就应该明了,对于不同学科而言,相同的下载量含义往往是不同的。有的学科一篇论文下载 1000 次不算多;有的学科一篇论文下载 200 次不算少。如此看来,同样的数据不一定反映出相同的关注度,不同的数据也可能相对地反映出大体相同的关注度。

然而,即使我们找到了与不同学科相应的不同的下载量可能表示相同或相近的关注度,那也很难说明这个关注度究竟意味着什么,更不能确定这样的关注度就一定反映了期刊的学术水平和质量。因为以下载量为基础的关注度所反映的东西毕竟是宽泛的、模糊的,它对决定期刊关注度高低的诸多原因的分辨力较弱,不可能很准确地说明不同因素各自起了什么作用。所以,在没有任何限定的情况下,用关注度这个模糊的概念来证明期刊学术水平的高低,的确不是有效的办法。从这个意义上看,以关注度作为期刊评价标准又是有缺陷的。

如此说来,关注度本身就存在着尖锐的矛盾:一方面,它可以在一定程度上反映期刊的学术水平和质量;另一方面,它又的确不能准确地反映期刊的学术水平和质量。能与不能之间应该有一条界线,这条界限就是它的现实的限度。找到这个限度,我们就可以把握关注度的实质。大哲学家黑格尔爱用斯宾诺莎的这句话"一切规定都是否定"(omnis determiantio est negation)来说明"一切规定性的基础都是否定"。根据这句话,黑格尔把辩证法作了更为精辟的说明:"凡有限之物都是自相矛盾的,并且由于自相矛盾而自己扬弃自己。"[①]关注度当然也是具体之物。在规定或限定的范围内,它可以用来衡量学术期刊的学术水平和质量,越过这个限度,它就会走向反面,就不能用来衡量学术期刊的学术水平和质量了。

不过,以上所说的只是表现一般读者关注度的原始数据的限度,用它来说明期刊的学术水平和质量,即使站在限度之内,效率也是非常之低的。那么,有没有什么办法提高这些数据的效率呢? 我认为,读者关注度可能还会有一条更为合理的限度,那是需要人为的努力和干预才可获得的。在我们可以把握的具

---

① [德]黑格尔:《小逻辑》,贺麟译,商务印书馆 1983 年版,第 177 页。

体情境下,关注度用来评价期刊学术水平的合理界限究竟在哪里呢?首先我们要承认,期刊论文的有用性以及体现这种有用性的一定的读者数量就是关注度的内容,其中必然地包含着一定的学术水平和质量的因素。但问题是,怎样才能尽量多地排除学术以外的其他因素,使读者关注度能够成为较为集中地反映期刊学术水平和质量的标准呢?目前还没有直接有效的办法。我的想法是,在没有其他因素干扰的情况下,数据库中学术论文下载次数与论文所属学科领域从业人员之比,更有理由成为衡量论文学术水平和质量的标准。道理很清楚:相比于不分学科、专业、专题的单纯数据评价,同一专业领域有多少人关注,更有理由反映出论文的学术质量和水平。也就是说,读者关注度作为期刊学术水平和质量评价标准的合理界限应该在于期刊的学术分类。学科、专业和专题越是相近,读者关注度就越是可能反映出期刊的学术水平和质量;而不在同一学科、专业和专题范畴内,论文的关注度反映期刊学术水平和质量的效果就会较差。

这就提醒我们,决不能不加区别地把单纯的读者关注度当作唯一标准来衡量期刊的学术水平和质量,更不能把它当作安排和调整学科论文比重,甚至当作学科设置和调整的指挥棒。那样,对于中国的高等教育将会贻害无穷。

为了有效衡量学术期刊的学术水平和质量,区别读者关注度的一般限度与合理限度非常重要。我们能用它们来做什么?不能用它们来做什么?我们应该怎样做?对待这些问题,要谨慎,要小心,一定要有"知止"的精神,既要弄清它的一般限度,更要弄清它的合理限度,充分挖掘合理限度内的一切资源,而又不能超越限度以外半步,这样大概也可叫作"知止而不殆"吧。

三、数据分类是读者关注度在期刊评价上的合理限度

那么,根据专业领域和研究专题的读者关注度来评价相应领域的期刊的学术水平和质量就是一个准确而完美的方法吗?显然也不是。因为即使划分了专业和专题,仍然无法排除读者关注度中非学术因素的影响。即使划分了专业和专题,读者关注度究竟在多大程度上可以反映学术期刊的学术水平和质量,仍然是一个问题。

换一个角度提问,期刊的学术水平和质量是由什么决定的?显然应该

由发表的论文的学术水平和质量来决定。同一学科、同一专题的学术期刊,自然可以通过刊发论文的学术水平和质量来衡量和比较整刊的学术水平和质量。可问题是,论文学术水平要通过什么表现出来?能否通过读者关注度呢?凭感觉似乎可以,其实未必。学术水平高、有创新性的学术论文未必会引起读者关注和认可,出现这种情况,或许是因为学科较小,关注者较少;或许是因为选题较偏,并非多数人所熟悉;或许是因为方法特别、理论高深,一时难以为众人所理解,如此等等。可能还会有其他原因。所以,即使用专业和专题领域读者关注度来决定论文从而决定期刊的优劣,在精确性上仍然是值得怀疑的。

可见,不论是混一的读者关注度,还是分类的读者关注度,都不能精确、全面地反映期刊的学术水平。可是现实的情况却是,我们在期刊评价中又无法脱离读者关注度这个重要因素,因为除了体现读者关注度的数据,我们并没有其他更好的东西可以用来评价期刊。两者相较,分类读者关注度当然比混一读者关注度要好些。如此而已。

明白了这个道理,做起来就简单了。可先打破"刊"的界限,以学科构成和研究专题为标准将论文分类,然后采用同类论文比较读者关注度的方法来进行评价。简单地说,数据分类或"可比性"就是读者关注度在现阶段的合理限度。用专业和专题划分或"可比性"作为评价的前提来使用体现关注度的数据,这应该是一个可行的权宜之计。

期刊评价可以划分为若干个范畴或侧面,如学术水平和质量、实践指导意义或价值、装帧设计和印刷质量、发行量和产值利润、可读性和读者数量,如此等等。但对于学术期刊,作为最根本评价标准的是它的学术水平和学术质量。在关注度的合理限度内,即在以学科、专业、专题分类为"可比性"的前提条件下,学术水平和学术质量可以在一定程度上得到比混一关注度更好的体现。例如,相同学科、相同专业、相同专题,大概可使用读者关注度来加以判断。我们假设,分类之后,读者就成了同行的专业人士。同样是这些人,在学科、专业和专题划分后,他们关注与否,更可能体现出期刊论文的学术水平和质量。也就是说,对于体现关注度的数据进行分类,这就是读者关注度用于期刊评价的合理限度。把握住这个限度,就可在目前条件下保证学术期刊学术水平和质量评价的相对合理性和客观性。而不加分别,把体现读者关注度的全部数据的价值做无限夸大,这叫作关注度的滥用,也可叫作人海战术,它不但不能合理地衡量学术期刊的学术水平和质量,还可能误导公众,扰乱学术标准,破坏学科结构,给学术发展造成无可挽回的损失。这是一种危险倾向,应该警惕。

原刊于《延边大学学报(社会科学版)》2015 年第 6 期

读者关注度标准在期刊评价中的限度

学术评价存在的问题、成因及其治理

张耀铭[*]

自 1990 年代起,学术评价就成为学术研究的热门话题。进入 21 世纪,学术评价研究步入快速发展时期,论文呈现逐年增多的趋势。在中国知网收录的报刊中,经关键词检索,从 2004—2014 年十年间有"学术评价"关键词的文章多达 3440 篇。随着"核心期刊""来源期刊"排行榜和排名表的一次次强势推出,评价机构摇身一变成为凌驾于学者、编者之上的支配力量。然而,透过表面热闹、繁荣的背后,我们看到的却是学术评价乱象纷纭、学术评价的一次次蜕变。伴随着不绝于耳的批评和讨伐声,学术评价机构的数量不降反升,"期刊榜单"的花样不断翻新,"搭台唱戏"的声势越来越大,可学术评价"流弊"的改进却微乎其微,学术评价的整体改革更是举步维艰,这不能不令人担忧,也不能不令人深思!

一、学术评价滥觞于欧美

随着近代科学的建立,新思想、新观念、新成果成为 17 世纪推进西方科学技术发展的无形动力。学者之间主要靠通信方式交流思想心得与科学发现,已远远不能适应形势发展的需要。于是,一种新颖、快捷、综合的出版载体——学术期刊应运而生。

1665 年 1 月法国议院参事丹尼斯·戴萨罗(Denis de Sallo)在巴黎创办了世界上最早的期刊《学者杂志》(Joural des Scavans),创刊号共计 20 页,包括 10

---

* 张耀铭,《新华文摘》杂志社。

篇文章和几位学者之间有关科学和学术发现的信件。"编者的话"阐述了办刊目的:1.提供欧洲出版图书的目录及有用的信息;2.刊载著名人物的讣告,并评述他们的工作和成就;3.发表物理、化学、解剖学方面的实验研究成果,以及有关天文及气象的观察和记录,报道有关艺术与科学的发现;4.刊登有关民事和宗教法庭的重要文告、判决及大学的决议通告;5.报道读者感兴趣的有关时事。① 有研究者认为,这本刊物还不是有意识地用于学术交流、传递情报的科技期刊,因为该刊办刊的目的是"满足人们的好奇心和不用花多大力气就能学到东西的一种手段"②。

1665 年 3 月,英国皇家学会在伦敦创办《哲学汇刊》(Philosophical Transactions of the Royal Society),由英国皇家学会秘书亨利·奥森伯格(Henry Oldenburg)负责编辑出版,仅有 16 页。在导言中,奥森伯格清楚地表明这份学术期刊将致力于科学发现、知识经验的交流,改善和增进自然科学的研究。奥森伯格负责编辑出版了 136 期,共 12 卷,涉及物理、天文、地理、航海和医学等各个方面的内容,规定每月的第一个星期一出版,周期是罕见的准确稳定。"该刊承载了近代西方引领科学革命的最重要成果,包括伊萨克·牛顿的《关于光与色的新理论》和其他 16 篇文章,查理斯·达尔文的地理学研究成果及本杰明·佛兰克林在电学实验方面的发现,让这个交流平台成为学者了解新发现和新思想不可或缺的信息库,成为科学革命的一面旗帜,当然也成为启蒙时代学术的引领者。"③1752 年皇家学会将刊物改名为《皇家学会哲学汇刊》,"纯粹服务于学会的用途和利益"④。尽管过强的皇家学会背景限制了普通知识阶层的参与,但"这份期刊创造了世界上第一个由科学家组成的编委会,以协助编辑评审稿件,并形成了期刊同人评审体制的雏形"⑤。"同行评议"(peer review)的办法后经多年的不断发展和完善,遂成为欧美国家知识界学术评价的主要依赖方式。

---

① 参见李武:《最早的两份学术期刊》,《科技导报》2012 年第 10 期。

② 杜云祥、王颖等:《科技期刊的起源和发展》,《中华医学图书情报杂志》2010 年第 9 期。

③ 原祖杰:《学术期刊何以引领学术》,《澳门理工学报(人文社会科学版)》2014 年第 1 期。

④ Philosophical Transaction of the Royal Society, Wikipedia, http://en. Wikipedia. org/Wiki/Philosophical_Transactions_of_the_Royal_Society。

⑤ 姚远、张银玲:《奥尔登伯格与世界上最早的科技期刊——〈哲学汇刊〉》,《陕西师范大学学报(哲学社会科学版)》1995 年第 1 期。

《学者杂志》《哲学汇刊》被公认为世界学术期刊的鼻祖,它们的创刊开启了学术期刊的时代,打破了封闭的知识传播体系,使个体研究成果迅速地变成社会化、国际化的成果。具体体现在三个方面:一是展示学术成果,二是提供学术交流平台,三是期刊定期出版。正如英国著名编辑威廉·E.迪克所说:"从17世纪开始,定期期刊是报导新发明和传播新理论的主要工具。我甚至说,假若没有定期期刊,现代科学将会以另一种途径和缓慢得多的速度向前发展。"①

1710年4月10日生效的《安妮女王法令》,是英国第一部关于版权的法令,也是世界上第一部现代意义的版权法,它废除了王室给书商颁发印刷许可证的封建垄断制度,承认作者有权支配和处理自己的作品,使其成为版权主体。"随着版权概念的产生,学术研究论文的出版承担起记录科学发现'所有权'的功能,成为科学发现、发明的证明。"②

18世纪后,英国、荷兰、法国、德国、美国等国家相继成立各种学术团体。由于学术研究的繁荣,学科的细化,各种专业期刊陆续出现,如英国的《化学会志》(1778)和《自然》(1869),美国的《科学》(1880)和《全国地理杂志》(1888),法国的《纯粹与应用数学杂志》(1836)和《物理学杂志》(1872),德国的《矿物学杂志》(1807)和《德国工程师学会杂志》(1857),荷兰的《荷兰皇家科学院院报》(1898)和奥地利《维也纳人类学通报》(1870)等。在知识界,这些专业期刊"首先评价知识,其次传播知识"的社会功能开始得到认可。进入19世纪,不仅科学家本人需要发明的专利和荣誉,科学家所在的学术机构也将学术发表视为其存在价值的证明。一篇经过严格评审的期刊论文,"它的首要功能是做为一种知识的声明,宣布它已经得到科学家的同行的评价和承认"③。

随着科技文献数量加大,增长加快,导致文献分布既集中又分散,内容既专深又交叉,读者迫切需要以最少的时间了解各专业文献的最新情况。于是,1830年德国创办了世界上第一种文摘期刊——《化学文摘》,这意味着人类社会进入有序传递情报阶段。1884年美国工程信息公司创办《工程索引》,摘录

---

① 周汝忠、杨小玲:《科技期刊在西方科学技术发展中的作用》,《编辑学刊》1988年第4期。

② 袁培国、吴向东、马晓军:《论引文索引数据用作评价工具的科学性和局限性》,《学术界》2009年第3期。

③ 〔美〕黛安娜·克兰:《无形学院——知识在科学共同体的扩散》,刘珺珺、顾昕、王德禄译,华夏出版社1988年版,第113页。

世界工程技术期刊发表的会议文献、图书信息、技术报告和学位论文等,是供查阅工程技术领域文献的综合性情报检索期刊。1907 年美国化学会创办《化学文摘》,并于 1969 年兼并了具有 140 年历史的德国《化学文摘》,在其封面上醒目地写着:打开世纪化学文献的钥匙。这本期刊,摘录了 136 个国家用 56 种文字出版的 15000 多种期刊,内容涉及科技报告、会议记录、学位论文、图书等各种类型的文献,同时还报道了 30 多个国家以及两个世界性专利组织(欧洲专利组织和世界知识产权组织)的专利文献,每年发表摘要约 70 万条。此后,文摘、索引和附有文摘的检索期刊如雨后春笋般涌现,到 1984 年约有 4000 种。① 根据国际标准 ISO214 – 1979(E)的规定,文摘是“一份文献内容的缩短的精确表达,而无须补充解释或评论”②。中国国家标准 GB 3793 – 83 规定,文摘是“对文献内容作实质性描述的文献条目”③。具体地说,文摘类期刊在发挥整序功能、检索功能、传播功能的同时,还扮演着评价功能,要对大量学术论文进行筛选分析、提炼浓缩和归纳概括,把高质量论文推荐给同行读者,使之更便于利用。

20 世纪 30 年代初期,英国文献学家布拉德福(S. C. Bradford)发现世界上 300 种文摘期刊和索引存在着漏摘、漏标和重复摘标等问题,导致三分之二的文献资源无法被学者和读者利用,造成了文献资源的极大浪费。1934 年布拉德福提出了“文献离散定律”:“对某一特定主题而言,将科学期刊按其登载相关论文减少的顺序排列时,都可以划分出对该主题最有贡献的核心区,以及含有论文数量与之相等的几个区。这时核心区与相继各区的期刊数量成 $1:a:a^2$……的关系。”④这一定律是核心期刊遴选最为原始的理论基础。不过,布氏定律还存在诸如核心区曲线上翘、游离区曲线下垂等缺陷,后经英国著名文献学家维克利(B. C. Wickery)等人的补充、修正和发展,遂成为文献计量学史上最负盛名的“经典定律”。

20 世纪 60 年代初,美国文献学家尤金·加菲尔德(Eugene. Garfield)创立了引文索引系统。1963 年他编制、出版了《科学引文索引》单卷本,1964 年 ISI

---

① 参见罗建雄:《西方期刊的形成和发展》,《图书馆工作与研究》1992 年第 4 期。

② 《国际标准 ISO214 – 1979(E)》。

③ 《中国国家标准 GB 3793 – 83》。

④ 钱荣贵:《国外“核心期刊”的理论源流》,《南通师范学院学报(哲学社会科学版)》2002 年第 4 期。

（科技信息研究所）开始正式出版发行《科学引文索引》（简称 SCI）。1971 年加菲尔德对 SCI 收录的 2200 种期刊上的论文进行统计分析时发现，有 25 种期刊在所有学术论文的引用文献中占了 24%，152 种期刊在所有学术论文的引用文献中占了 50%，767 种期刊在所有学术论文的引用文献中占了 75%。1969 年 SCI 论文的 70% 的引用文献来源于 500 种期刊。加菲尔德由此认为：大量的引文都集中在多个学科的一小部分核心期刊中，而少量的引文则散布在大量的期刊中。因此，一个基本的、集中的期刊集合，就可以代表所有学科的核心。[①] 这就是著名的"加菲尔德引文集中定律"，他从引文角度出发证实了布氏定律及核心期刊的存在。1973 年《社会科学引文索引》（简称 SSCI）、1978 年《艺术与人文社会科学引文索引》（简称 A&HCI）出版，加菲尔德建立了一个多学科和综合性的科学引文索引体系，成为国际公认的权威文献索引工具。以引文分析为基础的 SCI、SSCI、A&HCI 是对评价者（期刊）的再评价，作为评价期刊的工具，自然也具有了学术评价的合法性。基于这种逻辑，20 世纪 70 年代，美国的科研管理部门将 SCI 等作为科研绩效评价的主要工具，并与终身教职的任职、晋升和科研奖励等挂钩。[②] 科研管理部门的这种做法，引起了学术界的强烈不满和批评。"长期以来，知识界的评价方式主要依赖于同行评议，以引文工具为基础的评价方式在一定程度上意味着僭夺了学术共同体长期拥有的自我评价权。学术评价权的旁落，可能会进一步导致其他社会机构和集团对学术共同体的操作和控制，威胁到学术自由这一长期以来备受推崇的精神本质。因此，Gustafson 认为基于引文分析的期刊评价是对同行评议的反动。"[③]行文至此，不得不令人感叹：历史常常有着惊人的相似之处，几十年之后我们也不得不步了美国人的后尘，这是一种巧合，抑或一种讽刺？

1971 年，美国科学学家普赖斯（Derek Price）提出了衡量文献老化程度的量化指标——普赖斯指数（某一学科领域内，发表时间不超过 5 年的被引文献与

---

① 参见 Garfield，E.，The Mystery of the Transposed Journal Lists-wherein Bradford's Law of Scattering Is Generalized According to Concentration，Current Contents，1971（17），pp. 5 - 6。

② 参见 N. Wade，Citation Analysis；A New Tool For Science Administrator，Science，188（4187），1975，p. 429。

③ 参见刘宇、叶继元、袁曦临：《"通往自由之路"：期刊评价价值取向的演化》，《南京大学学报（哲学·人文科学·社会科学版）》2011 年第 3 期。

总被引文献总量之比),用以量度文献的老化速度。普赖斯指数越大,相关文献的老化速度越快,该学科发展也就越迅速。他还发现:文章发表后两年内被引用的次数最多,然后会逐渐减少,进入老化期,这被称为"引文峰值理论"。

总之,上述"文献离散定律""引文集中定律""文献老化指数和引文峰值理论",既是文献计量学的重要原理,又是学术期刊定量评价的理论基础。在这三大理论指导下,欧美形成了一套严格的并长期行之有效的学术评价制度和方式。

二、学术评价引进之历程

我国的期刊评价理论与实践均引进于欧美。1964 年,张琪玉、王恩光分别在《综合科技动态情报工作》第 5 期上发表文章,第一次向中国读者介绍了美国《科学引文索引》。1973 年,中国图书进出口公司创办的《国外快译》摘译了联合国教科文组织 1968 年的一篇报道:二次文献在期刊上的分布是 75% 的文献来自 10% 的期刊中。钱荣贵考证,这可能是国内传媒首次提及"核心期刊"的开篇之作。[①] 此后,吴尔中在《世界图书》1973 年第 11 期 ~ 12 期专文介绍了"世界化学类核心期刊"。

我国的期刊评价研究人员由最初的图书情报界,逐渐扩张到自然科学界、人文社会科学界、期刊编辑出版界和科学管理界,越来越引起社会的关注和学者的重视。有研究者认为,我国期刊评价研究队伍主要分为三个学派:一是公共价值学派。从公共管理的角度出发,以公共价值为目标,研究如何通过期刊评价指标体系引导期刊提高学术质量,如何通过期刊评价指标体系引导期刊融入到我国科学研究的大体系中来。二是理论方法学派。从科学计量学、文献计量学、图书情报学理论方法入手,研究期刊的学科属性,综合国际国内前沿的期刊评价方法与理论,更多地考虑理论上的可行性。三是实用主义学派。从个别学科或某个期刊的角度,研究如何利用期刊指标,提高自身的影响力,或强调单个指标在评价体系中的重要性,研究适用于本学科期刊的评价指标体系,也有跟着期刊评价指标体系的指挥棒,通过人为操作提高某些指标,追求短期社会

---

① 参见钱荣贵:《核心期刊与期刊评价》,中国传媒大学出版社 2006 年版,第 20 页。

效应。实用主义学派的研究,在一定程度上推动了公共价值学派的研究工作,也激发了理论方法学派的研究热情。反之,公共价值学派的研究进展,对理论方法学派和实用主义学派也起到了相同的作用。①

从 1992 年起,我国的期刊评价基本形成两大体系:一是由政府部门主导基于质量评估的优秀期刊评价体系;二是由专业学术评价和发布机构主导的基于文献计量理论的期刊定量评价体系。政府部门主导的期刊评价大体可分为三个阶段。

第一阶段 1992—2000 年,为引导期刊治散治乱、调整结构的时期。重要的期刊评价活动有:1992 年国家科委、中宣部和新闻出版署共同举办"全国优秀科技期刊评选"。1995 年新闻出版署举办首届社科期刊评奖。1999 年首届"国家期刊奖"评选。2000 年第二届"全国百种重点社科期刊"评选。

第二阶段 2001—2005 年,为强调期刊市场导向、办刊实力的时期。重要的期刊评价活动有:1."中国期刊方阵"评选。2001 年 4 月新闻出版总署向全国下发了建设"中国期刊方阵"的工作方案,通过各省(区、市)推荐和中央部委评比产生,2001 年岁末正式公布 1518 种期刊进入"中国期刊方阵"。分为四个层面,形成宝塔结构:第一层次是"高知名度、高学术水平"的"双高"期刊 65 种;第二层次是获国家期刊奖、国家期刊奖提名奖的"双奖"期刊 107 种;第三层次是获百种重点社科期刊、百种重点科技期刊的"双百"期刊 192 种;第四层次是社会效益、经济效益好的"双效"期刊 1154 种。这是首次以阵容形式,展示我国不同类型、不同层次期刊的发展现状和标高。2.2002 年第二届"国家期刊奖"评选。3.2003 年教育部"高校哲学社会科学名刊工程"评选。4.2004 年第三届"国家期刊奖"评选。

第三阶段 2006 年—现在,为鼓励期刊体制改革、融合发展的时期。重要的期刊评价活动有:1.2011 年第一届"中国出版政府奖期刊奖"评选。2.2013 年第一届"百强报刊"评选。3.2014 年第二届"中国出版政府奖期刊奖"评选。4.2015 年第二届"百强报刊"评选。政府部门主导的一系列评奖活动,突出政治导向,重视内容质量、期刊影响力、融合发展、发行量(利润)、办刊条件、编辑规范,起到了树立榜样、表彰先进的作用,但对消费类期刊(市场化)的重视大于

---

① 参见潘云涛:《中国科技期刊评价研究》,《数字图书馆论坛》2007 年第 3 期。

学术期刊,对科技类学术期刊的重视大于社科类学术期刊。"针对学术期刊评价而言,尤其需要引起重视的是:政府的多种期刊评价在评价指标和导向上都不是针对学术期刊设计的,因此不利于对学术期刊的正确引导。"①管理部门的不少领导者并没有真正认识到,学术期刊是学术创新的重要推手,是学术成果转化的重要载体,是人才培养的重要平台,是学风建设的重要引擎,更是文化软实力的重要体现。因此,这些令人炫目、看起来风光的奖项,并不能解决学术期刊固有的困境和新生的难题。特别需要指出的是,权力部门过度介入这类期刊评奖,举凡专家的遴选、评议程序的安排、评议对象的选择、评选标准的设定、评选结果的公示,全由管理部门主导。评选过程,或采用"一票否决",或考虑地区平衡,或强调政策倾斜,或厚此薄彼,或搞"中国式人情",其结果必然把学术质量标准置于次要,甚至把学术期刊放在无关重要的位置。

期刊定量评价是我国目前最为盛行的期刊评价方法,其引进、发展大体经历了三个阶段。

第一阶段 1973—1982 年,为翻译、引进和吸收阶段。如 1980 年,王津生撰文对布拉德福定律及核心期刊的测定作了详细介绍。② 1981 年,陈光祚撰文指出了布拉德福定律偏袒载文量大的期刊,忽视载文量小的期刊,并建议将布拉德福定律和百分比分布的计算方法结合起来,以改进对核心期刊的测定方法。③不过,这一阶段发表的论文不多,缺乏自主性的系统研究,主要特点有:"(1)翻译、介绍、引进和验证国外相关文献计量研究成果;(2)探索文献计量相关定律的应用;(3)期刊定量评价主体集中于图书情报界,评价客体以国外期刊为主;(4)评价以探索期刊'量'的特征即'信息密度'为主。"④

第二阶段 1983—1989 年,为自主研究并探索应用实践阶段。这个阶段著译渐多,研究内容开始转向对期刊评价理论和方法的自主研究,期刊定量评价的客体开始由国外期刊转向国内期刊。主要标志有:1. 1983 年,武汉大学为本科生开设了文献计量学课程,并编写出《文献计量学》教材。2. 研究论文数量增长很快,内容既有国外研究成果的介绍和评述,也有针

① 参见张楠:《我国政府部门期刊评价历程及得失分析》,《出版科学》2012 年第 2 期。
② 参见王津生:《浅谈布拉德福分散定律及其应用》,《情报科学》1980 年第 2 期。
③ 参见陈光祚:《布拉德福定律在测定核心期刊中的局限性》,《情报科学》1981 年第 1 期。
④ 林树文、曾润平:《期刊评价的产生与我国期刊评价的发展》,《情报探索》2013 年第 5 期。

对国内期刊开展的应用性研究。据"中国知网"资料统计,1980—1990 年间,共发表期刊评价研究相关论文 305 篇。① 3. 1987 年,"中国管理科学研究院"科学学研究所赵红州等利用《科学引文索引》(SCI)为数据源,对我国科技论文被国外引用的情况进行了统计分析,排出了 86 所重点大学发表论文的名次,引起社会强烈反响。4. 1987 年,中国科学技术信息研究所建立中国科技论文与引文数据库(CSTPCD),收录我国各学科重要科技期刊,其收录期刊称为"中国科技论文统计源期刊"。5. 1987 年,兰州大学靖钦恕、线家秀受中国图协的委托,编辑 1980—1986 年的《中文自然科学引文索引》,他们采用"引文法"鉴定出自然科学的中文核心期刊 104 种,并在《世界图书》1988 年第 1 期首次提出"中国自然科学核心期刊"。6. 1987 年,北京书目文献出版社出版罗式胜《文献计量学引论》,1988 年科学技术文献出版社出版邱均平《文献计量学》,为当时的代表性成果。

第三阶段从 1990 年至今,为期刊评价研究开始走向理论研究和实践应用并重的快速发展阶段。其主要特点:1. 将核心期刊理论与方法全面推广到人文社会科学领域,引起学界激烈争论。2. 人文社科学术期刊的主编、编辑成为期刊评价研究的另一支生力军,相继撰写了一批高水平的学术论文,发出了强有力的不同的声音。3. 图书情报界的研究人员开始由个人研究转变为专业评价机构的中坚,集体攻关,推出期刊评价体系和"排行榜"。4. 专业评价机构开始从纯"定量"评价转向"定量"与"定性"相结合的综合评价。5. 专业评价机构不仅利用计算机编制中文引文索引和筛选核心期刊,甚至开始探索大数据的直接介入。

总之,我国期刊评价研究与应用在取得丰硕成果的同时,还存在着多种的负面问题,尤其是"核心期刊现象"。套用狄更斯在《双城记》开篇写的话:这是一个最好的现象,这是一个最坏的现象;这是一个智慧的评价,这是一个愚蠢的评价;这是希望之春,这是失望之冬;我们正踏上天堂之路,我们正走向地狱之门。

---

① 参见喻世华:《三十年来"核心期刊"研究的文献计量分析及研究历程回顾》,《四川理工学院学报(社会科学版)》2011 年第 5 期。

三、学术评价存在的问题

美国当代著名教育家本杰明·布鲁姆（Benjamin Bloom）1956 年在《教育目标分类：认知领域》一书中指出：评价（Evaluation）就是通过评价者对评价对象依据评价标准进行定性或定量的测评，最终得出一个可靠的并合乎逻辑规律的结论的过程。"学术评价的对象是多元的，学术成果（作品）、作者、期刊、出版机构、科研机构等都可归入评价对象，但只有对学术成果（作品）的评价是基础性的，对其余各种对象的评价都是建立在对成果（作品）评价的基础上的。所以，核心的评价是对成果（作品）的评价。学术成果（作品）一旦公开发表或公布，对它的评价就是所有读者和应用者的基本权利，这就决定了评价的主体也是多元的。一般说来，读者和应用者通过学术批评来行使他们的评价权利。"[①]然而，现行学术评价体制的核心就是学术期刊评价，通过对学术期刊的评价来间接地评价学术成果（论文），因此，"以刊评文"就堂而皇之地成为学术评价的主要表现，并催生出众多的专业评价机构。

20 世纪 90 年代之后，个人学术研究与学术评价的同一性彻底终结，形成了一批期刊评价体系。"不断问世的专业评价机构都有着一些共同的特征：其一是几乎均由从事文献情报工作的人员组成，除了其本专业以外，不是任何学术共同体的成员；其二是在明里或暗里都以为政府服务或被政府认可为主要目的；其三是通过采集各种形式数据，以量化评价的'客观'、'公正'、'公平'相标榜；其四是其主打产品即对学术期刊进行分等分级（如所谓'顶级期刊'、'权威期刊'、'核心期刊'等）的排行榜和排名表。尽管专业评价机构的第一个特征就决定了它不可能是学术评价适格的主体，直接采信这样的机构的评价结论已完全违背了只有同行专家才是最合适的评价主体这一学术评价的基本原则，但后三个特征正是行政权力部门最需要的，在同行评议痛遭诟病之后，专业评价机构终于得到了行政权力部门的青睐而上位。"[②]"橘过淮则枳"，学术评价机制

---

① 朱剑：《大数据之于学术评价：机遇抑或陷阱？——兼论学术评价的"分裂"》，《中国青年社会科学》2015 年第 4 期。

② 朱剑：《科研体制与学术评价之关系——从"学术乱象"根源问题说起》，《清华大学学报（哲学社会科学版）》2015 年第 1 期。

变异对科学研究事业和教育事业的发展,产生了诸多的负面效应。

(一)群雄并起,竞争加剧

自1992年北京大学图书馆《中文核心期刊要目总览》横空出世,从此全面拉开了国内大规模期刊定量统计与评价的序幕。截至现在,已产生了七大中国人文社会科学评价机构与体系。

1.《中文核心期刊要目总览》,由北京大学图书馆和北京高校图书馆期刊工作研究会共同发起,由北京大学图书馆主持研究,定期出版评价成果。已出版1992年版、1996年版、2000年版、2004年版、2008年版、2011年版。2011年版确定:73个类目,核心期刊1982个,9个评价指标(被索量、被摘量、被引量、他引量、被摘率、影响因子、被重要检索系统收录、基金论文比、Web下载量),采取分学科统计评价、多指标综合评价、定量评价与定性评价相结合。[①] 将"基金论文比"作为学术期刊质量的评价指标,是中国期刊评价领域的独创。《中国科技期刊引证报告》在2001年即开始统计"基金论文比",《中文核心期刊要目总览》2008年版也新增设了这一指标。这项指标使评价主体与评价客体位置倒错,将课题立项评价与课题成果评价画上等号,"将对学术期刊的办刊造成不良影响乃至误导,期刊审选稿件必然会趋附'基金论文'——只要是'基金论文',即使质量差一些也会优先选用。实际上,不少科技期刊的前述做法已受到越来越多的质疑和担忧"[②]。

2.《中国社会科学引文索引》(CSSCI),由南京大学中国社会科学评价中心于1998年创建,每2年评选一次来源期刊。通过对全国所有正式公开发行且具有ISSN或CN号并有参考文献的人文社科学术性期刊,进行他引影响因子分析,指某刊在统计当年被CSSCI来源期刊文献引用该刊前2年所登载的文章的篇次(不含该刊自引)与前2年该刊载文量之比;总被引频次指某刊被统计当年被CSSCI来源期刊文献所引用该刊创刊以来登载的文章的总篇次(含该刊自引)。结果最靠前的刊物,就是南大核心来源期刊。2014—2015年来源期刊共设25个大类,收录来源刊533种,扩展版189种,共计722种。CSSCI的研制者

---

① 参见何峻:《〈中文核心期刊要目总览〉研究综述》,澳门理工学院、全国高等学校文科学报研究会编:《华文学术期刊发展与趋势国际研讨会论文集》,第138~152页。

② 严燕、顾冠华:《"基金论文比":一个欠科学的期刊评价指标》,《东南大学学报(哲学社会科学版)》2011年第6期。

始终强调来源期刊不同于核心期刊,因为它还有另一种产品——期刊评价数据库。然而,令人遗憾的是期刊评价数据库完全被其发布的"期刊排行榜"遮蔽了,让读者只见树木不见森林。

3.《中国人文社会科学核心期刊要览》,由中国社会科学院文献信息中心2000年编制,初为内部参考资料,后正式出版。已出版2004年版、2008年版、2013年版。统计数据源主要来自"中国人文社会科学引文数据库"(CHSSCD)、"中国人文社会科学文摘数据库"等,先统计出各学科的引证期刊,再确定这些引证期刊的各项评价指标(包括总被引、影响因子、即年影响因子、学科自引量、学科载文量、引文率、摘转率),并赋予权重值。然后利用综合评判数学模型算出综合评价值,从而确定各学科的核心期刊预选范围,请专家定性评审。它将核心期刊定义为:"某学科(或某领域)的核心期刊,是指那些发表该学科(或该领域)论文较多、使用率(含被引率、摘转率和流通率)较高、学术影响较大的期刊。"[1]2013年版,学科分为24个专业大类和综合类,最终评选出484种核心期刊。2014年11月,随着《中国人文社会科学期刊综合评价指标体系》的强势出台,中国社会科学院一个单位就出现了两家评价机构。按常理,《中国人文社会科学核心期刊要览》应当寿终正寝,驾鹤西去,但令人吊诡的是,至今未见有关部门公而告知,给学术界、期刊界和读者一个交代。

4.《中国学术期刊影响因子年报》(CNKI – JIF)(人文社会科学),由中国科学文献计量评价中心和清华大学图书馆研制,清华大学中国学术期刊(光盘版)电子杂志社2010年出版。该年报在连续7年出版的《中国学术期刊综合引证报告》基础上,将引文统计源文献从期刊拓展到博士、硕士学位论文、会议论文,应用了"期刊综合统计源"和"复合统计源",包括总被引频次、影响因子、他引影响因子和即年指标,其他指标还有基础研究类影响因子、技术研究类影响因子、人文社科类影响因子、他引总引比、引用半衰期等13个指标。《中国学术期刊影响因子年报》2014年版包括三个部分:第一部分分列出统计年为2013年的各类期刊影响因子;第二部分为2013年度各期刊的其他各类计量指标值;第三部分给出各项计量指标对应的可被引文献量与被引频次,这个年报实际上就是一个期刊排行榜。尽管统计指标搞得很复杂,但基本

---

① 姜晓辉:《人文社科综合性核心期刊的统计与分析》,《江西社会科学》2004年第3期。

克隆 SCI 的做法,没有什么创新。简单量化,没有考虑学科之间差异;评价粗疏,结果令人大跌眼镜。

5.《中国学术期刊评价研究报告:RCCSE 权威期刊、核心期刊、排行榜与指南》,由武汉大学中国科学评价研究中心、武汉大学图书馆等单位 2008 年起研究,已出版《中国学术期刊评价研究报告》2009 年版、2011 年版、2013 年版。该报告的评价指标有基金论文比、总被引频次、影响因子、Web 即年下载率、二次文献转载率、专家定性。"报告明确提出了'权威期刊'与'核心期刊'的概念,而且首次同时遴选出'权威期刊'与'核心期刊'。所谓'权威期刊'是指刊载基金论文数量多、被读者利用次数高、广受网络用户点击、二次文献转载篇数多或被国外重要数据库收录多的期刊。它们基本上代表了该学科领域内的学术前沿……权威期刊是核心期刊中的'核心',是最重要的核心期刊,在学术界与科研人员心目中享有权威地位和最高学术水平。"①2013 年版,共有 62 个一级学科,3 个综合学科,有 1939 种期刊进入核心期刊区。该评价系统的主打产品就是"RCCSE 权威期刊、核心期刊排行榜",其评价目的:一是为科学评价与科研管理服务,二是为图书情报工作服务,而只字不提为学者的研究服务。"权威期刊"的推出,更加助长了期刊级别崇拜。

6.《"复印报刊资料"重要转载来源期刊》,由中国人民大学人文社会科学学术成果评价研究中心和书报资料中心共同研制,于 2012 年首次发布。其实自 2001 年起的每年 3 月,书报资料中心就在《光明日报》《中国新闻出版报》等媒体发布"年度复印报刊资料转载排行榜"。十多年来,从单一的转载量排名发展为转载量、转载率、综合指数、来源期刊等多种排名。在四大文摘中,唯有"复印报刊资料"公开标榜自己是学术期刊评价机构,并和专业评价机构展开竞争,抢占地盘。2014 年版,有 747 种期刊进入"'复印报刊资料'重要转载来源期刊"②。

7.《中国人文社会科学期刊综合评价指标体系》(AMI),由中国社会科学院中国社会科学评价中心研制,2014 年 11 月 22 日在北京人民大会堂发布。综合

274

---

① 邱均平、李爱群等:《中国学术期刊评价的特色、做法与结果分析》,《重庆大学学报(社会科学版)》2008 年第 4 期。

② http://www.zlzx.org/rank.action? selectyear = 2014.

评价指标体系由五级指标构成,其中一级指标 3 个,二级指标 12 个,三级指标 36 个。综合评价指标体系的总分值为 208 分,其中一级指标"吸引力"的分值为 83.5 分,"管理力"的分值为 39.5 分,"影响力"的分值为 85 分。同时发布的《2014 年中国人文社会科学期刊评价结果》显示,共评出 17 种顶级期刊(其中中国社会科学院期刊有 11 种,占 64.7%),40 种权威期刊(其中中国社会科学院期刊有 14 种,占 35%),430 种核心期刊和 246 种扩展期刊。这个评价体系推出最晚,但机构最大,口号最响,不仅注入了意识形态属性、评价打分引入扣分机制外,还特别强调要抢占人文社科学术评价制高点、引领学术研究方向、掌握学术评价话语权。但如何破解"近亲繁殖""部门歧视""数据控制"主观臆断等陷阱,真正做到有公信力和权威性,仍令人质疑。

此外还产生了专门学科类、学会类的核心期刊评价,以及各学科根据自身需要直接从以上评价体系中筛选并派生出的核心期刊等。学术评价就像一块唐僧肉,谁都想咬一口。这些评价体系之间存在明显的共性和差异:共性在于这些专业评价机构受利益诱惑,准入无序,多头格局,越位评价,权力膨胀,缺少监督,而又瓜田李下,抢占地盘,自我标榜,狐假虎威,导致学术评价政出多门,评价结果乱象纷纭。差异在于评价的目的不同,评价的指标不同,评价的方法不同,评价的结果不同,标准混乱,互不买账,恶性竞争,导致重复建设、资源浪费和利益冲突。

(二)过度量化,急功近利

20 世纪 80 年代末,南京大学率先将 SCI 引入中国的科研评价体系并给予奖励,这种创新使得南京大学 SCI 论文数量连续多年居全国首位。此后,"中国学界竞相模仿,教育部门等也将 SCI 文章的多少作为评价学术水平的重要指标。这使得 SCI 成了此后一段时间中国学术评价体系中最重要甚至是唯一的标准,以致形成了目前以 SCI 收录论文数量为重要考核指标的论文评价体系"[①]。以这种量化评价机制为导引,大学人文社会科学管理制度系统相继出台,大致包括六个方面的基本内容:一是核心期刊目录的确定和分类;二是科研项目及经费管理的相关条例;三是科研成果认定和评价的相关办法;四是学术规范管理条例;五是科研团队及平台建设的相关条例;六是学术研究活动开展

---

① 李颖:《反思"SCI 崇拜"》,《科技日报》2014 年 12 月 4 日。

的有关规定。依照这些条例,每个院系都制定了相应的考核细则:一个教师每年必须在"核心期刊"上发表多少篇论文,每2~3年必须出版多少万字的专著。许多高校更把期刊分成三六九等,论文发表期刊的级别高,考核的分值就高,科研奖金也相应地高,反之,既挣不到"工分"也拿不到钱。每到年底,高校仿佛成了"生产队","社员"忙着填表申报,"会计"忙着算账分钱。这种考核与每一个人的利益挂钩,单纯追求数量,类似于以 GDP 考核地方经济,鼓励急功近利,急于发文章,急于拿学位,急于出专著,急于评职称,急于拿奖项,结果导致斯文扫地、功利上天和学术不端行为屡屡发生。在这一切学术乱象的背后,我们似乎都能看到学术评价推波助澜的影子。

(三)以刊评文,越俎代庖

单位制度是中国管理体制的一大特色,单位组织按照其级别高低和行业分布,被政党和行政的力量分割成若干个平行林立的管制领域。这些领域的不少单位办刊物,因此我国便有了部级、局级、处级、科级期刊。在行政部门的主导下,不少高等院校、科研单位将期刊主办单位的行政级别作为划分期刊级别的依据,将学术期刊人为地划分为国家级重点、国家级、省部级、地市级,或一级期刊(A 类)、二级期刊(B 类)、三级期刊(C 类)等类别。这样赤裸裸的"官本位"思想,自然受到学术界和期刊界大多数人的批评和反对。面对种种质疑,2000年国家教委科技司曾明确答复:"过去在文件中有一级杂志的提法是不够严格的,今后将加以注意。"[①]2002 年底国家新闻出版总署报刊司又进一步作了答复和解释:第一,期刊无国家级、地方级的区别;第二,目前国家与地方关于期刊的评比与期刊的学术水平无关;第三,"核心期刊"的认定是民间行为,而非政府行为;第四,目前新闻出版管理部门还没有制定衡量学术期刊质量的权威标准;第五,新闻出版总署近几年举办过国家期刊奖、全国百种重点社科期刊奖、中国期刊方阵等期刊方面的评奖活动,不能认为获得这些奖项的期刊中的学术期刊质量就是高的,"不能作为评职称时入选论文的依据"[②]。管理部门的解释暂时平息了争论。然而,随着专业学术评价机构的强势崛起,"核心期刊""来源期刊"的日渐走红,级别崇拜又沉渣泛起。专业学术评价机构按文献计量学理论和

---

① 李力民、翁贞林:《期刊"级别"问题与对策》,《编辑之友》2002 年第 S1 期。
② 新闻出版总署报刊司:《关于学术期刊有关问题的答复》,《中华读书报》2002 年 11 月 13 日。

"集中与分散"规律来对学术期刊进行分学科评价,即根据对期刊所载学科论文的分布情况及其在各学科的被利用情况的统计分析,找出各学科中利用率较高、影响力较大的学科核心期刊。这样的评价结果既具有了客观性和实用性,又迎合了行政权力部门分配和管理资源的需要,被青睐和看重自在情理之中。由此复杂的论文评价被偷梁换柱成为简单的期刊分等定级,再依论文所发表的期刊等级来确定论文的等级,经过几番腾挪翻转,"以刊评文"就越俎代庖成为行政部门处理绩效考核、职称评审、项目申报、课题结项等需要评审事务的通行方法。特别需要强调的是行政级别高的期刊,由于其血统尊贵,又占有资源优势,在"期刊评价"中往往占得先机。从"核心期刊"的理论基础、指标体系、操作程序来看,它仅是从文献收集、期刊馆藏、读者利用的角度对学术期刊进行的一种遴选,并不是纯粹对期刊学术质量的评价,更不是对学术论文水平评价的工具。正如 SCI 的创始人尤金·加菲尔德 2009 年 9 月 12 日在北京出席中国读者见面会时所说:"永远要记住 SCI 的主要功能是用于检索的,SCI 是一个客观的评价工具,但它只能作为评价工作中的一个角度,不能代表被评价对象的全部;到今天 SCI 的主要作用仍然是一个文献检索工具,而评估科技研究成果只是 SCI 的衍生功能之一。"[1]

(四)"影响因子狂热",危害学术

"影响因子"是由美国文献学家尤金·加菲尔德 1972 年提出的,是指一定时间内某期刊论文的平均被引率,其计算公式为:影响因子 = 期刊前两年所登载论文在统计当年被某学科论文引用的总次数/该刊前两年所登载论文的总数。影响因子现已成为国际上通用的期刊评价指标,"人们不仅用'影响因子'来评价期刊的学术水平与整体质量,也常用期刊的影响因子来评价某篇学术论文乃至作者的学术水平"[2]。"影响因子"被引进国内之后,被狂热追捧,迅速"泛化"成几乎"无所不能"的学术评价工具:从学生毕业、晋升职称、项目资助,以致院士评审,都离不开影响因子。更有甚者,还衍生出了许多"寄生"于影响因子的产业。不过,这些充其量是小巫见大巫。汤姆逊-路透从 2002 年开始

---

① 张婧:《"SCI"之父加菲尔德博士:为 SCI 正名》,http://news. sciencenet. cn/htmlnews. /2009/9/223614. shtm? id = 223614 。

② 杨化兵、叶春峰:《论影响因子及其在科研评估等方面的应用》,《情报杂志》2001 年第 1 期。

靠"影响因子"预测诺贝尔奖,并颁发"引文桂冠奖"。2014年10月27日,被视为诺贝尔奖风向标的"引文桂冠奖"首次在中国颁发,111名中国内地科学家获得"高被引科学家奖",其中15名科学家被授予"最具国际引文影响力奖"。这项奖是否名副其实,颇受争议。中国科学界新锐媒体《赛先生》就"炮轰"其只为博人眼球。

　　影响学术期刊"影响因子"的因数很多,既有学术的,也有非学术的。非学术因数主要有学科差异、论文性质、期刊类型、编排规范等。因此,管理部门不能眉毛胡子一把抓,或杂七杂八一勺儿烩,用同一尺度、同一标准去评判学术研究和学术期刊。众所周知,在自然科学研究领域,采用精确的量化方法评价某项科研成果的水平,可以说是世界通行的规则。但即使这样,不同学科和不同专业还是有很多的差异。"在《中国学术期刊综合引证报告》(2004年版),自然科学类期刊中天文学期刊的'影响因子'均值为0.0931,而植物学期刊的'影响因子'均值为0.5052,是天文学的5倍多;数学类期刊中影响因子最高为0.5119,而相应大小'影响因子'的期刊在化学类期刊中只能排在第26位,可见与不同学科相关的期刊'影响因子'差别非常大。"[①]如果用影响因子作为主要评价指标对人文学科不仅不公平,而且十分荒谬。"不同学科论文之间影响因子差距极大,这就造成刊发不同学科论文的学术期刊影响因子的差别极大,人文学科与社会科学学科的影响因子差别更大。比如《经济研究》与《历史研究》同是中国社会科学院的著名期刊,但根据中国知网2014年发布的影响因子年报统计,两本最著名的专业期刊,影响因子差别极大,《经济研究》复合影响因子达9.831,而《历史研究》的复合影响因子仅0.954,相差整整10倍。所谓经济学'帝国主义',文史哲'第三世界'在学术评价领域显露无遗。在综合性期刊中,除《中国社会科学》为5.596外,绝大多数综合性期刊如果能超过1,已经是很高的数字了。就学报而言,《浙江大学学报》和《中国人民大学学报》最高,《复旦学报》1.094,《文史哲》则只有0.646,可见我们并不能以此判断后两家学报比前两家学术水平低,为什么?道理很简单,是学术文章分布造成的。前两个学报侧重社会科学学科的文章,尤其是经济学、社会学等学科文章;而后两个

------

① 陈家顺:《学术期刊"影响因子"的非学术因素分析》,《湖北师范学院学报(哲学社会科学版)》2005年第5期。

学报侧重人文学科,尤其是文史学科的文章,这种学科分布造成了影响因子的巨大差异。因此,仅仅或主要依靠影响因子数据评价期刊,不仅是极不科学的,而且会对人文社科期刊造成严重的负面影响,这种评价标准没有考虑到学科之间的差异。"①滥用影响因子,扭曲了学术期刊选稿用稿的倾向,加剧了文史哲等传统学科走向边缘的趋势,从长远看对人文学科的后果是毁灭性的!2013 年,包括美国科学促进会(AAAS)在内的 75 家机构和 150 多位知名科学家,在美国细胞生物学学会上,签署了《关于研究评价的旧金山宣言》。"宣言呼吁停止使用影响因子评价科学家个人的工作,反对使用影响因子作为替代物用于评估科学家的贡献,以及招聘、晋升和项目资助等的评审。"②

(五) 行政主导,权力异化

我国的科研管理存在严重的行政化倾向,行政权力部门主导国家科研资源的配置、国家重大项目和工程的立项、国家科研成果的管理与评价等。我国高等学校的正常运行本应是学术管理和行政管理两大系统,然而在实际工作中,学术性机构和学术性委员会往往独立性不够、学术权力迷失,以致成为行政机构的"附庸"和"幌子"。行政权力的膨胀,不断地侵蚀学术权力的空间,甚至用行政权力包办、代替乃至完全剥夺了学术权力。③ 为了追求大学排行榜、科研政绩,高校的主要工作和主要目标都是围绕着各种检查、评估、验收、评价、评比、排名转,而教师的大部分精力和时间都放在搞项目、写论文、跑核心、谋转载、应考核、统数量、算工分上。"在高校系统,有各种级别(即行政级别)的研究课题、研究项目、研究基金,有各种级别的研究基地、研究平台、研究团队,有各种级别的研究计划、研究指标,有各种级别的验收、评估、评比、评奖,有各种级别的'建设工程'、'人才工程',等等"④,这些名目繁多、数不胜数的名堂,都离不开评价。虽然在操作中有请专家学者参与,但核心的主导工作还是由行政权力部门控制和具体执行。总而言之,行政主导下的学术评价虽然取得了一定的成绩,

---

① 仲伟民:《量化评价扼杀人文学术——关于人文学科学术期刊的评价问题》,《澳门理工学报(人文社会科学版)》2015 年第 9 期。

② 吴亚生:《摈弃唯 SCI 评价体系的呼声与思考》,《中国科学报》2013 年 6 月 4 日。

③ 参见吕红、毕红静:《我国高校的被行政化、自行政化与去行政化》,《延边大学学报(社会科学版)》2015 年第 2 期。

④ 余三定:《关于当今学术管理所存在问题讨论的评述》,《云梦学刊》2013 年第 3 期。

但也存在条块分割、政出多门、外行评价内行、评价不公、暗箱操作、监督缺位，导致权力异化、学术不端、学术腐败等现象时有发生。

四、学术评价乱象之根源

学术评价与学术风气、学术期刊、学术管理、学术体制、学术利益等都有着密切的联系，我们也不应该把所有的"罪恶"都归咎于学术评价，这既无益于去除学术评价之弊，亦无助于重建学术评价机制。学术评价的种种乱象根源有四。

（一）官本位意识导致学术资源、学术权力的不公平

中国社会官本位意识严重，权力崇拜根深蒂固。早在十多年前，北京师范大学历史系黄安年教授曾将当时官学一体化的倾向概括为十个方面：学术机构的管理衙门化；职称评定、专案立项、评奖活动中的"赛跑"现象；学术评价中的官僚主义和形式主义；政府官员兼任学术专案主持人日益增多；政府官员兼任院校长的现象有增无减；学术刊物主编官员化倾向突出；职称评定、奖金、住房等待遇向行政官员倾斜的力度加大；"腐败文凭"中的权钱学交易；学界新闻出版活动突显政府官员和行政领导；一些学术团体的官方色彩明显。这些年来官本位不但没有淡化，反而正向社会各个领域蔓延。"官大学问大，权大经费多"已成为一种社会常态。官员们不仅垄断学术资源、项目资源、招生资源、会议资源，而且还把权力之手伸到职称评审、成果评定、课题立项、课题报奖等多个方面，"管理者通吃"已经成为高等院校、科研院所的一种特有现象。"领导者在学术与利益互动的竞争之中，不能表示出应有的学术自信和道德品格，自己利用权力和权威占有和夺取下属和学生的成果，构成一种公然的'学术剥削'；而下属和学生为了实现自己的利益需求和生存安全，而主动的请领导分享甚至完全出让自己的学术成果，对其进行一种'学术贿赂'。"①学术不公正的结果不仅带来学术权力的异化与研究者的精神变异，更带来学术的社会性危机。

（二）"一刀切"的量化评价导致学术生产的数量繁荣，质量下降

我国所有的高等院校、科研院所，都执行着一个制度化的、量化的、"一刀

---

① 张福贵：《当下中国学术危机的三大症候》，《学术界》2010 年第 11 期。

切"的学术评价体制。"科学研究在今日之中国高校,被抬高到空前的、过度重要的位置。不说研究型大学,即便是教学型乃至职业型学校,学校是否优秀,教师是否能够升等、研究生是否可以毕业,科研的成绩单成为最重要的衡量指标。老师的教学可以马虎、学生的毕业论文可以勉强通过,但只要有相当量的论文发表,便一俊遮百丑。多数高校对教师的年度考核和升等要求,都有严格的论文发表量规定,而一个大学每年的论文发表篇数,都影响到官方和民间的各种大学排行榜的位置,是大学领导政绩工程的核心部分。于是千军万马写论文、拼数量,就像"大跃进"时期的全民大炼钢铁,产量是最重要的,而质量如何,倒是其次的。"①理工科普遍强调 SCI 的发文量和课题金额,人文社科则是 SSCI、CSSCI 和课题级别。不少高校或院系在年度工作考核中将学术评价与特定的量化指标绑定,实行"工分制"。同时,许多单位高度重视项目,甚至是"项目至上""项目唯一"。这种"项目化生存"的怪异现象和"一刀切"的管理方法,甚至扩大到各种学术和教育的考核、评比、提级提职、业绩考核、课题和项目的审批中,几乎达到了无孔不入的程度。过度量化的评价模式,违背了大学学术研究的基本规律,抹杀了学科文化的差异,限制了合作、阻碍了深度研究,制造了很好看的数字,却失去了大学的精神。

(三)"评价标准异化"导致学术评价机构公信力的缺失

笔者曾对"公信力"和"权威性"做过专文论述,认为"公信力的本质意义在于:第一,公信力映射的是一种公共权力,非公共权力也就无所谓公信力;第二,公信力是在长期的发展中日积月累而形成的信任资源,既是一种社会系统信任,同时也是公共权威的真实表达;第三,公信力指的是权力客体对权力主体在公正、公平、守信等方面的评价,获得权力客体信任、信赖的权力则具有公信力;第四,公信力权力主体与权力客体的非均衡性特征,决定了权力客体的弱势地位,一旦权力主体出现诚信、公正问题,必将导致信任的破裂。权威性,是指权力部门发布的信息或作出的决定是否具有相对的不可质疑性,如果这些信息和决定经常遭遇质疑,则不具权威性。公信力是权威性资源之一,一旦受到损伤,

---

① 许纪霖:《回归学术共同体的内在价值尺度》,《清华大学学报(哲学社会科学版)》2014 年第 4 期。

281

学术评价存在的问题、成因及其治理

便会造成较大面积的'信任危机'"①。学术评价的"公信力",当然与其掌握的权力有关,而其所掌握的权力实际就是学术成果、学术期刊的评价权,能否公平、公正乃至公开地评价作者、作品及其期刊,是衡量其公信力的标准。为何目前学术评价机构公信力缺失?深层原因有二:一是学术评价标准的异化;二是学术评价过程的不透明、不公正。我们知道,引文数据库在建立的过程中,管理者和操作者发挥了非常重要的作用,指导思想、目标、要求不同,选择的统计方法与计算机软件不同,统计产生的期刊影响因子就很可能大相径庭。再加上评价指标的不完善、不科学及其先天性缺陷,使得核心期刊、来源期刊遴选的负面效应逐渐浮出水面。主要表现在以下十个方面:

1. 评价机构在获取数据时,违背统计学抽样调查原理,使原始数据和测评结果带有明显的生造臆断痕迹

表现在四个方面:一是单纯以复合影响因子、可被引文献比和转引率进行测评排序;二是混淆主体、客体,将办刊主体与期刊论文水平混合进行测评;三是迷信量化分值,以定量评分取代定性研究;四是将存量与流量混同,将主观指标与客观指标、时期指标与时点指标混用,或者以时点数反映时期现象,或者以时期数反映时点现象,随心所欲。②

2. 核心期刊评估体系存在着严重的时间滞后性与背离性③

滞后性在于:用过去的文评现在的刊,以现在的刊评未来的文。背离性在于:把期刊推举到核心期刊的论文,却不是核心期刊论文;而那些还没有指标贡献的论文,却坐享其成地成了核心期刊论文。

3. 引文索引来源文献存在致命的涵盖性缺陷

引文索引建立的重要理论依据之一是文献计量学的 2/8 定律,即经过筛选而确定的占总量 20% 的期刊上的论文可以满足学术论文引用需要的 80% 左右。显然 80% 的满足率是无法满足 100% 的需求的。在中文社会科学引文索引中,1998—2005 年收录的近 54 万篇论文中,在 1998—2007 年间被引用过的

---

① 张耀铭:《重建学术期刊的公信力与权威性》,《澳门理工学报(人文社会科学版)》2015 年第 2 期。

② 参见李金华:《走出学术期刊评价误区》,《人民日报》2015 年 6 月 29 日。

③ 参见李宗刚、孙昕光:《核心期刊评估体系的悖论与破解方略》,《西南民族大学学报(人文社会科学版)》2014 年第 10 期。

论文篇数也只有30%左右。因此,"来源期刊的论文并非篇篇都比非来源期刊的论文的影响大、质量高,非来源期刊的论文也并非篇篇都比来源期刊的论文差,完全按是否是来源期刊论文来评价论文和作者的做法有失公允"①。

4. 不同学科之间引用率存在不可比性

首先,"热门"学科在某一个时期应用广泛,发展迅速,研究的人多,论文的影响因子普遍都高。"冷门"学科关注的人少,发展慢,研究的人少,论文的影响因子就低。其次,传统学科研究的人多,文章多,引用率也高。新兴学科研究的人少,文章相对少,引用更少。不能因此得出结论,前者的学术水平高,后者的学术水平低。再次,由于马太效应的影响,名人的文章引用多,无名的人的文章引用少,不能因此证明名人的文章篇篇都是精品。总之,理科和工科不可同比,人文学科与社会科学学科不可同比,应用学科与基础学科不可同比。特别需要指出,即使是同一学科不同专业的论文被引用情况,也有很大差别。比如图书情报学界,图书馆学、情报学与档案学、文献学之间的影响因子就存在巨大差别,文献计量学与文献检索学与版本学、校勘学更是一丈差九尺。

5. 不同性质的论文对期刊影响因子的影响是各不相同的②

学术论文由其研究对象、内容、方法、角度的不同,其性质就不一样。某些热点问题(比如国家治理、中国经济新常态、一带一路等),写文章的人多,相互引证也会多,对期刊影响因子的贡献也就大。在高校文科综合性学报中,由于人文学科论文和社会科学、应用学科论文比重的差别而带来的影响因子差异,导致以人文学科为主的学报在评价系统发布的"排行榜"中普遍不高。当然有些热点问题,不一定都是重要问题。仅仅依据引用率一项指标,也不能说明论文学术水平的高低。爱因斯坦发现了相对论,但他研究相对论的论文发表之后,并未得到应有的较高的引用率。"往往一篇论文被大量引用,并不是出于它内容的精辟,而是由于它里面所谈方法的新颖。相当普遍的看法认为,被大量引用的论文中,方法方面的论文占很大优势。"③

---

① 袁培国、吴向东、马晓军:《论引文索引数据用作评价工具的科学性和局限性》,《学术界》2009年第3期。

② 参见任胜利、严谨等:《如何提高科技期刊的影响》,《中国科技期刊研究》2001年第1期。

③ 王晓莉、叶良均等:《SCI作为科研成果评价标准的局限性研究》,《自然辩证法研究》2001年第11期。

6. 通过"策略性编辑"行为操纵期刊的影响因子

期刊影响因子目前在学术评价与科研管理中发挥着极具魔力的作用,所以大家都跟着这根"指挥棒"转,希望影响因子越高越好。其实,通过正当途径与方法完全可以提高影响因子,比如约请高被引作者撰稿,发表高质量论文,提高参考文献的编排质量,加快审稿速度、缩短发表周期,与国际著名学术出版集团合作"借船出海",将录用论文在网站上提前发表等。除此之外,一些国际学术期刊通过策略性编辑行为操纵期刊的影响因子,代表性做法包括:"1)将预计被引次数较高的文章发表在年初的期刊上,并在官方网站上作为'热点文章'推荐,以增加被引机会。2)控制质量不错但不属于热点的文章数量。3)发表一些不属于研究论文但是有利于提高被引次数的文章,如评论、商榷、社评等,尤其是作为非综述类期刊却大量发表综述文章,短期内可获得很多引用。4)下半年撰写社评大量引用本年度本刊发表文章"[①]。而在国内,有的期刊为了挤进核心期刊不惜造假,拉帮结盟互相引用对方的论文;有的期刊要求作者提交的论文必须引用本刊发表过的论文,以提高影响因子;有的期刊公开悬赏学者在 CSSCI来源期刊发表引用该刊的论文,给予有偿奖励。此外,过度自引、错引、漏引、伪引、甚至歧视性的不引都程度不同地存在。

7. 引用目的存在多样性

负面引用包括批评性、批判性、反驳性的不同观点、意见的引用。负面引用在定量标准中难以被识别出来,单纯或主要以定量而非定性标准来评判论文乃至期刊的高下,其片面性是明显的。

8. 用非科学的态度编造、捏造、任意取舍的实验数据,被称之为"学术造假"

这些造假的数据,指标体系却难以识别和剔除,导致评价结果十分荒唐。

9. 评价结果软化,共享程度不高

"目前的许多评价共享程度不高,或者说因为公信度不够,无法为人所信服,因此很难达成共识,其评价结果很难为其他相类似的评价应用。"[②]

10. 评价体系浮躁

"目前的评价体系也浮躁,尚未成熟,不能将有限功能无限化,尤其是将期

---

① 王凌峰、叶涯剑:《期刊影响因子操纵行为及抑制策略》,《编辑学报》2012 年第 6 期。
② 叶继元:《学术期刊的质量与创新评价》,《浙江大学学报(人文社会科学版)》2013 年第 2 期。

刊评价、定级视为主要功能的核心期刊评价体系建设，导致了话语权、支配权、利益和地位的争夺，发布排行榜，使学术研究变味，造成了争名夺利的浮躁现象。"①

（四）不合理的科研体制才是学术评价乱象的根源

官本位意识、"一刀切"的量化评价、"评价标准异化"，几种原因的叠加，使学术评价乱象纷纭。但最本质的根源，在于不合理的科研体制。朱剑教授曾撰文，为我们勾勒了一条清晰的权力和利益的关系链（当然也是工作链）：权力（资源）—评价（分配）—评价（管理）—科研（机构与人员）。链条的顶端是握有巨额学术资源分配权的行政权力部门，链条的底端是科研单位和学术界，串联起顶端和底端的是评价，而规约这一链条的则是科研体制。"评价对行政权力部门的迎合固然是其异化的原因，但若没利益链的存在，就不会催生出这么多的评价机构；若没有规约利益链的科研体制的需要，评价也不至于如此走入歧途。"②因此，与其说是学术评价导致了学术乱象，不如说是科研体制导致了学术乱象。

五、学术评价乱象的治理

学术评价乱象已成为一个社会问题，事关学术研究、学术传播、学术体制、学术利益、学术生态以及社会风气诸多方面。"当下中国学术期刊面对的评价机构之多、受影响之大，已经让学术精神、学术勇气乃至学术道德濒临崩溃。"③针对学术评价存在的种种弊端，专家学者们已经提出了很多改革的建议，但实际上改革困难重重。正如鲁迅先生所说：在中国，搬动一张桌子都要付出血的代价。因此，仅有底层呼吁是不够的，改革必须要有"顶层设计"。2013 年以来，教育部先后下发了《关于深化高等学校科技评价改革的意见》《高等学校科技分类评价指标体系及评价要点》《关于开展高等学校科技评价改革试点的通知》等文件。2015 年 1 月 12 日国务院又发布了由科技部、财政部共同起草的

① 李潇潇：《建构学术为本的中国核心期刊评价体系——专访〈中国人文社会科学核心期刊要览〉主编姜晓辉》，《中国社会科学报》2009 年 4 月 23 日。
② 朱剑：《科研体制与学术评价之关系》，《清华大学学报（哲学社会科学版）》2015 年第 1 期。
③ 陈颖：《评价与被评价：当下学术期刊学术功能异化的一个视角》，《现代传播》2014 年第 1 期。

《关于深化中央财政科技计划(专项、基金等)管理改革的方案》,总体目标是"强化顶层设计,打破条块分割,改革管理体制,统筹科技资源,加强部门功能性分工,建立公开统一的国家科技管理平台,构建总体布局合理、功能定位清晰、具有中国特色的科技计划(专项、基金等)体系,建立目标明确和绩效导向的管理制度,形成职责规范、科学高效、公开透明的组织管理机制,更加聚焦国家目标,更加符合科技创新发展规律,更加高效配置科技资源"。这虽然都是针对科技改革、科技管理、科技评价,但无疑昭示了科研体制改革的方向,对哲学社会科学也是有参考价值的。因此,治理学术评价乱象,必须立破并举、多管齐下、统筹协调、优化整合,才能标本兼治、扶正祛邪、鼓励创新、融合发展。

(一)建立学术评价机构准入制度和退出机制

准入制度,应该是国家对评价机构主体资格的确立、审核和确认的法律制度。政府职能部门通过批准和注册,对机构的评价准入进行管理,既避免了大量人力、物力浪费的重复建设,又可以防止评价机构无序、无资质进入过度竞争,确保学术评价的公平、公正和工作效率。同时要探讨建立学术评价机构的退出机制,不能胡评价、乱评价,甚至老少通吃、权力寻租、金钱交易。准入制度、退出机制的建立,有利于优化学术评价资源配置,营造良性竞争环境;有利于评价机构的创新,壮大整体实力;有利于加大违规成本,确保评价的导向性。

(二)加强学术评价的回避制度和监督机制

学术评价关系期刊定级、职称评定、教师考核、课题验收、学校评估等方方面面,关涉许多人的切身利益。因此,谁主导或掌控了评价权,谁就能左右当今中国的学术导向甚至具备了向学术界发号施令的权威。目前开展学术评价的机构或为中国社会科学院或为教育部下属的高等院校,不仅具有官方色彩,更与学术研究、学术期刊有着千丝万缕的联系,不免有既当裁判员又当运动员之嫌。在没有产生相对独立的第三方评价机构之前,必须加强学术评价的回避制度,保障学术评价制度的程序正义。那些与被评价主体有利害关系或者其他特殊关系的相关人员不得参加学术评价活动,实现利益规避,以保障被评价主体的公平竞争。要积极开展学术批评,加大媒体曝光,对学术评价机构、学术评价程序、学术评价结果进行有效监督,形成有力制约,使之心存畏惧。

（三）规范并完善同行评价制度

早在 2011 年 11 月 7 日，教育部下发的《关于进一步改进高等学校哲学社会科学研究评价的意见》，就提出要正确认识 SCI、SSCI、CSSCI 等引文数据在科研评价中的作用，避免绝对化；并特别指出："建立开放评价机制，基础研究以同行评价为主，大力加强国际同行评价。"同行评价是国内外公认的最为合理的学术评价制度，但在引进中国之后却发生了变异，"权力支配，人情主导，标准缺失，三者只要居其一，都会使学术评价的意义受到严重损害；可是，在我们当前的学术评价中，往往是三者一起发生作用，多路夹击，来自欧美的同行评议，怎么可能不水土不服以致彻底变质呢？"①因此，要严格标准，规范程序，完善专家遴选机制，建立公平公正的学术评价的基石。应综合考虑知识结构、学术成就、学术道德、"小同行"等因素来确定专家人选并建立专家库，发挥各学科专家的群体优势，调动各学科专家共同参与、共同制定相关的评价标准，实行专家定期轮换制度。要建立和健全评价结果公示、反馈、申诉、复议等制度，对同行专家的评价行为进行有效的制约，加强评价专家信誉制度建设。

（四）用"以文评刊"取代"以刊评文"

核心期刊的概念被引入国内之后，主要目的是为图书情报部门选购期刊提供参考依据，为图书馆员指导读者阅读提供参考依据，"不具备全面评价期刊优劣的作用，不能作为衡量期刊质量的标准，更不能作为学术评价的标准"②。但行政权力部门出于科研管理的需要，看准了核心期刊的"可行""简便"等工具理性，使之直接为资源配置和科研管理服务，由此"以刊评文"开始走红。"以刊评文"的弊端前文已经涉及，这里再做简单概括：一是以期刊的等级代替论文的学术质量，存在着明显的逻辑错误。并非核心期刊发表的文章篇篇都优质，非核心期刊上发表的文章篇篇都劣质，即使同类核心期刊或同一种核心期刊发表的论文也并非同一水平。二是机械地依据期刊影响因子来决定期刊的排序，必然导致学术评价的过分形式化、过分简单化。三是过分注重论文数量、获奖数量，必然导致平庸之作泛滥、低水平重复。四是为了迎合核心期刊、来源期刊评

---

① 李剑鸣：《自律的学术共同体与合理的学术评价》，《清华大学学报（哲学社会科学版）》2014 年第 4 期。

② 朱强、蔡蓉华、何峻主编：《中文核心期刊要目总览（2011 年）》，北京大学出版社 2012 年版，第 17 页。

选的偏好,不少学术期刊更在选稿、用稿和参考文献等方面投其所好,逐渐丧失了独立风格和创新活力。五是过度追求论文被国外检索机构收录,必然导致学术评价中的崇洋媚外。"以刊评文"早为学术界诟病,应该用"以文评刊"取代。

论文是组成学术期刊的最小单元,论文水平的高低决定着期刊质量的优劣。所以,"要正确全面反映期刊的情况,较好的办法是'以文评刊',通过对期刊刊载论文的学科进行统计分析,计算出其各学科论文的篇均被引次数,并与统计源所有各学科论文的篇均被引次数进行比较,从而得到各期刊各学科论文的相对影响,即期刊刊载论文的学科影响。期刊刊载论文的学科影响可以根据不同的需要从不同层面、不同角度来量化地衡量期刊的影响"①。论文评价应该成为学术期刊评价的核心内涵,要根据一定的评价目的采用一定的评价指标,但更重要的是通过同行评议,作出专业的、权威的、有说服力的评价结果。当然评价学术论文,期刊编辑、目标读者不能缺位。因此,"研制出针对单篇论文的评价指标体系在论文评价、期刊评价中均占有决定性的基础地位。需要社科学术期刊界和文献计量学界通力合作,共同攻克这一评价难题"②。

(五)建立独立的、客观的、民主的学术评价机构

学术评价的本来意义,"在于评判学术的进展,鉴别学者的贡献,规范学术行为,激发学者的创造力,以达到推动学术发展的目的"③。为了使学术评价真正具有公信力和权威性,必须要实现从官本位到学术本位的转变,把对学术评价的权力从官方色彩的框架中剥离出来,建立独立的、客观的、民主的学术评价机构。"学术评价、学术的标准、学术上的分歧,所有学术上的问题只有依靠学术共同体才有可能得到解决。尽管学术共同体也有可能作出错误的判断和决定,但没有别的更好选择。"④评价的根本在于独立和客观,应当以学术水平、学术道德为标准来选择评审专家,应当独立进行分析、评价并形成专业意见,应当通过学术交流、学术批评、学术评论等"民主"的方式表达意见和进行监督,以排

---

① 袁培国:《中文文科期刊影响因子评价作用之反思》,《南京大学学报(哲学·人文科学·社会科学版)》2011年第3期。

② 李频:《社科学术期刊评价的内在逻辑》,《清华大学学报(哲学社会科学版)》2014年第6期。

③ 李剑鸣:《自律的学术共同体与合理的学术评价》,《清华大学学报(哲学社会科学版)》2014年第4期。

④ 韩启德:《学术共同体当承担学术评价重任》,《光明日报》2009年10月12日。

除评价对象、利益群体、官方机构的干扰,防止出现与权力行政部门主导学术评价相类似的问题。我们呼吁文献计量学界和学术期刊界的专家学者,不要沉浸于排行榜所带来的权力与利益之中,要聚集大家的智慧,进一步研究和夯实学术评价理论,以求取得实质性突破,以此带动我国学术评价的健康发展。

原刊于《清华大学学报》2015 年第 6 期

期刊学术引文不规范现象的成因探析与应对方略

李宗刚　　孙昕光[*]

随着我国学术研究的繁荣发展,学术规范问题已开始越来越多地引起学界的重视。在期刊学术论文中,引文使用的规范问题便是其中的一个重要方面。教育部在 2002 年发布的《关于加强学术道德建设的若干意见》中就曾提出,"依照学术规范,按照有关规定引用和应用他人的研究成果。"并将其作为端正学术风气、加强学术道德建设的一项基本要求。但在具体实践中,学术引文的使用仍存在诸多不规范的现象在向以学术严谨、规范严格著称的国内学术期刊所刊登发表的学术论文中,学术引文不规范现象也同样屡见不鲜,如有的学术论文通篇没有引文,有的使用引文而未标示出处,有的使用引文衍脱错讹,漏洞频出。这些现象的存在,已经不仅仅是一个如何进一步制定和完善引文规范的纯粹形式上的技术问题,同时也是一个亟须对引文规范在认识上加以深度阐释和把握的理论问题。或者说,引文规范的理论认识是制定和遵循引文规范的前提和基础,只有对引文功能及其规范意义有了深入认识和把握,才能更好地制定和遵循引文规范。目前探讨引文规范的论文大多侧重于技术性研究,而理论性探讨尚显不足。正因为如此,针对与引文规范有关的一些认识问题,如学术论文为什么要有引文,引文到底有什么作用,学术论文是否可以不用引文,学术论文中的引文为什么会错误频出,怎样才能规避引文的错误使得引文更加规范,本文拟从理论上来作阐释。

───────────

　　[*] 李宗刚,《山东师范大学学报(人文社会科学版)》编辑部;孙昕光,《山东师范大学学报(人文社会科学版)》编辑部。

一、引文在学术论文规范中的必要性

学术论文是否可以没有引文？目前,学界对此并没有明确的认识。一般而言,学术论文通常都有引文,但也有些学者撰写的学术论文中的确没有引文,这就说明在有些学者的心目中,引文是可有可无的,甚至说是不必要的。在他们看来,所谓的学术论文,就是对自己在学术研究中的见解的阐释,至于其他人是怎样论述的,自己与其他人的论述有什么不同,则是可以毫不顾及的。更有甚者,有些学者还把自己所撰写的学术论文没有使用引文当作一件值得炫耀的事情,认为没用引文,正说明了自己的前沿性、独创性,是自成一家的表现。因此,在这些论文中,作者径直地阐释自己的观点,并不顾及前人说了什么,同辈说了什么。我们认为,这样一种径直阐释自我观点的论文,严格讲来,还谈不上是真正意义的学术研究。因为,作为真正意义的学术论文,就其外在形式而言,引文是一种必不可少的规范。

从科学研究的历史来看,任何学术研究都是建立在前人研究的基础上的。离开了对前人研究成果的吸收和转化,离开了对前人研究成果的传承和提升,那人类自身的文化创新就会成为无源之水、无本之木。从这个意义上说,任何一篇学术研究性的论文,都应该是带有创新性的论文。而所谓创新,就是要对接既有的学术研究成果,站在"巨人的肩膀上",完成学术上新的突破。正是基于这一点,在国外的自然科学研究中,学者们极其重视论文被引用的情况——被引用的数据高,就意味着自己的科学研究占据了前沿位置,成为同时代的科学家进一步提升这一研究的一个重要依托。也正因为如此,西方学术界在衡量一个科学研究成果时,便非常重视该成果被引用的频次与层次,并由此建构起了具有西方特色的期刊评价体系,随着中国的自然科学研究被纳入到世界科学研究的体系,中国的自然科学研究领域基本上也接受了西方这套评价体系,各高校在评估其自然科学研究成果时,都把《自然》《科学》等西方重要的学术期刊视作顶尖级的期刊,在科研成果的评奖和奖励上予以重奖。

如果说在自然科学研究中,中国的学术界已经融入西方业已成型的学术评价体系的话,那么,在社会科学研究领域,中国学术界的这种融入还无法和自然科学研究相提并论。这固然与中西方的社会科学研究在文化传统方面的不同有直接的关联,与社会科学研究所操持的话语体系和西方难以对接有密切联系,但也由此导致社会科学研究领域中,西方所特别重视的传承代际关系的引文,在中国学者看来似乎并不是特别需要关注的问题。应该承认,任何一个国家和民族的文化都有其截然不同的特点,引文尽管就其本身来看是一件小事,但就其核心而言,实际上是与国家和民族的文化传统紧密联系在一起的大问题。换言之,在如何对待引文的背后,隐含着不同的国家和民族的文化传统。

从中国现代学术规范的确立到现在,中国学术已经走过了百年的历程,但中国学术界并没有在这百年里建立起一个大家共同遵循的规则。如果说在新中国成立前,国家大部分时间处于动荡之中,没能建立起一个学术规范还可以理解的话,那么在新中国成立后,学术界起码应该建立起大家共同遵循的基本规范。但遗憾的是,中国学术界不仅没有建立一个可以遵循的规范,而且在"文革"时期堪称混乱。到了新时期,伴随着科学春天的到来,学术规范的春天依然很遥远。直至新世纪后,这样的一种学术规范才开始得到学界的重视,学术界才初步确立了在"学术共同体"内共同遵循的规范。为了更好地说明这一问题,这里不妨以几本学术期刊为例来看其引文的沿革。在 1957 年创刊的《文学研究》(后来改为《文学评论》)中,首篇是蔡仪的《论现实主义问题》,该文采用的是页下注,作者在引用恩格斯给考茨基的信时,首次出现的注释是:"'马克思、恩格斯、列宁、斯大林论文艺'三一页。"①在 1959 年的《山东师范学院学报》刊发的田仲济撰写的一篇论文中,则采用了文末注,其所引用的匡亚明评论郁达夫的话,在文末这样注释:"匡亚明:'郁达夫印象记'。"②这说明,在 20 世纪 50 年代,不管是权威如中国科学院文学研究编辑委员会编辑出版的《文学研究》,还是普通如山东师范学院编辑出版的《山东师范学院学报》,均没有一个可以共同遵循的引文规范。

与国内学者这种引文上的不规范性相比较,在西方学者那里,他们不仅仅是将引文当作自己文章的一种注脚,而且将引文纳入到自己的学术传承链条中。这样一种链条,使引文就具有了承上启下的作用,这是自己的论点得以展开的前提,也是自己的论点得以深化的基点。举例来说,西方学者的论文开篇

---

① 蔡仪:《论现实主义问题》,《文学研究》1957 年第 1 期。
② 田仲济:《郁达夫的创作道路》,《山东师范学院学报(现代文学版)》1959 年第 3 期。

部分,大都是对本研究领域的学术研究前沿成果的汇总,这甚至已经演化为一种根深蒂固的论文写作范式。但在中国却还没有这样一种基本范式,很多学者往往是想到哪里就写到哪里,从而使其论文成为一种散射型的结构形态。

当然,在西方也有例外,比如,康德的一些著作中就没有多少引文。怎样看待这种情况呢?这既与康德哲学的特殊规律有关,又与康德注重自我的哲学体系的建构有关——也就是说,康德更注重建构一个自我独立的哲学王国。实际上,康德在建构这个哲学王国时,并没有闭门造车,而是在广泛涉猎大量的前沿哲学问题的基础上,才逐步完成了他的庞大理论体系的创造过程。从这样的意义上来看,康德作为一个个案,并不意味着西方就否定了对前人研究成果的关注。

为什么在中西学者之间,对引文的重视程度会出现如此大的差异呢?这恐怕与中西学者对学术的态度差异有极大的关联。中国学者接受的学术传统,往往注重代天地立言,为黎民请命。这样的一种思维模式,就使中国学者特别注重自己所说的话,而不很看重别人所说的话,似乎只有自己所说的话才有学术价值;如果注重引文,就会因此而削弱自我话语的中心地位,从而遮蔽了自我话语存在的价值。正因为出于这样一种自我言说的需要,致使后人根据自我体验所获得的认识,在用学术话语进行呈现时,往往会出现一种重复的现象,即对前人的话语重复。当然,对前人话语的重复,是基于对前人体验的重复,毕竟作为置身于相似的生活和社会中的个体,对人生和社会的体验往往都具有某种相似性。尤其是在传统的社会形态中,缘于社会进化的节奏的缓慢,相似的生活往往会上百年乃至上千年地重复着。由此一来,后人基于前人基点上的创新是绝难完成提升的,自然也就更谈不上飞跃了。从某种意义上讲,在中国文化的传承链条中,除了被奉为经典的"四书五经",其余所有大儒对前人的阐释,几乎都可以被后人置之不理,因为他们径直对接到原典那里,便可获得自我体验、自我提升,而无须再传承前辈层层累积起来的知识。更有甚者,由于中国传统文化更注重个体的自我独到体验,它是一种指向自我心灵世界的学问,因此,后人便没有必要特别关注前人代际累积的成果,而只需关注自我的心灵世界即可。其实,这样的一种指向自我心灵世界的学问,正是儒家那种"内圣外王"范式的必然结果。

与此相反,西方的知识,尤其是近代以来西方的知识,已经实现了从自然科

293

学到人文精神的全面飞跃。这样，从物质生活的层面来看，他们已经不再是基于既有的传统社会的节奏，取而代之的是一种迅疾变化发展了的社会。在新的社会形态下，他们对社会的认知自然就有别于前人，他们由此而获得的自我体验自然也就有别于前人，由此而来的，自然就是学术的代际传承和代际积累。至于自然科学，更是如此。正如所有的科学发明一样，当瓦特发明出蒸汽机之后，后人所要解决的课题就是如何更好地推进蒸汽机的发展，无须再有一个瓦特从头开始重新发明蒸汽机。从科学的角度来看，发明一旦完成，尤其是这样的发明得到了有效传播之后，随之而来的新问题，便不是如何再次发明同一种东西，而是如何使这种发明更趋于完善乃至高效。自然科学这个代际传承的特点，便决定了任何新的科学理论、任何新的科学发明都无法离开对既有科学研究成果的全面把握。要把握好既有的科学成果，便必然地要求对既有的科学研究成果能够准确把握。具体到引文来说，则表现为一丝不苟的学术态度——引文中的任何一点误差，都可能导致此后的研究走弯路，乃至误入歧途。

中国在学术研究中不重视引文的作用，客观来说，并没有从根本上动摇既有的学术研究。这是因为所有研究与前人研究的对接往往是可有可无的。换言之，引文在学术论文中，已经不再是思维展开的基点，而是被外在地置换进来，或是为了符合学术规范而不得不强加进来的。这样一来，引文便不是被自然而然地镶嵌到论文中，成为论文的思维得以展开的不可或缺的一环，而是镶嵌到论文中，使得论文更像学术论文的样子。这样的点缀，既是可有可无的，也是无足轻重的。因此，从根本上说，引文的问题并不是一个单纯的形式问题，而是一个深层思维的问题。如果不从根本上解决学术的创新性和继承性的关系，而一味地满足于自说自话，引文便不可能成为学术研究中不可或缺的一环，而只能异化为一种外在的装饰品。

二、引文偏差的内在机理

在学术期刊的编辑实践中，我们发现，学术论文中的引文错误比比皆是，甚至达到了有引必错的程度。为什么会这样呢？关键是要弄清产生这些引文错误的内在机理。

其一,中国传统社会是以小农经济为主导的,它对精密的要求本身就不是很高,这导致"差不多"被视同为"合格"要求,从而使引文的准确性规范没有在文化传统上获得足够的支撑。其实,像"差不多""八九不离十""相差无几"的认知,在中国进入现代社会之初,就遭到了鲁迅、胡适等现代作家认真的批判。遗憾的是这种文化传统根深蒂固,"差不多"便成为一些学者潜意识的认知方式。

如果说在传统社会中,"差不多"的存在还具有某些现实合理性的话,那么,随着现代社会的到来,"差不多"应该无法满足社会的基本要求。在现代社会中,就人们认知的精密度来说,认知方式已经不再是停留于眼睛的目测上,认知行为已经不再是凭借感觉,而是依托现代高科技的精密仪器,打开了一个全新的微观世界,其所关照的对象,也随之有了更为微小的原子、粒子。除了传统社会中所说的毫厘以外,还有比毫厘更为微小的单位。从这样的意义出发,别说"差不多"已经失却了存在的现实合理性,即便是"差一点"也失却现实存在的合理性。

在传统社会向现代社会转型的过程中,与之相伴随的认知方式和思维方式首先从自然科学研究上获得了全面实施,但在人文社会科学领域,其认知方式以及思维方式却尚未获得有效的支撑和实施。这样就使得一些学者在撰写学术性论文,尤其是使用引文时,不能高度重视引文的准确性,往往满足于"差不多"。一些学者在抄录引文时,大体上理顺一遍即可,觉得引用后的引文从意思上能够讲得过去,便不再进行更为准确的校对,至于其中的一些标点符号,则更是无所谓。正是基于这样的认识,许多引文出现错误便成为无法避免的事情了。

其二,许多学者在对待引文的问题上,因其引文价值观念的偏差,致使引文被价值边缘化,而所谓的自我表达则被置于更高的位置上。由于"立德、立言、立功"这种传统的"三立"价值观念的影响,一些学者往往满足于自我思想的表达,以达到通过立言而"为天地立心、为生民立命、为往圣继绝学"的目的,以期由此成为彪炳历史巨人文化。正是基于这样的一种价值观念,许多学者不去重视别人在"说什么",即便使用了别人所说,也不重视别人是怎样说的,这就导致在使用引文时,不重视引文的精确度,而将其精力更多地放在自我的言说上。在他们那里,往往重视的是阐释和表达自己的学术见解,这样就形成了一种学术见解的崇拜，以至于许多学者都注重在众声喧哗的场景中，侧重发出自己的独到声音，进而达到"不鸣则已，一鸣惊人"的目的。正是基于这样的一种思维定势，许多学者往往挖空心思地去标示出自我的独特性。而要标示出自我的独特性，就需要和其他人不一样；要做到和其他人不一样，就需要和别人所说的话不一样。如果有学者对于一个命题是正的，那后来者要想否定这个命题，就努力从反的方面来切入。这样一种二律背反的命题思维形式，就使一些学者没有从创新上下功夫，而是注重顺承既有的思维模式，从反的命题形式上反其道而行之。严格说来，这样的一种思维模式，其实是典型的矮子思维模式，正所谓"矮人看戏何曾见，只是随人话短长"。而这里的随人话短长，仅仅是从反的命题上话短长，而无法做到"跳出三界外，不在五行中"，即独辟蹊径，完成一种学术上的创新。实际上，在学术发展史上，许多真正具有创新性的学术见解，并不是顺承前人既有的思维模式进行思维，而是从新的基点上进行超越性的思辨。

除了以上所说的那种从反的命题坐标上进行所谓的创新之外，还有一种是典型的自说自话的所谓学术创新。所谓的自说自话，其情形甚至还不及上面所提及的模式。上面所提及的情形，还是基于对学术研究现状把握的基础上，其不足的方面仅仅在于没有把创新的思辨能力顺承科学的规定前行；而后者则不然，其罔顾学术研究的现状及其未来的发展方向，一味地闭门造车，通过所谓的冥思苦想，在豁然开朗后获得了所谓的创新性观点。然而，这所谓的学术创新正是自说自话。其所谓的学术创新性观点实际上已经被前人论述过了。

其三，学术研究本身的异化，致使学术研究成为某种功利性诉求的工具，这自然也就导致引文被置于边缘化的位置。有些人把学术研究当作自我获得某种利益的手段，当作自我功利性诉求的一种实现桥梁。这样一来，所谓的科学研究本身，且不说其引文是否精确已不重要，就其自我的言说是否有益于人，也已无足轻重。这自然就把学术研究异化了。在此基点上展开的引文是否准确，就更不是其所关注的对象了。

在学术研究异化的当下，学术论文本来应该成为学术研究所获得的结果，但是，缘于学术研究被附加上诸多的功利性诉求，致使两者的关系被倒置，学术论文并不是基于学术研究的自然之果，而是一种功利诉求基点上的必然之果。这样就必然导致学术研究被置于一边，而将学术论文的写作当作一种目的。如此本末倒置所生产出来的学术论文，其引文自然成为学术论文外在范式的点缀品,而不再是学术论文无法分离的有机组成部分。

在学术研究的异化表象中,体现学术研究成果的论文,已经被异化为职称性论文、学位性论文、任职考核性论文等。这些论文就其基本的功能而言,主要是满足其功利性目的,而不是以求真为目的,自然也就谈不上什么学术了,至于引文是否准确,更没有任何价值和意义可说。笔者曾接触到一作者对李泽厚《孔子再评价》的引文,其中便出现了不少问题。客观地说,《孔子再评价》刊发于《中国社会科学》1980 年第 2 期,是李泽厚早期代表性的学术论文,中国知网收录了该文,李泽厚的《中国古代思想史论》一书中也收录了该文,如果稍微用心,是不难找到的。但是,就是这样一段很容易查找的引文,该作者却是这样引用的:"由孔子创立的这一套文化思想,已无孔不入地渗透在人们的观念、行为、习俗、信仰、思维方式、情感状态……之中,自觉或不自觉地成为人们处理各种事物、关系和生活的指导原则和基本方针,亦即构成了这个民族的某种共同的心理状态和性格特征。值得重视的是,它的思想理论已转化为一种文化—心理结构。不管你喜欢或不喜欢,这已经是一种历史和现实的存在。"单纯从这段引文来看,本身可以讲得通,似乎也没有大的毛病。但比照李泽厚的原文,便会发现其中的错误几乎到了令人难以接受的程度。原文是:"由孔子创立的这一套文化思想,在长久的中国奴隶制和封建制的社会中,已无孔不入地渗透在人们的观念、行为、习俗、信仰、思维方式、情感状态……之中,自觉或不自觉地成为人们处理各种事务、关系和生活的指导原则和基本方针,亦即构成了这个民族的某种共同的心理状态和性格特征。值得重视的是,它由思想理论已积淀和转化为一种文化—心理结构。不管你喜欢或不喜欢,这已经是一种历史的和现实的存在。"①为什么这么简单的引文,却会出现如此多的错误呢? 为此,笔者"百度"了一下,发现有北京大学知名学者陈来的文章,曾经引用了该段引文:"'由孔子创立的这一套文化思想,已无孔不入地渗透在人们的观念、行为、习俗、信仰、思维方式、情感状态……之中,自觉或不自觉地成为人们处理各种事务、关系和生活的指导原则和基本方针,亦即构成了这个民族的某种共同的心理状态和性格特征。值得重视的是,它的思想理论已转化为一种文化—心理结构,不管你喜欢或不喜欢,这已经是一种历史和现实的存在。'(《中国古代思想史

---

① 李泽厚:《中国古代思想史论》,人民出版社 1985 年版,第 34 页。

论》,人民出版社一九八五年版,34 页)"①显然,陈来在引用该文时因为不慎出现了许多错误,有句子的遗漏、字词的遗漏以及版本的错误。这段带有错误的引文有可能被上面所提及的那位作者直接"借用"了过来。也许,"借用"得不够严谨,在陈来引文的基础上,往前再走了一步,把其中的"事务"错写成了"事物"。所谓的"以讹传讹"的现象,便有了如此实实在在的例子。这样的引文错误之所以会出现,从作者的论文写作目的来看,恐怕是基于一种功利性。正是有了这样的功利性,论文在刊发后实现其目的即可,至于引文的正误便被置之脑后了。

在引文异化的现象中,还有一种情形也是出现引文错误的重要原因,那就是受诸多评价指标体系的干扰,不管是否需要,便硬性地进行对接,致使许多引文已经变味,走上了学术的不归路。从期刊的评估体系来看,有些期刊缘于南京大学中文社会科学引文索引 CSSCI 注重考查论文的引文,于是就拼命将一些引文塞到了论文中,这种情形甚至到了无以复加的程度;从奖项的评估体系来看,有些作者缘于评奖也拼命地把一些无关宏旨的引文,硬塞进了自己的论文中。如此一来,便使得许多期刊和作者为了使期刊或论文获得更高的影响因子,一味地在引文上下功夫。在此目的的驱使下,因为其所重视的仅仅是引文这种形式,而不是引文的内容,其引文出现错误便是自然而然的事了。更有甚者,有的作者为了避免自己的论文在学术不端文献检测系统检测时查重率过高,竟人为地对引文文字进行改写;有的作者为了避免自己的论文对前人学术观点的借鉴,有意识地不使用引文,而是改成自己的话来表达相似的观点。这些有悖学术基本规范的极不严谨的治学态度,尤其值得警惕。

其四,由于受引用者的自我思维定势乃至心理结构的整合作用,引文从客观的存在转化为主观的认知,即引用者在接受之初,便已经把客观的话语整合到了自我的认知体系中,从而直接地改写了其引文的内容。因而,引文便难免会出现这样或那样的偏差。从认知的理论来看,引用者在引文之前,其大脑并不是一块白板,而是已经建构起了认知客观世界的思维定势。这样一种思维定势,就使人在摄取客观对象时,更容易接纳那些已经和自己的思维具有某种对接的内容,并由此纳入到自己的思维方式之中,这就使人的认知和接受,在没有

---

① 陈来:《孔子与当代中国》,《读书》2007 年第 11 期。

展开之前,本身就已经建构了一个认知外在对象的范式。基于这样的一种认知范式,作者在获得信息后,就会"想当然"地改变客观对象既有本真面貌,由此出现某些偏差。如笔者对《国文月刊》的目录进行辑校时,便把"夏丏尊"误打成了"夏丐尊"。[①] 追根溯源,因为这一错误在第一次出现时,没有给予高度重视并进行再三的核对,在出炉之后,以后的所谓校对自然就变成了"走过场"。与此相对应,当这样的一种错误随着引用者不断地自我强化之后,又逐渐进一步地巩固了这种认同,即由当初还显得有些不够踏实的感觉逐渐地建构为一种无可置疑的感觉。在此情形下,如果再让作者自己来校对文稿引用上的错误,便是不现实的事情了。

另外,眼睛的存储和记忆的递减问题。根据生理学的规则,人的眼睛在摄取对象时,有一个在大脑中存储和记忆的过程,一般来说,这个过程本身是复杂的,人在摄取对象后,在存储和记忆时,总是有一个记忆上的错漏过程。从引文的实现过程来看,第一个程序是作者先通过眼睛,获取所需要加以引用的引文的信息,然后存储在大脑中,从眼睛获取信息到存储信息,本身便有一个信息损减或者增益的过程;第二个程序就是作者在获取和存储了信息后,再进行外化的过程,从大脑存储到外化,本身又有一个信息的损减和增益的过程;第三个程序就是核对的过程,由于在核对的过程中,引用者依然存在着一个从获取信息到核对信息的过程,这个过程又难免会出现损减和增益信息,致使一次核对难以真正地做到精密准确。在引文的核对中,从其引用的过程来看,受制于眼睛阅读和传递中的"能量"递减,致使引用的过程难免在信息传递中出现遗漏。一旦作者在第二次核对中没有发现问题,就会从思想上认定,引文不会再出现什么问题,基于这样的一种认知,就难以再次核对其准确与否,从而使引用者不再怀疑其会存在偏差之处。

三、如何规避引文错误

引文在学术论文中既然占有如此重要的地位,又极易出现错误,那么,怎样

---

① 李宗刚:《〈国文月刊〉(1940—1949)目录辑校》,《山东师范大学学报(人文社会科学版)》2013年第4期。

才能规避引文的错误,使得引文能够更好地遵循学术规范呢?

其一,在理念上要树立科学求真的精神。对于学术研究的目的,许多卓有成就的学者都有过阐释,如有些人把学术研究视作求真,有些人把学术研究的目的视为自己对人类贡献聪明才智,由此找寻到实现自我价值的途径。实际上,从学术态度的角度来看,对引文的关注和重视意味着学者严谨科学的好学态度。学者许志英对学术论文中的引文就非常重视,正如其学生在回忆中所说的那样:"他审读一篇论文,先不急着阅读论文内容,而是翻到论文的最后一页,核对几条引文注释,看看是不是准确。如引文与原文出入较大,错误较多,先生总是要毫不留情地将论文退回。……先生对自己的书稿的引文注释也从不敢大意,总是找来原文反复核对无误才放心。"①可见引文在许志英那里,已经上升到了治学态度这一高度,成为衡量一个学者如何对待科学研究的"大是大非"问题了。

严格讲来,科学不能有侥幸心理,更来不得半点马虎。一丝不苟、精益求精的科学严谨的态度,是一个学者从事科学研究应该具备的最起码的基本素养。在自然科学之中,如果"差之毫厘",在实践中便会"谬以千里",也就是说,自然科学是可以"验证"的。而人文社会科学则不然,在引文中出现一些错误,既不会立刻得到"验证",也不会立刻导致"谬以千里"的结果,这就使得从事人文社会科学研究的学者,难以体验到从事自然科学研究者因为"验证"而来的焦虑感和神圣感。因此,作为从事人文社会科学的学者,要像从事自然科学研究的学者那样,在心中确立起一个不可撼动的信念:客观事实无论怎样,都应以其本真的面貌来呈现。任何点滴的改动,都违背科学的原则。其实,根据自己的意愿任意地切割客观现实,在科学信念并没有被推崇到无以复加的中国学者那里,从文化心理结构上便没有把科学的求真原则置于至高无上的地位。在20世纪初,鲁迅留学于日本学习解剖学时,便出现过这样的偏差。对此,鲁迅这样回忆藤野先生对他的婉转批评:"你看,你将这条血管移了一点位置了……实物是那么样的,我们没法改换它。"②藤野先生用科学的求真原则纠正了鲁迅既有文化

---

① 沈卫威、王爱松、翟业军编:《往事与哀思——怀念许志英教授》,凤凰出版社2008年版,第136页。

② 鲁迅:《藤野先生》,《鲁迅全集》第2卷,人民文学出版社1981年版,第304页。

观念中的主观性成分，这对鲁迅后来走上秉承写真实社会人生的文学理念，具有极其重要的作用。其实，通过鲁迅在事过20多年对此事还有着深刻的记忆来看，藤野先生手把手教给他的科学求真原则，已经转化为他从事文学创作时所秉承的基本原则。如此说来，具体到对从事人文社会科学研究的学者来说，对引文的科学求真的原则，便超越了具体的事实本身，而具有了更为宏大和久远的文化意义。

其二，在版本上要注重使用原始版本，切忌道听途说或借用他人的引用，真正地做到不见"真经"不引用。在急功近利的当下，学术浮躁风气日盛，大学排名要看论文。学者晋级要看论文，工资奖金也看论文。在这种功利的诱惑乃至驱使下，学者已经没有了真正的学者那种"坐冷板凳"的心境，更没有那种甘愿忍受"十年苦"的志向，学术正在演绎为一块"敲门砖"，不管这"砖"到底是由什么烧制而成的，只要能够"敲开"功利之门便是一块"好砖"。在此情形下，人们对原始的版本就不再特别重视，而是把别人引用的内容抄录下来，且不说部分学者在抄录的过程中可能会"散失"多少内容，单就他人的引用本身是否准确来说，也是需要质疑的。至于有些学者仅仅满足于抄录了别人的引文而没有阅读原始版本，更没有将其所引用的内容放到具体的语境下加以确认，由此出现某些偏差，更是无法避免的。因此，从事学术研究，尤其是要对前人的原始文献或者前人的研究成果加以引用时，必须要回到原点上去，这样方能从根本上杜绝陷入那种"矮人看戏何曾见，只是随人话短长"的尴尬局面。

其三，从方法论上看，要采用读校法和互校法。从事学术研究，方法是很重要的。从引文出现的错误来看，"丢三落四"的原因往往就在于有些学者"搬运"资料时方法不对路，致使在"搬运"过程中没有做到"全覆盖"，最终导致某些内容成为"被遗忘的角落"。那么，要想实现"全覆盖"，最佳的方法就是读校法。所谓读校法，就是一个读，一个校。读者逐字逐句，包括其中的标点，都要"一板一眼"地读出来；然后，校者再用笔"一字一顿"地过滤一遍。其中出现多音字、人名等容易混淆的字符，要停顿下来，再进行认真的核对。如果无法做到一人读一人校，可先用录音把原始版本的内容录下来，然后再回头来进行校对。这种方法尽管烦琐了一些，但校对出来的引文一般都能达到很高的准确率。至于互校法，在学界已经为大多数学者所推崇，成为人们常用的一种校对方法。互校法的优势在于，把自己的文稿请学界同人帮助校对，可以有效地规避思维定势对错误的熟视无睹。这种方法,实际上是把引文核对代入到不同的思维定势之中加以筛选,由此最终把那些既有悖常理、又背离原始版本的错误引文校正过来。

其四,从认知上看,要秉承未经确证前的审慎怀疑态度。思维定势致使引文出现某些偏差,就其根本来说,还是根源于对其引文过分的自信。这里所谓自信,就其本质而言就是过分相信自己的引文不会出错。正因为相信不会出错,自然也就不会再去怀疑引文存在什么偏差了。思维定势导致的引文偏差,说到底,还是一个科学态度的问题。在科学面前,应该老老实实,而不能心存侥幸。如果对待引文能够上升到科学的高度,那么,思维定势就不会再用自己的思维来整合对象,而是改成用客观对象来整合自己的思维。换言之,不是客观事物要迎合或俯就自己的思维,而是自己的思维要符合客观事物本身。因此,面对在学术论文中出现的引文,不能先入为主地自认为没有错误,而是要以怀疑的态度,认为自己的引文肯定会有错误,然后再用排除法来排除其中的每一个疑点,从而确保引文真正能够经得起客观现实的再三检验。

总的来说,引文作为学术规范应该遵循。但是,引文不仅因为学术规范而获得了存在的价值,而且还作为一种学术态度得到了特别的凸显。毕竟,作为引文,是否正确,不仅仅是一个理论问题,更是一个实践问题。也就是说,引文的规范性问题,仅从理论上认识是不够的,只有落实到具体的实践中去,才能真正有效地避免引文中相关错误的产生。

原刊于《河南大学学报》2015 年第 6 期

学术评价和学术期刊评价若干问题之我见

陈 颖[*]

在中国学术发展史上,从未有过哪个时期像今天这样重视学术评价及其相关联的学术期刊评价。人们无不把它视为一项事关众多单位生存发展和个人前途命运的大事。其缘由概因在当今中国,纯粹从个人爱好出发不计功利目的进行学术研究的人已基本绝迹,绝大多数与学术沾边的所谓专家学者和学界官员几无例外都要受到现行休制机制的制约。细言之,一个学者或学术型官员要拥有崇高的社会地位、享有优厚的生活待遇、在学界能够呼风唤雨,或者一个以学术谋生存的普通学人要衣食无忧,都需要一个基本的立足点和体现自身价值的标准,这一立身行事之本就是所谓的学术水平。那么,一个人的所谓学术水平又是如何判断的呢? 体制已经作了详细设定,不外乎是你承担了多少项所谓国家级、省部级课题,有多少发明专利,获得哪些重要奖项,出版了多少学术专著,在所谓权威或核心期刊发表了多少篇学术论文,等等。至于为学人服务的学术期刊更是几无例外全部为体制内的刊物,并且依据所谓的影响因子等量化指标,被划分为核心期刊和非核心期刊等类别。总之,林林总总,无论是学者还是刊物,都需要细化为各种指标被量化考核,然后被分为三六九等区别对待。可千万别小瞧了这一量化考核,当下学界对学术评价和期刊评价之所以如此重视,又多有诟病,归根到底都是这量化考核闹腾的。

因此,笔者和学界、学术期刊界许多同仁一样都在思考和关注这样一些问题:学术评价和学术期刊评价一定需要量化吗? 谁才是评价的主体? 评价的实质标准是什么? 评价的最终目的又是为了什么? 本文试图思考这些问题,以就

---

* 陈颖,《福建师范大学学报(哲学社会科学版)》编辑部。

教于方家。

一、学术和学术期刊量化评价质疑

首先需要厘清"学术"和"科学技术"这两个概念的联系和区别。"'学术'一词,在中国古代曾泛指治国之术、教化、主张、学问、学识、学风、法术等等,基本属于形而上的观念意识的范畴。"①"科学"一词是英文 Science 翻译过来的外来名词,"技术"一词的希腊文词根是 Tech,原意是指个人的技能或技艺。今天我们所说的"'科学'指研究自然现象及其规律的自然科学;'技术'则泛指根据自然科学原理生产实践经验,为某一实际目的而协同组成的各种工具、设备、技术和工艺体系,但不包括与社会科学相应的技术内容"②。可见,学术和科学技术这两个概念是有着内涵和外延的明显区别的,前者主要指向观念意识范畴,后者主要指自然界的发展规律及物质样态。但在现实生活中已经没有多少人去认真探究这两个概念之间的重要差别,而是有意无意用所谓"科研"这个大而化之的概念把"学术研究"和"科学技术研究"混为一谈。如果人们仅仅限于概念理解上的含糊而不施之于其他则罢了,但严峻的现实是,最近 30 多年,在我国的教育、文化、科技等领域,管理者不问青红皂白,用同一尺度、同一标准去评判"学术研究"和"科学技术研究"成果,即采用量化的标准对属于不同学科领域的科研成果进行几无差异化的考核。众所周知,在自然科学研究领域,采用精确的量化方法评判某项研究成果的水平,可以说是世界通行的规则,有其一定的科学性和现实可行性。但是对于人文社会科学研究,也采用量化的方法对其优劣高低进行评判就显得有些荒谬,个中道理其实十分简单:一个人文学者毕其一生也许只是论证或创立了一个学说,但它对于社会发展和人类文明的贡献可能是划时代的。此类范例古今中外不胜枚举,孔子创立儒家学说、马克思、恩格斯发展无产阶级革命理论,他们的伟大思想能够量化吗? 即便是自然科学领域的伟大发现也不是都可以量化评判的,哥白尼的"日心说"、爱因斯坦的

① 陈颖:《编辑部体制的终结与"后学报时代"的来临?》,《清华大学学报(哲学社会科学版)》2012 年第 5 期。

② 见 360 百科"科学技术"释义,http://baike.so.com/doc/5369116.html。

"相对论"等伟大科学发现如何量化？可是，在一个号称尊重科学、倡导实事求是精神的国度里，却长期让那种不符合科学精神、不实事求是的量化考核法上下通行，畅行无阻，无数的学人为急功近利完成量化考核指标，匆匆忙忙，粗制滥造，乃至不顾道德廉耻，抄袭剽窃，遗下数不清的"学术垃圾"，不仅扼杀了人们的创造精神，污染了社会风气，而且浪费了国家的宝贵财富。

与学术评价不问"人文科学"和"自然科学"一把抓、一刀切密切关联，学术期刊评价采用量化指标也已通行了 20 多年，人们对此虽有各种疑问，但由于它方便人事管理部门职称评审、科研评奖、学位评定等考核工作，便也大行其道，让人难以割舍了。中国是一个期刊大国，上万种期刊门类各异，期刊的类别不同，评价的标准自然差异巨大，这是不言而喻的。如果我们简便地把所有期刊用学术和非学术界限加以区别，则显而易见，非学术期刊的水平质量很大程度是靠大众读者说话，读者喜欢，订阅数多、发行量大，基本可以说明这是一家有质量的期刊，而学术期刊的质量却是靠特定读者群和作者群说话的，由于学术期刊的作者与读者通常是合二为一的，因此，当一家学术期刊成为特定读者和作者群开展学术研究的案头必备时，就可以基本断定这是一家有质量的学术期刊。那么，如何知道一家学术期刊有多少读者群呢？于是，便有图书情报单位采用核心期刊的原理，用文章的被引频次、下载量等指标来评判刊物的水平质量。从表面看，这种所谓"影响因子"量化指标似乎能够说明一定的问题，但如果我们进一步把社会科学和自然科学两类期刊细加区别，则很容易发现这种量化标准其实是更适合于自然科学期刊，而对人文社科期刊就不那么合适。这与自然科学和人文社会科学各自的研究对象、方法有关。我们知道，自然科学研究采用的基本方法是实验研究法，其研究结论、数据都是十分精确的，所采用的方法是否借鉴前人和他人也是比较明确的，而人文社会科学（除了跨学科的心理学等少数学科外）的研究过程、方法、结论经常是难以精确量化的，所谓在前人基础上的创新也通常是一种潜移默化长期积累的过程，有时很难精确说明是哪些具体观点、哪篇文章影响了自己。因此，采用影响因子等量化指标来评判人文社会科学研究成果水平并不总是那么理直气壮（其中原理下文详述）。更令人忧心的是，在量化评价的潜移默化影响下，我国的人文社会科学学术论文近年呈现了新的八股，一种被迫向自然科学研究论文看齐的格式化论文正在成为我国人文社会科学研究的新的范式，犹如旧八股文的起（研究缘起）—承

（文献综述）—转（阐述所谓创新观点）—合（归纳总结），而论文形式的标准化则更加严重，摘要、关键词、注释、参考文献缺一不可，加之行政部门的强力介入，借助期刊年检等手段对期刊的形式标准进行审查，于是各种门类的学术期刊从封面到目录、正文，均遵循了统一的规范，整齐划一，毫无个性。这必定对我国人文社会科学研究及其成果的丰富多样产生一定的抑制作用。这里，笔者无意完全否定目前的核心期刊、来源期刊等期刊评价方法的暂时可行性，而是对此种量化评价法的科学性严密性提出质疑，并希望探索一种更加科学合理的学术期刊评价方法。

二、谁是评价主体

学术评价和学术期刊评价由于关涉许多人的切身利益，因此，谁主导或掌控了评价权，谁就能左右当今中国的学术导向乃至学术研究的局面。如果说，当下我国学术评价制度的主导权是牢牢掌握在行政管理者手中的，那么，学术期刊评价的话语权则基本被若干半官方半民间①的期刊评价机构所掌控。也就是说，学术期刊的评价主体是机构，而不是个人（读者或作者），评价的对象也是机构（期刊）而非个人，这似乎有悖阅读与接受的传播学的基本原理。按照拉斯韦尔讯息传播的"5W 模式"理论，在传者、讯息、渠道、受者、效果五个传播要素（5W）中，期刊是其中的渠道角色，评价机构似乎充当了效果的反馈角色，但反馈是要针对传者（即文章作者）的，可是当下评价机构的反馈却是冲向渠道（即期刊）的。简言之，论文的优劣体现的是作者的学术水平，与刊登论文的期刊又有什么关系呢？然而，评价机构现今所采用的评价方法及其客观效果正是以期刊的优劣代替论文的水平。当然，我不否认机构作为评价的主体在中国的现实国情下有其存在的阶段合理性，因为，受众是分散的个体，需要有机构来集合各个受众的评价意见，从而代表受众的评价，这就需要评价机构制定科学合理的评价标准，从而能够真实反映期刊及其作者的情况。许多评价机构都信誓旦旦，声言其评价仅是针对期刊，不能作为学术论文评价的标准。北京大学

---

① 目前开展学术期刊评价的若干机构大多归属于公办高等院校或科研单位，从这个意义上说他们具有官方色彩，但其所开展的评价工作并非行政行为，因此又带有一定的民间性。

《中文核心期刊要目总览》在其研究报告中多次申明："核心期刊是一个相对的概念，是根据某学科论文的信息和使用情况在期刊中的分布状况，来揭示一定时期内某学科期刊的发展概貌，为图书情报界、出版界等需要对期刊进行评价的用户提供参考，不具备全面评价期刊优劣的作用，不能作为衡量期刊质量的标准，更不能作为学术评价的标准。"[①]中国社科院《中国人文社会科学核心期刊要览》也在其研制报告中说明"核心期刊的评选活动与期刊的评优、评奖活动有所不同：前者重视期刊的学术影响力和期刊的优化使用，注意按学科和研究领域评选和使用期刊；后者注重鼓励和提高期刊的整体水平，推动期刊的全面提高，它可以分级或分类按地区、按部门展开评选"[②]。但同时又都说明它们的评价是通过数据和专家评价的结合，是科学合理的，言下之意它们的评价未尝不能代表读者对期刊质量的评价。学术期刊是论文的载体，离开了论文的质量，就没有期刊的质量，事实上，当下所谓的期刊评价也主要是对论文的评价。既然如此，那么评价机构的评价指标就必须能够周延所有学术期刊和学术论文，而这事实上是做不到的，这就有可能存在好刊物混进了孬论文，或者是好论文刊在了孬期刊上。因此，只有针对单篇论文的评价才是正当合理和科学的评价，而对期刊的评价是不应该存在的。可是，机构事实上已经成为评价的唯一主体，而读者的评价作用则被基本忽略，且机构对期刊的评价几乎完全替代了对论文的评价。我们看到，现今无论高等学校，还是科研机构，评价教师科研人员的学术水平就是看他的学术研究成果是不是发表在所谓权威期刊或核心期刊上，而所谓的权威期刊或核心期刊是谁来定的，就是评价机构，也就是说评价机构表面评价的是学术期刊，实质评判的是论文的学术水平。换言之，评价机构是期刊连同论文乃至作者通吃，不但期刊的前途，而且论文作者的命运都掌握在他们手上。至于读者个体，无论你是学术权威，还是普通学子，对学术期刊及其论文的质量评判都被机构的评判所遮蔽，特别是当论文的发表与作者的学术利益相关联时更是如此，一个作者能不能晋升某种学术职务首先看论文发表在什么刊物上，即便作者认为自己论文学术水平很高，同行专家也高度认同，但

①　朱强、蔡蓉华、何峻主编：《中文核心期刊要目总览（2011 年版）》，北京大学出版社2011 年版，第 17 页。

②　姜晓辉主编：《中国人文社会科学核心期刊要览（2013 年版）》，社会科学文献出版社2014 年版，第 17 页。

如果是发表在非核心期刊上便连评审程序都难以进入,所以,办刊人、读者、作者和人事管理部门都一体陷入到底应该以刊评文、还是以文评刊的因果逻辑混乱中。客观地说,期刊评价机构是试图把以文评刊作为他们评价期刊的逻辑起点①,但结果却是唯刊评文成为社会评价学术的逻辑终点。这已成为当今中国学术评价中的一个怪圈。

如果说,上述以高校和科研单位的图书馆为主体的期刊评价机构尚能依据多年积累相对完备的量化指标来对学术期刊开展评价活动,那么,中央教育行政主管部门下属的带官方色彩的个别研究机构近些年也借助行政力量,改头换面强行介入期刊评价,则使得本已混乱不堪的期刊评价更加混乱。② 朱剑先生在分析评价何以成为学术乱象的根源时毫不讳言:"随着学术评价的层层蜕变,一方面,评价变得越来越强势,而与学术研究则渐行渐远。脱离了学术研究的学术评价,更体现出了对行政权力的依赖,评价的地位每上升一个层次,也就意味着它与行政权力的结合又加深一个层次,这在学界应该是尽人皆知的'秘密'。评价机构正是通过行政权力部门的授权,或者其评价结果为行政权力部门采信,才变得如此强势,才具备了对学界发号施令的权威,堪比狐假虎威。另一方面,评价变得越来越简单,以至于简单到就一个排行榜或排名表。"③显而易见,这段话矛头所指乃行政权力:从表象看,评价似乎是学术乱象的根源,但是,评价如果没有行政权力的结合和支持便决不可能如此强势,因此,由行政权力主导的不合理的科研体制才是学术乱象的真正根源。有鉴于此,大多数学者都认同脱离行政权力的学术共同体的评价才是比较靠谱的评价,因为只有同一学科领域的专家学者才能对本学科领域的学术研究成果的水平作出相对准确和科学的评判。以定性评价为主的人文社会科学诸学科尤其如此。所以,学术评

---

① 《中文核心期刊要目总览(2011 年版)》研究报告指出:"部分单位在使用核心期刊表时,存在着简单化倾向,'以刊评文',扩大了核心期刊的作用,异化了核心期刊的功能,造成了不良影响。"

② 我认为,期刊评奖也是一种广义的期刊评价,如教育部科技发展中心近六年连续组织"中国科技论文在线优秀期刊"评选实际上也是一种变相的期刊评价。是否加入该在线平台是能否获奖的主要依据之一。该中心意在通过评奖吸引更多的高校学术期刊加入。评奖标准的不合理和不透明使许多学界公认的优秀学术期刊未能获奖,也使该项奖缺少公信力,但该中心却以官方文件形式将评奖结果通过公文渠道发给各高校领导,误导了学校,也给高校学术期刊主编、编辑平添了无端的压力。

③ 朱剑:《科研体制与学术评价之关系——从"学术乱象"根源问题说起》,《清华大学学报(哲学社会科学版)》2015 年第 1 期。

价的主体应该回归读者,即由专业学者组成的学术共同体,而不应该是期刊评价机构,更不能是行政管理部门。至于在当今中国人情无所不在、行政强力主导的情况下,如何构建真正学术唯上、高度自律、具有社会公信力的学术共同体,是需要认真探讨的另一重大问题,本文恕不展开。

三、期刊评价的实质标准

无论我们对现行的学术评价和学术期刊评价持有怎样的看法,这种评价都是如影随形客观存在的,犹如一个人活在世上,自己的长相如何、品德如何、性情如何、能力如何,等等,是总免不了要被人评头论足的,除非你与世隔绝。学术期刊是一种公共精神文化产品,是非进入社会流通不可的,并且无可避免地要接受读者和机构的评价。既然如此,我们只有正视它和重视它。但我们不是被动接受评价,我们有权利对机构的评价标准、方法及其公正性、科学性提出质疑和建议。我国学术期刊评价机构是从上世纪 80 年代末 90 年代初才兴起的,迄今不过 20 多年时间,所采用的评价方法也是国外引进的,无非是英国文献学家布拉德福的“文献离散定律”和美国文献学家加菲尔德的“引文分析理论”,评价方法和标准都相对单一,离不开影响因子、下载频次、基金项目等一些量化的指标,特别是起主导作用和占主要权重的影响因子靠的是论文的被摘引率和参考文献。在我看来,人文社科类文章的引文、参考文献、注释等其实很多时候是不能说明文章的水平质量的,同行学者专家的阅读和直观判断有时倒更准确和令人信服。如果我们对被引和下载频次高的文章细加考察,就会发现其大体不外三种情况:一是所谓热门话题或曰学术前沿问题;二是学术水平高的创新观点或经典之作;三是学术观点错误遭学界挞伐的。由于学科差异,有些学术前沿问题在一定学科范围内颇受重视,但它的绝对影响力可能不如一些热门的学科,如果单凭被引频次、下载频次等指标来判定,则文、史、哲等传统人文学科的学术影响力肯定远远不如政治、经济、教育、法学、传播学等社会科学学科。且以笔者所发表的文章的被引和下载为例就可以看出一些端倪,笔者根据中国知网提供的检索数据①,发现笔者被引最多的一篇文章是发表在《北方论丛》

---

① 此检索数据截止到 2014 年 11 月 11 日。

2002 年第 2 期的长篇论文《中国战争小说创作的世纪回眸》，被引频次为 20，下载频次 470；其次是发表在《清华大学学报》（哲社版）2011 年第 4 期的《体制之弊与纠偏之路——也谈高校学报的专业化转型》和发表在《清华大学学报》（哲社版）2012 年第 5 期的《编辑部体制的终结与"后学报时代"的来临?》，此两篇文章被引频次均为 18，下载频次分别为 285、254。这三篇论文分属文学学科和传播学学科，前者属传统人文学科，后者属新兴的社会科学学科；两者发表时间相差十年，而被引频次却相差无几。① 可见，人文学科的被边缘化决非无病呻吟。为了提高刊物的影响因子，追求短期效应，近年来，一些综合类社科期刊有意无意地扬社会科学论文抑人文学科论文，加剧了文史哲等传统学科走向边缘的趋势。更危险的是，这种靠被引和下载频次为指标的评价方法有其天生的缺陷，容易被有心者钻空子。近年来，一些期刊为了提高影响因子，用尽了种种不那么光彩的手段：或拉帮结派，若干期刊"抱团取暖"彼此互引；或许以重金，公然引诱作者和其他期刊引用已刊文章，以图增加引用率，提高影响因子，巩固或挤进核心期刊行列②；个别期刊甚至派人上下奔走，在评价机构中间来回穿梭，采取变相行贿等卑劣手段，以达到入榜核心期刊的目的。凡此种种，不但降低期刊评价的公正性和科学性，而且造成极恶劣的社会影响，使社会对学术期刊失去信任感，批评声不断。这里，我无意全盘否定以核心期刊和来源期刊遴选为主要标志的现行学术期刊评价方法，毕竟，它比完全人为操控的转载、摘登、评奖等评价手段还相对靠谱些。

　　既然被引和下载等指标并不能真实说明学术期刊的水平质量，那么，什么样的评价标准才是学术期刊质量评价的实质标准？毫无疑问，应该是学术标准。学术标准虽然难以把握和界定，但从宏观上说，还是有其基本方面的。学术贵在创新，观点的创新、材料的创新和研究方法的创新可以大致说明学术水平，而这三个创新点能否用量化的指标加以评判呢？似乎也难。只有同行专家学者

----

　　① 这其中不能排除文章所发刊物的影响力和知名度的因素，但笔者发表在《福建师范大学学报》（哲学社会科学版）2006 年第 3 期的《论学术生态环境建设与学术期刊的责任》一文被引频次亦达到 17，可见根本的还是学科的冷热问题。当然还与文史哲等传统人文学科引文被引半衰期通常较长有一定关系。

　　② 前些日子，微信朋友圈上热传，浙江某高校公开发文要求本校教师在外发表论文时多引用本校学报上的论文，每引用一条予以一百元奖励，堪为典型。

才能真正评判专业期刊和论文的学术水平,所以,学术期刊质量的评价标准应该完全由同行专家来制定,而不是由评价机构基于读者订阅方便而制定的那些评价标准。至少目前评价机构以被引频次和下载频次为主要标准的评价制度需要做较大调整,增加同行评价的分量,以尽可能真实反映学术期刊的水平质量。据我所知,为了弥补整刊评价只见森林不见树木的缺憾,个别评价机构已经开展对单篇文章和单个作者的学术影响力的评价,但总归还是离不开影响因子这些数据。① 不过,也并非不存在真正与影响因子脱钩的评价渠道,学术类文摘刊物实际就部分起到了对论文定性评价的作用。在人文社会科学领域,《新华文摘》《中国社会科学文摘》《高校文科学术文摘》《人大复印报刊资料》是人们耳熟能详的四大文摘期刊,在核心期刊尚未问世之前,文摘刊物曾经是唯一权威的学术论文评价体系,但近年文摘刊物的学术评价地位有所下降,一方面是因为以数据说话貌似客观公正的核心期刊评价的崛起,另一方面是因为文摘期刊纯人为操作的编辑选文办法容易受选编者个人学术视野的限制,加之在当下功利学术盛行的环境中,文摘期刊的编辑难免还会受人情等因素的影响而难以做到唯质是取。为了找到定性评价和定量评价的最佳结合,前不久,中国社会科学院中国社会科学评价中心推出了《中国人文社会科学期刊评价报告(2014)》,共评出顶级学术期刊 17 家、权威学术期刊 40 家、核心学术期刊 430 家、扩展核心学术期刊 246 家。其所采用的是吸引力、管理力、影响力三大一级指标下的 12 项二级指标、36 项三级指标,这些评价指标几乎囊括了学术期刊的学术水平、学术影响力、学术声誉、内部管理等方方面面,迥然有异于之前的各种核心期刊的评价标准,似乎是一种比较纯粹的学术期刊的质量评价,预计将会对当下社科期刊的质量建设和评价方法产生较大的导向作用。但这些评价数据采集的科学性和客观公正性还有待业界检验。有人戏谑,在中国社会,再不靠谱的定量评价也比定性评价靠谱,笔者深以为然。这是长期以来学术腐败和不公正的学术评价制度对中国学术公信力摧毁的结果。重建学术公信任重而道远,此非本文主旨,就此打住。

———————

① 如任全娥提出了单篇论文的评价指标,分为核心论文、高被引论文、经典论文、优秀论文、获奖论文等,颇具新意,但还是依靠文献的引用次数作为基本判断标准。参见任全娥:《学术论文评价方法研究》,《澳门理工学报(人文社会科学版)》2014 年第 4 期。

四、评价的最终目的是回归学术

要让学术评价和学术期刊的评价回归学术，终究要寄希望于当今中国社会整体学术评价制度早日摆脱急功近利的行政化窠臼。然而，前景似乎未可乐观，因为功利化的学术不但未见收敛，反倒有强化的趋势。君不见，如今名目繁多的科研奖项、经费不断累增的各种课题招标申报、动辄百万千万巨款的学者奖励计划……，已把学界众生的胃口高高吊起，再淡定的宅学之男女也经不起如此这般撩拨引诱。在学术期刊界，名目不一的核心期刊和来源期刊评选每两至三年重新洗牌一次，没完没了，把主编和编辑们搅得晕头晕脑，早已迷失了本体办刊方向和编辑从业目的；而行政管理者也不愿袖手旁观，国家期刊奖、中国出版政府奖（期刊奖）之外，近年国家社科基金资助期刊的评选，又把我们本已脆弱的敏感神经再次撩拨起来——每年 40 万元至 60 万元的资助，对于许多办刊经费捉襟见肘的期刊社来说，这可是实实在在的诱人"利益"啊，谁不向往？

其实，学界对于现行期刊评价制度的质疑早在十多年前就已炮声隆隆，但批评者多为被核心期刊边缘化的所谓"第三世界"学术期刊的主编和编辑们。许多大刊名刊的主编、编辑并未对此感到不适，有的甚至还撰文为核心期刊的合理性辩护。笔者虽为一家核心期刊的主编，算得上是现行期刊评价制度的"受益者"，但在十多年前即已对核心期刊的评选的公正性和合理性提出过质疑。[①] 不过，话说回头，在没有更好的期刊评价制度产生之前，现行期刊评价方法尽管漏洞百出，但多少可以弥补纯定性评价的缺憾。其实，如果仅仅是一种民间性的评价，所谓核心期刊排行榜本可以置之不理的，然而众多体制内的单位、机构却以它作为学术评判的重要依据，就使问题变得严峻和复杂起来。既然现行期刊评价制度的存在非学术期刊界所能左右，则我们只有正视现实，另辟蹊径，寻找应对良策。我以为，学术期刊界应当充分利用网络化、数字化的手段，通过集约化途径，避免因小而全的分散"经营"被"各个击破"。"中国高校系列专业期刊"将高校学报分散的内容以专业化方式重组，借助中国知网这一目前国内最大的学术期刊数字化平台，以集约化数字化的整体形象二度面世，

---

① 参见陈颖：《谁来评选"核心期刊"》，《中国出版》2001 年第 6 期。

一定程度上模糊了评价机构对各刊的单独评价,也有益于克服纸质期刊传播渠道受限的先天不足,使优秀学术研究成果能够得到广泛传播和充分利用,这是克服学术期刊学术功能异化的一个有效途径。当个体的纸本学术期刊逐渐萎缩淡出,数字化集约化的期刊集群日益强大的时候,也意味着所谓核心期刊和来源期刊的存在意义的逐渐丧失。我们的最终目的是实现少评价或不评价期刊,只评价论文——让"恺撒的归恺撒,上帝的归上帝",让学术回归学术,让学术期刊毫无挂碍地承担传播学术的本体职责,而不是为评价办刊,被评价牵着鼻子走。为了中国学术事业的美好明天,为了实现学术期刊为学术的"中国梦",我们有责任去开辟一片去雾霾无污染的纯净天空。

当下,值得业界特别注意的是,传统的纸媒学术期刊作为学术传播平台的权威性正面临着数字化的严峻挑战,中国知网、国家哲学社会科学学术期刊数据库、人大复印报刊资料社等都在加快步伐建设形式多样的学术期刊数字化传播平台,如人大复印报刊资料社的"学者在线"为学者间的学术交流、成果发布等搭建了十分便捷的数字化渠道;超星集团基于先进的移动出版理念和技术正为学术期刊的移动出版打造"域出版"平台。这个平台集学术期刊的投稿、审稿、编辑、在线出版、传播、学术评价六大功能于一体,将会对传统的学术期刊出版传播理念和学术评价制度产生颠覆性影响。正如朱剑先生所预言,大量的学术信息的聚合,构成了开放的学术平台,单篇论文的传播正逐渐替代期刊的整体传播。[①] 一旦纯数字化学术传播平台得到官方和民间的一体认同,学术论文发表渠道的多元化成为现实,那么,传统小作坊式经营的纸媒学术期刊必将逐渐退出历史舞台,现行的学术评价制度将面临重大变革。这一天的到来恐怕为时不远。

由此看来,数字化传播平台的飞速发展,无论对于学术期刊,还是期刊评价机构都是一个危机和机遇并存的两难选择:生存还是毁灭?这是一个严峻的问题。

原刊于《福建师范大学学报(哲学社会科学版)》2016 年第 1 期

[①] 根据朱剑 2014 年 10 月 22 日在"中国高校系列专业期刊协同创新路径研讨会"上的发言。

歧路彷徨：核心期刊、CSSCI 的困境与进路

——"三大核心"研制者观点述评

朱　剑*

自从北京大学图书馆等单位《中文核心期刊要目总览》（以下简称《总览》）于 1992 年问世以来，学术界、学术期刊界围绕核心期刊的争议就没有平息过，随着中国社会科学院文献信息中心《中国人文社会科学核心期刊要览》（以下简称《要览》）和南京大学社科评价中心"中文社会科学引文索引（CSSCI）"（以下简称 CSSCI）在数年间的相继问世，相关讨论更形热烈。其中，出自各学科学者和期刊编辑的批评性评论尤其引人注目，无论是对《总览》《要览》，还是对"CSSCI 来源期刊"，批评的矛头都主要指向其在学术评价和学术期刊评价中的负面影响，因为在这样的评价中，《总览》《要览》和 CSSCI 所起的实际作用相差无几，都是凭借其期刊排行榜的简单、实用而成为"以刊评文"这种被简化了的学术评价的基础的。故而学术界、期刊界和管理部门对这三者就有了"三大核心"这样的通称，而不大在意《总览》《要览》与 CSSCI 之间的差别。本文所要评论的正是这样的现象，所以沿用这样似乎已约定俗成的通称。

从"三大核心"研制者身份即可知其产品不过是文献情报学研究的成果，何以能越出其学科边界而在整个学术界引起如此巨大反响？这就不能不说到行政权力对学术活动的介入。随着中国经济的高速发展，国家对学术研究的投入逐年增多，来自国家财政的拨款成为最重要的学术资源。在理论上，这样的资源应该通过最合理的方式分配给最有能力的科研机构或研究者个人，方能发挥最大的效益；在实践中，资源首先以工程或项目的形式进行切割，然后通过类似

＊ 朱剑，《南京大学学报（哲学·人文科学·社会科学版）》编辑部。

竞标的程序评选出最合适的中标者。掌控和操作这一过程的当然是行政权力部门。行政权力部门的立项和分配以及后续的管理都必须有一个公认的标准，但行政权力部门并不懂科研业务，这个标准只能通过专业人员来制订并执行，这个制订标准和执行的过程遂成为代表权力意志的学术评价。本文所讨论的即是此类评价，而不是学者之间的学术批评或一般意义上的用户对产品的评论。

学术评价并非中国所特有，只要有政府或机构的投入，评价就必不可少。在国际学术界，同行评议被公认为最权威的学术评价方式；但是，在中国1990年代以来不断恶化的学术生态环境下，同行评议早已不具公信力，而服务于政府资源配置的评价却不可缺少，这就使号称定量评价的核心期刊和CSSCI适时补位，其研制者也被视为或自认为专业评价机构。近20年来，评价机构的量化评价在政府主导的各种评价中已然发挥着不可替代的作用，被视为学术研究的"指挥棒"。

尽管遭到各方猛烈抨击，评价机构的期刊排行榜仍然每隔两三年就会高调发布，对铺天盖地的批评却很少有相应的回应，因此，在评价者与被评价者，即学者、期刊人与评价机构之间，并没有形成有效的学术对话。不过，笔者注意到，2011年底，《澳门理工学报》开设了"总编视角"这一专栏，在此后的4年时间里，来自"三大核心"的主编或负责人皆曾在"总编视角"撰写长篇专文，阐述其产品的原理和作用。这就为我们提供了分析其观点及其产品的最新也是最全面的文本。本文意在通过对这些文本的解读，分析"三大核心"的意义与局限，明确其应有的定位和可能的作用，并就"三大核心"发展进路问题，提供一个思路。

一、核心期刊、CSSCI 的基本原理与适用范围

作为评价机构的负责人，"三大核心"的主编或负责人站在自己的立场来讨论评价问题是理所当然的，关键在于当他们试图将其产品越界推向整个学术界时，能否在共同的话语基础上与作为评价对象的各学科学者及学术期刊人形成对话并获得后者的认同。然而，难以平息的批评之声足以说明两点：其一，这样的越界已是事实；其二，这样的认同并不存在。从对"三

大核心"的批评来看,首先遭遇的质疑是其产品是否具有科学的理论依据,其次是其产品能否合理和公正地评价学术和评价学术期刊,最后是"三大核心"的研制者是否具备对各学科的学术研究和学术期刊进行权威评价的主体身份。本文所要分析的几个文本对此都有所回应,总的说来,同属核心期刊的《总览》和《要览》主编的观点更为相似,而CSSCI则有所不同,故本文对两者分开论述并予以比较分析。

(一)似是而非的理论依据:"布氏定律""加氏定律"抑或其他

任何一个由文献情报学研究人员研制的评价产品,其研制者都会声称以一定的理论为依据,理论对评价方法与程序的成立固然是至关重要的,除此之外,还有一个更为重要的隐喻,即掌握评价理论和方法者自然就具有了评价主体的身份。所以,《总览》和《要览》的主编们在讨论其主持的评价项目时,大多没有直接切入评价主体身份这一多少令评价机构不大自信的话题,而是不约而同地从核心期刊的制作原理和方法说起。

1. 量与质的混淆:对布氏定律与加氏定律的解说

作为一种质量评价的核心期刊,其理论源头在哪里?《要览》主编姜晓辉《核心期刊的评价功能与作用》(以下简称"姜文")一文是从1934年英国文献计量学家布拉德福发现文献集中与分散定律追溯起的,该定律显示:"对某一学科或主题而言,将科学期刊按其登载相关论文数量的多少递减排序,这些期刊就可以分成对该学科或主题最有贡献的核心区,以及论文数量与核心区相等的几个区。""布拉德福定律的现实意义在于通过某个学科文章在期刊中的分布分析获取一定数量的核心期刊,从而减少读者面对众多期刊难以选择的迷茫,使读者选择专业期刊时更有针对性。"①"姜文"认为这是核心期刊的理论源头。在这里,"姜文"强调了文献分布的核心区,却模糊了核心区与质量的关系。但我们知道,一本期刊中,某学科载文量的多少,与其质量并无必然关系,布氏定律并不是一个关于期刊质量的定律,故与质量评价无关。

接着,"姜文"说到了1953年美国文献计量学家加菲尔德的发现:"期刊论文被引用的情况也符合布拉德福定律,期刊的分布也有一个比较集中的核心区

---

① 姜晓辉:《核心期刊的评价功能与作用》,《澳门理工学报(人文社会科学版)》2012年第1期。以下引自姜晓辉的论文皆为该篇,不再一一注出。

域和一个比较分散的相关区域,这就形成了著名的加菲尔德文献集中分散定律。这是加菲尔德对布氏定律的重大突破和发展。"依凭这一定律,加氏相继研制了 SCI、SSAI 和 A&HCI 等期刊引文数据库,"形成了一个多学科、国际性和综合性的引文索引体系和引文分析理论体系,为人们提供了一种全新的文献分析与检索途径"。显然,加氏定律只是说明得到较多引用的文献会集中在部分刊物上,这与核心期刊有何关系呢?"姜文"认为:"加菲尔德强调的引用关系本身带有天然的评价关系,是核心期刊具有评价功能的出发点。"在这里,"姜文"强调引文与评价的关系,却模糊了另一个重要关系,即引文与质量的关系。诚然,某学者对某文献的引用代表了该学者的某种评价,但学者引用他人的动机是复杂的,"从现有的实证结果来看,引用关系是基于文献之间的相关关系建立的,并不能直接证明引用关系完全体现知识增长的累积性"①。所以,加氏定律只是指出了高效的引文索引和分析途径,充其量也只是说明被引用文献与其影响力之间具有某种相关关系,而影响力与质量是不能直接画上等号的,要证明某文献被引用的数量与其质量之间的关系并给出量化的描述,对引文的分析,即对引用者的引用动机、目的、内容和对被引文献的学术贡献或对引用者研究的作用的专业分析,都是必不可少的重要程序,未经这样分析的简单的数量统计、运算并不能直接说明被引文献的学术质量或学术贡献,故不能视为学术评价。

2.量与质的转换:对布氏定律和加氏定律的"发展"

布氏和加氏定律所揭示的是期刊论文和引文分布的规律,而不是期刊论文质量分布的规律,因此,作为文献检索工具的理论依据是成立的,但作为用途与检索无关而只与评价相关的核心期刊的理论依据则是说不通的。若要勉强说布氏、加氏定律是核心期刊的理论依据,那就必须对这个理论加以改造,使其通过量与质的勾兑变得看起来像一个评价理论,而核心期刊的研制者正是这样做的。《总览》主编蔡蓉华和何峻合作的《论期刊评价之目的、方法和作用》(以下简称"蔡文")一文认为:"'布拉德福文献离散定律'和'加菲尔德引文集中定律'揭示了学科文献在期刊中的分布存在'集中'和'分散'的客观规律,为定量评价学术期刊奠定了理论基础。后人进一步研究证明,学科文献的被摘录、被

---

① 刘宇、李武:《引文评价合法性研究——基于引文功能和引用动机研究的综合考察》,《南京大学学报(哲学·人文科学·社会科学版)》2013 年第 6 期。

转载、被阅读等多种特征在期刊中的分布也都遵循集中和分散的规律。"①在这里,与"姜文"一样,"蔡文"将学科文献的集中与分散规律等同为质量分布规律,使之在核心期刊的理论中起到了基石的作用。除此之外,"蔡文"还创造性地将对学科文献的摘录、转载、阅读等带有一定目的性行为的简单计量都视为与引文计量一样的定量评价。于是,只要将这些数据累计后进行综合排序,就可以完成所谓的定量评价。在将数量与质量之间画上等号、让其可以自如转换之后,文献集中分散定律被改造成了质量集中分散定律,布氏定律、加氏定律终于"发展"成了核心期刊的理论依据。可见,这一"发展"的要害不在增加了指标种类,而在于抽去了定量评价必不可少的程序——对数据的专业解读和分析,这个所谓的定量评价实际上也就成了只有数据而没有评价的单纯计量。

核心期刊研制者除了混淆了数量、影响力与质量的关系外,其"理论发展"的一个重要内容就是引入复合指标以掩盖其缺乏专业的数据解读和分析的局限,并造成增加了评价分量的假象。但是,从检索到评价的跨越并不是增加几个指标就能达成的,即使以所谓"指标体系"来看待核心期刊评选的复合指标,也不难发现,在作为排行榜依据的数量统计方面至少存在着两方面的问题:其一,这些增加的指标是否具有评价意义?比如被视为重要指标的"文摘量""文摘率","在激化学术期刊界的内部竞争的同时,也招致学术期刊界对文摘评价功能的质疑和批评:它们为何能够凌驾其他客观学术体系之上具有如此显赫地位?"实证研究也证明,文摘的数据是不足以用来评价期刊的。② 其他的指标或多或少也都存在类似问题。其二,依据复合指标制作排行榜所面临的普遍问题——如何加权?但凡组成复合指标的各单一指标的意义和价值是各不相同的,为了制作综合数据排行榜,必经加权运算这一程序,而加权却是一件极为主观的事,人为的干扰无以避免,最终的综合数据即使精确到小数点后若干位,对于制作者来说,稍稍修改一下加权方案就能轻而易举地予以改变,从而改变被评价者的排序,而对于被评价者或使用者来说,也早已脱离了实际内容的数据除排序外已毫无意义。如果说,量化评价的最大特点或优势是指标的"客观性"

① 蔡蓉华、何峻:《论期刊评价之目的、方法和作用》,《澳门理工学报(人文社会科学版)》2012 年第 2 期。以下引自蔡蓉华等的论文皆为该篇,不再一一注出。

② 参见王文军:《中国学术文摘:现状与展望——以"三大文摘"为中心的实证研究》,《清华大学学报(哲学社会科学版)》2013 年第 6 期。"王文"指出,期刊被摘量与期刊学术质量并无正相关关系。

"公正性"和"实用性",那么,随着复合指标的加权,"客观性""公正性"和"实用性"也已打了很大的折扣。可见,加入复合指标与将引文数据直接用于评价,其逻辑推演的荒诞性是一脉相承的。

加氏定律的发现者加菲尔德对这种将检索理论发展为评价理论的做法虽然没有直接的评论,但他在 2009 年 9 月访问中国科学院与学者和媒体见面时反复强调了"分析"的意义:"具有深入分析性的评估分析库,在某种意义上具有评估研究影响力的作用,但永远要记住 SCI 的主要功能是用于检索的。"①显然,只是为了给期刊排行而不是"深入分析性的评估分析库"的核心期刊的原理特别是用途与加氏定律并没有那么密切的关系。事实上,核心期刊从产生的那天起,与源于布氏加氏定律的 SCI、SSCI 和 A&HCI 就是风马牛不相及的产品。前者是"评价"产品,形式是期刊排行榜;后者是文献检索工具,形式是引文索引数据库,评价作用即使存在,也只是其衍生功能,且必须通过"深入分析"才能实现。将核心期刊归附为布氏定律和加氏定律的产物,只是为其寻找一个理论上的合法性而已。可见,核心期刊之于学术评价,其理论依据并不像"姜文"和"蔡文"说的那般坚实可靠。

(二)模棱两可的适用范围:指导订阅还是评价期刊

与所有的产品一样,核心期刊当然也是为了满足一定的需要而产生,并在一定的范围内适用,那么,核心期刊是因何种需要而生,又有什么样的适用范围呢?

1. 指导订阅:最初的适用范围

"蔡文"谈到了核心期刊产生的背景:"在文献爆炸的时代,人们获取有效文献的困难越来越大,社会需要快速有效查找文献的方法,于是文献情报工作者责无旁贷地承担起了这个任务,他们的研究在两个方面取得了重大进展。一是编制文献检索工具,使读者可以较方便地查找所需文献……近 20 年来,随着网络信息技术的发展,各种文献检索资料库发展迅速……二是对期刊进行评价,使读者可以选用最有价值的期刊。""研究科学的方法,对期刊进行客观评价,成为图书馆界和情报界的重要任务之一。这类期刊评价研究,一般由图书情报部

① 《"SCI 之父"加菲尔德博士访问中国,接受采访为 SCI 正名》,http://www.eschina.org.cn/Article/9156.html。

门主持,依据最初由国外传入而后在国内得到发展的文献计量学理论,采用文献计量统计方法进行评价,评价成果的名称也借用舶来术语'核心期刊'。"在这里,"蔡文"说得非常清楚:信息时代到来导致的获取有效文献的困难催生了新型的文献检索工具——文献检索资料库;选择有价值期刊的困难催生了指导订阅期刊的工具——核心期刊,而这两项工作,都是由文献情报部门及其工作者"责无旁贷地承担"的。

可见,从一开始,文献情报工作者所从事上述两项工作的适用范围是清楚的,那就是提供文献检索服务和指导图书馆订阅期刊。与提供文献检索的单一性服务不同,指导订阅的工作涉及了对期刊的评价,但也仅是用"文献计量统计方法"生成的简单的评价结果,诚如"蔡文"所言:"评价结果是学科核心期刊表、引文资料库来源期刊表和期刊引证报告等,主要供需要对期刊进行宏观评价的读者使用。"说白了,文献情报人员所做的期刊评价工作,就是综合各种期刊阅读量(率)和引文量(率)等数据的排行榜或排名表,并定名为"核心期刊"。被列入排行榜的期刊只不过是被关注的程度较高而已。对于图书馆来说,为满足多数人的阅读需要,参考排行榜大致是合适的;但同时还必须尽可能满足读者个性化的需要,排行榜对此就无能为力了,所以,各馆在参考排行榜的同时,还必须根据本单位学科结构、学科特色增订部分未入榜但质量甚至更为优秀的期刊作为补充,不然,必然出现千馆一面的状况。因此,核心期刊即使在指导订阅方面,其功能也是有限的,只能作为参考,而不能作为标准。核心期刊的作用仅限于此,真理多走一步就意味着有可能成为谬误。

2. 越界:从指导订阅到学术期刊质量评价

如果核心期刊的适用范围仅限于指导订阅,社会各界也不会对其有如今这样的关注和争议,显然,核心期刊多走了不止一步。事实上,核心期刊研制者的切身利益恰恰在指导订阅之外。"蔡文"和"姜文"都认为,核心期刊有理由也有必要越出指导订阅的范围,而适用于学术期刊的质量评价。

"蔡文"的论证路径是这样的:首先,"期刊评价是科学技术发展到一定阶段,因社会需要而产生的一项科学研究活动,它随着社会科学文化的进步而产生、发展和繁荣,不为任何个人意志所左右";其次,罗列了"三大核心"及类似评价机构的期刊定量评价项目,并分析各自的特点和作用,以间接地论证"文献情报工作者责无旁贷"的期刊评价主体身份;再次,论证这些定量评价项目构成了整体性的期刊评价;最后,综合以上几点可证明,核心期刊理应不限于指导订阅,而应该具有期刊评价的功能。顺着这个理路,"蔡文"通篇谈的都是期刊评价,而非仅仅是核心期刊,但通读全文不难发现,这个期刊评价实际上几乎就是越出了指导订阅功能而成为期刊学术质量评价意义上的核心期刊。

如果说,"蔡文"是从核心期刊发展史这一纵向路径来论证核心期刊适用范围扩展的合理性和正当性的话,那么,"姜文"则选择了核心期刊测度标准与学术质量标准这一横向比较的路径。

首先,"姜文"对核心期刊的适用范围作了这样的解读:"核心期刊常被解读为两种不同的概念……前者是指期刊群中学科情报信息的核心部分,主要为学术期刊的优化利用提供服务,其筛选过程一般要根据文献计量学的定理和统计原则进行;后者关注的是期刊的全面质量……其筛选过程是学术期刊的评优过程。"在这里,核心期刊的适用范围是两个,一个是为期刊的优化利用服务;另一个是对期刊全面质量的评价。但"姜文"不赞同这样的解读,因为两者之间"不存在同一关系"。在这个看似正确的出发点上,"姜文"已悄悄地将为订阅服务换成了为"期刊的优化利用服务"。当然,为订阅服务也是为期刊的优化利用服务之一种,但在逻辑上,前提被扩大了,优化利用并不仅指订阅这一项。

其次,在具体讨论核心期刊测度标准时,"姜文"立场却发生了重要的改变:"它(核心期刊)的评选过程,也可以看作是对学术期刊质量的测度过程,因为根据其定义所选出的核心期刊,必须是'某学科或某领域学术使用率(含被引率、转摘率和流通率)较高、学术影响较大的期刊'。"在这里,通过将"使用率""影响力"与质量直接挂上钩,使核心期刊评选与学术期刊质量测度联结在了一起,但仅仅是"使用率"和"影响力"数据是不够的,所以,"姜文"马上又小心地补充道,"上述定义显然不包含评优意义上的对学术期刊质量的全面认定"。虽然不是"全面认定",至少也是部分认定了。

再次,既然核心期刊的"质量"与评优的"质量"不是一回事,即存在两个不同的质量标准,那么,核心期刊的适用范围还是不能扩展到期刊质量评价。所以,"姜文"又进一步说:"(核心期刊)的评选过程,实际上是用定量统计与定性分析相结合的方式对学术期刊的学术质量做一定向的评比。不难看出,核心期刊的内容质量要求不亚于通用的评优标准。"至此,原本说得很清楚的"不存在同一关系"的两个质量标准终于变成没有区分度的"同一关系"了。

最后,"姜文"成功地说明了:正是因为核心期刊"非常适用于反映学术期刊的学术应用特征,因而很快被整个学术界、科研管理界广泛接受和使用"。何为"广泛接受和使用"?显然不仅仅是订阅参考,而是用作另一层面意义的学术评价,现实中两者也是合而为一了。所以,"姜文"最后认定:核心期刊是"目前其他方法难以取代的行之有效的评价模式之一"。

"姜文"和"蔡文"路径虽有不同,目的却都一样,说到底,还是要把核心期刊的评选标准等同为学术期刊质量评价的标准,可谓殊途同归。这样,就能既保持核心期刊指导订阅的原始功能,又能使其适用范围大大拓展,顺理成章地将其等同为臧否学术期刊质量的评价结果。读到这里,笔者不得不佩服两文作者的这一番苦心。

(三)数据库与排行榜:CSSCI 与核心期刊的差异

从以上分析可知,《总览》和《要览》这两大核心期刊主编在其研制原理和评价意义方面的观点是基本一致的。那么,一般人眼中的"第三大核心"即CSSCI 的研制者是否持有同一观点呢?我们不妨读一读 CSSCI 评价中心负责人王文军的《检索抑或评价:CSSCI 功能论析——兼论构建引文索引数据库的若干问题》一文。

CSSCI 之被列为"三大核心"之一,是因其也拥有一个期刊榜——《CSSCI来源期刊目录》,与《总览》和《要览》相比,《CSSCI 来源期刊目录》是问世最晚的一个期刊榜,但近年来在学术评价中却大有后来居上之势,其中一个十分重要的原因就是在这个期刊榜的背后有着开放的引文索引数据库 CSSCI,正是因为数据库的存在,使得"王文"在诸多问题上与"姜文"和"蔡文"的观点有了明显差异。

"王文"也将 CSSCI 遵循的理论溯源至布氏定律和加氏定律,事实上,CSSCI就是对 SSCI 的模仿,只是将数据源的范围限定在中文人文社会科学期刊,故而是一个用于引文分析的数据库产品。与"姜文"和"蔡文"对《总览》和《要览》学术评价意义的反复论述及对隐含的评价主体身份的认定不同,"王文"重点根本就不在评价。之所以如此,是因为"姜文"和"蔡文"如此劳心费力地论述其产品意义,无非要证明和彰显自己存在的价值,但其产品不过是一个期刊排行榜,能有的作用也就是所谓"评价"了,把所有的希望都放在一个排行榜的意义论说上,不费番气力当然不行;而"王文"却只需证明引文索引数据库的作用就足以证明自己的存在价值了。

"王文"是这样论证引文索引的意义的:"引文索引反映了科学文献之间相互引证的关系和特点,通过分析科学文献之间的引用和被引用情况,可以揭示其数量特征和内在规律,从而发现科学文献之间的纵向继承与横向联系的形态,进而评估学科研究的发展规模和趋势。"①可见,数量特征只是一个方面,内在规律更加重要,只有把握规律,才能找到联系,进而作出科学评估,而 CSSCI 能做的只是前者,后者是各学科学者的事,所以,不仅要有数据库,而且还必须以一定的方式开放。当然,由此我们亦可推论,CSSCI 并不具有独立的学术评价或学术期刊评价功能,其研制者也不具有独立的评价主体身份。但这些对于核心期刊来说头等重要的事,在 CSSCI 那里并不是那么重要,重要的是 CSSCI 是不是具有引文分析价值的数据库。

当然,对于 CSSCI 与学术评价的关系,"王文"所持的并不是 CSSCI 的一贯立场。CSSCI 也有过大肆宣扬其评价功能的过去,从强调评价功能到强调服务学术功能的转变,对任何一个体会过权力滋味的机构来说,都是一个艰难的过程。对 CSSCI 来说,这个过程与其说已经完成,不如说刚刚开始,而促成这一转变的原因是多方面的,下文将予以分析。

二、核心期刊、CSSCI 的正面作用与负面影响

正因为在核心期刊和 CSSCI 研制者是否具有评价主体身份以及其产品作为评价结果能否合法地存在等一系列问题上,"三大核心"研制者的观点有诸多不同,所以,对于核心期刊、CSSCI 的正面作用与负面影响的问题,他们又有一番颇具特色的论述。

(一)核心期刊的评价作用能否成立

1.核心期刊研制者认定的作用

关于核心期刊的作用,"姜文"以"中国人文社会科学核心期刊"的评选为例,通过对评选程序、方法和指标体系的分析,论证了核心期刊的"直接使用价

---

① 王文军:《检索抑或评价:CSSCI 功能论析——兼论构建引文索引数据库的若干问题》,《澳门理工学报(人文社会科学版)》2013 年第 2 期。以下引自王文军的论文皆为该篇,不再一一注出。

值是为读者、作者和馆藏部门提供各学科使用率较高的少数学术期刊"。对于学术期刊而言,"核心期刊的评价功能既是积极客观的现实,也是极具应用价值的期刊发展推力……有利于期刊找出办刊中存在的问题及定位编辑方针"。尽管核心期刊评价只是按文献计量学的方法进行的统计排序,但在期刊评优中"也可以按需要进行任何形式的匹配应用,例如,作为地区部门评选优秀期刊的定量参考指标。它的客观评价功能是可以适应社会需要的"。"蔡文"的观点与此颇为相似,也从"为期刊采购、读者阅读和作者投稿提供参考工具""为引文资料库选择来源期刊""为期刊出版和管理部门评选优秀期刊"等三个方面分别论述了包括核心期刊在内的期刊评价项目的目的及其可能发挥的作用。

2. 核心期刊的作用能否成立

在现实中,核心期刊的确在这三个方面都曾经或正在发挥着作用,问题在于,我们应该如何看待核心期刊在这三方面所表现出来的作用和影响。

首先,关于"姜文"和"蔡文"共同提及的核心期刊对订阅的指导作用。这是核心期刊研制的初衷,但那还是在期刊出版的纸本时代。随着期刊数字化和互联网时代的到来,特别是随着中国知网等期刊数据库的包库发行模式的普及和搜索引擎功能的日益强大,读者的阅读习惯已发生了根本性的改变,由读"刊"演变为读"库",核心期刊指导订阅的功能已没有多少实际意义,至少与其问世之初相比已不可同日而语。仍然坚持述说这一功能在当下的意义,无非是为核心期刊的存在找到一个"最低"合法身份和理由。他们所要论说的核心期刊作用的重点并不在此。

其次,关于"姜文"提及的"极具应用价值的期刊发展推力"。"姜文"是这样解释的:"在于把期刊放在宏观的学术贡献率中确定自己的位置和档次,也就是说,看看自己在学术发展中的价值有多大、作了多大贡献,同时可以通过核心期刊的评价指标确定自己的纵向进步程度,以及和同行的横向比较量度。"正是这样的推力"有利于期刊找出办刊中存在的问题及定位编辑方针"。我们来看看事实是否如此。核心期刊是否具有这样的功能或作用,主要看核心期刊给期刊编辑提供了哪些相关的有价值的信息。事实是,核心期刊的研制者能给读者或期刊编辑提供的就是每一版的《总览》和《要览》或与之类似的排行榜,从这些"榜书"中,除了各种统计数字和排序外,期刊实在不能得到更多的信息。比如,期刊编辑从这些书中也许可以知道本刊的被引次数,但却无法获知究竟是哪篇文章被引用、被谁在什么文章和什么刊物上引用,引用的目的是什么,是正面引用还是负面引用等真正有用的信息,只能是知其然而不知其所以然。这样的信息除了鼓励期刊编辑关心自己的排名外,还能有什么呢?所以,所谓"推力"、所谓"找出办刊中存在的问题及定位编辑方针"云云,如果存在,也只是让期刊明白怎样做才能迎合核心期刊评选的偏好。如此说来,期刊"通过核心期刊的评价指标确定自己的纵向进步程度,以及和同行的横向比较量度"倒非虚言,这个"程度"和"量度"就是评价机构给打了多少分。核心期刊评选依据的是一套通用性的指标体系,如果从管理学视角来看,通用性指标体系都存在着"共性指标偏好的问题,即赋予不同单元之间的共性指标过高的权重,而忽视对独特性指标信息的使用"①。尽管核心期刊的复合指标体系由多种指标构成,但并无针对不同期刊的个性化指标,其共性指标偏好十分明显。当被评价者无法改变指标体系时,就会研究其偏好并迎合之以求得高分。现实中,这种对评价机构指标偏好的研究在期刊界甚为普遍,甚至有期刊为了迎合这样的偏好而不惜造假,这样的例子不胜枚举。正是在这样的"推力"之下,原本应为期刊服务的评价机构却成了办刊的"指挥棒",从而构成了"评价机构与学术期刊的颠倒关系"②。跟随着这样的"指挥棒"来调整编辑方针,结果也就可想而知了,难怪有那么多的学者认为"不合理的学术评价体系是当前学术成果问题存在的根源"③。至于"蔡文"所说"为引文资料库选择来源期刊",这其实与核心期刊无关,因为来源期刊自有其不同于核心期刊的评选标准和目的。

再次,关于"姜文"和"蔡文"共同提及的核心期刊在评优中的作用。与核心期刊之于期刊的作用同理,判断核心期刊对评优是否有作用、作用的大小以及是正面作用还是负面作用,关键是看其能为期刊评优提供怎样的信息。且不说核心期刊的"质量指标"与评优的"质量指标"有何本质不同,即使具有某些相通之处,我们仍然很难认定,一个对期刊编辑并不能真正发挥正面作用的核心期刊榜能对期刊评优有何正面作用可言。那些只有排序信息的所谓"定量参考指标"充其量也只是给予评优活动一个名次预设而已,这样的预设在更多时

---

① 吴国灿:《业绩评价中企业高管认知偏差研究》,《企业研究》2010 年第 8 期。
② 仲伟民:《缘于体制:社科期刊十个被颠倒的关系》,《南京大学学报(哲学·人文科学·社会科学版)》2013 年第 2 期。
③ 唐红丽:《学术成果问题根源于"评价体系"》,《中国社会科学报》2014 年 11 月 7 日。

候、更多情况下,只会干扰评价的专业性、公正性和导向性,鼓励期刊把追求数据的好看作为努力的方向。在现实的各种评优中,这样的预设所带来的干扰随处可见,而且在不少的评优项目中,甚至起到了主导作用。不然,核心期刊又何来"指挥棒"效应?

由此可见,"姜文"和"蔡文"关于核心期刊作用的论述,要么已是明日黄花,风光不再,要么似是而非,令人生疑。

(二)如何看待各界对核心期刊的批评

如前所述,学术界对核心期刊和来源期刊的批评从来都没有中断过,特别是近年来,核心期刊和来源期刊每有新版的发布,几乎都会掀起新一轮的批评高潮。那么,《总览》和《要览》的主编们是如何看待这些批评的,又是如何看待自己产品的负面影响的?

1. 虚实之间:对批评的回应

"姜文"指出:"上世纪90年代以后,核心期刊作为一种选刊工具得到较大发展,而作为一种评价工具则受到很多非议。""对核心期刊的批评意见主要集中在其评价功能方面。持批评观点者认为,核心期刊是用数量化的方法进行学术期刊评价,先天不足,难以承担复杂的学术评估使命,其负面影响大大扰乱了学术期刊的正常发展。""姜文"认为最具代表性的批评来自钱荣贵,"(钱)列出的核心期刊七大负面效应是颇具代表性的批判意见:一曰核心期刊遴选是操纵我国学术期刊生存与发展的一只'黑手';二曰'惟核心期刊论'导致学术期刊的价值取向发生偏离;三曰庞杂繁乱的核心期刊遴选干扰了正常的编辑出版秩序;四曰核心期刊已成为某些学术期刊大肆敛财的金字招牌;五曰'以刊论文'的科研评价方式恶化了我国的学术生态;六曰此起彼伏的'核心期刊'遴选浪费了大量的物力、财力、人力;七曰要求研究生必须在'核心期刊'上发文,侵蚀了学子的学术精神"。对于这些批评,特别是钱荣贵列出的"七宗罪","姜文"评论道:"应该说,批评者所谈到的核心期刊的负面影响,很多确有其客观依据,对这些负面影响有必要进行反思和匡正。如果撤去情绪化的言论,这些对核心期刊的分析和批评意见有利于全面了解和认识核心期刊在研究制作和实践中存在的问题,有利于找出实际应用中不良影响的症结所在。"从这段评论可知,姜晓辉所领导的评价机构不仅看到了批评,而且对批评颇为重视,至于他从批评中汲取了什么教训,下文再予分析。然而,不知为何,"姜文"忽略了钱荣贵在提出批评时,是区分了核心期刊与 CSSCI 的,钱荣贵的所有批评都是针对前者而非后者:"目前,我国已经建立起较为完备的'引文索引'体系,这就是中国科学院《中国科学引文索引》(SSCI)(原文如此——引者注)和南京大学的《中文社会科学引文索引》(CSSCI)。这两个引文索引能够为科研评价提供多方面服务,不失为一种较为科学的评价工具。"①钱荣贵甚至将 CSSCI 没能发挥其应有作用归咎于核心期刊:"之所以这两个体系没有能够充分发挥科研评价的功能,就跟'以刊论文'评价之风的影响有关。"②"以刊论文"正是钱荣贵所指核心期刊"七宗罪"之第五宗。

与"姜文"对学术界的批评有所回应不同,"蔡文"并未具体提及这些批评,不过,从文章的字里行间还是可以明确地感受到批评所带来的压力,但"蔡文"对这些批评表现得似乎不以为然:"期刊评价研究在它的产生和发展过程中,一直伴随着争议、批评和指责。其实,期刊评价是根据一定的标准,采用科学的方法,对期刊内在质量、使用规律和发展特点等各方面进行分析、评价,目的是为了揭示期刊文献整体的或某一具有特征部分的内在客观规律,以更好地发挥和实现其科学价值和社会功用,是一项科学研究活动,不应该有任何值得非议之处,关键在于如何认识和对待这一研究的价值和作用,任意夸大或全盘否定都是不正确的。"有好的动机的科研活动并不意味着就一定会有成功的结果,这是常识,怎么就不能有任何"非议"呢? 如此,还要学术批评干什么?

2. 关键问题:谁是评价主体

以"七宗罪"为代表的学者们对核心期刊的批评或者说批判的确不可谓不尖锐,但是,这些不失凌厉的批评,却多是停留在对核心期刊所造成的一些学术乱象的抨击,并未涉及问题的关键——这些核心期刊的制作者是否具备学术评价主体的身份以及其产品是否具有学术评价的功能。

"姜文"和"蔡文"都尽量不去直接触碰评价主体身份这一不无"敏感"的话题,实际上,对于核心期刊的原理和作用,以及适用于期刊质量评价的合理性讨论与专业评价机构的评价主体身份的认定是一体两面、互为表里的事。证成了

---

① 钱荣贵:《"核心期刊"的负面效应、成因及消除策略》,《学术界》2002 年第 6 期。

② 钱荣贵:《走向终结的"核心期刊"现象》,《江苏大学学报(社会科学版)》2003 年第 3 期。

前两者,后者也就不证自明了。从两文作者煞费苦心的论述中,我们还是可以明显地感受到一种身份的焦虑,因为只有同行评议才是权威评价的理念早已深入人心,从单一学科的研究者到整个学术领域的评价者的身份跨越毕竟是件很难令人信服的事,"独立的定量评价主要由专业评价机构作出,其评价主体的身份是令人怀疑的。如果说,只有学术成果(作品)的阅读者和使用者才具备评价主体的资格,那么,评价机构既不是阅读者,也不是使用者,其对评价对象各种形式数据的统计大多与阅读和使用无关,应该是连起码的评价主体的资格也不具备的"。①

但是,评价机构之评价主体身份的获取并非取决于学术界。在笔者看来,只要评价机构坚持并得到行政权力部门默认其评价主体身份,钱荣贵所预言的"在不远的将来,目前这种异化的'核心期刊'现象必将终结"的那一天永远也不会到来。所以,对钱荣贵的这个预言,"姜文"也不以为然:"而事非所愿,近十年来'核心期刊'现象非但没有终结,而且越来越多,近期又有武汉大学'RCCSE权威期刊和核心期刊排行榜'高调加入到评价队伍中。"说这个 RCCSE"高调加入"并不为虚,它不仅要评选"核心期刊",还要评选"权威期刊",并且直接以"排行榜"为自己命名。然而,更高调的还在后面,最近就有一家"最高级别"的评价机构横空出世,不仅视其他评价机构皆为无物,而且创造性地在"权威期刊"和"核心期刊"之上,又评选出所谓"顶级期刊",从而将"以刊评文"推向极致,俨然以舍我其谁的评价主体身份自居,欲"秒杀"所有的评价产品。但万变不离其宗,这些评价机构的产品无一例外,都是期刊排行榜,最多也就是名称各异、规模不一、排序有别,目的都是要争夺学术评价的话语权,要抢夺"指挥棒",其背后是谁都可以看到的对学术利益的争夺。

(三)核心期刊负面影响的原因何在

1. 外界误用:因果颠倒的原因解释

尽管对于来自学术界的批评,核心期刊的主编们较少有系统的正面回应,但还是或多或少地涉及了核心期刊在学术评价活动中的负面因素。比如,"姜文"指出:"在使用核心期刊的评价功能时应注意其局限性,并注意与具体的评

---

① 朱剑:《大数据之于学术评价:机遇抑或陷阱? ——兼论学术评价的"分裂"》,《中国青年社会科学》2015 年第 4 期。

价体系相结合。""蔡文"则说到定量评价的缺陷在于"缺乏权威经验",比较隐晦地承认了专业评价机构对各学科研究和期刊编辑经验的缺乏导致的专业性欠缺,而我们知道,在学术评价中,这恰恰是不可或缺的。我们无法想象,一个缺乏本学科研究经验或期刊编辑经验的局外人,如何能够"责无旁贷"地承担起评价的重任,其所谓评价产品又是如何能够直接用来指导研究和办刊的?

除此之外,他们更多地将核心期刊这样的所谓定量评价产品的问题归因于外部环境。如"蔡文"说:"影响期刊定量评价结果的因素很多,评价过程中哪个环节出现问题都会直接影响评价结果的质量,特别在'以刊评文'所产生的负面影响下,评价指标的资料质量呈下降趋势,使定量评价结果更加偏离客观实际。""蔡文"还引用苏新宁的话:"客观地说,在 20 世纪 90 年代以前,定量评价期刊是科学可行的,数据也可以真实地反映期刊的学术水平与学术影响。但是,目前由于许多利益的驱使,出现了大量办刊不端行为,这就使人们开始怀疑定量评价的科学性和公正性。"①当然,学术生态的变化和学术环境的污染必定会影响学术评价的公正性,至于某一评价体系的科学性则不仅与环境有关,更与其自身的建构有关。评价机构不长的历史正好说明了这一点。在笔者看来,苏新宁的这段话,提醒了我们一个十分重要的事实,那就是 1990 年是一个十分重要的时间节点,在那之前,还没有核心期刊这样的评价机构,那时的"定量评价"只是一种方法,而不是一种独立的评价体系,只要正确使用,当然是可行的。在那以后,评价机构问世了,事情就发生了变化,学术评价发生了分裂,定性评价和定量评价由一般的评价方法升格成为两种不同的评价种类,甚至成为两个独立的评价体系,所谓"大量办刊不端行为"就是在那以后才出现并蔓延的。这正是核心期刊的导向性所导出来的结果,两者之间的因果关系是很清晰的,把"大量办刊不端行为"说成是造成定量评价的科学性遭到怀疑的原因,恰恰是因果颠倒了。

2. 属性之辩:工具与标准的错乱

在这里,我们还要着重分析在"姜文"中有所提及,而在"蔡文"结尾处特别提及的一个重要观点:"要特别强调的是期刊评价成果只能作为参考工具使用,不能作为标准使用。原因之一是任何期刊评价体系都不可能尽善尽美,只能从

---

① 苏新宁:《期刊评价的困境与思考》,《重庆大学学报(社会科学版)》2010 年第 6 期。

某些角度对期刊进行评价,因此,评价结果和客观实际从宏观而言是一致的,但具体到微观层面和各被评价个体,并不一定精确相符。原因之二是核心期刊或来源期刊在数量的选取上,虽然遵循一定的原则和规律,但没有绝对的界限标准。"这里的论证逻辑是有问题的。"期刊评价成果"是作为"工具"还是"标准",与其是否"尽善尽美"并无关系,"工具"与"标准"之间并不存在"不完美"的作"工具","完美"的作"标准"这样的关系。从来就不存在因为不完美就成了工具,而完美就成了标准这样的事。换言之,工具再完美,也永远只能是工具,而标准再不完美也不会改变其属性而成为工具,只不过是个有欠缺甚至失败的标准而已。至于核心期刊或来源期刊在数量上没有绝对界限标准之说,与它们是工具还是标准之间,也不存在任何关系,况且,文献学意义上的"二八定律"对核心区所给出的大致界定标准也已为许多人所接受,这也是核心期刊之所以能问世和存在的"理论依据"。换言之,纵然对核心区有一个绝对的数量标准,核心期刊也不会因此而成为评价"标准"。

如果把"工具说"放在"蔡文"整篇文章中看,则不免与文章的主旨不大协调——"工具说"如何与通篇的"主体说"融为一体? 首先,如果说,核心期刊只是一种评价工具,那么,其制作者并不具有评价主体的身份,只是某种工具的提供者,使用这个工具者才是评价主体,这与其前文所说的评价机构"责无旁贷"地承担起评价期刊的任务不免矛盾。其次,如果说核心期刊只是一种评价工具,那么,也就无所谓"评价结果",因为工具是不可能等同为结果的,只有通过使用工具,完成了评价之后,才能有结果的出现。今天学术评价出的种种问题,把工具当作结果恰恰是主要原因之一。再次,如果说核心期刊只是一种评价工具,那么,这个工具落实到学术评价或期刊评价上时,应该有翔实的数据和丰富的内容,使工具的使用者能够利用这些数据和内容完成期刊评价,然而,遗憾的是,其所谓"评价结果"只是一个简单到不能再简单的已经排好了座次的期刊排行榜。笔者以为,核心期刊的评选,无论从其目的还是结果来看,与其说是为读者(学者)、期刊编辑和管理部门提供了一种评价工具,不如说是提供了一种既定的评价结果(座次明确的排行榜)。将工具与结果混为一谈,只是在掩饰核心期刊真正存在的致命问题。

因此,我们才要追问,目前的学术环境问题与核心期刊本身的缺陷有无关系? 与核心期刊研制者期望的在评价实践中所发挥的作用有无关系? 可惜,这些问题"姜文"和"蔡文"都很少有正面回应。

（四）CSSCI 是如何强调其工具作用的

与姜、蔡强调核心期刊的评价作用不同，"王文"在论及 CSSCI 作用时始终强调的是"CSSCI 首先是一种检索工具，这是它的基本功能"。

1. 数据库：CSSCI 的工具性质

尽管只是工具，但这种工具的作用却有独到之处，就是为学术研究、学术期刊、学术评价和政府决策提供数据服务，如"王文"所言："CSSCI 可以从来源文献和被引文献两个方面向研究人员提供相关研究领域前沿的信息和各学科研究发展的现状，准确地记录了某一学术的学术积累、借鉴和继承发展的关系。社会科学研究者可以通过不同学科、领域的相关逻辑组配检索，挖掘学科新的生长点，展示实现知识创新的路径。"除了检索功能外，"CSSCI 也是一种进行引文分析的重要工具，它可以利用文献计量方法对学术论文的发表和引用情况进行各种统计分析，自动生成详细的分析报告，为学术研究、评价评估、政策制定提供客观的文献计量数据。对于管理者，CSSCI 可以提供地区、机构、学科、学者等多种类型的统计分析数据，从而为制定科学研究发展规划、科研政策提供决策参考。对于期刊主办者，CSSCI 提供多种定量数据……通过多种定量指标的分析统计，可为期刊评价、栏目设置、组稿选题等提供依据"。

"王文"所描述的 CSSCI 的工具作用与"姜文"和"蔡文"所描述的核心期刊的工具作用是存在着本质差异的，根本的差别在于：工具的构成是什么，谁是工具的使用者？CSSCI 提供的是各类数据，构成工具的正是这些数据，而工具（数据）的使用者至少在理论上是所有的学者、期刊人和政府决策者，故其工具性质十分明显。核心期刊提供的是排行榜，已是数据处理的结果，其数据的使用者只是研制者自己，故无任何工具作用可言。我们不妨以期刊办刊和评价为例，对比一下 CSSCI 与核心期刊在向期刊主编、编辑和主管部门提供的信息及其价值方面的差异，不难发现，对期刊而言，核心期刊的排行榜与 CSSCI 数据库所包含的信息根本不在同一个量级上。如果说，核心期刊的排行榜只能提供一些统计数字和排序信息，那么，CSSCI 数据库则集成了以引文为中心的各种原始数据，无论是作为办刊人还是评价者，都可直接进行原始数据分析和解读，而且这些数据都是可以溯源的。这些信息无论是对期刊编辑，还是行政权力部门评优，其意义均远非排行榜可比。从这个对比也可以看出，只有排行榜而不提供数据的核心期刊的所谓工具说有多么苍白。

2. 来源期刊:"被动"的评价

在论及 CSSCI 功能的最后,"王文"才提到了它的"评价功能",但强调这只是一种衍生功能,"CSSCI 的设计原理是基于文献计量学中的期刊'2/8 定律',它不可能也无须收录所有期刊上的所有论文,因此在选择数据库来源期刊时,为了能够将最有影响力的高质量期刊收录其中,不可避免地要根据一些量化指标对期刊进行筛选,这样无形之中也就使 CSSCI 有了一种评价功能"。可见,如果单纯从研制原理看,评价并非 CSSCI 的主要目的,评价功能甚至可视为"被动"的存在而非主动的追求,这与核心期刊不同(至于理论与现实的反差,下文分析)。显然,强调数据的工具性质是明智的,但是,并非是工具就有意义,工具是否适用,是否有助于使用者完成其使命,是衡量其意义的标准。

从"王文"可以看出,CSSCI 已经走过了靠期刊榜打天下的"原始积累"阶段,而开始转入为学术研究、编辑办刊和政府决策提供数据服务的新阶段。这一转型的资本在于经过了十多年的积累,其所独有的 CSSCI 数据库已渐成规模并走向成熟,但从指挥者转变为服务者,观念上的转变在某种意义上来说更为困难,而要论及 CSSCI 研制者观念上的转变,则不能不说到 2010 年初的那场对CSSCI 的批判风暴。

(五)批判风暴给 CSSCI 带来了怎样的影响

与核心期刊相比,CSSCI 所遭遇批评的激烈程度可谓有过之而无不及,这些批评集中地出现于《2010—2011 年 CSSCI 来源期刊目录》发布之后不久的 2010年初,主要阵地有学术批评网等网络媒体和《东方早报》等大众媒体。

1. 批判风暴:起于青萍之末

针对这个新版目录,代表性的批评意见有:其一,将来源期刊评选标准泛化为学术评价标准,损害了学术,助长了学风问题和学术腐败。"CSSCI 成为各高校对教师与学生进行学术评价的权威标准,成为中国学术界,特别是中国高校学风浮躁、学术不端的重要诱因。其结果,既对中国社会科学研究造成无以复加的重大损害,也成为一些学术期刊走向腐败的重要原因。"①其二,对来源期刊的评选并不公正,"来源期刊有明显的地域偏向","有一些受到广泛批评、以收费而昭著的刊物被收入","一些受到学界广泛好评的学术刊物居然被排斥在该来源期刊之外","在学科分布方面,各大一级学科数量严重不平衡"②,部分二级学科问题更多③。其三,明知存在某些入选期刊收取版面费和数据造假问题,却"不纠正,不作为","把责任更多推给了期刊,而不是自身纠正"④。从以上的批评可以看出,批评者完全将来源期刊的遴选与期刊评优画上了等号,而对CSSCI 数据库则未着一字,批评的内容和逻辑与核心期刊"七宗罪"大同小异,但是,介入批评的媒体和批评的方式却有很大不同,并非全无道理的批评被包裹在情绪化语言之中,诸如"窃国大盗"之类的攻击性语言在网络媒体和大众媒体的呈现与钱荣贵以学术论文和专著形式的商榷有天壤之别,语言暴力宣泄的淋漓尽致却阻断了可能有的学术对话。CSSCI 除了发表一个对不实之词"保留追诉权利"的声明之外,并没有对此次暴风骤雨式的批评予以正面回应。

当我们在今天回看 2010 年初围绕 CSSCI 的这场风暴时,可以看到,这场风暴虽然来得突然,但并非毫无预兆。2010 年,恰逢 CSSCI 数据库问世 10 周年,这 10 年中,CSSCI 从一个不为人知的引文索引工具跃升为影响最大的评价标准,为几乎所有的高校、科研机构、学术期刊和学者个人所关注,其风头已压过了核心期刊。与核心期刊由为订阅服务过渡到学术评价不同,CSSCI 借助 SCI、SSCI 和 A&HCI 在中国已形成的巨大影响,以与国际通行学术评价全面接轨的姿态,从一开始就高调地直奔学术评价的主题,它是第一个以"评价中心"这样的招牌来为自己命名的文献情报研究机构。当 CSSCI 把自己打扮成专业评价机构之时,怎能指望对其并不真正了解的学者、期刊和管理者会理智地区分核

---

① 方广锠:《废止以 CSSCI 为高校学术评价的标准——致教育部长袁贵仁教授的呼吁书》,学术批评网,http://www. acriticism. org/articie. asp? Newsi =11601&type =1000。

② 杨玉圣:《炮轰 CSSCI(论纲)——兼论学术腐败》,学术批评网,http://www. acriticism. org/articie. asp? Newsid =11606&type =1008。

③ 参见林桂思:《质疑 CSSCI——以语言学期刊为例》,学术批评网,http://www. acriticism. org/articie. asp? Newsi =11210&type =1008。

④ 参见朱剑:《面对学术评价现实的改进尝试——简评 2012—2013 年"CSSCI 来源期刊目录"》,《高校教育管理》2012 年第 2 期。

心期刊与来源期刊之间、来源期刊目录与引文数据库之间的本质差别？这样的"成名"策略的确收效显著——"三大核心"之名不胫而走,且呈现取老牌核心期刊而代之的一家独大之势,许多高校和科研机构的"学术期刊榜"渐渐地由核心期刊换成了 CSSCI 来源期刊,"C 刊"之说风行一时,但同时却也埋下了日后为人诟病的伏笔。当"以刊评文"之"刊"由核心期刊变为"C 刊"之后,所有批评和抨击核心期刊的理由稍加改变即可加诸 CSSCI。伴随着"C 刊"的声名日隆,批评之声也越来越响,到 2010 年初终于爆发性地集中涌现。仔细分析这些攻击性的批评意见,发现许多批评者对引文索引和引文分析的方法和作用所知有限,矛头还是集中在 CSSCI 来源期刊的评选结果和在学术管理中的广泛应用。对这样的批评,作为 CSSCI 的研制者,怪罪批评者因不懂其原理的误解,或责怪管理部门为追求管理简单的误用,都是没有意义的,从某种意义上可以这样说,误解或误用的始作俑者正是 CSSCI 评价中心自己,2010 年这场突然来临的风暴,正是 CSSCI 多年来对核心期刊发迹的路径依赖而自酿的苦酒。

2. 风暴过后:转型设想的最初萌动

尽管 CSSCI 对 2010 年这场猛烈的批评没有正面回应,但其对 CSSCI 的影响还是显而易见的。在两年后的新一版即《2012—2013 年 CSSCI 来源期刊目录》编制时,CSSCI 的定位和来源期刊评选方式这两方面的改进都同时呈现出来,当然仍有批评之声,但两年前的情况已不复再现。对此,笔者已有专文分析,在此不再重复。从"王文"对 CSSCI 的相关阐述中,仍然可以看到这场批评(当然,不仅是这场批评,还有来自其他途径的评论)带来的反思和影响。"王文"不纠缠于 CSSCI 研制者是否具有评价主体的身份,也不刻意强调 CSSCI 的学术评价作用,更不像"姜文"和"蔡文"那样很少谈论甚至闭口不谈核心期刊的局限性,与此当不无关系。CSSCI 的转型设想的萌动,当始于此时。

（六）CSSCI 功能局限与异化的根源何在

当不再纠结于自己的评价主体身份之后,再来看自己产品的评价功能,CSSCI 在评价方面的局限性就一目了然了。

1. 先天局限:CSSCI 的评价功能

"王文"是这样描述 CSSCI 评价功能的局限的:首先,"CSSCI 的评价功能只是它作为检索工具所衍生出来的一种附加功能,它不是也不可能是 CSSCI 的基本功能。因此,当学界将其无限放大为CSSCI的唯一功能时,恰恰阉割了CSSCI的基本属性"。其次,"CSSCI虽然具有一定的评价功能,但引文索引的这种先天局限性,决定了它是不可能代替同行评价,成为期刊和论文质量评价的唯一标准的"。再次,"CSSCI实际上只是对各类期刊过去几年被引用情况所作的一种文献计量角度的分析和总结,它既不代表对学术期刊过去质量的评价,也不代表对学术期刊未来发展水平的定性"。故不能倒因为果,将对期刊过去的定量分析颠倒为对期刊发展的定性评价,更不能"以刊评文","这不仅违背了CSSCI的本质属性,也抹杀了CSSCI的基本功能"。

2.后天异化:CSSCI之用于评价

不仅承认局限,"王文"还列举了CSSCI在实际运用中所产生的种种"异化"现象,主要是在职称评审、工作考核、期刊质量评价、论文质量评价等方面将CSSCI作为唯一标准,使其评价功能绝对化了。"王文"接着分析了造成异化的原因:首先,对CSSCI的认识需要一个过程,误解和片面在所难免。其次,"现行的学术评价制度亟待进一步完善",同行评议与定量分析是评价的两个重要维度,前者是主导,后者只是辅助手段,但在不正学风的影响下,同行评议已沦为一种形式,"这在一定程度上给片面强化CSSCI的评价功能提供了一种制度漏洞"。再次,科研管理部门缺乏科学的质量观,"以成果形式和数量评价人才"。最后,"学术研究功利化趋向助长了学界和期刊界对CSSCI的片面认识"。同时,"王文"并不否认,"出现这些不合理的趋向,CSSCI的研制者也负有一定的责任"。与"姜文""蔡文"不同的是,"王文"承认CSSCI在学术评价方面有着"天然的局限性",将其用于期刊质量评价已是一种"异化",更不用说在学术评价的其他方面。然而,在CSSCI问世之初,其研制者曾不遗余力地宣传其评价功能和作用所造成的影响并非一朝一夕所能清除,这也许就是"王文"所说的"CSSCI的研制者"也应该负有的"责任"。"王文"之所以能承认"局限"和"责任",正是意识到CSSCI的价值并不在评价,而在于提供数据服务。

其实,评价机构的所谓定量评价的局限性对于文献情报研究者来说只是常识,学者和期刊人只要对这样的定量评价有所了解,也很容易发现;而定量评价特别是期刊排行榜在学术评价中的滥用所导致的种种异化现象,学界中人更是有目共睹。自身的局限与环境条件的不理想并不是同一件事,对两者都应有清醒的认识。因此,与其回避问题,或强说自己的价值,不如坦陈自己的局限,找到问题的根源,然后寻求解决的办法。如此,方不失为一种明智的做法。

三、核心期刊、CSSCI 的定位调整与进路设计

不管评价机构对自己的产品作什么样的辩护或反思,评价机制的改革已势在必行,这是不容各个评价机构忽视的来自现实的挑战。评价机构不仅要为自己及其产品存在的合理性作出证明,还要为适应评价的改革作出自己的应对,唯有这样,才有可能捍卫和拓展自己的利益。所以,"姜文""蔡文"和"王文"对今后各自产品的定位和进路都有所论述。

(一)核心期刊研制者对存在问题的认识及其改进思路

任何产品的研制者都会根据用户的需求不断地改进自己的产品,以适应市场的需要。如果把学术评价和期刊评价也看成一个市场的话,那么,评价机构的产品也不例外,只不过"三大核心"是一种特殊产品,所要面对的也是一个特殊的市场。其用户主要有三类:一是行政权力部门;二是期刊社;三是学术界。在现行的科研体制和期刊体制下,后两类用户必须接受第一类用户的管理。因此,要占领评价市场,满足行政权力部门的需求是最重要的,故总是被置于首位,除非放弃评价市场。如果能获得行政权力部门的认可,即使得不到第二、三类用户的肯定,也不会妨碍其产品应用于对他们的管理。核心期刊的研制者正是熟谙这个市场规则,所以,他们改进思路的重点并不在自己的产品的改进,而是在产品的应用方面,即通过应用的改进,来守住自己的市场份额。

1. 问题之一:产品设计与实际应用的错位

如前所述,核心期刊为指导订阅而设计,却应用于评价期刊的质量,两者的矛盾不可避免。对此,核心期刊的研制者当然不会看不到。他们在设计改进方案时可能的选择是:要么改变产品设计,以符合期刊评价的需要;要么限定产品的适用范围,避免在学术评价中的"误用"。在这两个方面,"姜文"和"蔡文"都有涉及。

"姜文"指出:"核心期刊评价体系建设还有不完善的地方,需要在长期的实践中不断修正,特别是统计源的建设和统计指标的研究还需要很大的改进。核心期刊的所谓'负面效应',主要来自应用领域,学术生态环境的影响起着举足轻重的作用,特别是科研管理部门的政策导向作用。"在他看来,一方面,核心期

刊还需改进,但这是次要的;主要的是另一方面,对核心期刊"科学地理解与使用"。

"蔡文"更是只从核心期刊的应用角度来讨论今后的发展,除了强调核心期刊"只能作为参考工具使用"外,用了更多的篇幅来论述期刊评价与论文评价的关系,通过区分两者的不同,来说明因"以刊评文"而产生的诸多学术乱象错不在核心期刊的评选:"纵观各种负面意见,主要是由于将期刊评价成果'核心期刊'或'来源期刊'作为评价学术论文的标准而引起的。""将'核心期刊'或'来源期刊'当作乱源是不公平的,将'核心期刊'或'来源期刊'的作用异化为评价论文的标准,才是产生混乱的真正根源。""蔡文"关于错不在核心期刊而在外界对其作用的"异化"的观点可以视为其对今后改进思路的基础。"蔡文"通过区分期刊评价与论文评价为核心期刊的适用范围作出了非常明确的限定,即核心期刊用来评价论文是不科学的,但用来评价期刊则是科学的,从而为核心期刊确立合法性。

但是,"姜文""蔡文"还必须回答与评价论文不同的期刊评价之所以科学的基础是什么的问题,"蔡文"在作上述论证的时候显然忘记了为了论证核心期刊评价的科学性时曾经说过的话:"期刊评价的方法是从论文质量的微观角度出发对期刊进行宏观评价。"这个观点不错,科学地评价期刊的基础还在于科学的论文评价,因为期刊的内容主体是论文,要将两者割裂是不可能的。但"蔡文"又说:"学术论文评价涉及的因素比期刊评价更多更复杂,建立科学的(学术论文)评价体系是一项艰巨的任务……希望经过各方面努力,能尽快出现兼具科学性、客观性和权威性的学术论文评价系统,届时期刊评价作用被扩大化的局面将被彻底扭转。"笔者认同"建立科学的(学术论文)评价体系是一项艰巨的任务"的观点,但并不认为"学术论文评价涉及的因素比期刊评价更多更复杂"。仅从"蔡文"已认识到的"期刊评价的方法是从论文质量的微观角度出发"来看,期刊评价实际上已包含了论文评价,或者说论文评价是期刊评价的前提与基础,没有科学的论文评价就不可能有"从论文质量的微观角度出发"的科学的期刊评价,评价期刊的复杂程度恐怕要远远超过论文。既然"科学的(学术论文)评价体系"尚未出现,又何来建基于此的科学的期刊评价体系?"从论文质量的微观角度出发"又从何谈起?

显然,"姜文"和"蔡文"都意识到了核心期刊的产品设计与应用之间严重错位的存在,他们的"改进"思路在于:首先,不能放弃学术期刊评价的主体身份和学术评价话语权,在"以刊评文"难有替代品的现实中,掌握期刊评价权,也就意味掌握了学术评价权。其次,不能放弃期刊排行榜的产品形式。一方面,因为专业能力所限,他们无法深入到内容层面进行评价,除了编制排行榜外,实难有其他形式的产品;另一方面,因为风险太大,排行榜毕竟深受行政权力部门青睐,放弃了排行榜,或破除了排行榜的神话,核心期刊是否还能有如今之风光,谁也不敢保证。

在笔者看来,循着"姜文"和"蔡文"这样的思路去解决核心期刊产品设计与实际应用的错位而造成的矛盾,无异于缘木求鱼,连自圆其说都很难做到,又怎能指望获得学界的认可和自身的真正发展?

2. 问题之二:个性化需求与共性化产品的矛盾

在讨论改进思路时,核心期刊的研制者还面临着一个必须解决的棘手问题就是,除了《总览》和《要览》的研制机构之外,还有若干个以期刊排行榜为最终产品的评价机构,核心期刊带来的利益总是在鼓动更多的单位生产更多的类似产品加入到竞争行列中来。面对这一问题,可能的选择是:要么展开竞争,优胜劣汰;要么各自走个性化、特色化之路,以免与对手狭路相逢。"姜文"和"蔡文"在设计改进方案时都选择了后者。

"姜文"从产品设计的多样性角度论述核心期刊的个性化存在,"我国以文献计量方法为主要特征的评价体系各具特色,期刊评价工作可以根据它们的特点选择自己需要的参考标准或数据指标"。在"姜文"看来,差异的存在既是客观的,也是合理的,"那种建立一个包罗万象的通用的评价体系,或由官方出面建立一种权威的评价体系的构想,是不利于学术自由和不切实际的想法"。"蔡文"则从社会需要多样性的角度论述这个问题,"期刊评价的根本目的是为了满足社会需求,而社会需求是复杂多样的,因此不同的期刊评价研究项目,都有自己特定的研究目的和特定的服务对象,这就是为什么有多个实用性期刊评价研究项目可以同时存在和发展的原因,它们之间是互相补充的关系"。也许为了证明以上观点,"姜文"和"蔡文"都分别列出了他们认同的一些产品。值得注意的是,"姜文"和"蔡文"都将"来源期刊"归为"核心期刊"之一种。这让笔者颇为困惑,如果对文献情报学不甚了解的一般人,基于学术评价的现实视两者皆为"核心"尚情有可原,比如"三大核心"之说的流行,但作为文献情报学专家居然无视两者之间的本质差别,硬把具有本质不同的两种东西视为同类,其用意何在? 笔者能想到的原因也就是为了证明不同的核心期刊产品各具特色。因为如不将来源期刊拉进核心期刊的行列,那么,所有剩下的核心期刊产品互相之间的差异,恐怕就不像"姜文"和"蔡文"说的那么大了。比如,《总览》和《要览》从目的到方法,再从指标体系到产品,都像一对孪生兄弟,而其他核心期刊的产品也是大同小异。其实,只要是核心期刊产品,就不会有多大的差异。对此,"蔡文"只好强说不同:"评价目的、评价方法不同必定会造成评价结果不同,主要表现为选出的期刊总体数量及侧重的学科范畴不相同。"但即使这样的不同也站不住脚,"蔡文"最后不得不承认:"尽管不同期刊评价项目评出的期刊数量各不相同,学科期刊排序也会有所差异,但是由于期刊学术水平是各评价体系所共有的重要指标,因此,在评价结果中存在着明显的共性,各学科中学术水平高的期刊往往会重复入选不同的核心期刊表或来源期刊表,公认度较高。"可见,各自的"个性"是多么的微不足道。

个性化需求是确实存在的,即使只看行政权力部门的科研管理,评价项目之多,早已令人目不暇接,更不用说期刊界与学术界的需求了,但个性化的核心期刊产品却未见得有。至少连"姜文"和"蔡文"也只能从理论上说有,而面对现实时,却不得不承认,与其说那些产品是个性化的,不如说是共性化的。那么,将来会不会有呢? 如果将来能有,个性化仍不失为核心期刊未来发展的一种进路。但若按照"姜文"和"蔡文"论说核心期刊只是期刊榜的特点来看,将来也注定不会有的。只要是以排行榜的形式出现的宏观评价,都没什么个性可言。核心期刊的权威性与个性必然陷入一个悖论:作为宏观评价,如结果不同,必将失去权威性;如结果相同,必将失去个性。对于核心期刊这样的排行榜产品而言,权威与个性是不可能共生共存的。

由此看来,循着"姜文"和"蔡文"的思路,既不能让核心期刊满足不同的社会需求,也无法避免相互之间的恶性竞争。顺着这样的所谓进路,可谓寸步难行。

(二)CSSCI 研制者眼中的问题及改进思路

对于 CSSCI 研制者来说,来自各界批评的压力也是无时无处不在的,比起核心期刊,更容易被置于风口浪尖。化解这些压力,找到在未来发展中的定位,也是关系到CSSCI能否生存和发展的根本问题。

1. 问题所在:对核心期刊曾经的路径依赖

与核心期刊一样,CSSCI在面对评价这个特殊市场时也必须作出取舍,但与核心期刊不同的是,他们首先要考虑引文数据库这个主产品的未来,这个数据库可以服务于行政权力部门,但期刊界特别是学术界才是更主要的用户。近年来学术界对学术评价现状的批评让他们切身感受到来自权力结构底层的反作用已使行政权力部门在运用排行榜时谨慎了许多,因此,争取学术界和期刊界认可也许不如行政权力部门认可的作用那样直接,但却更稳定和持久。这在"王文"关于CSSCI未来进路的论述中有充分体现,从中可以清楚地看到极力摆脱对核心期刊路径依赖的明显倾向,主要表现在两方面:其一,淡化评价主体身份,强调CSSCI的工具性;其二,淡化CSSCI的评价作用,强调CSSCI服务平台的功能。"检索、分析文献和为学术评价提供帮助是CSSCI的主要功能"。

2. 进路设计:从评价产品到数据服务平台

当明确了工具定位和向数据服务平台转型的进路后,CSSCI改进的思路自然就是完善工具,提升平台服务质量和水平。所以,"王文"不必回避CSSCI的缺陷,有缺陷才有改进的余地。在"三大核心"主编或负责人中,也只有王文军详细地列出了其产品所面临的问题和大致的解决方案。其一,"论文收录质量问题……CSSCI应当改进收录方式,将那些不符合学术规范的论文或低质量的论文排除在CSSCI收录的范围之外……把那些非来源期刊上的高水平论文筛选出来收录到CSSCI之中"。此举意在提高数据源的质量,针对的是目前学术期刊质量不平衡的问题,不仅不同的期刊质量不一,即使同一本期刊中的论文质量也参差不齐。其二,"来源期刊遴选的问题……目前CSSCI主要是按一级学科分类来筛选来源期刊,这一方式导致一些二级学科、新兴学科、交叉学科、边缘学科和专深领域的期刊无法有效地收录进来,另一方面来源期刊的遴选范围也应当进一步扩大到全球范围"。此举是要细化来源期刊的分类,增强来源期刊的代表性。其三,"同行评议问题……必须通过进一步增强学科专家对来源期刊等的评选力度,建立科学完善的同行评议机制"。此举意在引入同行专家参与评选来源期刊,以同行评议来弥补纯量化评价的缺陷。其四,"引文质量问题","过度自引"和"互惠引用"会造成"引文资料失真",必须予以杜绝。此举意在遏制学术不端行为,特别是数据造假。其五,"来源期刊数量的问题……

应按照学术资源、学术成果、学科人群分布等指标对各学科文献的收录数量进行测算，并以此为依据来确定各学科来源期刊的数量，同时按照学科文献收录数量为依据对综合性期刊进行选择性收录"。此举也是要增强数据源的代表性。其六，"CSSCI 的国际影响力问题……从目前来看，CSSCI 的影响力还基本停留在国内，在国际上影响甚微"，如何"不断提升 CSSCI 的国际知名度，并通过这一平台积极推动中国哲学社会科学研究成果走向世界，是一个重大现实问题"。此举意在让 CSSCI 国际化。

以上几个方面的措施都是着力于提升 CSSCI 的数据质量和服务平台建设的水平，其方向无疑是正确的，但实施的困难也是可以想见的，即使能一一顺利实施，也必将是一个渐进的长期过程。

（三）对"三大核心"进路设计的分析

比较"姜文"和"蔡文"对核心期刊、"王文"对 CSSCI 今后发展进路的设计，不难发现，"三大核心"中的核心期刊与 CSSCI 已显示出了分道扬镳的趋势。那么，各自的前路如何？

1. 缘木求鱼：对核心期刊进路设计的分析

在进路选择上，尽管"姜文"和"蔡文"还是有些微的差别，但在对待研制者的身份、产品的性质和形式及用途等一系列问题时，他们的立场都高度一致，即这一切都无须改变，也不能改变，需要改变的主要是外界对核心期刊的"误用"。所谓"误用"核心期刊的外界，无非是学术界、学术期刊界和行政权力部门。核心期刊排行榜对学者的学术研究和学术编辑的办刊几乎无用，也就无所谓"误用"，唯一与他们有关的事就是被这些排行榜牵着鼻子走。因此，"误用"的主体就剩下行政权力部门了，而行政权力部门在实施其管理职能时最可能的误用就是"以刊评文"。

其实，"以刊评文"是有其逻辑的，那就是期刊的质量与论文的质量是不可分割的。期刊之所以优秀是因为其所发表的论文优秀，执行严格的审稿标准，特别是代表了同行评价的双向匿名评审，"可以使编辑对作者的'发现'更为准确和全面"[①]，是确保期刊质量的重要手段，故能通过优秀期刊审稿的论文理应

---

① 李记松：《匿名审稿制下的编辑与作者关系——以人文社会科学期刊为中心》，《南京大学学报（哲学·人文科学·社会科学）》2015 年第 1 期。

都是优秀论文。这样的逻辑演绎并没有太大的问题。如果"以刊评文"出现了问题，那只能出在对期刊是否优秀的认定上。"姜文"和"蔡文"都坚持认为核心期刊是期刊质量评价的结果，既然如此，能够上榜的期刊当然都足够优秀，那么，以核心期刊来评文就错不到哪里去。但现实却是"以刊评文"的结果十分荒唐，连"姜文"和"蔡文"也不得不承认这一点。这就足以证明，核心期刊评选的标准与论文质量无关或没有全然相关。事实也是如此。首先，核心期刊评刊的所有指标中，没有一项是与论文内容质量直接相关的，只是间接关系，而且这样的间接关系错综复杂。比如，引文就有正面引用、负面引用和不涉及价值判断的所谓中性引用，仅用引文频次这样的简单数据，是无法衡量论文质量的，所谓"期刊评价的方法是从论文质量的微观角度出发"云云真不知是从何说起的。

其次，退一步说，即使核心期刊的指标是科学的，核心期刊指标的数值也容易被个别论文的极端值所左右。期刊是论文的集合体，不同学科论文的各种指标数据差异固然巨大，同一学科不同质量的论文指标数据差异同样巨大，核心期刊评选时对此却无法区分，只要某刊有部分高指标论文，该刊即可能入选，这就造成了论文质量参差不齐的期刊照样可以入选核心期刊的结果。当期刊知晓了这一秘密之后，就可靠少量高指标论文获取评价数据，而其余论文的质量则可放任不管，更有甚者，拿出部分版面来牟利，这就是为什么有些核心期刊能够大肆敛财的秘密。那些靠钱买来版面的论文质量显然不会高，甚至大大低于非核心期刊的论文。这才是"蔡文"强调核心期刊不能用于论文评价的真正原因。

从评选方法上来看，只以刊为单位统计数据而不涉及所有论文的质量来评选核心期刊，决不可能是期刊的质量评价，充其量只能评出含有部分影响较大论文的期刊，而影响大与质量高之间、部分论文与全部论文之间是不能画上等号的。正是评价机构极力将刊物的部分论文数据等同于全部论文数据、将期刊的影响力评价混同于质量评价，才造成了"以刊评文"恶果的蔓延。是评刊出了问题才导致"以刊评文"跟着出问题。不管是逻辑推演还是事实判断，"以刊评文"错都在评刊。因此，如果说行政权力部门误用了核心期刊，那也是评价机构的评刊误导在先。

如果今后核心期刊仍坚持现行的以排行榜为"成果"的评刊方法不改，并且仍然声称他们所做的是期刊质量评价，那么，对核心期刊的应用——无论是用于评刊还是评文抑或其他任何涉及质量评价的事项，结果都只能是误用。行政权力部门为避免"误用"的最好办法,就是让核心期刊退出行政权力部门主持的期刊评价,而不仅仅是退出学术论文评价。出现这样的结果并非完全不可能,一方面,期刊质量评价的方法必须改进,至少要以对全刊的内容而不是其局部进行评价为基础;另一方面,虽然目前还没有找到公认的替代"以刊评文"的学术评价方法,但这方面的尝试和努力一直在持续着,比如教育部近年来在职称评审、项目评审中努力推行的"代表作制"就是一个例证。

因此,如果真像"姜文"和"蔡文"所论述的进路那样,不从自身出发谋求改变,把核心期刊未来的生存与发展的全部希望寄托于与外界认可其产品为期刊质量评价,那么,核心期刊真的要走向穷途末路了。

2. 十字路口:对 CSSCI 进路设计的分析

CSSCI 所面对的问题与核心期刊有共同的一面。CSSCI 之所以被各界列为"三大核心"之一,并不因为其所拥有的引文数据库,而在于它一直以来都以评价产品的身份而存在。"C 刊"之说即因"以刊评文"而来,所以,"以刊评文"的种种恶果,"C 刊"也难辞其咎。

在 CSSCI 起步阶段,其研制者就曾高调地打出"学术评价"的旗帜,一个引文数据库的生产者却将自己命名为"评价中心",从中足以看到他们是何等看重自己的评价作用的。在谈及 CSSCI 的功能和意义时,其研制者总是直言不讳地将文献检索功能与学术评价功能相提并论:"《中文社会科学引文索引》的研制成功填补了国内外的一个重要空白,它既是中文人文、社会科学文献信息的重要查询工具,又是人文、社会科学研究及学术期刊的主要评价工具。"[①]不仅是 CSSCI 的研制者如此标榜,他们的同行,来自多所高校的文献情报学的学者也是如此来看待 CSSCI 的功能的。在 CSSCI 问世后的一段时间里,曾涌现出多篇充分肯定 CSSCI 评价功能的论文,甚至将其评价方面的意义置于索引功能之上,如:"(CSSCI)整个系统研制成功的意义不仅在于它可以提供多途径的检索通道,实现查新功能,重要的是它通过文献计量指标的排序和比较,为社会科学管理部门从宏观到微观、从不同角度管理和评价社会科学成果提供了可以操作的

---

① 邹志仁:《中文社会科学引文索引(CSSCI)之研制、意义与功能》,《南京大学学报(哲学·人文科学·社会科学版)》2000 年第 4 期。

定量手段。"①再如："'中文社会科学引文索引'（CSSCI）在引用率方面为社科成果的评价提供了一个比较公正、客观的标准，不少科研部门和管理机构都以此作为社科成果的评价标准，取得了好的效果并产生了积极的意义。"②尽管这些论文也都提及甚至重点指出了应用 CSSCI 评价功能的局限性，但都不妨碍他们将评价功能作为 CSSCI 主要功能来论述。

在这样的宣传攻势下，CSSCI 以一种更科学、更公正、更客观的评价产品的形象走入了公众视野，其来源期刊表很快被用于科研管理中，成为很多高校认定本校学术期刊榜的蓝本，教师和科研人员只有在入榜的期刊上发表论文才能被各种考核所认可。"C 刊"就这样成了继《总览》和《要览》后的"第三大核心"，而作为 CSSCI 主产品的引文数据库在很长时间里基本不为人知或鲜有人使用。这样的局面也许正是 CSSCI 研制者所希望的，至少在其起步阶段。因为作为 CSSCI 蓝本的 SCI、SSCI 在被引入中国时就被异化为评价产品了，CSSCI 步其后尘并不奇怪。只是在"以刊评文"的恶果逐渐显现、CSSCI 深陷舆论包围之中时，人们才重新"发现"了其引文索引功能的价值。

与核心期刊相类似，CSSCI 来源期刊的遴选也不具有质量评价的意义，道理也是一样的，来源期刊评选的指标与论文内容质量并不直接相关，也不针对期刊中的所有论文，入选期刊中的论文质量同样参差不齐，这个漏洞同样可让入选期刊拿出部分版面来牟利。当"C 刊"取代核心期刊而成为论文评价标准后，同样造成了学术乱象。与核心期刊一样，这也是 CSSCI 首先必须面对的问题。

但是，CSSCI 还有着与核心期刊不同的另一面，那就是来源期刊并不是其最终产品，即使放弃了"C 刊"在评价中的作用，CSSCI 还有着继续生存下去的价值，而且，在重新"发现"了引文索引的价值后，其对检索工具的价值回归会让其生存得更有意义，而这个意义以前却被"C 刊"的光环给遮蔽了。"王文"对 CSSCI 进路的设计正是基于此。其进路设计的重点是淡化评价功能，提升数据库质量，打造服务平台，从 CSSCI 自身的建设来说，自有其道理和意义。但是，若将 CSSCI 置于整个学术领域特别是当今的学术环境中，如何让学术界接受一个不同于以往印象中的 CSSCI 才是更为重要的问题。给人的第一印象毕竟是

---

① 姜春林：《试论引文分析与社会科学定量评价》，《科技管理研究》2002 年第 6 期。
② 胡敏中、宋淑英：《CSSCI 与社科成果评价标准》，《学术界》2005 年第 2 期。

难以改变的。而且,从"指挥棒"到服务平台还意味着利益结构的改变,CSSCI 能轻易放弃既得利益而去寻求未知的新的利益吗?

四、回归数据开发者的定位是核心期刊、CSSCI 的根本进路

核心期刊和 CSSCI 之所以一直以"三大核心"合称于世,就是因为近年来其各自期刊排行榜几乎垄断了学术评价特别是学术期刊评价,但这种简单而异化的评价终于引起了公愤。在笔者看来,以排行榜为特点的评价,恰恰反映出了评价机构不懂专业无法进行内容评价的致命弱点,仅靠数据是无法弥补这一缺陷的。因此,他们都不可能具备独立的评价主体的身份,换言之,即两者都不可能具备独立地从事学术评价或期刊评价的资格。如果他们坚持要进行学术评价或期刊评价,那么,将永远也摆脱不了外行评价内行所必然陷入的困境,也永远不可能赢得评价对象的认可。其实,这个道理,评价机构未见得不明白,然而,其各自的进路选择则又是另一回事。

（一）转型的资本：数据与数据库

"姜文""蔡文"与"王文"在未来进路问题上的最大的区别在于对自身的定位:核心期刊坚持自己评价主体的身份,坚持以排行榜的形式进行期刊评价;CSSCI 则选择了淡出期刊评价,向服务平台转型。比较两者的选择,核心期刊将在评价的泥淖中继续深陷下去,而 CSSCI 则可以找到新的发展空间,显然后者更为明智。核心期刊为何放弃明智的选择? 其实,我们不难看到其中的那份无奈:因为他们别无选择。不同的进路选择与各自的处境、拥有的变革资本及对未来的利益期待是密切相关的。从所遭遇的抨击来看,核心期刊与 CSSCI 几乎一样,但各自拥有的变革资本却有不同,CSSCI 因拥有一个越来越为人所知的引文数据库而可以选择从评价产品到服务平台的功能转型;而核心期刊却只有排行榜这唯一的产品。有一个现象可以印证这一判断,检视近年来众多出自各学科学者有关核心期刊和 CSSCI 的文章,发现除了批评性的文章外,很少有《总览》和《要览》的应用性研究成果问世,但却有大量的运用 CSSCI 数据进行期刊

345

歧路彷徨：核心期刊、CSSCI 的困境与进路

分析和学科分析的应用性研究成果出现。① 这是一个值得所有评价机构关注和思考的现象。显然,在经过了十多年的积累之后,CSSCI数据库的价值逐渐为人所识,各学科学者、期刊人已开始加入 CSSCI 数据库的使用队伍中来,CSSCI 对学术研究的作用正在显现,而核心期刊则仍在原地踏步,在学术研究中几乎毫无作用,一个对于研究没有作用的评价,其存在有何意义?

那么,核心期刊的路是不是真的快走到头了? 未必如此。我们不要忘了,核心期刊的评选也是以大量的数据为基础的,如《总览》编制时,就采用了被索量、被摘量、被引量、他引量、被摘率、影响因子、获国家奖或被国内外重要检索工具收录、基金论文比、Web 下载量等 9 个评价指标,《要览》与此也大同小异。而且核心期刊的历史要比 CSSCI 长得多,如果它的数据真的有那么全面和可靠的话,那么,核心期刊理应拥有比 CSSCI 丰富得多的数据库;如果这个数据库真的存在的话,只要开放,哪怕是有条件的开放,其对学术研究和学术期刊的作用都要胜过 CSSCI。基于此,核心期刊也完全可以选择从评价产品向服务平台的转型。但是,"姜文"和"蔡文"似乎从未考虑过他们用于制作核心期刊排行榜的数据对学术研究或学术期刊还能发挥什么作用,也从未提及他们是否拥有这样的数据库以及是否打算让其对学术界开放,这是一件让人感到十分遗憾和不解的事。

作为数据"仓库"的数据库的基本功能就是为用户提供服务,一个与某些特定单位切身利益或公共利益相关的数据库理应向这些利益相关单位或公众开放。作为评价机构的数据库,其数据全部来自评价对象或公共领域,其数据质量和使用是否科学与评价结果直接相关,其评价结果与评价对象的利益又密切相关,这样的数据库是没有理由不开放的,哪怕是为了证明其评价结果的正确以应对公众的质疑,也应该开放。但是,一个能够开放的数据库是要有技术条件的,首先其硬件设备必须支持可能的访问量和服务要求,这一点在今天并不难做到。其次,这个数据库建库模式必须科学合理,数据采集必须规范准确,用户界面必须友好易用,这才是真正的难点。所以,核心期刊的研制者至今不提

---

① 以"基于 CSSCI"和"基于核心期刊"分别在中国知网期刊库作主题检索,迄 2015 年 10 月,结果分别为 488 篇和 24 篇论文,后者仅及前者的 5%;而且前者多为基于 CSSCI 数据的应用性分析或研究,后者因无数据可依,多是以核心期刊为研究范围,而研究所需要的数据则要另外搜集,所以很难将其视为核心期刊的应用性研究。

开放其数据库,就不能排除可能存在的技术上的原因,最大的可能是核心期刊数据库因数据质量问题而无法开放。笔者这样的猜测是基于数据库建设工程之浩繁,特别是《总览》《要览》这样涉及多种数据源的数据库,数据量之大、数据采集和校正之难是一般人难以想象的。由于人文社会科学的学科传统,期刊所刊论文并不像自然科学论文那般"规范",比如,仅引文的标注方法就有页下、文末、文内等多种,与引文相关的数据很难通过机器来采集,这些数据的采集、校正主要靠人工;再如下载量,一篇论文同时呈现于不同的期刊数据库、不同的网页甚至微博、微信中,这已是学术传播的常态,每一处都是下载源,这个下载量数据如何采集? 如何保证准确无误? 如果数据不准确,运算再精确又有什么意义? 不管以上的猜测准确与否,核心期刊用以加权运算的原始数据始终不开放都是一个事实。所以,尽快建立、完善和开放数据库是核心期刊能顺利走上转型之路的不二选择。

（二）转型的困难：对评价权力的留恋

对于评价机构来说,拥有数据库只是具备了转型的基础,是否愿意在此基础上转型,一个更为重要的问题就是,如何对待已握于手中的评价权力。这个问题不解决,核心期刊和 CSSCI 就都不可能实现真正的转型。"长期以来,学术评价一直是同行学者的事,但在专业评价机构诞生之后,这一传统被颠覆了,'核心期刊'、'来源期刊'榜单成了压倒一切的学术评价的利器;而数千种学术期刊各属什么级别,比如'权威期刊'、'核心期刊'等,基本上由发布这些期刊榜单的评价机构说了算。'母以子贵',制作学术期刊排行榜的评价机构也因此而走红,由学术研究的服务者而摇身一变为学术舞台上的主角,排行榜则成为他们手中极具魔力的指挥棒,本意是服务于学术研究的评价成为了凌驾于学者之上的支配力量。"[1]自评价机构产生以来这 20 多年中,几乎所有的评价机构都迷恋上了与学者之间这样一种颠倒的关系,而学术界和期刊界不得不听命于评价机构的"指挥棒",实是一种对权力不得已的屈服。这样的评价权力,主要来自于排行榜而不是数据库,如果强调数据库的服务意义,相反可能冲淡排行榜的影响。这才是核心期刊从来不重视数据库建设和开放的主要原因。排行榜

---

① 朱剑:《重建学术评价机制的逻辑起点——从"核心期刊"、"来源期刊"排行榜谈起》,《清华大学学报(哲学社会科学版)》2012 年第 1 期。

的产品形式历20余年不改,它已成为评价权力的象征,谁制作和发布排行榜谁即拥有评价权力。"三大核心"之得名,恰恰说明了对学术界和管理部门影响最大的是期刊榜(无论是核心期刊还是来源期刊)而不是数据库,如果CSSCI从一开始就以其数据库闻世的话,也就不会有"三大核心"这一对这三个性质不同的产品的统称。其实,直到目前为止,尽管CSSCI数据库的作用已逐渐显现,但仍然无法与来源期刊榜的影响相比。

由此可见,权力的诱惑和对权力的留恋才是评价机构转型的最大障碍,而评价之成为权力的根源还在于现行的科研体制,这就要回到本文开头所说的行政权力对学术活动的强势介入。作为评价的当然组织者,行政权力部门采信什么样的评价,就会将什么样的评价者送上权力的宝座。近年来,评价机构正是依靠排行榜在涉及利益分配与管理的评价中起到了关键作用,才牢牢把控了学术评价权力。所以,只要他们留恋评价权力,就不会放弃期刊排行榜,核心期刊如此,CSSCI同样如此,某些后起的评价机构更是如此。

(三)根本进路:回归数据开发者的定位

在可以预见的将来,学术资源由国家控制和分配的体制不会改变,评价在利益分配中的作用也不会改变,能够改变也必须改变的只能是评价机制。最有效的改变就是行政权力部门赋权的对象,让学术评价回归学术共同体。但评价机构既然能够从学术共同体手中夺得评价权,要让学术评价真正回归学术共同体也就不是件容易的事。在目前的学术生态环境下,同行评议同样会滥用评价权力,其评价结果的公正性也许连评价机构的排行榜还不如。因此,评价权力回归学术共同体的过程必然是学术民主重建的过程,只有让学术民意有充分表达的渠道,只有对评价权力实行有效的监督,科学合理的评价机制才有望真正建立。

重建学术民主当然是一个艰难而长期的过程,所以在同样可以预见的将来,类似排行榜的评价产品在学术评价中也许仍然会占据十分重要的地位,但是,"三大核心"要想原封不动地保持手中握有的评价权力也非易事。一方面,来自同行的竞争将不可避免,后起之秀既会通过一些"创新"性的评价理论和方法来给排行榜披上"科学评价"的外衣,也会借助一些非学术、非技术的手段来争夺评价权力,排行榜的"战国时代"已经揭幕;另一方面,排行榜并没有十分高深的学术和技术含量,当以排行榜为标志的定量评价的面纱被揭开之后,既会有被评价者因迎合而数据造假使排行榜进一步失去公信力,也会有更多的学者和期刊人加入批判和抵制的行列中来。因此,即使支配资源分配和管理的评价权力依然长期存在,即使这样的评价权力仍然以排行榜的形式呈现,能够为行政权力部门采信的评价产品也不一定是"三大核心"了。对于"三大核心"说来,在进路选择上最明智的做法是自我革新,用更有说服力的产品来替代自己的排行榜和打败竞争者的排行榜,而不是坚守排行榜。这个更有说服力的产品,非开放的数据库莫属。在这方面,核心期刊和 CSSCI 毕竟已有所积累。

如果我们在这一前景下来观察"三大核心"的进路选择,更加可以看出,以《总览》或《要览》为唯一产品的核心期刊面对新老竞争对手,显然处于劣势;而 CSSCI 对服务平台的转型则更利于今后的竞争。一方面,向服务平台转型并不影响其来源期刊作为排行榜而存在,只要排行榜在学术评价中仍然起作用,有着服务学术研究的数据库支撑的来源期刊榜只会更具竞争力;另一方面,如果排行榜真的退出了学术评价,服务平台的意义与作用则更加凸显。

如果对学术民主的重建有着足够的信心和耐心,那么,我们也可以将CSSCI的转型看作是评价机构对数据开发者定位的回归,而把评价的权力还给学术界。这将是解决学术评价问题的必由之路。

首先,评价机构回归数据开发者定位将会使评价数据真正开放,而对数据的开发与对数据的分析和利用也可以明确地区分开来。定量评价原只是评价方法之一种,如今却成为评价机构的专利,评价机构凭此而跻身评价主体的行列,这样的身份"僭越"已使学术评价分裂为定性和定量两个不同的评价种类。这一切之所以发生,并不是因为评价机构特别具有定量分析的能力,而是因其对数据的垄断。只公布评价结果而不开放原始数据,排行榜之"魔力",正是缘此而来。但不开放原始数据的排行榜,作为科研成果,它很难有科学性可言,因其结果无法验证;作为评价结果,它很难有公正性可言,因其过程无法监督。因此,要建立科学而公正的评价,评价数据的开放是必不可少的前提。开放数据当然也就意味着数据开发与分析利用的分开,分析和利用数据者将是所有的学术同行,只有这样,数据才会真正发挥作用。

其次,评价机构回归数据开发者定位将会让其找到适合自身发展的正途。评价机构退出学术评价,并不意味着从此与学术评价绝缘,评价机构对学术评价的价值并不在其排行榜,而在于其所挖掘的与学术研究和学术期刊相关的大量数据。在信息时代,这些数据的价值甚至可以说是无可估量的。但是,以排行榜作为数据处理的唯一结果实际上是对数据价值的埋没和扭曲,甚至导致了学术乱象。因此,评价机构退出自己不具实力的学术评价,回归数据开发者的定位,扬长避短,专心做好数据的挖掘工作,为使用者(学术界、期刊界和管理部门)提供周到的数据平台服务,就能在未来的学术研究和学术评价中找到真正属于自己的位置,作出自己的贡献。因数据性质的不同,数据库的种类必将是多样的,差异化发展也能比较容易实现。显然,如果从评价产品到服务平台的转型成功,那么,评价机构就可以为自己打开一个新的发展空间。

最后,评价机构回归数据开发者定位将有利于科学合理的学术评价机制的重建。直接的效果是排行榜将从评价中淡出,使得学术研究、学术期刊不必再被评价机构牵着鼻子走,从而断绝了以数据造假为典型表现的学术不端的一个显性源头。如果说,学术评价机制的重建在于让学术评价回归同行评议,那么,从长远看,评价机构开发的数据则可以为同行评议的公正提供某种前提条件。一方面,随着数据的开放,定量评价不再是评价机构的专利,同行评议的评价者可以根据评价的目的来选择最合适的评价方法,既可以是根据经验作出判断的定性评价方法,也可以是通过数据分析得出结论的定量评价方法,更可以兼采各种方法,比如用数据分析来验证经验判断,从而作出更准确的评价;另一方面,数据的开放也为学术共同体提供了对同行评议实施监督和制约的资源,共同体中更多的人不仅可以依凭自己的经验,而且可以通过对数据的分析来评价同行评议的科学性与公正性,这是确保同行评议公正性不可缺少的程序。

基于以上理由,笔者认为,对于"三大核心"及所有的评价机构来说,明智的进路选择在于,退出学术评价,回归评价数据开发者的定位。如此,"三大核心"及类似的名头或将成为历史,今天的评价机构将以新的身份出现在学术界,而科学合理的学术评价机制的重建也将跨出实质性的一步。

原刊于《清华大学学报(哲学社会科学版)》2016 年第 1 期

学术文摘与学术评价

高自龙[*]

学术期刊与学术评价的关系问题一直受到学界、科研管理部门等的广泛关注。在对引文分析量化指标为主的"核心期刊"批评中,我们逐步厘清了学术成果评价与学术期刊评价、(权威)核心期刊或索引来源期刊遴选等之间的区别与联系,并达至基本共识:期刊不能代替学术共同体对学术研究成果评价的主体地位,概言之即不能"以刊评文"。但在助推学术评价制度完善、学术共同体成熟的过程中,学术评价需要在理想与现实之间探寻一种平衡。从实践需要看,合理借鉴和参考各种有关学术期刊评价的工具、方法,仍具应用价值。其中,学术文摘分析法就是一种人们较少关注和研究的评价维度,值得深入探讨。

一、学术文摘的推优定位

学术文摘期刊[1]是根据出版宗旨和内容定位,按照一定的标准、程序选编(摘)学术研究成果的二次出版物。目前在我国人文社科领域比较知名的有四大学术文摘,即《新华文摘》(1979 年创刊)、《中国社会科学文摘》(2000 年创刊)、《高等学校文科学术文摘》(1984 年创刊),以及中国人民大学《复印报刊资料》系列刊(1958 年起陆续创刊)。

学术文摘期刊,其创刊的根本宗旨就是推新、推优、引导。[2] 没有推优的功

---

① 本文将学术文摘的研究范围限定为人文社科领域的文摘类学术期刊。
② 王力力:《也谈学术文摘期刊的评价特性》,《评价与管理》2011 年第 2 期。

能,学术文摘就没有立身之本和存在的价值。学术文摘期刊的推优特性体现在它们各自的编选宗旨中,即都宣称自己是从已公开发表的学术成果中精选(摘)出在学术思想、观点、方法、材料等方面具有创新价值、前沿研究的优秀成果为读者服务。例如,《新华文摘》"提供哲学社会科学新成果、新观点、新资料和新信息";《中国社会科学文摘》"力求综合反映对重大现实问题和理论问题有深刻见解的学术成果,敏锐追踪对社会科学研究具有引导作用的前沿课题和热点问题,积极关注基于科学批判精神并在学术层面展开的争鸣与评论,精心提炼对学科建设和学术发展有所创新有所突破的论著精华";《高等学校文科学术文摘》"重点摘录人文社会科学各学科研究中具有原创性或体现新观点、新思路、新材料,提出或解决相关学术问题的优秀论文,以及学科研究中具有前瞻性、探索性或多学科与跨学科研究等方面的前沿成果,积极推荐人文社会科学研究中与国家社会经济改革和发展密切联系的具有全局性、战略性或具有重大理论和现实意义的优秀成果"[①];中国人民大学《复印报刊资料》要求"期刊所选文章准确反映学科研究的热点、难点、创新点、基本点和重大课题的研究成果,达到对应学科学术研究的一流水平","尊重差异,包容多元。期刊学术风格体现客观公正,倡导学术争鸣与探索,避免学术偏见,为读者提供多元视角"[②]。

学术文摘期刊的推优定位,在编辑出版中又存在差异,各具特色,主要表现在专业侧重点、学科覆盖面、标准价值取向、编选程序规定、质量控制体系、选编数量规模等方面。各学术文摘都兼顾了学科与问题设置栏目,并努力体现出自己的特色。例如,《新华文摘》除了选摘学术论文,还选编文艺和美术、人物与回忆等作品;《高等学校文科学术文摘》的选编文献来源主要是高等学校编辑出版的人文社科类学术期刊;相对于其他三家文摘的学科综合性特点,中国人民大学《复印报刊资料》规模最大、范围最广、专业特色最明显,除了100多种全文转载类专业专题学术期刊外,还有十几种专门对应一级学科的学术文摘期刊。

学术文摘期刊的推优定位说明,它既是一种知识服务的载体形式,也是反映学术成果影响力的一种途径。在信息技术不发达的时代,纸质期刊是我们获取最新、最前沿学术信息的主渠道,但个体的力量无法也不可能全面搜集到所

---

① 参见三种学术文摘的官方网站。
② 参见《中国人民大学书报资料中心编辑工作手册》(内部资料)。

需的期刊和文献,学术文摘发挥了不可替代的作用。在网络信息化和知识社会化传播路径高度发达的今天,已从"信息短缺"发展到了"信息冗余"(或者说"有效信息匮乏")阶段。移动互联网、大数据给教学科研带来的不仅仅是机遇,也有"稀缺头脑模式"的困惑①,需要在浩如烟海的学术信息、学术研究成果中,通过辅助性信息筛选机制——学术导航,帮助自己找到有价值的信息。如果说纸质期刊时代学术文摘的资料功能大于推优功能的话,那么,数字化时代学术文摘的推优推新、导航引领功能则大大超过了资料功能。学术文摘期刊的编辑和专家学者披沙拣金,精选(摘)出部分较有价值的研究成果推荐给读者,一方面对广大读者在较短时间里获取有用的知识信息提供了捷径和引导,另一方面更重要的是对海量学术研究成果的一次再筛选和再评价,为读者判断学术成果的影响力和阅读价值提供指导和参考。这个过程已不是简单劳动的重复,而是包含着大量复杂劳动的价值再创造。因此,学术文摘的推优功能定位是随着时代的发展和社会需求的变化而强化,其推优的评价特性越来越凸显。

二、学术文摘的评价特性

学术文摘期刊的推优定位并不等于说随便创办一本文摘期刊就具有了一种评价特性。评价人文社科学术成果是一种对"评价的再评价",除了本文后面还将谈到的评价主体必须是"学术共同体"外,重要的是要做到标准科学、程序公正、结果公开、质量优良。权威学术文摘的论文摘编绝不是随意率性而为,而是严格按照选文标准体系、评审流程开展的学术推优活动。

第一,学术文摘的选文标准虽然主要也是政治标准和学术标准,但相较于大多数学术期刊,其推优评价特性决定了所遵循的标准更严、更高。

政治标准常常被一些原发性学术期刊理解为高度意识形态化的条条框框,有的甚至刻意回避刊发这类文章。学术文摘则往往立足于分析文章所体现的立场观点是否代表了人类文化发展的先进方向,是否符合国家民族发展的时代

---

① 哈佛大学教授穆来纳森(Sendhil Mullainathan)提出的"稀缺头脑模式"理论认为,人们长期处于资源(如金钱、时间、有效信息等)匮乏的状态,会在追逐这些资源的过程中养成一种"稀缺头脑模式"。即使以后这种资源不再稀缺,也依然不容易摆脱,从而出现心理焦虑、智力和判断力下降。例如,网络时代信息过载所造成的无法掌控的茫然、焦虑心态。

主题,是否发挥了推动社会发展、学术进步的正能量。从此宏观视野审视文章,就基本不会偏离政治标准的大方向。比如,有的文章充满了情绪化的批判戾气,主观片面,唯我独"是",实际上是没有新意的炒冷饭或对自我推崇的某种理论的重复;有的文章拿西方标准任意"裁剪"中国特色社会主义理论与现实①,给出所谓的"解构"、对策;有的文章忽视西方的人权、民主、普世价值等抽象概念所内含的基本预设、分析框架和叙事手法,简单照搬照抄,思想表达含混不清;有的文章明显存在违背史实的历史虚无主义倾向……凡此种种建立在不正确的世界观、价值观、方法论基础上的所谓学术研究论文,学术文摘在选编(摘)时都会特别注意审查和处理。

学术标准的构成比较复杂,往往是由系列指标组成的一个体系。比如,中国人民大学《复印报刊资料》选评论文标准的一级指标包括:学术创新程度(判断论文是否有创新、创新程度)、论证完备程度(判断论文的研究规范和严谨、科学程度)、难易程度(评估论文所属基础理论或应用研究过程中可能投入的劳动量)、社会价值(评估论文对社会进步、学术发展可能产生的推动作用)。为增强具体选评过程中的可操作性,在这些较抽象的一级指标下又设有多个具体的二级指标。② 更为重要的是,在长期的职业化、专业化的磨炼下,这些标准已经在学术文摘的编者心中内化为一种默会知识,这是一种单纯靠模仿学不到的内在素质。

学术文摘最强调学术论文是否有创新之处。学术研究旨在探索未知、修正已知、追求真知。学术成果是由经验上或逻辑上可靠、真实的知识性信息以及规范的创新学术含量组成,没有学术创新,严格说来是不能称之为学术研究论文的。当然,学术创新很难,尤其是在人文社科领域,高、顶、尖的重大原创性学术成果更是极为少见,一般都是常规性研究创新,如修正完善已有的学说、理论、观点、问题、阐释,或提出新的(或改进运用已有的)方法、视角,发现新的资料、史料、证据、数据,或对已有成果作出新的概括、评析,等等。从当前人文社

---

① 当然,也有任意"裁剪"别国现实的文章,这也不是科学的态度。在当今世界思想文化交流交融交锋的进程中,我们既要汲取各国家、民族创造的优秀文明成果,又要对我们的制度、理论、道路、文化有足够的自信。

② 中国人民大学人文社会科学学术成果评价研究中心研制:《人文社会科学论文质量评估指标体系及实施方案》,http://www.zlzx.org/files/otherFiles/2011rssi.pdf。

科研究成果的基本面判断,即使常规性的创新研究成果也是有限的,存在着相当数量的只具有促进知识教育与传播价值①的重复性研究文章。学术文摘通过比较、鉴别、判断,只能相对地(选)摘编出或多或少有创新之处的文章来。这同时也说明,学术创新是一项高强度的、高度精英化的创造活动,并非人人可以胜任②;各种考核和评价一概要求有"学术创新"是不切实际的。

第二,学术文摘优中选优的摘编论文的过程也遵循了学术成果评价的一般程序。如果说原发性学术期刊对每一篇论文经过选题策划、(匿名)评审、编辑加工、出版传播等流程,是对学术成果的第一次同行评价的话,那么,学术文摘期刊则是在第一次主观同行评价基础上的第二次同行评选过程。

学术文摘的摘编流程一般也是三审三校,根据信息来源是否全面、专业学科覆盖是否齐全、选编队伍水平是否较高、标准体系是否科学可用、编选程序是否规范等工作要素,可以判断学术文摘的规模、水平和影响力。例如,中国人民大学《复印报刊资料》100 多种学术刊,从信息来源、学科覆盖、编选团队、流程规范、精选质量等方面看,都具有专业化、标准化、规模化、持续性的学术成果评选特征。

1. 信息来源广。中国人民大学《复印报刊资料》每年收集整理国内公开出版的近 4000 种人文社科期刊和报纸,鉴别并分类标引出约 40 万③篇学术论文,层层筛选出约 1.5 万~2 万篇优秀论文予以转载出版。

2. 学科覆盖全。中国人民大学《复印报刊资料》学术系列期刊按专业学科门类设置,基本覆盖了我国所有人文社会科学二级学科,而且对一些交叉性较强的学科和边缘性学科、新兴学科,也设有相应期刊或栏目予以覆盖。

3. 专业化的编辑队伍和专家团队。中国人民大学书报资料中心有 100 多名各专业学科编辑,1500 位在各自学科领域最有影响力的编委,150 位知名学者轮流担任执行编委,这种编辑与专家共同选文、评文、编辑的方式,实质也是

---

① 邓曦泽认为,如果一个知识提供的信息是其他知识已经提供了的(即指没有创新的知识),那么该知识就是无效的(零价值甚至负价值)。但是,基于知识传播和教育的视角,反复传播这些被遴选过的既有知识也有正价值。

② 邓曦泽:《现代赛马:知识、创新与科研考核》,《华南师范大学学报(社会科学版)》2015 年第 5 期。

③ 因对构成学术论文的概念、内涵、外延、形态等要素的界定不清,我国每年的论文发表数量一直是个模糊状态,各种统计数据说法不一。

一种同行评议。

4. 选文流程规范。中国人民大学《复印报刊资料》有一整套完整、严格的编选流程和质量监控机制①，按照学术成果评价指标体系，经过各学科责任编辑、执行编委、学科编辑组、编辑部主任、总编辑的内评和外审多个环节，对论文质量进行筛选评估②。

5. 科学分类，同类比较。针对人文社科领域各学科之间在研究方法和研究性质上的差异，采取分类评估、同类比较方法，即在同一时间段内把同一学科的所有论文汇集齐全进行同类比较，从而判断论文的质量水平。

可见，学术文摘的评价特质并非自封，而是其内在本质规定性的要求。事实上，一些大刊名刊得到学界业界高度认可，具有了评价的特质，也是因为其在编辑过程中遵循了较高的质量标准和严格的刊文程序。在这个层次和意义上，学术文摘与原发性学术期刊的评价特质是相同的。王文军认为："一流学术期刊是创新性研究成果的主要交流平台，起着引领学术发展的重要作用，其严格的评审制度和审稿流程更使其具有不可替代的评价功能，这是不争的事实。"③

需要补充说明的是，关于编辑这个环节在学术评价中的作用尚存争议。从学术评价的主体看，不仅相当数量的高水平编辑、主编自身就是学者，而且长期的职业训练使编辑在学术成果质量的评价上养成了独特的素养、视野和评判力，这个能力也受到了广大学者的普遍肯定。因此，学术文摘的专业编辑和专家学者共同编选优秀成果，也应当是一种重要的学术同行评议形式。

三、学术文摘分析法的价值

学术文摘分析法是通过分析学术研究成果被学术文摘期刊转载（摘）或题录索引的数、数量、比例等，对学术成果及其发表载体的影响力进行评估的一种方法，这是一种基于主观同行评选结果基础上的量化分析方法。

---

① 参见《中国人民大学书报资料中心编辑工作手册》（内部资料）。

② 据了解，中国人民大学书报资料中心目前正实施网络同行专家选（荐）文平台改造工程，意欲打破现在的时空藩篱，推动范围更大的同行专家评议的实施。

③ 王文军、袁翀：《社会科学学术论文生产力评价的新视角——C^{100}指数的理念、构建方法及其初步测试》，《山东社会科学》2015年第2期。

邹志仁认为,学术文摘是一种对论文的科学水平进行间接评价的手段,通过学术文摘可以帮助读者掌握本专业的发展水平和动向,帮助用户选择文献、决定取舍。[①] 与引文分析法不同,学术文摘分析法的研究结果可以较为及时地反映学术成果及其载体的影响力。实践证明,学术文摘分析法对评价对象的基本面或趋势性的质量评估非常有价值。比如,分析研究中国人民大学《复印报刊资料》论文转载数据和十余年转载排名资料可以发现,数据较准确地反映了我国人文社科学术期刊阵营的分类、布局、水平、变化和发展态势等状况,有一部分期刊始终是中国人民大学《复印报刊资料》转载论文的重要来源刊,而且这些期刊在业界也具有较好的学术质量和影响力。

中国人民大学人文社会科学学术成果评价研究中心用转载量、转载率、篇均得分、期刊综合指数等指标,研制并发布了中国人民大学《复印报刊资料》重要转载来源期[②]名录(目前已发布 2012 年版、2014 年版)。将此名录分别与《中文社会科学引文索引来源期刊目录(2012—2013、2014—2015)》(南京大学)、《中文核心期刊要目总览(2011 年版)》(北京大学)和《中国人文社会科学核心期刊要览(2008、2013 年版)》(中国社会科学院)的并集进行比对发现:中国人民大学《复印报刊资料》重要转载来源期刊 2012 年版有 73% 的重合率,2014 年版有 78.45% 的重合率。这说明:

一是这些评价分析法的结果有较高的耦合度,说明以文献计量为主的评价法与以主观同行评议为主的学术文摘分析法,在期刊评价、评优的基本结论上趋同。

二是也体现出了一定差异。这种差异的主要原因是:(1)有些学科的论文引用率低,影响了期刊的影响因子指标,所以不能入选核心期刊目录。但引用率的高低对中国人民大学《复印报刊资料》选文没有影响,所以能够入选中国人民大学《复印报刊资料》重要转载来源刊目录。(2)一些特别专、小领域的期刊,可能影响因子正好满足了核心期刊的某些特殊评选要求,因而入选。但在中国人民大学《复印报刊资料》系列期刊上转载的数量少,故而不在其重要转载

---

① 邹志仁、姜希强:《情报学基础》,南京大学出版社 1987 年版,第 228~229 页。
② 指在统计期内,被中国人民大学《复印报刊资料》转载学术论文数量较多且被学术界、期刊界同行评议为学术质量较好、影响力较大的学术期刊。

来源刊之列。(3)时间差造成了差异。影响因子计算有较长的滞后期,核心期刊表也是滞后数据的反映。而人大"复印报刊资料"却是即时转载和统计的,时效性强,尤其是对学术期刊主编的学科取向、发文方向、栏目或定位调整等都有敏锐的感知,反映及时。(4)结果的差异也反映了人文社科领域学术评价的复杂性和标准的多元化,以及较多人文社科学术研究成果结论的不可重复验证性。量化的评价方法受评价目的、数据来源、评价指标及权重值、评价程序等的影响很大,结论有差异恰恰是一种常态化的反映。否则,反倒不正常、不科学、不客观了。

学术文摘分析法也存在缺陷,即主观评估数据的科学精细化问题。要对每一篇学术论文进行科学评选,无论是从价值角度还是方法角度,都要体现出学术共同体的"共识性价值判断"。但无论是评选论文的时空范围,还是评选论文的主体认知能力和知识水平,在任何时空点上对每一篇论文进行评价,都只能在"科学探究的终极目标"与"社会发展的现实观照"中寻求恰当的衡量点位,无法取得"完全准确"的量化结果。即虽然能够评估出同类论文质量水平的优、良、中、差的比例和排名位置,但对每一篇论文优劣程度作出非常具体、量化的评估还是非常困难的。同时,对同水平论文之间的区分度、不同水平论文之间的分位数界定等问题也都还需要探讨。

四、学术文摘与学术评价

学术评价是个世界级的难题。评价活动涉及评价目的、评价主体、评价客体、评价标准及指标、评价方法、评价制度、学术生态文化等因素,这些复杂的变量皆会因评价目的的不同而变化。因此,不可能有一种完美的评价方法。人们往往把科学、客观、公正、公平、民主等作为学术评价的理想原则,并把去行政化、去量化、去格式化、去审批化等作为治理目标和保障学术评价客观、公正的重要条件。但从目前的评价实践看,以纯学术性作为学术评价的追求目标和最高标准很难达到预期效果,那种理想状态从未有效实现。陈忠认为,从学术评价伦理看,不存在脱离社会条件和社会关系的学术评价。学术活动总是与一定的社会政治文化目标相关甚至服务于它的知识活动,学术评价也总是在一定的政治、行政、管理体制下的组织行为,并由处于复杂社会关系、具有复杂情感的具体的人所从事的知识活动。学术评价不是要不要和如何去行政化、去量化，而是如何"优行政化"①、"优量化"的问题。学术评价的核心问题是"去功利化"，这需要从社会制度、文化生态、科研体制、学术共同体培育、评价体系适应性等根基层面系统建设，才能逐步形成适合我国实际的、以创新和质量为导向的学术评价体制。

不少研究者指出，同行评议也存在很多不足②，在我国还没有形成成熟的学术共同体和普遍认可的学术评价体系的情况下，当前学术评价的可行做法是根据不同的评价目的，采用同行评议（主体）+各种计量分析法（引文分析法、文摘法等）的复合多属性评价法。叶继元提出了从定性、定量二维评价法到根据实际条件层层递进的三维评价法，即：形式评价（从评价对象的外部形态进行定量和定性的评价）、内容评价（同行专家对评价对象实质性内容的评价）和效应评价（对评价对象的实际贡献、"两个"效益、应用结果、影响力的评价）。③ 这些思路和架构对评价研究与实践很有启发。这其中，首要的是必须弄清楚评价的目的和对象，不能把学术成果评价与学术期刊评价混淆，也不能把学术期刊评价等同于核心期刊或索引来源期刊的遴选。

关于如何正确看待学术期刊评价中的各种量化数据、排行榜问题，业界批评强烈，很多学者研究都指出了引文分析、影响因子等应用于学术评价时的缺陷。笔者认为，衡量学术成果水平的一个重要维度是其发布后的社会关注度。高质量的学术论文被引用、被转摘的概率要比低水平的论文高，刊载高质量论文数量多的学术期刊被转摘的几率大，当学术文摘的数据统计量达到一定阈值时，可以显示出学术研究者对论文和期刊学术影响力的共识性判断（或学术聚焦效应）④。比如，从各种学术期刊排行榜单看，可以发现这样的规律：第一梯队和最后梯队的期刊名单绝大部分是相对稳定的，只有少数是变动的，而中间梯队的期刊位次变动起伏较大，反映了处于上升成长期的学术期刊阵营的激烈竞

---

① 陈忠：《知识领域的公共悖论与学术评价的伦理可能》，《华南师范大学学报（社会科学版）》2015年第5期。

② 耿艳辉、王立新、朱晓华：《期刊同行评议研究综述》，《编辑之友》2015年第5期。

③ 叶继元：《"全评价"体系分析框架及其应用与意义》，《云梦学刊》2013年第4期。

④ 高自龙：《耦合与借鉴："核心期刊"之于学术评价的再思考》，《澳门理工学报（人文社会科学版）》2016年第1期。

争变化。分析这些数据主要目的是从中趋势性地判断出某种期刊在哪个梯队,以及在这个梯队里的分位数的位置,从而拟定自我发展目标。

引文分析法、学术文摘分析法等都不是学术评价的最好方法,学术文摘的公正性和有效性也存在争议,但一概否定学术文摘、核心期刊、索引来源期刊、权威期刊等对学术成果评价的参考作用,用个别现象否定实际结果呈现出的一般规律性也不是科学的态度。在西方一些国家,关于利用引文分析法开展学术期刊评价也一直存有争议。针对影响因子各种彼此对立的观点,尤金·加菲尔德(E. Garfield)的总结值得我们认真思考,他引用 Hoeffel 的话说:"经验表明,在各个学科领域,最好的期刊是那些投稿最难被接受、发表的期刊,而这些期刊也是影响因子最高的期刊,这些最好的期刊在影响因子这个概念被提出来之前就存在了很长时间。作为一种测度质量的方法,影响因子得到了广泛的使用,因为其测度的结果很好地符合我们对每个领域最好的专业期刊的看法。""一个更好的评价系统实际上要涉及从质量上审读每篇文章的问题,但是,这意味着又要进行一次同行评议式的判断,这是非常困难的……即使可以这样审读,这些审读者的判断也还要依赖于同行的评论和分析引用情况,我们称之为引文上下文分析。"①

学术评价的目的是去伪存真、促进科学的发展和社会的进步。学术评价的难点是在评价与被评价主体间的博弈中如何"去功利化"。从管理学角度看,适合、适用的方法就是好方法。适应当前我国社会发展阶段和学术环境,科学的量化分析和评价方法仍然是不可替代的客观评价依据和参考。当然,各种量化评价研究机构需要利用大数据手段进一步提高引文质量的分析,公示和剔除各种人为干扰的负面数据;解决好不同学科不同的权重赋值和量纲归一化处理问题,以促进各学科研究和学术期刊的平衡健康发展;公开评价数据和方法,增强评价结果的可验证性;明确界定评价数据对评价对象的适应性,防止不恰当滥用,等等。学术文摘期刊需要开放办刊,充分调动广大专家学者参与遴选,增加推优的广泛参与度和透明度,办成评论性学术文摘,提高学术文摘的公正性。②

---

① 尤金·加菲尔德(E. Garfield):《困惑与着迷:学术期刊影响因子的历史与含义》,http://Garfield. library. upenn. edu/papers/jifchicago2005. pdf。

② 张爱华:《社科类文摘:如何更好承担学术评价功能?》,《社会观察》2015 年第 10 期。

综上,学术文摘期刊的基本功能是学术信息的二次传播。学术文摘期刊虽然具备学术成果推优、推新的特质,是另一种形式的学术同行评议结果,但依然不是学术评价的主体,不能替代学术成果的学术共同体评价。学术评价活动可以参考学术文摘的二次遴选结果,高效地实现对评价对象的基本水平、基本趋势、社会影响力等的评估。

原刊于《北京联合大学学报(人文社会科学版)》2016 年第 1 期

建设独创性和共时性相统一的学术共同体

童世骏[*]

　　"学术评价"与"学术共同体"是两个相互定义的概念；没有学术共同体的学术评价，没有学术评价的学术共同体，两者都是徒有其名的。一方面，一位学者的学术论文的篇数和字数，乃至论文发表的刊物档次、论文发表后的被引次数，以及一个单位的科研项目数量、科研经费数量、获奖数量和进入人才计划的人数，等等，这些数据在个人申报高级职称、单位参加学科评估的时候，都相当重要。但对这些数据的统计工作，完全可以由秘书甚至工友来做，或者由计算机软件来做，而用不着劳驾同行专家，花费他们本来可以用来做更具有学术意义工作的时间。学术评价的核心，应该是同行专家或学术共同体成员对某学者之学术能力的判断、对某成果之学术贡献的判断、对某群体之学术分量的判断。另一方面，诸多学术同行坐在一起谈的如果只是获得多少科研经费、拿到多高级别领导批示，怎样发表更多外语论文，等等，虽然听起来都与学术有关，但却并没有对学术共同体来说具有"构成性意义"的要素，亦即对学术成果的质量评价。

　　学术评价至少运用两个方面的标准：一是学术成果的真理性；一是学术成果的相关性（或价值和意义）。这两点与学术共同体有内在关联。把学术共同体成员聚拢在一起的，是追求真理和解决问题这两个目标。以马克思主义和美国实用主义为代表的知识论中的"实践转向"之前，人们会把"追求真理"看作是认识过程的唯一目标；而"实践转向"之后，人们又会把"解决问题"看作是认识过程的唯一目标。其实，这两个目标对于认识过程来说是同样重要、不可相

---

　　[*]　童世骏，华东师范大学哲学系。

互替代的。人类生活当然是一连串产生问题和解决问题的过程,但问题的种类各有不同、解决问题的方式也各有不同;科学认识或学术研究之解决问题的特征,就在于通过获得具有真理性的知识来填补人类的知识匮乏,进而解决因为知识匮乏而造成的相关问题。这种问题可以是纯粹理论性的,但常常是具有不同程度的实践性的。自然科学领域有一句老生常谈,那就是常常是最初似乎只满足理论兴趣的重大科学发现或发明,后来被证明是具有重大实用价值的,如经典数学和现代数学之于经典力学和量子力学,以及经典力学和量子力学之于现代技术和当代技术。在人文社会科学领域,知识的社会性和功利性更加明显,因此学术成果的相关性或意义和价值在评价成果价值的时候会有更重分量。但成果之意义再大,也要建立在成果之为真理这一点的基础之上。更何况,最重要的研究成果,往往是研究者突破其特定社会地位和阶级归属的局限而追求真理的情况下获得的。

马克思在《资本论》序言中说:"政治经济学所研究的材料的特殊性质,把人们心中最激烈、最卑鄙、最恶劣的感情,把代表私人利益的复仇女神召唤到战场上来反对自由的科学研究。"但马克思并没有把科学研究与阶级利益的关系绝对化,稍后他就写道:"但在这方面,进步仍然是无可怀疑的。"在举了几个例子,说明统治阶级的一些成员也承认"在奴隶制废除后,资本关系和土地所有权关系的变化会提到日程上来"以后,马克思写道:"这并不是说明天就会出现奇迹。但这表明,甚至在统治阶级中间也已经透露出一种模糊的感觉:现在的社会不是坚实的结晶体,而是一个能够变化并且经常处于变化过程中的有机体。"马克思尤其赞扬"像英国工厂视察员、编写《公共卫生》报告的英国医生、调查女工童工受剥削的情况以及居住和营养条件等等的英国调查委员那样内行、公正、坚决的人们",他们的研究报告为马克思提供了用以分析资本主义经济的宝贵材料。

最能说明学术评价与学术共同体之间密切联系的,是知识进步所需要的那个看似矛盾的方面。学术成果既具有独创性,又具有共识性,只有在一个高水准的学术共同体当中,才可能实现统一。学术研究当然要具有独创性;"研究"之区别于"学习",就在于虽然它们都着眼于解决问题,但前者所解决的应该是原则上尚未被别人解决了的问题,而学习至多是模仿或重温别人已经经历过的解决问题过程(所谓启发式教育)。学术研究成果到底是否具有真理性,既不能依靠"真理就是主观与客观的符合"这样的"真理定义",也不能依靠"知识在实践中证明其真理性"这样的"真理标准",因为用"标准"来考察是否符合真理之"定义"的整个"过程"本身如果不加以重点考虑的话,任何个人都可能声称自己的认识是经过"实践检验"而"符合现实"的。在一个努力以真理性知识来解决问题的一群人,也就是"学术共同体"当中,一个人说自己"掌握了解决问题的真理性知识",是必须经受住学术共同体中其他人的质问,才能站得住脚的。正是从这个角度来说,在有关真理的哲学讨论当中,不能只有关于"真理之定义"的讨论和关于"真理之标准"的讨论,还必须加上有关"真理之认可"的讨论。因此,回答真理之认可问题的"真理的共识论"与回答真理之定义问题的"真理的符合论",以及回答真理之标准问题的"真理的效用论"一样是不可或缺的。

随着自然科学研究越来越关注远离感性直观的微观世界问题,越来越关注需要多人力投入和多学科参与的复杂问题,真理的共识论和它所回答的真理之认可问题,更加值得我们重视。在人文社会科学领域,谈论真理之为"符合"的含义更加复杂(如与化学理论的真理性相比,艺术理论的真理性用"符合"来定义,就要复杂得多),谈论真理之是否得到实践验证的含义更有争议,更需要走出独白的真理观,代之以对话的真理观,把认识主体理解为包括但超越诸多认识个体的学术共同体。关键在于,只有在这样的学术共同体当中,学术成果的"独创性"和"共识性"之间才能保持一种"必要的张力":它鼓励学术共同体成员的独创,但并不仅仅局限于诸多独创成果的"百花齐放",也要求"百家争鸣",让每一家尽可能在其他家的质问面前捍卫自己,套用恩格斯的话,都必须在"理性的法庭"面前证明自己的存在理由。如果一个学术共同体的成员都是真正把"追求解决问题的真理性知识"作为其最重要的成员资格的话,最后得到学术共同体成员之共识的,就应该是他们认为最具有独创性的学术成果,而不会是平庸伪劣之作。

正因为学术评价与学术共同体之间的这种密切关联,马克思在《资本论》第一版序言末尾的那句名言,同时包含了两个部分。前面一句是:"任何的科学批评的意见我都是欢迎的。"紧接着的一句是:"而对于我从来就不让步的所谓舆论的偏见,我仍然遵守伟大的佛罗伦萨人的格言:走你的路,让人们去说罢!"在这个序言中,马克思花了许多笔墨来说明其观点尤其是方法的独创性——对作为一个学者的马克思来说,他的观点和方法越是独特,越是希望得到读者们理解和认可。在《资本论》第二版跋中,马克思说他对第二版所做的修改和补充,不少是根据其朋友(汉诺威的路·库格曼医生)的建议而做的。马克思深知这本书在工人阶级读者和资产阶级读者那里会有不同遭遇,指出"《资本论》在德国工人阶级广大范围内迅速得到理解,是对我的劳动的最好的报酬",但这并不意味着马克思不关心工人阶级以外的读者对《资本论》的反应。马克思嘲笑资产阶级学者起初企图用沉默置《资本论》于死地,然后,借口批评该书,开了一些药方"镇静资产阶级的意识"。马克思罗列了学术界对该书的各种各样评价,高度评价彼得堡出版的一个俄文译本的质量,并且大段引用一位作者的话,在他看来这位作者特别能理解和欣赏他的方法。这些都可以说明,即使是马克思这样一位阶级意识和斗争精神都很强的经济学家,也希望能找到一个他在其中可以验证其工作的真理性和重要性的学术共同体,一个把独创性和共识性统一起来的学术共同体。

原刊于《探索与争鸣》2016 年第 3 期

建设独创性和共时性相统一的学术共同体

大学学报的综合性之困及其路径选择

李孝弟*

自 1906 年《东吴学报》的创刊号《学桴》创办以来,我国大学学报①的发展已经有 110 年的历史。经过这 110 年的发展,作为"我国高等教育事业和哲学社会科学事业的重要组成部分",我国大学学报取得了长足的进步,"学报的数量不断增加,质量明显提高,一些重点大学的学报已经产生了较大的国际影响,成为国内外教育界、学术界和相关方面了解我国哲学社会科学研究动态和研究成果的重要信息来源":一方面,高校学报在规模、社会影响、品牌特色、编辑规范、编辑队伍、组织建设等方面取得了显著的成绩;另一方面,在推动高校科研发展,繁荣我国哲学社会科学研究事业方面也功不可没。② 但与此同时,由于社会政治、经济、文化转型的深层机理影响,学术研究及学术期刊发展的制度环境、评价机制的制约,以及学术期刊发展的"四化"("专业化""数字化""国际化""集约化")趋势,导致以综合性为主要特征的大学学报陷入了发展中的困境。针对这种困境,包括管理部门、学术界以及学报业界有识之士在内的相关学人开始从理论层面、具体实践层面等各个层面反思学报发展过程中的问题及

---

* 李孝弟,《上海大学学报》编辑部。

① 按照学科来划分,大学学报有人文社科类和科技类;按照发文所涉及的领域来划分,有综合性和专业性之分。而有的专业性大学学报,无论是科技类还是人文社科类,其未必冠以大学学报之名。本文所论大学学报,基于笔者的知识结构及上述范围,主要指综合性人文社科类大学学报。在这些综合性人文社科类大学学报中存在的一些问题,在综合性科技类大学学报中可能也存在,但是不在本文的论述范围之内。

② 袁贵仁:《新世纪新阶段高校社科学报的形势和任务——在全国高校社会科学报工作研讨会上的讲话》,《北京大学学报(哲学社会科学版)》2002 年第 6 期。

将来的取向选择。① 在诸多富有远见的建设性路径取向中,学报"四化"成为公认的不二选择。如果从深层次上来理解学报"四化"的内在关联,则无论是在理论探讨,抑或是在具体的办刊实践中,"专业化"发展取向成为受诸多大学学报青睐有加的意向性选择。在此背景下,针对大学学报的困境,能否取径于专业化发展方向,何为专业化,大学学报的优势与短板何在等问题,则需要作出慎重辨析。

一、综合性之困的内在呈现

大学学报(亦称高校社会科学学报)是高校主办、刊登哲学社会科学研究论文的高层次学术理论刊物,是我国高等教育事业和哲学社会科学事业的重要组成部分。1990 年初,我国高校社会科学学报仅有 388 种。② 1998 年 2 月,新闻出版总署发布《关于建立高校学报类期刊刊号系列的通知》,该通知根据"调整全国期刊结构的需要和我国尚有少数高校没有正式学报的实际情况""决定建立普通高等学校学报类期刊刊号系列",并制定了内部学报转为正式学报的原则。正是这一通知所制定的原则,基本确定了我国现有大学学报的两个特点:一是综合性,以反映高校教师及科研人员的教学科研成果为内容;二是普遍性,各类普通高校、高等专科(大专)学校和各类成人高等院校几乎都创办了学报。截至 2001 年,全国高校社会科学学报总数达到 1130 种,占全国哲学社会科学类学术期刊的 2/3 以上。进入新世纪以后,伴随着我国高校人文社会科学研究的发展,包括高校学报在内的学术期刊进入了快速发展期。但与此同时,由于各种学术期刊评价标准体系纷纷推出期刊排行榜单;各种专业学术期刊也相继创刊,尤其是近年来与国际接轨的专业性英文学术期刊成为学术期刊界的新秀等原因,愈发凸显出综合性大学学报的发展困境。

———————————

① 关于大学学报的发展趋势及其未来的发展力向之研究,是学报从业者密切关注的话题。在现有的研究中,《南京大学学报》主编朱剑的《枘凿之惑:特色化与高校学报的发展》(《云南师范大学学报(哲学社会科学版)》2009 年第 5 期)、《高校学报的专业化转型与集约化、数字化发展——以教育部名刊工程建设为中心》(《清华大学学报(哲学社会科学版)》2010 年第 5 期)等一系列文章影响较大。

② 姚申:《高校社会科学学报的发展:挑战与机遇》,《吉林大学社会科学学报》2005 年第 4 期。

（一）大学学报的单位归属感强，学科归属感弱

2002 年，教育部发布了《关于加强和改进高等学校哲学社会科学学报的意见》，对大学学报的功能定位或身份角色作出了明确的规定："高等学校哲学社会科学学报是高等学校主办的、刊登哲学社会科学研究论文的高层次学术理论刊物，是高等学校教学科研工作和我国哲学社会科学事业的重要组成部分。它连续、集中、全面反映高校教学科研成果。"也就是说，综合性大学学报具有学校教学科研成果展示"窗口"的功能。大学学报的栏目设置及所涉学科与其所属高校的学科发展密切相关，是高校学科发展的"晴雨表"。于是，以"窗口"功能定位的大学学报也就成为反映高校各个学科发展的"杂货铺"。尤其是 20 世纪90 年代之后，原来单一且富有特色的大学合并或被合并，人文、社科、工科、理科兼具的综合性大学遍地开花，大学学报跟随着学校的发展不断推出新内容、新栏目，这固然密切了学报与学校各学科之间的关系，增强了学报的单位归属感，但却因栏目设置繁杂，缺乏特色，削弱了大学学报的学科归属感，从而使得学报失去了固定的读者群。

这一现象，在 2015 年《中国人文社会科学核心期刊目录》所公布的数据也有所反映。依据该年度公布的数据，仅以该目录之"综合性人文社科学术期刊核心期刊目录"中的《北京大学学报》《南京大学学报》《华中师范大学学报》《清华大学学报》等位列全国高校学报前列的 7 家学报为例，以其中的"5 年影响因子""学科分类总数""最高分学科总被引""最低分学科总被引"等为分析数据，列表如下（见表1）：

表1 部分综合性人文社科学术期刊影响因子及学科被引

学报名称	5 年影响因子	学科分类数	分学科总被引	
			最高	最低
北京大学学报	0.4666	34	133（政治学）	1（军事学等）
南京大学学报	0.4968	31	71（法学）	1（考古等）
华中师范大学学报	0.6144	31	151（政治学）	1（军事宗教）
清华大学学报	0.5560	32	50（传播）	1（人文地理）
中国人民大学学报	0.5622	32	168（政治学）	1（民族学）
北京师范大学学报	0.3704	32	183（教育学）	2（军事等）
复旦学报	0.3684	33	89（政治学）	1（心理学）

数据来源：《中国社会人文科学核心期刊目录》

由表1可以看出,7种大学学报的学科分类数,这表明大学学报刊发文章的学科范围或研究方向比较广泛,这是专业性学术期刊所没有的。也正因为如此,才导致综合性学报的学科归属感非常弱。在诸多学科中,只有其中发表文章数量较多的几个学科在其学科读者群中有影响,如《中国人民大学学报》《华中师范大学学报》《北京大学学报》的政治学学科总被引值分别为168、151、133;《北京师范大学学报》的教育学学科总被引值高达183等。与之相对应,军事学、宗教学、考古学等学科或研究方向的学科总被引值只有1,说明这些学科发文数量少而没有引起该学科作者(或读者)的关注。如果将表1的数据与表2所列专业性学术期刊(以文学类专业权威期刊为例)的数据作出对比,这一特征会更明显。

表2　部分文学类学术期刊影响因子及学科总被引

序号	刊名	5年影响因子	学科总被引
1	文艺评论	0.2901	801
2	文艺研究	0.2282	339
3	文学遗产	0.2589	376
4	文学争鸣	0.1893	492
5	当代作家评论	0.1928	359

数据来源:《中国人文社会科学核心期刊目录》

由表2可以看出,"目录"收录的这5种文学类专业性学术期刊的"5年影响因子"值都相对偏低,但其"学科总被引"值却远远高于上述综合性大学学报最高的"学科总被引"值。"学科总被引"数值高的这种情况,在历史学、哲学、经济学等其他专业性学术期刊中也普遍存在。可见,专业性学术期刊刊发文章的学科归属性远远高于综合性大学学报,尽管其对所属单位的归属感比较弱。"每一个学术刊物的背后,都是一个空前活跃的学术社群,他们形成了一个非常专业的学术共同体,经常有自己的学术研讨会和学术交流,拥有非常专业的学术标准和学术行规,而学术刊物通常就是这些学术社群的标志,体现了他们独特的学术价值、问题意识、学科倾向和专业尺度。"[1]这也是为什么全国各高校及

---

① 许纪霖:《学术期刊的单位化、行政化和非专业化》,《文汇报》2014年12月12日。

科研单位在学科建设评估、教师及科研人员成果评定、职称评审等评价性工作中将各专业性学术期刊列为较高层级的主要原因。这些因素使得专业性学术期刊拥有相对固定的所属学科的读者群。

（二）编辑主体的学科背景单一，工作面向却呈现多元

对于学报主编、编辑与学者之间关系的讨论，尽管持续了几十年时间，但始终是一个悬而未决的问题。《高等学校学报管理办法》对学报编辑部、学报主编及学报编辑提出了明确的要求：首先是规定学报编辑部实行主编负责制。其次，对主编提出的条件是：学术造诣较深，作风正派，精通编辑出版业务，具有高级专业技术职务。对于学报编辑，除了具备一般图书编辑应该具备的政治敏锐性、熟悉的编辑业务（编辑校对制度、编校流程、印刷排版等）之外，还要具有较强的学术科研能力。这一要求与吕叔湘先生早于1981年在《谈谈编辑工作》一文的表述大致相同。他认为，由于出版社的业务范围比较广，有专业性出版社，也有综合性出版社，"哪一位编辑都不可能像百科全书那样，样样都懂，但确实是需要相当广博，既要是一个通才，又要是某一方面的专家，结合起来"；"拿到一篇稿子，首先看看过去有人讲过没有，有些什么书，什么文章，怎样讲的，然后才能判断目前的这篇稿子价值怎么样"。[①]

就综合性、学术性特征明显的大学学报而言，对主编及编辑的这些要求与其自身具有的学术背景存在一定的悖反性，也即学报综合性特征与主编、编辑学者化、专业性要求之间具有矛盾。一方面，大学学报的学术性要求主编及编辑必须具有一定的学术研究能力，而这学术研究能力本身也就限定了主编及编辑的专业性与学科性，从而无法满足大学学报的综合性要求；另一方面，由于编辑部岗位的设置，编辑人员数量有限制，如何以有限的具有专业性学术背景的主编、编辑人员去应对大学学报众多学科，是当下大学学报发展的内在性困境。

目前大量的文科学术期刊是以综合性作为自己的特征的，也就是说，凡属人文社会科学范围内的所有学科的论文，均可在这类刊物上发表。这样就产生了一个矛盾，假如一个编辑人员只熟悉一个二级学科（其实要做到这一点也是十分困难的，他可能至多只能熟悉一个二级学科中的某个研究方向）的话，那么，他又如何去判断来自人文社会

---

① 吕叔湘：《谈谈编辑工作》，《出版工作》1981年第4期。

科学其他一级学科、二级学科论文的质量呢……哲学作为一级学科包含以下八个二级学科马克思主义哲学、中国哲学、外国哲学、科技哲学、逻辑学、伦理学、美学和宗教学。其中任何一个二级学科又包含许多不同的研究方向。这就启示我们,任何一个编辑人员,哪怕他再有天赋,也无法通晓整个一级学科,更不要说其他一级学科了。①

作为反映学校教学科研成果的"窗口",大学学报刊发的文章必然与学校的学科发展密切相关:从层次上来说,既要刊发发展实力强的学科的研究成果,又要刊发实力弱的学科的研究成果;从范围上来说,既要涉及文、史、哲等人文类学科,又要关注经、管、政等社科类学科。如果要将大学学报办成有影响的刊物,那么就要发表各个学科学术水平较高的研究成果,从而要求大学学报主编及编辑能够把握、了解各个学科的最新发展状况及最新研究成果,进而判断所处理稿件的研究价值。而作为在某一研究领域术业有专攻的主编及编辑而言,这又谈何容易?

二、综合性之困的外在制约

最新发布的《国务院办公厅关于优化学术环境的指导意见》指出:"良好的学术环境是培养优秀科技人才、激发科技工作者创新活力的重要基础。""但目前我国支持创新的学术氛围还不够浓厚,仍然存在科学研究自律规范不足、学术不端行为时有发生、学术活动受外部干预过多、学术评价体系和导向机制不完善等问题。"在由诸多因素构成的学术环境中,学术评价体系及其导向机制是关键,它会对期刊发展产生直接影响,从而成为影响学术期刊发展的制约性甚至决定性因素。

科学合理的评价机制应该符合两个条件:一是评价标准的制定与被评价对象的实际情况高度吻合;二是评价体系的实施能够从根本上促进被评价对象呈现良好的发展势头。目前我国学术期刊的评价有两个体系:一是以影响因子为基准的核心期刊评价体系,即学术期刊界通常所说的"三大核心期刊"数据库;二是二次文献转载、转摘评价,包括《新华文摘》《中国社会科学文摘》《全国高

---

① 俞吾金:《文科学术期刊建设之我见》,《文汇报》2004年12月12日。

等学校文科学术文摘》和"人大复印报刊资料"系列。① 这两个学术期刊评价体系,前者的标准设定单一,不能合理地反映各个学科研究的基本特征;后者则呈现出较强的主观性、倾向性,不具备前述科学评价的两个条件,由此而确定的对核心期刊与非核心期刊的设定便存在很大争议。如核心期刊评价体系中的"影响因子""被引率"等标准,因学科性质不同,其数值也会表现出不同的增长趋势。一般而言,"影响因子""被引率"等数值在社会科学类文章中表现会比较高,在人文艺术类学科文章中表现则比较低。一些刊物因过度追求"影响因子""被引率"而在刊物的学科分布上表现出明显的倾向性,即尽最大可能地刊发社会科学类学科的文章,减少人文艺术类学科的文章占比。

以上述期刊评价为基础,科研评价对学术期刊的等级设定从根本上决定了大学学报的发展困境。核心期刊评价体系为当下我国高校及科研部门的科研评价体制提供了便利、简单且实用的参考标准;而后者在某种意义上则决定性地助推了核心期刊评价制定者的利益驱动本能,由此便导致我国科研管理部门在对科研评价制度设计上存在着的错误的逻辑循环论证,即以刊评文、以刊评人,进而也就出现了科研评价等级设定中以对刊物等级设定为主的局面。这一看似间接的制度因素实际上决定了处于不同等级刊物的不同发展潜力。目前,国内的人文社科类科研评价体系一般将刊物分为三六九等:首先被国外数据库收录的中文期刊或英文期刊被列为特等;其次《中国社会科学》杂志被列为一等(或 A 类);再次中国社科院各研究所主办的专业性学术期刊被列为二类(或者称之为 B 类,或者也包括少许其他专业性学术期刊);再次其他属于被 CSSCI 收录的学术期刊被列为第三类。而能够进入科研评价统计基本条件的是被列入 CSSCI(简称 C 刊)来源刊的刊物。这些刊物的发展现状要比没有被收录在内的刊物好得多。在此基础上,不同学校、不同学科又根据各自的情况挑选出本学科内的专业性期刊作为二等、一等或特等刊物。这种科研评价体系规定了不同期刊在此金字塔上的不同位置,处于金字塔顶端的学术期刊,在评定大学教师及科研人员工作量及职称晋升的"工分制"中分值最高,这样的期刊稿源丰富,稿件的质量相对而言会比较高。而大学学报在此金字塔中基本被定位为"三等

---

① 二次文献转载、转摘评价在作为独立性评价标准的同时,也经常被核心期刊数据库评价体系吸纳进去作为辅助性、补充性要素存在。

公民",这一等级地位的设定,在某种程度上阻碍了大学学报进一步发展的空间,使得大学学报失去了最优质的作者队伍,很难收到优质的稿件。即使是大学学报主办单位的教师及科研人员投给自己学报的稿件基本也是二流的。换一个角度来看,处于此金字塔底端的学术刊物,包括大学学报在内,在某种意义上恰恰是处在顶端的学术期刊发展的土壤。试想,如果没有被列为底端的大学学报(或学术期刊)对科研队伍成长的支持与培育,哪有高水平的科研队伍的出现,并为其产出高水平的科研成果。

三、综合性与专业性之辨

针对前述大学学报因自身功能、外部评价而导致的困境,学报业界、学术界及政府管理部门纷纷提出建设性意见。国家新闻出版总署早在 2001 年发布的《新闻出版总署关于进一步调整高校学报结构的通知》就明确对专业学术期刊的发展给出了政策上的导向性支持;之后,教育部在《教育部高校哲学社会科学名刊工程实施方案》中也提出"专"的发展思路;新闻出版总署副署长李东东也提出要进一步优化高校期刊结构,鼓励高校期刊向专业化、特色化、品牌化方向发展。① 与此同时,认为大学学报应该继续保持其综合性特征,应该在如何发挥综合性方面下功夫的呼声也不绝于耳。如金晓瑜从"构建一个关于中国人社会行为的人文学术知识体系"这样一种使命感和责任感出发,就认为综合类人文社科学术期刊有其存在的必要性,综合类人文社科学术期刊是推动这项工作的非常重要的一个平台。② 而孙麾则提出大学学报应该由学科综合转向问题综合的建议。③ 显然他们对大学学报发展的专业性与综合性意见各执一词。究竟孰是孰非,唯有明晰专业性与综合性所指为何,方能作出客观合理的判断。

(一)学术研究:专业性与综合性密不可分

从传播学角度来说,学术期刊是以传播学术研究为主的媒介,是学术共同

---

① 新闻出版总署:《高校学术期刊要集约化规模化发展》,中国新闻网,http//www.chinanews.com/edu/edu-edt/new/2009/12/23/2033460.school,2009 年 12 月 23 日。
② 金晓瑜:《综合类学术期刊符合中国人文社科发展需求》,《中国社会科学报》2012 年 12 月 12日。
③ 孙麾:《学科综合转向问题综合——分析综合类社科期刊》,《光明日报》2004 年 1 月 8 日。

体交流学术研究成果的平台。教育部于 1998 年颁布的《高等学校学报管理办法》将之定位为"开展国内外学术交流的重要园地"。《辞海》(1999 年版)对学术的定义为"指较为专门、有系统的学问",可见,学术研究应以专业化为特征。至于专业,则是从社会分工的角度来说的。芒福德论述科学、技术及其对文明发展的影响、改变时指出:"分工,一个复杂的操作被分成很多简单的步骤,并加以专业化。这个过程在 17 世纪已成为经济生活的特点,如今在思维世界也占据了统治地位:同样要求机器般的精确和很快取得成果。"①这也就是今天所说的专业化的理论渊源。专业化是现代科技发展的结果,同时也是现代认识论发展的重要表现形式,它有助于人类从某一个角度、以某种方法对认识对象作出有效的阐述与深刻的反思。现代的学术研究与学科发展均是建立在专业化认识世界的方式之上的。"先进的科学知识影响着我们认识世界的方式,但是,世界在我们文化中所经历的方式也影响着科学发展的性质。"②在认识到专业化对于认识世界、改变世界的巨大助益时,也要看到专业化分工"作为孤立和抽象的手段,对于有序的研究和用精密符号的描写固然十分重要,却也是使实际的生物体丧失生命力的条件,至少使生物体无法有效施展功能"。因此,"科学以其精确度和简明性,虽已取得了巨大的实际成就,但它并不能使我们走进客观实际,反而使我们与之远离"。这也是哈耶克、吉登斯等人对理性、科学及其技术发展的辩证性反思的关键原因。这一认识过程影响到学术研究,便是专业性与综合性密不可分。学术研究首先是以专业性、学科性问题为基点,对认识客体作出有效阐述。而要想对认识客体做出全方位的整体把握,则需要从各个角度来思考,这就需要综合性的学术视野。也即学术研究在原来专业化发展的基础之上,由于认识到专业化自身存在的局限性,从而出现向综合性或跨专业性研究的转变。如此,各个专业之间相互取长补短,以最大可能地对研究对象作出全面整体的认知与阐述。因此,单就研究对象或研究问题而言,具有一定的学科性、专业性划分,但就研究过程与研究方法来说,则综合性特征方为最新的发展趋势。

---

① [美]刘易斯·芒福德:《技术与文明》,陈允明、王克仁、李华山译,中国建筑工业出版社 2009 年版,第 45~46 页。

② [美]大卫·格里芬:《后现代科学——科学魅力的再现》,马季方译,中央编译出版社 2004 年版,第 168 页。

（二）学术期刊：专业性与综合性的相对存在

单就期刊而言，所谓综合性与专业性，至今并没有一个明确的概念界定，而只是在经验基础上对学术期刊所做的认知判断。在我国现有的学术期刊体系构成中，综合性大学学报和社科院、社科联主办的社会科学类学术期刊为综合性学术期刊；社科院下属各研究所、各学科专业研究会和相关部委主办的刊物以及专科性大学学报，基本上是专业性学术期刊。这种综合性与专业性的划分也具有相对性。

与学术研究的专业性是以问题研究为基准不同，学术期刊的专业性确认，或者以国家学科规划办认定的一级、二级学科为边界，或者以较宽泛的研究领域（或范围）为基准。如果是前者，无论是以一级学科还是二级学科为界，均会涵括众多的学术研究方向，如《历史研究》《哲学研究》《文学遗产》《社会学研究》《经济学研究》等；而如果是后者，则会包括各种学术研究问题，同时还会吸纳各种不同学科的研究方法，甚至会出现跨学科的研究趋势。在此试举几例加以说明学术期刊综合性与专业性划分的相对性。如《中国社会科学》，按其命名，该刊应为国内最具综合性特征的学术期刊，但根据 2013 年中国社科院人文社会科学评价中心的统计，该刊也仅仅涉及文、史、哲、经、管、法、政等大学科方向，而心理学、教育学、宗教、语言学、艺术学等则鲜有涉猎。再以《青少年犯罪问题》和《蒲松龄研究》为例。单从期刊名称看，《青少年犯罪问题》应该属于以问题为研究对象的专业性学术期刊，而《蒲松龄研究》则属于"中国语言文学"之二级学科"中国古代文学"所涵盖的明清文学中的明清小说研究方向中的一个作家研究。从这些层层限定来看，这两本专业性学术期刊涉及研究领域非常小，但是从两者某一期的目录来看，则并非如经验认知所界定的专业性特别突出。如 2015 年第 5 期的《青少年犯罪问题》有如下栏目："主题研讨：校园安全问题的治理与防范""犯罪研究""青少年保护""少年司法""海外犯罪学家""域外借鉴""研究综述""犯罪学茶楼"。涉及面已经超出了其刊名所涵盖的范围。尤其是其中的"犯罪研究""海外犯罪学家""犯罪学茶楼"三个栏目的文章，更是超出了"青少年犯罪问题"所包含的范围。如"犯罪学茶楼"中的一篇文章《杂谈：企业家犯罪·社会学理论启示录》则似乎与"青少年犯罪问题"没有太大关系。而《蒲松龄研究》也是如此，它将刊文范围扩展至中国文言小说研究、"《聊斋志异》与当代小说研究"等，甚至设置"聊斋影视评论"栏目，扩展至蒲松龄小说的电影改编,将触角伸向影视改编这一研究领域。由此,关于学术期刊的综合性与专业性的区别之复杂、模糊程度,可略见一斑。所以说学术期刊的专业性及综合性之别也只是具有相对的意义,而无绝对的差别。学术期刊的综合性与专业性之别,仅在于学术期刊发文范围所涉及的学科多少,而无关其他。因此,在某种意义上说,现有的学术期刊都可谓综合性学术期刊,无论是综合性大学学报抑或是专业性学术期刊,其综合性应该是绝对的,而专业性则是相对的。

四、大学学报的路径选择

正是由于以上原因,所以当下对大学学报的发展路径作出选择,必须慎之又慎。笔者认为,只要找准立足点,跳出综合性与专业性二元对立的思维模式,便能作出科学的决断。

首先,以问题为中心,充分认识到大学学报的优势所在。学术研究是人类的一项重要文化活动,"作为人类求真意志冲动的载体,它不断在前人成就的基础上力图开拓疆土,冒险闯入未知的幽暗畛域",因此,"树立鲜明的问题意识是学者们一种至关重要的禀赋","无论是对社会现实的直接观照、分析,还是对历史文献、材料进行的推理阐发,如果没有自己特有的问题域以及相关联的论述对象,那他的研究只能在前人的道路上左顾右盼,逡巡盘桓"。[1] 在当今学术期刊专业化发展相对较"热"的趋势下,从学术研究规律出发,冷静地思考综合性大学学报(包括其他综合性学术期刊)自身的优势,才能为其今后的发展科学定位。第一,学术研究要以问题为中心,同时"尽可能地做到问题意识和历史意识、当代眼光和历史眼光、主体性与客观性、批评的激情与学术性规范之间的真正对话"[2],呈现跨学科、多维度聚焦研究对象的特征。以问题为中心,这为综合性大学学报的优势凸显提供了契机,有利于实现大学学报由多学科"拼盘"向跨学科研究融合转变。需要注意的是,问题设置在此是关键。也就是说,选择什么样的问题,从哪些角度、运用什么方法去讨论,均需要智慧的设计与策划,这

① 樊星、王宏图、武新军、陈峻俊:《问题意识:让学术惊醒》,《社会科学报》2003年7月24日。
② 樊星、王宏图、武新军、陈峻俊:《问题意识:让学术惊醒》,《社会科学报》2003年7月24日。

也是对主编及编辑能否了解、分析设置具有很强的敏感性前沿问题的考验。第二,突破原有观念,倡导应用型研究与理论性思考相结合,多样态呈现对同一问题从不同思维层面、思考方式、解决途径所进行探索的研究。综合性大学学报的选文倾向,更多具有理论性、思辨性、抽象性特征,而对社会、经济、政治等领域具体问题的研究,尤其是具有建言献策特征的研究成果大多不太关注,这就使得综合性大学学报的科研成果与社会发展的需要相脱节。纵观各个学科的学术研究史,很多问题的提出与研究无不与社会发展现状密切相关。为此,既有为社会、文化、政治、经济等各个方面发展建言献策的研究成果,亦有纯粹学术意义上的理论论证,而后者应为前者思考奠定学理性的基础,方能做到理论性与实践性相结合,这或许能够破解大学学报尴尬困局。第三,做到舍得有度,实现由大综合向小综合转变。与学术研究的特性密切相关,综合性大学学报(包括其他综合性学术期刊)由现在的大综合向以问题为中心来设计栏目的跨学科研究的小综合发展,而不是一味地改头换面,向专业性学术期刊转变。第四,实现功能定位的转变。即由"窗口"功能向平台功能转变,摆脱窗口功能存在的种种不利因素,将问题设计的思路打开,优化作者队伍,提高选题质量。

其次,要认识到现有专业性学术期刊的同质化现象。这主要是由于以下原因造成的:(1)现有专业性学术期刊的划界标准是学科划界,而学科划界在全国高校及科研单位是统一的;(2)就研究主体来说,其受教育的学科背景与所在单位的学科归属具有统一的标准;(3)如果说大学学报是各学科栏目拼盘的话,大部分专业性学术期刊则是学科内部不同文章的"拼盘",很少具有问题设置、策划意识。也就是说,专业性学术期刊的问题意识并不是很明显,由此而导致其同质化现象的确存在。比如,比较外国文学类的专业性学术期刊、文学理论类学术期刊以及经济类学术期刊、法学类学术期刊,比较《社会学研究》《社会》《社会学评论》《社会发展研究》、*Chinese Journal of Sociology*(《中国社会学》)、*Chinese Sociological Review*(《中国社会学评论》)等社会学专业中的专业性学术期刊的发文情况,等等。由于同处在一个学术圈、作者队伍的交叉性和重叠性以及学科的限定性等原因,大多存在同质化的倾向。

再次,编辑主体角色及功能的叠加共存。关于学术期刊编辑主体中编辑、主编角色定位问题,虽经过长时间的讨论,但仍陷于"编辑学者化""学者编辑化"和"主编学者化"等有限的话语表述之中,而无法跳出主编、编辑与学者的二元局限。就大学学报而言,任何只求一端的角色承担均无法解决前文所述的学报内生性困境。因此,大学学报的编辑主体(包括主编和编辑)应该首先是某一学科或研究方向的学者,只有这样,才能够承担大学学报学术性特征所赋予的责任。很难想象对于学术研究的基本规律、思路没有深刻认知的编辑能够对别人的学术研究成果作出客观的评判。但是,只是学者身份的主编尚不能胜任大学学报的主编担当,无法完成大学学报综合性所要求的任务和所承担的责任。田卫平认为,因学术期刊主编过分追求学者化而势必造成主编职业角色的错位与缺位,为此他提出学术期刊主编职业化的观点:"学术期刊的主编是以一个精通业内工作特点和技能的形象出现。也就是说,主编自身不是仅仅把主编这一位置当作自己谋生的一个职业,而是要全身心投入的事业,要在主编的精心策划下,使所主办的刊物体现出一种整体的编辑思路、学术导向和审美情趣。"①田卫平在此强调的是主编的另一角色身份对于期刊发展的重要性。学术期刊主编及编辑应是多元角色的复合体:主编(编辑)的学者角色,保障了学术期刊的学术性与规范性;同时,为了能够从根本上发挥大学学报以问题为中心的综合性优势,编辑主体(包括主编和编辑)还应该是调动包括编委会成员在内的其他学科研究者积极性,从而维持大学学报所包含的其他各个学科问题设置、策划的发动机。唯有如此,才能弥补其研究学科单一性的缺憾,弥补其自身的不足。

原刊于《河南大学学报(社会科学版)》2016年第4期

---

① 田卫平:《学术期刊主编"学者"角色的错位》,http://theory. people. com. cn/GB/40540/3074976.html,2014年12月23日。

基于同行评议的复合型人文社科学术评价

——以复印报刊资料为例

钱 蓉*

学术评价历来是人文社科领域科研管理的重点、热点与难点,也是学术发展、学科建设中的重要一环。目前,同行评议法和文献计量法是学界通行的主要方法。文献计量法更适用于自然科学;人文社会科学具有更强的自由性研究特征,成果转化时间长,社会价值难以在短时间内显现,因此,同行评议更符合人文社会科学的研究特点和规律,也有利于及时发现成果。

同行评议产生于 17 世纪中叶,它是指学科专家利用自己的专业知识对评价对象的内容作出专业性的评价。英国皇家学会在评议会员的学术论文时,率先采取了类似于今天同行评议的方法。20 世纪 30 年代,美国把同行评议使用在科研项目的经费评审中,此后一直作为一种有效的学术评价机制存在,"成为科学界的一个惯例,而且始终处于科学检查、评审过程的中心地位。换句话说,同行评议早已深深地根植于科学的结构和活动之中"①。但之后由于计量工具的引进导致了过度追求量化指标的趋势,对量化评价的质疑声也越来越大,2012 年,美国科学促进会等几十家科研机构和百余位科学家签署了《旧金山宣言》,认为应停止使用影响因子评价研究产出,要针对科学内容而不是计量指标进行评价,提出了同行评议的重要性问题。我国学术界和科研管理部门也越来越意识到学术评价必须从重数量过渡到重质量的阶段。2011 年,教育部《关于进一步改进高等学校哲学

* 钱蓉,中国人民大学书报资料中心,中国人民大学人文社会科学学术成果评价研究中心。

① 蒋国华、方勇、孙诚:《科学计量学与同行评议》,《中国科技论坛》1998 年第 6 期。

社会科学研究评价的意见》指出,要"完善以同行专家评价为主的评价机制"。与此同时,相关学者也围绕同行评议的定义、同行专家的遴选、同行评议的局限及改进对策、网络同行评议等问题进行了探讨。但他们的探讨偏重理论问题而较少实证研究,而复印报刊资料基于同行评议的复合型人文社科学术成果评价的实践引起了社会和学术界的广泛关注。

本文即以复印报刊资料选文过程中定性、定量相结合的评价理念和指标体系为例,探讨基于同行评议的复合型人文社科学术评价体系。

一、中国人文社会科学学术评价发展概况

近20年来,人文社会科学各领域对学术评价越来越重视,使学术评价在推动人文社会科学繁荣发展中的作用越来越凸显。南京大学、北京大学、武汉大学、中国社科院、中国人民大学、中国知网等机构相继成立了评价研究机构,凭借各具特色的理论体系推出了各自的评价产品,一定程度上反映了中国人文社会科学学术期刊评价的概况。

(一)学术评价推动人文社科繁荣发展

众多科研机构已将学术评价作为管理科研活动、提升科研生产力的重要手段,尤其是在 SSCI、CSSCI、大学排名等评价成果出现之后。高等院校、社科院、党政干部院校等学术研究机构都设置了专门的科研管理部门或人员,开展了大量科研项目评审、各类成果评审与评奖、职称评审、科研人才发展评估等学术评价活动,评价的导向、理念、标准、方法,也逐渐成为科研部门和学者关心的重要内容。与此同时,许多人文社科学者成为评价活动中的评审者、被评审者、评价组织者,学术界对评价活动的关注度也越来越高。在这一过程中,相关学者开始审视和反思学术评价对于人文社会科学发展的影响,不断提出质疑、疑问、优化建议,使学术评价在科学性、合理性、公信力等方面进一步完善。

2011年,教育部颁布多项促进人文社会科学学术发展的重要文件,将学术评价列入《高等学校哲学社会科学繁荣计划(2011—2020年)》,明确要求完善以创新和质量为导向的科研评价制度,并建议选择部分地区和高等学校开展学

术评价改革试点①；在《教育部关于进一步改进高等学校哲学社会科学研究评价的意见》中指出，充分认识以创新和质量为导向的科研评价对繁荣发展哲学社会科学的重要意义，强化注重理论创新和实际应用价值的质量评价导向，实施科学合理的分类评价，加强同行评议为主的评价方式，完善诚信公正的评价制度，并采取有力措施将改进科研评价工作落到实处②。这与中国学术评价在推动学科繁荣发展的作用越来越凸显、各级科研管理部门对学术评价要求越来越高的客观实际相符。在今后相当长的一段时期内，学术评价对提高科研管理水平、优化资源配置、全面提高中国科研实力还将发挥更加积极的作用。

（二）专业评价机构对人文社科学术评价产生重要影响

近20年来，南京大学、北京大学、武汉大学、中国社会科学院、中国知网、中国人民大学等纷纷成立专业评价研究机构，对人文社科学术评价的理论方法开展了深入研究，一系列有影响力的评价成果也相继发布，对中国人文社科学术评价的发展产生了重要和深远的影响。

首先，专业评价机构建立了中国人文社科学术评价基本理论方法。这些评价研究机构对国内外的学术评价理论方法进行了大量的梳理总结和对比分析，从不同视角探讨了文献计量和同行评议、定性评价和定量评价、外在指标与内在指标、直接评价与间接评价等各类评价理论方法的内涵与实用性及其相关关系；同时，结合评价实践，对人文社科学术评价中面临的一系列问题，从理论层面展开了大量讨论，得出了诸多有价值的判断和结论。比如，如何控制同行评议专家的主观随意性，如何改进并科学地使用引文计量指标，等等。这些努力使中国人文社会科学学术评价基本理论方法体系得以形成，也直接确立了当前中国人文社科评价"以文献计量为主、同行评议为辅"的基本框架。

其次，专业评价研究机构推出了一系列评价产品，为中国人文社会科学的管理部门、出版者、政策制定者提供了大量可用的评价工具和数据，为各项活动提供了基本依据。如南大评价中心CSSCI、武汉大学的大学排名、中国人民大学

---

① 教育部、财政部：《高等学校哲学社会科学繁荣计划（2011—2020 年）》，http：//www. moe. edu. cn/ewebeditor/uploadfile/2011/11/09/20111109103051635. pdf，2015 年 11 月 12 日。

② 教育部：《教育部关于进一步改进高等学校哲学社会科学研究评价的意见》，http：//www. moe. edu. cn/publicfiles/business/htmlfiles/moe/A13_zcwj/201111/126301. html，2015 年 11 月 12 日。

复印报刊资料的转载数据等,成为高校机构与基地评估、成果评奖、项目立项、名优期刊评估、人才培养等方面的重要依据;同时,这些机构的评价数据库积累的丰富的评价数据,也为政府改进学术管理政策、为学术研究和学术评价工作提供了有价值的数据支撑,尤其是文献计量方面的数据支撑。

再次,专业评价机构提升了中国人文社会科学的国际话语权。一方面,这些评价研究机构发布的符合中国人文社科发展需要的评价成果,在国内得到了广泛应用,使我们具备了与国际上其他国家和地区在学术评价上进行平等对话的条件;另一方面,一些评价研究机构通过举办国际性的学术会议,探索国际化学术成果评价的方式,为其他国家和地区了解中国的学术发展提供了便利,促进了我国与世界各国的学术交流,同时也在一定程度上提升了中国在全球的学术影响力和话语权。

(三)学术评价存在的问题和改进方向

尽管学术评价已在推动中国人文社会科学发展方面发挥了不小的积极作用,但其弊端和不足也十分明显,受到来自学术界尤其是学者的颇多质疑和诟病。评价研究者、评价组织者、科研管理者也开始对学术评价进行反思和修正。

中国高等院校和科研机构推行的量化考核,使数字指标为核心的考评体系已成为学术管理的重要依据。学者的研究成果被量化为一个个具体的数字,这些考核与每一位学术研究者的切身利益直接挂钩,职称评定、科研经费划拨和行政升迁等都与所完成的科研数量紧密相关。中国发表的学术论文总量名列世界前茅,但每篇论文的被引率却和世界平均水平有着很大的差距。由于过分追求科研项目和论文数量,助长了论文抄袭、专利造假等不良学术风气,造成了数量激增与高水平成果稀缺的尴尬反差,制造了大批低水平重复的"学术垃圾",更影响了评价结果的准确性与公正性,严重损害了中国的学术形象和学术竞争力。

另外,用发表载体判断成果质量一定程度上恶化了学术生态。突出表现是利用核心期刊开展学术评价,把对学术期刊的评价等同于对学术论文的评价。核心期刊的原始研制目的及其应用领域引入中国后发生了异化,尤其是多家评价研究机构定期发布各类核心期刊之后,其用来评价科研工作者业绩的功能日益凸显。国内各大评价机构发布的核心期刊目录已然成为一种评价学术成果的尺度。但期刊质量和影响力不等于论文质量,"以刊评文"方式的科学性具有

"先天缺陷"，其负面影响蔓延到了期刊界和整个学术界，本该慎重对待的论文内容质量评价被简化为"期刊等级"，评价的公正性和准确性大打折扣；科研人员竞相在核心期刊上发表文章，致使非核心期刊稿源稀缺，核心期刊杂志社以核心期刊作为金字招牌，发人情稿或收取高额版面费，等等。这些随之而来的问题说明，学术评价已走到非改不可的境地。

同时，过于强调文献计量影响学术评价尤其是人文社科学术评价的科学性。文献计量方法是通过计算期刊在一定时期内所载成果的被引用数据，如影响因子、他引频次等，对期刊进行评价的。这种方法的局限在于，由于期刊来源范围广阔，一些论文由于种种原因发表在非统计源的期刊上，各评价机构均不可能完全收集涉及本学科的所有论文；由于引用动机不同，被引用并不完全等于被认可，更有期刊部门为提升引文指标，人为干涉引用数据导致自引、互引、循环引等恶劣行为不断。不仅如此，人文社会科学学术成果具有研究范式多样、真理性与价值性显现慢、大量运用思辨方法、影响很难辨识和测量等特征，将适合科技成果评价的文献计量学方法运用在人文社会科学学术成果评价上，评价的科学性必然有偏差。

不论是对论文的评价，还是对期刊的整体评价，最终都应回归到对其学术质量的评价，评价的主体应当是文章内容所涉及学科领域的同行专家。而在当前的学术评价过程中，偏重文献计量的方式使同行专家在学术评价中缺位，未能充分发挥其主导作用，同行专家的定性评价仅仅起到补充说明作用；即使在同行专家参与的评价活动中，评价流程和规范也常常较为粗糙，失范、失当、失效现象比较严重，常常不能确保较科学的评价效果。实际上，对人文社会科学学术成果而言，由于其复杂性和多样性，同行评议更适合其发展规律。同行评议虽然容易受到主观因素的干扰，但其智能性、灵活性、直接性、综合性更强，更适合人文社会科学成果的评价，应当突出专家与同行在成果评价中的主导地位。当然，在定性评价中，如何保证评价专家的透明性、评价过程的公平性以及评价结果的权威性，也是亟须解决的问题。

当前人文社科学术评价理论方法的研究和实践，总体水平仍是停留在20年前甚至更早时期的认识，多数只是对文献计量和同行评议两大方法进行细枝末节的补充和完善，能够实现理论方法突破或超越的情况非常之少。这种状况直接导致评价实践缺乏理论方法的必要指导、效果严重偏离初衷，一些

383

基于同行评议的复合型人文社科学术评价

重要的实践问题在现有的理论框架内很难得到解决。比如,评价体系简单照搬理科评价和工程评价,对人文社会科学来说适用性较差;由于样本范围不一,评价指标数量、权重分配上存在差异,不同评价体系在方法上同质化严重,而且评价结论耦合度差,使一线管理者不知如何选择和应用;针对不同的评价对象、不同的学科领域、不同的研究类型的评价对象,分类评价体系不科学、不健全甚至非常混乱,忽视了不同对象的特性、规律等,这些问题的解决仍然任重而道远。

国际化是学术评价的大趋势,科研机构、评价机构都比较重视国际化的探索,加强国际合作。中国现行的学术期刊评价体系,主要是以欧美学术界主导的几大引文索引为参照模式和评价标准而制定的,虽然引进西方的评价体系客观上对中国的人文社会科学发展产生了一定的积极作用,但这一评价体系与中国学术的不适应性也逐渐显示出来,尤其是导致了一些学科在国际化过程中丧失话语权和评价标准的制定权,不利于中国人文社会科学的自主发展。

总之,加强学术评价的创新和质量导向,完善公正开放的同行专家评价制度,实施科学合理的分类评价,注重国际合作与共赢发展,应是我国学术评价的发展方向。

二、复印报刊资料的论文精选

复印报刊资料系列学术刊是从中国公开出版的报刊上搜集、精选人文社会科学学术论文和相关信息,由学科专家和学术编辑共同遴选,并按学科门类进行转载的规模化、专业化、标准化、体系化的精品刊群。它汇集中华学术、精选千家报刊的特性,使它从20世纪60年代创立之初就具备了评价的雏形,其转载量(率)被学术界和期刊界视为人文社科领域中影响广泛、客观公正的学术评价标准之一。

(一)人文社科学科覆盖齐全

目前,复印报刊资料每年收集、整理国内公开出版的近4000种报刊上约40万篇人文社科学术论文,从中精选出1.5万~2万篇优秀论文转载。复印报刊资料学术系列期刊按学科门类编辑出版,基本覆盖了中国所有人文社会科学二级学科,对于一些交叉性较强的学科和边缘性学科,也设有相应期刊或栏目与之对应。复印报刊资料包括了马克思主义理论类、哲学宗教类、社会学民族学类、政治学类、法学类、经济学类、管理学类、语言文学类、艺术学类、历史类、文化类、新闻传播学类、图书情报档案类、教育体育类以及专题类的期刊,近百种复印报刊资料学术刊群组成了一个有着内在紧密逻辑联系的整体,综合、全面地反映了中国人文社科各学科的研究现状和发展趋势,这为以复印报刊资料转载数据为基础开展的学术成果评价,提供了全面的数据样本。

(二)专业的学科编辑和编委

复印报刊资料依托的中国人民大学书报资料中心拥有100多名各学科高水平编辑组成的专业队伍和150余位学界知名专家顾问组成的专业团队,这种通过编辑和专家共同选文、评文的过程是直接对单篇论文进行专业化、标准化、规模化、持续性的评选过程,实质上就是对学术成果进行同行评议,为中国人文社科成果评价提供了崭新视野。

(三)同学科比较的科学评审

人文社科各学科之间在研究方法和研究性质上均存在较大差异,必须针对内容之间的差异性进行分类评估、同类比较。复印报刊资料学科编辑首先要将同一专题、同一时间段内的所有论文汇集齐全,在此基础上再将其中同学科、同专业论文进行反复比较、评选,确定优质论文进行编排。中国人民大学人文社会科学学术成果评价研究中心根据选文经验,按照论文体裁和所属学科的不同,设置多套不同的权重分配方案进行分类评价、同类比较,使质量越高的论文越能得到精细的评价。

(四)层层精选的规范流程

复印报刊资料拥有一整套完整、严格的编选流程和质量监控机制,按照学术共同体公认的评价指标体系,注重论文的学术创新程度、论证完备程度、社会价值、难易程度,经过各学科的责任编辑、学术顾问,通过内评、外审等多个流程对论文质量进行比较、评价,每一篇论文的确定都经过了多环节、多评委,相互制约,确保所选论文的学术水平。

三、定性定量相结合的评价理念和指标体系

（一）同行专家的定性评估

复印报刊资料的选文标准采用的是"人文社会科学论文质量评估指标体系"①。该体系由评价研究中心自主研制而成，它将人文社会科学论文作为直接评估对象，坚持"同行评议为主、文献计量为补充"的评价原则。

首先，评估指标体系以学术论文为直接评估对象，有效规避"以刊评文"带来的种种弊端。指标体系的设计强调对论文内容质量的评估，把"有效反映论文质量"作为遴选指标的必要条件，主要表现在：以直接反映论文内容质量的定性指标为主，如学术创新程度、论证完备程度、社会价值、难易程度；以间接反映论文质量的指标为辅，如课题立项、发表载体等。

其次，坚持同行评议的主体地位。当前，我国各学科论文水平评估中，文献计量评估占据主导地位。然而，实践表明，同行评议更符合人文社会科学的研究特点和规律，更有利于及时有效地发现优秀成果。文献计量评估则有利于弥补同行评议主观随意性的不足。"人文社会科学论文质量评估指标体系"坚持同行评议定性评价的主体地位，兼顾论文数据定量评估的优势，既顺应了学术评估领域的客观需求，又有利于弥补当前我国人文社会科学论文评估的不足。

再次，"指标通用、分类设置权重、分步评估"。同行评议指标是本体系的重点，为使该指标体系既能较为合理地体现不同学科和类型论文的特质，又具有较强的可操作性，体系采用了"指标通用、分类设置权重、分步评估"的评价模式。从学术共同体的"共识性评估标准"中，提取出普适性较高的标准，设置通用的指标，用于评估所有论文。针对论述体裁和学科领域的差异，分类形成不同的指标权重分配方案。设置三个评估实施环节，首先通过"初评"评估论文的学术性质和基本水平，筛选掉非学术性论文；之后通过"复评"判断论文基本的"优劣等级"，筛选掉质量较差的论文；最后通过"终评"对质量较好的学术论文进行再次评估。

---

① 评价研究中心：《人文社会科学论文质量评估指标体系及实施方案》，http://www.zlzx.org/files/otherFiles/2011rssi.pdf，2015 年 11 月 12 日。

（二）量化的评估指标体系

同行评议是对主观印象的表达,为对主观判断进行量化分析,体系把主观印象通过设定的打分表予以量化。打分表解决的核心问题是尽量准确地获得评估主体印象,减少主观印象表达和量化过程中的损失。心理学研究表明,人的短时记忆从 4~9 个信息单位不等,评分过程也符合短时记忆容量的规律。[①]因此,分表选择了两个 5 分量表嵌套的"21 分量表"[②](见图 1),要求评委在打分时,先判断论文水平处于五个基本等级中的哪一级,再左右微调论文的最终得分。这种方法避免了因分级过少而强行作出选择时造成的评估信息丢失,或因分级过多导致超出评委判断能力造成的失误。

```
+ - - - - - - - + - - - - - - - + - - - - - - - + - - - - - - - +
21              16              11              6               1
极好            较好            一般            较差            极差
```

图 1 "21 分量表"示意图

通过以上指标和评分体系,同行专家对论文的定性评估转化成为可量化的数值,在此基础上进行定量的统计和分析。

复印报刊资料论文质量评估指标体系中学术创新程度、论证完备程度、社会价值、难易程度、课题立项、发表载体等评估指标都分别按照 21 分量表对每篇论文进行打分,见表 1。

表 1 同行评议指标的含义与评估内容

类别	评估指标	指标内涵	评估内容
主要指标	学术创新程度	论文提供的新知识对学术发展的促进程度	以下内容对学术发展的促进程度:提出新的(或修正完善已有的)学说、理论、观点、问题、阐释等;提出新的(或改进运用已有的)方法、视角等;发现新的资料、史料、证据、数据等;对已有成果作出新的概括、评析(仅指综述文章)

---

① 米勒(G. Miller)于 1956 年提出,人的短时记忆容量为 7 + 2 个信息单位。这一短时记忆容量又叫短时记忆广度。1974 年西蒙(H. A. Simon)提出,人的实际工作记忆广度小于 7,只有 4 或 5 个信息单位。

② 卜卫、周海宏等:《社会科学成果价值评估》,社会科学文献出版社 1999 年版,第 157 页。

（续表）

类别	评估指标	指标内涵	评估内容
主要指标	论证完备程度	论文的研究规范程度和严谨程度	研究方法有效性：研究方法科学性、研究方法适当性（对于研究问题）
			论据可靠性：资料占有全面性、资料来源真实性、资料引证规范性
			论证逻辑性：理论前提科学性、概念使用准确性、论证过程系统性、逻辑推理严密性
	社会价值	论文对社会发展进步可能产生的推动作用及大小	对解决经济、政治、社会建设中问题的推动作用、对思想道德文化建设的促进作用
	难易程度	论文研究投入劳动的多少	论题复杂度：理论难点的多少、实证研究的难度
			资料难度：资料搜集难度、资料处理难度
辅助指标	课题立项	论文来源的课题立项情况	国家级（21分）、省部级（14分）、其他立项（8分）、无立项（1分）
	发表载体	论文发表载体的学术影响力	核心报刊（21分）、非核心报刊（11分）

按照"指标通用、分类设置权重"的原则，复印报刊资料对不同学科设置不同的权重。不同学科的科研成果，其各项指标的构成比重依学科特征而有所不同，有些基础研究学科，成果学理性很强，其直接的社会效果并不明显；有些与实践结合紧密，具体解决社会现实问题的学科，社会价值巨大，但理论深度欠缺，所以，在评价不同学科的学术成果价值时，需结合学科特点区别对待。每篇论文的得分结果，按照各自所属的学科指标权重，经过加权求和的计算公式，最终形成直接的、即时的、量化的评估结果和原始数据，见表2。

每一篇论文的原始得分，需再经过合成计算和数据修正。原始得分的合成计算，即根据各学科的6项指标的不同权重分别统计，以管理学研究论文为例，某位专家对某篇论文评估后的得分为：$0.85 \times (0.29 \times$ 学术创新程度 $+0.29 \times$ 论证完备程度 $+0.30 \times$ 社会价值 $+0.12 \times$ 难易程度 $) + 0.15 \times (0.47 \times$ 课题立项 $+0.53 \times$ 发表载体 $)$。

表 2 各学科研究论文的指标权重分配

类别	指标	哲学	理论经济学	应用经济学	法学	政治学	社会学	民族学	马克思主义理论	教育学	心理学	体育学	中国语言文学	外国语言文学	新闻传播学	艺术学	历史学	地理学	管理科学与工程	工商管理	农林经济管理	公共管理	图书情报档案
主要指标 85%	学术创新程度	38%	36%	41%	32%	33%	36%	36%	34%	37%	39%	34%	41%	41%	38%	46%	34%	34%	29%	29%	29%	29%	39%
	论证完备程度	28%	27%	24%	24%	24%	25%	25%	21%	24%	21%	25%	24%	24%	23%	24%	25%	25%	29%	29%	29%	29%	25%
	社会价值	8%	21%	22%	26%	28%	23%	23%	31%	21%	29%	24%	18%	18%	28%	18%	26%	26%	30%	30%	30%	30%	25%
	难易程度	16%	16%	13%	18%	15%	16%	16%	14%	18%	11%	17%	17%	17%	11%	12%	15%	15%	12%	12%	12%	12%	11%
辅助指标 15%	课题立项	33%	53%	40%	40%	47%	53%	53%	40%	50%	40%	40%	53%	53%	47%	33%	50%	50%	47%	47%	47%	47%	47%
	发表载体	67%	47%	60%	60%	53%	47%	47%	60%	50%	60%	60%	47%	47%	53%	67%	50%	50%	53%	53%	53%	53%	53%

基于同行评议的复合型人文社科学术评价

为减少不同专家打分尺度的主观差异性,还需通过计算公式对每位评委的所有评分结果进行修正纠偏,再对所有专家的修正分数进行平均后,才能得出某一篇论文的最终分数。这样,可以消除专家个体对评分标准的内涵认识和打分松紧尺度差异而导致的影响,最大限度地得到归一化、平均化,把主观误差控制在可接受的范围内的同行评议量化结果,使评议结果更加趋于真实,符合整个专家团队的主体意见。

四、基于论文精选的学术成果评价产品体系

经过 10 余年的探索,书报资料中心和学术成果评价研究中心已逐步推出了系列学术成果评价产品。首先,自 2000 年始,连续发布年度复印报刊资料转载指数排名,这是以复印报刊资料转载论文为基础数据,集科学性和规范性于一体的专业人文社科期刊和机构评价成果。现已由单一的转载量排名发展成以论文转载量、转载率、同行评议得分、综合指数等为基础的多种维度、多个指标、共计 160 余张排名表组成的体系。

其次,依托复印报刊资料转载数据,采用转载分析法为主、同行评议定性分析法为辅,研制发布《复印报刊资料重要转载来源期刊》《复印报刊资料重要转载来源机构》等有关期刊评价、机构评价成果,按单位系统和所属学科分别展示期刊和机构在不同领域的影响力。

再次,多年来与《学术月刊》《光明日报》共同主办人文社科十大学术热点评选活动,以学术性、社会性为主,适当兼顾学科平衡,评选出年度最为重要、最具影响力的学术热点,总结年度学术研究的成果,折射显示社会焦点问题和改革发展的深层问题,对人文社会科学研究具有重要的启示意义。

此外,评价研究中心还组织了"文化创意产业论文评优""基础教育教学领域复印报刊资料重要转载来源期刊"评选等活动,与科研机构或期刊社合作,发布各学科领域的评价产品,使学术评价在这些学科领域产生了重要影响。

未来几年,评价研究中心将以"质量导向、引导创新、面向服务"为宗旨,对以往评价产品进行拓展和丰富,形成期刊评价、机构评价、作者评价、论文评价、学科评价共 5 类 9 项评价产品的完整体系。

结　语

　　"任何事物都是质和量的统一,把事物的量作为一种测量的工具,对质进行精确的量化,不但可信而且有利于对质的系统研究和了解。"①所以,学术评价不仅要对内容性质等方面进行考察,同样也要对其数量关系进行研究,只有这样,才能达到对研究目标的全面认识和科学评价。同行评议本是一种基于固有知识的主观判断,评议结果是其学术水平与其他素质的综合反映,在具体评议的过程中,会受到各种内在的、外在的与学术的、非学术的影响,如专家的学术水平和背景、知识结构和思维定势、利益关系和人际关系的缺陷等都不可能完全克服。因此,主观定性评价或多或少有些偏差,但迄今还没有找到可以替代它的更好的评价方法。为防止同行评议的随意性,构建一套科学、规范、严密、可操作的指标体系是必要前提。复印报刊资料的选文指标及体系,以质量和创新为导向,坚持了公认的同行评议的定性评价主体地位,兼顾了定量评估的优势,将论文研究成果的内在特征进行数量化操作,再根据数值的大小来评价论文的水平高低和质量优劣,以计量方法弥补同行评议的随意性不足,实现两者的有效结合,既顺应了学术评价领域的客观需求,又有利于弥补当前我国人文社会科学论文评估的不足。

原刊于《河南大学学报(社会科学版)》2016 年第 5 期

391

---

　　①　孙瑞英:《从定性、定量到内容分析法——图书、情报领域研究方法探讨》,《现代情报》2005 年第1 期。

大数据背景下的综合性学术期刊

焦 宝 陈玉梅[*]

借力大数据，可及时获得读者的信息反馈，对学术信息传播效果即时评估，从而矫正刊物传播的内容。通过不同的终端发布学术信息，不仅可以实现学术信息的"碎片化"传播，更重要的是在提高阅读体验的同时，也方便了学术信息的受众及时反馈阅读体验，使学术期刊与学界沟通更加顺畅。

在长期办刊过程中，综合性学术期刊形成了严格的工作流程和良好的工作方式；与学界有着密切和良好的工作交流，建立起顺畅的沟通关系；有着精细而权威的审稿体制，在读者中树立了良好的学术信誉。在大数据时代，综合性学术期刊要继续发扬这些优势，并积极探索适应大数据时代的办刊之路，方能开拓一片新天地。

建立相应的编审流程

建立适应大数据时代的编审稿件流程是刻不容缓的任务。传统学术期刊的编辑工作，要经过很长时间的学术训练和编辑工作历练，才能比较准确地把握和反映学术信息。大数据时代，学术信息和学者信息都呈现数据化状态。学术研究可以通过数据化的方式高效率地实现，大量文献以数据化、可整合的方式为学术研究提供了极大便利；数据化可以为学者提供更加个性的文献推送，甚至实现适应个性化需要的学术信息订制；通过收集、统计与分析学术数据，更可以为学界提供学术热点与学术研究方向引导。基于这样的特点，编辑在组稿

* 焦宝、陈玉梅，吉林省社会科学院，《社会科学战线》杂志社。

约稿时,可以充分利用大数据分析提供的信息,使信息成为自己筛选、评判稿件的学术依据,更加准确地把握学术方向,组织有针对性的稿件,提升学术影响力。这对编辑工作提出了更高的要求,即在完成稿件的编校工作的同时,要具备大数据搜集、整合与分析能力。编辑应树立大数据时代的编辑观念,明确大数据时代编辑工作的特点,同时,还应提高学术素养,严格贯彻好编校各环节的工作流程,在标准化的编辑作业条件下,强化校对等环节,发挥传统期刊编辑工作过程中积累的良好经验,确保刊物学术信息发布的准确性与权威性。

建设大数据时代的编审流程,目的在于即时把握读者与学者的学术需求,掌握最新的热点学术信息和学术发展趋向,即时追踪重点作者、研究机构的研究方向等。所以,其建设需要有完善的在线编审互动系统,但是其方向应该不仅致力于为期刊编辑部服务,更应为学界服务,最终跳出编审出版流程限制,实现以期刊为纽带,编、审、读互动的学术研究全流程传播。

此外,在建立适应大数据时代编审流程的过程中,大数据实际上还为综合性学术期刊管理提供了新的思路。传统期刊管理,基本上是一个封闭的管理过程,而大数据时代带来的是开放式、互动式的管理模式。传统期刊管理,能够获得的信息反馈主要来自于调查抽样样本,而大数据分析则能够提供全面的信息,从而得出最精确的管理数据,用于改善管理方法、提升管理水平。互联网公司大数据管理经验表明,期刊管理也可以将决策建立在数据上,让管理更加科学,而不是仅凭直觉和经验。

深入挖掘学术资源的价值

以往,从组稿、编辑到刊发,期刊对其所拥有的作者资源和论文的学术价值只是一次性的利用。现在,许多刊物也在思考充分实现作者资源和学术资源价值的深入挖掘,例如编辑出版论文精选集等。在大数据时代,通过与网络数据库等的合作,一些期刊也已实现对作者资源和论文的二次利用。但是,对期刊所掌握的学术资源进行充分整合,实现其价值的充分利用,实际上还大有可为。这种对于学术资源价值的深入挖掘,不仅仅是促进传统的编辑平台向"电子平台"转变,更加重要的是,在"电子平台"建立起来之后,充分利用电子平台所具有的大数据分析能力,对学术信息进行整合,使之产生更多的衍生品,创造更高的价值。

强化学术传播力

通过调查和数据分析获知内容整合方向、实现学术信息的精准定位。传统期刊在策划选题时主要是通过参与学术会议、组织学术座谈等方式获知学界信息，了解学者关注和研究的热点问题，从而形成刊物的内容。在大数据时代，既可以通过对既往学术信息、当前学术动向的数据分析，形成对学界动态的认知，把握学术动向；还可以通过对相关学者信息的分析，选取或者定位到权威的作者人选，通过对学术信息的整体把握，快速确定合适的审稿专家，提高编审

效率。

建设内容发布的多媒体平台，多渠道及时推送学术信息。传统期刊的学术内容发布，主要通过三种渠道：一是发行纸质版刊物，这也是内容发布的主要渠道；二是通过中国知网等网络数据库平台，发布内容的电子版；三是刊物建设网站，或者将刊物内容直接上传网站，或者是发布网络版，形成学术文章的网络发布平台。随着多媒体终端和应用的不断丰富，通过手机、平板电脑等便携设备发布也成为重要的传播渠道。而且，通过多平台发布学术信息，包括开发 App 应用，开通刊物微博、微信平台等，为实现学术信息的个性化订制提供可能。在大数据分析的支持下，可以进行有针对性的学术信息推送，大大提高刊物的影响力与传播力。

构建信息反馈系统。借力大数据，及时获得读者的信息反馈，对学术信息传播效果即时评估，从而矫正刊物传播的内容。通过不同的终端发布学术信息，不仅可以实现学术信息的"碎片化"传播，更重要的是在提高阅读体验的同时，也方便学术信息的受众及时反馈阅读体验，使学术期刊与学界沟通更加顺畅。

实现功能转变

学术期刊的主要功能包括：学术方向的引领功能、学术信息的交流功能、学术成果的传播功能以及学术研究的评价功能。在大数据时代，综合性学术期刊

的这几大功能都应作出相应调整,最终实现以学术期刊为纽带的学术信息全流程传播。

发挥学术引领功能,要充分利用大数据优势,使学术引导与学术服务相结合。以往,学术期刊以自身为中心,通过组织笔谈、专栏、研讨会等方式,与专家学者进行沟通,在把握学术热点与重要问题的基础上,实现对学术方向的引领。而在大数据时代,通过对数据的分析,学术期刊不仅能够从宏观上把握学术发展方向与热点问题发展趋势,而且能够从微观上了解学者和读者的个性化需求,为学者个人提供学术信息服务,满足其对学术发展趋势把握的需求。这种宏观引导与微观服务的结合,是学术期刊引导学术方向的有效方式。

在移动设备普及、多终端实时学术信息发布的大数据时代,综合性学术期刊应以其所拥有的学术资源为中心,构建起编、审、读三者间畅通无碍的信息交流平台,实现实时的互动交流。大数据时代,期刊的学术信息传播功能也在变化。传播的"模糊性",即不能准确获知学界学术信息需求的传播状况已不复存在,这就要求学术期刊在传播的过程中,实现由"学术内容"提供者向"学术内容与学术服务"提供者角色的转变。大数据时代的学术期刊传播,将完全突破纸质媒介的局限,实现多数据、多介质的全方位传播态势。比如,国家哲学社会科学学术期刊数据库(NSSD)所建立的免费模式,对于学术信息传播产生了重要影响。随着大数据的发展,免费模式所代表的学术信息共享、学术资源公益化,实际上已是大势所趋。在免费模式下,学术信息的接受对象大大突破了专业研究者的范围,如何面对新的受众,扩大期刊的传播影响力,成为综合性学术期刊亟待解决的问题。

学术期刊的评价功能,体现在期刊作为学术信息平台所形成的对学术信息的评价机制上。当前,综合性学术期刊采用的大多是同行评议的定性评价方法,但是这种评价方式主观性强,受制于当前学术研究热点与风气、学者学术水准、学术体制等外在因素影响。大数据分析则可以为这种定性评价提供一个客观的量化标准,在同行专家评议的基础上,将影响力、创新性等指标量化,两者结合,无疑是更好的评价方法。

大数据带给学术期刊的既是挑战,又是实现转型、发展的大好机遇。把握住大数据带来的机遇,提升期刊质量与开拓期刊发展新路,应该受到期刊界和学术界的重视。但是,大数据技术并非万能良药,如何应用大数据,离不开学界和业界的判断与研究、努力与探索,正如有学者分析的那样,不仅基于数据的纯数字化操作不能替代编辑的人工作业,而且在大数据环境下,学术期刊还可能面临新的挑战。

原刊于《中国社会科学报》2016 年 7 月 12 日

学术创新与期刊评价标准

马立钊*

中国近代学术者必始于宋。① 学术思想之传播来自于学识之载体的流传。中国当代学术创新实为时代精神和民族精神所需要的理论解释,并为现代社会所需求。评价学术创新水平是为论文、时事报告或专著本身之内容,而非为学术作品载体。但学术载体与学术研究成果的关系,又是不可分的,特别是论文刊发期刊的质量标准,对于专业人员检索相关研究成果、提示学术专题研究史、明确研究方向和论点,在现代信息社会,尤为重要。因此,学术期刊质量的优劣亦可反映学者个人研究成果或学术界研究水平的价值。本文拟以学术创新与人文社科综合性期刊的评价为研究主题,对学术创新认知、学术创新与期刊创新认知、学术期刊的优劣之评价标准,略作分析,以期期刊界和学术界引为共鸣。

一、学术创新的认知

抽象地解释,学术是指研究主体面对各种自然和社会现象,运用已有的知识或逻辑,阐述某现象的正确性或证伪性,并对知识积累具有重要价值的研讨过程及其成果,它以较为系统的理性见解实现于社会,对事物的形式、内容、性质、意义、发展趋势以及事物间的深层内在联系等问题进行思辨并作出解答。② 学

---

* 马立钊,安徽省社会科学界联合会,《学术界》杂志社。

① 钱穆:《中国近三百年学术史》,商务印书馆 1997 年版,第 1 页。
② 张国刚、乔治忠:《中国学术史》,东方出版中心 2002 年版,第 5 页。

术研究是一种人类认知自然和探索真理的社会活动,是对自然现象、人类行为的解释活动。学术研究者直接或间接参与国内外学术交流活动,编辑出版科学书刊,以促进学术思想的扩散与传播。学术活动也包括实践性地为国家和地方政府、社会、市场提出科学发展策略,提供经济政策、科学决策,或对自然界和人类社会行为中出现的重大问题提出咨询意见,力促对生产实践提供学术指导等。

国家对于学术之尊重,对于自由增进与传播知识的指导原则之尊重,必须类似其对法律及正义的尊重同样地根深蒂固。这两者的有效性都是来自同一个源泉:来自于我们的文明为之献出的伟大传统所体现的超验原则。① 学术的根本精神是追求理性认识的真理性,学术活动具有最稳固和最能获得公认的正义感。学术研究对人们的价值观进行社会实践性的审视和判断,并具有多元视角的审视性质。学术显示的理性的自觉和自立精神表现在其关注社会公共利益,但又摆脱盲从与直接功利的桎梏,其逻辑表现也是阐发其主张的确当性、理念的创新性。为了鼓励学术思想的创新,世界各国鼓励学术自由。人文社会科学的创新方式或者说创新类型,可以分为继承性创新、综合性创新和原始创新。② 继承性创新是指在已有研究成果的基础上,对某一领域或某一方向研究主题,继续性研究,从而形成更符合人类文明需求的研究成果;综合性创新是指在某一领域或研究方向,以一特定的时间为时点,将已有的知识综合概括而形成的一种创新性知识;原始创新是一种绝对意义上的创新,是指某一研究成果在研究方法、研究结论或研究资料方面,是具有前人无法企及的研究成果,甚至在某种意义上说,是具有填补某一领域空白的价值的创新。

学术创新的基本条件是学术自由和学术积累。学术自由不是学术活动本身的指涉,而是指学术创造主体所处的学术思想状态。学术自由的边界与政治、法律、经济和道德接壤或局部重合。在现代社会,学术自由既受到政治、法律、社会保障,也受它们的限制和干涉。③ 学术积累是指学术研究成果必须是在前人研究的基础上的创新,没有无源之水。学术积累体现了研究主题的逻辑线索和知识传承,表现形式是在本研究过程中引用他人的前研究成果。美国学者

---

① [英]迈克尔·博兰尼:《自由的逻辑》,冯银江、李雪茹译,吉林人民出版社 2002 年版,第 45 页。
② 马立钊:《关于学术期刊创新与评价的几个问题》,《社会科学战线》2015 年第 7 期。
③ 陈列:《关于西方学术自由的历史演进》,《世界历史》1994 年第 6 期。

认为,作为学术研究成果的学术论文必引用他人研究成果、论文或专著或研究报告。这种相互引用的原因主要有四个方面:归誉与起源;提供背景知识和阅读材料;提供证据和说明;评价或更正以前的著作。① 学术论文依靠引用文献的衔接而形成学识、研究方法或研究资料等方面的联系,并通过该种文献引用来分析、评价研究成果的科学性和学术性。如研究成果的开篇文献综述,无论多短小,都需要对本研究主题进行阐述,可以是批评性的,也可以是解释性的,目的是让读者明白本研究主题的概貌,清楚形成创新性研究成果的阶段或状态。文献资料有多种类型,包括中外学术专著、中外各类期刊论文、各校学位论文、专门机构或专门人员就专门问题作出的研究报告、学术研讨会论文(集)、各级政府编制的政府资料与数据、文件汇编等。研究人员必须翔实地利用诸多资料,选择有利于研究主题的研究方法,对资料做一整体性的理解和运用,在汲取前人研究成果的基础上,进行创新性研究,其研究的逻辑过程、逻辑方法或研究观点,才易于被读者接受或勘误,并为后续研究者提供参考文献指引。在具体论证过程中,需要参考他人的研究成果,并以引注的方式,说明或解释他人研究成果对本文的价值或作用或贡献,也反映了本文的逻辑思维过程,增进本文研究成果的学术价值。

究竟何为学术创新,不同的主体有不同的话语系统,大致存有三种形式:一是"学者话语",二是"官方话语",三是"民间话语"。② 学术创新应该是研究方法、研究资料、研究结果的创新。学术创新的评价应注重于研究成果对社会的价值和学术界的贡献。"人类社会每一次重大跃进,人类文明每一次重大发展,都离不开哲学社会科学的知识变革和思想先导。"③人文社会科学学术创新的标准既包括意识形态领域的基础理论研究,也包括为解决我国现阶段国家和社会面临的重大问题进而提出学术性解决策略和方法。但是,学术创新是一个被逐渐认知的过程,今天的研究成果可能在短期内没有被学界所认知,也可能在本学科领域内被快速认知,但可能需要很长时间才能在其他学科被认知。有学者

---

① 马费成:《CSSCI 与社会科学评价》,《南京大学学报(哲学・人文科学・社会科学)》2000 年第 4 期。

② 徐永:《国家行动下学术创新策略的实践逻辑及其反思——基于大学学术生产的视角》,《教育发展研究》2012 年第 23 期。

③ 习近平:《在哲学社会科学工作座谈会上的讲话》,《人民日报》2016 年 5 月 19 日。

举例说明学术创新的认知过程。该学者从知识扩散的过程角度,采用包含时间维度的扩散理论和分析时间流的主路径分析方法,兼顾宏观和微观两个层面,选取发端于社会学并广布于各社会学科的结构洞理论为学术创新实例,进行知识扩散实证研究,得出结论:通过对结构洞理论引文文献的研究,结构洞理论最初由创始者于1992年在社会学学科知识群中提出,而扩散至经济学、商业领域、公共管理、心理学、图情学则是在5年以后,并随后扩展至自然科学领域。在2010年之后,该理论被广泛接受。① 该实例说明,学术创新在本学科领域内提出后,需要其他学科的交叉性运用,完成创新性知识的扩散。

学术创新的扩散过程就是创新的认知过程,认知的媒介是刊载学术研究成果的各类期刊。通过期刊所刊载的研究论文的知识扩散的网络路径和扩散方法的定量研究,将期刊、论文引用等关系结合起来,不仅可以看出科学知识在时间维度上的纵向的连续性和继承性,而且可以记录学科之间横向的交叉与渗透。这种纵横网络式研究,可以清楚地分析知识扩散的自然状态。这也印证了美国学者对引用文献量化研究,创设检索引文网络技术的科学性。从刊文载体上看,期刊载文影响因子即被引率可能反映了该期刊编辑的知识水平和期刊对学术扩散的贡献,进而对期刊创新价值具有较高的评价。依次而为,为了有利于专业学者快速检索有价值的研究成果,为读者提供可能刊发学术研究质量较高的期刊名录,供读者检索,就需要根据一定标准,选择出一定量的期刊,作为检索客体对象。这些期刊根据不同的标准而分别设定为核心期刊或来源期刊、优秀期刊等。

二、期刊创新的认知

前国家新闻出版署1995年颁行《社会科学期刊质量管理标准(试行)》,将期刊分为包括"学术理论类"在内的七类期刊。学术理论类是学术创新的基本类别。学术创新需要借助学术期刊予以传播、扩散,并获得学术界和大众认知。为了保障学术创新性成果能够及时参与学术界学术交流,获得学术研究成果的快速传播,学术期刊有必要立于学术前沿,具有前瞻性学术思想和思维,引导学

---

① 宋歌:《学术创新的扩散过程研究》,《中国图书馆学报》2015年第1期。

术思潮。哲学社会科学学术研究成果具有探索真理性、主流意识形态性和公益属性的特点。学术期刊创新程度越高,其对学术思潮、学术思想乃至于主流社会思潮掌握得越准确,越能发现优秀的学术研究成果。由此,富有创新性的优秀学术期刊对学术作品的审稿越是严格、规范,越能够反映学术研究的前沿问题。

学术创新性评价和认知与期刊创新评价和认知相互关联。学术创新需要以期刊创新作为载体和媒介。学术期刊创新需要在以下方面进行:其一是创新办刊理念,真正归位于学术宗旨和目标定位;其二是创新办刊形式,特别是综合类人文社会科学期刊,必须坚持学术为导向,创新版面设计、主题安排,坚持不同的学科对同一主题或命题的开拓性研究或深化研究,避免单一学科的直线型研究,以获得不同学科专业读者的研究需求;其三是创新办刊方法,包括期刊方向、期刊整体风格,创新栏目设计;其四是创新期刊管理,强化编辑专业技术的规范性,选稿用稿的广泛性,实现对来稿的学术评价客观、科学,引领学术潮流。[①] 但是,学术期刊创新的目的不是为了创新而创新,而是为了更有利于提高学术研究成果的学术品质,刊发的作品更有利于参与学术交流,并获得创新知识的认知,为学术研究提供学术群形成价值或批判价值或学科结构价值。学术创新认知过程与期刊认知过程相似,都需要一个渐进性的学术累积性认知过程。具有某一学科背景的专业人员通过查询阅读专业期刊、综合社科期刊,获得本专业领域内的最新研究信息、最新的专业研究热点、知悉本学科研究前沿动态和方向,以及跨学科的研究方法、研究资料和研究成果,继而对期刊产生创新性认知。富有创新价值的综合类人文社科期刊,有利于为专业人员提供多维度、多学科的研究成果,从而为后续研究提供参考文献价值。

为了方便向专业人员提供检索研究所需的参考文献的便捷途径,某些机构在若干家期刊中选择一些在学术成果内容、期刊编辑规范、期刊学术影响力等方面优秀的期刊,向读者推荐,是对期刊创新认可的外在表现形式。目前国内对学术期刊评价的主体主要有三种:一是具有政府背景的期刊主管部门;二是民间性质的期刊行业协会;三是政府背景与民间结合而成的部分专业研究机构。专业学术评价研究机构主持的评价,由于具有专业性和中立性等特点,在

① 马立钊:《关于学术期刊创新与评价的几个问题》,《社会科学战线》2015 年第 7 期。

学术界和社会上的影响最为广泛深远。① 多评价主体对期刊的评价标准不同，对于同一期刊的评价也可能产生差异，如某机构将某家期刊评价为优秀或核心期刊，但根据其他机构的评价标准，可能就是一般性学术期刊。就期刊评价标准而被列为优秀或核心或来源的期刊而言，并不是说明该期刊中的学术研究成果必然比其他未列入核心或优秀或来源的期刊中刊发的学术成果更具有学术价值，而是通过对期刊的选择，为读者提供检索性参考价值，更不具有对期刊的单篇论文的学术价值的赞同或赞誉。这是期刊评价机构多次说明的问题。无论核心期刊或优秀期刊都是根据某学科刊发的论文信息和论文使用情况在期刊中的分布状态，来揭示一定时期内某学科期刊的发展概貌，为读者提供参考，分学科和研究领域地检视期刊的学术影响力和期刊的优化使用，不可能具备对学术期刊进行优劣评价的作用和价值，更不能将其作为期刊质量评价的标准，也不能作为学术研究成果优劣的评价标准。期刊评价对学术科研的参考价值，在于为研究者提供检索的方便，为研究者提供追溯性文献查询、检索学术史迹的逻辑脉络。"通过引文追溯文献之间的这种内在联系，就可以找到一系列内容相关的文献以及某一学术观点的发展脉络。这样不但可以看出某一学科的研究动态、研究情况，而且可以看出这一学科的核心作者群，还可以根据某一名词、某一方法、某一概念、某一理论的出现时间、出现频次、衰减情况等，分析出学科研究的走向和规律。"② 通过科学合理的学术引文的数据统计，一定程度上，可以评价单篇被引文献的学术地位和学术水平，并不表示对期刊本身学术价值和优劣的评价。评价机构对学术期刊的评价，是以单篇论文的学术水平的评价为前提条件的。

期刊创新性评价不仅仅是刊文学术水平评价，而且应该包含诸多的对期刊特色的赞誉。优质的学术期刊，以纸质方式为外在存在物，在刊发的论文研究内容、栏目设置、封面、版式、印装等各个方面，无不浸染着编辑们的心血和智慧。如有些刊物在装帧设计方面寻求独特审美情趣，在栏目设置方面，突出专栏选稿，跨学科设置栏目，不以某一学科或专题为栏目设计标准，避免拼盘式载文或稿件汇编。在注重稿件学术质量优先的条件下，完善编辑规范，为研究者

---

① 林娜：《我国学术期刊评价体系评析》，《东南学术》2015年第6期。

② 邹志仁：《中文社会科学引文索引（CSSCI）之研制、意义与功能》，《南京大学学报（哲学·人文科学·社会科学版）》2000年第4期。

提供多维视角的学术前沿研究成果。有办刊人认为，人文社科类期刊与自然科学类期刊，在量化标准的适应性方面，具有完全不同的体验和标准。期刊评价主体，即图书情报单位，采用核心期刊的原理，用文章的被引频次、下载量等指标来评判刊物的水平质量，从表面看，这种所谓"影响因子"量化指标并不适合人文社科期刊。[①] 根据上文所述，学术创新和期刊创新的认知都是一个渐进的过程，特别是综合性人文社科期刊，跨学科基础性研究成果更需要经过长时间的沉淀，经过不同学科的交叉性研究，才可能被认知到创新价值，二者应分置评价，而不是以文评刊或以刊评文。简单地混淆二者，是不科学的，都可能发生谬误，造成学术失范和期刊评价标准失范。

三、人文社科期刊评价的标准

学界对目前实行的期刊各评价体系颇多诟病，认为，评价结果差异大，影响了期刊评价的权威性；评选工作滞后，削弱了评价结果的参考价值；"以刊评文"的评价机制有失偏颇。[②] 学术界和期刊界影响广泛的期刊评价主体是中国社科院（《中国人文社会科学核心期刊要览》）、北京大学（《中文核心期刊要目总览》）、南京大学（《中文社会科学引文索引（CSSCI）》）所列举的期刊目录。这三种期刊数据编目都是根据布氏定律、加氏定律，模仿 SCI、SSCI 和 A&HCI 而建立的期刊收录方式。有学者对以上三种期刊的评价功能作出批评，认为，"布拉德福文献离散定律"和"加菲尔德引文集中定律"所揭示的是期刊论文和引文分布的规律，而不是期刊论文质量分布的规律。[③] 而现行三种期刊数据编目中列出的期刊名称，不再是作为文献检索工具的优先性存在，而是作为与检索无关，只是评价期刊优劣的根据了。根据此观点，核心期刊不具有期刊评价的功能，即使是衍生性功能，也是勉强的；或者说，核心期刊或来源期刊的称谓，不是评价期刊本身所应具有的功能，至少 CSSCI 没有这种功能。至于其发挥着期刊评价

---

① 陈颖：《学术评价和学术期刊评价若干问题之我见》，《福建师范大学学报（哲学社会科学版）》2016 年第 1 期。

② 林娜：《我国学术期刊评价体系评析》，《东南学术》2015 年第 6 期。

③ 朱剑：《重建学术评价机制的逻辑起点——从"核心期刊"、"来源期刊"排行榜谈起》，《清华大学学报（哲学社会科学版）》2012 年第 1 期。

功能,可能得益于行政权力,包括政府、学术研究机构、高校等行政权力,为学术评价和学术研究者研究成果评价寻求一种捷径而形成的。

除了以上"三大核心期刊"外,还有《中国学术期刊评价研究报告》(武汉大学)收录的期刊要目、教育部名刊工程入选的期刊目录(从 2002 年至 2011 年共有三批次 31 家大学综合学报和社科期刊入选)、《中国人文社会科学期刊评价报告(2014 年)》(中国社会科学院中国社会科学评价中心)。这些评价机构对期刊采取排名方式,分等级制列出顶级期刊、权威期刊、一般期刊等,评价期刊的标准也是各不相同,异彩纷呈。但没有任何一种评价能够获得学术界和期刊界的共识。

期刊具有传播思想、交流学术观点和实现学术扩散的价值。目前期刊评价的标准类推为学术研究成果的评价标准,是广受诟病的原因,也是造成学术失范的技术原因。由于期刊论文研究成果的评价,甚至研究者个体学术水平的评价,都依赖期刊评价标准,导致学术创新与学术失范具有整体性的内在关联性。有学者认为,学术失范是基于"国家行动"下学术创新的实践逻辑的悖论得出的。"学术失范"成为社会问题的主要社会脉络实际上就是"国家创新"为主导的话语情境和政策运作空间。① 期刊评价或多或少都具有政府权力影响的影子,不仅评价机构自身认为是政府权力的衍生物,即使研究人员刊发的学术成果的学术价值,也依赖于高校、科研机构的科研管理部门的权力支撑。

有学者认为,期刊评价的基本路径应该是:第一,学术期刊评价应树立正确的价值导向功能;第二,建立统一的权威性的学术期刊评价体系;第三,建立专业评价机构和学术共同体相结合的评价机制。② 笔者认为,这些期刊评价路径对期刊评价的原则、技术路线的设计具有参考价值,但期刊创新性评价需要具体的技术支持,而如何设计评价指标、评价体系,仍然是一个未解的谜团。在笔者看来,学术创新特别是人文社会科学的学术创新,是一个渐进认知的过程,作为学术成果载体的期刊评价,与学术成果创

---

① 徐永:《国家行动下学术创新策略的实践逻辑及其反思——基于大学学术生产的视角》,《教育发展研究》2012 年第 23 期。

② 林娜:《我国学术期刊评价体系评析》,《东南学术》2015 年第 6 期。

新不具有同步性,但应具有学术创新的对应性特征,因而,期刊评价,特别是综合性人文社科类期刊创新性评价标准,坚持正确的办刊价值取向,是首先要满足的评价标准。人文社会科学期刊应坚持正确的价值导向。根据中国社会科学评价中心给出的定义,学术期刊正确的舆论导向,应该是倡导正确的价值观,先进的科学文化,并有利于社会主义社会的文明和进步。习近平总书记指出:"历史表明,社会大变革的时代,一定是哲学社会科学大发展的时代。当代中国正经历着我国历史上最为广泛而深刻的社会变革,也正在进行着人类历史上最为宏大而独特的实践创新。这种前无古人的伟大实践,必将给理论创造、学术繁荣提供强大动力和广阔空间。这是一个需要理论而且一定能够产生理论的时代,这是一个需要思想而且一定能够产生思想的时代。"①哲学人文社会科学期刊必须坚持社会主义特色的理论指导,坚持征稿、选稿、用稿的正确舆论导向,传播文明,促进社会进步,为中国实践提供智力支持。办刊人应坚持学术立身,以学术共同体为主导,秉持学术独立自由的精神,应做学术研究的引导者、推进者和服务者,拒绝学术不端行为,对违背科学精神、违反学术道德的学术行为,坚决予以抵制和反对,保证清洁的学术研究环境。

此外还应把握以下几个标准:

其一是坚持学术共同体评价主体机制,以学术思维评价学术期刊。学术评价应该由学术权威在内的学术共同体承担,这是最为可行的路径、也是最科学的做法。发挥学术权威和学术共同体的作用,基本做到公平公正和公开,才能在某种程度上得到学术界的认可。自律的学术共同体是由学者以各自专业为基础自愿结成学术团体、创办学术刊物、组织学术会议等。② 保持学术共同体具有学术性和自律性特点,避免由非学术人评价学术。现在期刊评价主体已由非学术共同体图书情报专家代替学术共同体对期刊进行评价,期刊评价机构也乐此不疲,造成期刊评价结果失信。学术期刊适格的评价主体应该是也只能是来自学术共同体的成员,即学科专家

---

① 习近平:《在哲学社会科学工作座谈会上的讲话》,《人民日报》2016 年 5 月 19 日。
② 仲伟民:《关于人文社会科学学术评价的几个问题——从学术评价的实质性标准谈起》,《学术界》2014 年第 7 期。

与期刊编辑,只有他们才有可能代表学术共同体的基本看法和立场,并选择最合适的评价方法,来对以为他们服务为宗旨的学术期刊作出科学公正的评判。评价机构或行政管理部门并不能因为其提供了评价工具或建立了指标体系或组织了某种评价活动而自动成为适格的评价主体。有学者认为,真正能成为某一学术共同体交流对话平台的学术期刊至少必须具有三个特征:学科专业或专题边界清晰;对共同体成员全面开放并得到其认可;具有鲜明的期刊形象和通达的传播渠道。但今天的人文社科学术期刊存在结构不合理、期刊开放程度有限、学术期刊传播方式不合理等弊端,再加之因数字化浪潮的冲击,学术期刊的纸本传播途径部分转移到数字化传播,纸质期刊完美的形式与学者发生疏离,因而学术共同体很难形成。[①] 作为

期刊办刊人,有义务和责任为学术共同体建设和形成,提供符合时代要求的服务功能,如在期刊的开放性、数字化、国际化等方面继续努力。

其二是坚持定量定性一体化分析方法,根据文献计量学原理,以数据评价论文,以论文学术贡献评价论文,进而达到对期刊公正评价的目的。关于定量定性评价标准,现在实行的多版本评价标准都侧重于定量式分析评价,尽管各评价机构的评价标准不同,核心期刊评刊指标都呈现量化状态。新闻出版总署于 2010 年、2011 年颁布了《报纸期刊出版质量综合评估办法(试行)》《全国报纸期刊出版质量综合评估指标体系(试行)》。该指标体系包含了其他三种期刊评价参数,包括总被引频次、影响因子、他引总引、基金论文比、Web 即年下载率、年获奖论文数、国际论文比、国际编委比等纯量化的数字指标,普遍适用于全国的期刊学术质量评价。《中国人文社会科学期刊评价报告(2014 年)》独立设置评价体系,摈弃简单地以影响因子即引证率为评价指标,将学术研究成果作为其中一项,权重不再决定学术论文的学术价值。该评价报告中"中国人文社会科学期刊综合评价指标体系(AMI)"设置 3 个一级指标,即吸引力(Attraction Power)、管理力(Management Power)、影响力(Impact Power),下分12个二级指标,36 个三级指标,再向下分置四级和五级指标。诸项指标意图包含期刊学术质量的各个方面,并希望每个单项指标都能够建立与期刊学术质量相

---

① 朱剑:《重建学术评价机制的逻辑起点——从"核心期刊"、"来源期刊"排行榜谈起》,《清华大学学报(哲学社会科学版)》2012 年第 1 期。

关联的关系。单纯按指标体系打分的量化评价得出的期刊评价结论会有很大差异。这些指标中任何一项,与论文本身的学术质量只有难于直观的间接关系,适用于期刊评价,确实有点儿勉为其难。

定性评价是学术界和期刊界鼓吹的良性评价机制,但如何保障定性评价的公正性以及期刊学术创新性,又因缺失具体的量化标准而受到怀疑。对学术期刊质量的评价,缺失定量的评价方法作为基础性分析数据,难以有客观感。某些量化指标,如被引率、转摘率、获奖率、高影响力论文率以及期刊的获奖、收录核心期刊的情况及印刷版发行和网上传播情况的统计数据,以及按照一定的权重对之所作的统计、分析和排序,能够获得评价结果的公正性感觉。如果仅由若干同行专家对几十种甚至几百种期刊进行质量、水平的评判,不但这种评价无从下手,而且评价中大家的意见很可能难以统一。① 人文社会科学期刊的量化评价体系显得很简单粗暴,但失却量化根据的简单的定性评价,又难以成为共识性的评价权威体系。期刊评价机构退出学术评价,放弃自己评价主体的身份,不以排行榜的形式进行期刊评价,转而为学术界提供翔实的期刊论文检索和查询的数据库数据平台服务,如 CSSCI 引文数据库、数据库服务平台的建设,就可以为学术界和期刊界对期刊创新价值进行评价提供量化的数据参考信息。从引文检索意义上看,图书情报机构不参与期刊评价,并不是对学术评价完全隔离,而是专注于挖掘与学术研究和学术期刊相关的大量数据,为学术界和作者提供有价值的索引数据。在信息时代,这些数据的价值对繁荣学术研究,丰富期刊评价内容和方法,具有另一种特别重要的作用。CSSCI 开发的原始数据库为学术共同体评价期刊、评价论文提供了有力且科学的评价工具。② 已经有学者参考 CSSCI 数据库对某一学科或某一研究主题的研究成果进行再研究,分析学科建设或某一主题的研究进度和研究方法,甚至探讨某一学科期刊的评价指标体系改革等主题内容。在评价标准难以选择、效用评价的价值难以判断、学术批评氛围不佳的现状中,坚持定性评价指导下的定量数据运用的评价模式,容易实现对期刊评价

的共识性目标。

其三是兼采期刊其他要素,对期刊进行综合性评价。中国社会科学院中国社会科学评价中心发布在吸引力指标中增设期刊编辑和普通读者评价主体、作者地区分布和机构分布、论文下载量等细分指标,在影响力指标中增设期刊与学科比值以及网络影响、学术会议影响、国际影响力等指标。更值得赞成的是,增设期刊管理指标中,编辑规范、编校技术、稿件管理流程、学术不端、学术道德规范等指标,均突出了期刊自身建设的评价因素。该评价体系是对现有的其他评价体系的改革。此外,还应设置期刊的外部审美、设计装帧、印刷纸张等期刊外部表现形式指标。

其四是转载、政府奖励等的期刊学术声誉参数运用。这方面包括几个内容:一是转载率。对于期刊评价指标体系,笔者认为,由于期刊评价指标体系只限于一次性原发的文章,对于《新华文摘》《中国社会科学文摘》《高等学校文科学术文摘》《人大报刊复印资料》等文摘类刊物转载的论文不作为参评范围。从国外学术界对学术文摘的评价看,文摘类刊物对论文的评价只是作为对学术研究成果的补充性评价。我国文摘类刊物在一次编辑的基础上进行的二次编辑,距离专业共同体评价主体较远,而且在其对论文质量和刊物载文质量进行评价时,可能会受到作者身份、作者机构、期刊荣誉等符号化因素以及人情因素的影响。[1]"带有自身偏好或特点的关于学术期刊论文的二次文献,直接转变成了关于学术期刊的重要评价指标",无益于学术和期刊评价。[2] 二是基金资助。全国社科规划办国家社科基金自 2012 年以来,分批资助了 200 家学术期刊,诸多期刊必须同时入选三大期刊数据库,从政治导向、问题意识、选题策划、栏目建设、论文质量、学术影响、是否收取版面费、匿名审稿制执行情况等方面,进行评价考核。取消收录情况的加分,可能更合理一些。三是基金论文刊发数量。在各种期刊数据库评价体系中,都包含基金论文的分值。期刊刊发基金论文虽然可以增加研究成果的预期价值,但也可能会促使许多期刊忽视自发选题的未来可

---

① 王文军:《中国学术文摘:现状与展望——以"三大文摘"为中心的实证研究》,《清华大学学报(哲学社会科学版)》2013 年第 6 期。

② 仲伟民:《关于人文社会科学学术评价的几个问题——从学术评价的实质性标准谈起》,《学术界》2014 年第 7 期。

能有很大学术价值的论文而专爱发表基金论文。① 四是获奖论文的参数。期刊刊发的论文在各种不同的政府奖项中获得奖励、各种民间机构举办的评选中获得奖励，都是对期刊创新性价值的肯定，但是目前奖项比较泛滥，难以区分优质与低劣，因此，对于设区的市以上的政府奖项，应该作为期刊评价的参数之一。

其五是数字化和国际化开放。在期刊评价技术方面，笔者主张，无论是专业期刊还是综合类人文社科期刊，必须紧密结合国内和国际两个市场需求，坚持学术交流、学术传播、文化传承国际化视野，准确定位学术追求，静心进行选题策划，广泛开拓稿源和作者群，大力吸引不同地区、不同国家、不同机构的作者投稿。随着数字化时代的到来，期刊传播途径发生了根本性的变化。虽然数字化进程改变了期刊与读者之间的阅读方式关系，割裂了期刊的整体审美印象，将期刊完整的论文版式肢解成了一篇一篇的单体论文，淡化甚至扭曲了期刊版面的学术趣味，但也是大众化和专业化双向传播的快捷途径。这是期刊界不得不面对的传播变革。因此，期刊数字化网站的建设是期刊评价中不可缺少的一项指标。数字化也有利于国际化传播和宣传。另外，杂志社适时还应积极开辟英文版，吸收英文稿件。从提高期刊国际影响力视角看，英语被作为世界上 70% 的学术论文的撰写语言，因此，期刊应当加强英文版的建设，扩大英文版期刊的数量。期刊的封面设计与装帧、论文的编排格式、插图、表格的设计选取与编排、语言文字、标点符号、数理化符号、公式以及各种数量和单位符号的编排，尽量向国际标准靠拢，取得一致。② 在学术期刊网站方面，建立多语种特别是中英文网站，是期刊以后继续努力的方向。

四、结语

学术创新与期刊创新是两个不同的评价客体，两者应有所区分，但两者也不是割裂的。为了满足研究者快速检索的需要而对期刊作出创新性评价，有利

---

① 俞立平、潘云涛、武夷山：《学术期刊评价中不同利益主体关系研究》，《科学学与科学技术管理》2009 年第 12 期。

② 戴维民：《中国学术期刊国际影响力分析》，《复旦学报(社会科学版)》2004 年第 1 期。

于提升学术研究成果的创新。学术成果的评价应由专业学术群体进行,而期刊创新评价,应由包括编辑等办刊人在内的群体的评价。期刊评价指标体系应具有权威性、前瞻性,且能为期刊事业的发展作出科学合理的指引。开拓学术创新体制,提升学者个人道德和学术水平,扩散学术思想交流,提高学术服务社会实践的价值,是期刊编辑们应坚守的职业道德和应培养的专业能力。

原刊于《贵州社会科学》2016 年第 9 期

参考文献国家标准 GB/T 7714 – 2015
的修订特色与细则商榷

韩云波　　蒋登科[*]

韩云波　　蒋登科[*]

　　中华人民共和国国家标准《GB/T 7714 – 2005 文后参考文献著录规则》颁布已历 10 年,得到了较广泛的推广,但随着新事物、新现象的不断涌现,加上人们在实践中发现的一些问题,2005 年版标准已有了修订的必要。2010 年 6 月 15 日,根据文献与信息的最新发展,国际标准进行了相应修订,Information and documentation—Guidelines for bibliographic references and citations to information recources:ISO 690 公布了第 3 版,版号为 ISO 690:2010(E)。在接下来的几年中,各国相继根据自身情况编制了新的国家标准,如德国、韩国分别于 2013 年公布了新国标。中国新国标于 2015 年 5 月 15 日发布,定于 2015 年 12 月 1 日实施,更名为《信息与文献　参考文献著录规则》,版号 GB/T 7714 – 2015(以下简称“新国标”),代替 GB/T 7714 – 2005(以下简称“旧国标”)。新国标相对于旧国标而言,基于对一些概念的更准确理解,著录细节有较大变动。还在新国标公布之前,《编辑学报》主编陈浩元先生作为新国标起草人之一,率先在《编辑学报》参考文献著录细节上作了关于四个细节变更的说明。[①] 新国标公布后,陈浩元先生及时针对新国标的主要修订之处及实施要点撰文进行了提示。[②] 除此之外,目前尚未见到其他文献对新国标的研究及新旧国标的对比。本文基于 GB/T 7714 – 2005 实施 10 年来的编辑工作实务体验,对新旧国标进行细读,深绎其学理逻辑,结合 ISO

---

[*]　韩云波,西南大学期刊社。

[①]　陈浩元:《关于〈编辑学报〉参考文献著录的几个细节变更的说明》,《编辑学报》2015 年第 2 期。

[②]　陈浩元:《GB/T 7714 新标准对旧标准的主要修改及实施要点提示》,《编辑学报》2015 年第 4 期。

[*]　韩云波,西南大学期刊社。
① 陈浩元:《关于〈编辑学报〉参考文献著录的几个细节变更的说明》,《编辑学报》2015 年第 2 期。
② 陈浩元:《GB/T 7714 新标准对旧标准的主要修改及实施要点提示》,《编辑学报》2015 年第 4 期。

690:2010(E)相关规定,试图对新国标在"同情的理解"基础上,提出一些看法,并针对实践中可能遇到的问题提出具体建议。

一、修订特色:新国标的术语体系和著录体系

旧国标题名为"文后参考文献著录规则",ISO 690:2010(E)英文题名在新国标中译为"信息和文献 参考文献和信息资源引用指南"新国标参考了国际标准,但在修订过程中采用与 ISO 690:2010"非等效"原则对旧国标"重新起草"(按:新国标"前言"将这一过程称为"修改",故本文在论述其具体细节时相应称为"修改",而在论述其整体时称为"修订",以下不再单独说明)。新国标题名相应更改为"信息与文献 参考文献著录规则"。新国标的前言部分列出了九条"主要技术变化",本文结合新国标正文,将其归纳为术语、著录两大体系,以下分别论述。

(一)新国标的术语体系修订

新国标题名的修改,显示其基本指导思想发生了重大变化,其中首先是突出体现在术语体系的变化上。新国标前言指出:"删除了参考文献无须著录的'并列题名',增补了'阅读型参考文献'和'引文参考文献'。"[1]此外,还根据 ISO 690:2010(E)修改了文后参考文献、主要责任者、专著、连续出版物、析出文献、电子文献等术语。以下分别说明。

第一,参考文献。旧国标称为文后参考文献。新国标将旧国标"文后参考文献"的定义"为撰写或编辑论文和著作而引用的有关文献信息资源"[2],修改为"参考文献"的定义"对一个信息资源或其中一部分进行准确和详细著录的数据,位于文末或文中的信息源"[3]。比较二者可以发现其相异之处:(1)参考文献主体不同。旧国标强调服务于论著写作,主体是论著;新国标强调著录,主体是信息资源。(2)参考文献表的位置不同。旧国标规定其位于文后;新国标则规定其位于文末或文中。

---

① 《GB/T 7714-2015 信息与文献 参考文献著录规则》,中国标准出版社 2015 年版,前言。
② 《GB/T 7714-2015 信息与文献 参考文献著录规则》,中国标准出版社 2015 年版,第1页。
③ 《GB/T 7714-2015 信息与文献 参考文献著录规则》,中国标准出版社 2015 年版,第1页。

第二，连续出版物。旧国标在"连续出版物"主释义后说明"它包括以各种载体形式出版的期刊、报纸等"，新国标删除了这条附加释义，增加了"印刷或非印刷形式"①。这意味着：（1）增加非印刷形式即电子资源形式；（2）通过删除"期刊、报纸等"附加释义扩大连续出版物的范围。

第三，电子资源。新国标将"电子文献"修改为"电子资源"。旧国标的附加释义称"包括电子书刊、数据库、电子公告等"，新国标修改为"包括电子公告、电子图书、电子期刊、数据库等"②。修改体现了三点不同：（1）术语不同，将"文献"改为"资源"，包括了更加广泛的内容；（2）顺序不同，显示了电子资源发展态势中各类资源各自的重要程度及普及程度的变化；（3）将电子书刊分列为电子图书和电子期刊，表明随着数字出版的发展，电子书刊已呈普及之势。人们过去主要从纸质文献获取信息，目前较普遍地转换为从电子资源中获取信息，比如期刊论文，过去主要靠纸质期刊，而现在随着各种数据库的普及，更多的是直接从"中国知网"等电子资源库中获取，即便人们手边已拥有纸质文献，往往也主要首选利用电子资源。与电子资源的广泛普及相适应，新国标特别对电子文献的著录进行了较大幅度的修改，体现了与时俱进的创新精神。

第四，阅读型参考文献和引文参考文献。新国标新增了"阅读型参考文献"和"引文参考文献"两个术语，即在将"文后参考文献"更改为"参考文献"基础上进行功能细分。"阅读型参考文献"即"著者为撰写或编辑论著而阅读过的信息资源，或供读者进一步阅读的信息资源"③；"引文参考文献"则严格限于"著者为撰写或编辑论著而引用的信息资源"④。要特别说明的是，"引文参考文献"与旧国标的"文后参考文献"基本相同，仅文字表述略有差异；"阅读型参考文献"既是对旧国标"文后参考文献"的析出，同时又是新增术语和项目。实际上，在新国标之前的文献著录实务中，阅读型参考文献已经存在。尤其是在专著中，文献与信息从内容上分，主要有三种形式：一是说明性文字中包含的文献与信息；二是引用文字的文献与信息来源；三是全书最后列表著录的"参考文献"。在具体位置上，前两者可采用脚注、章节尾注、全书尾注三种形式进行呈

① 《GB/T 7714-2015 信息与文献　参考文献著录规则》，中国标准出版社 2015 年版，第 2 页。
② 《GB/T 7714-2015 信息与文献　参考文献著录规则》，中国标准出版社 2015 年版，第 2 页。
③ 《GB/T 7714-2015 信息与文献　参考文献著录规则》，中国标准出版社 2015 年版，第 2 页。
④ 《GB/T 7714-2015 信息与文献　参考文献著录规则》，中国标准出版社 2015 年版，第 2 页。

现,后一种以全书附录形式独立呈现。第三种参考文献就既包括引用过的,也包括未引用过但阅读过或有关联的,就其总体形式来看,和前两者主要提供文献信息来源不同,它表现出双重性质,既是著者进行研究的文献依据,也是为读者提供的一份文献目录。在个别期刊论文中,也有近似于阅读型的参考文献,有时又被称为"非实引文献",并常常会在进行文献统计(比如计算影响因子)时予以剔除。

第五,数字对象唯一标志符。这是"针对数字资源的全球唯一永久标志符,具有对资源进行永久命名标志、动态解析链接的特性"①。在此之前,我国针对信息资源的"全球唯一永久标志符",图书有 ISSN 号,期刊有 ISBN 号,都是针对成本成册的资源而言的。期刊论文有"文章编号",针对每一篇论文而言,包含了刊号、刊期、页码、篇幅等信息,具有不可重复性。上述标志符号,等于是书刊及论文的身份编码,但不具有"动态解析链接的特性"。新国标增加"数字对象唯一标志符"即 DOI 号,不仅是唯一永久的身份编码,更具有动态链接特性,可以通过链接直接在线打开文献,使文献获取更加方便。

(二)新国标的著录体系修订

术语体系的修订显示了新国标对旧国标信息与文献理论基础的加固,与此相应,在具体操作层面上体现为著录体系的修订。著录体系分为著录项目和著录细则两个部分,著录项目按类型划分,著录细则按要素划分,体现了各自不同的著录维度和著录架构。同时,新国标亦在附录部分对顺序编码制下的著录格式示例体系和文献标识代码体系进行了较大修改。

1. 著录项目修订

在著录项目方面,新旧国标的一级项目修改不大,仍按六类划分:(1)专著;(2)专著中的析出文献;(3)连续出版物;(4)连续出版物中的析出文献;(5)专利文献;(6)电子资源(电子文献)。

在二级具体项目上,新旧国标略有修改。第一,在上述(1)至(5)类中,均有三项修改:一是在文献类型标识项目下将"(电子文献必备,其他文献任选)"修改为"(任选)";二是在引用日期项目下删除"(联机文献必备,其他电子文献任选)"而改为"(任选)";三是在获取和访问路径项目下,将"(联机文献必

---

① 《GB/T 7714－2015 信息与文献　参考文献著录规则》,中国标准出版社 2015 年版,第 2 页。

备)"修改为"(电子资源必备)"。第二,在电子资源大项下,有两项修改:一是将"电子文献"改为"电子资源";二是在文献类型标识项目下,去除"(任选)"而新增"(含文献载体标志)"的说明。第三,在全部六类大项中,均增加了必选项"数字对象唯一标志符(电子资源必备)"。

2. 著录细则修订

著录细则是修改最大的部分,也是在具体实务中最重要的部分。① 陈浩元先生总结了个人著者、中国著者汉语拼音人名、期刊中析出文献页码、专著页码及"根据电子资源在互联网中的实际情况,著录其获取和访问路径"共五项重要修改。关于著录规则,区别于"著录项目与著录格式",在新旧国标中均称为"著录细则",按各著录类型共有的著录项目分项论述。新国标将旧国标的六项扩展到八项,新增"数字对象唯一标识符"和"析出文献"两项。本文以下按著录项目分项进行说明,对于具体示例,因新国标中各项目均有示例,此处不再赘列。

第一,主要责任者或其他责任者。主要修改三处:(1)同姓不同名的欧美著者,在著录其姓的同时,由"还需著录其名"改为"还需著录其名的首字母";(2)用汉语拼音书写的人名,根据 GB/T 28039 – 2011 进行修改②,不再限于"中国著者",且由"姓名不得缩写"改为"姓全大写,其名可缩写,取每个汉字拼音的首字母",更加符合国际惯例;(3)"机关团体名称应由上至下分级著录"不再限于"用拉丁文书写的",且特别说明"用汉字书写的机关团体名称除外"③。

第二,题名。即平常俗称的篇名、书名等,是信息与文献著录最重要的主体。题名主要有三处修改:(1)题名类型根据文献和信息类型作了修改,其中"科技报告名"改为"报告名""标准文献名"改为"标准名",增加了"档案名"和"舆图名",较大程度地扩展了题名范围;(2)在"其他题名信息"项,增加了"专利号,报告号,标准号等";(3)虽然新旧国标都强调"题名按著录信息源所载的内容著录"④,但实际上存在着与批准的题名不一致的情况,早就有论者指出其

① 陈浩元:《GB/T 7714 新标准对旧标准的主要修改及实施要点提示》,《编辑学报》2015 年第 4 期。
② 《GB/T 28039 – 2011 中国人名汉语拼音字母拼写规则》,中国标准出版社 2012 年版。
③ 《GB/T 7714 – 2015 信息与文献　参考文献著录规则》,中国标准出版社 2015 年版,第 9 页。
④ 《GB/T 7714 – 2015 信息与文献　参考文献著录规则》,中国标准出版社 2015 年版,第 9 页。

不合理处①,新国标通过示例将原"××大学学报：××版"修改为"××大学学报(××版)",做到了与信息原貌一致。

第三,版本项。此项目无修改。

第四,出版项。出版项下包含四个小节,其中出版地、出版者无修改,其他内容有两处修改:(1)出版日期,删去了"专利文献需详细著录出版日期";(2)新国标新增了"公告日期、更新日期、引用日期",依据相关国标,规定"专利文献的公告日期或公开日期"和"电子资源的更新或修改日期、引用日期"两类,按"YYYY－MM－DD"格式用阿拉伯数字著录②。

第五,页码。修改一处:增加了"引自序言或扉页题记的页码,可按实际情况著录"③的说明,并增加了五条示例。实际上,由于旧国标没有相应规定,已有一些期刊在实践中"按实际情况著录",这里的增补可以看作是对实践中既定事实的追认。

第六,获取和访问路径。新国标新增项,规定:"根据电子资源在互联网中的实际情况,著录其获取和访问路径。"④新国标公布之前,对于网络资源,人们大多都给出了"网址",这里的修改也可看作是对实践的追认。

第七,数字对象唯一标识符。新国标新增项。

第八,析出文献。修改一处:在期刊析出文献著录中,对两类不同文献作了区别,规定:"阅读型参考文献的页码著录文章的起讫页或起始页,引文参考文献的页码著录引用信息所在页。"⑤旧国标笼统称为"页码",未进行区分,但在示例中实际上著录的是起讫页。新国标在区分期刊中两类析出文献页码基础上,同时修改了示例。

3. 顺序编码制参考文献表著录格式示例体系修订

参考文献表即文后或页下端著录的参考文献列表,但一般不以表格形式表达,而是按一定顺序进行列举。在新旧国标的附录 A 部分,均有"顺序编码制参考文献表著录格式示例",明确标示为"资料性附录"。修改主要有三项:(1)旧

---

① 孔艳、陈浩元、颜帅：《探析 GB/T 7714－2005 中的 5 个问题》,《编辑学报》2008 年第 2 期。
② 《GB/T 7714－2015 信息与文献　参考文献著录规则》,中国标准出版社 2015 年版,第 10 页。
③ 《GB/T 7714－2015 信息与文献　参考文献著录规则》,中国标准出版社 2015 年版,第 11 页。
④ 《GB/T 7714－2015 信息与文献　参考文献著录规则》,中国标准出版社 2015 年版,第 12 页。
⑤ 《GB/T 7714－2015 信息与文献　参考文献著录规则》,中国标准出版社 2015 年版,第 12 页。

国标为九类,新国标新增"报告"类,共示例十类;(2)原"科技报告"改为"报告";原"电子文献(包括专著或连续出版物中析出的电子文献)"改为"电子资源(不包括电子专著、电子连续出版物、电子学位论文、电子专利)",从示例看,新国标的电子资源主要指电子公告,即网页文,所提供的四条示例全部是[EB/OL],旧国标中的其他各类在线资源分别归入各主文献类型中,如[J/OL]归入期刊中析出的文献;(3)较大幅度增加了示例。旧国标文献示例共 37 条,新国标文献示例对原示例进行了大量增补和更换,总数达 61 条,对一些原来在使用中不便操作的文献新增了示例,更加明确、实用。新国标对旧国标的新增、更换和修改,在各类文献中的数量如下:"普通图书"12 条,"论文集、会议录"5 条,"报告"3 条,"学位论文"2 条,"专利文献"1 条,"标准文献"4 条,"专著中析出的文献"6 条,"期刊中析出的文献"8 条,"报纸中析出的文献"2 条,"电子资源"3 条。

4. 文献类型标识代码体系修订

文献代码在大部分学术期刊中已得到运用,但十年来在实践中发现原有代码体系不够完善,导致一些文献无法归类,故新国标附录 B.1 在将旧国标"标志代码"改称为"标识代码"基础上,增加了四种"文献类型和标识代码",即:档案[A],舆图[CM],数据集[DS],其他[Z]。新增的代码属于新出现及分类不明确的信息和文献类型,更加方便使用者准确著录相关信息和文献。

二、新旧国标修订历程中的两个定位错配

综合考察参考文献国家标准修订发展的历史进程,旧国标公布十年来批评之声一直不断,应用范围也存在一定局限。究其原因,从旧国标开始,参考文献著录标准就一直存在着两个定位错配,即强制性标准与推荐性标准的定位错配、标准编制者与标准使用者的定位错配。新国标重新起草后,秉持与时俱进、补充完善的基本原则①,取得了很大的进步,但仍存在一些问题,并在修订过程中无意增加了新的不够便捷之处,究其原因,仍在于上述两个定位错配未得到根本解决。

---

① 陈浩元:《GB/T 7714 新标准对旧标准的主要修改及实施要点提示》,《编辑学报》2015 年第 4 期。

（一）强制性标准与推荐性标准的定位错配

《中华人民共和国标准化法》第 7 条规定："国家标准、行业标准分为强制性标准和推荐性标准。"参考文献国家标准的各个历史版本，均标明为 GB/T，表明本标准为"推荐性标准"。中国标准化协会官方网站指出"推荐性标准又称为非强制性标准或自愿性标准。是指生产、交换、使用等方面，通过经济手段或市场调节而自愿采用的一类标准。这类标准，不具有强制性，任何单位均有权决定是否采用，违反这类标准，不构成经济或法律方面的责任。应当指出的是，推荐性标准一经接受并采用，或各方商定同意纳入商品经济合同中，就成为各方必须共同遵守的技术依据，具有法律上的约束性。"[①]作为推荐性标准，既然由用户自主决定是否使用，标准本身的科学性、准确性、实用性等各方面因素，就成为标准在行业中是否被广泛采用的关键。也就是说，一个好的标准可能得到广泛采用，而一个不尽合理的标准则可能被行业用户视而不见。

多年来，GB/T 7714 由于行业协会的倡导，在一些领域得到了采用。GB/T 7714‑2015指出"本标准规定了各个学科、各种类型信息资源的参考文献"在各个方面的著录规定。新国标起草者亦称："新标准是一项基础性、通用性的国家标准，因此，无论是科技论著还是社会科学论著，无论是印刷版还是电子版，凡涉及参考文献著录，所依据的标准都是 GB/T 7714，从 2015 年 12 月 1 日起，均应执行新标准。"[②]但实际情况是，除部分学术期刊和学位论文外，在其他论著类型中，这一国家标准并未得到广泛应用。就笔者所见而言，出版社以及报纸、非学术期刊、网站电子公告等信息与文献载体，就很少采用这一标准。不仅如此，在该标准采用程度最高的高校学报领域，针对推行编排规范的反对之声，多年来也一直不绝于耳。南京大学学报编辑部朱剑指出"把学术规范缩小成编排规范"，事实上带来了"恶果"："一方面，这种事实上的缩小大大弱化了学术规范在规范学术中应起的作用，是拣了芝麻，丢了西瓜；另一方面，当一个既不合传统又未真正与国际接轨且几乎没有任何宽容的规范大行其道时，不仅使本来鲜活的文章变成了八股，而且桎梏了编辑乃至作者个性的发挥，此诚

---

① 《什么叫推荐性标准？》，http://www.china-cas.org/zxdtbzhzs/300.html，2010 年 2 月 1 日。
② 陈浩元：《GB/T 7714 新标准对旧标准的主要修改及实施要点提示》，《编辑学报》2015 年第 4 期。

非社科学术事业发展的幸事。"①北京大学学报编辑部程郁缀、刘曙光论述编排规范的实质时称:"起草人考虑更多的是:(1)技术层面的东西,即怎样编排可以使计算机更容易识别,从而更有利于从数据库中进行检索和评价;(2)统一性方面,即怎样把所有期刊都纳入同一编排规范体系之中。"②作为中国社科学术期刊界的翘楚,北京大学、南京大学、清华大学等著名高校的社科版学报,均未执行GB/T 7714的标准。不仅如此,中国学术界自然科学和社会科学的顶级期刊《中国科学》和《中国社会科学》,亦均未采用这一标准。相应地,中国科学院和中国社会科学院系统的学术期刊以及众多英文期刊,也都基本未采用这一标准。

上述情况说明,GB/T 7714 显然还存在着一些问题,没有得到用户的全面认可,也就是说,在历次修改过程中,未能主动完善推荐性标准自身的科学性、准确性、实用性等,从而不能让用户"通过经济手段或市场调节而自愿采用"。GB/T 7714 作为推荐性国家标准却以"强制性"姿态出现,似乎忘记了 GB/T 本身的"推荐性"属性,从而造成了定位错配。

(二)标准编制者与标准使用者的定位错配

新旧国标的第 1 章"范围"部分均明确指出:"本标准适用于著者和编辑著录参考文献,而不能作为图书馆员、文献目录编制者以及索引编辑者使用的文献著录规则。"③也就是说,本标准就著录者或使用者即著录主体来说,适用于作者和编辑;而对于阅读者和其他类型的信息与文献使用者,并无特别约束力。

然而,现实情况是,对于是否采用国家标准,著者并无自主权,往往是应编辑要求而决定是否采用;就编辑而言,其劳动成果反映在信息与文献的载体之上,则在各类信息与文献中,采用国家标准的比重还不够高。一个好的标准,必定会适应历史发展的总体形势而能够达到解放生产力、优化生产关系的目的。但参考文献国标的实施,却无意中造成了"作者:不知道,太复杂""读者:我不需要,找到就行""编辑:大量时间,主题不在此,结果也不好"④的尴尬局面,反而

---

① 朱剑:《徘徊于十字路口:社科期刊的十个两难选择》,《清华大学学报(哲学社会科学版)》2007年第 4 期。

② 程郁缀、刘曙光:《学术期刊编排规范是动态发展的》,《清华大学学报(哲学社会科学版)》2007 年第 6 期。

③ 《GB/T 7714 - 2015 信息与文献　参考文献著录规则》,中国标准出版社 2015 年版,第 1 页。

④ 胥橙庭、夏道家、熊春茹等:《文后参考文献著录能否简单些——执行 GB/T 7714 - 2005 文后参考文献著录有感》,《中国科技期刊研究》2007 年第 3 期。

束缚了生产力。国标的一些中国化著录方式,没有充分与期刊的国际化接轨,从而导致"难于在国际上推行"①。

探讨其不方便、不接轨的根源,一个重要原因在于标准编制者与标准使用者的定位错配,标准的编制没有充分来源于"著者和编辑著录参考文献"的具体实践。尽管新国标指出"不是供图书馆员、文献目录编制者以及索引编辑者使用的"②,但标准的编制却是站在上述信息工作者立场上的。2005 年版国标由北京大学信息管理系、中国科学院情报信息中心主要起草,没有"著者和编辑"单位参与。2015 年版新国标吸取旧国标在实施过程中的经验教训,重新起草者除上述两家单位外,吸收了中国科学技术信息研究所以及北京师范大学学报(自然科学版)编辑部、北京大学学报(哲学社会科学版)编辑部参与。《北京师范大学学报(自然科学版)》执行了该标准,而《北京大学学报(哲学社会科学版)》并未执行该标准。起草单位的复杂性,致使新国标比旧国标更加复杂。

由此看来,旧国标编制者和使用者立场分离而导致的定位错配,在新国标中仍然存在。这本是旧国标广受诟病之处,如使用不便(主要是失之于繁琐、不易准确掌握和耗费大量人力资源等)、未与国际化接轨等,也进而造成了至今其使用范围仍有较大局限。然而,标准化毕竟是当今世界的发展趋势,即便作为推荐性标准,如果处理得当,是可以节约整体社会资源的,也会更加方便地让使用者获取到更多的信息与文献。陈浩元先生指出,新国标的修订遵循了一致性、连续性、协调性、科学性、实用性、灵活性六大原则,"是在汲取国际标准给出的科学著录规则的基础上,与时俱进,结合我国著录实际,特别是总结旧标准实施中发现的问题,对其进行全面修订而成的"③。新国标在重新起草的过程中,基于国际标准的最新修订、信息与文献形势的最新发展、实施实践过程中的经验教训等多方面因素,体现了与时俱进的特点,已有一定的实践基础和时代基础,但也还没有达到理想的状态,仍有一些地方值得进一步深入探讨。

---

① 刘大乾:关于《GB/T 7714-2005〈文后参考文献著录规则〉的浅见》,《中国科技期刊研究》2007 年第 5 期。

② 《GB/T 7714-2005 信息与文献 参考文献著录规则》,中国标准出版社 2015 年版,第 1 页。

③ 陈浩元:《GB/T 7714 新标准对旧标准的主要修改及实施要点提示》,《编辑学报》2015 年第 4 期。

三、细则商榷：新国标九个问题的质疑与建议

自旧国标于 2005 年公布以来，基于与 1987 年版国标的比较，以及对 2005 年版国标的探讨，出现了不少研究文献。笔者用"GB/T 7714"在中国知网进行篇名检索，自 2005 年以来共检出 107 条结果。而对新国标来说，由于时日尚浅，还没有更多研究文献。这里主要基于新国标著录细则方面的九个问题（其中有些是旧国标即已存在而在实践中被证明不便或欠妥的问题，有些是新国标中新出现的问题）进行商榷，提出质疑与建议。

（一）阅读型参考文献和引文参考文献

将参考文献区分为"阅读型参考文献"和"引文参考文献"，并要求按不同方式著录页码，是新国标的一项重大修改。起草者的用意是好的，按新国标方式著录引文所在页的用意，是"为正文中的直接引语或间接引语而提供有关文献信息资源"，并"为了方便读者准确快捷地查找到期刊中析出文章的相关信息，也为了节省版面"①。但在具体实践中，却可能出现这样的问题：（1）阅读型参考文献的逻辑边界实际上很难界定。什么是"著者为撰写或编辑论著而阅读过的"？比如说，在写论文的过程中，有一个字的笔画记不太清楚了，于是查了《汉语大字典》，这算不算"阅读型参考文献"？又如，想使用"舌挢不下"这一成语，但没有找到具体例句而准确表达其意义，于是想起金庸小说曾多次使用而进行了查阅，那么，金庸小说算不算？如果说"供读者进一步阅读的"那就更缺乏明确的逻辑边界了，简直类似于老师给学生开的课程阅读书目，甚至有可能会包揽一个学科领域的大部分重要文献。如果要严格按标准执行而列出"阅读型参考文献"，岂非浩瀚无际、叠床架屋？在现行编辑实践中，往往会将"非实引"的文献删去，这实际上就是对"阅读型参考文献"的否定；（2）引文参考文献按一般理解是指引用文字，严格地说是加了引号的直接引语或与原文有高度一致性的间接引语，那么，经过作者评论和修改的原文演绎性陈述，到底算是哪一类参考文献？（3）期刊中的析出文献要求按不同情况分列页码，不仅达不到节省版面和快捷查找的目的，反而可能适得其反。如果对一篇论文引用次数较多

---

① 陈浩元：《关于〈编辑学报〉参考文献著录的几个细节变更的说明》，《编辑学报》2015 年第 1 期。

（比如本文引用陈浩元先生的文章），按新国标要求要有多个不同的页码标注，如果分属不同页码，需要先找到页码，再到千余字的整页中去找相应文字，实属费事。目前期刊文献的电子文档均可对全文进行精确检索，速度达到毫秒级。而根据页码来进行"准确快捷地查找"至少不能在毫秒级别的时间内完成，实际上并不快捷。正因为期刊文献原文查找并不费事，所以有一些期刊干脆连起讫页都没有著录，如《清华大学学报》（哲学社会科学版）和《探索》等就是如此；（4）同样一个选题的论文，全文三千字和全文两万字，其学术容量一般而言会有着很大差别，著录起讫页在一定程度上正可以显示这一差异，也为读者在面对众多相同题材的论文时提供优化选择。中国知网的期刊"目录页浏览"明确标注了文章起讫页及转接页，这就不仅说明在学术规范上对论文容量应予高度重视，也说明著录起讫页已经成为惯例，且在实践中已被证明便于具体操作。按新国标的著录方法，对于著录论文、提供论文容量及信息原貌等，是不够科学、准确、完整、快捷的。

建议：废止两类参考文献的区分，仍以旧国标为准。

（二）任选项与必备项

新旧国标在著录项目中均列出了一些"任选"项，意即可选可不选。新国标在第 4 章共列出 9 个任选项。笔者认为，这不符合标准所要求的确定性原则，理由是：（1）既然任选项可选可不选，那么就可以选一个也可以选几个，按不同的排列，从理论上说可以产生超过 500 种的组合。如果真的出现如此五花八门的情形，哪里还谈得上"标准"？（2）有些任选项是不尊重知识产权拥有者法定权利的，如"其他责任者"均作为任选，那么作品演绎者是否得到了法定的知识产权保护？将其作为任选项而不加著录，在一定程度上是有悖于学术伦理和相关法规的。

建议：取消任选项，要么必选，要么不选，但以必选为好。

（三）纸质载体与电子载体

新国标在示例中，对相当数量的专著和报刊文章，在出版机构及报刊出处项之后，同时著录了在线的"获取和访问路径"，理由是可以通过提供的网址来方便地寻找到原文。笔者认为，在纸质载体与电子载体同时存在且二者高度一致的情况下，新国标的做法是叠床架屋，违背快捷原则，且易造成新的不便，实属无此必要。理由如下：（1）由于许多电子资源网址较长，如果都要列出获取和访问路径，无疑会大大增加论文篇幅。如笔者通过中国知网西南大学包库用户以预览方式打开的《华中农业大学学报（社会科学版）2014 年总目录》，网址长达 279 个字节，这显然并不符合便捷原则。况且，读者在查证这些资料时，还要花费很多时间录入网址，也很容易出错。如果是下载之后成为离线文件，事实证明可以有若干个检索途径，那么又该怎么立足于其科学性、唯一性来进行著录呢？（2）就电子资源和纸质资源二者的关系来说，纸质是源，电子是流，应尊重源头文献。且既然二者一致，著录其一即可；（3）上述电子路径主要来源于三种：一是机构收录，如大学对学位论文的收录；二是数据库收录，如中国知网、万方、维普、超星、大成等；三是出版单位数字化版本。以上三类，尤其是作为最重要提供来源的电子数据库，往往采用收费方式，对各大机构如高等学校等普遍采取限制 IP 地址的包库或代理方式，且为各大机构建立了镜像网站。由于 IP 限制，超出许可范围便无法访问；由于镜像方式，同一文献在不同镜像中的访问路径存在差异。那么，就算是著录了访问路径，如果未获得相应许可，实际上往往无法有效打开，不能达到提供文献详细信息的目的。

建议：如果是常用或规范的文献，仅著录纸质文献即可，电子文献可根据源文献线索方便快捷地查到。

（四）责任者及其责任

在新旧国标中，关于责任者及其责任的著录，主要责任者为必备项，其他责任者为任选项，二者的责任均不著录。但在示例中则提供了如"谢远涛，译"之类的其他责任者及其责任。上述规定本身构成了一个矛盾，既然没有著录责任的规定，又为何将"译"作为责任著录出来呢？这显然有不合理之处，笔者在这里提出几点看法：（1）责任者责任多种多样，不同责任对于文献的贡献差别较大，不宜混为一谈。常见的主要责任方式包括：独立著述或合作著述，即以独立或合作者身份撰写；主编，即主持著作大纲并承担统稿工作，在著作中起核心作用；编，即把不同的文献按照一定的原则和顺序汇集到一起。常见的其他责任方式包括：译，即将一种文字翻译成另一种文字，也包括将文言文翻译成白话文；整理，包括对古籍的辑佚、校点、注释等工作，使原来不易理解的文本变成易于理解的文本。面对如此千差万别的不同责任，全部笼统地混为一谈，既无法让读者了解责任者及文献的著述属性（原创作品与演绎作品），也是不尊重责任者知识产权的表现；（2）同一著作由于其经典性，往往有多种演绎版本，比如梭罗的《瓦尔登湖》，从 1978 年到 2013 年出版了 37 个中文译本，如此众多的版本,由于其他责任者(译者)的水平不同,译本水平自有高下之别,如果将其混为一谈,显然是不合理的,著者和读者要选择好的版本更看重的恐怕是译者而不是出版者。在实际的编辑工作中,已有许多期刊对责任者的责任进行了明确的著录。在 ISO 690:2010(E)第 5 章中,示例也对"编"的责任作了著录;(3)对像《马克思恩格斯全集》《邓小平文选》《鲁迅全集》之类经典著作且以著者本人姓名全称命名的文集、文选等,大多数期刊按照学术界约定俗成的惯例未著录责任者,新旧国标对此没有明确规定,但在新旧国标中都列出了一条示例,在著录《马克思恩格斯全集》时著录了责任者"马克思,恩格斯"。虽然这是严格执行标准规范,但如果从快捷简便的角度来看,亦可尊重学术惯例处理为默认缺省项。

　　建议:(1)增加责任者的责任为必备项,但当责任为"著"时可默认缺省;(2)其他责任者从任选项变更为必备项,增加责任为必备项;(3)当且仅当题名为以著者本人姓名全称命名的文集、文选等时,可将主要责任者处理为默认缺省。

(五)图书析出文献著录

　　新国标将析出文献定义为"从整个信息资源中析出的具有独立篇名的文献"①,其中最重要的区别性标志是"独立篇名"。但什么是"独立篇名",国标没有给出进一步的定义,因此只能从示例中进行推断。可以肯定的是,所谓"独立篇名",首先应排除具有整体结构的专著中的章节式篇名(无论其是否明确标明章节,或以其他方式呈现各篇之间较为紧密的逻辑顺序关系),那么,以下几种情况可以定义为"独立篇名":一是文集中独立的单篇文章;二是具有整体结构的专著中的前言、后记、附录等附加文献;三是多种著作合订本中的单本著作;四是虽然拥有顺序编号然而各篇独立成章的文集(如先秦诸子中的《庄子》《韩非子》等)。而对于具有整体结构的专著中的章节、小说的回目等,则不能定义为"独立篇名"。但仍有一些文献处于不易定义的状况,在新国标附录 A 示例"专著中析出的文献"中,有两条就相互矛盾:

　　[1]卷 39 乞致任第一[M].苏魏公文集:下册.北京:中华书局,1988:590.

---

　　① 《GB/T 7714–2015 信息与文献　参考文献著录规则》,中国标准出版社 2015 年版,第 1 页。

[5]宋史卷三:本纪第三[M].宋史:第1册.北京:中华书局,1977:49.①

这里存在如下问题:其一,存在文字差错,"致任"应为"致仕";其二,存在格式差错,两例均无必备项主要责任者;其三,存在不一致处,GB/T 15835 - 2011未对古籍卷次的数字使用进行明确规定,这里应属于"选用阿拉伯数字与汉字数字均可"②的情形,但应遵循"同类型同形式"原则做到前后一致,上例的"卷39"和"卷三"属不同形式,应予统一。根据国标中的多处示例,为节省篇幅计,笔者认为可以采用阿拉伯数字。但问题在于,两例中的析出文献属于不同类型,"乞致仕第一"是苏颂文集中"表"体的独立篇名,与其他篇章不产生必然联系;而"本纪第三"则是《宋史》本纪中的一个片断,是整个《宋史》中的一个"非独立"有机组成部分,不属于"独立篇名",那么就应当视为章节式篇名,不应作为析出文献处理。

对于章节式篇名的处理,在新国标附录A的普通图书类中提供了一个示例:

[5]康熙字典:已集上:水部[M].同文书局影印本.北京:中华书局,1962:50.③

此处"已集"应为"巳集",属文字差错。示例是将章节篇名处理进入题名,但笔者认为,章节篇名不具有独立性,不应进入题名处理。若按上述示例著录,如果在一篇论述《康熙字典》的文章中,可能涉及不同部首的字,假如说涉及20个部首的30个字吧,那岂非仅《康熙字典》就要在参考文献表列出20条参考文献? 这显然有悖于国标合并同一文献以节省篇幅的基本原则。

专著中的析出文献著录,是编辑实践中的一个难点,新旧国标均未进行详细阐释。旧国标实例过少,尤其是古籍中的析出文献根本就没有示例,导致在具体实践中五花八门。新国标增加了古籍实例,使编辑实践有例可援,但正如上文引用的新国标的两条示例却并不规范,互不一致且存在差错,亦为编辑实践带来了不便。

建议:(1)专著中的析出文献,以"独立篇名"为核心标志,独立篇名可作析

---

① 《GB/T 7714 - 2015 信息与文献　参考文献著录规则》,中国标准出版社2015年版,第19页。
② 《GB/T 15835 - 2011 出版物上数字用法》,中国标准出版社2011年版,第2页。
③ 《GB/T 7714 - 2015 信息与文献　参考文献著录规则》,中国标准出版社2015年版,第17页。

出文献著录,章节文献则不作为析出文献著录。(2)个人文集(如《毛泽东选集》《邓小平文选》《鲁迅全集》等)、合集(如《马克思恩格斯全集》)、总集(如《全唐诗》《全宋词》等)、汇编(如《十七大以来重要文献选编》等)中的独立篇名,应尽可能作为析出文献著录。(3)古籍中非别集、总集类著作的篇名,首先应认定是否属于独立篇名,独立篇章按析出文献著录。本文所示下例中还包括了对古籍中次要责任者的著录:

王符.卷1 务本第二[M].潜夫论笺校正.汪继培,笺;彭铎,校正.北京:中华书局,1997:14.

对于古籍中非独立篇名或章节式篇名的著录,笔者认为可参照新国标著录细则中关于页码的规定进行著录。新国标规定:"引自序言或扉页题词的页码,可按实际情况著录。"①对于卷(集)和篇名之间采用上引"苏魏公文集"示例格式,以空格标示,并借鉴新国标附录A"标准文献"示例[1][2]②,建议采用全角空格。综合上述,上引三则新国标示例就可更改著录为:

[1]苏颂.卷39 乞致仕第一[M].苏魏公文集(附魏公谭训):下册.王同策,管成学,颜中其,等点校.北京:中华书局,1988:590.

[5]宋史:第1 册[M].北京:中华书局,1977:卷3 太祖本纪49.

[5]康熙字典[M].同文书局影印本.北京:中华书局,1962:巳集上水部50.

古籍著录一直是参考文献著录的一个难点,旧国标语焉不详,新国标也未明确表述。故笔者认为:对于古籍的著录,一方面要顾及古籍引用的历史传统与学术惯例,另一方面又要顾及国标的标准规范。由于古籍的问题较为复杂,远远不是此处的简短篇幅可以论述清楚的,当另撰文详论。

(六)连续出版物认定

新国标对旧国标的"连续出版物"定义进行了修改,将旧国标的"一种载有卷期号或年月顺序号、计划无限期地连续出版发行的出版物。它包括以各种载体形式出版的期刊、报纸等"③,修改为"通常载有卷期号或年月日顺号,并计划无限期连续出版发行的印刷或非印刷形式的出版物"④。在上述修改中,笔者注

---

① 《GB/T 7714-2015 文后参考文献著录规则》,中国标准出版社2015年版,第11页。
② 《GB/T 7714-2015 文后参考文献著录规则》,中国标准出版社2015年版,第19页。
③ 《GB/T 7714-2015 文后参考文献著录规则》,中国标准出版社2015年版,第1页。
④ 《GB/T 7714-2015 信息与文献 参考文献著录规则》,中国标准出版社2015年版,第1页。

意到:其一,不再限于期刊、报纸;其二,不再限于印刷形式;其三,既然是说"通常",那么就表明还可以有"非通常"的形式。在新国标的正文及附录 A 示例中,例示了"期刊中析出的文献"和"报纸中析出的文献"。

这里的问题是,既然在新国标的定义中不再指明期刊、报纸,那么,在中国当下现实中,还有两类由出版社或其他机构出版的出版物,同样符合新国标定义中载有顺序号、无限期连续出版的两个重要特征,它们是:(1)由出版社而不是报刊社出版的"集刊"类连续出版物,即通俗所称的"以书代刊"出版物,仅中文社会科学引文索引就收录了 145 种 CSSCI(2014—2015)来源集刊,此外还有大量未进入 CSSCI 的集刊类出版物;(2)由全国和各地政协文史委员会编辑、由不同机构出版的"文史资料"系列以及其他同类出版物,往往采取拉通编号但不定期的方式,以全国政协文史和学习委员会《文史资料选辑》为代表,包括其他非政协机构的类似出版物,实际上也已成为连续出版物。对于上述两类出版物,是否符合"连续出版物"定义,新国标无明确说明,亦无示例。在过去的编辑实践中,多数期刊是作为"汇编"来处理的。

建议:对于"连续出版物"应有更详尽的定义。

(七)引用日期著录

旧国标在著录项目中列出了"引用日期(联机文献必备,其他电子文献任选)"选项,规定引用在线资源时必须著录引用日期。新国标删去了上述选项的括注,将引用日期作为必备项著录。笔者认为此举欠妥,问题在于:(1)著录文献既是提供信息线索,也表明文献源头从而形成学术史线索,那么最重要的当然是出版日期,在已有出版年必备选项的情况下,再以著者进行写作时的日期(即引用日期)进行必备项著录,不仅叠床架屋,而且并无意义;(2)对于电子资源的时间信息著录,大致有三种情况:一是有源头日期即信息最早创建的日期,这类情况多见于电子书报刊等;二是有更新或修改日期即信息上传或网页更新日期,这类情况多见于以网页形式呈现的在线电子公告;三是网页无时间信息,这类情况多见于在线电子数据库。按新国标著录格式,电子资源时间信息包括"出版年:引文页码(更新或修改日期)[引用日期]",这里的三个时间信息,分别是源头时间、上传时间、下载时间。从学术史角度看,三个时间信息实际上只要著录最早的一个即可。按新国标的要求注明引用日期,则会出现一些奇怪的现象,假如一篇论文分 15 天写完,作为文中最常用的电子资源,15 天内每天都进行了引用,岂不是同一个电子资源要分成 15 条不同引用日期的参考文献? 而且,如果不追寻信息的最早源头,在学术史意义上是不合理的,假如我们将"一带一路"和晚清"强国之梦"著录为同一个日期(因为论著作者是在同一天写作的),显然不尽合理。况且,期刊大多注明了收稿日期及修回日期,作者的写作时间本已不言而喻。如果文章经多次修改,那么究竟以哪一稿的"引用日期"为准?

建议:引用日期不应作为必备项处理,国标规定更新或修改日期用( )表示,引用日期用[ ]表示,引用日期应是在其他时间信息(含估计出版年)不明的情况下万不得已才作为替补选项的,如有其他时间信息则一般情况下不必著录引用日期。

(八)信息原貌与著录规则

参考文献著录应最大限度保持信息原貌,这是求真求实的基本科学态度。所有著录细节都应以不损害信息原貌并引发歧义为基本原则。但是,新国标的著录细则却有可能损害信息原貌并引发歧义。新国标中主要有两种情况:(1)在著录责任者时,要求超过 3 个时,"其后加',等'或与之相应的词"①。对于这种方式,早就有论者认为"只著录 3 个作者不符合国际惯例",而"国际上一些大的检索机构也要求期刊著录的参考文献必须提供所有作者的名字"②。众所周知,在著者序列里,通信作者是极为重要的作者,但通信作者常有排名在第三以外的情况。笔者随手查阅了《西南师范大学学报》(自然科学版)2015 年第 6 期的全部作者署名,作者超过三人并有通信作者署名的论文六篇,其中通信作者排名第二的两篇,其他四篇的通信作者都处于最后位置,分别排名在第四和第五。上述文献如按国标著录,就无法检索到通信作者的信息,这显然是不符合科学研究责任规范的。还有一种情况,是一些专著的作者署名虽然有",等",但无论是封面页、扉页或版权页,都找不出三个作者。比如重庆出版社 2014 年出版的《三峡通志校注》,封面页、扉页、版权页的责任者及责任信息均为"黎小龙等校注",根据该书《后记》,其他责任者均为分卷责任者,而无全书责任者。

---

① 《GB/T 7714 - 2015 信息与文献 参考文献著录规则》,中国标准出版社 2015 年版,第 9 页。
② 陈爱萍、丁嘉羽、洪鸥、潘春枝:《对 GB/T 7714 - 1987 和 GB/T 7714 - 2005〈文后参考文献著录规则〉的比较及几点商榷》,《中国科技期刊研究》2008 年第 3 期。

像这种情况,著录时如何找出三个责任者? 也就只能依照原书原貌著录了。新国标并未注明该规定的源头文献,不知其依据是什么。但在 ISO 690:2010(E) 的 5.4.2"超过三个文献创建者"中,国际标准明确指出:"当有四个或更多作者时,可能情形下应全部予以著录。如果需要省略一些作者,在第一作者之后可使用'及其他'或'等'进行著录。"①也就是说,多责任者如果采用省略模式,只要在第一责任者后加"等"即可,而不用著录三个责任者再加"等";(2)对题名和其他题名信息的衔接,起草者指出"该条款中各要素前的标识符为':'"②。这也是容易有违信息原貌并引起歧义的。在具体的题名中,":"本身就是一个常用的符号,原题名中的":"如何与作为著录标识符的":"明确区别开来从而得以准确辨识信息题名原貌? 举例说明,如按国标著录,可得到以下题名及其他题名:

[1]韩云波.中国侠文化:积淀与承传[M].重庆:重庆出版社,2004.

[2]周石峰,杨棉月.近代中国抵制日货运动的历史困境:以新闻出版为例[J].西南大学学报(社会科学版),2014(1):152~158.

[3]宋文婕,韩云波.武侠小说研究的理论模型:以还珠楼主研究为例[J].西南大学学报(社会科学版),2014(6):108~115.

[4]乔同舟."媒体与移民身份认同"研究:从西方经验到中国语境:以农民工为重点的文献考察[J].华中农业大学学报(社会科学版),2014(4):83~91.

上述示例中的":",哪些是题名原有的? 哪些是著录符号? 读者实际上无法准确判断并恢复文献原貌。经查阅原文得知,[1][2]及[4]第一个":"为原有,[3]及[4]第二处原文为"——"。更有甚者,按这种著录方式,还有可能在题名中出现三个乃至更多":"的情况,这就不仅不符合 GB/T 15834 关于标点符号的用法,更让读者不知所云。

建议:著录参考文献的首要原则是尊重文献原貌,其次才是根据规则对相关元素进行变通。

① Information and documentation—Guidelines for bibliographic referencesand citations to information resources:ISO 690:2010(E)[S]. Switzerland: ISO Copyright office.2010:7.

② 陈浩元:《GB/T 7714 新标准对旧标准的主要修改及实施要点提示》,《编辑学报》2015 年第 4 期。

（九）学位论文著录

新旧国标均未专门列出学位论文的著录规则,仅可按示例进行著录。从新国标提供的三条示例看,学位论文未著录学位级别,各条示例的文献来源分别为中国知网在线路径、北京大学在线路径、加州大学。笔者认为,新国标规定的学位论文著录规则存在问题:(1)不著录学位论文级别欠妥。学位论文级别不同,质量大相径庭,学术容量天差地别。一般而言,博士学位论文具有较强的学术性,且相当数量的博士研究生在毕业后得以继续其学术研究;而学术型硕士学位论文主要针对学生综合能力培养,大多数硕士毕业后未延续其学术研究;专业硕士论文主要讨论实践中的问题,大多属于工作实践探讨,不具备相应的学理性。中国知网中的硕士学位论文和博士学位论文分别属于不同数据库,这也说明二者存在着极大差异。有论者指出:"大多数博士论文公开出版,而且保存在一些大图书馆。而硕士论文不出版,只在校内图书馆保存。因此,注明博士学位论文和硕士学位论文对检索来说尤其必要。"[①]笔者认为,不同级别的学位论文的学术含量差异极大,在著录时应充分尊重这一学术现实;(2)学位论文获取路径不必叠床架屋。新国标示例中的知网在线路径长达四行,由于知网在学术界均可方便查阅,故不必标出电子路径,相关常用数据库无法查阅的才需要标出电子路径。

建议:(1)标出学位论文级别。(2)收录进入常用数据库的,电子路径可缺省处理。

除上述九点外,中国标准出版社的 2015 年 5 月第一次印刷版还存在着一些语言文字差错,陈浩元先生已进行了部分列举[②],我们在本文写作中也发现了一些差错,诚望编制者及出版社在重印时校改处理。

结　语

新版国家标准 GB/T 7714 – 2015《信息与文献　参考文献著录规则》2015

---

① 陈爱萍、丁嘉羽、洪鸥、潘春枝:《对 GB/T 7714 – 1987 和 GB/T 7714 – 2005〈文后参考文献著录规则〉的比较及几点商榷》,《中国科技期刊研究》2008 年第 3 期。

② 陈浩元:《GB/T 7714 新标准对旧标准的主要修改及实施要点提示》,《编辑学报》2015 年第 4 期。

年 12 月 1 日就要开始实施了。自 2005 年版国标公布以来,参考文献的标准化著录对于学术研究起到了不小的推动作用,但也出现了一些问题。2015 年新国标对旧国标进行了重大修订,体现了与时俱进的原则,近十年来出现的新的信息类型的著录问题得到了明确的规定,对旧有的一些不足及不便进行了优化。但是,当下社会的实践新知层出不穷,新国标也未能全部囊括,仍然存在着一些不足及不便之处,也有一些容易产生歧义之处未能完全明确。本文在归纳新国标修订特色的基础上,提出一些商榷意见,是为了更好地推进学术研究,为当下新国标提供实施细则参考,并为国标在将来的继续修订提供意见和建议。

原刊于《西南大学学报》(社会科学版)2015 年第 6 期

新新媒介时代的学术平台

——以域出版为中心

桑　海[*]

引　言

进入新世纪以来,随着数字媒介的兴起,学术期刊在学术传播链条中的枢纽地位动摇了;与此同时,中国学术期刊体制积弊已久,一场变革也是箭在弦上不得不发。期刊转型与体制变革"这两场历史性变革的不期而遇已注定了它们的进程必然会交织在一起"[①]。

在这样的特殊历史语境下,每个新世纪的学术期刊人都要同时面对双重挑战:一是按传统的方式把刊物办好,即所谓"内涵式发展";二是在期刊转型与体制变革中把握大势和方向。期刊转型与体制改革是一项复杂的系统性工程,诸多障碍与困境盘根错节,常给人狐狸咬刺猬——无从下口之感。相对而言,期刊的"内涵式发展"则有较强的可操作性,容易带来成就感,与期刊的直接利益结合也比较紧密,成为绝大多数期刊人的"务实"之选。我们或可借用一则禅宗公案来理解二者的关系。马祖道一见南岳怀让在石头上磨砖,忍不住问:"你磨砖干什么?"怀让答:"我打算把它磨成镜子。"道一不解:"砖怎么能磨成镜呢?"怀让反问:"磨砖不能成镜,坐禅岂能成佛?"从单刊的角度,尽管可以通过数字化、特色化、国际化、精品化等多种方式实现"内涵式发展",比如可以借助经营期刊网站、微信公众号加强数字化传播,但这些还是在"磨砖"上下功夫,无法从

---

[*] 桑海,澳门理工学院《澳门理工学报(人文社会科学版)》编辑部。

[①] 朱剑:《变革年代学术期刊的数字化生存》,《澳门理工学报(人文社会科学版)》2013年第2期。

根本上突破期刊发展的瓶颈,这反过来也为单刊发展设置了天花板。我们应当清醒地意识到,唯有范式层面上的转型和变革,才有望开出中国学术期刊的新境界,为学术期刊人在未来数字化和全球化的学术传播秩序中争取更主动的位置。

2010年末,中国高校学术期刊界同仁提出了联合创办"中国高校系列专业期刊"(简称"网刊")的构想,并于次年付诸实践,其要旨是对各加盟刊文章按专业或专题进行数字化整合,并在网络上开放传播。2015年初,在网刊四年实践的基础上,他们又在探索一种新的期刊数字化思路,即在开放互动的平台上进行以"专栏"为基本单元的学术传播,进而着手与数字服务商合作开发基于这一理念的域出版学术平台。

关于域出版已经有过一些讨论,如朱剑从学术传播秩序重构的角度对域出版的理念和背景作了清晰的阐述①,笔者也曾撰文探讨域出版平台的设计思路②、学术编辑在域出版平台中的作用③等问题。本文拟尽量避开上述角度,粗略地回顾域出版并不遥远却已经有些模糊的诞生过程,并尝试从媒介的视角对域出版平台作一些初步的思考。

一、网刊:域出版的史前史

2010年9月,《南京大学学报》朱剑主编公开发表了高校学报专业化转型和集约化、数字化发展的建设性方案,其要旨为:联合教育部"名刊工程"的高校学术期刊,对各刊纸质版发表的文章进行同步数字化编辑重组,打破校域界限,成立联合编辑部,创立若干一级学科专业期刊,组成"中国高校系列专业期刊"期刊群,新创立的数字化专业期刊在期刊网上整体呈现,从而加深读者对期刊

① 朱剑:《构建互联网时代学术传播的新秩序——以高校学术期刊发展战略为中心》,《武汉大学学报(人文科学版)》2016年第2期;朱剑:《学术共同体、学术期刊体制与学术传播秩序——以媒体更迭时代人文社会科学期刊转型为中心》,《澳门理工学报(人文社会科学版)》2016年第3期。
② 桑海:《我们需要什么样的在线学术平台——"中国高校系列专业期刊"之未来构想》,《南京大学学报(哲学·人文科学·社会科学版)》2015年第3期。
③ 桑海:《学术编辑:学术传播新模式的灵魂——以"中国高校系列专业期刊"和"域出版学术平台"为例》,《传媒》2016年第19期。

的印象和归属感。①

网刊创办的前夜,期刊体制改革已是山雨欲来风满楼,大多数学术期刊并不认同转企改制的方向,但又无可奈何,学术期刊界弥漫着一种前途未卜的焦虑情绪。也正是这样一种危机四伏的处境,让学术期刊的主编们更容易接受期刊人自己提出的改革方案,并以惊人的效率付诸实施。2010 年 10 月 12 日在重庆举行的名刊主编论坛,可以看作学术期刊界改革行动的策源地。叶娟丽教授对此有一段饶有趣味的追述:"这次会议期间召开了一个小型会议,我称之为学报界的'南湖会议'。仲伟民主编、朱剑主编,还有十几位名刊主编开始谋划创办网刊。重庆会议之后仅 3 天,我们就收到仲伟民主编和朱剑主编起草的各种文本,网刊工作正式启动。"②

2011 年 3 月,《复旦学报》《南京大学学报》《清华大学学报》《武汉大学学报》《四川大学学报》等 17 家"名刊工程"学报联合发起的"中国高校系列专业期刊"(简称"网刊"),创办了《文学学报》等 10 个一级学科的专业刊,在中国知网以开放获取方式正式上线。

网刊方案是由学术期刊人提出的,这使得它在气质上既不同于政府管理部门主导的顶层设计,也不同于以市场为导向的商业化设计,更不同于 IT 精英那种技术导向型的设计。诚如叶娟丽所说,这一变革方案既源于学术期刊主编们对未来发展的深层次的危机感,也是对其生存利益的一次理性的算计。③ 从数字化或者说从媒介变革的角度突破期刊改革困局,这一做法的巧妙之处在于,"没有闯入期刊改革的雷区,而是从侧翼迂回包抄,在原有期刊基本格局不变的情况下,在几乎是一张白纸的网络空间另起炉灶,再逐渐以新媒介自身的力量改变传统的业态"④。增量改革是中国学术期刊改革题中必有之义,因为要激发期刊人的积极性,只能是增量改革,从网刊到域出版都是以增量改革的思路来

① 参见朱剑:《高校学报的专业化转型与集约化、数字化发展——以教育部名刊工程建设为中心》,《清华大学学报(哲学社会科学版)》2010 年第 5 期。

② 《重庆大学学报(社会科学版)》编辑部整理:《学术期刊专栏出版暨学术平台建设——研讨会会议实录》,《重庆大学学报(社会科学版)》2016 年第 5 期。

③ 参见叶娟丽:《中国大学学报:制度变迁与路径选择》,《南京大学学报(哲学·人文科学·社会科学版)》2013 年第 1 期。

④ 桑海:《我们需要什么样的在线学术平台——"中国高校系列专业期刊"之未来构想》,《南京大学学报(哲学·人文科学·社会科学版)》2015 年第 3 期。

设计的。

网刊的出发点虽然是学术期刊的现实焦虑,但从一开始就有着鲜明的理想主义色彩,更多是以学术期刊群体的前途命运乃至学术发展和社会进步为己任,至于自己的现实利益反倒很少考虑。比如,网刊从一开始就坚持免费开放原则,团队成员们以义务性的付出支撑了网刊六年来的运行。可以说,网刊的尝试是学术期刊人理性思考与理想主义情怀的结合。

在取得不俗成绩的同时,网刊的弱点也逐渐显露:"纸本文献的数字化重组只是网刊初级的形态,是网络出版与传统学术期刊出版体制妥协的结果。由于传统期刊思维和体制因素的掣肘,网刊的发展已经进入一个瓶颈期,亟待模式上的突破。"①

网刊之所以会从蓬勃发展进入瓶颈期,或许可以从中国学术期刊体制改革的大背景中来理解。2012 年 7 月,原新闻出版总署颁布了《关于报刊编辑部体制改革的实施办法》,原则上不再保留报刊编辑部体制,编辑部要么转企要么改为办内部刊物。② 这种"一刀切"的改革方式在学术期刊界引起了强烈反弹。由于遭到抵制或消极对待,体制改革并未真正展开,但迫近的危机感让学术期刊界进入一种应激状态,更多的主编和编辑认识到,在变革的洪流中已经无法苟且偷安。在上层管理部门硬性的改革方案映衬下,网刊那种维持现有编辑部体制而在数字平台上另起炉灶的改革思路,在学术期刊人看来显得格外贴心。或是在风雨飘摇中抱团取暖的心理需要,使得期刊界参与网刊的热情迅速升温,此时的网刊也出现了爆发式的发展。

在网刊初创时,发起者是 17 家高校学术期刊,2012 年初又增加了 4 家,这21 家都在教育部"名刊工程"的范围之内。2012 年 11 月,在《关于报刊编辑部体制改革的实施办法》公布之后的第一次网刊工作会议——厦门会议上,时任教育部社科司副司长的徐惟凡建议把网刊做大做强,得到了与会者的共鸣,会议决定网刊进行扩容。为保证网刊稿件的质量,运营团队制定了严格的刊物入门标准,在 CSSCI 的技术支持下遴选出第一批拟扩容名单,并逐一发出邀约。

---

① 桑海:《我们需要什么样的在线学术平台——"中国高校系列专业期刊"之未来构想》,《南京大学学报(哲学·人文科学·社会科学版)》2015 年第 3 期。

② 参见新闻出版总署:《关于报刊编辑部体制改革的实施办法》(2012 年 7 月 30 日印发),《中国新闻出版报》2012 年 8 月 3 日。

到 2013 年春天在成都召开网刊工作会议时,网刊的成员已经新增了《中国人民大学学报》等 49 家,扩展到 70 家。成都会议之后,随着网刊影响和吸引力的不断增强,越来越多的学术期刊主动要求加入。笔者有幸担任网刊扩容工作的协调人,在与诸多期刊互动的过程中,常为期刊界同行们参与网刊的热情所打动,但也只能严格把关,忍痛婉拒了不少申请者。尽管如此,到 2015 年域出版理念提出的时候,加盟网刊的学术期刊已经增加到 140 家左右,包括《北京大学学报》《北京师范大学学报》在内的高校优秀期刊几乎全数加入。与此同时,专业刊的数量从 10 个增加到 12 个,有的专业刊之下还分设了二级学科的专业刊,更重要的是,陆续创办了《三农问题研究》《儒学研究》等 7 个问题边界清晰的专题刊。专题刊在当时便被寄予厚望,与后来域出版的思路有明显的连续性。随着网刊的不断扩容,稿件量急速增长,例如 2013 年第 5 期的《经济学报》发文量达到 119 篇之多,《文学学报》和《历史学报》也在 100 篇上下。加盟期刊的增多、稿件的增多、网刊种类的增多,使得网刊运营团队满负荷甚至超负荷地运转,也促使网刊工作平台连续升级改进,网刊逐渐进入了一个发展的高峰期。

然而与此同时,外部环境也在悄然发生变化。"经历了一年多的管理顶层与期刊基层的冲撞与磨合"①,重组后的新闻出版行政管理部门——国家新闻出版广电总局于 2014 年 4 月发布了《关于规范学术期刊出版秩序促进学术期刊健康有序发展的通知》②(以下简称《通知》)。洪峻峰敏锐地指出,尽管《通知》文件名称没有出现"体制改革"的字眼,但其实质就是"重新提出学术期刊改革的实施办法"③。新的文件完全避开了"转企"问题,其关于学术期刊体制改革的具体内容就是:编辑和出版分开和专业化、数字化、集约化发展。这就意味着,在期刊体制改革中,学术期刊将作为特殊的类型享有特殊的政策。早在 2012 年初,朱剑已经提出"将纸本期刊与

---

① 洪峻峰:《当前学术期刊改革的顶层设计与底层回应》,《清华大学学报(哲学社会科学版)》2015 年第 3 期。

② 参见国家新闻出版广电总局:《关于规范学术期刊出版秩序促进学术期刊健康有序发展的通知》,新广出发〔2014〕46 号文件。

③ 洪峻峰:《当前学术期刊改革的顶层设计与底层回应》,《清华大学学报(哲学社会科学版)》2015 年第 3 期。

数字化期刊分开、将期刊编辑与出版发行分开对待的'两分开'办法"①。网刊正是一种"两分开"的实践:将纸质期刊与数字化期刊分开,暂时维持纸质期刊现状,而在数字化领域进行"增量改革";将学术期刊编辑与出版发行分开,编辑继续留在高校和科研单位,实现编研一体,而出版发行则交给大型出版集团或网络运营商。而学术期刊专业化、数字化、集约化发展,恰恰是朱剑的核心主张,也是创办网刊的理论基础和行动方案。

《通知》颁发后,学术期刊界与行政主管部门在改革方向上的分歧大大缩小,关系也更加融洽。例如,2014 年 5 月,在《清华大学学报》编辑部举办的"高校学术期刊转型与发展战略研讨会"上,20 余位高校学术期刊负责人与中宣部出版局、新闻出版广电总局新闻报刊司和教育部社科司等期刊管理部门的负责人,就《通知》及学术期刊改革的政策进行了对话,会上开诚布公的氛围给与会者留下了深刻的印象。与学术期刊体制改革新方案相呼应的,是行政主管部门对学术期刊的资质认定与质量评估。划清学术期刊与非学术期刊的界限,或许就是为了将在改革中享有特殊政策的学术期刊区分出来;而质量评估则是对学术期刊进行再次筛选剔除,建立退出机制。与强调"劣汰"的质量评估相应的是强调"优胜"的期刊扶持政策。2012 年的 7 月和 10 月,全国哲学社会科学规划办公室分两批公布了国家社科基金资助期刊名单,约 200 家期刊得到了持续的资助,资助力度对学术期刊而言不可谓不大,对学术期刊办刊条件的改善产生了明显的效果。

这一系列的变化对网刊的影响有两个方面:一方面是网刊的理念和方向在政策层面得到肯定,对网刊的发展有很强的正向鼓励作用;另一方面则缓解了学术期刊的改革压力,特别是得到资助后稳定感的加强和经费上的充裕,让很多期刊人在意识或潜意识层面增长了维持现状的惰性。后一个方面或许发挥了更大的作用,大约从 2014 年开始,网刊进入了一个发展的瓶颈期。

反观网刊自身,是否也出现了问题呢? 在实践上,由于种种原因,很多设想难以实现,比如合作仅限于最终产品的重组,而没能推进到出版全流程;网刊的发起者既不是社会团体也不是企业,而是分散的学术期刊,这些期刊编辑部几

---

① 朱剑:《传统与变革:体制改革前夜学术期刊的艰难抉择》,《澳门理工学报(人文社会科学版)》2012 年第 1 期。

乎都没有独立的法人身份,这导致了网刊主体身份的暧昧,也限制了外部资源的投入;由于缺少现实利益的支撑,提供技术平台的合作者投入动力不足,使得网刊缺少进一步发展的支撑。在理念上,网刊创办针对的是纸本期刊的现实焦虑,尽管运用了互联网技术,但在观念上还没有转变为互联网思维。比如,网刊仍执着于"期"和"刊",时间上按期出版,形式上保持传统期刊固有的模式,与纸本刊的区别只是搬到了网上而已,没有真正发挥出互联网的优势。① 此外,由于网刊依附于期刊数据库的平台,很难建立独立的形象,更重要的是,与更加媒介化的新一代互联网平台相比,数据库的观念已经陈旧了,需要从媒介变革角度寻求突破。

网刊的存在,既有某种过渡性又有其独立的价值,可能会与域出版长期共存。在可见的层面,网刊提升了加盟期刊文献的能见度和影响力,更重要的是实现了学术期刊界前所未有的密切协作,加深了业内同行对于数字化的理解和认同,使得期刊界对域出版的接受水到渠成。

二、在媒介变革中孕育

在笔者看来,从网刊到域出版,其中的连续性远远大于断裂性。域出版的基本要素,几乎都已经蕴含在网刊早期的方案中。在网刊刚刚创办的 2011 年,笔者读过一篇以中国高校系列专业期刊联合编辑部名义撰写的文章,文中写道:"'云出版'的诞生,意味着'聚合'——内容的聚合、平台的聚合、渠道的聚合——必将成为今后出版业最显著的特征,也必将加速手持终端取代传统纸本书刊的过程,特别是非生活休闲类的学术书刊。那么,在'云出版'时代,学术期刊将何去何从,是坚守纸本或独立网站,还是走向聚合,拥抱'云平台'?这对社科学术期刊来说,是个颇为艰难的抉择。而入选教育部'名刊工程'的综合性社科学报则迈出了走向'云出版'的第一步。"②这种"云出版"的观念,非常明确地包含了"聚合""平台""移动终端"等互联网思维的要素,不但可以涵括网刊的

---

① 桑海:《我们需要什么样的在线学术平台——"中国高校系列专业期刊"之未来构想》,《南京大学学报(哲学·人文科学·社会科学版)》2015 年第 3 期。

② 中国高校系列专业期刊联合编辑部(朱剑执笔):《"云出版"视角下的学术期刊——以"中国高校系列专业期刊"为例》,2011 年未刊稿。

方案,离域出版也已经非常接近。正如文章所说,网刊只是"云出版"构想付诸实践的"第一步"。自从网刊创办以来,网刊团队对于网刊改进的酝酿从未停息,域出版正是这种长期思考的产物,将其看作网刊的迭代产品是比较准确的。

我们处于一个媒介快速变革的时代,而且这种变化还在持续之中。如果说,从纸本期刊向网刊转型,是从印刷媒介向互联网媒介的跃迁,那么从网刊到域出版,则是互联媒介内部的代际更新。保罗·莱文森(Paul Levinson)在2009年出版的《新新媒介》(New New Media)中提出了媒介"三分法":旧媒介、新媒介、新新媒介。他把互联网以前的报纸、期刊、广播、电视、电影等统统归入旧媒介。旧媒介有确定的时空定位,比如日报每天出一期,月刊每月出一期,我们要耐心地等待出版,而且通常由专业人士生产和传播,有一种自上而下的控制,遵循从中心向边缘的传播模式。新媒介是指互联网的第一代媒介,发端于1990年代,譬如电子邮件、搜索引擎等,其特征是信息一旦上传到互联网上,人们就可以按照自己方便的时间使用。新新媒介是指互联网的第二代媒介,兴起于世纪之交,譬如Wechat、Youtube、Twitter、维基百科等,其主要特征是没有自上而下的控制,信息的消费者也是其生产者,人人都可以根据自己的才能和兴趣去表达和出版,而且通常是免费的。① 另一个常被使用的概念是"社交媒介"。根据维基百科的定义,社交媒介(Social Media)是"人们用来创作、分享、交流意见、观点及经验的虚拟社区和网络平台。社交媒体和一般的社会大众媒体最显著的不同是,让用户享有更多的选择权利和编辑能力,自行集结成某种阅听社群"②。很明显,"社交媒介"和"新新媒介"所指的基本上是同一类媒体,只是"社交媒介"更强调"互动"以及"社群"的形成。莱文森对"社交媒介"这一命名方式不大满意,因为"社交"不足以涵括这种媒介的多重特性,而"新新媒介"则有更强的包容性。

"新新媒介"的内涵可以随着媒介技术的发展不断丰富,甚至为尚未出现的要素也预留了空间,这个概念的魅力就在于此。它提醒我们,"新"的媒介可能很快会变旧,而更新的又会出现。从网刊到域出版,虽然只经历了短短几年,但

① 参见[美]保罗·莱文森:《新新媒介》,何道宽译,复旦大学出版社2011年版,第3～4页。
② 维基百科,https://zh.wikipedia.org/wiki/% E7% A4% BE% E4% BC% 9A% E5% 8C% 96% E5% AA% 92% E4% BD% 93

学术期刊界对新媒介的理解、接受和应用的能力，或者说"媒介素养"，已经有了显著的变化。网刊已经是新媒介，而域出版显然是一种更新的媒介，无以名之，姑且借用新新媒介这个概念来表达。网刊联合编辑部主要是借助 QQ 群召开会议或处理日常工作，这在几年前还是一种很新的方式，"老编辑"们接受起来还颇费了一番周折；而域出版的很多工作都是在微信群里进行的。这或许可以看作媒介变革的隐喻，网刊和域出版的关系，就有点像 QQ 和微信。从媒介划分的角度来讲，纸本学术期刊是旧媒介，网刊已经属于新媒介，而域出版则是一种新新媒介。

新新媒介的出现，为建立以促进学术交流为宗旨的学术平台带来了前所未有的机遇。这固然是因为新新媒介建立在更新更强的技术之上，克服了印刷媒介的某些缺陷，更重要的是，新新媒介的一些特性与学术自身的逻辑有一些微妙的契合之处。例如，学术交流在学术活动中本应处于中心地位，但印刷媒介的局限使得学术期刊的交流功能被压抑甚至忽视，而新新媒介提供了即时便利的多元互动环境。再如，新新媒介生产者与消费者合一的特性以及免费分享的精神，与学术生产和消费原本的性质颇有类似之处。限于篇幅，本文不能展开讨论，待以后专文探讨。

网刊核心团队对未来的思考从未停止，一种新的思路在反复的集体讨论中不断碰撞与融合，轮廓逐渐清晰起来。朱剑 2014 年 11 月在《光明日报》刊发的一篇文章，从媒介变革的角度预言了学术出版的未来走向，在域出版理念形成的历史中有着特殊的位置。回过头来重温此文，会发现域出版的理念此时已经基本成型："我们不妨从技术角度大致勾勒学术新媒体的若干特征。其一，学术信息的传播更为迅捷。互联网彻底改变了纸本时代从中心到边缘的纵向传播模式，实现了横向的共时态传播，传播不再有任何物理障碍。其二，大量学术信息的聚合（大数据）构成了开放的公共学术平台。在这个大平台上，传统学术期刊已无法独立存在，传播的单元已从期刊变为单篇论文。其三，为改变巨量信息聚合而导致的无序状态，学术期刊将以新的形式呈现，那就是学科或问题边界清晰、组合灵活的个性化期刊，并形成有序组合的期刊体系。"[1]

---

[1] 朱剑：《学术期刊的新媒体转型与融合发展》，《光明日报》2014 年 11 月 3 日。

三、域出版理念的诞生

据朱剑回忆,域出版诞生的过程大致是这样的:"2015年年初见到汪新红(超星副总经理,域出版项目负责人),跟她说起应改变知网模式,专栏应该是未来互联网传播的基本单元,开放获取是不可阻挡的潮流。汪深以为然。三月,史超(超星公司总经理)在南京找到我,告知超星要进军期刊传播,问对策,我告知以与汪谈话的内容,谈得更具体和深入,谈了有三个小时,得到史超的赞同。三月初,清华开文学编辑会前,与桑海有交流,得到桑海赞同。文学编辑会时,正式在会议上谈以专栏为基本单元的设想。会议期间再次见史超,商谈合作。此后,超星大张旗鼓地推出域出版。"①

在2015年3月初,笔者与朱剑有一次电话交流,商谈高校学术期刊界数字化合作的新方向,他着重阐述的就是"专栏应该是未来互联网传播的基本单元"这一思想。朱剑、仲伟民与史超在清华近春园会面时,笔者也在场,印象最深的,除了朱剑对专栏传播以及在线平台的描述外,还有他对那种类似于ZAKER的私人订制的信息聚合功能的热衷,以及对坚持免费开放获取的反复强调。史超对朱剑所描述的平台抱有很大的兴趣,并原则上接受了免费开放获取的合作前提。双方在这次会谈中初步达成意向,学术期刊界与超星公司合作建设平台,学术期刊方面提供设计方案、内容资源和编辑力量,超星公司则负责平台开发、技术支持、产品推广等。

笔者在清华大学筹办的"首届学术期刊文学编辑论坛",有幸成为域出版理念诞生过程中的标志性事件。论坛的第二天,即2015年3月12日上午,朱剑为与会的文学编辑做报告,明确指出"专栏是在线数字传播的最佳单元",因为"专栏学科边界和问题边界最为清晰,可以完美对应学术共同体,是最合适的共同体交流平台;依托专栏可以实现编辑与专家完美结合,由专家担任的专栏主持人可以组织学术研究,甚至引领学术研究,以专栏为单元的学术传播最具影响力;专栏最能体现编辑思想、编辑理念和编辑不可替代的作用;专栏最能发挥综

---

① 资料来源于2016年11月12日对朱剑的微信采访。

合性学报的优势,具有持续发展的能力;专栏也是最佳跨校合作单元"①。令人信服地论证"专栏是在线数字传播的最佳单元",是朱剑对期刊数字化多年思考的结晶,也奠定了域出版的理论基础。②

朱剑还对建设"数字化传播平台"提出了基本设想:在统一的数字平台上包含多个边界清晰的专栏;以专栏为单元的私人定制期刊;不按"刊"的周期出版,随时刷新;聘请一流专家担任主持人;建立审稿专家库;以专栏为依托举办学术活动;专栏内作者、编者与读者的互动;以专栏为中心的学术评价,真正的以文评文;以专栏为中心的新媒介传播;等等。③ 一位与会记者对私人定制期刊的设想作了这样的描述:"以专栏为基本单元的私人定制期刊,或将成为未来期刊的新模式","如果一级学科设 20～30 个专栏的话,那么,将会有几百个专栏陈列

在数字化平台上,读者可以随意订阅他感兴趣的专栏,把它组成一本独一无二的杂志"④。尽管在这个报告中,朱剑并没有说出"域出版"这三个字,但域出版的基本要素都已具备。会上笔者也从学术传播媒介变化的角度对学术期刊的本质进行了探讨,并对在线学术平台的功能有所勾勒。这次会议上对域出版理念作了最早的公开完整表述,可以看作域出版理念的诞生地。

2015 年 3 月,笔者在为即将在澳门理工学院举行的"华文学术期刊发展趋势国际研讨会"撰写的会议论文中,论述了在线学术平台将会取代学术期刊,成为互联网时代主流的学术平台,提出应该从学者的需求出发设计构建在线学术平台,并从六个方面对平台提出了框架性的构想。⑤ 这篇文章反映了笔者当时对新平台的理解程度,同时也是对平台进行框架设计的初步方案。

---

① 朱剑:《再论高校学报的专业化转型与集约化、数字化发展——兼论专栏在学术在线传播中不可替代的作用》,2015 年 3 月 13 日在《清华大学学报(哲学社会科学版)》编辑部主办的"首届学术期刊文学编辑论坛暨'中国高校系列专业期刊'《文学学报》研讨会"上所作的报告。

② 朱剑的这一理论在后来的多次学术会议上不断复述和深化,并形诸文字,代表性文章是:朱剑:《构建互联网时代学术传播的新秩序——以高校学术期刊发展战略为中心》,《武汉大学学报(人文科学版)》2016 年第 2 期。

③ 朱剑:《再论高校学报的专业化转型与集约化、数字化发展——兼论专栏在学术在线传播中不可替代的作用》,2015 年 3 月 13 日在《清华大学学报(哲学社会科学版)》编辑部主办的"首届学术期刊文学编辑论坛暨'中国高校系列专业期刊'《文学学报》研讨会"上所作的报告。

④ 孙妙凝:《学术期刊编辑应走上学术在线传播的前沿》,中国社会科学网,2015 年 3 月 31 日,http://www.cssn.cn/zx/bwyc/201503/t20150331_1567947.shtml。

⑤ 桑海:《我们需要什么样的在线学术平台——"中国高校系列专业期刊"之未来构想》,《南京大学学报》(哲学·人文科学·社会科学版)2015 年第 3 期。

四、域出版的命名

"域出版"这一词语组合是由超星公司提出的,这或许与该公司已有的产品"域搜索"有关。在2015年4月的澳门会议上,汪新红已开始使用"域出版"来指称超星公司正在开辟的期刊业务,这也是笔者第一次听到这个词语组合。大约从5月开始,超星公司开始动员各期刊编辑部签署域出版合作协议。从当时的协议文本看,域出版还是一个相当模糊的概念。这个概念的日渐清晰,是在学术期刊有更多介入之后。但从域出版的概念史角度看,超星公司还是在三个方面作出了贡献:一是以"域出版"为"以专栏为基本传播单元"的出版理念命名;二是使这个理念迅速传播;三是为这个理念的不断丰富留出了足够的余地。

就笔者目力所及,最早涉及域出版的公开文章是《域出版:学术期刊的移动新阵地》。文中写道,超星"日前研发实施了学术期刊移动出版提升工程——域出版,是其在国内外著名高校深耕22年、服务近万家机构后的一项创新","当中国知网、万方数据、维普资讯等形成各自的竞争优势后,超星集团的域出版无疑是学术期刊从基于PC端的数据库与网络出版提升到基于智能手机的互动服务与移动网络出版的一次'大跨栏'"[①]。虽然作者是一位传媒研究者,但这篇文章的叙述似乎却是从企业的视角出发的。比如文中写道,域出版"以先知先觉的学术期刊从业者为合作伙伴",句中缺省的主语就是"超星",而"学术期刊从业者"则是明显的"他者"。这篇文章是作者2015年5月参加"全国书刊业融合新媒体发展经验研修班"的调研成果[②],其信息来源或许是超星的介绍。

稍后,汪新红在一篇文章中对域出版作了阐述:"域出版理念于2015由中国领先的数字出版方案提供商超星集团首次提出。超星的学术期刊域出版方略,是基于其发现、百链、读秀等具有庞大使用者基础的数字出版平台以及最新研制的'域出版平台'来实现的。"[③]从中可以看到,域出版至少包含三个不同的

443

① 李祖平:《域出版:学术期刊的移动新阵地》,《中国新闻出版报》2015年6月4日。
② 汪新红:《移动与社会化网络环境下人文社科学术期刊数字化发展路径探析》,见李向玉主编:《总编视角——华文学术期刊发展趋势国际研讨会论文集》,社会科学文献出版社2016年版,第168页。
③ 汪新红:《移动与社会化网络环境下人文社科学术期刊数字化发展路径探析》,见李向玉主编:《总编视角——华文学术期刊发展趋势国际研讨会论文集》,社会科学文献出版社2016年版,第168页。

层面:首先是一种理念,即理论层面;其次是一种方略,即战略层面;再次是一种平台,即技术和产品层面。文中对域出版的概念作了这样的界定:"在数字出版中,期刊编辑部按学术规范处理完稿件后,根据稿件内容决定编入哪个专题栏目,这个专题栏目就是'域',按'域'组织发布和出版传播数字论文,就是期刊的'域出版'。"①很显然,这是对朱剑观点的重新表述,所不同的只是用"域"替换了"专栏"。由此可见,超星提出的"域出版",其实质就是以"专栏"为传播单元的数字出版。2015年6月10日,某微信公众号发布了一篇带有超星官方色彩的文章,把域出版定位为"期刊移动出版提升工程",对"域"和域出版的界定与汪新红的文章非常类似。②

2015年11月举行的"图书馆知识服务空间构建学术研讨会暨云舟上线仪式"上,史超在报告中明确指出,是朱剑提出了域出版的理念,并多次引述朱剑"重建学术传播的新秩序"的说法。很明显,超星完全认同并全盘接受了期刊界提出的以专栏为中心的期刊数字出版理念,并将之定名为"域出版"。也就是说,在域出版概念形成的过程中,学术期刊人贡献了其理念内涵,超星则贡献了"域出版"这个名字。

在相当长一段时间内,这个名称主要是超星在使用,学术期刊界鲜少有人用"域出版"的说法,而是用"专栏出版""在线学术平台""新平台"等来指称。随着超星推广力度的加大,域出版这个概念逐渐传播开来,引起越来越多的关注,学术期刊界对其接受的程度也越来越高。朱剑在《构建互联网时代学术传播的新秩序——以高校学术期刊发展战略为中心》中采用了与"域出版"相类似的"专域平台"一词,在近期的文章中更是开始直接使用"域出版"。"全国社科期刊创新联盟"2016年9月在吉林大学召开的"'域出版'暨学术期刊联盟建设研讨会",第一次明确把"域出版"作为会议的名称,标志着这个名字已经正式被学术期刊界所接受。

期刊人之所以会接受以"域出版"来命名"以专栏为基本单元的出版模式",是因为"域"是一个很好的概括,简洁明瞭地提炼出"外部边界清晰,内部

---

① 汪新红:《移动与社会化网络环境下人文社科学术期刊数字化发展路径探析》,见李向玉主编:《总编视角——华文学术期刊发展趋势国际研讨会论文集》,社会科学文献出版社2016年版,第169页。

② 参见《域出版——期刊移动出版新路径》,"主编汇"公众号,2015年6月10日。

结构严谨"的意涵。学术期刊人与超星不约而同地把域出版描述为一个"平台",但在对这个平台内涵的理解和实际运用上却存在一些差异。比如,在超星看来,域出版似乎主要是一个期刊数字化网络化出版的技术平台,可以汇聚海量的出版资源,并提供了各种技术支持。期刊人则对这个平台有着更多重的期许:它应该既是技术平台又是传播平台,即不仅面对期刊,还要面对受众;同时,它既是平台,也是产品。这种差异也许应当理解为一种"视差",超星主要着眼于数字技术与资源整合,期刊人主要着眼于期刊数字化和在线传播。由于两者站在不同的角度来打量域出版,得到的视觉印象不同,便形成了"视差"。或许,双方的印象叠加在一起,才是对域出版平台更完整的理解。相信域出版这个概念,会在双方未来不断的沟通与合作中实现"视域融合",内涵越来越丰富和完善。

五、平台的初步构建

2015 年 5 月在南开大学举行的"综合性学术期刊的数字化传播方式"研讨会上,围绕以专栏为中心的新平台作了报告和讨论。这是学术期刊界为域出版合作进行的前期准备。

关键性的转折发生在 2015 年 6 月。从 6 月 11 日到 12 日,朱剑、仲伟民在北京与超星负责人进行了一次漫长的讨论。超星基本接受了期刊人提出的初步方案,特别是无条件开放获取的合作前提,同意投入相当大的人力物力与期刊人共同开发域出版平台,双方的合作由此正式开始。期刊人与超星之所以能就"域出版"的方案达成共识并开启合作,正是基于双方资源上的匹配与理念上的共识。在域出版的方案中,学术期刊的内容资源、编辑力量与超星技术力量、数字资源、用户渠道可以充分地结合。这也意味着,无论从数字服务商还是从学术期刊的角度,"域出版"都是符合未来发展趋势的最优选择。

紧接着,6 月 18 日,新平台筹备组就利用端午小长假在武汉大学开会,这也是学术期刊召开的第一次新平台工作会议。会上讨论了关于新平台的一些基本问题,比如运营主体、组织架构、设计思路、合作协议等。7 月,全国高等学校文科学报研究会业务培训在呼和浩特举行,筹备组决定利用这一机会,将运营团队主要成员以及新定的各学科负责人召集到一起开会。以理事长蒋重跃教授为首的研究会领导班子,对新平台的筹备给予了极大的关注和支持,本次培训会上的主要内容也调整为宣讲新平台。与网刊不同的是,新平台的参与者不限于高校学术期刊,而面向所有人文社会科学学术期刊,而且不对参与的期刊设立门槛,只对稿件质量有统一的标准。新平台的理念一经发布,就得到了人文社会科学学术期刊界的普遍欢迎。

2015 年 10 月,筹备组在域出版的工作微信群里征集新平台的名字,经过一番热烈的头脑风暴,最终将产品平台定名为"超云"。其后,一大批依据学科或问题领域建立的学者编辑互动群在微信上如雨后春笋般建立起来。11 月,筹备组将平台设计的文字稿交给超星,李宏弢等人起草了单刊与超星的标准合同,其核心原则是期刊将内容资源无偿授权给超星在网上传播,前提是向所有用户免费开放,从而为未来"超云"平台的开放获取和衍生功能的开发奠定了基础,平台开始进入实质性的开发阶段。

2015 到 2016 年间,从南开会议开始,学术期刊界围绕新平台的建设召开了多次研讨会,除前文提到的会议之外还有:9 月在陕西师范大学举行的"'中国高校系列专业期刊'网络专栏合作方式"研讨会、2016 年 4 月在重庆大学举行的"学术期刊专栏出版暨学术平台建设"研讨会等。在这些会议上,讨论了平台设计的细节、编辑团队的组织、专域的设置、审稿专家库的建设等一系列实际问题。全国高等学校文科学报研究会专门成立了"全国社科期刊创新联盟",作为"超云"平台的运营机构。正如叶娟丽在重庆会议上所说,"从南开会议到西安会议,开始转入新的时代,即关于专栏合作的超云时代"①。仅从这些会议的名称就不难看出,学术期刊界对新平台的认识和接受程度在逐渐加深。

2016 年以来,超星方面加快了域出版系统开发的进度。2016 年 9 月在"全国社科期刊创新联盟"主办的"'域出版'暨学术期刊联盟建设研讨会"上,域出版平台首次上线试用。10 月 20 日,超星在北京召开"媒体融合·域出版平台发布会",正式发布域出版平台。

工作平台已经搭建成功,接下来就要开始搭建产品平台以及面向受众的传播平台了,这虽然鼓舞人心,但推进起来也异常艰难。如今的超星"学习通",尽

---

① 参见叶娟丽:《中国大学学报:制度变迁与路径选择》,《南京大学学报(哲学·人文科学·社会科学版)》2013 年第 1 期。

管仍有不小的改进空间，但已经是一个比较好的"域出版"技术支持平台，可以借此实现期刊的解构和重构。但"学习通"只是一个技术平台，还不是一个适合受众的传播平台，更不是一个产品。目前，域出版的产品平台"超云"正在积极构建之中，这个未完成部分，必须要由期刊人来唱主角。从提出构想至今，将近两年的时光过去了，真正意义上的域出版产品仍未问世，与当年网刊的迅速付诸实践形成了鲜明的对比。这也昭示着，域出版是远比网刊更复杂的一项系统工程。

　　与网刊类似，在域出版理念孕育和产生的过程中，要同时考虑技术与体制两种背景因素。域出版提出的目的，主要在于让中国的人文社会科学期刊走出目前的困境，在国际学术传播中争得一席之地，其本土化特征非常明显。这是因为域出版是在特殊的背景下提出的，这一背景至少包括以下三个方面：一是技术的发展并不以人的意志为转移，这就决定了数字化转型是中国学术期刊的必由之路。二是今天中国的人文社会科学期刊不仅不符合互联网时代学术传播的规律，而且也不符合纸本时代的规律，因而其转型必然是媒介形式和体系化重构的合而为一，其难度可想而知。三是中国特有的期刊体制即以审批制为核心的主管主办制度，在可以预见的将来很难有根本改变。期刊人虽然有危机感，但同时也有幻想和惰性。这就决定了如果由中国学术期刊人来承担转型和重构的使命，必然要走一条与西方不同的、更为艰难的道路。域出版就是一种寻路的尝试，至于这条路究竟能走多远，通向何方，则有赖于读者诸君的共同思索与努力探寻。

原刊于《澳门理工学报》2017年第1期

447

期刊评价与学术评价中的 CSSCI

沈固朝[*]

　　2017—2018 年度 CSSCI 来源刊目录的发布再次揭开了潘多拉匣子，各种问题和评论如预料扑面而来。无论是调侃式的吐槽、无奈的叹息还是冷静的分析，都从一个个侧面重复着多年的"老问题"。"学界被影响因子绑架""引文成为标准的理念和体系""量化的学术评价标准是架在学者身上的枷锁"，"请'核心期刊'走下神坛"等声音可能有一定的代表性。以"影响因子神话"为关键词搜索一下网络，还会发现同一用词的不同用意，一种是介绍刊物如何通过吸收优秀稿源、拓展独创性科技论文发表的"快速通道"、培养专业编辑队伍、与科学家直接对话等获取期刊的高影响因子[①]；另一种是鞭挞期刊影响因子的操纵行为，呼吁"去魅""打破 神话"，或提高计算的科学性[②]。

　　国内有多种评价工具，无论哪一种，发布其目录都会引发学术界大小不同的"地震"，这在国际上是少见的。笔者近年利用接待来访和期刊界大小会议，多次呼吁全面和正确地看待期刊评价工具。所谓"全面"，就是既要看到评价工具的有利一面，也要看到不足一面；在使用过程中要关注它的问题，要看到引用的不同动机及其复杂性所造成的"引文率"被扭曲的问题。所谓"正确"，就是要客观地评价引文索引的作用，既不夸大，也不贬低。引文分析当然不是解决所有评价问题的万能钥匙，但研究表明引文统计分析的结果与使用单项或多项

---

　　[*] 沈固朝，南京大学信息管理学院，南京大学中国社会科学研究评价中心。
　　① 程磊：《中国期刊的影响因子神话：从 2.16 到 12.41!》，《生物探索》，http://rn.biodiscover.com/ news/research/176131 . html。
　　② 董少校：《影响因子神话亟待打破》，《中国教育报》2017 年 2 月 27 日。

定量、定性评价指标的评估结果有很高的相关性,经过长期和广泛的实践检验,迄今还没有更有效的工具取而代之。① 将它"神化"的原因,是在使用中将高引用与高水平等同了起来,将影响力与创新力等同了起来,将来源期刊收录标准与学术评价标准等同了起来。量化的指标不是期刊影响力评价的全部指标,也不是期刊质量高低的唯一标准,更不是学术评价的衡量标准。但这种呼吁只是一种期望。正如编辑朋友们调侃,说得不错,可没有用!

那么,出路何在? 响应"旧金山宣言",在科研评价中停止使用基于期刊的计量指标,如期刊影响因子?② 或者遵循"莱顿宣言"的原则③,"请'核心期刊'走下神坛"? 笔者怀疑,在不触动评价体制的情况下单纯取消工具,不仅无助于解决问题,还会把暴露的问题又重新掩盖起来,因为产生问题的土壤还存在。我们的视线不能仅仅停留在表象和问题上。笔者愿借助此文再谈一下对这些问题的一得之见。

一、引文索引的本质是检索工具

自引文索引的先驱、美国 1873 年出版的供律师查找判例的检索工具——谢泼德引文(Shepard's Citation)问世以来,引文索引已经走过 140 多年的历程。期间,尤金·加菲尔德(E. Garfield)于 1963 年编制的"科学引文索引"(Science Citation Index)以及于 1973 年、1978 年分别创办的"社会科学引文索引"(SSCI)和"艺术和人文科学引文索引"(A&HCI)影响最大。这种索引利用文献中普遍存在的参考引证现象,为人们提供了一种新的查找文献的方法。如果到 Web of Science 的站点浏览一下,可以发现,绝大部分栏目都是在介绍如何利用各种检索功能去跟踪研究趋势,如何查找作者、刊物和高质量的论文,如何通过文献之间的引证关系从前人的著述中获取所需的知识,了解科学研究的发展脉络和思

---

① 袁培国、吴向东、马晓军:《论引文索引数据用作评价工具的科学性和局限性》,《学术界》2009 年第 3 期。

② 旧金山科研评价宣言小组:《〈关于科研评价的旧金山宣言〉——让科研评价更加科学》,李宏、王建芳编译,《图书情报工作动态》2013 年第 5 期。

③ 《用莱顿宣言进行科研评价》(The Leiden Manifesto for research metrics),http://www.wtoutiao.com7p/lf43SCO.html。

路。在SSCI板块,读一下"为什么要利用SSCI"("Why SSCI?"),在所介绍的五大功能中,只字未提学术评价。同样,中国科学院文献情报中心于1996年、南京大学中国社会科学研究评价中心于1998年先后建立的CSCD和CSSCI不仅最初是以检索工具的面目出现,直到今天这两大文献数据库的界面展现给读者的仍然是各具特色的检索功能。

说引文索引是检索工具而非评价工具,不是旨在为种种问题开脱,而是说明这种工具一开始就不是为评价而设立的,无论是期刊评价还是学术评价。CSSCI与其他评价工具的不同之处,在于它只能用自身产生的数据,如果要进行评价,还需要搜集其他数据,建立其他指标,特别是定性指标。可以说,南京大学中国社会科学研究评价中心长期以来主要是在进行数据加工,在少数情况下依据用户要求承接过一些引文分析项目,但它尚未从事过真正意义上的人文社会科学研究评价。

在引入全文检索之前,引文索引是标准的二次文献。与普通的文献检索工具相比,引文索引库是经过科学地筛选后确定的世界范围内自然科学、社会科学和人文科学方面的重要期刊的综合性、多学科、具有权威性的文摘类检索数据库。它既可以从篇名、关键词、文摘、著者、来源期刊、机构、地址等角度检索世界范围的各学科重要期刊文献信息,也可以查阅普通检索工具难以查检的某些交叉学科的资料。引入全文检索之后,引文索引"检"(线索)和"索"(取原文)的界线消失了,两大功能在数据库中合二为一,使学术服务工具的特点更加突出,分析的功能得到了进一步发挥。例如,若来源文献A和来源文献B都引用了文献C(A和B的引文),则C就是文献A和文献B的引文耦。引文耦愈多,其相应的来源文献之间的相关性愈高。很多人将引文索引视为评价工具,忽略了引文索引的特殊检索功能,这实在是使用这类数据库的一大损失。仅就期刊编辑而言,无论是选题还是组稿,甚至在审稿时借鉴相关的研究,引文索引都是非常好的帮手。文献之间的引证和被引证关系所揭示的研究专题之间甚至作者之间存在的某种内在联系,不仅指明了与读者需求最密切的文献线索,而且包含了相似的观点、思路、方法,反映了科学交流活动,显示了科研成果之间、刊载文献的期刊之间以及文献所属学科之间的内在联系,使许多论文有机联系起来,构成论文网、著者网、文献网,这是引文索引最初及至现在的最重要价值所在。以后西方在综合性引文索引的基础上又进一步细化出了专科引文索引,如"生物科学引文索引"(BioSciences Citation Index)、化学引文索引(ChemSciences Citation Index)、临床医学引文索引(Clinical Medicine Citation Index)等。ISI 还将 Web of Science 与其他数据库连接起来,如与 ISI 化学服务数据库(ISI Chemistry Server®)、德温特发明索引(Derwent Innovation Index®)、美国国家生物技术中心(NCBI)基因库(Gene Bank)等连接起来,从而使研究人员能够清晰地了解学术研究中所涉及的专利,推动科学研究迅速转化为生产力。

二、引文索引的选刊和评刊作用

当引文索引在国内推广开来以后,期刊评价这一索引的附加功能逐步受到了重视。体现评价功能最明显的依据是根据文献计量学原理编制的"期刊引用报告"(Journal Citation Reports,JCR),即对每一份被收录期刊用以下的统计数据进行分析:通过影响因子评价和比较一种期刊相对于同学科中其他期刊的影响力;通过即年指数(Immediacy Index)比较同一年内期刊中的论文被引用的频率;通过被引半衰期(Cited Half-life)反映被引论文价值的持久性;通过引用期刊列表(Citing Journal Listing)及被引期刊列表(Cited Journal Listing)反映引用某特定期刊的频繁程度,通过总引用次数(Total Cites)反映该刊历年文献在统计当年被引用的情况,等等。引文分析发现,被引频次居前 20% 的期刊包含了 SSCI 期刊总被引频次的 70% 以上,即较少的期刊包含了大多数的被引频次。这一被称为 20/80 定律可为图书馆藏书建设提供选刊依据,可为学者高效率地获取所需学术论文提供参考,亦可为建设特定专业期刊网络提供信息源。

引文分析及其相关的研究引起了图书馆学界的重视,引发了以文献计量学理论为指导的期刊研究热潮。据南京大学博士生彭玉芳统计,1998 年至 2016 年 9 月 17 日,知网总共有 756 篇文献与引文分析相关,平均每年发文量为 39.8 篇。尤其在 2008 年至 2011 年期间,引文分析作为重要的评价工具,对整个学术界、期刊界产生巨大影响。从这些文献使用的总共 1148 个关键词来看,引文分析涉及期刊评价、机构评价、学术评价、科研评价、研究方法评价、人才评价、数据库评价、学科评价、软件评价、引文评价、核心作者分析、期刊影响力、学术声望等。当然,反对和质疑声音也开始出现,相应关键词是:同行评议、自引率、引文动机、计量评价模式、引证动机等。

当然,文献计量工作者毫不避讳用计量方法进行期刊评价的缺陷。SSCI 期刊的学科地域分布是极不均衡的,不同的国家有着各自独特的历史文化背景和意识形态,社会科学研究取向、学术成果交流方式受地域性限制较大,这种不均衡现象使其作为社会科学的国际可比性指标的公正性大打折扣。① CSSCI 用与引证相关的影响因子指标来评价不同引证习惯、不同学科论文的综合性刊物,也具有不可比性。② 由于各学科专业期刊影响因子的差别,以及来源期刊被作为"核心期刊"而人为地限制了其数量,使那些引用局限于较小领域的刊物入选极为困难,有的甚至再怎样努力都没有可能。

即使评刊,也有基于形式的定量评价和基于内容的定性评价两种方法。依笔者之见,引文索引作为评刊工具,到目前为止还主要是一种基于形式的量的比较(如论文的聚类度、相关度、规范化、价值的持久性等),而非对期刊学术价值的质的评价。之所以称为"比"而非"评",是因为第一,评审的对象是一系列反映被评客体实际状况的数据,或可供相互比较的信息(可比性原则;第二,被比较的各刊处在同一个层面之上(相容性原则),因而对"同质"的关注多于"异质";第三,要求在评价中彻底摒弃各种"己见"或"学术偏见",坚持一种多元或中性的立场(平等性原则);第四,在具体操作上,要求评价人员尽可能遵循国家或国际上统一规定的统计口径和数据处理方法,尽可能减少数据处理的主观选择范围(可操作原则)。这些恰恰都是比较的特点。根据上述原则所"比"出的高与低、多与少、强与弱、优与劣等,得出排序。显然,这种"评价"与基于内容进行价值判断的"评价"是有很大差距的,它甚至不要求"评价者"能够读懂被评对象的内容,只要求掌握数据处理的方法。评比的目的是促进竞争,评比的过程具有博弈的特点,评比的结果是将量的大小作为质的高低的参照。这种方法的优点——避开了基于内容评价所带来的非共识性、耗时性和难操作等缺陷,因而受到科研管理机构的欢迎,尤其在分配紧张的学术资源时,它是解决矛盾

---

① 姜春林、梁若愚、田文霞:《SSCI 期刊分布及其对我国社会科学评价的影响》,《科技进步与对策》2008 年第 1 期。

② 王文军:《分学科评价:综合性学术期刊评价的合理路径——以教育部"名刊工程"入选综合性学报为例》,《南京大学学报(哲学·人文科学·社会科学版)》2011 年第 3 期。

的有力工具。尽管我们可约定俗成地用评价一词涵盖几乎所有的评议、评判、评奖、评优、评级、鉴定、考核等活动，但区分基于量的比较和基于质的判断，有利于了解各自的优点和局限，避免混用和互相取代。名为评价实为评比，就可能将一些不可比或难可比的要素排斥在外，用统一的标准来比较不同研究对象、不同研究方法、受不同传统习惯的影响而表现出的不同形式的学术研究成果及其特点各异的表述方式，其公平性就很难掌握。

还需要指出，来源期刊的遴选并非全部都是定量方法。从编辑选稿、同行评议、主编定稿到最终由各学科代表组成的指导委员会或学术委员会审定，以及部分学科在遴选前的问卷调查都可视为基于内容的定性评价。读者引用本身就是在众多论文中选择（或称内容评价）的结果。这是来源期刊产生的前提和基础。它之所以被戴上"量化的学术标准"的帽子，也许是因为最终决定排序的两个指标——他引影响因子和被引总数（总被引频次）是定量指标。但这种指标，所依据的是在大样本数据基础上总结出来的各类学科文献交流规律，并非专门针对文科、理科或某一学科。引文索引统计源的规模样本保证了它的总体数据的可靠性和公正性，十几万篇论文的数据量是任何抽样调查和同行评审都做不到的。少数失范行为很难扭曲它在总体上的公正性。

实践也证明，无论在哪一种评价工具中，绝大部分口碑较好、价值较高的学术期刊都收录其中，只是排序稍有不同。在这个意义上，期刊影响因子在评价学术期刊、推荐学术论文方面所提供的参量，是具有统计上的借鉴意义的，但只是作为影响力大小和变动的参照，不宜作为期刊质量高低的标准。正如健康检查，其影像或化验的报告给出的数据仅是某些健康指标的信号，报告上的结论也只是"临床印象"，疾病或健康与否的定性结论，只能靠医生结合其他指标和经验作出判断。

三、被视为学术评价工具的引文索引

无论是从事学术研究的学者、攻读学位的学子还是从事科研管理的工作人员，在论文开题、确定选题、申报项目时往往需要解决下述问题：如何在前人研究的基础上进一步推进研究？如何防止重复研究？如何了解有影响的学者？怎样知道人文社会科学研究的热点与发展趋势？怎样知道某一观点或研究的演变轨迹？我国人文社会科学研究所产生的有重要影响的学术资源在哪里？各学术机构的学术地位及影响力如何？能否根据论文的引用文献类型、类别等来考察各学科的研究特点、学者的阅读和资料利用趋向、学科发展的成熟度，等等。

就上述问题，笔者将学术评价分为宏观或中观的评价，以及微观的、对个人学术成果的评价。几乎所有引文索引库的优点都赋予了它们回答前一类评价问题的能力，即：通过各学科论文的关键词数量以及关键词的变化趋势，考察各学科研究热点和研究趋势；通过各学科论文引用期刊的数量、期刊的影响广度、半衰期以及期刊影响因子可评价各学科期刊的影响力；通过对机构、地区的发文和被引统计分析得知机构和地区的学术影响力；通过对机构篇均被引数据可分析机构成果的整体影响力；通过论文和著作在某一学科的被引数据统计分析，给出在这一学科学术影响最大的论文和著作的学术影响的评价；通过这些论文和著作的主题可考察学者关注的问题。Web of Science 在 2004 年提供检索"结果分析"（Analyze Results），分析的选项包括作者分析、国家或地区分析、文献类型分析、机构分析、语种分析、出版年分析、期刊分析、主题分析。依据在不同的选项中的文献量的降序排列来实现对检索到的数据集合的量化，如前 10 位、前 25 位……前 500 位，也可以根据特定的需要进行大量的人工操作以满足深入分析的要求。同时，通过开发数据库的链接功能，研究人员可以获得某些论文的全文。在这个意义上，引文索引数据库可在宏观和中观层面上服务于学术研究，但在微观层面上，难以对个别学术成果的学术价值进行评判，只能通过被引用情况了解个人的学术影响力，为内容评价提供某种借鉴。

期刊评价工具介入学术评价有它产生的环境和时代因素。它之所以能够在上世纪 90 年代"热"起来，越来越深、越来越快地介入了学术评价，缘于某些流于形式的专家评议使得同行评议失去了往日的地位和作用①，当时对单一的学术成果定性评价的抨击不亚于今天对量化评价一统天下的责难。为解决评价中的矛盾、减少"主观因素"的干扰而产生了量化学术评价的需求。而 SCI 的引入推动了高校和科研机构的排名，科研与利益挂钩的激励机制以及随之而来

---

① 覃红霞、张瑞菁：《SSCI 与高校人文社会科学学术评价之反思》，《高等教育研究》2008 年第 3 期。

的科研行政管理的强化,推动了由排名产生的"学术榜"效应,易用性又进一步强化了这种效应。

但毕竟期刊评价和学术评价是两种性质、对象、目的和方法截然不同的评价,它的合理性往往掩盖了它的不合理性,不妨套用"存在即合理"这句哲学名言,看一下何以期刊界在评价中"缺位"(笔者谓之"办刊者不评价,评刊者不办刊"),以及期刊评价和定量分析被"越位"用于学术评价。

以学术评价的内容之一——作者研究为例,美国人很早就开始了这一探索。1926 年美国学者洛特卡(A. J. Lotka)在著名的《华盛顿科学院报》(Journal of the Washington Academy productivity)上发表题为"科学生产率的频率分布"(The frequency distribution of scientific productivity)的论文,旨在通过对发表论著的统计来探明科技人员的生产能力及对科技进步和社会发展所作的贡献,也开创了用定量方法探索科学文献数量与作者数量之间的关系。此后,洛特卡的研究经科学史学家普赖斯(D. S. Price)的补充,确定了从发文量筛选科学界核心研究力量的普赖斯定律(Price Law)。但这个定律没能揭示科研成果深层次的"质",即多产作者群不等于核心作者群。随着研究的深入,加菲尔德在上世纪 50 年代不仅开创了从引文角度追踪科学发展动态的新方法,而且与普赖斯一起在引文索引的基础上发展了引文分析技术,并用于评价科研成果的质量和影响力,进而测定某领域的核心作者群。2005 年,物理学家乔治·赫希(Jorge Hirsch)提出 h 指数的新思路,避开了以往的指标只倾向于科研人员发表论文的期刊这一缺陷,用论文积累的指标衡量科学家个人学术成就。然而这一研究虽可以评价一个科学家的终身成就,却无法揭示研究的最新进展,不合适于评价年轻科技人员。最重要的是,无论发文量还是被引量,只是科研活动的表现形式,只能直观地反映学者的学术活跃度,并不能完全反映一个科学家在某领域中的学术贡献。[①] 可见,无论是论文检索、刊物评价还是引文分析,都可作为学术研究的辅助工具,这是引文索引在我国被视为学术评价工具的原因,也是短时间内迅速普及、得到广泛应用的原因。

期刊评价工具被用于学术评价,还有如下原因:第一,学术期刊是承载学术成果的载体,对载体的评价和对内容的评价很难割裂开来;第二,科学家认为在

---

① 郝若扬:《如何测度学科核心作者》,《中国社会科学报》2016 年 9 月 20 日。

一定的时期内一篇文章的重要程度可以通过被引用的程度来衡量。毕竟,引用反映了学术共同体对某一学术成果的关注和重视,通过对引文的分析,可以了解该研究对其他研究的影响,揭示相关学科之间、相关研究成果之间的关系,这是研究成果学术价值的体现;第三,依据文献计量学原理编制的年度性的"期刊引用报告"为科研管理机构进行学术资源的分配、学术活动的管理提供了便利,使得复杂的学术评价变得具有可操作性;第四,量化的引文分析结果与用其他方法评定的结果有极强的相关性;[①]第五,由于学术评价是与学术机构团体利益和学者的个人利益挂钩的,这种评价的竞争性,以及由于管理所要求的即时性等特点,使其在掌握公平性和易操作性方面具有相当的难度,以计量为主的期刊评价工具则具有相对优势。

然而,要用基于期刊整体的评价代替基于个体的学术成果评价有其先天的缺陷。首先,所谓"核心期刊"是根据占总量20%的期刊上的论文可以满足学术论文引用需要的80%这一文献计量学的定律而确定的,代表这20%的来源刊不能满足散布在80%期刊上的另外20%左右的引用需求,也就是说另外20%左右的高学术价值的论文未被承认;其次,论文发表后的被引时机和时间长短因不同学科、不同研究领域而有不同;同样,科学研究中的价值从被发现到被重视、承认和广泛接受亦有一个过程。因此,成为"热点"而被大量引用不能与价值完全画等号,未被引用的亦不能与"没有价值"画等号。科学史上已有许多例子证明这一点。再次,任何一个刊物不可能每篇论文都得到引用,而期刊评价却是以该刊的所有论文为整体的评价,可称之为一种"中观"评价;学术成果评价则是对个别学术成果(在期刊中指学术论文)的学术价值的评判,是一种"微观"评价。Thomson Reuters 在题为"保持期刊影响因子的完整性"的一段论述中,用粗体字强调,不要用期刊影响因子去评价个人的业绩(Do not use the Jounal Impact Factor to assess the performance of an individual researcher),期刊影响因子只能用于评价期刊。[②] 最后,正如前述,目前的期刊评价大多是一种基于

---

① 袁培国:《中文社会科学引文索引的研究评价作用》,《山西大学学报(哲学社会科学版)》2003年第1期。

② Thomson Reuters, Preserving the Integrity of The Journal Impact Factor Guidelines from the Scientific business of Thomson Reuters, http:// community. thomsonreuters. com/t5/Citation-Imp act-Center/Preserving-the-Integrity-of-The-Jounal-Impact-Factor-Guidelines/ba-p/1218

形式的评价(或依笔者之见是一种评比),而学术评价则是针对学术成果内容的评价。学术评价早在计量方法引入之前就已存在,它的内涵远比文献计量学所能测度的内容丰富得多,复杂得多,以目前的方法论和信息技术而言,还难以用数据来刚性地、单一地分析复杂的人类脑力劳动和精神产品。为此,人们只得从影响力(引用量、转载量、阅读量 或借阅量、发行量等)、社会声誉(获奖数和获奖层次)、学术地位(作者职称或机构的权威性)、规范程度(题录信息的著录、引文质量、差错率)、制度保障(有无匿名评审制度、有无学术违规行为、有无收取版面费)等形式上的、定量的观测结果进行判断,只在宏观和中观层次上有借鉴意义,但在微观层次上,计量方法目前还难以对个性化的学术研究结果,特别是对其内容的质量高低作出科学、合理和相对准确的价值判断。

学术评价是针对内容的。这就要求评价者(专业编辑和同行评审者)能够读懂论文的内容,能够从研究问题难易程度、专业知识掌握程度、论证水平、观点、方法和资料驾驭水平等尺度进行论文的综合质量分析,在此基础上进行科学性、价值性、前沿性、学术贡献、学术特色、风格、专长的比较,最终得出刊物整体的创新性、研究的多样性、争鸣性、价值性的判断。同时,还需要对作为载体的学术刊物的研究导向、栏目设置、编稿质量(校对、差错率)、学术规范(审稿、编辑、著录、出版及学术不端检测等)进行审查。显然,上述评价不是引文索引的数据加工人员能够做到的。

因此,引文索引能否用于学术评价,不是个"能"或"否"的简单答案,要看用在哪些方面,以及如何应用。正如前述,在宏观或中观层面上,依据引文资料所做的学科分析是具有一定的参考价值,但如果用于个人学术成果的评价,一定要慎之又慎。论文是否收录在某核心期刊上可以成为衡量学术水平的参考指标,但不宜作为硬性指标。凭什么说不在核心期刊上的文章就一定不是好文章? 如果作者自荐加上学术同行的审核认定,为什么就不能得到科研管理部门的认可呢? 不幸的是,当这个问题遭遇"操作程式","参考"就变成了"硬性",因而一再验证了我们常常批评学术评价的"简单化""一刀切"和"行政化",反映了科研管理体制中深层性的老问题。

四、学术评价:影响力还是创新力?

科研管理部门在使用文献管理部门的期刊评价工具进行学术评价时,以学术期刊的整体质量来"估测"某一学术论文的质量,是只利用了期刊作为学术成果载体的特点,未充分认识到,反映文献分布规律和老化规律的指标,包括影响因子、被引频次、即年指标、期刊影响广度、地域分布、半衰期等可量化的指标无法取代不同类型的科研与教学活动所具有的不同的价值标准。

创新力应是衡量学术论文价值的根本标准。一篇没有创见的文章,对社会进步和科学技术发展不起作用,也无法提供科技领域新的内容。创新性大,论文价值高;反之,论文价值就低。所谓的创新性是指论文中阐述世人尚未谈过的新理论、新方法、新技术或创新性的模仿,而且需要在实践中经过反复探索、研究而形成。借助影响力指标来评价创新力面临着技术性难题:这种始于问题的觉知、继于心智活动的探索和方案的提出、终于问题的解决和验证的活动,没有统一的表现形式可以描述,没有固定的行为模式可以遵循。此外,创新力的评价需要对相关的学术领域有深刻的了解和洞察,难以避免同行专家因其学识、兴趣等个人因素的影响所造成的歧见。而创新的发现要求对"异质"关注多于"同质",更侧重个性而非共性的比较。一种在求异或逆向思维主导下的创见在最初未必会取得共识,成为热点,因而在一定时间内(例如两年引用期)不一定有较高的引用率,也不一定达到峰值。最早揭示核心期刊现象的英国著名文献计量学家布拉福德(S. C. Bradford)将其发现公布于《工程》杂志上的时间是1934 年,这篇题为"关于特定主题的情报源"当时没有引起多大反响,两年后也未产生"引用峰值"。解决科学问题本身需要时间,原创成果的传承和传播需要时间,创新成果的价值检验需要更长的时间。因此,创新力的几个要素——创造前所未有事物的能力、解决问题的能力、在思考过程中能够产生创新事物的能力、将可联结的要素结合成新的关系的能力——很难用文献计量学的语言来描述,至少到现在为止评价工具还没有理想的定量方法和可以量化指标。

当然,强调学术评价的定性的创新力标准,并非要否定定量的影响力标准,而是想说明,当我们不得不借助影响力指标辅助学术评价时,不能忘了学术研究的根本目的在于探索真理,解决问题,提升创造力。将影响力作为借鉴,只是从易操作的角度而言的,不能忽视由此带来的急功近利的副作用,特别是当学术评价与利益分配捆绑在一起的时候。

期刊评价目前被错位地用于个人成果的学术评价是现行体制下的一种"无奈的选择"。说明这一点的目的在于不要混用这两种评价,要看到期刊评价用于学术评价的缺陷,也要看到期刊评价行使这种作用的合理性,不能避难就易地将学术评价排除在现有的评价体系中。相反,在认识到这种"不可替代性"的基础上要积极推进以学术创新力提升为导向的学术评价研究,因为学术评价导向不仅影响着社会科学研究的导向,也是决定社会科学研究的发展源泉。学术评价如何改进现存评价体系中的不合理部分,让它发挥推动和引导科研活动朝着更具创新力的方向发展,是评价研究工作者、学者和管理部门共同面对的话题。

五、问题的根源:评价工具还是评价体制

无论哪一种工具,在用于评价时都会暴露出自身的缺陷。无论采用哪些评价指标,都可以找到反例来批判说明这些评价标准不恰当的地方。[①] 产生上述问题是缘于我们面临着一系列矛盾:管理人类极为复杂的思维和智力劳动不得不用相对统一的标准和简单、易于操作的方法;创新力最活跃的因素——科研好奇心、独立思考、探索勇气、建树激情、问题意识和批判精神往往被套牢在追逐利益的功利枷锁中;缺乏对定量指标局限性的认识,走入"定量指标 = 客观评价"的误区;统一的定量指标如何对个性化的学术研究,特别是研究成果的质量高低作出科学、合理的评价,等等。一旦评价结果形成了按刊物影响力大小排序的目录并且在科研管理中得到应用、推广,形成了在绩效分配、职称评聘、岗位晋级、学位颁发中的一整套考核规定和制度,这套制度又会反过来固化当前的评价方法,两者相辅相成,甚至互为因果:刊物对作者说,请给我好稿子。作者说,你是"核刊"吗,如果不是,给了也是白给,因为单位不算"工分"。那么,是有了好稿子才可能有"核刊",还是有"核刊"才能吸引好稿子? 陷入这个

---

① 覃红霞、张瑞菁:《SSCI 与高校人文社会科学学术评价之反思》,《高等教育研究》2008 年第 3 期。

"鸡"与"蛋"孰先孰后的怪圈永远无解。

如果始终盯着工具，而忽略了工具的使用，则是本末倒置。能否跳出这个怪圈，从使用的角度，也就是说从体制这个根本性的问题上作一番思考？这里所说的评价体制是由评价客体、评价主体和规则制度组成。评价客体是学术论文还是作为论文载体的期刊？评价主体是学术同行还是数据加工人员或者是科研管理者？评价规则是基于创新力还是基于影响力？是基于解决问题的科研成果还是基于刊物等级的论文数量？摆放的位置不同，发挥的作用及其产生的结果自然不同。期刊评比之所以不能取代学术评价，在于影响力的评价不能代替创新力的评价，形式评价不能代替内容评价。它们之间关系的"缺位""越位"造成了"以形式代替内容""以量代质""以刊评文"等的"错位"，而造成这种错位的恰恰在于"规则"——以科研产出为目标，以产出数量、等级与利益分配挂钩的绩效主义评价为激励。尤其是将来源期刊作为学术榜，凡不在该类刊物上的论文不被认为是好论文，得不到学术共同体的承认，这种硬性规定将"好稿源"赶 到了那一小部分"核心期刊"上，由此增添了"马太效应"中的人为因素，不仅高质量论文的积压造成发表时间延长，而且加剧了刊物的竞争——往往不是"互补、互识、互鉴"式的良性竞争，而是比"学术声誉"的"老大、老二、老三"的座次争抢，在核心刊和非核心刊之间，甚至在核心刊之间"比"出了怨言和矛盾。

更严重的是，"大一统"的刚性标准所面临的评价有不同的类型（成果评价、机构评价、刊物评价、科研评价、论文评价、著作评价），不同的对象（基础研究、应用研究、理论研究与实证研究），不同的层次（宏观层面的学科评价、中观层面的机构评价与科研评价、微观层面的成果评价与科研人员评价），不同的内容（学术问题的评价、学术目标的评价、学术论证的评价、学术传承精神的评价），不同的标准（定量与定性、学术标准与非学术标准、直接标准与间接标准、价值标准与科学标准、人文学科标准与社会科学标准、基础理论研究与应用实践研究），不同的期刊定位（普及刊、工作刊、学术刊）等。要用一把钥匙开那么多锁，再怎样改进工具都无济于事。一些人把怨气出在工具上，试想，如果取消诸多评价工具中的一种就可以解决上述问题，那么，取消了学位与研究生教育发展中心曾试图推出的"A 类期刊",有没有解决"以刊评文"这个体制性的问题呢?① 再试想,如果取消"学术榜"式的"核心期刊"目录,真正回归数据库收录期刊的来源目录,影响力大小的问题,无论"前 100 位""前 200 位"交给各类用户根据自身的情况自行确定,原来"圈子"里的刊物会赞成吗? 失去"可操作、易操作"工具的科研管理单位会同意吗? 让被视为"核心"的数据库真正回归数据服务的角色并非是一件简单的事,就眼前来说,它涉及评价体制的问题,就长远而言,更涉及我国科研管理、科研政策改革这类更深层的问题。不少人说,有工具比没有工具好,毕竟来源期刊目录中的绝大多数是被学界认可的高质量的期刊,取消工具岂不乱套? 笔者的理解,这个"套"就是我们现在习惯了的评价体制和科研管理体制。评价体制中的问题不解决,被这些问题放大了工具的缺陷是难以克服的。

当然,"规则"的改变已经开始。例如,在成果评审方面,延长评价周期,关注"代表性成果",改评价标准"一刀切"为分类指导与分层次考核相结合;在评价主体方面,加强学术评价中的匿名评审、双盲评审、回避原则,细化专家库中的"小同行"以避免"外行评内行";在职称评审标准方面,对科技人才不再将论文发表作为评价应用型人才的限制性条件,对工程技术人才、正高层次系列不再共用一个评价标准,对于企业、基层一线和青年人才,破除论资排辈,突出创新创业实践能力的评价;在评价制度方面,逐步建立公示制度、监督制度、申诉制度、纠错机制,等等。希望这些改革能够真正触动体制这个"套",产生抑制学术生态失衡的实效。

六、"解套"的起点:走出认识上的误区

走出困境,首先要走出认识上的种种误区。

第一,淡化核心期刊意识。正如考试是学生的"指挥棒",当评刊工具成为考核工具的时候,也就变成指导一切研究和教学工作的"指挥棒"。"核心"者,"中心"或"主要部分"(《新华字典》,北京:商务印书馆,2001 年),它必须是某一学科较为集中地刊载原创性论文的学术性期刊,它必须是少量的、具有代表

---

① 乔新生:《取消"A 类期刊"恰逢其时》,《中国科学报》2016 年 5 月 26 日。

性的期刊,它也必须是刊载某一学科文献密度大、引文率及利用率相对较高、代表该学科现有水平和发展方向的期刊。① 核心期刊是一种客观存在,可当它成为追逐的目标和行动的自觉时,就变成了指导一切工作的"指挥棒"。去除"指挥棒"作用,首先要淡化"核心期刊意识"。科研管理上的"核心期刊意识"是将该刊目录作为科研定量管理的硬性指标,忽视或轻视低引文率的好论文,在此思路下出台的各种评价指标和配套政策成为教学和科研的"抓手",导致只认刊物不认论文的学术评价;刊物建设上的"核心期刊意识"是摒弃学术期刊发展自身的规律和初衷,只以期刊评价指标为"抓手",以提高影响因子为唯一目的,这有可能导致期刊偏离了学术追求和社会关切,走向"世俗化""功利化"和"同质化";作者的"核心期刊意识"是以论文能否登载上核心期刊为目标而不论是否适合发表自己的成果,导致"为'核心'而投稿""为论文而论文"一旦刊物离开了排行榜,立即撤稿改投他处,哪怕削减一半篇幅也在所不惜。这种功利性的"研究"越多,放在真正研究上的精力越少。长此以往,学术成果的价值大打折扣;学术评价机构的"核心期刊意识"是试图掌握评刊的话语权并引领学术研究方向,而不是关注如何通过学术批判和学术争鸣去提升创新力。

当然,产生"核心期刊意识"的真正原因并不都在刊物、作者或评价机构,要克服和抵制由此带来的负面效应也非一刊、一人、一机构能胜任。评刊工具能做的,就是尽力淡化充当"核心期刊排行榜"的角色,回归为学术活动提供数据服务的原位上来。就 CSSCI 而言,就是利用多年的数据积累发挥向用户推优荐优的作用,突出检索工具的角色,加强统计分析的功能,为作者和读者的阅读与投稿提供依据,为科研管理提供信息服务,为优秀学术成果的传承和传播提供检索的便利,为办刊提供有益的建言,能够利用丰富的数据回答诸如期刊在学科中处于什么水平、发展趋势如何、读者关注什么、与同类优秀期刊相比差距在何处、该怎么获得优质稿源、怎么找到学科内的优秀作者等刊物真正关注的问题。毕竟,作为期刊评价工具,它的主要职责就是让学术成果的价值得到后人不断地解读和引用,能很方便地被他人获取并用于相关的研究中,使其在更大范围内得到学术同行的认可。如果 CSSCI 能协助实现这一目标,就是它最大的价值体现。

---

① 段青:《核心期刊评价的基础理论研究》,《情报科学》2009 年第 1 期。

第二,走出"定量＝客观"的误区。客观的数据不等于用在评价上也一定是客观的。文献的相互引用是一种复杂的思维过程,索引加工人员是难以深入考察引用行为间的内在联系的。引用行为受许多主观因素的影响,包括引用文献的可获得性、论文发表的时间、语种、所在学科专业、引用者的检索能力、二次出版物报导等因素。而刊物排名和影响因子的大小也很容易受到诸如期刊载文量的急剧改变、刊名改变、关键词不确切等因素的影响。文献计量学所揭示的文献分布规律是期刊在百花齐放的发展过程中自然形成的,但在不良的学术生态和行政干预下,高学术价值论文向少量刊物集中的规律有可能受到人为因素的扭曲,使得刊物质量的升降与好稿源被切断与否发生了某种联系。而好稿子的发文空间受到挤压所催生出的种种弊端,如果不加以控制亦会使数据失真,在一定程度上反过来影响数据的客观性。因此,文献计量学家们很早就文献计量工具用于评价时指出,只有当人们对文献计量学指标的自身缺陷有了足够的认识时,也只有在这些指标与其他更多的定性评价信息相融合时,文献计量学指标才能成为科研绩效评价的有效工具。

第三,不要将高引用与高质量完全等同起来。被引次数上的微小差别,不能说明论文质量上的高低。文献被引用反映的是某种影响力,高影响力可能与高质量有关,但不能一概而论。在一些案例中,被引用越多,也许越象征着一种否定的评价。不常被引用的文献亦不能认为不重要。要解释某一成果的学术影响力本身就是很复杂的,没有同行的介入,没有对内容的认真分析,是很难得出质的判断的。

第四,正确对待评价后的排名。评价似乎永远与排名、身份认同纠缠在一起。对排名的热情是人类的心理偏好之一,排名在不同利益主体间产生竞争有积极意义,也有消极意义。[①] 在现行的评价体制下,只要存在对排名的需求,对排名研究的热潮就不会降温,期刊"晒排行""秀榜单"还将长期存在。要刊物不追求转载率、文摘量、引用率等仍是困难的,毕竟在目前情况下这关乎刊物的生命,但重要的是正确对待排名结果。所有的排行榜都是动态的,与其提心吊胆地关注"会不会掉下去",为保持或提升排名而倾力攻关、买论文,甚至不惜冒学术不端之险"做数据",不如把精力放到内涵的提升。"看淡"影响因子需要

---

① 李侠:《排名如何更科学》,《光明日报》2016 年 6 月 24 日。

自信和勇气,需要跳出"怪圈",看穿影响力和"排座次"这个表面的东西及其所带来的负面效果,始终如一地走"好文章—好刊物—好评价"的路线,始终扣住需要解决的社会实践问题,依照办刊本身的规律潜心做好组稿、审稿、选题策划、规范化等工作,而不是反其道而行之(先把评价需要的数据"做"上去,解决"入榜"问题后再吸收好稿源)。对于文献计量工作者和评价工具的研制者来说,要更科学地设置指标体系,尽可能将定性和定量标准科学地结合起来,建立起排名研究的质量监督机制,引导人们科学、理性地了解产生排名的环境和现状,而不是一方面抱怨评价体制的不公,一方面仍在继续强化期刊的等级、身份和门户。对于科研管理部门来说,重心能否放在协助破"名"、破"利"、破"身份固化"方面进行制度设计,为避免评价简单化、功利化、行政化而尽一己之力。

既然高校已经开始取消"985""211"院校、"一本""二本"等名分,期刊能否也走出为"名"所累、为"评"所动的怪圈? 能否给刊物"松"名次之"绑","减"排行之"压",使之无包袱地致力于科学发现、知识经验的交流、对学科建设的支持,对学术创新的贡献,对人才成长的支撑?

原刊于《澳门理工学报》2017 年第 3 期

如何客观评价 CSSCI

仲伟民　桑　海[*]

目前被学术界期刊界普遍关注的期刊评价指标,大约就是"中文社会科学引文索引"(CSSCI)来源期刊(俗称"南大核心"或"C刊")、"中文核心期刊目录"(俗称"北大核心")和"中国人文社会科学核心期刊要览"(俗称"社科院核心")。三家都可以说是某种期刊排名榜,但后两家公布结果时,学术界、期刊界的反应总体平静,而C刊目录发布却每每一石激起千层浪,甚至遭到媒体热炒。这正说明C刊在我国学术评价及期刊评价中地位举足轻重。

此次C刊目录公布后,果然又引发一场不大不小的风波。一些原来比较著名的期刊降格为扩展版,一些原来不太知名的期刊进入了正版,引来惊讶连连;一些学者、主编提出C刊选刊机制不利于人文学科,某些期刊存在互引假引等"潜规则";更有学者主张取消C刊。对C刊有不同的看法,很正常。对于它,我们简要地提出以下几点看法。

一、误读与异化

CSSCI只是一个引文数据库,将其视为学术期刊核心期刊目录、排行榜、评价工具,是外界的误读和异化,内中原因值得深思。

首先应该明确一个事实:CSSCI是基于学者的引用行为和引文著录内容研发的一个引文数据库,其基本功能是检索工具,而不是评价工具,更不是期刊排

---

* 仲伟民,清华大学历史系,《清华大学学报(哲学社会科学版)》编辑部;桑海,澳门理工学院,《澳门理工学报(人文社会科学版)》编辑部。

行榜。只有CSSCI来源期刊,并不存在所谓的"南大核心",称之为"核心"本身就是一种误读。

确定来源期刊目录是为CSSCI引文数据库选择适当的数据源,它的标准除了政治标准、规范标准外,只能是引文数据。从目前来看,总被引频次和他引影响因子这两个指标能够较为全面地反映各学科期刊的影响力。但同时也要清楚,基于引用的文献计量指标只是用来选择来源期刊,不能直接用于期刊评价。如果说CSSCI与评价有何关系,那只是因为它为内容评价提供了辅助的数据工具。尽管实践证明,引文统计与定性评价结果具有较高的相关性,但这也只能说明引文索引是一种有效的工具,而真正意义上的学术评价,尤其是对创新性等学术价值的判断,只能依靠基于内容的定性评价。对期刊进行评价,需要根据评价目的选择运用CSSCI数据库或其他学术引文数据,进行引文分析和同行专家评议,而不是直接用被引频次和影响因子数值等量化指标。

然而,"树欲静而风不止"。目前的实际情况是,C刊目录被视为像核心期刊那样的排行榜或评价工具,其为检索而依据某些量化指标设立的数据源被视为期刊质量的标准。当下学术体制中,学术资源为行政权力所控制和管理,难免在一定程度上出现行政权力凌驾于学术的现象,而行政权力的所有作为都离不开评价,这就使得似乎天然具备的"公正性"的量化指标受到了特别重视。正因为CSSCI的引文数据库之于学术研究的价值得到了比较普遍的公认,所以有越来越多的学术机构直接将C刊目录作为学术评价及期刊评价的依据。这就形成了用引文数据来衡量刊物,再用刊物来衡量文章,然后以文章数量来衡量学者水平的奇特逻辑链条,赫然成为一种权威的学术评价,在C刊发文也就成了学者们头上的光环或者枷锁。于是,CSSCI在懵懂之中被体制的力量推上神坛,同时也为千夫所指。很显然,C刊被异化成为学术评价的标准,其根源在于学术体制,对C刊和CSSCI的指责并不能解决现实中的评价问题。

二、呼唤建设性批判

既然对期刊评价与学术评价的需求客观存在,我们不如少来些于事无补的"打嘴炮",多做些建设性批判,让相关机构尽量做得更好。

期刊评价目前在中国如火如荼,不仅主管部门和行业协会积极运作,商业机构和多家高校及科研机构也投入大量人力物力来参与。无论我们赞成或排斥,期刊评价与学术评价都如影随形,难以摆脱,甚至已经成为学术活动的一个重要组成部分,其根源恰恰在学术体制。因此,在可以预见的将来,对期刊评价与学术评价的需求都是客观存在,评价机构及其产品也将长期存在下去。我们与其意气用事,倒不如努力促动学术体制特别是评价机制的改革,其中之一就是在对评价机构进行批评的同时,也要从正面提建设性的意见,让它们尽量做得更好。

几年前,我们曾对所有学术评价机构提出过严厉批评,包括 CSSCI。今天,对于它们的不足,我们仍然应坚持批评,同时也要看到它们的改进,这也是我们批评的意义所在。从到目前为止各学术评价机构所做工作来看,唯有 CSSCI 是一个开放而标准的引文数据库,不仅对学术研究有着不可替代的作用,亦可为同行评议提供数据分析的客观工具,这是其他以排行榜为唯一产品的评价机构所无法相提并论的。

对 CSSCI 的所有批评主要集中在对来源期刊即所谓 C 刊的遴选。迄今为止,CSSCI 已经进行过 10 次来源期刊遴选,除第一次是采用了千位教授投票选刊的方式之外,都是依据引文数据进行。除政治标准和规范要求之外,主要是用总被引频次和他引影响因子两个指标,指标权重为 2:8,均在期刊学科分类中进行数据排序。20 年来,这一排序依据为各界基本接受,并未有人提出过强烈异议和可操作的替代性方案。此外,CSSCI 评价中心近年来的改进有目共睹,比如,增加了二级学科期刊的分类,加强了对异常数据的剔除,等等。当然,并非已尽善尽美,改进仍然是必需的。然而,如果我们真的把 CSSCI 灭了,学术评价是会更好还是更差? 答案自在人心。

三、在争议的背后

新版来源期刊公示后,在网络媒体和自媒体上引起比较强烈关注和争议的有四五家期刊,共同点是:曾经长期是 CSSCI 来源期刊,但在此轮遴选中收录位置发生了变化。

整体来看,CSSCI 目前收录的来源期刊总量在 550 种左右,约占国内学术期刊总量的 20%。近年来的历次遴选,来源期刊变动的比例大体都在 7% 上下,可以看出CSSCI的引文数据分布和来源期刊结构都较为稳定。此次遴选,期刊变动并未超出这一范围,何以引出此次所谓"大的争议"? 背后的原因值得我们认真探究。

首先,CSSCI正版加扩展版,总量750种左右,而此次引起争议的期刊,比例只有1%左右! 99∶1说明什么? 不正说明学术界、期刊界对大约99%的遴选期刊没有意见,引起争议的期刊比例微乎其微吗? 所以,不能因为有少数期刊有意见就全盘否定此次的遴选工作,乃至否定所有的来源期刊。期刊数据有变化,数据库的目录就随之变化,某些期刊进进出出是正常的现象。有人欢喜有人愁,争议在所难免,但用历史的眼光分析数据,作为多年的观察者,我们的感受是,争议的声音在逐渐降低。

其次,在CSSCI共25类来源期刊中,引起"争议"的期刊都集中在"高校综合学报"这一类。争议主要因为四五家著名高校的期刊或学报落选、四五家不太著名高校的期刊或学报入选而引起。事实上,只有同一学科的期刊才有比较的价值,因为不同学科因引文习惯不同会导致引文数据的巨大差异。一般说来,人文学科较之社会科学引文数据量会低很多,故不能进行简单比较。而高校综合学报恰恰是多学科的"拼盘",在这样的多学科综合性学报中遴选来源期刊是件非常困难的工作。此次最激烈的批评之一就是,C刊的遴选会"扼杀人文学科",这也是笔者一贯的观点。当然,这个观点只针对综合性期刊,专业期刊一般不存在这一问题。事实上,也确实存在某些高校学报偏重社会科学而在评刊中"获利"的现象。但我们应看到,在这次选刊过程中,CSSCI吸纳了包括笔者在内的批评,已采取了一些措施,来避免因学科比重不同导致的结果偏差,例如,将高校综合学报分成两类,即"综合性学报"和"社会科学学报",将偏重社科的学报单独列出。但具体到某个综合性学报,学科差异对引文数据造成的影响很难根本消除。需要指出的是,正是因为高校综合性学报学科边界不清不仅导致评价的困难,更使其失去了固定的读者群,许多人平时根本不看学报,只看衣冠不看人,仅凭主办单位的实力来判断学报质量的高下,一旦他们看到某些名校学报在C刊中的掉落,即出言指责选刊的不公平,而无视近年来诸多中小学校学报人在提高办刊质量方面的努力。在今天这样技术革命、竞争激烈的办刊环境中,办刊犹如逆水行舟,不进则退,某些墨守成规、故步自封的学报,纵然是名校主办、名家主编,被他刊超越,是件再正常不过的事了。

再次,遴选公示后出现另一种激烈的批评声音,是期刊通过数据造假跻身于 C 刊行列。应该说,这一指责并非完全空穴来风。近年来,的确有些期刊为了挤进 C 刊,而采取不正当的手段,比如互引、假引、单位自引、花钱买引用等。这样的行为,成因比较复杂,但是,我们不能将极少数期刊的不当行为扩大化为整个期刊界的"潜规则"。须知,大量质量上乘的期刊并不存在这样的行为,不能一竿子打翻一船人。数据造假主要通过虚增引文来实现,非期刊能独立完成,需要作者的配合,正直的作者不会容忍这样的行为,而多数期刊人也不屑于这种行为。我们应该看到,这种所谓"潜规则"正在受到学术界和期刊界的强烈指责。比如,在高校学报研究会近两届的期刊评优活动中,对数据造假的期刊实行一票否决,就有效地遏制了学报界的数据造假行为。我们也想告知期刊同行,既要督促评价机构确保数据的质量,也要把精力放在想办法、下决心办好自己的期刊上面。好杂志是撸起袖子干出来的,没必要眼睛总盯着别人的碗。

不正当的引用行为成因复杂,当然不能简单地归咎于 CSSCI,但 CSSCI 应该采取更有力措施来保证数据质量。CSSCI 是一个引文数据库,引文数据的质量是数据库得以发挥作用的基础。数据造假行为不仅损害学术,最终也会损害 CSSCI 的质量,因此,摒弃虚假数据于数据库及其制造者于来源期刊,CSSCI 责无旁贷。只要造假,就必然会留下蛛丝马迹,通过技术手段对数据进行分析,辅之以专家的协助,CSSCI 完全有能力甄别绝大部分的数据造假行为。我们很高兴地看到,CSSCI 正在这样做。据笔者所知,早在上一次来源期刊遴选时,CSSCI 就对存在某些"异常数据"的期刊发出信函,要求其对异常数据作出澄清,而在此次期刊遴选中,CSSCI 同样进行了甄别,对个别期刊采取了严厉措施,甚至直接将这些期刊排除在遴选名单之外。希望 CSSCI 进一步明确规则,在杜绝数据造假方面,发挥技术的作用,尽到应尽的责任。

此次 C 刊目录公示后引发的争议事件,让我们更加清晰地认识到,CSSCI 的本质是一种可以用于评价的客观数据,其合法性和公信力都来源于此,关于 C 刊的种种争议,很大程度上来源于人们对 CSSCI 的无知和误解。对 C 刊或学术评价机构进行评论和批评,是我们的自由和权利,但在评论和批评之前,我们务必要做点功课,先了解学术评价、了解学术期刊,不要人云亦云或信口开河;

否则,那不仅会暴露我们的局限性,也会对学术评价机构造成伤害,更会对中国学术事业造成伤害。

四、本土化与国际化

为让 CSSCI 做得更好,建议 CSSCI 评价中心今后应在本土化和国际化两个向度上进行自我调整和优化,进而对中国学术生态能产生更多正面的影响。

一方面,尽管 CSSCI 的原理来源于 SCI,是一种美国的舶来品,但其具体规则应当根据中国本土的需求进一步调整和优化。具体而言,就是尊重学科发展和期刊发展规律,不断改进计量方式,使之更加贴近中国学术期刊的实际,真实反映出不同类型、不同学科学术期刊的学术影响力的辨别水平。特别是针对中国特有的大量综合性学术期刊,应设法研制更科学更合理的计量规划。逐渐淡化"大一统"的来源期刊目录,更多地推出不同类型、不同层次、不同标准的多元化的引文索引产品。惟其如此,CSSCI 才能在学科体系建设和学术规范建设上起到积极的正向的引导作用,关于 CSSCI 的种种争议自然也会随之减少。

另一方面,尽管 CSSCI 是中国本土开发的引文数据库,但不应把眼界局限于中国内地,而要有国际视野和宽广的胸怀,尽早将来源期刊遴选范围扩展到港澳台及海外。由于种种原因,迄今为止,CSSCI 不但没有收录海外华文期刊,对港澳台地区的期刊也未正式收录,这不能不说是 CSSCI 的一大遗憾。众所周知,在"SCI/SSCI"崇拜的驱使下,中国科技论文早已出现了大规模外流,虽然在人文社会科学领域形势暂时还没有那么严峻,但优质稿源外流的趋势也已日趋明显。不收录港澳台及海外华文期刊,一方面会失去一批已经得到学界公认的高水平来源刊,减损 CSSCI 的国际认可度和作为"中文"社会科学引文索引的权威性;另一方面,也使内地学者与港澳台及海外华文期刊之间彼此疏离,迫使部分高质量论文流向顶着 SSCI 或 A&HCI 光环的期刊。这对于中国学术界、华文期刊界和 CSSCI 而言,是一个"多轮"的局面。值得注意的是,在 CSSCI 官网的《产品中心》里,已经可以看到"中文社会科学引文索引"(港澳台及海外版)的设置,尽管目前其内容还是空白;此外,在《学术出版》栏目中有"港澳台及海外华文"一类,收录了 32 家港澳台期刊及加拿大、新加坡、韩国等主办的海外期刊。这说明,CSSCI 已经意识到港澳台及海外华文期刊这一片蓝海的独特价值。

如今的CSSCI,已经具备了"走出去"的基础,应当抓住稍纵即逝的时机努力实现国际化。至于在来源期刊国际化过程中可能遇到的一些问题,比如来源刊的政治标准的把握,完全可以在确定来源期刊和数据入库时加强筛选和实读等方式来实现。中国的学术界和期刊人应该有这种学术自信。

若 CSSCI 能更好地适应本土,同时突破束缚实现国际化,就完全有可能发展成为华文世界中最有影响力的期刊引文数据库,乃至世界上最知名的数据库之一,这对于在国际上加强中国学术话语权、提升中文学术期刊地位都大有裨益。

原刊于《澳门理工学报》2017 年第 3 期

471

构建公正理性的学术期刊评价体系

刘京希*

　　近来关于学术期刊评价体系的讨论成为学术界和期刊界关注的焦点。一些评价机构相继公布新一年度来源期刊目录，在学界引起广泛讨论。同时，《CSSC1，我们这样看》《破除学术神话 Nature 杂志高影响因子的背后》等一系列文章或演讲的发布，引发了更多学者参与相关讨论、各抒己见。不久前"SCI之父"尤金·加菲尔德去世的消息，也进一步引发对影响因子的相关争议。那么，究竟应当如何看待以影响因子为内核的学术期刊评价体系呢？在笔者看来，当一个举动、一个事件或一种思想引发持续性的热烈讨论甚至争议时，这或者说明它在一定范围内与现实利益关切的特殊重要性，或者说明它自身存在一时难以纾解的困惑和矛盾，抑或二者兼而有之。当前以影响因子为内核的学术期刊评价之争如此热烈，足以说明期刊评价体系对于学术期刊发展的特殊重要性，它甚至可能决定着学术期刊的未来走向和命运。同时，这也意味着此种以定量评价为主的评价体系，存在着自身无法克服的内在矛盾和问题，或是有身不由己的苦衷。

　　起初这种以影响因子为内核的学术期刊评价体系本质上只是一种便利于检索的引文数据库。对于这一新生事物，学术期刊界所持的是欢迎姿态，因为它能够让期刊具体、直观地得到以影响因子为表征的客观数据指标，由此可以从一个侧面清晰地判断出一本期刊在业界所处的位置与状况、优长和不足，以便采取有针对性的举措，这确乎是新时代所带来的以往难以想象的数字便利。

＊　刘京希，山东大学，《文史哲》编辑部。

然而随着发展，当下期刊界所普遍担忧的是，此种引文数据库因为在评价领域的体制性因素的介入，逐步被"异化"为绝对性、排他性甚至强制性的评价标准，有的部门或机构以此来评定一本期刊的高下优劣。在评价领域由于体制性因素的介入，此种评价体系与期刊等发生了利益纠缠，从而失去了本初单纯以数据服务为目的的纯然性、客观性和公正性，进而对于学术期刊的自然成长与发展规律造成了干扰。

其一，由于量化评价体系更加偏好一两年内的当下指标，难以考察期刊的长久性、历史性学术贡献和学术史价值，因而客观上限制了期刊对于长远办刊思路的布局，导致短视性、功利性碎片化办刊思路盛行。

其二，在影响因子的指挥棒下，有些期刊领域从业者不惜采用有违公平正义准则的不正当竞争手段，或组织"互引联盟"，或发动"单位自引"，或与作者建立有偿引用的利益关系。这些不正当竞争手段严重恶化了期刊界的行业心理和生存环境，引发了负面办刊效应的恶性循环。

其三，迫于严峻的定量排序压力，一些办刊者置期刊的既有学科与专业特色于不顾，决然朝着高被引学科与研究方向调整，致使几代人辛苦积累而成的办刊风格这一无形资产在旦夕之间坍塌。其客观后果是消解了学术期刊的固有风格与特色，压缩了传统学科、冷门学科、小众学科学术期刊的成长空间，进而危及该类学科的生存与发展。在传统学科与新兴学科之间，无论是学科性质、研究方法，还是从业者和受众量，都存在着很大差异。在目前带有功利倾向的学术研究环境下，一些传统的小众学科门可罗雀、乏人问津，一些新兴学科作为"显学"则为全社会所瞩目。在从业者、受众群体、社会影响力等方面，二者根本不在一个数量等级，不具有可比性。二者所采用的研究方法、学术规范也存在较大差异。前者注重对原典的爬梳，较少对当下研究成果的引用，而后者则更加注重对刊布于学术期刊最新研究成果的综述和援引。这就造成侧重人文学科的综合性学术期刊和侧重社会科学的综合性学术期刊之间在引文率和影响因子上存在巨大差异。现有的绝大多数学术评价体系并未因此对评价对象作出相应的界定区分，而是用"一把尺子"进行一揽子衡量。这就在客观上形成了对于侧重人文学科的综合性学术期刊的不公评价。

在这里,一味地把板子打在量化评价体系的行政性异化上,也非客观公允的态度。相关业务主管部门、高校和科研机构对于量化评价体系持"拿来主义"的态度和做法固然简单片面,但当前的一些评价体系自身不乏值得检讨之处。应该说,当前一些评价体系自身存在的问题和不足是更带有本源性和实质性的问题。

产生这些问题的根源,首先在于评价体系自身的定位。目前众多的评价体系的创办初衷大都在于以数据库的形式面向社会提供信息服务,但出于种种原因和动机,后来它们多演变为对评价客体进行等级划分和排序为重点的评价体系,从而把自己置于矛盾的焦点位置。

其次在于评价标准的制定。各种评价体系基本上是以总被引频次、两年影响因子等量化指标作为期刊排序依据,以此来抽象、统摄和约化评价客体,因而过滤掉了学术期刊的历史传统、学术史地位、学科背景和风格特色。因此,难免遮蔽和消解学术期刊本有的独特风格和鲜明个性,导致其评价结果失之片面甚至武断,甚至在客观上起着引导期刊走向同质化的不良作用。而在数据统计过程中唯量化是从、对数据的性质不加辨析的做法(比如无视引文数据形成的研究背景是正向引用还是反向引用)等,更是久为学界所诟病。

事实上,学术界并非一味拒斥外部评价,学术期刊所拒斥的是违背办刊规律的非理性评价,所期望的是客观而公正的理性评价。从建设性批评的角度出发,重塑学术评价体系的社会形象,营造公平、公正、合理的期刊评价氛围,应是当务之急。客观地说,对于业界的建设性批评,当前有的评价机构已经通过自身的积极变革作出回应,如尝试建立应对恶意引用的"黑名单"制度、引入定性评价、增加二级学科期刊的分类等等,这些无疑都是可喜的现象。不过对于建立公正合理的学术期刊评价体系来说,显然还远远不够。期刊学术评价体系的重构,应该明确和秉持重质轻量的根本性评价原则,大幅度削减量化指标的比重。在此前提下,进行以民主化评价为目标的有益尝试,通过数字化技术手段,搭建以读者、学者和业界同行为评价主体的基本架构,以此对学术期刊进行以内容为本的评价,并最终构建起超越功利的、合理可行的民主化学术期刊评价体系。此种评价方式将评价权转移到众多读者、学者和业界同行手中,而不是仅仅掌握在评价机构和若干评委手中。这无疑将大大增加评价过程被人为操纵的成本和难度,从而使试图操纵评价过程、谋取不当评价结果的行为失去暗箱操作的可能,由此实现非可操纵性评价对于可操纵性评价的取代,同时也可救期刊学术评价体系于"水火",最终获致评价过程与结果公开、公平、公正的理想目标。

原刊于《中国社会科学报》2017 年 4 月 11 日

构建公正理性的学术期刊评价体系

论学术期刊办刊瓶颈的两大突破

——以新疆师范大学学报为例

李建军　杨　帆[*]

一、学术期刊所面临的两大办刊瓶颈

　　学术期刊的发展目前遭遇了国际化、数字化、办刊理念、办刊结构等诸多瓶颈,其关键还在于期刊自身怎样认识和有效打破的问题。随着移动互联网、大数据、云计算等新技术、新媒体、新业态的强力发展,对传统纸介质媒体构成了前所未有的冲击和挑战。不少高校学报在办刊过程中似乎仍然在原地踏步,一直在两大瓶颈中挣扎徘徊。一大瓶颈是办刊结构和内容上的"学科拼盘式";另一大现象是办刊思想取向和行为上的"等米下锅式"或"守株待兔式"。

　　高校综合性学报像"百货店""杂货店",几乎成为一种公认的普遍现象。"文史哲经法大拼盘",使读者就像进了超市,看起来商品琳琅满目,实则使人眼花缭乱,无所适从。学报为何只开"百货店",而不能做成"专卖店"? 为何不少期刊总幻想做成"满汉全席",而不扎扎实实做成地方菜系? 舍近求远、贪全求大,这是一个值得深思的问题。把诸多人文社科学科作为栏目内容设置的"拼盘式"办刊模式是学科内容的"乱炖"和大杂烩,是学术资源、人力资源和出版资源的浪费。栏目之间、论文之间缺少内在、有机、必然的联系,随意灌水拼凑,有的期刊甚至没有栏目设置。论文与论文之间学科混杂,主题散乱,缺乏内在逻辑关系。上一篇论文还是西方现代经济学方面的,下一篇论文论题则直接转到

　　* 李建军,新疆师范大学学报编辑部,新疆师范大学国际文化交流学院,自治区普通高校人文社科重点研究基地"中亚汉语国际教育研究"中心;杨帆,《新疆师范大学学报》编辑部。

中国唐代诗歌方面的,两者内容风马牛不相及,跨度落差很大。犹如恣意驰骋,信马由缰,上下五千年,纵横五万里的科幻小说,包罗万象,让人无法聚焦,身心疲惫,如坐针毡,望而生畏。

面对以上情景,新疆师范大学学报秉持和践履了"全球视野、前沿聚焦、问题探究、丝路情怀"的理念,摒弃了办刊结构和内容上的"学科拼盘式"、办刊思想取向和行为上的"等米下锅"两大倾向和路径依赖,真正实现了问题综合和"精米不请自来"的根本转变,走向了专题策划和聚焦传播的通途,取得了良好效果。据《中国学术期刊影响因子年报》(2016 版),新疆师范大学学报(哲学社会科学版)(以下简称新疆师范大学学报)脱颖而出,其复合影响因子为 2.568、期刊综合影响因子为 1.854、人文社科影响因子 1.737,在全国高校社科学报期刊方阵中名列第 1 位,在文科综合期刊复合影响因子排序中位列第二位,仅次于《中国社会科学》(见表 1、表 2、表 3、表 4)。

表 1　全国高校文科学报复合影响因子前五名名单

序号	高校学报	复合影响因子	排名
1	新疆师范大学学报(哲学社会科学版)	2.568	1
2	中国人民大学学报	2.332	2
3	浙江大学学报(人文社会科学版)	2.232	3
4	南京审计学院学报	2.170	4
5	中国地质大学学报(社会科学版)	1.797	5

表 2　全国高校文科学报期刊综合影响因子前五名名单

序号	高校学报	期刊综合影响因子	排名
1	新疆师范大学学报(哲学社会科学版)	1.854	1
2	中国人民大学学报	1.395	2
3	浙江大学学报(人文社会科学版)	1.217	3
4	中国地质大学学报(社会科学版)	1.063	4
5	中国农业大学学报(社会科学版)	1.007	5

表3 全国高校文科学报人文社科影响因子前五名名单

序号	高校学报	人文社科影响因子	排名
1	新疆师范大学学报(哲学社会科学版)	1.737	1
2	中国人民大学学报	1.327	2
3	浙江大学学报(人文社会科学版)	1.141	3
4	华中师范大学学报(人文社会科学版)	0.933	4
5	中国农业大学学报(社会科学版)	0.928	5

从表1、表2、表3的横向对比中可以看出:新疆师范大学学报复合影响因子、期刊综合影响因子、人文社科影响因子均超过同类"985""211"大学学报,夺取了全国文科学报的桂冠。从表4纵向比较中亦可显现:新疆师范大学学报在与全国的文科综合类期刊(不仅仅是文科学报)比较中,五年来的各项影响因子高歌猛进,取得了突破性的进展。复合影响因子由2012年的0.697上升到2016年的2.568,2016年的复合影响因子是2012年的3.68倍;学科排序由2012年的第85位上升到2016年的第2位(仅次于《中国社会科学》)。期刊综合影响因子由2012年的0.418达到2016年的1.854,2016年的期刊综合影响因子是2012年的4.43倍;学科排序由2012年的第61位上升到2016年的第3位。人文社科影响因子由2012年的0.394上升到2016年的1.737,2016年的人文社科影响因子是2012年的4.48倍;学科排序由2012年的第58位上升到2016年的第3位。

表4 《新疆师范大学学报》(哲社版)2012—2016年综合影响因子对比

(据CNKI中国学术期刊影响因子年报统计数据)

年份	2012影响因子	2012影响因子排序	2013影响因子	2013影响因子排序	2014影响因子	2014影响因子排序	2015影响因子	2015影响因子排序	2016影响因子	2016影响因子排序
复合JIF	0.697	85	0.876	45	1.116	25	1.066	27	2.568	2
期刊综合JIF	0.418	61	0.634	18	0.653	26	0.756	14	1.854	3

年份	2012影响因子	2012影响因子排序	2013影响因子	2013影响因子排序	2014影响因子	2014影响因子排序	2015影响因子	2015影响因子排序	2016影响因子	2016影响因子排序
人文社科JIF	0.394	58	0.571	20	0.647	19	0.721	13	1.737	3

注:2012年期刊统计源:复合JIF674种;期刊综合JIF662种;人文社科JIFBBZ种。2013年期刊统计源:复合JIF642种;期刊综合JIF639种;人文社科JIF639种。2014年期刊统计源:复合JIF631种;期刊综合JIF631种;人文社科JIF631种。2015年期刊统计源:复合JLF632种;期刊综合JLF632种;人文社科JLF632种。2016年期刊统计源:复合JIF623种;期刊综合JIF623种;人文社科JIF623种。

新疆师范大学学报经历了一次丑小鸭到白天鹅的涅槃和洗礼,迎来一次新的淬火重生。新疆师范大学学报现象引起大家的强烈关注,使期刊人和专家学者产生了诸多的"没想到"。"新疆师范大学微信公众平台"以"今天,师大因你而自豪"为题,推送了"新疆师范大学学报排名全国高校学报第一"的消息,仅一天时间,阅读量突破18000次①。的确,近年来,新疆师范大学学报取得了跨越式发展,连续六届荣膺新疆期刊奖,现已成为新疆唯一入选国家社科基金资助和全核心期刊——《中文核心期刊要目总览》《中文社会科学引文索引来源期刊》《中国人文社会科学核心期刊总览》期刊、"RCCSE中国权威学术期刊（A+）。"在全国哲学社会科学规划办公室年度考核中,其刊物连续两次被考核定等为"优秀",这在全国200家受到资助期刊中只有3家。

二、突破学科大拼盘的瓶颈,走向问题综合

面对学术期刊约定俗成的两大办刊倾向和路径依赖,新疆师范大学学报力求突破办刊瓶颈,强化全球化视野、前沿水平、问题意识和人文情怀的办刊理

① 《"新疆师范大学学报排名全国高校学报第一",信息阅读量突破18000人次》,《新疆师范大学学报(自然科学版)》2016年第4期。

念,强化以名专家和学术新锐立刊的意识,强化内容为王的思想,加大了选题策划力度,以重大问题、热点问题为切入点,从多学科、多层次、多视角入手,进行专题化介入和深耕,让学报的生命力、创造力得以彰显。

(一)聚焦新疆本土问题研究

无法做最好的这一个,就做唯一的有特色的这一个。① 不因新疆有"乔戈里峰",就坐享其成,甘愿千年第二;新疆师范大学学报誓言不做"乔戈里",要做就做西部的"珠穆朗玛"。

新疆师范大学学报聚焦新疆本土问题研究,坚持在策划中把守"基本盘"。中国新疆的社会稳定和长治久安是新疆社科学术期刊的紧要问题、大问题、真问题。新疆师范大学学报开辟"新疆的社会稳定和长治久安"专栏,就是紧紧聚焦总目标意识,坚持以总目标统领学报工作,始终坚持稳定压倒一切,敢于亮剑,敢于发声,努力做好新疆治理体系和治理能力现代化这篇大文章,以发挥意识形态前沿阵地和思想库的作用。"新疆的社会稳定和长治久安"是大的专栏板块,可以细化为"治疆研究、南疆研究、援疆研究、新疆双语研究、新疆文化安全研究、新疆去极端化研究、'双泛'研究、嵌入型社区研究、民族团结研究、新疆'五大'发展研究、新疆少数民族就业研究、新疆扶贫攻坚研究、'访惠聚'研究"等多个子专栏,通过大专栏小专题来形成板块联动和内容共振。"②

心里有谱,做事才能靠谱。新疆一盘棋,南疆是棋眼。南疆工作事关自治区工作大局、事关党和国家工作全局、事关新疆各族人民安宁幸福,南疆稳则新疆稳。新疆师范大学学报在组织力量重视南疆研究的同时,注重从哲学观、历史观、价值观、治理观的高度开展稳疆专题研究。学报开辟"治疆方略"专题,推出了一批精品力作。马大正先生的《论百余年来新疆反分裂的几个问题》一文从历史角度对新疆百余年来反分裂问题进行深入剖析,指出"三股势力"是危害新疆社会稳定和长治久安的毒瘤,铲除其滋生的土壤、思想根源和历史来源刻不容缓。论文先后被《新华文摘》等四大文

---

① 李建军:《中华文化走出去新视角》,《新疆师范大学学报(哲学社会科学版)》2015 年第 4 期。

② 李建军、刘成、周普元:《中国社会学术期刊的学术担当——以〈新疆师范大学学报〉(哲学社会科学版)为例》,《新疆师范大学学报(哲学社会科学版)》2017 年第 2 期。

摘刊物全文转摘,具有很大的影响力和很高的显示度。蒋建华先生所写的《论中国治边方略》,从宏大视角阐释了中国治边方略尤其是治疆方略,理念推陈出新,路径切中肯綮,具有较强的指导性和针对性。该论文刊发后被《新华文摘》全文转摘。"治疆方略"的开设直面新疆社会稳定的大问题、紧要问题,以问题为导向,以正在做的事情为中心,注重为新疆实现总目标发挥思想库和智囊团的作用,效果显著。①

(二)力推国内重大理论和现实问题专题研究

一方面强化"基本盘",另一方面抓好"重点盘"。抓好"重点盘",即以国内重大理论和现实问题研究为中心。近几年来,新疆师范大学学报先后组织了"中国梦""四个全面""一带一路""绿色发展""美丽中国""国家治理体系与治理能力现代化""全球治理与中国方案""民族互嵌型社区""经济新常态""新型智库""供给侧结构性改革""史观新探""中亚研究""文化自信""文化走出去""大数据""网络治理""老龄化与养老问题研究"等多个特别策划和专题,使刊物社会显示度和辐射力明显提升。"中国学派""长江学者"等专题论坛都为国内设置的首创专栏。

抓重点不靠凭空想象,也不能坐等选题光临,而是要别具慧眼,敏感睿智,扎实准备,抢抓机遇,选准专家,力求以最快的速度刊发。新疆师范大学学报组织"丝绸之路经济带"专题策划则是一次机缘。2013 年 9 月 7 日,习近平总书记在哈萨克斯坦纳扎尔巴耶夫大学演讲时,首次提出"丝绸之路经济带"的概念,几天后国家重要媒体都纷纷报道此次出访事宜。新疆师范大学学报敏锐地意识到"丝绸之路经济带"这个关键词意义重大,将会成为未来国家发展战略,随后就立即确定选题,向学术名家和实力专家约稿。因为要抢发,所以学报就扬长避短,优中选优。约稿对象聚焦到既有深厚学术和思想底蕴,又出手快、准的专家;或者是具有相当发展潜质、属于学术快速成长期,又精力充沛、能一挥而就的学者身上。学报仅仅给国情研究大家胡鞍钢先生的约稿信就准备了近 600字的内容。功夫不负有心人,学报很快就收到几位专家的约稿,经审定后迅速刊发。专题发布后,就引起了较大关注。截至 2017 年 2 月 16 日,胡鞍钢先生的

---

① 李建军、刘娟:《以问题研究为中心开辟学术期刊发展新向度——新疆师范大学学报(社哲版)办刊新攻略》,《喀什大学学报》2016 年第 1 期。

《"丝绸之路经济带":战略内涵、定位和实现路径》被读者下载 13381 次,被引用 340 次,打破了新疆师范大学学报即年引用的最高纪录;赵华胜先生的论文《"丝绸之路经济带"的关注点及切入点》被下载 5188 次,被引用 62 次;唐立久先生的文章《中国新疆:"丝绸之路经济带"核心区的建构》被下载 2807 次,被引用 52 次;庞昌伟先生的论文《能源合作:"丝绸之路经济带"战略的突破口》被下载 2348 次,被引用 47 次;孙壮志先生的论文《"丝绸之路经济带":打造区域合作新模式》被下载 2173 次,被引用 42 次(见表 5)。据不完全统计,截至 2017 年 2 月 16 日,新疆师范大学学报 2014 年发表的论文共计被引用 1328 次,其中"丝绸之路经济带"专题被引用 543 次,占总被引数的 40.900,对 2016 年学报影响因子贡献率达到 0.4 以上,其中胡鞍钢先生的一篇论文对学报的被引贡献率就达到 25.600,确实是一次非常成功的选题策划。

表 5　新疆师范大学学报"丝绸之路经济带"专题

序号	论文专题题目(2014 年)	下载	被引
1	"丝绸之路经济带":战略内涵、定位和实现路径	13381	340
2	"丝绸之路经济带"的关注点及切入点	5188	62
3	中国新疆:"丝绸之路经济带"核心区的建构	2807	52
4	能源合作:战略的突破口	2348	47
5	"丝绸之路经济带":打造区域合作新模式	2173	42

以上数据来自中国知网,截至 2017 午 2 月 16 日。

而新疆师范大学学报 2014 年组织的另外一次"战役"——"国家治理体系和治理能力现代化"专题策划也取得良好效果。截至 2017 年 2 月 16 日,江必新先生的论文《论社会治理创新》被下载 5867 次,被引用 86 次;唐皇凤先生的论文《构建法治秩序:中国国家治理现代化的必由之路》被下载 2940 次,被引用 40 次;李放先生的论文《现代国家制度建设:中国国家治理能力现代化的战略选择》被下载 2358 次,被引用 37 次;莫纪宏先生的论文《论"国家治理体系和治理能力现代化"的"法治精神"》被下载 3344 次,被引用 31 次;向德平、苏海先生的论文《"社会治理"的理论》。内涵和实践路径口被下载 2292 次,被引用 23 次(见表 6)。此项专题被引用 217 次,占总被引数的 16.3%。也达到了预期的目的。新疆师范大学学报2014年策划的"丝绸之路经济带"和"国家治理体系和治理能力现代化"专题对学报被引数占总被引的57.2%,贡献率占据了六成,实现了学报重点策划,精准策划的突破实现了学报开门办刊,问题综合的突破,新疆师范大学学报把其他学报处于应然状态的问题探究,问题综合变成了自己突然状态的问题探究问题综合。

表6　新疆师范大学学报"国家治理体系和治理能力现代化"专题

序号	论文专题题目(2014 年)	下载	被引
1	论社会治理创新	5867	86
2	构建法治秩序:中国国家治理现代化的必由之路	2940	40
3	现代国家制度建设:中国国家治理能力现代化的战略选择	2358	37
4	论"国家治理体系和治理能力现代化"的"法治精神"	3344	31
5	"社会治理"的理论内涵和实践路径	2292	23

以上数据来自中国知网,截至2017 年 2 月 16 日。

三、突破"等米下锅"瓶颈,走向"精米不请自来"

学术期刊在办刊思想取向和行为上有一大瓶颈就是一直沿袭"等米下锅"的定式而不能自拔,从而陷入了"等靠要,混日子"的被动办刊误区。被动办刊主要体现在被动选稿办刊,在稿件遴选上,主要为自发来稿,采取了"等米下锅""守株待兔"的方式,缺少进取精神和主动办刊意识。由"等米下锅"到"找米下锅"的转变就是一次由被动办刊到主动办刊的变革,就是一种由不作为到有所作为再到大有作为的思维方式、行为方式的巨大转变。

新疆师范大学学报采取了从"等米下锅"到"找米下锅"的方式,实现了由"等米下锅"到"找米下锅"—"找精米下锅"—"精米不请自来"的转变。这既是约稿理念的转变,也是办刊理念、办刊模式和办刊机制的转变。

(一)约有思想有灵魂的稿件

期刊的格局是约出来的,期刊的显示度是约出来的,期刊的亲和力是约出来的。约什么? 约有思想有灵魂有生命力的稿件。不仅要"找米下锅",而且要找"精米下锅"。思想性、现实性赋予学术活的灵魂,是学术进步不竭的动力源泉,有思想的学问才是真学问。学术要大气,视野要宽广,用宏观视野把握具体问题的研究与解决,拓展研究领域,运用先进科学理论,探索时代命题,通过探索实践,做真正有为的学问。① 学术期刊编辑要别具慧眼,勇于担当,努力向有思想有灵魂有品质的专家学者看齐,约出无愧于时代、无愧于人民、无愧于历史的精品力作。

约稿不约仓促的,只约有准备的;不约不合适的,只约对路的,并且约更好的。也就是说,约稿要"拒绝一般的、尚可的、差强人意的,给力鲜活的、原创的、洞见的"。约到次的、不合适的也是大概率事件,优质稿源永远是稀缺资源。学术期刊主编或编辑要有魄力和胆识,能够婉拒名家的平庸之作,大胆提携新锐的活力之作,向关系稿、权力稿、人情稿、职称稿等坚决"开炮",勇敢地说"不"!

当前,我国正处于全面深化改革的关键时,思想市场虽在多元中立主导、在多样中谋共识,但也良莠不齐、泥沙俱下。西方敌对势力、"三股势力"也在与我争夺意识形态的阵地。我们要警惕"普世价值"、西方"宪政民主""历史虚无主义""新自由主义"和西方"新闻自由观"等思潮通过不同途径不断对我国的渗透。② 社科学术期刊主编是政治质量把关的"缉毒队长",是学术质量把关的"监察主任"。要牢固树立政治意识、大局意识、核心意识、看齐意识,发挥意识形态前沿阵地的作用,释疑解惑,激浊扬清,祛毒排毒,正人正己,切实维护国家思想文化和意识形态安全。

2015 年,新疆师范大学学报共计发稿108 篇,其中约稿80 篇,占74%;专家"不请自来稿"8 篇,占总数的 7.4%;约稿和"不请自来稿"共占发稿总数的81.4%。总发稿中,基金课题达到157 项,其中国家课题69 项(国家重大项目22 项),省部级课题46 项。在第一作者分布中,疆外包括国外作者81 人,疆内作者27 人,分别占作者总数的75% 和25%。约稿专家为胡鞍钢、陆南泉、陈占安、苏金智、于逢春、姚建宗、束定芳、张西平、杨恕、唐亚林、胡寿平、王义桅、莫纪宏、何茂春、汪习根、苏新春、石建勋、王健、叶初升、朱廷助、郝亚明、赵华胜、梅荣政、霍旭初、邱乘光、齐卫平、简新华、张志安、方兴东、高一虹、李如龙、金太

---

① 牛润珍:《做有思想、有灵魂的学问》,《中国社会科学报》2017 年1 月12 日。
② 唐红丽:《弘扬主旋律 传播正能量——中国社会科学报"学海观潮"年度回顾》,《中国社会科学报》2014 年12 月31 日。

军、陈金钊、张乾元、王岳川、洪成文、刘文锁等,主要来自清华大学、中国社会科学院、北京大学、吉林大学、北京外国语大学、上海外国语大学、兰州大学、复旦大学、中国人民大学、中国国际问题研究院、上海国际问题研究院、武汉大学、厦门大学、中国国家博物馆、同济大学、中国科学院、南开大学、华东师范大学、中山大学、商务部、华东政法大学、浙江大学、北京师范大学、陕西师范大学、新疆大学、新疆社科院、新疆师范大学、新疆龟兹研究院等高校、科研院所、一流智库和政府部门。2015 年学报被二次文献机构转摘 51 篇次,转摘率约为 47%,创历史最好水平。其中,被"人大复印报刊资料"转载 26 篇,《高等学校文科学术文摘》转摘 14 篇,《新华文摘》转摘 5 篇,《中国社会科学文摘》转摘 3 篇;《社会科学报·学术看台》转摘 2 篇,《教育科学文摘》转摘 1 篇。

（二）约稿要持之以恒

1. 根据专题,筛选对的专家

有了相关的策划和专题,接下来关键的不是"约什么",而是"向谁约"的问题。期刊编辑要精选专家、学者,找对最契合期刊专题的那些人或那几个人。

移动互联网、电子邮箱等电子介质手段大大方便了投稿,但笔者认为,它却是为约稿提供极大便利性,运用多媒体组稿约稿也成为编辑主编的常用工具。QQ、微信平台等皆是约稿的主战场,要抢抓历史机遇。现代高科技为期刊约稿铺设了"黄金水道",节约了亲自赴约的成本(有时还需面对面),成就了策划的气场,约稿的盛宴。

文科学报不是学校的"自留地",是为一切热爱哲学社会科学、人文科学的人服务的"公共图书馆"。约稿不能只约自己家或家门口的,自己家是有一番天地的,但它外面的天地更大。学报编辑要有开放约稿的胸襟和视野,广泛通约天南地北、五湖四海的名师大家。不约稿,没有出路;一约稿,劳心费神。向名师大家约稿的确对于很多地方学报来讲是一项"上蜀道的天下第一难"的事情。这意味着约稿更多时候就是杳无音信,就是焦急等待,就是吃闭门羹,就是颜面尽失,就是一挫再挫,就是无所适从……但只要屡败屡战,锲而不舍,不畏险阻,奋勇攀登,总有成功的那一天。新疆师范大学学报正是在经历了无数次"碰壁"和不断煎熬的过程中艰辛而顽强地挺过来的。约稿就要不怕失败,要有勇气,要有韧性,要专心致志。新疆师范大学学报近几年内外稿发稿比例基本保持在1:9,专家约稿量占年度发稿总数的近 80%。

2.确定核心作者群和审稿专家库

约稿不是单声道,它是互动的立体声。期刊有没有大格局,在于能否在正确理念指导下持之以恒地约稿、组稿;在于是否坚持不懈地向"三高""三重"作者约专题稿和原创作品。所谓"三高"作者就是指"高层次、高水平、高产出"的作者,"三重"作者是指"重要机构、重大项目、重点工作"的作者。与"三高""三重"作者建立良好的专业和人际关系,是学术期刊提高学术竞争力和影响力的不二选择。

从向与自己陌生、学界熟悉的专家约稿,到向学界熟悉、自己亲密的专家约稿,这样的转变体现了学报工作者的素养、能力和担当。核心作者群和审稿专家库是期刊的双重角色,是能够互为补充和灵活掌握的,核心作者可以是审稿专家,审稿专家当然也可以是核心作者。核心作者群和审稿专家经过严格筛选一旦确定下来就要具有相对的稳定性,他们是期刊的核心竞争力,也往往是"精米不请自来"的那一批。

新疆师范大学学报已闯出了一条属于适合自己加速发展的道路,虽然前面依然荆棘丛生、坎坷崎岖,但新疆师范大学学报人不忘初心,牢记担当,不辱使命,知难而上。今后,新疆师范大学学报将不断推陈出新,不断锐意进取,不断开拓未来,始终坚持以问题研究为导向,以紧密结合国家和新疆维吾尔自治区具有前瞻性、全局性和战略性重大理论现实问题为抓手,以服务哲学社会科学繁荣和新疆社会稳定、长治久安为目标,以为"一带一路"战略提供智力支持为立足点,注重选题策划,注重专题化约稿,勇做华文学术期刊国际化的探索者,人文社科原创成果的发布者,当代社会舆论和社会风尚的引导者。

原刊于《东北师大学报(哲学社会科学版)》2017年第5期

CSSCI 期刊评价与学术评价功能试识

杨九诠[*]

1992 年北京大学图书馆等单位《中文核心期刊要目总览》首次出版,2000年中国社会科学院文献信息中心印制出版《中国人文社会科学核心期刊要览》,2000 年南京大学中国社会科学研究评价中心主持研制的《中文社会科学引文索引(CSSCI)》光盘版正式出版发行。这也就是为学术界、期刊界和管理部门所通称的"三大核心"。至此,中国人文社科学术期刊步入了以量化指标为主要工具的科学评价时代。与此同时,对"三大核心"的质疑从未停息。其中,尤以CSSCI 最讲究"科学",影响日炽,渐成主要聚讼之源。2017 年 1 月,南京大学中国社会科学研究评价中心公示了《中文社会科学引文索引(CSSCI)来源期刊及集刊(2017—2018)目录》,再度引起持续而激烈的争议。本文试图就 CSSCI 期刊评价与学术评价功能加以审察,为平息纷争和理性讨论提供一种可能路径。

一、回到期刊评价与学术评价功能的事实

对 CSSCI 的纷争不息,除了周知的事件性因素外,更具原始性的根由乃是作为"三大核心"尤其是 CSSCI 的理论资源、技术资源的"科学情报研究所"(ISI)的 "引用索引"(SCI、SSCI 和 A&HCI)和"期刊引证报告"(JCR),简言之,就是"影响因子"(IF)的功能、机制和文化。1990 年代,是 ISI 的 IF 理论、技术和运作机制日趋成熟的时期,同时也是对它的质疑和批判日趋激烈的时期。CSSCI 的影响力及其反作用力,同时胎自于此,具有孪生关系。这可能是 CSSCI始所未料的,致使日后面对质疑的解释多了些自我辩护的况味。

---

* 杨九诠,《华东师范大学学报(教育科学版)》编辑部。

新近,对 CSSCI 来说,几个标志性的事件,显得有些"流年不利"。一是 2013 年 5 月,78 个科学组织的 155 位科学家签署"旧金山宣言",认为科学界应该停止使用影响因子评价科学家个人的工作。紧接着,诺贝尔奖得主兰迪·谢克曼在《卫报》上发表文章,直言不讳地抵制三大国际期刊,引起了学术界和期刊界的世界性轰动。二是 2016 年 7 月,汤森路透公司宣布将知识产权业务和科学信息业务以 35.5 亿美元的价格出售给 Onex Corp 和霸菱亚洲投资。美国微生物学会(ASM)旋即宣布旗下期刊不再支持影响因子。三是 2017 年 2 月 26 日,ISI 创始人、"SCI 之父"尤金·加菲尔德在美国宾夕法尼亚州去世。这一事件,总给人某种联想和暗示。四是今年年初《中文社会科学引文索引(CSSCI)来源期刊及集刊(2017—2018)目录》引发巨大争议。

对 CSSCI 等机构的质疑与纷争,基本上都是针对影响因子作为符号表征对学术期刊评价及学术评价的真实性和准确性而来的,尤以对影响因子是否能够用于学术评价为剧。面对质疑,各机构一方面给予了解释,另一方面也不同程度做出了不断改进的表态。解释与表态背后的动机晦暗不明,解释可能是辩护性的,表态可能是策略性的。但,质疑与纷争也从外部推进了它们的不断修正与完善。根据朱剑、仲伟民等学者的研究,在这一方面,"三大核心"中 CSSCI 用心最深、用力最勤,"近年来的改进有目共睹"。这与我的观感也比较一致。

但是,"三大核心"在面对质疑时的自我开释又显得过于恭谨,在一味退避中形成了新的遮蔽,主要表现在反复强调只是期刊评价而不是学术评价,乃至 CSSCI 强调自己只是一个引文数据库,并非学术期刊的评价工具。事实上,影响因子,最早是用于图书馆制定文献收藏计划和经费预算,向读者推荐优秀学术期刊。期刊评价,乃是影响因子的"干细胞"——具有自我复制能力的多潜能细胞,可以说,影响因子各种功能要素的生长与扩张无不与此息息相关。CSSCI 等机构也许是为了息事宁人,退守到期刊评价,甚至退守到引文数据库,遮蔽了真实存在也是合理存在的部分评价功能,更将现实中期刊界、学术界虽有质疑然又普遍用之的事实屏蔽于外。必须将期刊评价的功能与学术评价的功能,将期刊评价与学术评价的关系和盘托出,直面问题与事实,"疑义相与析","牛斗共商量",才能推进评价工作的持续改进和健康发展。

事实是什么?事实就是以 CSSCI 为代表的"三大核心"的主要功能是中国人文社会科学学术期刊的评价,而其对学术的评价功能,借用 CSSCI 机构负责人的话说,乃是期刊评价功能"衍生出来的一种附加功能"——所以说是"借用",是因为他以某种退守的姿态,将期刊评价与学术评价均视为检索工具的衍生功能,似乎真的"评价非我愿";然而,我们知道检索工具所引得的正是以评价为主要功能的影响因子,亦即检索工具乃是影响因子的挖掘和整理的技术手段。问题是什么?问题是:一方面作为期刊评价,尚不周全和精准,需要不断改进和完善;另一方面,作为学术评价,除了尚不周全和精准外,更主要的是超乎其"附加功能"所不能承受之重,越俎代庖成为学术评价制度中的僭主。所以至此,原因非常复杂,不全在评价机构,甚至从某种角度看主要不在评价机构。本文主要试着讨论,如何理解和实现 CSSCI 的期刊评价与学术评价功能,使之如其所是、如其所能,对期刊发展和学术繁荣发挥应有作用。

二、用经典测量理论规约期刊评价功能

从 1920 时代洛特卡定律的"以量评质",到 1930 年代布拉德福定律的"以刊评质",再到 1960 年代加菲尔德建立的"影响因子"与引文分析理论,期刊评价步入了高度量化的实证世代。评价,始终是它们一路走来的第一推动力。也因此,设若遮蔽评价功能,CSSCI 检索工具挖掘和整理的影响因子,就只是"实"的数据(practical score),而不是"真"的数据(true score),难以构成符号表征系统,通俗一点说,也就是:不能说明什么。

CSSCI 高度量化的检索工具,属于经典测量行为,必须受经典测量理论(CTT)的规约,其引文分析无法绕过效度与信度、标准参照与常模参照、方差与标准差等核心概念。当"三大核心"一致强调"二八定律"时,就是在用基于方差、标准差分析的正态分布模型。如果"二八定律"未经正态分布模型描述,只是经验性理解,势必减损检索工具所引得的数据的价值。反之,则可以从方差和标准差发现很多问题,通过误差值的检核对效度与信度加以校验。效度与信度,是经典测量理论的核心概念。CSSCI 影响因子的符号表征主要是由"(数)值"而"质(量)"而不是由"(实)质"而"(数)值",与教育测评等显著不同,它的效度主要是通过信度来表达的,所以信度特别重要。这也是人们质疑 CSSCI 等缺乏学科支撑的理由所在,殊不知测评本身就其理论和技术来说就具有显著的学术性和专业性。信度系数是由测量结果的一致性和稳定性决定的。许可范

围的误差是可以通过技术手段加以平衡的,但如果误差主要来源于对象的含混,致使测量在不同对象之间无法保持一致而大大降低信度系数,则应该也完全可以在正态分布模型中通过方差和标准差分析将问题揭示出来。CSSCI 已经从一级学科进一步细化到二级学科,就是保证信度的切实举措。比如,在教育学中的 37 种 C 刊中,二级学科教育技术学的 7 个刊物的影响因子显著高于其他二级学科刊物。一方面,这反映了教育学术研究的事实;另一方面,如果只就教育学一级学科统测,再以"值"评"质",信度就会出现重大偏差。为什么教育技术学刊物的影响因子那么高呢,原因在于教育技术发展高速,加之其知识累积具有显著的覆盖性特征,学科发展必须唯新是求,所以论文会大量引用最新论文的成果。综合刊之所以难以把握,就是因为虽是综合但各有侧重,其中的学科成分非常复杂,测量结果在对象之间缺乏一致性,信度系数偏低。这次,CSSCI 公示目录将几家高校学报从"C 刊"降为"C 扩",引发争议,也许即缘乎此。这里只是猜测,最终解释要通过严格的数据描述,而不是意见之争甚至意气之争。

需要说明的是,凡测量都有误差,误差源可能非常复杂,经典测量理论处理误差的技术非常有限,有鉴于此,克伦巴赫等人提出了概化理论(GT),设计了一套方法去系统辨明多种误差方差的来源。那么,CSSCI 是否要引入概化理论呢? 没有必要。因为概化理论将情境因素收纳在内,而经典测量理论则需要尽可能将情境因素作为干扰剔除在外。CSSCI 出现的一些不周全不精准的问题,完全可以在经典测量理论框架内加以解决。解决的关键,一是信度问题,而信度的关键是对象的区分与确定,如果必要,可以突破现有的学科划分;二是效度问题,效度的关键是合理区分引文类别,使不同类别引文的分值通过转换达到大致等值,再综合不同年段以及影响因子半衰期等因素形成科学的复合性指标。

补充一点,CSSCI 也部分借助于同行评议,但基于经典测量理论的要求,同行评议作为额外的情境因素只能够"从旁"评议;如果非得采分,同行评议的效用必须先得通过影响因子或加法或减法,或弱化或强化,或分列或组合的调整来验证和表达,否则有可能会带来人为的数据污染。

三、学术评价功能的限度与样态

"以刊评文"与"以文评刊"的关系从来就存在。在经验世界中,学者选择自己的论文发布在何种期刊,已就是"以刊评文"与"以文评刊"的互动。一般来说,作者总是希望好的论文发表在好的期刊上,这与将被引期刊等级考虑在内的特征因子指标,具有逻辑的一致性。所以,CSSCI 由期刊评价功能衍生出学术评价功能是很自然的事,完全毋庸讳言。现在的问题是,一方面 CSSCI 本身还存在不周全不精确的地方,需要进一步改进;另一方面,各评价主体在使用上存在过度与失当的地方。

首先,为行政权力所误用。典型的是教育部学科评估,明确规定有 C 刊的论文才算成果。说误用,是因为行政做了不该它做的事。行政权力与学术权力各有边界,行政权力是外部的、强制性的、法律授予的,其用于学科评估,也只能限制在诸如所拨付经费使用等方面,而不应该进入学科发展规划、学术水平和教学质量评估等学术内部事务。CSSCI 机构属于典型的第三方评估组织,对使用者来说,具有天然的选择性。按照其鲜明的工具性、自律性、市场性(即可选择性),CSSCI 可以归入哈耶克所说的"自发秩序"中,参与了学术期刊和学术研究生态的构建。也就是说,CSSCI 功能与行政权力是不兼容的。行政权力采信于它,既扭曲了行政权力,也可能耗损它的公信,而公信力对社会组织尤为重要,是行政权威无法替代的。行政权力的征用,是我国"影响因子崇拜"文化形成的主要根由。

其次,以一般识别特殊。期刊评价迁移到学术评价的功能,主要是在公约数上保障学术水平平均线的稳定与提升。也就是说,作为常例,有较高的适用性;但作为特例,它很可能是不适用的,尤其是对一些研究领域与研究范式极具开创性的学术成果,可能更是如此。这是由经典测量理论所决定的。只有在共性范畴,标准参照与常模参照才是"合法"的;非标准的、特殊性的,则需要通过表现性评价去描述和分析。常常举的例子是,有些诺奖得主的论文并没有骄人的影响因子。1963 年度物理学诺奖得主约翰内斯·詹森 1961 年 3 篇论文的 SCI 引用仅有 4 次。2002 年化学诺奖得主田中耕一的获奖成果是一篇会议论文,该论文由于未被 SCI 收录没有任何影响因子。用特例可以警示我们影响因子的限度;另一方面,用特例来否定常例,也是不妥当的。就像一所学校一样,特长生、优异生能够脱颖而出、充分发展,全校学生学业成绩平均线很高,这才是最好的状态;任何一方面的此长彼消,都是不健康的、非生态的。也要看到,特例会转化为常例,这个过程一般会伴随着影响因子的递增;如果使用得当,CSSCI 也可以预测和推进新领域和新范式的形成。比如,爱因斯坦相对论方面的论文发表后缺少反响,甚至连"冷酷的批评"也没有,但多年以后逐渐出现了引用高峰。

第三,用技术性评价替代实质性评价。正如前文所示,CSSCI 影响因子的符号表征主要是由"值"而"质",属于技术性评价,其表达方式是高度形式化的数学符号表征系统。稳定性与通用性,是技术性评价的优势所在。但是,学术研究的主体与对象、过程与结果,充满了复杂性和不确定性;而学术研究也正因其复杂性自具了丰富性的特质,正因其不确定性自具了创新性的可能。过于依赖技术性评价,一个标准评天下,必然损伤学术研究的丰富性和创新性。形式化的技术评价之外,还需要基于学科内容质量的实质性评价。学术评价中的"代表作制度",就属于实质性评价。我们注意到,一些机构在职称评审中,参照CSSCI 等评价机构的指标制定参评标准,并要求申请者自荐几篇代表作并对代表作在学术、政策、实践诸方面的重要性、创新性、应用性和影响力等加以陈述,评审专家综合全部申报材料进行评议和评判,这一过程一定程度上兼顾了技术性评价与实质性评价。但实质性评价往往受制于条件和成本,难以经常性和大规模运用,尤其是对外部评价来说。也因此,人们往往偏好于用技术性评价的简易来替代实质性评价的变易,致使学术评价越来越偏离学术研究的本相,其结果正如诺贝尔奖主兰迪·谢克曼指出的,"扭曲"了科研成果。对此,我们应该记取澳大利亚教育学者科林·马什的警示:"真实性源于评价什么是最重要的,而非评价什么是最方便的。"

第四,用外部评价替代内部评价。CSSCI 对大学和科研机构来说,是外部评价。学术研究是高深知识运行和发生的行为,具有高度的专业性和自主性。学术自治,是学术健康发展的重要保障。对学术研究来说,基于学术共同体的内部评价更为重要,其本身就是研究人员学术生活和学术活动的组成部分。内部评价更多使用实质性评价,但并不等同于实质性评价。小微规模的外部评价有时也采用实质性评价的方法。内部评价是自我为了自我通过自我对自我的评价。内部评价的良性机制是专业、良知、真诚友好的人际关系,其功能和目的是改进而不是甄别,在过程而不在结果。CSSCI 用于内部评价,不应该是直接的,更不应该是全部的,其权重应该是系数性的——一定程度地使用,其姿态应该是参数性的——参考与提示。以外部评价替代内部评价,将造成组织内部学术活动的分裂与冲突、工具化与功利化,造成学术生产基因异化与衰变。作为大学和科研机构不宜用公约数特征的 CSSCI 来规约组织和成员的发展。有不少机构都有自己的核心期刊目录,这是好的现象。这些目录,往往在参考某个或多个学术期刊评价指标的基础上有所增益。尽管有些目录不尽合理,但作为内部事务,还是要从组织发展愿景、科研规划和人才培养要求出发,通过内部民主的方式加以调适。这还远远不够。将 CSSCI 带入内部评价,最适宜的途径是将衍生的学术评价功能转换为学术评论功能,借助 CSSCI 数据库,进行为我所用的引文分析,对影响因子重新赋能。比如通过被引的数量与质量,考察组织内部学术生产的代际状况,优化人才结构,调整考核策略;通过引文流变线索和分布状况,勾画知识谱系、绘制知识图谱,制订和调整学术发展规划;通过引文范围的异动趋向,发现和追踪交叉学科和新兴学科,等等。这一方面,CSSCI 应该可以提供全方位、定制化的知识管理和学术服务等业务。

原刊于《澳门理工学报(人文社会科学版)》2017 年第 4 期

493

后 记

从事学报编辑工作以来,我关注的焦点便从中国现当代文学扩展到学术期刊理论与实践等领域。一方面,我阅读了许多关于学术期刊理论研究方面的论文;另一方面,我也撰写了多篇关于学术期刊理论研究方面的论文。

在阅读和撰写论文的过程中,我发现很多优秀的学术期刊理论论文被淹没在浩如烟海的数据库中。在中国知网检索栏目输入关键词或作者姓名,便会显示出大量的相关信息,这确实令人目不暇接,良莠难辨。由此我想,如果有热心人能够把其中的优秀论文精选出来,编成一本研究资料文集该有多好!

凑巧的是,我们编辑部于2017年4月15日具体承办了由全国高校学报研究会主办的"第三届学术期刊文学编辑论坛"。为了能够给与会者提供更多的资料与话题,我们迅即编选了一本《第三届学术期刊文学编辑论坛论文选》(内部印刷)。没有想到,这本论文选在会议交流中竟然得到了广泛好评,许多编辑甚至还建议我们一鼓作气,编选并正式出版一本新世纪以来学术期刊理论研究方面的文集,以便于大家互相交流和学习。于是,我和编辑部的文学编辑孙昕光先生一起着手编选这本研究资料文集。

然而,想法很美丽,现实很骨感。要想编选出一本能够真正裨益于学术期刊理论建设的资料,并非简单的事情。一是要从大量的原始文献中选择最具有代表性的论文,力求使这本文集能够更好地体现国内学术期刊理论研究的最新成果和最高水平,具有较高的学术价值;二是要对既有文献进行必要的加工,以便达到出版社的规范要求;三是要联系作者并得到作者的授权;四是文稿的引文核查及文字校对等工作。总之,这犹如翻越大山,既需要时间,也需要精力,在我们孜孜矻矻、丝毫不敢懈怠的跋涉下,最终翻越了这座大山。

在编选的过程中,诸多困难还不是最令我们备感煎熬的,而真正令我们难以割舍的是:许多优秀的学者,对学术期刊理论有着独到的见解,他们的文章虽不能说篇篇精品、字字珠玑,但有不少论文确是经得起历史检阅的,然而限于篇幅所限,本文集却很难将其全部收录。在这种情况下,我们只能优中选优,尽可能地选取最能够体现本文集主旨的论文。而那些未能入选的论文,则成为我们永难释怀的遗憾。

这本论文集从酝酿到编排再到付梓,已经穿越了一年的时光。日子总是悄无声息地流逝着,它并不因为我们的留恋而驻足,也绝不会因为我们的感叹而动情。但是,想到我们曾经在这一年的时光里数易其稿、精心打磨的文集出版在即,所有的付出似乎都被欣慰所替代——也许,生命的意义就在于曾经给这个社会留下一点属于自己的东西。

本书的出版得到了山东师范大学文科学报编辑部"重点工程专项基金"的资助,得到了学报编委会的鼎力支持,还得到了山东人民出版社李怀德先生的全力支持,我的研究生滕旋、张慧、刘丁杰、李舒涵和傅虹也在文字校对方面做了许多工作,这都是我应该感谢的。

李宗刚

2018 年 3 月

后记